BORGES

FSC
www.fsc.org
MISTO
Papel produzido
a partir de
fontes responsáveis
FSC® C019498

A marca FSC é a garantia de que a madeira utilizada na fabricação do papel deste livro provém de florestas que foram gerenciadas de maneira ambientalmente correta, socialmente justa e economicamente viável, além de outras fontes de origem controlada.

EDWIN WILLIAMSON

Borges

Uma vida

Tradução
Pedro Maia Soares

1ª reimpressão

Companhia Das Letras

Crédito das imagens: fotos 1-10, 13, 17-9: cortesia da Colección Jorge Luis Borges, Fundação San Telmo; 11, 14-6: Susana Lange; 12: Martín Fierro, 12 de dezembro de 1926; 20: © Ferdinando Scianna / Magnum Photos; 21: © Kelly Wise; 22: María Kodama; 23-24: Amador Martínez-Morcillo.

Grafia atualizada segundo o Acordo Ortográfico da Língua Portuguesa de 1990, que entrou em vigor no Brasil em 2009.

Título original
Borges: a life

Capa
warrakloureiro

Foto de capa
© Ferdinando Scianna / Magnum Photos / LatinStock.
Palermo, Itália, junho de 1984

Preparação
Célia Euvaldo

Índice remissivo
Luciano Marchiori

Revisão
Erika Nakahata
Ana Maria Barbosa

Dados Internacionais de Catalogação na Publicação (CIP)
(Câmara Brasileira do Livro, SP, Brasil)

Williamson, Edwin
Borges : uma vida / Edwin Williamson ; tradução Pedro Maia Soares. — São Paulo : Companhia das Letras, 2011.

Título original: Borges : a life
Bibliografia
ISBN 978-85-359-1827-4

1. Borges, Jorge Luis, 1899-1986 2. Escritores argentinos - Biografia I. Título.

11-01151 CDD-ar868.4

Índices para catálogo sistemático:
1. Argentina : Século 20 : Escritores : Ensaios autobiográficos ar868.4
1. Escritores argentinos : Século 20 : Ensaios autobiográficos ar868.4

[2011]

EDITORA SCHWARCZ LTDA.
Rua Bandeira Paulista 702 cj. 32
04532-002 — São Paulo — SP
Telefone (11) 3707-3500
Fax (11) 3707-3501
www.companhiadasletras.com.br
www.blogdacompanhia.com.br

Em memória de H. W.,
e para Susan, Louise e Phoebe

Sumário

Prefácio*

Durante a maior parte de sua vida, Jorge Luis Borges trabalhou na obscuridade, ou ao menos na obscuridade relativa que viver em Buenos Aires impunha a um escritor tão afastado dos centros estabelecidos da cultura literária. A fama lhe foi imposta pouco depois dos sessenta anos, quando lhe outorgaram o prêmio dos International Publishers em 1961, e mesmo então um júri dividido exigiu que compartilhasse a homenagem com Samuel Beckett. Todavia, por mais mesquinho que tivesse sido o destino com Borges, ele foi-lhe então pródigo em favores que superaram a imaginação: o reconhecimento se transformou logo em uma reputação extraordinária e, em poucos anos, era aclamado como um dos grandes escritores do século XX e reconhecido como o escritor mais influente de língua espanhola dos tempos modernos.

Borges exerceu uma influência fundamental na literatura latino-americana do século XX, e também teria um impacto notável sobre uma ascendente geração de escritores da Inglaterra, da Itália, da França, dos Estados Unidos e de outros países, pois sua obra ampliava o alcance da ficção séria de forma surpreendente

* Tradução de Pedro Maia Soares e Eduardo Brandão, com base no prefácio original e na versão em espanhol de Elvio E. Gandolfo, publicada em *Borges, una vida* (Barcelona: Seix Barral, 2007).

e estimulava os escritores a se afastar do realismo psicológico ou social baseado nos personagens, ou do realismo social do romance do pós-guerra, para adotar a ficção como um artefato reflexivo, retórico, propenso a uma fantasia que não se envergonha de si mesma e a preocupações francamente intelectuais e até filosóficas.

Borges rejeitava o que considerava a fraude intrínseca do realismo: a pretensão do romancista de erguer um espelho diante da "realidade" quando de fato sabia tão pouco quanto seus leitores sobre o real modo de funcionamento do mundo. Não tinha sentido disfarçar o artifício da ficção: um conto era um "orbe autônomo", um reino autossuficiente da imaginação que o autor estava livre para moldar à vontade enquanto pudesse persuadir o leitor a lhe emprestar um grau apropriado de "fé poética". Borges não somente descartava as restrições do realismo, como punha em questão a preeminência do romance na hierarquia da literatura moderna. Ele era atraído por modos de contar histórias que haviam precedido em muito ao romance: a fábula, a epopeia, a parábola e o conto folclórico. Também favorecia modos contemporâneos relegados à categoria de subgêneros pelo prestígio imponente do romance: a fantasia gótica, os contos de aventura, de ficção científica e, sobretudo, os contos policiais, que admirava por suas tramas "teleológicas". Mas Borges não se sentia atado por categorias de nenhum tipo. Nada estava a salvo do feitiço da imaginação literária: uma resenha bibliográfica, um obituário, um ensaio erudito ou uma nota de rodapé podiam ser tocados pela magia da ficção. Até a metafísica e a teologia, como observou em uma frase famosa, podiam ser consideradas ramos da literatura fantástica.

A literatura de Borges tinha suas raízes nas leituras infantis de histórias de aventuras de autores como Robert Louis Stevenson, Rudyard Kipling, Alexandre Dumas ou o argentino Eduardo Gutiérrez, mas sua imaginação também era estimulada pela filosofia de Berkeley e Hume, de Schopenhauer e Nietzsche. De Berkeley e Hume tomou sua premissa básica: a natureza subjetiva de todo conhecimento e experiência; de pensadores como Schopenhauer e Nietzsche extraiu o sentimento da fragilidade da identidade pessoal, que tanto podia ser o produto da autoafirmação como o mero conceito de alguma inteligência cósmica. Ao carecer de verdade objetiva, o homem estava condenado a participar de um jogo sem regras fixas e sem fim específico, pois, se a existência de seres distintos de nós mesmos era incerta, não se podia descartar a presença de Deus ou de um demiurgo oculto. O ato de escrever era um paradigma da existência:

o autor podia inventar personagens e tramas, mas era ele a verdadeira fonte de suas invenções ou elas refletiam simplesmente padrões que se repetiam sem fim por toda a literatura universal? Diante de incertezas tão radicais, o leitor era convidado a questionar a ideia de personalidade, destino, e, em última instância, a própria realidade objetiva.

Além da poesia, o veículo favorito de Borges era a ficção: um conto ou texto em prosa cuja brevidade lhe permitia condensar o jogo mental em imagens e situações reverberantes. As primeiras ficções eram fantasias metafísicas nas quais, por exemplo, o universo era comparado a uma biblioteca bem-ordenada mas ilimitada, que se negava a revelar seu desenho total, ou o jogo do azar e da necessidade comparado a uma loteria regida por um sinistro painel de juízes, ou um romance que se supunha representar os labirintos do tempo infinito. Um tema obsessivo era o duelo, o conflito em busca da supremacia entre dois rivais: Borges escolhia sobretudo desordeiros ou aventureiros, mas também era capaz de escrever sobre competições entre teólogos, damas da sociedade e até entre os dois grandes libertadores da América do Sul, Bolívar e San Martín, em seu enigmático encontro de Guayaquil. O duelo se convertia em uma metáfora do anseio por afirmar a identidade eliminando um rival, embora Borges gostasse, com frequência, de mostrar como o vencedor, no fim das contas, podia não ser mais que uma imagem especular da vítima.

Outra razão do imenso prestígio internacional de Borges era que seus contos foram percebidos como antecipações de alguns dos temas principais da teoria crítica moderna. Suas reflexões sutis sobre o tempo e o eu, ou sobre a dinâmica da escrita e da leitura, haviam gerado textos que encarnavam ideias tais como o caráter arbitrário da identidade pessoal, o sujeito descentrado, a "morte do autor", as limitações da linguagem e da racionalidade, a intertextualidade ou a natureza historicamente relativa e "construída" do conhecimento humano (isto é, suas "histórias" elípticas de conceitos abstratos, como infâmia, eternidade e anjos). Nesse sentido, Borges parecia ter antecipado muitos dos temas pós-modernos.

As acentuadas preocupações metafísicas e intelectuais de Borges contribuíram para a criação da lenda — às vezes promovida pelo próprio escritor — de Borges como um homem sem vida: um manso bibliófilo distraído, que vivia recolhido, quase fora do tempo, trancado numa "biblioteca total". Essa lenda foi ressaltada pela cegueira que o afetou poucos anos antes de ficar famoso, o que lhe outorgou a aura de um bardo cego capaz de recorrer ao vasto armazém da literatura mundial e de tornar presentes para nós as formas eternas de uma herança que se desvanecia. A impressão de atemporalidade era reforçada mais ainda pela cronologia casual da sua produção. Ele tinha o costume de acrescentar textos às edições posteriores de seus livros, textos que com frequência havia escrito anos antes, ou até depois de esses livros terem sido publicados pela primeira vez. Também revisava os poemas de sua juventude, purgando-os da cor local e até omitindo alguns por completo nas edições sucessivas das suas obras completas. No caso de três livros de ensaio dos anos 1920, optou pela eliminação pura e simples, negando-se com firmeza a reimprimi-los durante sua vida e sustentando que havia feito o possível para comprar todos os exemplares existentes a fim de entregá-los às chamas.

Em vista dessa lenda de um Borges atemporal, não é de estranhar que muitos críticos tenham situado seus escritos numa espécie de utopia literária em que a criação artística tinha se convertido num jogo de recriação de textos anteriores e o papel do autor se confundia com o do leitor. Nesse paraíso intertextual não contavam as referências à realidade histórica, muito menos às realidades pessoais, porque o tema dominante desse Borges hiperintelectual e incorpóreo era precisamente a inexistência do indivíduo: um homem equivalia a qualquer outro, ou a nenhum.

Como toda lenda, essa tinha sua parte de verdade, mas suas limitações se tornaram cada vez mais evidentes nos anos posteriores à morte do escritor. Para começar, em 1989, Estela Canto publicou um livro de memórias que revelava um Borges desconhecido: um homem em conflito que havia sido bastante infeliz em sua vida sentimental[1]. Entre 1993 e 1994, com a publicação de três livros de ensaios da década de 1920 que Borges havia descartado em vida, outra faceta surgiu. O jovem Borges havia sido um poeta de paixões ardentes: exaltado admirador de Whitman, de Joyce e dos expressionistas alemães, líder da vanguarda argentina e criador de um novo crioulismo literário que o havia levado a se envolver até mesmo na política eleitoral do Partido Radical. Essa faceta, por sua vez, pôs em relevo outro lado do escritor. Nos anos 1960, ele voltou a escrever mais poesia do que ficção e, em 1970, quando publicou *O informe de Brodie*, decepcionou muitos admiradores, porque seus novos contos eram narrados de uma maneira mais direta e simples do que os famosos textos de *Ficções* e *O Aleph*, e haviam perdido sua intensa preocupação metafísica e grande parte do jogo intertextual que pareciam constituir o distintivo da sua obra. Assim, em meados dos anos 1990, era possível estimar que os escritos de juventude, maturidade e velhice, respectivamente, assinalavam três modalidades muito distintas e até contraditórias da sua personalidade criadora.

A carreira de Borges se apresentava cheia de hiatos, descontinuidades e incógnitas. Por que tentou ocultar ou disfarçar os escritos de juventude? Por que abandonou a poesia aos trinta anos? Por que deixou de escrever contos em 1952? Por que retornou à poesia por volta de 1960? Por que, quando voltou para a narrativa, adotou uma maneira mais direta que em suas ficções anteriores? E, sobretudo, que relação havia entre o lado passional e agônico de Borges e sua imagem de escritor frio, impassível, cerebral?

Foram perguntas assim que me levaram a empreender esse estudo biográfico. Em um ensaio de 1926 intitulado "Profesión de fe literaria", Borges havia declarado: "Toda literatura é autobiográfica, em última instância. Tudo é poético na medida em que confessa um destino, na medida em que nos dá um vislumbre dele". A "substância autobiográfica" de uma obra, reconhecia, podia às vezes tornar-se invisível pelos "acidentes" que a encarnam, mas subsistia assim mesmo, "como um coração que bate na profundeza". Mesmo depois de ter alcançado fama extraordinária, Borges costumava indicar a correspondência que existia entre vida e obra. Quando lhe perguntaram, por exemplo, se as circunstâncias da vida tinham influenciado sua obra, respondeu: "Poderosamente". As experiências sentimentais também? "Muito... muito." E não viu inconveniente em aludir ao fundo de sexualidade subjacente a seus textos: "Creio que, como passei a vida pensando em mulheres, ao escrever tratei de pensar em outra coisa". E acrescentou: "Claro que isso é freudiano...".[2] Tampouco ocultava a técnica deliberadamente críptica que às vezes empregava:

> senti [os contos] muito profundamente. Tão profundamente que os contei, digamos, usando símbolos estranhos, de maneira que as pessoas possam não perceber que eles eram todos mais ou menos autobiográficos. Os contos eram sobre mim mesmo, minhas experiências pessoais.[3]

Nos últimos anos, em particular, incomodava-lhe a fama de escritor frígido que havia adquirido:

> Sou um sentimental, diria que desagradavelmente sentimental, muito sensível e vulnerável. O que acontece é que, quando escrevo, faço-o por meio de símbolos. Nunca me confesso diretamente: as pessoas supõem que essa álgebra corresponde a uma frieza interior, mas não é assim, meu amigo, é o contrário: essa álgebra é uma forma do pudor e da emoção.[4]

Escrever uma biografia de Borges se revelou uma empresa bastante árdua: uma longa caçada aos documentos, depoimentos e fontes que durou cerca de nove anos, aproximadamente o dobro do que eu havia projetado. Essa caçada me levou várias vezes a Buenos Aires em busca de material inédito em hemerotecas e bibliotecas, e de depoimentos. Minha pesquisa se beneficiou de amplas entrevistas com pessoas que tiveram contato com Borges em diversos períodos: familiares, amigos, discípulos, colegas e até inimigos. Os dados biográficos que eu recolhia foram organizados de acordo com um minucioso ordenamento cronológico dos textos borgeanos, e essa metodologia me abriu a possibilidade de estabelecer um jogo dialético entre experiência e escrita em que uma era capaz de iluminar aspectos insuspeitos da outra. Essa maneira de proceder produzia concentrações cronológicas de textos às vezes surpreendentes e trazia à luz relações intrigantes entre textos e vivência, ou fios intertextuais que se cruzavam e entrecruzavam ao longo da obra. Pouco a pouco foram se desenhando os contornos da experiência pessoal de Borges, até que por fim foi possível tomar o pulso do "coração que bate na profundeza" de seus textos.

De fato, o jogo dialético entre vida e obra resultou na descoberta de uma experiência decisiva na vida do escritor. Algum tempo depois de iniciar minha pesquisa, comecei a desconfiar de que sua insistência em corrigir ou apagar seus escritos de juventude era motivada não tanto por uma aversão a sua jovem poética quanto por um desejo de ocultar certo fato que tinha lhe provocado uma dor especial. A primeira pista quem me deu foi Estela Canto numa entrevista pouco antes da sua morte, quando, ao falar das irmãs Lange, cuja casa havia sido um lugar dileto de Borges, e de seu grupo vanguardista nos anos 1920, me advertiu: "Veja, é preciso levar em consideração que aquilo que Borges dizia não era necessariamente verdade. Ele dizia estar apaixonado por Haydée Lange, mas talvez fosse por outra do grupo, Norah Lange, por exemplo. Entende o que quero dizer?".[5] Então, ao falar com um parente de Borges sobre as irmãs, fiquei surpreso quando ele comentou que o escritor estivera apaixonado não só por

Haydée, como era geralmente reconhecido, mas também por Norah. Quando abordei a questão com o escritor Adolfo Bioy Casares, amigo íntimo de Borges desde 1932, ele garantiu que, efetivamente, Borges havia sido apaixonado por Norah: "Quando o conheci notei que Norah era uma velha obsessão dele".[6] O amor por Norah, ele me disse, havia precedido o amor por Haydée e, além disso, houve certa reciprocidade. Segundo Bioy, essa "obsessão" pelas Lange era evidente até os anos 1940:

> Quando falava das duas queria comunicar um pouco o encanto que sentia por elas, mas, por outro lado, também havia algo como dor, desejo de passar para outro assunto, porque se via que o afetava muito. Tinha uma atitude um tanto insólita [...] o que se chama em francês de "*dépit*", um pouco desiludido, como se também quisesse exprimir uma rejeição de algo que o obcecava.

Ao longo de seis entrevistas, Bioy Casares me comunicou o que podia se lembrar do que chamou de "vida secreta" de Borges com as irmãs Lange.

Um biógrafo não podia deixar passar depoimentos oferecidos isoladamente por pessoas tão autorizadas. Borges, no entanto, nunca se referiu em público a seu amor por Norah Lange, mas, em "O jardim de veredas que se bifurcam", um dos personagens pergunta ao outro: "Numa adivinha cujo tema é o xadrez, qual é a única palavra proibida?". A resposta é: "A palavra *xadrez*".[7] Eu também descobriria que o assunto nunca declarado abertamente por Borges apareceu cifrado em seus textos, em alusões crípticas que pouco a pouco deixavam transluzir uma sutil trama de correspondências e ecos que delatava a história dessa paixão oculta. Ficou evidente que a rejeição de Norah Lange foi a causa da grande reviravolta que sofreu nos anos 1920. Já em 1927 se observa uma mudança violenta em suas ideias literárias, que desencadeia a transformação do jovem poeta crioulista no escritor desiludido, cético, kafkiano, que aparecerá uma década mais tarde.

Como detalho no livro, Borges teve outras decepções sentimentais que influenciaram sua obra, mas em meados dos anos 1960 conheceu María Kodama, e essa amizade se transformou num laço afetivo que floresceu em amor mútuo por volta de 1971. Minha biografia descreve as distintas etapas da longa relação com María Kodama e demonstra como esse amor inspirou novos temas em sua poesia e em sua ficção. Nessa terceira etapa, Borges tentou mitigar seu ceticismo com um pouco da paixão da juventude.

Borges vivia intensamente através da literatura: derramava suas emoções em seus textos, mas o processo de escrever lhe permitia adquirir certa distância de experiências que frequentemente o haviam feito sofrer. Pareceu-me, portanto, que uma biografia literária não podia passar por cima dessa fervente realidade interior. No entanto, não quis adotar um método psicanalítico pelo risco de impor um esquema predeterminado à idiossincrasia psicológica do escritor. Procurei situar certos símbolos poéticos — espada, punhal, tigre, espelho etc. — num contexto de experiência pessoal para assim poder chegar a uma melhor compreensão da dinâmica desse mundo interior e de sua evolução no transcurso da vida.

Assim, se tentei revelar as experiências sentimentais de Borges, não foi meramente porque ele confessasse ter passado a vida "pensando em mulheres", mas porque o amor oferece uma chave importante para compreender a dinâmica dessa realidade interior. Borges se ressentia de uma dualidade de fundo: por um lado, esforçava-se por definir a essência da sua pessoa, enquanto por outro temia cair no que chamou de "a ninharia da personalidade". E o vaivém entre esses dois polos — entre Whitman e Kafka, como ele próprio os caracterizou — dependia, em última instância, da aceitação ou rejeição por parte de uma das muitas "deusas" que cortejou em sua vida.

Borges era um homem que sofria agudos conflitos internos. Não obstante, enfrentou essas dificuldades com lucidez e coragem impressionantes. Em grande medida, concebia a criação literária como um processo de autorrealização e, de fato, há certa dimensão autobiográfica em seus textos, nos quais sonda e interroga constantemente sua realidade psicológica. A longo prazo, escrever ofereceu-lhe uma saída para esses conflitos: em fins dos anos 1960, essa turbulenta luta interna culminou numa extraordinária libertação das amarras e contradições que o haviam oprimido desde a infância.

Se os textos de Borges registram indiretamente os conflitos do seu mundo interior, tampouco são inocentes das realidades externas. De forma surpreendente, talvez, para os que querem manter Borges enclausurado numa "biblioteca total", ele foi um intelectual público a vida toda. Desde o início mostrou uma grande ânsia de protagonismo no mundo literário, e meu estudo segue em detalhe suas aventuras nas vanguardas espanhola e argentina. Também analisei suas crenças e atividades políticas, desde a simpatia dos primeiros tempos pelos bolcheviques até o pacifismo, passando pela afiliação ao Partido Radical, pela obstinada luta antifascista, pelo antiperonismo acérrimo e pelo apoio às ditaduras militares. O que procurei fazer foi analisar a lógica dessas mudanças no contexto da história argentina, para tentar compreender o que ele via como a constância fundamental de seus valores políticos. O fato é que, longe de viver dando as costas para as grandes questões de seu tempo, Borges estava imbuído de uma forte consciência da responsabilidade do escritor ante a história: tinha um senso muito profundo da pátria e até o fim da sua vida se comprometeu com o destino da Argentina. Por isso, embora seus temas literários não tenham sido políticos, foi um escritor engajado a seu modo.

Nem é preciso dizer que as incontáveis sutilezas e invenções de um texto literário não podem se reduzir às meras circunstâncias da vida de um escritor. Uma biografia não pretende explicar o mistério da criação artística. Ao mesmo tempo, como uma vez observou Borges, "seria ridículo negar as possibilidades da biografia".[8] Afinal, a biografia é um ramo da crítica literária, e seu valor, a meu ver, reside na avaliação das possíveis correspondências entre texto literário e contexto pessoal, o que ajuda a definir a idiossincrasia do estilo e a temática de um autor, e a explicar as distintas etapas da sua evolução. De fato, creio que meu enfoque crítico-biográfico abre novos caminhos interpretativos na obra de Borges e multiplica as possibilidades de novas leituras.

Em todo caso, tenho plena consciência de que os textos de Borges são ricamente alusivos, polivalentes e às vezes lúdicos. Fiz o possível, portanto, dentro de uma biografia que já é, por si mesma, bastante longa, para que minhas interpretações dessem a devida conta de outros níveis de significado. Mas, afinal de contas, meu propósito maior era escrever uma vida de Borges, e isso me levou a incidir na infraestrutura psicológica e vivencial da sua obra. Neste livro, enfim, propus-me retratar um homem que se determinou a forjar um destino literário e, ao traçar as vicissitudes desse empenho, procurei demonstrar o aspecto dramático, intenso e comovente de sua história, já que foi o caldo de cultura de uma obra genial.

Agradecimentos

Como em qualquer livro, escrever esta biografia foi uma jornada de descobertas. Quero registrar minha gratidão para com as pessoas que tornaram essa jornada possível.

Gostaria de agradecer aos funcionários de várias instituições por tornar disponíveis documentos, livros e materiais que foram vitais para minha pesquisa. Em Buenos Aires: Biblioteca Nacional; Biblioteca del Congreso; *La Nación*; *La Prensa*; *Clarín*; Fundación Internacional Jorge Luis Borges; Fundación Antorchas; Fundación San Telmo. No Reino Unido: Edinburgh University Library; University of London Library; Taylor Institution Library, Oxford. Nos Estados Unidos: Stanford University Library; Harvard University Archives, Pusey Library, Cambridge, Massachusetts; Widener Library, Harvard University; Special Collections Department, Alderman Library, University of Virginia. Sou grato também ao Leverhulme Trust por uma bolsa de pesquisa (1995-6); à Academia Britânica por uma concessão de licença para pesquisa (1997) e duas dotações para viagem de pesquisa; e à Universidade de Edimburgo por um período de licença e uma dotação para viagem de pesquisa.

Várias pessoas me ajudaram a fazer o projeto decolar. Beneficiei-me muito do amplo conhecimento que John King possui da cultura argentina e do círculo de Borges em particular. Gostaria de agradecer-lhe pelos contatos pessoais que me conseguiu e por seu estímulo constante. Sou grato a Jason Wilson, que também me proporcionou contatos frutíferos e me ajudou a conhecer a Argentina. Elsie Rivero Haedo foi sempre hospitaleira e abriu-me muitas portas em Buenos Aires. Isabel Quesada emprestou-me seu apartamento num momento propício. Ezequiel de Olaso tornou-se um guia confiável e companheiro intelectual, mas infelizmente faleceu antes que tivéssemos uma chance de discutir o livro. María Gabriela Mizraje ensinou-me mais sobre os bairros e atalhos da cidade nativa de Borges do que eu jamais poderia ter descoberto sozinho.

As pessoas seguintes, que cito em ordem alfabética de sobrenome, ajudaram-me coletivamente das mais diversas maneiras: Carlos Alberto Andreola, Raúl Antelo, Patricia Artundo, Marta Barbato, Ana María Barrenechea, José Luis Boquete, Jorge Calvetti, Alberto Casares, José María Castiñeira de Dios, Fermín Chávez, William Chislett, Edgardo Cozarinsky, Nigel Dennis, Mercedes Dipp, Javier Fernández, Annette Flynn, Germán García, Ian Gibson, José Gilardoni, Norman Thomas di Giovanni, Nigel Glendinning, Mariano Goñi, Andrew Graham-Yooll, Peter Graves, Francis Korn, Andrés Lema-Hincapié, Eduardo Paz Leston, Rafael Arráiz Lucca, Francisco Márquez Villanueva, Gabriela e Pino Marrone, Xavier Martini, Daniel Martino, Graciela Melgarejo, Carmine Mezzacappa, Ian Michael, María Esther de Miguel, Jorge Moentack, Adolfo de Obieta, Miguel Alfredo Olivera, Herman Pálsson, Alicia Parodi, Mora Pomares de Pezzutti, Ricardo Piglia, Cristina Piña, Patricio Randle, Ted e Judy Riley, Jeremy Robbins, Luis Alberto Romero, Horacio e Graciela Salas, Raúl Salinas, Beatriz Sarlo, Jorge Schwartz, Ed Shaw, Marcela Solá, Philip Swanson, Nicholas Tozer, Jon Usher, Luisa Valenzuela, David Viñas, Lita Vogelius, Julio Woscoboinik, Héctor Yánover, Irma Zangara e Wally Zenner.

Tive muita sorte ao ganhar acesso a fontes desconhecidas, esquecidas, raras ou (na época) inéditas. Sou grato a Nicolás Helft, diretor da Colección Jorge Luis Borges na Fundación San Telmo, por deixar-me ver fontes primárias, por compartilhar comigo seu amplo conhecimento da bibliografia de e sobre Borges e por proporcionar várias fotografias para ilustrar o livro. Agradeço também a ajuda recebida de Susana Lange, que colocou ao meu dispor materiais e fotografias raras. Gostaria de agradecer a Mariana Eppinger de Helft, Jorge Helft, Wáshington Pereyra e Alejandro Vaccaro por me permitir trabalhar em manuscritos, cartas, revistas contemporâneas e outras fontes originais que foram de importância vital na primeira fase de minha pesquisa. Valiosas também foram as fontes, fotos e outros materiais proporcionados por Eduardo Alvarez Tuñón, Fermín Chávez, Uki Goñi, Alicia Jurado, Denah Lida, Amador Martínez Morcillo, Fedra Petit de Murat de Suárez Boedo, Alastair Reid, Horacio Salas e Donald Yates.

Estou em dívida com várias pessoas que tiveram a bondade de compartilhar comigo suas lembranças de Borges e outros: Gloria Alcorta de Girondo, Adolfo Bioy Casares, Norah Borges, Estela Canto, Betina Edelberg, Mercedes Gini de Mills, Alicia Jurado, Norah Kildal Lange, Susana Lange, Jack Macrae, Lila Mora y Araujo, Olga Orozco, Fedra Petit de Murat de Suárez Boedo, Alastair Reid, Miguel de Torre, Donald e Joanne Yates e Esther Zemborain de Torres Duggan.

Tenho uma dívida de gratidão em particular para com María Kodama, a viúva de Borges, por sua gentileza e generosidade para comigo. Gostaria de agradecer-lhe por conceder permissão para citar amplamente os textos de Borges e por oferecer materiais originais, mas, em especial, por sua boa vontade em compartilhar comigo muitas informações novas sobre sua relação com Borges, que serviram para transformar minha compreensão de sua vida e sua obra. Devo advertir, no entanto, que este livro não é uma biografia autorizada e as interpretações e juízos em que se baseia são de minha inteira responsabilidade.

Gostaria de agradecer aos meus editores na Penguin por sua paciência e confiança ao longo de tantos anos: Andrew Kidd, em Londres, que trabalhou comigo até quase o término do livro, e Michael Millman, em Nova York; também Kate Barker, que sucedeu a Andrew. Lembro-me com afeição do falecido Giles Gordon, meu agente, que acreditou no projeto desde o início e me ofereceu seus conselhos e estímulos até o fim do manuscrito, mas que infelizmente não viveu para ver o livro publicado. Minha maior dívida pessoal é para com minha família: Louise era uma menina quando lhe falei pela primeira vez sobre Borges e ficou encantada com a história desde então; Phoebe era pequena demais na época, mas sua mão buscava a minha sempre que eu voltava de Buenos Aires; sem o apoio e a paciência de minha esposa Susan, eu não teria terminado este livro.

PARTE I

A ESPADA E O PUNHAL (1899-1921)

1. Família e nação

Os ancestrais de Jorge Luis Borges estavam entre os primeiros europeus a chegar à América. Exploradores, conquistadores, fundadores de cidades e governantes de províncias, foram os construtores do vasto império que a Espanha haveria de estabelecer no Novo Mundo. Gonzalo Martel de la Puente acompanhou Pizarro na conquista do Peru, Domingo Martínez de Irala conquistou o Paraguai para a Coroa espanhola, Jerónimo de Cabrera fundou a cidade de Córdoba, em Tucumán, enquanto Juan de Garay garantiu o povoamento da vila remota de Buenos Aires. Porém, o próprio Borges era indiferente a essas conexões: "Os Irala, os Garay, os Cabrera e todos os outros conquistadores espanhóis que fundaram cidades e nações, nunca sonhei com eles. [...] Sou bastante ignorante no que diz respeito à vida deles. Eram gente de muito pouca inteligência — soldados espanhóis, e da Espanha daqueles tempos!".[1]

Os ancestrais com quem Borges sonhava eram os homens que haviam rompido com a Espanha e lutado para criar a nação argentina. Do lado de sua mãe, Francisco de Laprida foi presidente do congresso que declarou a independência das "Províncias Unidas da América do Sul". O general Miguel Estanislao Soler comandou uma divisão do exército patriota que o grande libertador argentino San Martín conduziu através dos Andes para libertar o Chile e o Peru do jugo espanhol. Do lado paterno, Juan Crisóstomo Lafinur foi um dos primeiros poetas da Argentina e amigo de Manuel Belgrano, um pai fundador da nação. Entre os papéis de Borges sobrevive um cartão-postal que representa Lafinur (orgulhosamente identificado com uma cruz pelo jovem Jorge Luis) de pé no primeiro plano da imagem, enquanto o general San Martín é recebido pela Assembleia Nacional da nova república.[2]

O ancestral mais romântico de Borges foi, sem dúvida, Isidoro Suárez, um bisavô do lado materno. Com a idade de 24 anos, Suárez comandou a carga de cavalaria que mudou o curso da batalha de Junín, a penúltima da libertação da América do Sul. A batalha travou-se em 6 de agosto de 1824, no alto dos Andes, no Peru, e o silêncio majestoso dos picos cobertos de neve foi rompido apenas pelo estrépito de lanças e espadas, pois nenhuma arma de fogo foi usada em combate pelos dois exércitos, e os patriotas derrotaram os espanhóis em pouco menos de uma hora. O heroísmo de Suárez ganhou elogios do próprio Simón Bolívar, que declarou que "quando a história descrever a gloriosa batalha de Junín [...] ela será atribuída à bravura desse jovem oficial".[3] E foi Bolívar que promoveu Suárez ao posto de coronel depois que o jovem oficial se distinguiu novamente em Ayacucho, a batalha que pôs ponto final ao domínio espanhol na América.

Borges concebia a guerra de independência como uma "ruptura na continuidade do sangue", uma "rebelião dos filhos contra os pais".[4] Sua família, afinal, orgulhava-se muito de ser crioula, gente de pura descendência espanhola nascida na América, mas o significado da independência, na opinião de Borges, estava no fato de que os crioulos haviam "decidido não ser mais espanhóis": eles haviam declarado "um ato de fé" a possibilidade de criar uma identidade nacional distinta da espanhola, e seguia-se a isso que, se os argentinos não perseverassem na luta para forjar essa identidade nova, "uma boa quantidade de nós [...] correria o risco de voltar a ser espanhol, o que seria uma maneira de negar toda a história argentina".[5]

O movimento pela independência na área que compreende agora a Argentina moderna foi liderado por Buenos Aires. Um motivo importante para o papel histórico da cidade encontra-se na posição estratégica que ela ocupa no estuário de um vasto sistema fluvial que penetra no coração da América do Sul. Esse enorme estuário foi descoberto por exploradores espanhóis que procuravam uma passagem ocidental para o Japão. Em 1536, fundou-se em sua margem direita o primeiro povoado, chamado Santa María de los Buenos Aires, mas ele sucumbiu aos ataques indígenas; foi apenas em 1580 que a cidade foi fundada em base permanente pelo conquistador Juan de Garay. Já então, o estuário era conhecido como "Río de la Plata", o rio da Prata (cujo nome foi desde então distorcido em inglês para "River Plate"), assim chamado porque os espanhóis acreditavam que poderiam achar depósitos de prata em suas margens. Mas nenhuma prata foi descoberta e, nos duzentos anos seguintes, Buenos Aires não passaria de um posto avançado do império num canto esquecido das Américas.

O povoado minúsculo era quase engolfado por vastas planícies, vazias exceto por rebanhos de gado e cavalos selvagens que vagavam pelos pampas, como essas planícies eram chamadas. Os rebanhos eram caçados por tribos de índios nômades e saqueados por cavaleiros gaudérios de ascendência espanhola chamados *gauchos*. Afora isso, a colônia subsistia graças à troca ilegal de prata do Peru por escravos africanos importados do Brasil. Somente no final do século XVIII, quando os avanços na construção naval tornaram econômico para a Espanha comunicar-se diretamente com a região, é que foi possível explorar a posição estratégica de Buenos Aires e, em 1776, a cidade foi elevada à capital do novo vice-reinado do Rio da Prata. Essa promoção relativamente súbita de Buenos Aires transformou a geopolítica da América do Sul: todos os territórios espanhóis (exceto a Venezuela) que ficavam a leste dos Andes foram obrigados a cortar uma conexão com o Peru que já tinha 250 anos e tratar a partir de então com a cidade portuária arrivista do Sul. Nesse deslocamento histórico encontra-se a causa fundamental dos conflitos sangrentos que atormentariam a região durante boa parte do século XIX.

Após a primeira revolta contra a Espanha, em 1810, Buenos Aires lutaria para manter sua autoridade sobre as províncias que compreendiam o antigo vice-reinado. Não conseguiu evitar que Bolívia, Paraguai e Uruguai seguissem caminhos separados e, embora as províncias remanescentes tenham se unido para declarar independência da Espanha no Congresso de Tucumán, em 1816, seguiu-se um longo período de instabilidade, na medida em que as províncias do interior continuaram a contestar a autoridade de Buenos Aires. A disputa básica era entre os liberais unitários, que queriam criar um Estado centralizado liderado por Buenos Aires, e os federalistas mais conservadores, que preferiam uma confederação de províncias que preservasse o máximo possível de autonomia local. A falta de instituições nacionais efetivas levou a lutas infindáveis pelo poder entre caudilhos — chefes provinciais — tanto liberais quanto conservadores, que empregavam *montoneros* (*gauchos* montados) para promover seus objetivos. Ambos os lados da família de Borges eram unitários, e, em seu famoso "Poema conjectural", ele relembrou o assassinato de seu ancestral Laprida, que foi presidente do Congresso de Tucumán, pelos *montoneros* de Felix Aldao, um caudilho da província de Mendoza.

Por fim, apareceu um caudilho suficientemente forte para impor alguma ordem a esse caos. Em 1829, Juan Manuel de Rosas, um fazendeiro rico e forte defensor do federalismo, tornou-se governador da enorme província de Buenos Aires e, nos seis anos seguintes, adquiriu poder suficiente para se tornar o líder efetivo das "Províncias Unidas". Na cidade de Buenos Aires, que era um bastião do liberalismo, Rosas instituiu um reinado de terror destinado a liquidar os unitários. Criou uma organização secreta conhecida como La Mazorca, que recrutava criados para espionar seus patrões e formava esquadrões da morte para acabar com os oponentes. Rosas também obteve o apoio do clero, que pregava lealdade cega ao caudilho e permitia que seu retrato fosse exibido nas igrejas. Ele ganhou imensa popularidade nas classes baixas, e surgiu um culto histérico à personalidade: a cor vermelha dos federalistas era usada em faixas e estandartes, e slogans como "Viva a Federação! Morte aos unitários imundos e selvagens!" se tornaram sinais de lealdade ao líder supremo. Depois que Rosas obteve o poder total, em 1835, os liberais que não conseguiu eliminar foram obrigados a se exilar no exterior.

As privações sofridas pela família de Borges durante a ditadura de Rosas foram, de fato, horríveis e ultrajantes. O coronel Suárez, o "Herói de Junín", foi forçado a se exilar no Uruguai, onde morreu em 1846. Um dos irmãos do coronel foi fuzilado junto ao muro do cemitério da Recoleta, em Buenos Aires, por agentes da Mazorca. Seu filho de onze anos foi obrigado a assistir à execução; depois, teve de arranjar emprego numa taberna, pois não sobrara ninguém para cuidar dele.[6] Graças a Rosas, a família de Isidoro Acevedo, avô de Borges, perdeu suas propriedades no norte da província de Buenos Aires, perto da vila de Pergamino. O pai de Isidoro participou de uma rebelião contra Rosas, mas foi feito prisioneiro e posto para trabalhar nos estábulos do tirano por nove anos. Uma noite, a Mazorca atacou a casa da família, açoitou a mãe de Isidoro e saqueou a propriedade. As duas filhas mais velhas conseguiram escapar, mas perderam o contato com a família por muitos anos e acabaram por ir morar no Brasil. A mãe de Isidoro levou os três filhos restantes para Buenos Aires, onde foi forçada a ganhar a vida como costureira, remendando calças para os soldados de Rosas. O avô Isidoro costumava contar uma história horripilante: quando tinha dez anos, passou por uma carreta coberta por uma lona e, ao espiar o que havia lá dentro, deu com as cabeças ensanguentadas de dezenas de homens mortos pela Mazorca. Ficou tão chocado que não conseguiu falar durante horas, após voltar para casa.[7] Quando cresceu, Isidoro tornou-se um unitário como seu pai e participou da luta para derrubar Rosas.

O tirano foi finalmente deposto em 1852, quando seus muitos inimigos se uniram para derrotá-lo na batalha de Caseros. Mas o vencedor de Caseros foi outro caudilho, o general Urquiza, chefe da província rival de Entre Rios, que conseguiu derrubar Rosas com o apoio do Brasil, do Uruguai e dos unitários exilados. Sendo também federalista, Urquiza fez aprovar uma Constituição nova que estabelecia uma confederação de províncias, embora sob um forte regime presidencialista. Os unitários se recusaram a aceitar esse arranjo federalista, mas foram derrotados por Urquiza na batalha de Cepeda, em 1859. Dois anos depois, os unitários se rebelaram de novo e, dessa vez, seu líder Bartolomé Mitre derrubou Urquiza na batalha de Pavón; Buenos Aires foi finalmente aceita pelos caudilhos provinciais como a capital *de facto* da nação.

Com Buenos Aires no comando, a Argentina entrou no caminho da estabilidade e da modernização. No decorrer das décadas de 1860 e 1870, sucessivos presidentes liberais — Mitre, Sarmiento e Avellaneda, todos ex-líderes unitários — implantaram as instituições de um Estado-nação moderno: um sistema judiciário integrado, um banco central, um exército profissional, um sistema de escolas e bibliotecas públicas, uma academia de ciências e outras instituições técnicas. A economia argentina foi direcionada para a exportação de lã, carne e trigo para os centros industriais da Europa, e isso exigiu a progressiva privatização e o cercamento do pampa. Governos sucessivos promoveram ativamente a imigração europeia com o objetivo de desenvolver uma classe média rural que substituísse os *gauchos* e caçadores indígenas no campo aberto. Capitais estrangeiros foram investidos na construção de uma infraestrutura moderna de comunicações e transportes. Os ingleses, em particular, construiriam novas docas em Buenos Aires e uma rede ferroviária através dos pampas para consolidar a economia de exportação, ligando as províncias até então rebeldes à capital e, através de seu porto, ao mundo lá fora.

* * *

Domingo Sarmiento, que assumiu a presidência em 1868, era um intelectual liberal importante e autor de um dos livros mais influentes da história argentina — *Facundo: civilização e barbárie*, obra em que a visão liberal do destino da nação encontrou sua expressão mais plena. Publicado originalmente em 1845, no auge da luta contra Rosas, *Facundo* assume a forma de uma biografia de Facundo Quiroga, um caudilho famoso que trilhou uma carreira violenta após a independência, até ser morto em 1835, quase certamente por ordem de Rosas. Sarmiento afirmava que a Argentina só se salvaria dessa "barbárie" caótica adotando a "civilização" moderna do Iluminismo europeu.

Com o termo "barbárie", Sarmiento se referia à falta de um governo estável baseado na autoridade legítima. Ele sustentava que a barbárie estava enraizada nos pampas porque as grandes planícies eram tão subpovoadas que as pessoas que nela viviam careciam dos hábitos da coexistência social que proporcionava a base para os valores civilizados. Nesse sentido, o *gaucho* era um bárbaro porque levava uma vida de individualismo anárquico na qual recorria à força a fim de afirmar sua vontade. Isso fazia dele o instrumento ideal para as ambições dos caudilhos regionais, cujas lutas pelo poder haviam levado à anarquia que engolfara todo o vice-reinado do Rio da Prata logo após a independência.

De que maneira essa barbárie poderia ser domada de novo? Havia duas formas de civilização disponíveis aos dirigentes da Argentina: a civilização clerical da Espanha católica, que tivera sucesso na manutenção da ordem durante o período colonial, e a civilização do Iluminismo. A primeira, na visão de Sarmiento, era incapaz de inverter a maré do barbarismo. Ele retratava a cidade de Córdoba, bastião do tradicionalismo hispânico, como uma relíquia sonolenta, em que suas construções veneráveis refletiam as águas estagnadas de um lago ornamental. Para contrastar, descrevia a vitalidade de Buenos Aires, na foz do sistema fluvial do Prata, um porto florescente equipado para comerciar bens e ideias com o resto do mundo. Tendo iniciado as guerras de independência, Buenos Aires podia reivindicar o direito histórico de conduzir a nação para a modernidade.

O destino da Argentina era resumido por Sarmiento na imagem vívida da adaga de um *gaucho* cravada no coração da Buenos Aires liberal. Mas mesmo em *Facundo* encontramos uma ambivalência em relação ao *gaucho*, pois quando Sarmiento escreve sobre suas habilidades de cavaleiro, rastreador e trovador ambulante, não consegue evitar certa admiração por esse filho autêntico do solo nativo. O problema era que, embora o *gaucho* pudesse ter sido um "bárbaro", ele também representava uma espécie de identidade distintiva que a jovem república podia reivindicar em relação à Espanha. Mas pela lógica de seu próprio argumento em favor do progresso e da civilização moderna, Sarmiento tinha de aceitar que o modo tradicional de vida do *gaucho* estava condenado a desaparecer.

Foi durante o governo de Sarmiento que surgiu um livro que se tornaria o outro grande clássico da literatura argentina. Publicado em 1872, *El gaucho Martín Fierro* é um poema narrativo de José Hernández escrito num estilo baseado no dialeto *gaucho*. Conta a história de Martín Fierro, um *gaucho* inocente recrutado pelo exército para servir numa guarnição de fronteira contra os índios dos pampas. Depois de ser impiedosamente explorado pelas autoridades, Fierro deserta e vagueia pelos pampas como um fora da lei, mata um *gaucho* negro numa briga sem sentido e, mais tarde, faz outra vítima. Perseguido pela polícia, é forçado a buscar refúgio entre os índios.

Hernández concebeu originalmente o poema como uma crítica ao *Facundo* de Sarmiento e como um protesto contra um governo modernizador que faltara com a palavra para com os *gauchos*. Porém, quando uma continuação foi publicada, sete anos depois, o próprio Hernández já se inclinara diante da inevitabilidade da modernização. Desse modo, na segunda parte, Martín Fierro sente repulsa pela barbárie dos índios e decide retornar para a "civilização" cristã, mas descobre que nada mudou e que tudo que a sociedade pode oferecer a ele é trabalho como empregado numa estância. Preso entre a "civilização" branca e a "barbárie" indígena, Fierro não tem para onde ir, e a narrativa chega ao fim sem conclusão, com o protagonista cavalgando para o desconhecido, um fugitivo desenraizado à mercê do acaso.

Os dois livros clássicos do século XIX, *Facundo* e *Martín Fierro*, representam uma divisão que ficaria entranhada na psique argentina. *Facundo* expressava o desejo de construir uma moderna nação liberal, enquanto *Martín Fierro* cristalizava uma ambivalência em relação à modernidade, pois embora a marcha do progresso parecesse irresistível, subsistia um temor de que o país perdesse sua alma para o demônio das novas ideias e do comércio estrangeiro. Desse modo, a figura do *gaucho* passou a encarnar a questão não resolvida da identidade nacional, uma questão que corroeria a consciência argentina e voltaria à tona periodicamente, num impulso violento para se agarrar ou recuperar certa essência vital que poderia ser perdida se a Argentina adquirisse a parafernália de uma nação moderna.

* * *

Enquanto a triunfante Buenos Aires monopolizava os recursos da jovem república, as províncias do interior entravam num prolongado declínio que dura até hoje. Ainda assim, restaram alguns bolsões de resistência a essa modernização rápida. Nas décadas de 1860 e 1870, ataques indígenas às fazendas dos pampas tornaram-se uma ameaça que punha em risco o avanço do desenvolvimento, e ocorreram várias rebeliões de *gauchos*, em particular na província de Entre Rios, depois que seu caudilho Urquiza foi derrotado por Buenos Aires em 1861.

O avô de Borges, coronel Francisco Borges, desempenhou um papel de liderança na eliminação desses vestígios de "barbárie" provincial. Em 1870, comandou as tropas enviadas pelo presidente Sarmiento para sufocar a rebelião em Entre Rios. Após derrotar os rebeldes, foi designado comandante da guarnição de Junín, na fronteira indígena, e, em 1872, liderou suas tropas na batalha de San Carlos, um combate importante que serviu para conter a ameaça dos índios nos pampas. No ano seguinte, ele derrotou uma segunda rebelião em Entre Rios. Mas a carreira brilhante do coronel foi interrompida abruptamente em 1874, quando encontrou a morte no campo de batalha. Esse fim prematuro roubaria de sua família os frutos de suas façanhas, pois as Forças Armadas de Buenos Aires, sob o comando do general Julio Argentino Roca, iniciariam cinco anos depois a "Conquista do Deserto", uma campanha total para expulsar os índios dos pampas para sempre, e, em questão de meses, os pampas do centro-oeste e do sul da Argentina foram "limpos" de indígenas nômades.

A Conquista do Deserto seria um momento decisivo da história argentina. A derrota das tribos indígenas liberou vastas extensões de terra para a conversão em grandes estâncias onde se faria produção de carne e trigo de exportação para a Europa. Seguiu-se uma explosão febril em que terras-tenentes, oficiais do exército, especuladores, financistas, comerciantes e até alguns imigrantes espertos adquiriram terras e começaram a formar uma nova oligarquia de estancieiros que ofuscaria rapidamente a velha elite patrícia que havia feito a independência. Esse boom rural foi logo seguido por uma imensa aceleração da taxa de imigração. Atraída por salários altos, uma quantidade imensa de estrangeiros foi para a Argentina. Em 1870, a população não chegava a 2 milhões de habitantes; nos cinquenta anos seguintes, aproximadamente 3,5 milhões de imigrantes se estabeleceram no país.

A Conquista do Deserto fez do general Roca o homem forte da Argentina. Decidido a evitar a instabilidade que havia infestado a nação desde a independência, ele criou uma máquina política que, graças às fraudes eleitorais sistemáticas, se manteve no poder pelos trinta anos seguintes. Desse modo, a república crioula nunca evoluiu para se tornar uma democracia genuína, passando para as mãos da classe dirigente dos latifundiários, liderados por caudilhos políticos, que controlavam a florescente economia de exportação em associação com interesses estrangeiros. Os crioulos excluídos das benesses do progresso denunciaram o materialismo da nova elite. Ex-presidentes, como Mitre e Sarmiento, lamentaram a corrupção das virtudes cívicas da primeira república. O governo do presidente Juárez Celman — um lacaio do general Roca — foi especialmente criticado, e, quando o banco de investimentos inglês Baring Brothers faliu em 1890, os opositores de Roca organizaram um levante armado em Buenos Aires.

Embora essa "Revolução de 1890" tenha sido derrotada, dela nasceu o Partido Radical, que se tornaria o maior partido de oposição, representando, em larga medida, as classes médias urbanas. As famílias Acevedo e Borges aderiram à nova agremiação política, sobretudo porque seu fundador, Leandro Alem, era amigo íntimo de Isidoro Acevedo. O lema dos radicais era "Intransigência", o que significava que rejeitavam acordos eleitorais para obter poder, preferindo montar rebeliões armadas. Os radicais levantaram-se contra o governo em 1892 e, de novo, em 1893, mas a máquina política criada pelo general Roca se manteve firme, e não houve interrupção do dinheiro, dos imigrantes nem das novas raças que inundaram o país para mudar a face da velha república crioula e deixá-la irreconhecível.

No decorrer das décadas de 1880 e 1890, a nova elite plutocrática transformaria Buenos Aires em uma das cidades mais modernas do mundo. Os serviços públicos foram revolucionados com a eletrificação da iluminação pública, a criação de sistemas modernos de água e esgoto, a mecanização dos bondes, a construção de um metrô, bem como de uma das maiores redes ferroviárias suburbanas do mundo. Ao mesmo tempo, a elite deu início a um plano extremamente ambicioso de renovação de todo o centro da cidade. O desenho do povoado espanhol original ainda determinava o traçado da cidade, que era pouco mais do que uma grade apertada de ruas estreitas que se estendiam a partir da praça central dos conquistadores para formar um labirinto de casas baixas e igrejas sombrias. Mas as aspirações modernas da elite não podiam mais ser contidas dentro desse desenho antigo; a nova classe dirigente tratou de sair dos limites de sua herança colonial espanhola e reconstruir Buenos Aires à imagem de Paris.

Um objetivo primordial do projeto era organizar os grandes prédios estatais, de modo a refletir a separação dos poderes que constitui o equilíbrio ideal do governo liberal: um novo palácio seria construído para o presidente e outro grande edifício abrigaria o Congresso, e ambos ficariam à vista um do outro, nos pontos extremos de uma avenida grandiosa. A transformação começou com o alargamento da praça central — agora chamada de praça de Maio — que era o coração da cidade desde sua fundação. A velha fortaleza, que abrigara outrora os vice-reis espanhóis, já fora demolida em 1853, após a derrota de Rosas, mas esse novo alargamento implicaria a demolição de La Recova, o velho mercado com suas arcadas. O novo palácio presidencial, conhecido como Casa Rosada, foi construído na extremidade da praça ampliada. Outra praça enorme foi criada a oeste e ali construiu-se um vasto edifício neoclássico para o Congresso Nacional. As duas praças, projetadas respectivamente para os poderes Executivo e Legislativo, foram ligadas pela esplêndida avenida de Mayo, o que exigiu a demolição de várias ruas e a controvertida mutilação do Cabildo, uma das construções mais antigas da cidade. Ao ser inaugurada em 1894, a avenida de Mayo era uma maravilha arquitetônica, com seus edifícios altos encimados por extraordinárias confecções em concreto — uma proliferação de espirais, pináculos, torrinhas e flechas, colocadas entre dezenas de pequenas cúpulas.

A avenida de Mayo representava uma nova linha demarcatória entre a velha e a nova Buenos Aires. Desde a epidemia de febre amarela de 1871, as famílias mais ricas haviam saído do centro para uma zona mais ao norte, mais alta e menos insalubre. Na década de 1880, essa área foi remodelada como Bairro Norte e continua a ser a preferida das classes médias até hoje. Uma vez mais, a inspiração veio de Paris. As inovações realizadas na capital francesa pelo barão de Haussmann eram muito admiradas, e suas ideias foram adotadas no planejamento do novo bairro. Ruas inteiras foram sacrificadas para dar lugar a bulevares espaçosos. O francês Charles Thays projetou vários parques e praças de estilo gaulês, inclusive a imponente praça San Martín. Os bulevares foram enfeitados com árvores nativas do rio da Prata — especialmente os jacarandás que florescem em novembro, enchendo de manchas azuis o Bairro Norte, e *palos borrachos* (paineiras), cujos grandes frutos em forma de cápsula se abrem em flores amarelas em fevereiro. As famílias mais ricas construíram mansões no estilo dos *hôtels* parisienses, com cúpulas, mansardas e pesados portões de ferro batido. A gigantesca construção que é atualmente a sede do Círculo Militar, no canto sudoeste da praça San Martín, é uma das maiores e mais impressionantes mansões da *belle époque* argentina; foi projetada por um arquiteto parisiense para ser a residência na cidade de José C. Paz, o fundador do grande jornal *La Prensa*.

Mas não foram somente as classes abastadas que mudaram a cara de Buenos Aires perto do final do século XIX. Os estrangeiros que chegaram em grande número para trabalhar na Argentina também contribuíram para a reorganização da cidade. Eles se estabeleceram em torno de seus locais de trabalho — os currais, os curtumes e as fábricas que embalavam a carne para exportação. Esses novos bairros de imigrantes eram muito modestos, não muito melhores do que fileiras de casas térreas agrupadas em quadras geometricamente exatas e que se espalhavam na direção do campo, ao longo das linhas de bonde ou de trem suburbano. Os limites históricos da cidade foram rompidos pelo crescimento de bairros novos, como Almagro, San Juan e Boedo. Os novos subúrbios empurravam a cidade para oeste também: comunidades de imigrantes como La Paternal, Villa Ortúzar, Villa Urquiza nasceram além da linha férrea que servia o cemitério de La Chacarita, no noroeste. Em questão de uma ou duas décadas, pequenas vilas agradáveis como Flores e Belgrano seriam ameaçadas de absorção pela expansão implacável da capital.

À medida que diferentes grupos étnicos gravitavam na direção de determinadas áreas, esses bairros proletários logo se tornavam o foco de lealdades comunitárias. O maior grupo era, de longe, o dos italianos, chamados derrisoriamente de "gringos" pelos crioulos. Mas eles também tendiam a se congregar de acordo com sua região de origem. Os genoveses se estabeleceram em La Boca, na foz do Riachuelo, um rio que desemboca no estuário do Prata. Um bairro napolitano, adequadamente chamado de Nueva Pompeya, cresceu em torno dos Corrales, os grandes currais do lado sul da cidade. O bairro de Palermo, no noroeste, atraiu imigrantes da Calábria e da Sicília. Judeus da Europa oriental se reuniram ao redor da praça del Once, a oeste, onde a indústria de vestuário começou a prosperar. Em menor medida, armênios, turcos, árabes e muitos outros que vieram do Velho Mundo formaram suas próprias comunidades em diferentes áreas da cidade e seus arredores.

O centro histórico de Buenos Aires, onde as antigas famílias crioulas haviam morado durante séculos, foi deixado cada vez mais em um limbo social, suspenso entre o elegante Bairro Norte e os novos bairros de imigrantes. Distritos outrora respeitáveis do centro da cidade, em especial aqueles ao sul da avenida de

Mayo, como San Telmo ou Barracas, degeneraram em favelas decrépitas. Muitas mansões grandes e históricas se transformavam em *conventillos* (cortiços) quando os ricos as abandonavam e as subdividiam em habitações minúsculas para alugar às famílias de imigrantes pobres.

Por outro lado, aquelas famílias patrícias que não tinham conseguido lucrar com a explosão rural da década de 1880 ficaram efetivamente alijadas da nova hierarquia social que estava surgindo na Argentina. A mãe de Borges cita em suas memórias o caso de Micaela Soler, uma parente dela pelo lado dos Suárez, que vivia das pensões que seu pai, o ilustre general Miguel Estanislao Soler, havia ganhado de não menos de três países sul-americanos por seus serviços nas guerras de independência. Dona Micaela mal podia manter o estilo grandioso em que fora criada — não havia algo do que gostasse mais do que ter uma carruagem com um condutor de libré diante de sua casa —, mas mesmo assim foi obrigada a mudar-se para um lugar alugado, e essa era uma situação com a qual não conseguia conviver: sempre que seu senhorio italiano cometia a insolência de pedir o aluguel no primeiro dia do mês, ela buscava no guarda-roupa a espada de seu pai e a brandia na cara do sujeito, até que o coitado do gringo aprendeu por fim que deveria esperar pelo pagamento do aluguel em algum dia posterior do mês.[8]

Evidentemente, não havia esperança de reverter o curso dos acontecimentos. Os novos líderes da sociedade — os grandes estancieiros — desenvolveram rápido uma aparência cosmopolita. Embora a economia argentina dependesse totalmente do capital britânico, era a França que estabelecia o estilo e o tom para o *beau monde* que passou a existir no decorrer das décadas de 1880 e 1890. Homens com pretensões culturais assinavam a *Revue des Deux Mondes* para se manter a par dos eventos em Paris. No Clube del Progreso, que ocupava os salões forrados de mármore do Palácio Muñoa, o champanhe corria prodigamente em recepções suntuosas e suas salas de jantar serviam *haute cuisine* preparada por *chefs* trazidos da França. As melhores famílias contratavam governantas francesas para que seus filhos pudessem aprender a falar francês com fluência. O sinete de prestígio máximo era reservado para os magnatas que tinham condições de levar suas famílias, com criadas, choferes e tudo o mais para uma temporada de vários meses em Paris, a "Cidade Luz".

Ao final do século XIX, a Argentina era um dos países mais ricos do mundo, quase tão rico quanto os Estados Unidos e incomparavelmente mais rica do que a Espanha, da qual fora colônia. Os crioulos do rio da Prata tinham bons motivos para se orgulhar de seus feitos, pois tinham para contar uma das maiores histórias de sucesso pós-colonial. Em 1910, ano do centenário da primeira revolta contra os espanhóis, o governo decidiu comemorar o nascimento da nação com uma série de celebrações extravagantes para as quais foram convidados distintos estadistas, cientistas, escritores e artistas estrangeiros. Mas apesar do triunfalismo oficial, restavam elementos refratários que ameaçavam perturbar o progresso suave em direção à modernidade imaginado pela elite. O Partido Radical, por exemplo, ressentia-se de estar excluído dos frutos do poder. Em 1905, organizou mais uma insurreição, sob o comando de seu novo líder Hipólito Irigoyen, sobrinho do fundador do partido, Leandro Alem. Uma ameaça mais perigosa ao *status quo* vinha de um setor emergente da sociedade, os operários industriais, cuja maioria era de imigrantes que haviam trazido com eles ideologias políticas como o anarquismo e o socialismo, desconhecidas dos crioulos. A primeira década do século assistiu a uma explosão de ação operária organizada pelos sindicatos controlados pelos anarquistas: em 1896 houvera 26 greves em Buenos Aires, mas em 1910 esse número já explodira para 238. Greves eram um fenômeno relativamente novo na Argentina, e a classe dominante ficou alarmada com a violência dessas disputas. Em 1909, apenas um ano antes das comemorações do centenário, o chefe da polícia de Buenos Aires foi assassinado por um anarquista judeu-russo, ultraje que provocou uma reação furiosa dos jovens de classe alta da recém-criada Liga Patriótica, que desencadeou o primeiro pogrom argentino contra os russos, como eram chamados os judeus da Europa oriental.

O imenso progresso econômico da Argentina provocou mais uma vez ansiedade quanto a sua identidade nacional. No início do século XX, Buenos Aires já era um caldeirão de gente das mais variadas nacionalidades. Muitos desses estrangeiros se fixariam na Argentina, mas outros continuaram a migrar sazonalmente para a Europa. Cresceu o temor de que essa quantidade de imigração viesse a desestabilizar o país e quem sabe até inundar a cultura e a identidade dos crioulos. A nação teria perdido sua alma para o comércio exterior? Corriam os argentinos o perigo de se tornarem pseudoeuropeus, ou, pior ainda, uma raça híbrida sem qualidades inerentes próprias? O que significava, de fato, ser argentino? O establishment político procurou uma resposta em seu poeta mais famoso, Leopoldo Lugones, que em 1913 fez uma série de palestras no teatro Odeón, em Buenos Aires, à qual compareceram o presidente da República e vários ministros. Seu tema era a significação do *gaucho* na história argentina. Lugones afirmava que a liberdade política do rio da Prata fora conquistada pelos *gauchos*, que constituíam a espinha dorsal dos exércitos patriotas nas guerras de independência. Desse modo, eles haviam fornecido o alicerce da identidade nacional, e o *Martín Fierro* de José Hernández deveria ser considerado a epopeia nacional da Argentina, pois expressava o espírito e o caráter essenciais do povo do rio da Prata, tal como encarnado pelo *gaucho*. O argumento de Lugones contradizia a tese liberal clássica de Sarmiento de que o *gaucho* representava a barbárie dos pampas e deveria, portanto, ser obrigado a submeter-se à civilização. Mas Lugones estava envolvido numa nova operação ideológica — ele tentava oferecer aos crioulos uma identidade que funcionaria como um baluarte contra as ondas de imigrantes que inundavam o país. Com essa finalidade, queria criar uma continuidade espúria entre o passado e o presente, reabilitando o *gaucho* aos olhos dos fazendeiros milionários que, na verdade, o haviam expulsado da terra.

A insistência de Lugones na supremacia cultural dos crioulos era inerentemente reacionária e logo o levaria na direção do fascismo, pois as realidades políticas e sociais não permitiam essa visão elitista da nação: havia milhões de pessoas no país que não eram crioulos e elas também teriam de se amoldar à autoimagem argentina. Com efeito, alguns anos depois que Lugones fez suas famosas palestras sobre o *gaucho*, a voz política das massas que havia sido desconsiderada por ele se fez ouvir, quando Hipólito Irigoyen foi eleito para a presidência, em 1916. Seguiu-se uma onda de demandas populares por reforma, que o novo presidente tentou satisfazer criando empregos e aumentando os gastos públicos. Seu governo, no entanto, foi assolado por inflação alta e crescente agitação operária, provocando temores no establishment político de um retorno à instabilidade crônica. O sucessor de Irigoyen, eleito em 1922, era um fazendeiro patrício que tentou fazer o país voltar ao seu curso usual de crescimento movido pela exportação, sob o controle dos estancieiros e investidores estrangeiros, mas desencadeara-se uma revolução de expectativas nas classes urbanas, e as exigências de reforma política e melhor distribuição de renda não podiam mais ser ignoradas. Quando Irigoyen candidatou-se novamente à presidência, em 1928, houve nova onda de entusiasmo popular com a perspectiva de desmantelar para sempre a máquina política conservadora. E um dos mais ardentes partidários de Irigoyen era ninguém menos que Jorge Luis Borges, que, aos 28 anos, formou um grupo de jovens intelectuais dentro do Partido Radical a fim de fazer campanha pela reeleição do grande defensor do povo.

A concepção de nação de Borges era diretamente oposta à de Leopoldo Lugones. Nessa época, Lugones propagava a teoria de que a Argentina tinha uma hierarquia social na qual os crioulos deveriam ocupar uma posição dominante, garantida, se necessário, pela força militar. Mas Borges rejeitava esse nacionalismo elitista e contestava a interpretação de Lugones de que o *Martín Fierro* seria a epopeia dos crioulos. Com efeito, em tudo o que Borges viria a escrever sobre a obra de Hernández estaria presente um argumento implícito contra a mistificação do poema feita por Lugones. Não se tratava de uma epopeia, diria ele, sobretudo porque Fierro estava longe de ser exemplar: era um assassino e desertor e, como tal, tinha mais as qualidades contraditórias de um personagem de romance do que as de um herói épico.

Em 1928, Borges fez um discurso para um grupo de jovens nacionalistas no qual sustentava que os crioulos deveriam "sacrificar" seu orgulho da ancestralidade em nome da honra maior da nação:

> Porque nesta casa da América, meus amigos, homens das nações do mundo conspiraram para desaparecer no homem novo, que não é nenhum de nós ainda e que predizemos argentino, para assim nos aproximarmos da esperança. É uma conjuração sem precedentes: pródiga aventura de estirpes, não para perdurar, mas para esquecê-las no fim: sangues que buscam noite. O crioulo é um dos conjurados. O crioulo, que formou a nação inteira, preferiu agora ser um entre muitos.[9]

Enquanto Lugones queria fixar a identidade argentina no passado, Borges tinha uma visão dinâmica da nacionalidade e instava seus companheiros crioulos a olhar para o futuro. A independência, na sua visão, havia sido uma revolta de filhos contra seus pais, um "ato de fé" dos crioulos na possibilidade de ser diferente dos espanhóis. Porém, na virada do século, as realidades da imigração haviam rompido a linhagem crioula novamente e, para perseverar na aventura de construir uma nação, era necessário estender e renovar o ato de fé original a fim de incluir todas as pessoas que se haviam estabelecido na Argentina desde a independência.

Borges sustentava essa concepção com extraordinária convicção e isso aparece nos tropos que utilizou: "estirpes que buscam a noite", os "conjurados" que buscam criar um "homem novo" na Argentina. O fato é que ele tinha um interesse pessoal na questão da identidade nacional. Sua própria ancestralidade era mista — sua mãe era crioula pura, seu pai era meio inglês —, mas a história da Argentina havia permeado de tal forma a consciência de sua família que ele passara a ver o destino da nação como um espelho mais amplo de sua própria história.

2. Mãe e pai

LEONOR ACEVEDO

A mãe de Borges, Leonor Acevedo, era neta do coronel Isidoro Suárez, o jovem oficial que conduziu os cavaleiros peruanos à vitória na batalha de Junín. Embora Suárez tenha participado de muitas das principais batalhas da guerra de independência e da guerra contra o Brasil, ele seria sempre lembrado em sua terra natal como o "Herói de Junín". Porém, mais tarde, foi forçado a se exilar no Uruguai, devido a sua simpatia pelos unitários. Foi lá que se casou com Jacinta Haedo, que vinha de uma velha família de proprietários rurais uruguaios, e se estabeleceu na cidade de Mercedes. Mas aqueles eram tempos turbulentos em toda a região do rio da Prata e, durante uma visita de rotina a Montevidéu, Suárez viu-se, de repente, preso na cidade, assediada por forças aliadas ao ditador argentino Rosas. Sua esposa fez vários esforços desesperados para libertá-lo, mas ele adoeceu e morreu na capital uruguaia em 1846, aos 47 anos de idade, deixando cinco filhos, o mais velho dos quais tinha apenas nove anos. A família passou por sérias dificuldades depois de sua morte — suas terras e boa parte de seus bens foram sequestrados para pagar dívidas. Por fim, a viúva de Suárez mudou-se para Buenos Aires com os filhos e alguns dos escravos negros da família e comprou a casa da rua Tucumán em que Jorge Luis Borges nasceu.

Em 1861, uma das filhas do coronel Suárez, Leonor, casou-se com Isidoro Acevedo, um jovem de outra família crioula. Os Acevedo haviam sido donos de estâncias em San Nicolás, no noroeste da província de Buenos Aires. A mãe de Isidoro era sobrinha de Francisco Narciso de Laprida, o homem que havia assinado a declaração de independência da Argentina em 1816. Mas, tal como os Suárez, os Acevedo eram unitários e sofreram muito sob a ditadura de Rosas. Eles tiveram suas propriedades confiscadas depois que o pai de Isidoro, Judas Tadeo Acevedo, participou de uma revolta contra Rosas e foi feito prisioneiro. Sua esposa foi forçada pela Mazorca a abandonar a casa da família e mudar-se com alguns de seus sete filhos para Buenos Aires, onde a família passou a viver em circunstâncias muito pobres. Na juventude, Isidoro Acevedo tornou-se partidário da causa unitária, participou da ação contra Rosas em Caseros e posteriormente lutou nas batalhas de Cepeda e Pavón, contra Urquiza.

Embora suas respectivas famílias tivessem decaído economicamente, Isidoro e Leonor levaram uma vida confortável depois do casamento. Ele achou emprego no departamento de polícia, e quando a mãe dela morreu, em 1869, o casal mudou-se para a casa da rua Tucumán e alugou a outra propriedade que tinham na rua Azcuénaga. O simpático Isidoro conhecia todo mundo na cidade — pelo menos é o que sua filha afirmou em suas memórias.[1] Porém, quando eles se casaram, em 1861, esse pequeno mundo fechado das velhas famílias crioulas estava no limiar de um processo drástico de mudança, pois, no mesmo ano, Buenos Aires emergia finalmente como a principal cidade da Argentina, e o país estava em via de entrar num longo período de relativa estabilidade e crescimento econômico rápido.

Isidoro e Leonor jogaram-se no torvelinho da vida social da florescente metrópole. Mulher bonita, Leonor Suárez era apaixonada por vestir-se bem: adorava ir à ópera, ao teatro e a salas de concerto, e como o casal não tinha filhos ela podia entregar-se a seus gostos dispendiosos. Isidoro se deu bem no departamento de polícia e foi promovido a comissário responsável pelos mercados da praça del Once, onde chegavam do interior todos os produtos agrícolas que supriam a cidade para serem vendidos no atacado. Ele viria a ter influência considerável graças ao seu posto nos mercados e aos contatos que fizera como ativista da causa unitária. Quando uma de suas cunhadas perdeu o marido, Isidoro enviou ao

Congresso um pedido de pensão para uma das filhas do coronel Isidoro Suárez, o herói de Junín. Recebeu uma resposta magnífica dos deputados e senadores, e até seu velho amigo Nicolás Avellaneda, ex-presidente da república, apareceu para votar.

Já estavam casados havia quinze anos quando Leonor Suárez, aos quarenta anos, foi surpreendida pela gravidez. Nascida em 1876, Leonor Rita Acevedo foi idolatrada por seus pais. Foi instalada numa cama de baldaquino com quatro colunas de bronze e uma estátua de anjo da guarda sobre a cabeceira; quando saíam, vestiam-na com uma longa túnica rendada e cobriam-na com um véu de gaze para protegê-la das moscas e mosquitos das ruas da cidade. Como filha única, Leonorcita tinha poucas amigas, então sua mãe achou uma menina indígena chamada Dominga para lhe fazer companhia nas brincadeiras. Um belo dia, Dominga foi enrolada numa capa e levada embora num carro para nunca mais voltar. Passaram-se vários anos até contarem a Leonorcita que a pequena havia morrido de pneumonia.

A mãe foi sua companheira mais próxima na infância. Quando estava debaixo das cobertas à noite, não havia nada de que gostasse mais do que ter a mamãe deitada ao lado e conversar sobre a época de ouro da família, quando tinham estâncias e escravos negros. Leonorcita ficou sabendo sobre a carreira ilustre de seu avô, o herói de Junín, que sua mãe adorava apaixonadamente e cujo retrato mantinha num medalhão de ouro. Mas a mãe sentia uma angústia aguda ao relembrar o tempo em que a família havia sofrido as mais cruéis privações nas mãos de Rosas. O tirano era um traidor da classe, Leonorcita foi informada pela mãe — ele odiava a *gente bien*, as pessoas de boa família como elas, embora pertencesse a uma delas. Na verdade, Rosas e o coronel Suárez tinham um parentesco distante, mas o querido pai da mãe de Leonor se tornou um inimigo acirrado do tirano e foi, portanto, denunciado publicamente como "um unitário nojento, imundo e selvagem".

Tudo isso Leonorcita absorveu — todas essas histórias penosas, mas românticas, de batalhas ganhas e perdidas, de terras confiscadas, de exílios e assassinatos. E identificou-se de forma tão forte com os heróis esbulhados da família que muito tempo depois, quando já era uma velha senhora, ainda se descrevia orgulhosamente como uma "unitária selvagem", e chamava tudo o que lhe lembrava o tirano Rosas — *gauchos*, caudilhos, as províncias ou os hábitos e costumes das classes mais baixas — de *guarango*, "ordinário", a maior maldição de seu vocabulário.

Havia costumes na família que reforçavam a impressão de Leonorcita de ser especial. A água do poço de seu pátio, por exemplo, era tão apreciada por sua frescura espumante que os amigos mandavam as criadas buscar um pouco antes do almoço e do jantar. Ela cresceu acostumada com a atenção de empregadas: sua mãe tinha o hábito de colher flores no pátio, colocá-las numa bandeja de prata e mandá-las de presente para os vizinhos. Quando já era um pouco mais velha, sua mãe a levava com frequência para ver os animais do zoológico do parque Palermo num coche alugado conduzido por um homem negro de libré chamado Epifanio. (Essa lembrança de família do motorista negro era suficientemente forte para aparecer na novela de Borges *O Congresso*.) E contudo, mesmo quando ainda era pequena, teve certa ideia da dimensão da queda em desgraça da família, pois à distância de poucas quadras da casa dos Acevedo na rua Tucumán havia várias ruas onde, Leonorcita notou, as persianas estavam sempre fechadas; quando perguntou a uma menina mais velha a razão daquilo, ficou sabendo que se tratava de casas de má reputação. Não obstante, em sua cama à noite, Leonorcita deitava-se de costas e fitava a pequena coroa de bronze que prendia a musselina branca no dossel acima de sua cama de baldaquino e que, como ela lembrou depois, inspirava seus incontáveis sonhos de grandeza.

Leonorcita tinha catorze anos quando aconteceu a revolução de 26 de julho de 1890, após o colapso do banco Baring Brothers. Sua mãe, que sempre se entusiasmava muito com a política, seguiu com enorme excitação os eventos que levaram à deflagração das hostilidades. Os insurgentes montaram suas barricadas na rua Plaza del Parque (agora chamada Libertad), a apenas três quadras de onde os Acevedo moravam, de tal modo que seu pai, Isidoro, sempre disposto a fazer seu quinhão, tinha apenas que levantar da cama de manhã e subir a rua para participar da revolução. Leonorcita, no entanto, ficou confinada dentro de casa e passou quatro dias ansiosa ouvindo as balas que passavam zunindo pela casa. De repente, estava tudo acabado: os revolucionários haviam forçado a renúncia do presidente e o governo caíra. Houve um regozijo geral — Leonorcita lembrava que o cantor de ópera Tamagno, de uma sacada da rua Florida, havia liderado a multidão numa execução do hino nacional. Mas essa vitória famosa logo se revelou uma falsa aurora, pois a oligarquia dominante não perdeu tempo em fraudar as eleições mais uma vez, por intermédio de sua rede de chefes locais.

Após a Revolução de 1890, famílias como a dos Acevedo não tiveram opção senão aceitar o seu declínio. Não que o afável Isidoro parecesse se preocupar muito: todas as noites, enrolava-se em sua teatral capa curta espanhola e saía para jogar cartas ou bilhar no Club Católico ou no Circolo Italiano, ambos instituições bastante respeitáveis, é claro, mas dificilmente da mesma classe do Club del Progresso, para não falar do Jockey Club, espaço exclusivo da nova elite de estancieiros. E ainda se podia contar com Isidoro para mexer alguns pauzinhos, se necessário. Mesmo depois de sua aposentadoria, a casa da rua Tucumán atraía muitos visitantes em busca de favores — um emprego, uma licença — em troca de uma galinha ou uma dúzia de ovos.

Eram a esposa e a filha dele que faziam de tudo para preservar os valores do passado. Organizavam viagens para visitar as antigas propriedades dos Acevedo em San Nicolás e apreciavam muito sempre que recebiam a visita de descendentes dos escravos que a família outrora possuíra. E quanto à própria cidade de Buenos Aires, bem, elas não se acostumavam com todos aqueles nomes modernos das ruas, preferindo os antigos: "rua del Temple", "Cinco Esquinas", "Plaza del Parque". Reservavam um lugar especial em seus corações para o Uruguai, que ainda chamavam de "La Banda Oriental" (a "margem oriental" do rio da Prata) e nunca de "Uruguai", nome que Leonor Suárez considerava desagradável e ofensivo, usado somente por *guarangos*. Esse anacronismo talvez se explique pelo fato de que o ramo uruguaio da família, os Haedo, se saíra melhor na manutenção da riqueza do que os Acevedo ou Suárez. Todos os verões, Leonorcita passava três meses com os Haedo em sua grande casa de campo em Paso del Molino, nos arredores de Montevidéu, ou em suas fazendas perto de Fray Bentos, uma prática a que ela daria continuidade com seus filhos. Essas férias de verão em Paso del Molino e as estâncias de seus primos junto aos rios Uruguai e Negro estavam entre as memórias mais valorizadas por Leonorcita.

Leonor Acevedo cresceu num período de grande fermentação e mudanças em Buenos Aires e se orgulhava do fato de seu pai conhecer deputados, senadores e ministros do governo. Tinha memórias vívidas de ser levada para almoçar aos domingos no Café de Paris ou no restaurante Charpentier, os estabelecimentos franceses mais elegantes de Buenos Aires. Lembrava-se dos homens que usavam colarinhos engomados e abotoaduras de ouro, e penduravam suas cartolas em cabides ao redor de colunas de mármore; ao entrar, ela e seu pai eram saudados de todos os lados pelos muitos amigos de Isidoro. Seus antigos camaradas o chamavam de "capitão", e os mais jovens (inclusive Carlos Pellegrini, futuro presidente da república), de "tio". Homens vinham até sua mesa e lhe davam beijos no rosto, embora ela preferisse quando apenas apertavam sua mão, porque assim se sentia mais importante.

Leonorcita, porém, não tinha permissão para penetrar na esfera masculina da política e do livre pensamento. Ficava confinada a atividades que eram consideradas apropriadas para jovens damas: cantar, tocar piano e recitar versos. De qualquer modo, os Acevedo e os Suárez não eram muito dados à vida intelectual. A menina foi criada dentro do catolicismo estreito reservado para as mulheres das velhas famílias crioulas e seria uma católica praticante pelo resto de sua vida. A devoção religiosa também servia como marca de distinção social. Durante a Semana Santa, por exemplo, ela e sua mãe observavam devidamente as Estações da Cruz, usando seus melhores vestidos com esse propósito, mas, na Sexta-feira da Paixão, sua mãe, obediente à convenção da época, não usava joias e se vestia inteiramente de preto.

Leonorcita era uma menina excepcionalmente bonita e sua tez pálida era realçada por cabelos negros e lustrosos. Em sua opinião, o que tinha de melhor eram seus olhos — botões de luz brilhantes e vivos, de um verde-esmeralda que provocava uma torrente de elogios dos admiradores, que ela absorvia com prazer indisfarçável. Também herdou da mãe o gosto por trajes elegantes e, juntas, costumavam frequentar a loja de uma senhora francesa cujas roupas e chapéus vinham de Paris. Um de seus vestidos causou sensação entre as meninas da escola — o fato de ter sido feito sob medida certamente deu o que falar, relembrou ela. Entre suas coisas mais apreciadas estava uma bela boneca com longos cabelos loiros, que fora trazida especialmente de Paris; ela adorava também um pavão mecânico presenteado por um parente rico: era quase em tamanho natural e, quando lhe dava corda, andava majestoso, abrindo e fechando sua cauda como um leque.

Pressente-se uma profunda frustração em Leonor Acevedo. Está claro que ela percebeu muito cedo que era talentosa e inteligente, mas desde a infância haviam enchido sua cabeça com sonhos da antiga grandeza da família e, em consequência, a paixão dominante de sua vida se tornou o desejo de recolocá-la naquele que ela achava ser seu devido lugar no mundo. Porém, estava presa, pelas expectativas de sua época, ao papel submisso de dama da classe média, e, assim, essa mulher viva e muito inteligente, com uma vontade de ferro, foi forçada a esperar que os homens de sua família — o marido e, depois, o filho — realizassem em seu nome aquela ambição social irrefreável.

Mesmo assim, tinha uma consciência obscura das restrições às quais sua família a submetera. Havia um primo de sua mãe que o resto da família considerava louco, mas ela suspeitava que isso se devia ao fato de ele gastar o pouco dinheiro que tinha com obras de arte. Ela gostava de ouvi-lo, porque ele costumava falar sobre coisas que eram diferentes dos tópicos usuais de conversa. Ele a chamava de "Nena" e lhe trazia doces e livros, inclusive uma obra ilustrada de mitologia grega que a entreteve por muito tempo. Esse *loco* chamava-se Hamilton Otálora e, curiosamente, seria esse o sobrenome que o filho de Leonor, Jorge Luis Borges, daria aos protagonistas de dois de seus contos mais importantes, ambos alter egos óbvios do autor: Benjamín Otálora, em "O morto", e Javier Otárola [*sic*], o velho professor colombiano de "Ulrica". Talvez Borges quisesse lembrar aquelas qualidades de sua mãe que haviam sido reprimidas por sua criação e que, se tivessem florescido, poderiam ter alterado o destino de toda a família.

Contudo, Leonor Acevedo rompeu uma vez com as restrições impostas pela condição social ao seu espírito. Aos 22 anos, conheceu um jovem belo e charmoso que acabara de se formar em direito pela Universidade de Buenos Aires. Seu nome era Jorge Guillermo Borges, o filho mais moço de um herói, o coronel Francisco Borges, que fora amigo do pai de Leonor antes de morrer tragicamente no campo de batalha. Os Acevedo e os Borges não se viam desde o infausto episódio, mas se encontraram novamente em 1898, quando o filho mais velho, Frank Borges, retornou do exílio em Montevidéu, após ter participado da malograda revolução radical de 1893. A viúva inglesa do coronel Borges, Fanny Haslam, convidou os Acevedo para tomar chá em sua casa, e da renovada amizade entre as duas famílias — Leonor observaria em suas memórias — nasceu o amor à primeira vista que a uniria a Jorge para sempre.

JORGE GUILLERMO BORGES

A família Borges era de uma safra mais recente na Argentina do que os Acevedo e os Suárez. Seu sobrenome vinha de Francisco de Borges, um tenente da Marinha portuguesa sobre o qual pouco se sabe, embora talvez tenha vindo para a região do Prata quando servia à Coroa portuguesa no Brasil. Em 1829, casou-se com María del Carmen Lafinur, de uma ilustre família crioula da cidade de Córdoba. Tiveram um filho, Francisco, e o fato de ele ter nascido em

Montevidéu em 1833 sugere que a família tinha simpatia pelos unitários, o que talvez os tenha forçado a deixar Córdoba e se exilar no Uruguai. Aos dezenove anos, Francisco serviu numa divisão uruguaia que lutou na batalha de Caseros contra Rosas e, três anos depois, ofereceu "seu braço e sua espada ao governo do estado de Buenos Aires".[2]

Como soldado profissional, defendeu Buenos Aires em várias batalhas contra os federalistas, entre elas Cepeda e Pavón contra Urquiza, bem como na Guerra do Paraguai (1864-70). Em 1868, já havia sido promovido ao posto de coronel e, dois anos depois, foi enviado para libertar a cidade de Paraná, capital da província de Entre Rios, que estava sob sítio das tropas do caudilho federalista Ricardo López Jordán. Foi lá que conheceu a inglesa Frances Haslam. Seu neto fez um relato romântico desse primeiro encontro: "Borges, montado a cavalo à frente de seu regimento, comandava as tropas que defendiam a cidade. Fanny Haslam viu-o do terraço de sua casa; nessa mesma noite organizaram um baile para celebrar a chegada das tropas governamentais de reforço. Fanny e o coronel conheceram-se, dançaram, apaixonaram-se e depois de certo tempo casaram".[3]

Frances (Fanny) Haslam, a noiva inglesa do coronel Borges, nasceu em Hanley, Staffordshire, embora a família fosse originalmente de Northumberland. Seu pai, Edward Young Haslam, era mestre-escola. Dizia a lenda familiar que ele não tinha condições financeiras para frequentar Oxford ou Cambridge e foi então para a Alemanha, onde obteve um doutorado da Universidade de Heidelberg, "depois de fazer todos os estudos em latim".[4] Seu casamento com Jane Arnett deu origem a quatro filhos, sendo três meninas. A família era metodista e profundamente religiosa: William, o pai de Haslam, havia sido pastor metodista de alguma reputação nas Midlands. Quando Jane Arnett morreu, em 1853, Edward teve de cuidar dos filhos; Caroline, a mais velha, tinha catorze anos, e Agnes, a mais moça, apenas quatro.

A conexão inicial da família Haslam com a Argentina veio do casamento de Caroline com um engenheiro judeu italiano chamado Jorge Suárez, súdito inglês naturalizado. Em algum momento da década de 1860, Caroline e seu marido emigraram para Paraná, a capital da província de Entre Rios, que era então governada pelo caudilho Urquiza, o homem que derrotara Rosas cerca de dez anos antes. Lá, Suárez meteu-se em várias aventuras comerciais: era agente da companhia Siemens e também investiu na construção de pontes, viadutos e novas docas no rio Paraná. Em 1869, obteve licença de Urquiza para o funcionamento de um bonde puxado a cavalo, o primeiro da Argentina, que iria do centro da cidade ao porto. Perto do final da década de 1860, Fanny Haslam, acompanhada por seu pai, foi morar com sua irmã Caroline e o marido em Paraná. Não se sabe o que levou a essa mudança para a Argentina e nada se conhece do paradeiro dos outros dois irmãos mais moços, Edward e Agnes, que teriam então vinte e poucos anos. Durante o período em que esteve na Argentina, Edward Haslam ensinou inglês em várias escolas de Buenos Aires e de Paraná e escreveu para jornais de língua inglesa, como *The Southern Cross*, *The Buenos Aires Herald* e *River Plate Times*.

O casamento de Fanny Haslam com o coronel Borges foi celebrado na catedral de Paraná em 14 de agosto de 1871. Mais tarde, nesse mesmo ano, Borges foi designado para Junín, uma praça-forte nos pampas, onde seria comandante em chefe de três fronteiras: a setentrional e a ocidental da província de Buenos Aires e a meridional da província de Santa Fé. Sua missão era conter as incursões indígenas a territórios incorporados à República Argentina. Em Junín, Fanny viveria bem na fronteira da região selvagem sul-americana, o "deserto", como era chamada pelos argentinos. Em 3 de junho de 1872, ela deu à luz Francisco, mas quando o segundo filho, Jorge Guillermo, nasceu, em 24 de fevereiro de 1874, a família já havia retornado a Paraná, para onde o coronel fora mandado a fim de lidar com outra revolta dos *gauchos* de López Jordán.

Apesar das dificuldades da vida na fronteira indígena, há poucas dúvidas de que uma moça inglesa de classe média baixa como Fanny Haslam tenha feito um casamento excelente com um jovem oficial como o coronel Borges, cujas perspectivas eram excepcionalmente boas, pois dentro de poucos anos o exército iniciaria a Conquista do Deserto com o objetivo de expulsar totalmente os índios dos pampas e abrir novos territórios para a Argentina. Depois da conquista, o comandante de uma guarnição de fronteira estaria qualificado para receber uma dotação de 8 mil hectares de terra; o coronel Borges, na qualidade de comandante em chefe de três fronteiras, estaria em condições de receber uma dotação desse tamanho, no mínimo.[5] Porém, em outubro de 1874, Borges envolveu-se numa disputa política pela sucessão de Sarmiento na presidência da República. O presidente de saída tratara de garantir que Nicolás Avellaneda fosse seu sucessor, mas um candidato rival, Bartolomé Mitre, provocou uma revolta no exército, à qual o coronel Borges decidiu aderir. Sarmiento escreveu-lhe exortando-o a permanecer fiel ao governo. Borges respondeu prometendo sua lealdade até o dia 12 de outubro, a data exata em que terminava o mandato de

Sarmiento. Infelizmente, Mitre adiantou a data de seu levante e Borges foi posto num dilema, que resolveu entregando ao presidente Sarmiento, chefe oficial de Estado, as tropas que estavam sob seu comando — um regimento de infantaria e três de cavalaria — para depois renunciar ao seu posto a fim de participar da rebelião. Essa atitude não agradou a ninguém, pois Sarmiento considerou sua defecção uma traição, enquanto Mitre se ressentiu da entrega de tropas valiosas ao seu inimigo. A tentativa de golpe de Estado de Mitre foi derrotada na batalha de La Verde, em 26 de novembro. O coronel Borges morreu dois dias depois em consequência de dois tiros que levou quando estava dando ordens a um oficial subordinado durante a luta.[6]

Após somente três anos de casamento, Fanny Haslam viu-se viúva com dois filhos pequenos e recursos muito limitados, não mais do que sua pensão de viúva de guerra e uma quantia em dinheiro levantada em seu benefício pelos camaradas de seu marido. Ela voltou para sua família em Paraná, mas, apenas quatro anos depois, a desgraça atacou de novo, e seu pai, que provavelmente lhe dava alguma ajuda financeira, morreu inesperadamente em 1878 de um ataque grave de bronquite. O dr. Haslam tornara-se um membro respeitado da comunidade britânica na Argentina: um obituário no *Southern Cross* o descreveu como "o melhor escritor inglês no Prata", "probo e honrado em todas as suas relações", "um cavalheiro completo" e "um homem de profundos sentimentos religiosos".[7]

Alguns anos mais tarde, a família sofreria outro infortúnio, quando o cunhado de Fanny, Jorge Suárez, faliu. Ele tentara auxiliar o general Urquiza na modernização de Entre Rios desenvolvendo o porto de Paraná, mas a ascensão de Buenos Aires se tornou inevitável após a morte de Urquiza, e a rebelião de López Jordán infligiu mais danos à economia da província. Em meados da década de 1880, Fanny e seus dois meninos moravam em Buenos Aires, numa casa da rua Libertad, 1346, onde ela complementava sua escassa renda aceitando senhoritas inglesas como inquilinas. Sua irmã e seu cunhado também se mudaram para a capital e lá Caroline Haslam fez carreira como professora, tornando-se com o tempo chefe do departamento de inglês da Escola de Línguas Modernas, uma prestigiosa instituição de formação de professoras.

Fanny criou seus filhos num lar que para todos os efeitos era inglês, em especial enquanto seu pai foi vivo. Todos falavam inglês em casa e, sendo uma grande leitora, estimulava os meninos a ler livros ingleses. Como inglesa patriótica vivendo longe da mãe-pátria, ela deve ter contado a eles histórias nostálgicas sobre sua infância em Staffordshire e sobre as raízes familiares em Northumberland. Com certeza, o filho mais moço Jorge Guillermo cresceu com uma forte consciência de sua "inglesidade" e, em consequência, sempre se sentiria um pouco desajustado em Buenos Aires e inseguro em sua relação com a Argentina.

Essa incerteza agravou-se com o impacto emocional sobre a família da morte trágica do coronel Borges. Jorge Guillermo tinha apenas nove meses quando o coronel foi morto em batalha, e a figura do pai que jamais conhecera pairaria sobre a imaginação do menino sensível e sonhador. Tudo o que ficava sabendo sobre ele era inevitavelmente filtrado pela mãe viúva, e Fanny tinha bons motivos para lamentar a morte do marido — se ele tivesse sobrevivido, poderia ter sido senhora de uma grande estância. Mas o que devia ser particularmente pungente era o fato de que ele nem fora morto por uma causa gloriosa: havia morrido numa luta fracassada pelo poder entre caudilhos rivais. Talvez para mitigar sua dor, ela fazia dos fatos sobre a morte do coronel Borges um relato romântico que nos chegou através da versão dada por seu neto, Jorge Luis, que a ouviu diretamente dela e que, portanto, devia ser o que Fanny relatava para seus filhos.

Nessa versão, o general Mitre deu ordens para que suas tropas recuassem do campo de batalha, ainda que o coronel Borges o tenha informado de que o inimigo estava ficando sem munição. Quando Mitre insistiu na retirada, Borges, que estava usando um poncho branco, montou em seu cavalo branco e cavalgou na direção das linhas inimigas, com os braços cruzados sobre o peito. Caiu sob uma saraivada de balas e foi carregado por seus homens num couro de vaca até uma estância das vizinhanças, onde morreu dos ferimentos. Consta que suas últimas palavras foram: "Caí na crença de ter cumprido meu dever e minhas convicções, e pelos mesmos princípios que lutei durante toda a minha vida".[8] Embora os registros históricos mostrem que o coronel morreu de ferimentos sofridos durante a batalha e não em consequência de um ato deliberado de suicídio,[9] é compreensível que a viúva preferisse encontrar algum sentido em sua morte e, para tanto, elaborasse o mito em que seu marido escolhia a morte, em vez de se submeter a uma derrota desnecessária.

Há poucas dúvidas de que Fanny tenha transmitido aos filhos uma imagem exagerada do heroísmo de seu finado marido. O efeito dessa glorificação do coronel Borges sobre Jorge Guillermo o faria duvidar de seu próprio valor. O menino cresceu sob a imagem opressiva de um pai que nunca conheceu e que só poderia conhecer indiretamente, através da mãe. Portanto, deve ter sido impossível para ele questionar, para não falar de rebelar-se contra, aquele pai mítico sem um forte sentimento de culpa. Todos os indícios posteriores indicam que Jorge Guillermo desenvolveu uma personalidade indecisa e autocrítica, vacilando sempre entre seu desejo de respeitar a mãe e uma necessidade de afirmar sua independência.

Jorge foi matriculado no Colégio Nacional, em Buenos Aires, quando estava com treze anos, mas odiava a escola e seu desempenho era medíocre. Em um romance cujo protagonista é um alter ego transparente, ele descreveria o Colégio Nacional desta forma: "Dias absurdos: mestres pedantes ou grotescos. Seus colegas o irritavam. Havia alguma coisa que fazia dele diferente dos outros: uma sensibilidade excessiva. Ele era acanhado demais. Sofria muito, de forma estúpida e desnecessária. Não encontrava ninguém suficientemente pobre ou humilde para querer ser seu amigo".[10] Não obstante, fez na escola um amigo para toda a vida, um menino chamado Macedonio Fernández, que no devido tempo seria amigo de seu filho também. Macedonio vinha de um ambiente muito diferente. Sua família era de linhagem crioula patrícia e possuíra outrora estâncias. Porém, o que talvez tenha criado um laço entre os dois meninos era que Macedonio, tal como Jorge, nunca conheceu realmente seu pai, que morrera quando o filho estava com apenas três anos. Ao contrário de Jorge, cujo desempenho escolar era sofrível, Macedonio brilhava sem esforço em seus estudos. Os dois amigos foram estudar direito na Universidade de Buenos Aires e se envolveram no movimento anarquista. Macedonio costumava reunir um grupo de discussões em sua casa, do qual participavam alguns dos jovens intelectuais mais brilhantes da cidade, tais como Juan B. Justo, que fundaria o Partido Socialista da Argentina, José Ingenieros, que seria um famoso sociólogo, e Leopoldo Lugones, que editava uma revista anarquista com Ingenieros e ficaria famoso como poeta e comentador cultural alguns anos mais tarde. Depois do terceiro ano de faculdade, Jorge Borges deixou o estudo em tempo integral e no quarto e quinto ano do curso matriculou-se como *alumno libre*. Isso pode indicar uma falta de compromisso com seus estudos jurídicos, ou talvez uma necessidade de trabalhar para sustentar a mãe. De qualquer modo, suas notas se deterioraram nos últimos anos do curso, mas no final conseguiu formar-se com uma dissertação sobre um aspecto jurídico das finanças navais, que dedicou a Fanny Haslam.

Embora tentasse agradar a mãe formando-se advogado, Jorge Borges continuava a se considerar um rebelde social. Sentia-se tentado pela ideia de retirar-se totalmente da sociedade capitalista e experimentar estilos de vida alternativos.

Depois de se formar, em 1897, ele e Macedonio Fernández, com um grupo de amigos, começaram a planejar a fundação de uma comuna anarquista no Paraguai, onde a família de Julio Molina y Vedia, um de seus companheiros, havia adquirido terras durante a Guerra do Paraguai. Propunham-se a criar um modelo para uma nova sociedade em que a propriedade privada seria abolida e a moralidade burguesa seria substituída pelo amor livre e pela igualdade completa entre os sexos. Porém, logo no início de 1898, quando os planos para a comuna ainda não tinham sido finalizados, Jorge Borges conheceu Leonor Acevedo e se apaixonou perdidamente por ela. Foi um romance arrebatador, pois Jorge decidiu sair do projeto de comuna anarquista e casar-se com ela. O casamento aconteceu em 1º de outubro de 1898, poucos meses depois que o casal se conhecera na casa de Fanny Haslam.

JORGE E LEONOR

À primeira vista, Jorge e Leonor formavam um casal que não combinava. Ela era católica, burguesa e obcecada com sua linhagem crioula. Ele era um forasteiro, o filho anarquista de uma viúva inglesa. Não obstante, ambos possuíam atributos que satisfaziam suas necessidades mútuas. Jorge, cheio de dúvidas, foi atraído pela força de caráter de Leonor, enquanto ela talvez tenha sentido que, por meio de Jorge, poderia desenvolver aquelas qualidades latentes das quais tivera apenas um vislumbre quando menina, graças a Hamilton Otálora.

Após o casamento, Jorge aceitou um modesto emprego administrativo de advogado na Secretaria dos Tribunais Civis. Mas o dr. Jorge Guillermo Borges, no entanto, desprezava totalmente o sistema jurídico. O direito, escreveria em seu romance *El caudillo*, baseava-se em tudo que era "convencional e morto", e seu objetivo era proteger "os interesses estreitos da sociedade, o desejo de lucro e as preocupações mesquinhas da família, da nação, do Estado". Como sua carreira estagnou na rotina burocrática dos tribunais, ele arranjou um segundo emprego de professor de psicologia para moças de classe média na Escola de Línguas Modernas, a instituição de formação de professoras em que sua tia Caroline era chefe do Departamento de Inglês. Mas mesmo lá estava insatisfeito: era tão cético, diria seu filho, que duvidava da existência da matéria que estava contratado para ensinar.[11]

Jorge acabou voltando para seus velhos passatempos em companhia do amigo Macedonio Fernández, que retornara para Buenos Aires depois do fracasso da comuna anarquista no Paraguai. A experiência tivera, como era de prever, vida curta: os camaradas, que eram todos moços da cidade, logo se cansaram do calor e dos mosquitos e começaram a se sentir terrivelmente entediados, distantes como estavam dos estimulantes usuais da vida boêmia em Buenos Aires. O fato é que Jorge Borges e seus amigos, apesar de todas as suas ideias anarquistas, eram mulherengos inveterados e adoravam desperdiçar o tempo em cafés, bares e bordéis, jogando truco, o típico jogo de cartas crioulo, discutindo literatura e política, recitando poesia e tocando música tradicional em suas guitarras. Os companheiros de Jorge eram, em sua maioria, escritores menores nas margens do mundo literário, tais como seu primo Álvaro Melián Lafinur, poeta e jornalista literário, Marcelo del Mazo, também poeta e primo de Macedonio, e Charles de Soussens, um escritor belga de meios de subsistência um tanto invisíveis, que os amigos chamavam de Charles de "Sans Sous" [sem vintém]. Não era exatamente o círculo social que Leonor Acevedo desejaria para seu marido, mas como esposa católica cumpridora de seus deveres, não havia muito que pudesse fazer, senão se conformar com os modos errantes dele.

Após alguns anos, Leonor perceberia que não havia esperanças de Jorge restaurar a posição social da família, ao passo que Jorge deve ter aceitado que fracassara em induzir sua esposa a abandonar os preconceitos burgueses. Ambos haviam sido incapazes de superar seus passados: Leonor continuava obcecada como nunca com a antiga grandeza da família; Jorge ainda vivia assombrado pelo fantasma de seu pai. Desapontado no amor, ele passou a escrever e tentaria romances, poemas e peças de teatro, mas rasgaria a maior parte do que escreveu; entre os textos que destruiu estava uma peça sobre "um homem desiludido com seu filho", ao qual deu o título de *Hacia la nada*.[12]

O único romance que Jorge Borges conseguiu terminar, aos 46 anos, foi publicado a sua custa em 1920. Embora fraco como ficção, é de grande valor como fonte biográfica, não apenas porque permite vislumbres da personalidade de Jorge Guillermo, mas principalmente porque teria uma grande influência sobre a vida e a obra de seu filho Jorge Luis. Intitulado *El caudillo*, passa-se na Entre Rios nativa do dr. Borges, numa época em que a província se recuperava dos conflitos ruinosos causados pelas rebeliões do chefe federal Ricardo López Jordán. O caudilho que dá nome ao livro é Andrés Tavares, um dos chefes menores que apoiara a primeira revolta de López Jordán, mas que agora aceita que o federalismo é uma causa perdida e que os interesses econômicos ditam a aceitação do mando de Buenos Aires. Ele faz uma parceria comercial com um capitalista judeu italiano cosmopolita, conhecido como El Gringo, personagem inspirado no tio do autor, Jorge Suárez. Os personagens alinham-se em dois campos opostos: há os que defendem a tradição, como a esposa do caudilho e vários de seus associados, e outros que estão dispostos a aceitar o progresso, como El Gringo, o governador da província e o filho do caudilho. O tema em questão é se o caudilho irá finalmente optar pelo progresso ou voltar para a causa federalista da autonomia provincial. Essa questão é simbolizada por uma ponte que El Gringo persuade o caudilho a construir sobre o rio que divide sua estância da propriedade que pertence a um francês que vive em Buenos Aires.

O tema da construção de pontes é desenvolvido por meio do caso de amor entre o filho do francês, Carlos Dubois, e a filha do caudilho, Marisabel. Alter ego do autor, Dubois é um homem de perspectiva cosmopolita — nasceu e cresceu em Buenos Aires e morou também em Paris, mas desaponta seu pai, pois anda em más companhias e não passa nos exames da faculdade de direito. Como forma de punição e com o objetivo de acabar com seu caso com a inadequada Lina, Carlos é mandado para o interior a fim de administrar a estância da família, coisa que obviamente é incapaz de fazer, preferindo passar seu tempo lendo e vagando pelos bosques com seus cães. Essa irresponsabilidade granjeia-lhe o desprezo do caudilho e seus camaradas, que atribuem esse comportamento esquisito a sua ascendência francesa, ao "defeito estrangeiro" que ele traz em seu sangue.

Marisabel, a filha do caudilho, é uma jovem enérgica que clama por ser libertada da tirania do pai. Há um "defeito místico" nela que a impele para a aventura e a incerteza. Ela se apaixona pelo cosmopolita Dubois, mas este não consegue se decidir em relação a ela: "Como todas as personalidades fracas, ele se culpava sem realmente ter certeza de sua culpa". Uma crise precipita-se quando Dubois é chamado a Buenos Aires por seu pai, que decidiu aceitar o casamento do filho com Lina. A essa altura, Marisabel toma a iniciativa e arranja um encontro com Dubois junto à ponte. Porém, advém uma tempestade violenta, o rio transborda e Marisabel é forçada a se refugiar na casa de Dubois. Lá, sua paixão varre para longe todas as inibições de Dubois e ele cede à "enorme realidade do sexo", imaginando que Marisabel lhe dará a felicidade que sua falta de força não lhe permite alcançar por si mesmo. Mas o caudilho fica furioso ao saber que sua filha passou a noite na casa de Dubois e, quando as águas baixam, manda seus homens ao rancho onde os amantes se abrigaram da enchente. Dubois é retalhado até morrer e a filha rebelde é deserdada. O caudilho renuncia ao progresso e junta-se à rebelião dos *gauchos* de López Jordán.

Na personagem de Marisabel talvez se possa ver a resoluta Leonor Acevedo, que, embora filha de uma família crioula de raízes profundas, possuía, como Marisabel, um "defeito místico" — certa abertura para a paixão. Jorge Borges deve ter esperado que a induziria a se rebelar contra os preconceitos ancestrais de seu clã para se aventurar com ele no estabelecimento de uma ponte entre a tradição e o progresso, o crioulo e o forasteiro, o passado e o futuro. Esse sonho de reconciliação deve ter parecido possível durante a longa lua de mel que Jorge e Leonor passaram na fazenda dos Haedo no Uruguai, onde devem ter experimentado a "enorme realidade do sexo" que coroa o caso de amor de Dubois e Marisabel em *El caudillo*. Jorge Borges descreve a apaixonada relação sexual de seus protagonistas em termos místicos, como uma união orgástica com o espírito do cosmo:

> Ele sentiu-se transformado, livre, perfeitamente livre de qualquer objetivo determinado, de todas as disputas vãs. [...] Ele sentiu-se cair, cair fundo no útero do tempo, os séculos deslizando, até alcançar o começo de tudo. Dissolvendo-se naquele dia primordial, que as eras amassaram e trabalharam com dor, e medo e fome, viu-se diante dos deuses que o haviam criado. Não podia ver suas faces, mas em espasmos de felicidade arrebatada, sentiu seu tremendo poder atingir cada uma de suas células como raios, e sentiu o corpo da mulher tremer de igual regozijo.

Porém, essa paixão transcendente não se sustentaria por muito tempo, depois que Jorge e Leonor caíram na rotina da vida de casados em Buenos Aires. O desenlace de *El caudillo* mostra a causa provável desse fracasso — Jorge sentia-se esmagado pelo poder do "caudilho", o espírito imaginário daquele pai heroico e perfeito que nunca conhecera; e Leonor Acevedo, apesar de sua força de caráter, também não foi capaz de rebelar-se contra "o caudilho": ela não podia rejeitar a sombra de seus ancestrais e sucumbiu uma vez mais ao temor de trair a honra de sua família crioula patrícia. As águas da enchente da tradição, por assim dizer, ergueram-se e cercaram Jorge e Leonor, que, tal como Dubois e Marisabel, acabaram sendo forçados a se separar.

Não obstante, os amantes se agarrariam à lembrança daquela primeira paixão. Leonor guardaria para o resto de sua vida um sentimento forte do amor romântico que a fizera perder o pé quando jovem — ela usaria sempre um anel que Jorge lhe dera em Genebra, uma grande esmeralda que ele disse que continha "água do Ródano".[13] Por sua vez, Jorge não descartaria a esperança de recuperar aquela primeira experiência de felicidade, embora acreditasse que seria impossível reencontrá-la na Argentina. Assim como Carlos Dubois havia sonhado em se estabelecer em algum lugar do Velho Mundo com sua primeira namorada, Lina, em um lugar de refúgio onde ele escreveria um livro, "um livro muito pessoal, que era muito dele mesmo", Jorge agarrou-se à ideia de levar Leonor à Europa, onde poderiam encontrar alívio do poder do "caudilho" e reanimar a paixão que outrora haviam conhecido.

Enquanto isso, Jorge e Leonor contariam com seu filho para realizar suas aspirações divergentes. Leonor desejava que ele fizesse a família recuperar sua importância social; era como se brandisse diante dele a espada ancestral da honra, a mesma espada que ironicamente a havia apartado do marido e do desejo de seu coração. As exigências de Jorge para com o filho seriam mais complexas e intangíveis: o menino deveria enfrentar o fantasma do herói ou então cumprir o destino literário que lhe havia sido negado.

Jorge Luis Borges foi objeto de esperanças bem diferentes. Nascido antes de o casamento completar um ano, ele encarnava a primeira floração da paixão que unira os mal-aventurados amantes. "Meus pais me engendraram para o jogo arriscado e esplêndido da vida, para a terra, a água, o ar, o fogo."[14] No devido tempo, Borges assumiria a missão de fazer a vontade juvenil de seus pais, ainda que vicariamente, buscando realizar em sua vida o sonho que havia escapado às primeiras esperanças de Jorge e Leonor.

3. Infância (1899-1914)

Após o casamento, Jorge Borges e Leonor Acevedo foram morar com os pais dela na rua Tucumán, 840, no centro da velha Buenos Aires. O primeiro filho nasceu nessa casa oito meses depois, numa quinta-feira, 24 de agosto de 1899, nas primeiras horas de uma gelada manhã de inverno. O menino recebeu o nome do pai e também dos dois avôs, Francisco Borges e Isidoro Acevedo. No registro civil, consta devidamente como Jorge Francisco Isidoro, mas quando foi batizado na igreja de San Nicolás de Bari, em 20 de junho de 1900, o nome Luis foi acrescentado, o único que ele poderia chamar de seu entre os quatro que lhe deram.

Pouco depois do nascimento de seu filho e com a ajuda dos pais de sua mulher, Jorge Borges comprou por 13 mil pesos dois terrenos adjacentes, no bairro de Palermo, ao lado da casa da rua Serrano, onde sua mãe Fanny morava com sua irmã viúva Caroline. Palermo é hoje um dos bairros residenciais mais cobiçados de Buenos Aires, mas na época situava-se nos limites da cidade: a poucos metros da rua Serrano corria o rio Maldonado, pouco mais que um riacho lamacento, que marcava o limite noroeste da capital (desde então, foi canalizado e agora corre sob a avenida Juan B. Justo). Além daquele ponto era campo aberto, com uma ou outra pequena propriedade aqui e ali, até se chegar à vila de Belgrano.

Palermo tinha uma péssima reputação na época. Habitado por um grande número de imigrantes italianos pobres, a maioria da Calábria e da Sicília, era conhecido como antro de pequenos criminosos e cafetões: na margem oposta do Maldonado, havia uma área sórdida de tabernas e salões de dança onde se podia alugar uma garota para dançar tango. Logo ao sul ficava a famigerada "Tierra del Fuego", área em torno de uma imensa penitenciária estadual, território de alguns dos mais temidos lutadores de faca de toda a cidade. Ainda assim, Palermo lentamente atraía pessoas mais respeitáveis, à medida que grandes terrenos eram divididos em lotes e vendidos em leilão para a construção de moradias privadas.

O dr. Borges pagou pelo terreno em prestações mensais de mil pesos e, enquanto isso, mandou construir uma casa no estilo art nouveau da moda. No decorrer daquele ano, Leonor tornou a engravidar e antes do término da casa nova deu à luz, em 4 de março de 1901, a menina Leonor Fanny (Norah), na casa de Fanny Haslam, na rua Serrano, 2135.[1] Naquele mesmo ano, quando a casa ficou pronta, a família mudou-se para o número 2147 da mesma rua, na esquina da rua Guatemala. A nova residência dos Borges era relativamente grandiosa para o bairro: era um sobrado, com um grande jardim fechado onde havia várias árvores e uma bomba de água movida a moinho de vento. Ainda havia muitos lotes vagos na região e somente um outro sobrado, de um ferreiro, na rua Serrano; o resto eram casas baixas de tijolos do tipo que era ocupado por imigrantes nos subúrbios marginais da cidade.

Os Borges isolaram-se em sua casa e tinham pouco contato com os vizinhos. O escritor relembraria que "quase não saía de casa" e que a família fazia "todo o possível" para ignorar o que ocorria no bairro; muita gente tinha "vergonha" de dizer que morava em Palermo e "dizia de modo ambíguo que vivia lá pela zona norte".[2] Uma crioula aristocrata como Leonor Acevedo certamente se sentia como um peixe fora da água entre todos aqueles gringos italianos meridionais que ali viviam. "Lembro que minha mãe costumava caçoar de Norah por ter nascido em Palermo. Ela lhe dizia: 'Você não tem vergonha de ter nascido nas *orillas*? Você é uma verdadeira *orillera*, caramba!'. Essa brincadeira de minha mãe deixava a pobre Norah totalmente confusa."[3]

Era uma família muito unida: a casa em que Fanny Haslam morava com sua filha Caroline ficava ao lado, separada por um muro baixo, e as crianças eram levadas com frequência para visitar os avós maternos. Quando o avô Isidoro morreu, em 1905, a viúva Leonor Suárez alugou sua casa na rua Tucumán e foi morar com a família da filha em Palermo. As crianças tinham poucos contatos sociais e praticamente nenhum amigo; Georgie e Norah passavam quase todo o tempo em casa, brincando no grande jardim. Norah, a mais animada dos dois, comandava as brincadeiras que criavam para se divertir, e os dois inventaram dois companheiros fantasmas que chamavam de Quilos e O Moinho de Vento; eles se tornaram tão reais para as crianças quanto as pessoas que conheciam. Por fim, quando se cansaram dos fantasmas, contaram para a mãe que seus amigos haviam morrido.[4]

No verão, toda a família ia para Adrogué, uma cidade nova cerca de quarenta quilômetros ao sul de Buenos Aires que fora projetada como um balneário para as classes médias da grande cidade. Os agradáveis parques e passeios ladeados de árvores proporcionavam um alívio para o calor sufocante do verão austral. Os Borges costumavam alugar uma vila chamada La Rosalinda na rua Macías, a poucas quadras da estação ferroviária. Borges se tornaria um grande aficionado de Adrogué; quando adulto, o cheiro de eucaliptos o levava de volta àqueles dias de verão da infância, e ele ia com frequência até lá para aliviar-se das pressões da vida na cidade.

Em fevereiro, o mês mais quente, atravessavam o rio da Prata e iam para o Uruguai, onde ficavam em Paso del Molino, no extremo norte de Montevidéu, com seus primos ricos, os Haedo, que moravam na Villa Esther, uma mansão bem instalada com amplo terreno, piscina e um grande pavilhão de verão. Lá, as crianças podiam brincar com a prima Esther e sua irmã mais velha, Aurora. Às vezes, iam até a fazenda dos Haedo, junto ao rio Uruguai, perto da cidade de Fray Bentos, onde gozavam de uma vida mais ativa, ao ar livre, nadando no rio — coisa de que Georgie gostava muito — e andando a cavalo — atividade em que o menino, sempre fisicamente desajeitado, nunca foi muito bom.

Durante a maior parte do ano, porém, Georgie e Norah ficavam confinados na atmosfera isolada, de estufa, da casa da família em Palermo. Ali, foram as mulheres — a mãe, a avó inglesa e, em menor medida, a avó materna Leonor Suárez — que se responsabilizaram pela primeira educação das crianças. O pai era uma figura remota que ficava contente em deixar os assuntos da família e a direção cotidiana da casa para a esposa, enquanto cuidava de seus interesses alhures, com seus amigos boêmios. Falava-se normalmente espanhol na casa, mas, uma vez que Fanny Haslam jamais aprendera a falar a língua corretamente, usavam o inglês com ela. Leonor tinha um conhecimento limitado de inglês, que aprendera com o marido para se comunicar com a mãe dele, mas Norah não se adaptava a essa língua muito bem. Com Georgie, era diferente: Fanny pôs o menino sob sua asa muito cedo e ele desenvolveu um forte laço emocional com ela; em breve, ele era bilíngue, a tal ponto que não tinha plena consciência das diferenças entre inglês e espanhol, além de ter uma vaga ideia de que deveria empregar com a avó um modo de comunicação diverso daquele que usava normalmente com o resto da família. Contudo, o espanhol foi sem dúvida a língua materna de Borges, e seu inglês com leve sotaque jamais perderia certa qualidade livresca, pomposa.

Ele aprendeu a ler inicialmente em espanhol com sua mãe,[5] mas conservou memórias mais vívidas da aprendizagem com sua amada avó. Com ela, aprendia trechos em inglês do que chamava de *leccionario*, um volume grande de textos selecionados de autores clássicos — irmãos Grimm, Kipling, Stevenson, Poe, Victor Hugo, Dumas, Walter Scott e assim por diante. Foi Fanny Haslam que despertou nele um amor duradouro pela prosa inglesa. Como boa protestante, mantinha a Bíblia do rei Jaime à cabeceira da cama e era capaz de citá-la, com capítulo e verso. Depois que conseguiu ler sozinho, provavelmente com a idade de quatro anos, o menininho passava horas deitado no chão com a cabeça enfiada num livro. Um dos primeiros romances que leu de cabo a rabo foi *Huckleberry Finn*, e pouco depois mergulhou nos livros adorados pelos meninos edwardianos — histórias de aventuras do capitão Marryat, H. Rider Haggard, Robert Louis Stevenson. Em espanhol, gostava de Eduardo Gutiérrez, um escritor de livros populares, em especial de seu *Croquis y siluetas militares*, porque fazia um relato melodramático da morte heroica de seu avô, o coronel Borges.

Porém, muito mais do que a leitura, o que moldou o caráter e a imaginação do menino foram as histórias que a mãe e as avós contavam. Leonor Acevedo retransmitiu para o filho as histórias que ela havia ouvido quando criança de sua mãe. Ele ficou sabendo dos dias de glória da família — a estância em San Nicolás que os Acevedo haviam possuído e os escravos negros que portavam o nome da família. Ela contou-lhe sobre o coronel Suárez comandando a carga de cavalaria que mudou o rumo da batalha de Junín, bem como seu posterior exílio e morte na Uruguai por conta da tirania de Rosas. Soube do confisco de suas propriedades, dos espancamentos e execuções que o tirano havia infligido à família. "Ela falava sobre a época de Rosas como se tivesse sido contemporânea da Mazorca."[6] A antiga contenda ainda determinava uma separação social absoluta, no que dizia respeito a Leonor: tudo associado a Rosas era comum, vulgar, *guarango*, e ela detestava os *gauchos*, a ponto de proibir seu filho de ler *Martín Fierro* porque seu autor, José Hernández, havia sido federalista. Como Georgie acabaria por reconhecer, havia algo de absurdo na intensidade dessas emoções. Ele relembraria que, muitos anos depois, perguntou a sua mãe já idosa como ela estava se sentindo depois de uma cirurgia, e ouviu-a murmurar em resposta "selvagem unitária!", um antigo slogan do período de Rosas, para sinalizar-lhe que estava bem. "Não fazia mais sentido na época falar de unitários e federalistas", observou Borges, "mas ela ainda era fiel à causa."[7]

Leonor Acevedo estava, de fato, aferrada ao passado. Entregava-se a reminiscências de sua infância, comunicando ao filho uma nostalgia por aquela antiga Buenos Aires que ela mal conhecera, uma Buenos Aires que era pouco mais do que uma grande aldeia antes de ser arruinada pelos novos-ricos que haviam tomado a república. Leonor descrevia a casa na rua Tucumán, onde ela crescera e ele mesmo nascera. Suas lembranças dos dois pátios, do tanque de água e de um pórtico modesto acabariam por entrar em seus poemas. Ele aprendeu com ela a topografia tradicional da cidade, os nomes de ruas e o desenho de seu centro histórico antes que tudo mudasse; havia córregos chamados *terceros* que atravessavam a cidade quando chovia — havia um *tercero* do lado norte, com uma ponte de pedestres na rua Florida, e outro no sul, que também tinha sua ponte.

Essas memórias de segunda mão de tempos melhores inspirariam em Borges uma afeição pelos bairros dilapidados do lado sul de Buenos Aires. Eram áreas deixadas pelas famílias crioulas que tiveram condições financeiras de se mudar para a região elegante do Bairro Norte, quando esse lado da cidade foi reformado ao estilo parisiense. As áreas ao sul da praça de Maio foram abandonadas e, em consequência, o esquecido Bairro Sul conservaria uma atmosfera desbotada dos tempos passados. Borges sempre gostou de passear pelas ruas de bairros como San Telmo ou Barracas, cujas construções dilapidadas, com sua alvenaria caindo aos pedaços, vestíbulos estreitos e pátios espanhóis preservavam algo do sabor que a cidade tinha nas primeiras décadas do século anterior. Essas ruas inspirariam muitos de seus poemas e contos, evocando dentro dele um sentimento elegíaco do fim de uma era mais simples e nobre em que as famílias crioulas de Buenos Aires haviam se empenhado em criar uma pátria própria. Ao dedicar suas *Obras completas* a sua mãe, em 1974, Borges agradeceu-lhe por ter-lhe dado sua "memória e, dentro dela, as memórias de nossos ancestrais".

Mas embora a mãe tenha fomentado sua consciência dos antecedentes crioulos da família, ele foi influenciado também pelas histórias que Fanny Haslam lhe contava. O relato nostálgico da vida em sua terra nativa lhe transmitiu o sentimento de ter a Inglaterra como um segundo lar, espiritual. Com efeito, Fanny orgulhava-se de seu sangue inglês tanto quanto sua mãe tinha orgulho da linhagem crioula. O pequeno Georgie perguntou certa vez à avó se ela tinha sangue escocês, e a resposta não poderia ter sido mais enfática: "Não tenho em mim uma única gota de sangue escocês, irlandês ou galês, graças a Deus!".[8] Georgie adorava ouvir sobre as origens dos Haslam em Northumberland e, sendo suscetível ao fascínio da história e aos laços da genealogia, em particular, emocionava-se com as batalhas épicas entre os saxões, vikings e celtas nos começos remotos da nação inglesa, um interesse infantil que reviveria quando adulto em seu estudo da literatura anglo-saxônica e nórdica.

O sentimento de deslocamento de Fanny como uma inglesa vivendo no limite do mundo civilizado se expressava de forma poderosa nessas histórias. Ela contava-lhe sobre sua vida em Entre Rios na época das revoltas de López Jordán e sua cavalaria de *gauchos* e sobre a vida na guarnição de Junín, na fronteira indígena. Afirmava ter conhecido chefes indígenas de nomes estranhos, como Simón Coliqueo, Catriel, Pincén e Namuncurá. Havia cruzado com índios tão pouco civilizados que eles jamais haviam visto uma porta. A história que mais impressionou o pequeno Georgie foi aquela sobre a menina inglesa raptada por índios. Fanny ofereceu-lhe a oportunidade de fugir, mas a menina cativa não mostrou nenhum interesse em voltar para a civilização. É provável que a ideia de que sua avó pudesse ter sofrido destino semelhante ao da menina inglesa causasse um arrepio de horror no menino tímido. Mas, evidentemente, sua querida vovó fora protegida dos selvagens pelo heroico coronel Borges, que se colocara entre a civilização e a barbárie. E, assim, às histórias da mãe sobre as aventuras do coronel Suárez nas guerras de independência acrescentavam-se as lembranças do outro grande herói da família, o coronel Borges, o flagelo dos índios e *gauchos* selvagens dos pampas.

Cada uma a sua maneira, Fanny Haslam e Leonor Acevedo convergiam para o mesmo tema em seus respectivos relatos da história da família: elas haviam sido roubadas de suas justas recompensas por algum destino cruel e, portanto, restava uma falta, um vazio que exigia ser preenchido para que todos pudessem encontrar de novo seu devido lugar no mundo. Leonor culpava Rosas por ter causado tantas injustiças aos Suárez e Acevedo. A queixa de Fanny era mais nebulosa, mais metafísica, quando meditava sobre a infelicidade de ter perdido o marido de forma tão sem sentido durante a rebelião fracassada do general Mitre.

O pequeno Georgie seria certamente assombrado pela significação trágica da morte do coronel Borges. No decorrer de sua vida, escreveria um total de cinco poemas que evocavam essa perda e, em geral, suas referências públicas à morte do avô repetiriam a história romântica de Fanny Haslam sobre a escolha do suicídio como uma maneira honrada de sair de um dilema impossível.[9] Ainda em 1968, ele escreveria:

> Borges montou em seu cavalo e, acompanhado por vários de seus soldados fiéis, saiu cavalgando lentamente, com os braços cruzados no peito, em direção às linhas inimigas. A revolta fracassou, Mitre ficou preso durante vários meses, mas sua vida foi poupada. Borges morreu em consequência dos ferimentos dois dias depois. Em suas últimas palavras, disse: "Caí na crença de ter cumprido meu dever e minhas convicções, e pelos mesmos princípios pelos quais lutei durante toda a minha vida".[10]

À época em que escreveu isso, Borges, quase com certeza, já havia sido informado da verdade histórica — que o coronel fora simplesmente atingido por duas balas no calor da batalha —, mas a versão que ouvira da avó quando menino, com seu conflito fatal entre honra e traição, era poderosa demais para ser esquecida. Ele crescera para acreditar que o coronel Borges era "um personagem de epopeia e lenda", e que seu último ato possuía "uma grandeza que desapareceu em nossos dias", pois a "derrota", afinal, "é mais poética do que a vitória. É nela que encontramos a essência da tragédia antiga".[11]

A figura do guerreiro ancestral — um composto do coronel Suárez com o coronel Borges — marcaria Georgie. As espadas dos dois heróis eram exibidas como relíquias sagradas na casa da família, em Palermo, e sobre uma mesa da sala de visitas ficavam uma bacia de prata e uma cuia de mate com adornos de prata que o coronel Suárez havia trazido das guerras de independência. Os retratos dos heróis mortos pendiam das paredes da casa e suas feições nobres eram preservadas também em daguerreótipos montados em molduras de prata ou guardados de forma mais íntima em medalhões. Para onde quer que olhasse, Georgie era confrontado pelos fantasmas de seus veneráveis ancestrais que brandiam, por assim dizer, a espada da honra que havia conferido tanta distinção a todos eles.

O pequeno Georgie, no entanto, sentia-se esmagado pela força desse anseio feminino coletivo de recuperar as glórias do passado que lhe transmitiam a expectativa de que, de algum modo, ele assumisse a espada do herói uma vez mais e preenchesse o vazio que havia no coração da autoestima da família. Em seu *Ensaio autobiográfico*, Borges foi bastante explícito acerca do efeito que tinha sobre ele essa adoração dos ancestrais: "Como a maioria de meus ancestrais haviam sido soldados — mesmo o irmão de meu pai fora oficial naval — e eu sabia que nunca o seria, desde muito jovem me sentia envergonhado de ser um homem de livros e não de ação".[12] A espada da honra minou a fé em si mesmo a tal ponto que ele achava que não poderia ser verdadeiramente amado por seus pais: "Durante toda a minha juventude, pensei que o fato de ser amado equivalia a uma injustiça. Não me sentia digno de nenhum amor em especial".[13] Seus aniversários o enchiam de vergonha, porque todos lhe davam presentes, quando ele pensava que não fizera nada para merecê-los; aquilo o fazia sentir "que era uma espécie de impostor".[14]

O menino causava preocupações aos pais. Como muitos bebês prematuros, era frágil e doentio, sua visão era fraca e, quando começou a falar, deturpava tanto as palavras que sua mãe chegou a achar que sua audição não era normal.[15] Era também uma criança extremamente ansiosa que sofria com pesadelos frequentes. Parece que os terrores que o assolavam estavam ligados ao sentimento de inadequação que o afligia. Costumava ter sonhos ruins em que arrancava a pele do rosto e descobria que havia outro embaixo, ou tirava uma máscara e descobria que estava usando outra. Ansiedades similares também o invadiam quando estava acordado: tinha medo de espelhos e fugia de sua imagem até quando a via refletida no mogno polido da mobília de seu quarto; às vezes, imaginava que podia ver o rosto de outra pessoa olhando fixo para ele e odiava ter de se olhar no espelho, como se seu reflexo ameaçasse roubá-lo do sentimento de quem era de fato: "Quando menino, eu temia que o espelho/ Me mostrasse outro rosto ou uma cega/ Máscara impessoal que ocultaria/ Algo na certa atroz".[16] Esse horror aos reflexos levaria, quando adulto, a sua fascinação perversa com duplos, reproduções, cópias, fac-símiles, traduções — com qualquer coisa que pudesse solapar a singularidade de um objeto ou de uma pessoa à força de repeti-la. Em um de seus poemas ele chamaria o espelho de "coisa de magia que ousas/ Multiplicar a cifra dessas coisas/ Que somos e que abarcam nossa sorte./ Quando eu estiver morto, copiarás outro/ e depois outro, e outro, e outro, e outro...".[17]

Se o eu pode esconder outra pessoa, então, a realidade pode esconder também algum mundo estranho: "Temi também/ Que o silencioso tempo do espelho/ Se desviasse do curso cotidiano/ Dos horários do homem e hospedasse/ Em seu vago, extremo imaginário/ Seres e formas e matizes novos".[18] Era como se qualquer coisa e tudo pudesse revelar-se diverso do que parecia ser ou então uma espécie de projeção onírica de sua própria consciência, pois sua vida interior transpirava num estado de agudo solipsismo: não havia limites claros entre o eu e o mundo, nem mesmo um centro dentro desse eu sem limites, pois o "eu" que parecia ancorar sua personalidade era ele mesmo uma quantidade suspeita, mudando, recuando e se alterando na sala de espelhos que passava por ser a verdade objetiva.

A outra lembrança que se destacava de sua infância era sua paixão por tigres. Desde o início, adorou o tigre com grande "fervor"; ele era "delicado e fatal, repleto de infinita energia"; parecia possuir um poder misterioso, que "só homens aguerridos podem enfrentar, sobre um castelo em cima de um elefante".[19] Depois de fazer as lições com a vovó, ele lhe pedia para falar sobre "tigres ferozes",[20] e, quando leu os *Livros da selva* de Kipling, "desagradou-me que Shere Khan, o tigre, fosse inimigo do herói".[21] Ele julgava as enciclopédias e os livros de história natural pela qualidade de suas ilustrações de tigres e, com frequência, deitava no chão e desenhava esses animais.[22]

Essa obsessão com tigres era uma questão que causava conflito aberto em sua infância. Um de seus programas preferidos era ser levado para ver o tigre-de-bengala no zoológico de Palermo, que ficava perto de sua casa. Ele contemplava o animal por horas e mantinha sua mãe de pé junto à jaula até o sol se pôr. Leonor perdia a paciência com Georgie e tentava arrastá-lo para casa, mas o menino se recusava a arredar o pé. Era uma batalha de vontades suficientemente significativa para que Leonor a lembrasse em suas memórias: "Ele tinha paixão por animais, em especial por animais selvagens. Sempre que íamos ao zoológico, era difícil fazê-lo ir embora. E eu, sendo tão pequena, tinha medo dele, pois era grande e forte. Eu temia que ele pudesse perder a paciência e me bater".[23] Certa vez, teve um tal ataque de fúria que sua mãe o trancou num quarto para puni-

-lo e lhe disse que não sairia enquanto não admitisse que a havia desafiado "sem querer". Mas Georgie simplesmente não cedeu e continuou gritando "fiz por querer" até Leonor ser forçada a ceder.[24]

O fato era que aquele menino muito tímido escondia um temperamento violento sob uma aparência externa plácida, e não havia nada que provocasse mais sua raiva e agressão do que ser privado de ver o tigre-de-bengala. Mas sua mãe encontrou uma maneira de sufocar a rebelião do menino: "Sempre que ele não queria ceder, eu lhe tirava os livros; isso nunca falhou".[25] Era um remédio infalível, sem dúvida, pois o que Georgie faria sem seus livros? A leitura dava-lhe licença para vagar para além dos confins da casa em que estava normalmente engaiolado; assim, a ameaça de sua mãe significava, na verdade, uma espécie de morte da imaginação para o menino, e ele tinha pouca escolha senão submeter-se à autoridade dela. Porém, quando estava com apenas cinco anos, rabiscou uma série de palavras — "Tigre Leão Papai Leopardo" — num pedaço de papel. A curiosa interpolação de "papai" nessa sequência soa como um apelo do menino ao seu pai numa época em que o tigre se tornara o objeto de batalhas de vontade com sua mãe.

Com efeito, Georgie associava de uma maneira muito particular seu pai ao misterioso poder do tigre. O dr. Borges costumava contar ao filho sobre a visita que fizera certa vez a uma estância onde conhecera um homem cujo trabalho era matar onças que atacavam o gado. O tigreiro fazia seus cães forçarem a onça a sair da toca e depois, de punhal na mão, esperava que o animal saltasse sobre ele para matá-lo com um golpe de baixo para cima em sua barriga.[26] A história do matador de onças entranhou-se na imaginação do menino — ali estava um homem capaz de enfrentar a "energia infinita" do tigre e dominá-lo com nada mais que uma faca. Assim, se o tigre representava um poder cru, elementar, então o homem capaz de vencer o tigre tinha de possuir um grau de autoconfiança exatamente o oposto à miríade de dúvidas que assaltavam Georgie. E o que tornava a história contada pelo pai ainda mais intrigante era que ninguém achava que o tigreiro fosse um herói; "ele era um operário especializado".[27] Essa coragem rotineira contrastava totalmente com a glória dos ancestrais do menino, que tanto o oprimiam com sentimentos de desmerecimento e inadequação. E assim, para contrabalançar a grandeza amedrontadora da espada de honra de seus ancestrais, Georgie fetichizava o punhal do matador de onças como símbolo de um poder vital que podia superar até o do próprio tigre.

A associação do pai a tigres era reforçada ainda mais por um antigo punhal espanhol que ele guardava na gaveta de sua escrivaninha. Essa arma exercia uma atração magnética sobre Georgie. Ele a representava entre os papéis de seu pai, sonhando "seu singelo sonho de tigre".[28] Sempre que via seu pai mostrando-o aos amigos, desejava ter permissão para manuseá-lo também: "percebe-se que há muito o buscavam; a mão se apressa em apertar o punho que a espera; a lâmina obediente e poderosa folga com precisão na bainha".

Quando Georgie tinha seis ou sete anos, chegou o momento de Jorge e Leonor tomarem uma decisão a respeito da educação do filho. A escola primária mais próxima ficava na rua Thames, mas era um lugar rude, frequentado principalmente pelos meninos pobres de Palermo, e Georgie era um menino tão frágil que seus pais temiam expô-lo às muitas doenças contagiosas, como a tuberculose, que era comum na época. Por fim, o dr. Borges decidiu que seria melhor educar os filhos por conta própria pelo tempo que fosse possível, e uma tutora inglesa, sra. Tink, foi contratada para dar aulas em casa ao menino e a sua irmã, Norah.

Embora fosse bem-intencionada, essa decisão de manter Georgie fora da escola separou o menino de seus iguais durante boa parte de sua infância. Em vez de amigos, ele ganharia livros, pois o dr. Borges concedeu ao filho o privilégio do acesso irrestrito a sua biblioteca pessoal de mais de mil volumes. Essa coleção, constituída, em sua maioria, por livros em inglês e francês, estava guardada em estantes com portas de vidro que ficavam numa sala própria, e ali Georgie se tornaria um leitor voraz, deleitando-se com a liberdade que os livros lhe davam de se aventurar em terras distantes e estranhas — Inglaterra, Escócia, Índia, África, China, Arábia. A biblioteca do pai transformou-se, com efeito, em seu playground, e todas as suas energias de uma criança em crescimento foram canalizadas para um mundo imaginário que logo se tornou mais real para ele do que o pequeno mundo doméstico e circunscrito ao seu redor. Sua miopia reforçava essa ilusão — seus olhos eram tão ruins que ele enxergava melhor "coisas pequenas e minúsculas", como letras impressas, do que outras pessoas.[29] E ele descobriu que os textos que lia podiam, às vezes, espelhar seus piores pesadelos. Ficou aterrorizado com *O homem da máscara de ferro* de Alexandre Dumas. De uma das ilustrações da edição que leu, guardou a imagem pungente do homem com a máscara passeando tristemente por um terraço que dava para o mar. Lembrava-o

Lalla Rookh, um poema de Thomas Moore sobre o profeta de Khorassan que mantinha o rosto velado a fim de esconder sua lepra repulsiva. "As duas imagens estavam associadas uma à outra e costumavam me assustar muito."[30] *Os primeiros homens da Lua*, de H. G. Wells, também provocava o tipo de terror que costumava sentir em seus pesadelos: o que o assustava era o fato de que o narrador havia traído seu amigo e o abandonado na Lua.[31] Talvez visse uma analogia com sua própria sorte, pois seu pai lhe dera acesso à biblioteca, mas o havia abandonado ao seu destino, por assim dizer, no mundo-satélite dos livros.

"Se tivesse de indicar o evento principal de minha vida, diria que é a biblioteca de meu pai", Borges diria em seu *Ensaio autobiográfico*.[32] Com efeito, ele viria a considerar essa biblioteca uma metáfora do solipsismo que o afligiu durante a maior parte de sua vida. Afinal, a biblioteca era uma bênção contraditória: por um lado, ajudava-o a preservar certa liberdade da imaginação contra a autoridade opressiva da espada de honra, mas, por outro, suas prodigiosas leituras serviam para agravar seu ensimesmamento e reproduzir a subjetividade onírica da qual ele queria tanto escapar.

Enquanto Georgie enlanguescia em casa com seus livros, o dr. Borges passava uma boa parte do tempo em companhia dos amigos. Aos domingos, iam às corridas no hipódromo de Palermo, depois iam à casa de Borges jantar e conversar, muitas vezes ficando até o amanhecer. De início, Georgie se incomodava que seu pai trouxesse os amigos depois das corridas e sabia que sua mãe não gostava de Macedonio Fernández e de Charles "Sans Sous", mas em certa noite de domingo sua atitude mudaria completamente, quando escutou um jovem chamado Evaristo Carriego recitar um longo poema "de uma maneira exagerada": "Não entendi nada daquilo, mas a poesia revelou-se para mim, porque vi que as palavras não eram apenas um meio de comunicação; elas continham também um tipo de magia".[33] Depois dessa revelação, Georgie passou a gostar de ficar acordado e escutar Carriego recitar seus versos e, como relembrou sua mãe, "ele ficava lá, de olhos arregalados...".[34] O pequeno Georgie chegaria a idolatrar Carriego, a ponto de ele se tornar uma espécie de pai substituto para o menino.

Carriego tinha vinte e poucos anos e era consideravelmente mais moço do que o dr. Borges e seus camaradas, mas, por volta de 1908, passara a ser protegido por Charles de Soussens, que ficara impressionado com seu talento para a poesia. Na verdade, Carriego era um sujeito bastante indigno que vivia num inferno de bebida, drogas e devassidão generalizada. Julgava-se uma espécie de *poète maudit* e, na época em que entrou para o grupo de amigos do dr. Borges, teria acabado — ou estaria em via — de publicar seu primeiro livro, ao qual deu o título adequadamente blasfemo de *Las misas hereges*, no qual cantava as delícias do fruto proibido de uma maneira constrangidamente baudelairiana.

Carriego era jornalista de *La Protesta Humana* e de várias outras publicações anarquistas. Como tal, tendia a glorificar os rebeldes sociais como o *gaucho* Juan Moreira, uma espécie de Robin Hood que havia perambulado pelos pampas no século anterior. Também mantinha uma ligação atávica com sua província nativa de Entre Rios, embora sua família tivesse se mudado para Buenos Aires quando ele tinha quatro anos de idade, porque fora a última província a sucumbir à autoridade política de Buenos Aires. Um dia, Carriego disse ao dr. Borges, com seu jeito bombástico usual: "Eis-nos aqui, ambos nativos de Entre Rios!". O pai de Borges respondeu enfastiado: "Sim, e, como todos os nativos de Entre Rios que conseguem cair fora, cá estamos em Buenos Aires".[35]

Mas foi precisamente esse idealismo romântico que atraiu Georgie para o ardente Carriego, que morava perto, numa modesta casa térrea da rua Honduras. E seria por meio dele também que o menino obteria uma vaga ideia da vida fora do domínio familiar. Carriego era um aficionado da cultura popular dos *arrabales* [da periferia] de Buenos Aires. Essas áreas eram conhecidas como as *orillas*, as "margens" da grande metrópole, onde a gente do interior se misturava com as massas de imigrantes do Velho Mundo. Por volta da virada do século, as *orillas* já haviam produzido uma subcultura vibrante própria que era praticamente desconhecida das classes médias. A fala rústica ganhara palavras novas, criando dialetos urbanos característicos que hoje estão fundidos na gíria buenairense chamada lunfardo. Sainetes — pequenas peças sobre personagens locais ou heróis lendários como o *gaucho* Juan Moreira — eram representadas em barracas das feiras locais. Canções e histórias populares celebravam as façanhas de lutadores de faca como Juan Muraña, o mais temido *cuchillero* de Palermo. E havia também, evidentemente, o tango. A música campeira dos *gauchos* continuava a florescer nas *orillas*, mas, ao longo do tempo, gêneros nativos como a milonga começaram a interagir com estilos trazidos pelos imigrantes e, na década de 1890, o tango primitivo já nascera nos toscos bordéis e salões de dança das *orillas*. Suas letras eram temperadas com duplos sentidos referentes às práticas sexuais mais obscenas, enquanto a dança que as acompanhava parecia imitar o próprio ato da cópula. Nenhuma mulher decente de qualquer classe social teria alguma coisa a ver com o tango, pois era música de prostitutas e seus clientes, e não era raro que dois homens dançassem um com o outro enquanto esperavam sua vez no prostíbulo ou nas *esquinas*, tabernas de esquina que eram típicas dos arrabaldes.

Desde cedo, Carriego desenvolvera um fascínio pelos *cuchilleros* de Palermo que trabalhavam de guarda-costas de chefões políticos ou capangas intimidadores nas eleições. O mais pitoresco desses tipos urbanos era o *compadrito*, um *gaucho* transformado em vigarista urbano com uma fraqueza por ternos elegantes e joias reluzentes, e cujo tom de voz zombeteiro e efeminado ocultava uma tremenda ferocidade quando provocado a lutar. Carriego não tinha ainda quinze anos quando procurou Don Nicolás Paredes, o chefão do submundo de Palermo. De acordo com Borges, ele abriu caminho "através dos capangas de cartola que serviam de guarda pretoriana do caudilho" e se apresentou a Paredes, que o recebeu bem e acabou por "amá-lo e cuidar dele como se fosse um filho"; foi assim que Carriego passou a "andar com *compadritos* e delinquentes de todos os tipos, dirigindo-se àqueles assassinos nos termos mais familiares".[36]

O mundo descrito por Carriego adquiriu o encanto do proibido para o menino. Um de seus livros preferidos era o romance popular *Juan Moreira*, de Eduardo Gutiérrez, que narrava as aventuras desse *gaucho* bandido e mencionava também seu avô coronel Borges, o flagelo dos *gauchos* e índios. Porém, como Borges contaria a Victoria Ocampo, "eu teria preferido ser neto de Juan Moreira, em vez de Borges".[37] Ele começou a ler o *Martín Fierro* escondido, devorou a poesia gauchesca, tornou-se aficionado dos tangos e milongas que o primo de seu pai, Álvaro Melián Lafinur, costumava tocar em sua guitarra nas noites de domingo, depois das corridas, e tratou de saber tudo o que podia sobre os *compadritos* de Palermo, descobrindo inclusive que até sua querida sra. Tink, a governanta inglesa, tinha um primo que era um malfeitor conhecido como Juan Tink, *el inglés*.

O "culto da coragem" de Carriego e seu interesse pelas façanhas dos *compadritos* e *gauchos* traziam à vida um mundo quase tão excitante quanto os que Georgie lera a respeito nas histórias de aventuras que encontrou na biblioteca do pai, exceto que podia imaginar tudo aquilo acontecendo ao redor dele, do outro lado dos muros do jardim de sua casa. E quando tinha permissão para se aventurar fora da biblioteca, em especial quando a família ia passar as férias nas propriedades dos primos uruguaios, Georgie prestava atenção nos *gauchos* de verdade. Viu pela primeira vez alguns quando estava na casa de verão dos Haedo, em Paso del Molino. Até então, vira apenas imagens deles, "mas quando vi *gauchos* verdadeiros fiquei profundamente emocionado".[38] Ele tentou montar a cavalo na estância de seu tio, perto de Fray Bentos, e, certa vez, teve permissão para acompanhar alguns *gauchos* a cavalo enquanto conduziam o gado até um rio.[39] Alegava ter-se tornado um "cavaleiro passável", mas admitia que caíra do cavalo em várias ocasiões, o que era de esperar de um menino tão inepto fisicamente.[40]

Carriego foi o conduto através do qual Georgie ouviu falar pela primeira vez do folclore das *orillas*, mas não é preciso dizer que esse novo entusiasmo do menino pela gente comum não era compartilhado por sua mãe. A aristocrata Leonor Acevedo não tinha tempo para *gauchos* e *compadritos*, para não falar do tango, que tinha tantas associações desagradáveis. Também não estava muito impressionada com o talento poético de Carriego, ainda que o jovem e efusivo bardo tenha sido galante o suficiente para dedicar-lhe o poema "Vulgar sinfonia", louvando na dedicatória dos versos as aspirações literárias de seu filho, "que já pode sentir sobre sua testa/ os primeiros anelos pela coroa de louros".[41] Mas a desaprovação de mamãe serviu apenas para aumentar a admiração de Georgie por Carriego, pois foi ele que lhe ofereceu o que havia buscado inicialmente em seu pai: os meios para superar a inadequação que sentia por ser incapaz de estar à altura das elevadas expectativas de sua mãe. Carriego validava o que se poderia chamar de lógica emocional da imaginação de Borges: tudo o que fosse proibido pela mãe — tigres, *gauchos*, *compadritos* — justamente por isso enriquecia mais a vida; e tudo que ela aprovava — a espada de honra dos ancestrais — era opressivo e "irreal". Segundo essa lógica, a rebelião contra a mãe era a chave para a independência e a autorrealização.

Chegou finalmente o momento em que o dr. Borges decidiu mandar Georgie para a escola. Borges seria sempre muito cauteloso no que diz respeito ao seu tempo de escola: afirmava tê-la frequentado pela primeira vez quando tinha nove anos, o que significa que teria começado em março de 1909.[42] Na verdade, o único registro encontrado sobre isso mostra que ele estava matriculado na escola local da rua Thames, 2321, em Palermo, no dia 2 de março de 1911.[43] Essa foi a data em que Norah Borges começou a frequentar a escola, tendo "acabado de atingir a idade de dez anos".[44] Se Georgie havia começado em 1909, parece improvável que Norah, que já estaria em idade escolar naquela data, tivesse continuado a estudar em casa com a sra. Tink por mais dois anos. Portanto, é quase certo que Borges só foi enviado para a escola em março de 1911, quando estava com onze anos e meio. Ele foi matriculado inicialmente no quinto ano, mas, alguns dias depois, foi transferido para o quarto,[45] o que sugere que a direção da escola achou falhas em sua instrução, sem dúvida porque fora mantido em casa até aquela idade.

Havia 45 alunos no quarto ano, a maioria composta por meninos de famílias pobres da vizinhança miserável. Georgie, evidentemente, era uma das poucas exceções de classe média, e sua mãe, que tinha consciência de quão diferente seu filho era do populacho, tratou de fazer com que todos reconhecessem de imediato esse fato e mandou-o para a escola de paletó e gravata. Não surpreende que esse menino terrivelmente tímido e gago, com óculos de lentes grossas e, "ao estilo de Eton, colarinho e gravata", como ele mesmo se descreveu, tenha se sentido intimidado pelos outros meninos.[46] Como seria de esperar, teve de encarar um rude despertar para o mundo fora da biblioteca do pai. Havia apenas um outro menino de classe média no quarto ano, Roberto Godel, e as outras crianças, como relembrava Borges, "nunca perdoaram" os dois forasteiros[47] e os fizeram "pagar um preço alto" por sua suposta superioridade.[48] Eles eram vítimas constantes de "zombarias e ameaças",[49] e Georgie foi apresentado "aos rudimentos do lunfardo", a gíria plebeia, e a "dez ou quinze sinônimos obscenos" que "jamais ouvira em casa".[50]

Não obstante, conseguiu completar o quarto ano e, no começo do ano escolar seguinte, em março de 1912, foi matriculado na classe 5B, mas Roberto Godel, seu único amigo, foi mandado por seus pais para outra escola, deixando-o sozinho para enfrentar os meninos.[51] Não haveria descanso nos maus-tratos que Georgie teria de suportar; ele participou de "várias brigas de socos", mas fez isso "por covardia, porque era forçado pelos outros meninos".[52] Algumas semanas depois do início do ano escolar, deve ter se envolvido num episódio particularmente violento e creio que se trata do incidente que tinha em mente quando escreveu "O fazedor":

> Outro rapaz o insultara e ele acorrera a seu pai para contar-lhe a história. Este deixou-o falar como se não estivesse ouvindo ou entendendo e despendurou da parede um punhal de bronze, belo e poderoso, que o menino cobiçara furtivamente.

> Agora estava com ele nas mãos e a surpresa da posse anulou o ultraje sofrido, mas a voz do pai estava dizendo: "Que alguém saiba que és um homem", e havia uma ordem na voz.[53]

Esse relato parece ser fiel às lembranças de Borges de sua infância: é descrito como uma "lembrança perdida que brilhava como uma moeda sob a chuva". Seu pai havia convertido a briga com o valentão em um teste de honra masculina, e esse talvez seja o motivo por que Borges, muitos anos depois, deu a essas refregas violentas com seus atormentadores um ar quase cavalheiresco: "Bem, minha visão era ruim, eu era muito fraco e, em geral, era derrotado. Mas tinha de ser feito. Porque, na realidade, havia um código quando eu era menino, havia até um código de duelo".[54]

Pouco mais de um mês depois do início do novo ano escolar, em 19 de abril, o menino foi retirado da escola por seus pais. A razão declarada nos registros foi que a família iria sair de Buenos Aires por um período de tempo não especificado,[55] mas Georgie jamais voltaria ao colégio da rua Thames; também não há indícios de que a família Borges tenha se ausentado de Buenos Aires por algum tempo significativo naquela ocasião. A explicação mais provável para a súbita retirada do menino da escola é que as intimidações e brigas tenham ficado sérias o suficiente para persuadir seus pais de que o menino, tal como Roberto Godel, não deveria mais ser exposto à violência persistente de seus colegas de aula. A lembrança daquela violência permaneceria com Borges pelo resto da vida — um dos seus pesadelos recorrentes da vida adulta era o de ser atormentado por anões e meninos pequenos.[56]

Mas ainda mais forte que a memória dos maus-tratos era sua lembrança do pai lhe dando o punhal e lhe dizendo para ser homem. Essa cena se tornaria um motivo irresistível em seus contos, pois, ao lhe passar o punhal, seu pai estava efetivamente convidando Georgie a ser tão corajoso quando o tigreiro que enfrenta a onça. Borges lembraria do sentimento embriagador de poder que sentiu ao segurar o punhal em sua mão. Ele tentou pô-lo em palavras em "O fazedor":

> A noite ofuscava os caminhos; abraçado ao punhal, em que pressentia uma força mágica, desceu a ladeira íngreme que rodeava a casa e correu pela beira do mar, sonhando-se Ajax e Perseu e povoando de ferimentos e batalhas a obscuridade salobra.[57]

Era "o gosto exato daquele instante" que realmente lhe interessava; "o resto não importava: as afrontas do desafio, o torpe combate, o retorno com a lâmina sangrenta". Mas restava o fato de que havia sido derrotado pelos outros meninos; seus pais o haviam tirado da escola; ele se aventurara no mundo, mas havia sido empurrado de volta e forçado a se refugiar novamente no domínio irreal da biblioteca do pai.

Depois que deixou a escola da rua Thames, Georgie não receberia instrução formal até entrar na escola secundária, em março de 1913. Não há registros do que aconteceu exatamente nesse período, mas é quase certo que ficou em casa, recebendo provavelmente instrução de um tutor particular. Mas o pai também participou da educação do filho. Borges, por exemplo, tinha uma lembrança específica do pai lhe falando de ideias anarquistas: "Certa vez, disse-me que prestasse bastante atenção nos soldados, nos uniformes, nos quartéis, nas bandeiras, nas igrejas, nos sacerdotes e nos açougues, já que tudo isso iria desaparecer, e eu poderia um dia contar a meus filhos que vira essas coisas".[58] Mas, mais do que política, o que o dr. Borges ensinou ao filho foram certas ideias básicas de filosofia. Borges lembrava como seu pai lhe despertara pela primeira vez o sentimento de assombro diante da estranheza da vida: "'Que coisa esquisita', dizia ele, 'que eu esteja vivendo, como dizem, atrás dos meus olhos, dentro de minha cabeça; me pergunto se isso faz sentido'".[59] Georgie, que passara a maior parte de sua vida espiando, impotente, o mundo através do portão do jardim, "agarrou-se" àquela ideia, porque "eu sabia o que ele estava dizendo". Lembrava-se também de seu pai demonstrando-lhe o paradoxo de Aquiles e da tartaruga, usando peças de um tabuleiro de xadrez. O famoso paradoxo de Zeno, que provava que o rápido Aquiles jamais alcançaria a tartaruga, resumia para Borges "os primeiros temores e assombros" de sua infância — "ter medo de espelhos, ter medo de mogno, ter medo de ser repetido".[60] Ele também foi apresentado às noções básicas do idealismo filosófico. O pai segurou uma laranja e demonstrou-lhe que nenhum de seus atributos podia levar o observador a um conhecimento certo de sua existência objetiva. E explicou-lhe a teoria de Platão sobre as formas, segundo a qual existia um mundo mais verdadeiro para além dos sentidos, onde as coisas subsistiam como puros arquétipos.

Essas noções confirmariam sua impressão preexistente da "irrealidade" do mundo ao seu redor. E, se a realidade do mundo era inalcançável no presente, o mesmo acontecia no passado. O pai contou-lhe que achava impossível lembrar-se realmente da primeira vez em que viera morar em Buenos Aires, quando era criança. Ilustrou seu argumento colocando algumas moedas umas sobre as outras: "A moeda de baixo seria a primeira imagem, por exemplo, da casa de minha infância. A segunda moeda seria a lembrança que eu tinha daquela casa quando fui para Buenos Aires. Depois, a terceira, uma outra memória, e assim por diante".[61] Isso significava que não havia memórias verdadeiras da infância, pois cada lembrança era distorcida por repetição sucessiva e, "se em cada repetição você tem uma leve distorção, então, no fim, você estará muito longe da coisa". O jovem Georgie achava aquilo "uma coisa muito triste".

O dr. Borges tornou-se uma figura contraditória para seu filho. De um lado, dera-lhe um punhal, instando-o a ser homem, ao passo que, de outro, mantinha o menino longe do mundo, confinando-o à biblioteca. O enigma representado por ele se transformou na principal preocupação de uma peça curta que Georgie escreveu por aquela época sobre o lendário cavaleiro espanhol Bernardo del Carpio.[62] Manuscrita em cinco folhas de papel, a peça consistia de três cenas muito curtas. Na primeira, Bernardo del Carpio pede sua espada antes de partir para pagar o resgate por seu pai, mantido prisioneiro por um rei malvado. Na segunda cena, Bernardo concorda em entregar o castelo ancestral de Carpio em troca da liberdade de seu pai. Na cena final, ele entrega as chaves do castelo e oferece tudo ao rei, exceto um velho punhal e um pedaço de papel amarelo. O rei pergunta que valor têm aquelas coisas: Bernardo responde que o punhal pertencia ao seu pai e no papel amarelo está a última coisa que ele havia escrito. O rei convida então Bernardo a se encontrar com o pai à porta; ele corre para saudá-lo e grita "Pai!", mas encontra apenas dois criados que trazem seu corpo morto. Indignado com a traição, saca a espada, desafia o rei para um duelo e o mata.

Nessa pequena peça, Georgie tentava explicar o comportamento contraditório do pai em relação ao filho imaginando que ele era cativo de um rei traiçoeiro. Algumas ideias já estavam enraizadas na imaginação de Borges: o tópico do duelo, o contraste entre o punhal e a espada e, o que é mais estranho de tudo, o motivo da trindade mortífera, que aparece pela primeira vez na tríade de pai, filho e rei. É digna de nota também a disposição do filho de entregar tudo ao rei para libertar o pai, exceto, curiosamente, o punhal do pai e uma amostra de sua escrita. Era como se Georgie tivesse intuído que punhal e pena representavam juntos um laço especial com seu pai cuja perda ele não poderia suportar. A conexão entre punhal e escrita, que ainda é um tanto vaga nesse texto, seria de grande significação para Borges. O punhal tornara-se um símbolo de energia e paixão por meio de sua associação com o tigre, mas, aqui, estava justaposto a um pedaço de papel amarelo no qual seu pai escrevera suas últimas palavras.

A peça deixa evidente que Georgie não acreditava mais que seu pai pudesse ajudá-lo a recuperar o poder mágico do punhal. Ele se voltaria então para Evaristo Carriego na busca de sair da biblioteca paterna e entrar na realidade do mundo lá fora, pois Carriego realizara o que seu pai não conseguira: tornara-se um autor de sucesso, escrevendo sobre o mundo em que vivia e conquistando elogios de um público entusiástico. Com efeito, em 1912, no momento exato em que Borges foi tirado da escola, Carriego vivia a glória de uma considerável reputação como autor de poemas sobre os bairros proletários de Buenos Aires. Seus esboços poéticos da vida típica nas *orillas* foram publicados em *Caras y Caretas*, uma revista imensamente popular na época, e sua peça *Los que pasan* foi representada no Teatro Nacional naquele ano.

Não obstante, havia algo de desesperado na preocupação de Carriego com sua reputação literária. Ele recitava seus poemas nos cafés da cidade na primeira oportunidade e referia-se sempre ao "meu talento" na conversas, depreciando a obra de outros poetas e reivindicando que somente sua poesia perduraria porque era um "documento" da vida cotidiana.[63] Reservava especial aversão para Lugones, uma hostilidade que talvez não fosse estranha ao fato de que seu livro, *Las misas herejes*, havia sido eclipsado pela obra do rival. A verdade é que Carriego tinha fome de fama porque estava com tuberculose e sabia que tinha pouco tempo de vida. Ele morreu em 13 de outubro de 1912, antes de completar trinta anos, deixando um livro de versos simbolistas e um corpo escasso de poemas sobre a gente das *orillas* de Buenos Aires, que seu irmão reuniria mais tarde num volume póstumo chamado *La canción del barrio*.

Esse magro legado daria frutos inesperados cerca de catorze anos depois, quando seu jovem admirador Jorge Luis Borges encontrou uma rica fonte de inspiração na sua descoberta das *orillas* como tema literário. Mas creio que a influência de Carriego sobre Borges foi ainda mais sutil e profunda. Foi sua revelação da "magia" da poesia para o pequeno Georgie que estimulou Borges a captar com sua pena o poder mágico que sentira no "gosto exato daquele instante" em que agarrara o punhal que seu pai lhe oferecera. Em suma, a pena se tornaria um substituto do punhal, a arma dos *gauchos* e *compadritos* que Carriego tanto admirava. A partir dessa conexão seminal, Borges conceberia um ideal de literatura tão expressivo quanto a emoção que um tigreiro ou um *compadrito* talvez sentissem ao enfiar a faca no corpo de um adversário; era um ideal de escrita como êxtase, como a simples e irrefletida alegria do puro viver.

Em março de 1913, menos de cinco meses após a morte de Carriego, Georgie foi mandado para a escola secundária, depois de passar no exame de admissão do prestigioso Colégio Nacional Manuel Belgrano. Os meninos de sua turma tinham mais ou menos sua idade e, ao contrário daqueles da escola primária, eram muitos os de classe média. Ainda assim, ele não se daria bem na escola: suas notas ficariam abaixo da média e seu desempenho seria particularmente ruim em francês, desenho e geometria.[64] É provável que essa falta de sucesso tenha se devido a sua instrução até então atrasada e interrompida.

Não muito depois de entrar no Colégio Nacional, publicou um conto chamado "O rei da selva" na revista da escola.[65] Escrito entre março e agosto daquele ano, começava com a descrição da morte de uma pantera negra por um poderoso tigre (o rei da selva do título). O grande tigre fica "excitado até a loucura pelo cheiro de sangue", mas em algum momento posterior é surpreendido em sua cova por uma criatura "audaciosa" que atira uma flecha na "pele listrada":

> O rei da selva armou o bote, fixou seu olhar feroz no intruso, reuniu todas as suas forças e saltou. Dez passos separavam os adversários, outra flecha penetrou no largo peito do rei da selva, que soltou um terrível rugido: o rugido de uma besta vencida. E ele caiu [...] um cadáver ensanguentado, aos pés do homem.

Georgie estava claramente transformando o relato de seu pai sobre o tigreiro numa fantasia de autoafirmação. E, na exaltação embebida de sangue sentida pelo tigre, o menino tentava pôr em palavras a sensação de poder que sentira quando segurara o punhal que o pai lhe dera depois que fora maltratado na escola.

Ainda assim, encontram-se traços de falta de confiança em si mesmo no texto. Borges demora-se na sede de sangue do tigre depois de matar a pantera, mas o relato da vitória do homem sobre o tigre é comparativamente abafado, está quase fora da moldura da história, e a arma empregada não é um punhal, mas um arco e flecha, reduzindo assim o contato físico do homem com sua presa. Por fim, o tigreiro não tem nome, e esse anonimato combina com o curioso fato de que, ao publicar o conto na revista da escola, Georgie escolheu "Nemo" para seu *nom de plume*, como se essa fantasia selvagem de autoafirmação tivesse sido atenuada pelo medo do autor de que ele poderia vir a ser um ninguém, no fim das contas.

Em minha opinião, "O rei da selva" foi uma homenagem de Georgie a Evaristo Carriego, uma vez que foi escrito logo após a morte do homem que havia aberto seus olhos para a conexão entre a magia do punhal e a da pena. Mas as insinuações de falta de autoconfiança no texto podem ser indícios do temor do garoto de que a morte de seu herói o tivesse deixado vulnerável à misteriosa passividade que afligia seu pai. Talvez refletissem também suas próprias dificuldades em se adaptar à vida na escola. Com efeito, o período de sua frequência no Colégio Nacional está envolto em mistério. O próprio Borges nunca o mencionou; as poucas referências disponíveis vêm por intermédio de sua mãe e sua irmã e se relacionam com um acidente que Georgie aparentemente sofreu a caminho da escola, em algum momento de 1913.

O colégio ficava a cerca de três quilômetros de sua casa, na avenida Santa Fé, e Georgie costumava pegar o bonde, com frequência acompanhado por Roberto Godel, seu amigo da escola primária. Norah Borges descreveria como um policial apareceu na sua casa um dia para relatar um acidente em que Georgie se envolvera.[66] Seu irmão surgiu duas horas depois com a cabeça enfaixada e se esforçando para não chorar. Parece que ele havia tropeçado ao tentar pegar o bonde e quase fora atingido por um segundo carro. Seus óculos se espatifaram na queda, ele quebrara dois dentes e sofrera um corte grave no lado da cabeça.[67] Esses ferimentos, no entanto, são consistentes com aqueles que poderia ter sofrido numa briga com outros meninos e, tendo em vista suas experiências da escola primária, é possível que as intimidações não tenham cessado no Colégio Nacional, o que talvez dê conta do envolvimento da polícia e sua relutância posterior em mencionar essa fase de sua carreira escolar.

O acidente de Georgie (ou um segundo incidente de briga escolar) pôs em pauta um assunto que o dr. Borges talvez estivesse ruminando havia algum tempo. Parece que, nesse período, o pai andava num estado de considerável desalento. Em março de 1913, mesmo mês em que o filho entrou para o Colégio, ele publicou três sonetos na respeitada revista literária *Nosotros*.[68] Sob o título comum de "Momentos", esses poemas formam uma sequência progressiva sobre o tema do amor perdido com o passar do tempo. O primeiro expressa a angústia do autor diante do "soturno silêncio" de sua amante, que é "muda" e "insensível" às suas juras de amor, enquanto ele reflete sobre sua vida "no espelho doloroso do passado". No segundo, ele lamenta o fato de que "a noite azul, o jardim calado", "os jasmins mais brancos do que a lua" foram varridos pelo tempo, e se pergunta se a felicidade pode ser "ressuscitada". Em seu temor ao afirmar que "o passado nunca volta", ele termina com uma nota de dúvida angustiada: "Amei-te? Era verdade ou apenas um sonho?". No terceiro soneto, ele conclui que, uma vez que tudo nesta vida é mutável, "eu também deveria me retirar para outros lugares", mas estende a mão a sua amante "em atenção à noite que não tem flor laranja, / e ao beijo que nunca encontrou teus lábios".

O lamento do dr. Borges diante da passagem do tempo pode ser explicado pelo fato de que ele se aproximava dos quarenta anos e, ao chegar à meia-idade, sentia falta da paixão que outrora compartilhara com sua jovem noiva Leonor. A angústia de que o tempo estava acabando para ele teria sido aguçada por outros fatores. A morte recente de seu jovem amigo Carriego, logo depois de ter alcançado o reconhecimento como escritor, o teria levado a refletir sobre suas próprias aspirações literárias não realizadas. E essas aflições só pioravam com a deterioração rápida de sua visão, consequência de um velho problema com cataratas. Seus olhos estavam tão fracos que ele mal conseguia decifrar os documentos com que trabalhava nos tribunais.

Havia razões também para sentir-se desiludido com a situação política. Uma lei eleitoral aprovada em 1912 tinha por objetivo consolidar o voto na coalizão dominante de partidos conservadores e reforçar o domínio eleitoral da máquina política da oligarquia. Se um anarquista como o dr. Borges pudera ter esperanças de uma mudança radical na Argentina graças à agitação política crescente da primeira década do século, o momento revolucionário parecia agora ter passado. A renovada complacência da oligarquia estava sintetizada nas palestras sobre o *gaucho* feitas no teatro Odeón por Leopoldo Lugones poucos meses depois da morte de Carriego. Jorge Borges pode muito bem ter refletido sobre a ironia de Lugones ter sido seu amigo e companheiro anarquista no tempo da universidade, mas desde então ter se tornado o queridinho da classe dominante. Teria sido particularmente exasperante observar Lugones aproveitar-se do *gaucho* como símbolo nacional do establishment liberal e eclipsar a concepção mais populista do infeliz Carriego do *gaucho* como um rebelde social e herói do povo. Nessas circunstâncias, a Argentina devia parecer um lugar antipático aos estrangeiros e intrusos sociais como o meio inglês Jorge Guillermo Borges, cujo "defeito estrangeiro" sempre o perturbara e o levara a questionar sua relação com seu país natal. Provavelmente, como Carlos Dubois em *El caudillo*, ele já estava tentado pela ideia de ir embora do país e se estabelecer com Leonor em algum lugar da Europa, onde pudesse viver no anonimato com seus livros e até escrever "um livro muito pessoal".

Em 1913, decidiu que levaria a família para morar na Europa por um período de tempo indefinido, e possivelmente para sempre. Deve ter chegado a essa conclusão antes de novembro, pois seu plano implicaria longos preparativos: tinha de obter uma licença da Escola de Línguas Modernas antes do final do ano letivo em dezembro, pedir uma aposentadoria prematura dos tribunais e tomar medidas para alugar a longo prazo a casa de Palermo.

Em *Ensaio autobiográfico*, Borges deu os seguintes motivos para a decisão da família de deixar a Argentina:

> O objetivo da viagem era que minha irmã e eu frequentássemos a escola em Genebra. Iríamos morar com minha avó materna, que viajaria conosco (mais tarde ela viria a falecer ali, enquanto meus pais percorriam a Europa). E meu pai aproveitaria para ser atendido por um famoso oculista de Genebra.[69]

Esse relato, creio condensa retrospectivamente um conjunto mais complexo de fatores. A principal razão para a viagem, como o próprio Borges indica, era dar às crianças uma educação europeia. O dr. Borges tinha uma má opinião sobre as escolas argentinas: "Meu pai costumava dizer que em nosso país a história argentina substituíra o catecismo, e assim se esperava adoração por tudo o que fosse argentino. Por exemplo, ensinavam-nos história argentina antes de permitir-nos o conhecimento de muitos países e muitos séculos que intervieram em sua formação".[70] Borges diria que seu pai queria que ele "se tornasse um cidadão do mundo, um grande cosmopolita", como no caso de Henry e William James, que foram mandados à Europa para serem educados, "a fim de que não viessem a ser... digamos, provincianos".[71] Porém, é improvável que Genebra fosse a primeira escolha do dr. Borges com esse propósito. Para começar, as crianças conheciam pouco francês, se é que sabiam algum, ao passo que a família era fluente em inglês e as crianças haviam sido educadas em casa durante vários anos por uma governanta inglesa. Ademais, o dr. Borges "orgulhava-se de seu sangue inglês",[72] como atestava a impressionante coleção de livros principalmente ingleses que ele havia montado ao longo dos anos. Se o objetivo era dar aos filhos uma boa educação, o destino mais provável teria sido de longe, na opinião do sobrinho de Borges, Miguel de Torre, a Inglaterra e, provavelmente, Londres.[73]

Outro motivo importante para a jornada, segundo Miguel de Torre, era a vontade do dr. Borges de viajar pelo continente com sua esposa.[74] Ele deve ter imaginado esse *tour à deux* como uma maneira de revitalizar suas relações, tendo em vista seu lamento pelo desaparecimento do amor expresso nos sonetos publicados em *Nosotros*. E havia também a questão de encontrar algum remédio para sua visão, mas, na opinião de Miguel de Torre, é mais provável que consideraria ir a Londres ou Paris para consultar um especialista em olhos. Por que, então, foram para Genebra? No relato de Borges, a escolha foi bastante arbitrária: seu pai não sabia nada sobre a cidade, mas topou com uma fotografia que mostrava a Cidade Velha, os Alpes e o Ródano e gostou do aspecto do lugar.[75] Talvez também tenha considerado o local uma base conveniente para deixar Georgie e Norah com a avó enquanto ele e a mulher faziam seu passeio, antes de mandar as crianças para a escola na Inglaterra no outono de 1914.

Com base na configuração mais plausível dos indícios disponíveis, podemos levantar a seguinte hipótese: a partida da família Borges de Buenos Aires em 1914 foi consequência da decisão de um homem desiludido que passava por uma crise pessoal ao se aproximar dos quarenta anos. De acordo com o escritor, seu pai "era um homem tão modesto que teria preferido ser invisível".[76] Ele "queria viver numa cidade em que fosse totalmente desconhecido".[77] É até possível que pretendesse ir embora para sempre da Argentina, se as coisas andassem bem para eles na Europa. O plano inicial talvez fosse estabelecer-se em Londres, onde seus filhos poderiam receber uma educação melhor do que ele acreditava haver em Buenos Aires. Mas primeiro ele e a mulher passeariam pelo continente, deixando as crianças com a avó em Genebra. Pouco depois que a família chegou a Genebra, porém, irrompeu uma guerra europeia e eles resolveram ficar na Suíça, país neutro, enquanto durasse o conflito.

A família Borges começou uma década de perambulações no início de 1914. Leonor, as crianças e sua avó argentina Leonor Suárez viram-se arrancadas de seu solo natal e levadas de lugar em lugar pela inquietação interior do dr. Borges. Viveriam em hotéis e apartamentos alugados em várias cidades distintas; a vida e a escola das crianças sofreriam rupturas várias vezes graças a mudanças arbitrárias de planos. O fato é que o dr. Borges era um fugitivo de seu fracasso de viver à altura da memória imaginária do pai heroico que jamais conhecera, e quando partiu com a família para a Europa esperava compensar esse fracasso com o sucesso de escritor e com a recuperação, se pudesse, da paixão que outrora conhecera com Leonor.

4. Genebra (1914-9)

A família Borges partiu de Buenos Aires em 3 de fevereiro de 1914, a bordo do *Sierra Nevada*, um navio alemão cujo destino era Bremen. Cerca de três semanas depois, chegaram a Boulogne e foram direto para Paris, onde passaram o tempo fazendo turismo e visitando museus. Na capital francesa, porém, ficaram detidos por mais semanas do que o planejado devido a um acidente em que se envolveram no caminho para Versalhes num automóvel aberto, no qual Leonor Suárez teve um braço deslocado. Depois que a velha senhora se recuperou o suficiente, a família viajou para Genebra, chegando provavelmente em abril. No dia 24 daquele mês, instalaram-se num apartamento alugado na rua Malagnou, 17 (hoje o número 7 da rua Ferdinand Hodler), na Cidade Velha. Esse seria seu lar até 1918.

Nas semanas seguintes, Leonor tratou de equipar o apartamento e prepará-lo para as crianças morarem com a avó durante os meses de verão em que ela e o marido viajariam pela Europa. O dr. Borges e a esposa partiram perto do final de julho, mas não tinham ido muito além de Munique quando, na primeira semana de agosto, se viram no meio de um continente que entrara em guerra. Conseguiram voltar para a neutra Suíça, mas era óbvio que teriam de revisar seus planos quanto à educação dos filhos, uma vez que não seria prudente, diante das novas circunstâncias, levá-los para Londres. Portanto, decidiram ficar em Genebra e mandar as crianças à escola lá mesmo.

A escola escolhida para Georgie foi o Collège de Genève, fundado por João Calvino em 1559 e que ficava a uma curta caminhada de onde estavam instalados. Quanto a Norah, houve menos preocupação em mandá-la para a escola, e parece que foi educada em casa, onde passava boa parte do tempo pintando, até ser admitida na Escola de Belas-Artes, com a idade de catorze anos. A questão escolar de Georgie não foi simples de resolver. Havia um problema com sua idade: ele completara quinze anos naquele mês de agosto e ultrapassara a idade de admissão no primeiro ano do Collège de Genève. O dr. Borges resolveu esse problema mentindo que seu filho era um ano mais moço e dando como sua data de nascimento 24 de agosto de 1900. Depois, havia o problema não menos importante de Georgie saber pouco ou quase nenhum francês. Era urgente, portanto, que aprendesse o suficiente da língua para enfrentar a escola, algumas semanas mais tarde. Encontraram-lhe um professor na cidade vizinha de Annemasse, para onde ia de bicicleta todos os dias do verão a fim de ter aulas de francês.

Não deve ter sido fácil para Georgie, com sua experiência de brigas constantes em Buenos Aires, entrar numa escola de uma cidade estrangeira cuja língua não tivera tempo para dominar e, além disso, sabendo que estava lá porque haviam mentido sobre sua idade. Ele jamais seria particularmente feliz em escolas. Foi colocado numa turma de 43 meninos, cuja maioria era até quatro anos mais jovem do que ele (somente um menino nascera em 1900; as datas de nascimento do resto variavam entre 1901 e 1903).[1] Apesar de ser muito mais velho do que seus colegas, não brilhou de forma alguma nos estudos, graças, em larga medida, a suas dificuldades com o francês e também, sem dúvida, à escolarização atrasada e cheia de interrupções que tivera até então. Embora não fosse maltratado no Collège de Genève, achou difícil se dar bem com os outros meninos. Cerca de metade da turma era composta por genebrinos e a maioria dos restantes vinha de outros cantões suíços e ia à escola com seus trajes regionais. Mas como ele logo descobriria, era "muito difícil ter um amigo suíço", e era com os meninos estrangeiros, refugiados da guerra, que se sentia mais à vontade.[2] Em Genebra, portanto, Georgie sentia-se tão isolado das outras pessoas quanto em Buenos Aires, só que era tudo tão pouco familiar que sentia saudade da Argentina. Ao ex-colega Roberto Godel, escreveu que seu desejo constante era retornar a Buenos Aires,[3] e em várias cartas a sua adorada avó Fanny Haslam escreveu sobre as coisas de casa de que sentia falta.[4]

Como sempre, refugiou-se nos livros. Não tinha mais a biblioteca do pai, mas mergulhou nas leituras sem objetivo a que se havia acostumado e que, na verdade, jamais abandonaria. A família trouxera alguns livros argentinos e ingleses e, quando seu francês melhorou, associou-se a uma biblioteca circulante e devorou melodramas e contos de altas aventuras, como os romances da "Gyp", a condessa de Martel, que escrevia sobre amantes aristocráticos infelizes; ele se lembrava de ter chorado ao ler *Une passionette*, a história de uma baronesa que se suicida depois de ser abandonada pelo amante. Outro de seus preferidos era *Tartarin de Tarascon*, de Alphonse Daudet, um romance cômico sobre um homem que conta histórias incríveis sobre suas aventuras extraordinárias e depois precisa tentar sustentá-las na vida real. Mas passaria a leituras mais sérias: a série de romances *Rougon-Macquart* de Zola, Maupassant, Victor Hugo — de quem preferia a poesia à ficção — e Flaubert, que admiraria pelo resto de sua vida.

Enquanto Georgie encontrava dificuldades para se adaptar a Genebra, sua irmã Norah se aclimatava rapidamente ao novo ambiente — rápido demais, achava o resto da família. Em março de 1915, Georgie queixou-se a Godel que Norah usava palavras francesas quando falava espanhol em família. Ela até começou a sonhar em francês, e um dia sua mãe a viu se esconder atrás de uma cortina e gritar "*Une mouche! Une mouche!*": havia adotado a ideia francesa de que as moscas eram perigosas. Dona Leonor não ficou impressionada e zombou: "Saia já daí! Você nasceu e foi criada entre moscas".[5] Mas a menina estava claramente prosperando — não apenas ia muitíssimo bem com sua arte, como escrevia poesia. Ela reuniria um pequeno volume de oito poemas, com acompanhamento de desenhos, e o chamaria de *Notas lejanas* [Notas distantes].

No entanto, não há nenhum indício de texto escrito por Georgie nesse período, e ele continuava a ter um desempenho medíocre na escola. Em junho, as notas nos exames finais de seu primeiro ano foram modestas. Saiu-se melhor em latim e fez o suficiente em história, ciências naturais e contabilidade; passou raspando em alemão, foi reprovado em desenho e educação física, e em música (que exigia cantar) ganhou zero.[6] O pior, no entanto, foi ser reprovado em francês, o que significava que não poderia passar para o segundo ano; assim, tinha pela frente a perspectiva constrangedora de recomeçar o primeiro ano da educação secundária aos dezesseis anos. Mas, embora tivesse feito poucos amigos, seus colegas escreveram ao diretor pedindo que ele fosse admitido no segundo ano em consideração ao esforço enorme envolvido em ter de estudar todas as outras matérias em francês, idioma que não tivera tempo para aprender de forma adequada. Assim, passou de ano, mas jamais seria o mais assíduo dos alunos e suas notas nunca foram notáveis. Tendo se acostumado a seguir seus interesses próprios desde muito cedo, achava que as leituras que fazia em casa eram muito mais estimulantes do que a rotina de estudo de suas matérias escolares. A única exceção era o latim, no qual era bastante bom. Reteve dessa época o gosto por ler trechos de Virgílio, Tácito e Sêneca. Mencionava também ter um exemplar de *Germania*, de Tácito, no original e em tradução para o inglês na estante de seu quarto.[7]

Georgie continuava com sua existência solitária e cercada de livros no seio da família, a qual, no final de 1915, aumentou para seis membros com a chegada de Fanny Haslam a Genebra, depois de arrostar os submarinos alemães durante a longa viagem marítima. Deve ter chegado a tempo de passar o Natal com eles, pois em 19 de janeiro de 1916 já havia recebido seu *permis de séjour* em Genebra.[8] Fanny ficara em Buenos Aires com sua irmã Caroline, mas, com a morte desta, em julho de 1915, decidiu unir-se à família na Europa. Nos primeiros meses do novo ano, eles receberam a visita de alguns parentes argentinos, e há uma fotografia de Georgie cercado pelas mulheres da família, entre elas as belas, núbeis e de olhos claros Jacinta, Dayla e Clara Mendoza Haedo. Georgie estava então com quinze anos e meio e certamente sentia impulsos eróticos — ele mencionou manter um livro "sobre os costumes sexuais dos povos balcânicos" escondido em seu quarto, mas, se teve algum sentimento romântico por alguma das meninas, guardou-o para si mesmo.[9]

O evento mais significativo em sua vida livresca foi a descoberta de Thomas Carlyle, o primeiro de uma série de escritores que ele veneraria em sua juventude. Por intermédio de Carlyle, encontrou Schopenhauer e a ideia da vontade como força criativa em um mundo ilusório de aparências. Ele diria desse filósofo: "Se o enigma do universo pudesse ser formulado em palavras, penso que essas palavras estariam na obra dele".[10] Resolveu aprender sozinho alemão para lê-lo no original. Fizera dois anos desse idioma na escola e não se saíra muito bem, mas comprou um dicionário conciso alemão-inglês e se atirou fundo na tarefa: escolheu nada menos que o *Fausto* de Goethe e a *Crítica da razão pura* de Kant como obras de introdução ao idioma. Logo começou a patinar e voltou-se para o

Lyrisches Intermezzo de Heine, que conseguia ler com mais facilidade. Depois que seu domínio da língua ficou suficientemente bom, começou a "ler e reler Schopenhauer em alemão".[11] Ele perseveraria nas leituras de filosofia, aproveitando o que seu pai lhe ensinara quando menino. Um ponto de partida favorito era o dicionário de Fritz Mauthner, que era "realmente uma coleção de ensaios sobre diferentes temas, como a alma, o mundo, a mente, a consciência etc.", que ele "consultava com o maior prazer".[12]

Durante seus primeiros três anos na Suíça, o jovem Borges e sua irmã levaram uma existência protegida, tendo principalmente a família por companhia. Norah, que entrou para a Escola de Belas-Artes em 1915, relembrou mais tarde a rotina deles: "Costumávamos ir para a cama cedo porque tínhamos de levantar cedo para ir à escola. Tínhamos de estar lá às oito e, no inverno, era muito frio. [...] À noite, ficávamos em casa, fazendo as lições ou brincando juntos, e Georgie sempre inventava coisas para passar o tempo".[13]

Essa carência de contatos sociais afetava toda a família. Os suíços tinham "certo desdém pelos estrangeiros", Borges diria em entrevista a Antonio Carrizo, e "a gente sempre se sentia um pouco turista".[14] Talvez tenha sido o tédio dessa vida reclusa que acabou por piorar a relação entre o dr. Borges e sua mulher. Depois de um tempo, o belo Jorge Guillermo Borges voltou a sua vida errante: parece que frequentou prostitutas, gostava de abordar mulheres bonitas na rua e é também muito provável que tenha tido uma ou duas amantes durante sua estada em Genebra; Borges contaria a um amigo que seu pai tivera um caso com a mulher de um pintor que morava em um dos apartamentos acima do deles.[15] Com efeito, Leonor Acevedo costumava contar uma história curiosa sobre as paqueras de seu inconstante esposo em Genebra. Certa vez, um homem aproximou-se dela na rua e começou a lhe fazer propostas; ela olhou para trás e viu que era ninguém menos que seu marido, cuja visão estava tão ruim que não reconhecera a própria mulher, a qual exclamou: "Ora, Jorge, nem a mim você deixa em paz!".[16]

Em 1917, depois de ter vivido na Suíça por quase três anos, a existência isolada de Georgie acabou finalmente quando ele conheceu outro rapaz de sua idade, Maurice Abramowicz. O que provocou a amizade foi o interesse comum pela literatura e talvez tenha sido Abramowicz que o apresentou aos poetas simbolistas franceses cuja obra ele leu pela primeira vez numa antologia publicada por *Le Mercure de France*. Ele afirmava ter aprendido de cor com Abramowicz *As flores do mal* de Baudelaire, bem como o *O barco ébrio* de Rimbaud, que seria capaz de recitar quase palavra por palavra décadas depois.[17]

Por essa época, disse a seus pais que queria ser escritor e começou a fazer poesia, a maioria sonetos em francês e inglês. Uma de suas primeiras composições foi um pequeno poema simbolista chamado "Poème pour être récité avec un accent russe" [Poema para ser recitado com sotaque russo] que incluía o verso "*Petite boîte noire pour le violon cassé*" [Pequena caixa preta para o violino quebrado], e escreveu também algumas "pobres imitações de Wordsworth".[18] Chegou mesmo a tentar compor versos em latim com a ajuda do *Gradus ad Parnassum* de Guicherat.[19] Mas, tanto quanto saibamos, não escreveu nada em espanhol, o que pode ser tomado como um sinal de seu desenraizamento após viver mais de três anos longe de sua terra natal. Tentou estabelecer algum laço com o pai através do interesse comum por literatura, mas o dr. Borges demonstrou uma vez mais uma curiosa indiferença pelas aspirações do filho. "Quis mostrar meus manuscritos a meu pai, mas ele me disse que não acreditava em conselhos e que eu tinha de aprender sozinho, por tentativa e erro."[20]

Foi possivelmente por intermédio de Abramowicz que conheceu outro rapaz, Simon Jichlinski, que também se interessava por literatura. Os dois, que tinham mais ou menos a sua idade, se tornaram os primeiros amigos verdadeiros que teve, e o fato de serem judeus talvez explique sua afeição duradoura pelos judeus e sua cultura. Georgie ia nadar e recitar poesia nas margens do Ródano com seus novos amigos e começou a ficar fora de casa até tarde; visitava cervejarias e vagava pelas ruas, "discutindo tudo e nada", um hábito que manteria por boa parte de sua vida.[21] Ensinou seus amigos suíços a jogar truco e eles aprenderam tão depressa que Borges ficou sem um centavo no primeiro dia em que jogaram.

A ligação de camaradagem adolescente que criou com Abramowicz e Jichlinski ajudou-o a afrouxar os laços com a família superprotetora. Em 1917, ficou mais consciente da guerra europeia. Leu o romance contra a guerra *Le feu* [O fogo] de Henri Barbusse, que tratava da vida nas trincheiras e da carnificina que estava acontecendo na frente ocidental. Graças às discussões com seus dois amigos, Georgie foi capaz de avaliar as questões políticas mais amplas levantadas pela guerra. Outro autor que leu foi Romain Rolland, no qual talvez tenha deparado pela primeira vez com ideias socialistas. Ele lembrava que em 1917 as pessoas diziam que o romance de Rolland *Jean Christophe* era "a senha da nova geração".[22] E foi esse sentimento de pertencer a uma geração nova que o levou a rejeitar a sociedade que tornara possível a calamidade da Grande Guerra. Uma palavra que aparece de tempos em tempos na sua correspondência daqueles anos é *ocidentalismo*: Georgie e seus amigos opunham-se ao sistema capitalista do Ocidente e eram atraídos por ideias revolucionárias, em especial pela crença de que a geração deles deveria acabar com uma ordem social injusta e corrupta. Eles olhavam para a Rússia: a abdicação do czar em fevereiro de 1917 parecia anunciar o nascimento de uma sociedade nova. Georgie e os amigos seguiam com ávido interesse os eventos revolucionários que se desenrolavam e se intitulavam "maximalistas" porque, tal como Lenin e os bolcheviques, acreditavam na derrubada total do capitalismo.

A oposição de Borges ao militarismo e seu apoio ao socialismo revolucionário o levaram a fazer uma das descobertas literárias mais importantes de sua juventude: deparou com o expressionismo alemão, cujo impacto sobre suas ideias estéticas seria decisivo e duradouro. O expressionismo era um movimento de vanguarda que surgira na Alemanha na primeira década do século XX. Os expressionistas romperam com as convenções da representação naturalista na literatura e nas artes visuais e buscavam transmitir a reação individual ao mundo físico refratando a experiência sensível por meio do sentimento e da imaginação. O movimento floresceu durante a Primeira Guerra Mundial em reação à carnificina absurda e ficou associado a um espírito antiburguês e revolucionário. Ele persistiria nos países de língua alemã depois da guerra e se difundiria amplamente pela Europa, exercendo uma influência multifacetada sobre o movimento da arte moderna do século XX. O expressionismo alemão atraiu o escritor embrionário em Genebra porque estava em acordo com certas intuições profundas que ele acolhera quando criança. O intenso emocionalismo dos expressionistas correspondia a sua ideia da magia da poesia, da literatura como êxtase. E, uma vez que concebia a arte como uma interação entre o indivíduo e o mundo, o expressionismo também validava sua ideia da pena como arma, como o punhal do matador de onças, por meio do qual o escritor podia se conectar com a realidade.

Perto do final de 1917, escreveu a Roberto Godel que andava lendo os jovens escritores da Alemanha — Johannes von Becher, Franz Pfemfert, Otto Ernst Herre, Max Pauluer, Gustav Meyrink, Franz Werfel, Hasenclever e muitos outros que, tanto quando Godel, se opunham ao militarismo.[23] Abandonando Carlyle, Borges adotava agora como herói literário o expressionista alemão Johannes Becher e assim o descreveria:

> o mais alto poeta da Alemanha, e um dos poetas cúspides da épica pluricorde europeia. Crucificado sobre o torso mutilado da Europa, soube rimar, em hinários plenos de ressonâncias oceânicas, a gesta da guerra e da revolução, da agonia e da ressurreição. [...] Seus poemas nos chegam das barricadas de Berlim — pontes elásticas de aço iluminadas pelas máximas bandeiras das metáforas.[24]

Porém, a preeminência de Becher no panteão literário de Georgie não duraria muito: ele logo foi substituído por Walt Whitman, que Borges descobriu por intermédio dos expressionistas. Leu *As folhas de relva* pela primeira vez numa tradução para o alemão, mas mandou buscar em Londres o original em inglês. A partir de então, Whitman se tornaria o modelo do escritor ideal para Borges, uma vez que considerava sua poesia o exemplo supremo da escrita como êxtase, possuindo, tal como ele a via, uma paixão e vitalidade que perseguiria em sua literatura durante a maior parte de sua vida.

O ano de 1917 seria um divisor de águas para Georgie. A amizade com Abramowicz e Jichlinski e o interesse pelo socialismo e o expressionismo fariam com que rompesse o casulo protetor que sua família havia tecido ao seu redor. Sua impaciência por libertar-se fica evidente na decisão de largar a escola depois do terceiro ano, faltando ainda dois anos de curso para completar seu *baccalauréat*. Mas ele faria dezoito anos em agosto e, se ficasse no Collège de Genève, só terminaria sua educação secundária com vinte anos. Decidiu então matricular-se num instituto em setembro e, como explicou a Godel, propunha-se a comprimir os dois anos restantes do *baccalauréat* em apenas um.[25]

Aquele seria um outono de grande significação para Georgie. Em outubro, os bolcheviques tomaram o poder na Rússia, enquanto a situação na Alemanha também parecia se encaminhar para outra crise revolucionária, pois a agitação política, os motins e tumultos ameaçavam derrubar a monarquia. Em sua vida pessoal, também passaria por uma espécie de levante revolucionário. Pouco depois de entrar para o instituto, conheceu uma jovem tcheca de Praga chamada Adrienne, que, com 25 anos, era vários anos mais velha do que ele, mas graças a ela descobriu o que chamou de o "Grande Tema", ou seja, o delicioso ofício de se apaixonar, embora não correspondido nesse caso.[26] Essa "crise" amorosa, como a chamou, duraria uns três meses e ele perguntaria ao amigo Roberto Godel se já se apaixonara, se havia se agitado e revirado na cama pensando na moça, ensaiado elogios que não seria capaz de murmurar, enrubescido sempre que a via.[27] A mistura fortuita de amor e revolução contribuía para uma infusão embriagadora e, quando escreveu a Godel, em 4 de dezembro de 1917, explodia de otimismo sobre a possibilidade de uma revolução na Alemanha.[28] Suas esperanças haviam aumentado graças a alguns acontecimentos recentes: a tentativa de revolta na Marinha, os tumultos em Berlim e, é claro, a gloriosa Revolução Russa. Contou a Godel que desejava de todo o coração uma revolução e assegurou a seu amigo que os jovens intelectuais alemães receberiam tal revolução com entusiasmo.

O despertar político de Georgie e seus dois amigos genebrinos em 1917 perduraria pelo resto de suas vidas. Abramowicz e Jichlinski continuariam comunistas, mas a trajetória de Borges seria mais tortuosa, em parte devido às idiossincrasias de sua criação, mas também por conta da história política muito acidentada da Argentina durante sua vida. Mesmo assim, ele nunca perdeu de vista o legado de 1917: conservou sempre um sentimento forte de responsabilidade política do escritor e jamais abandonaria sua crença na necessidade de uma transformação radical da sociedade. Com efeito, essa crença renasceria de forma dramática no final de sua vida, quando abraçaria novamente o espírito antimilitarista e revolucionário de sua adolescência em Genebra.

O inverno de 1917-8 foi particularmente duro: a neve chegou cedo e todos sofreram muito com o frio no apartamento sombrio. Para piorar as coisas, havia falta de alimentos e as autoridades suíças implantaram um racionamento rigoroso para enfrentar a escassez provocada pela guerra. Mais do que nunca, a Suíça parecia fria e inóspita. Devido, possivelmente, à falta de interesse de Adrienne por ele, Georgie sentia-se deprimido e queixou-se a Godel que ele e a família se arrastavam numa vida tediosa; estava à espreita de uma nova namorada, mas era difícil, porque, embora as garotas fáceis fossem comuns, ele era tímido com as mulheres e, de qualquer modo, as meninas de Genebra, além de serem excepcionalmente feias, também fediam muito.[29]

Borges passou boa parte desse período lendo romances russos — *Crime e castigo*, contou a Godel, era o melhor romance que já lera; estava tentando também escrever o que chamava de parábolas, e, quando chegou a primavera, já produzira duas delas, intituladas "O profeta" e "O herói", que mandou para uma revista popular de Buenos Aires chamada *Caras y Caretas*; não há registro de que tenham sido publicadas, e não existem mais.[30]

Naquele inverno, a epidemia de gripe espanhola começou a atacar a Europa, causando uma mortandade terrível. Leonor Suárez, que era uma senhora idosa de 81 anos, foi contaminada e ficou muito doente. Os médicos indicaram que ela se daria muito melhor num clima mais quente, e a família decidiu que seria melhor levá-la para a Espanha por um tempo. Georgie queria muito visitar esse país, terra de seus ancestrais e de sua raça — assim a descreveu para Godel —, mas também gostou da ideia porque havia estudado muito pouco e temia fazer os exames do instituto; de qualquer modo, havia desenvolvido uma forte aversão à Suíça: era um país terrivelmente burguês, uma terra de hotéis e fábricas de chocolate.[31]

A família planejava sair de Genebra e ir para a Espanha em meados de junho e avisaram ao senhorio que deixariam o apartamento na primeira semana daquele mês. Mas o estado de saúde de Leonor Suárez ficou muito grave: ela teve febre alta e sofria lapsos de inconsciência. A família inteira ficou consternada: reuniam-se ao redor da cama, acariciavam seu rosto, seguravam sua mão. "Lá estávamos todos, ao lado dela, tocando-a, chorando, sem saber o que dizer ou fazer, quando, num raro momento de lucidez, minha avó abriu os olhos, olhou para nós e disse com voz fraca, mas bastante clara: 'Ah, *carajo*, por que vocês simplesmente não me deixam morrer em paz?'."[32] Eles ficaram espantados com a obscenidade proferida pela velha senhora, exceto o dr. Borges, seu genro anarquista, que observou: "Ora, nada mau para a filha do coronel Suárez".

Leonor Suárez morreu em 6 de junho, depois de uma longa e dolorosa enfermidade. Sua morte significava que a viagem da família para a Espanha tinha de ser abandonada, e eles ficaram retidos em Genebra indefinidamente, a fim de resolver a homologação de testamento e outras questões legais. Uma vez que já haviam dado aviso prévio no apartamento, mudaram-se para um hotel, onde pelo menos era mais quente do que na rua Malagnou. Então surgiu outra complicação imprevista quando souberam pelo consulado argentino em Genebra que Georgie fora convocado para o serviço militar pelo Ministério da Guerra.[33] Porém, conseguiram persuadir as autoridades argentinas a postergar a convocação para depois de um exame médico que determinasse sua aptidão para o exército, tendo em vista sua extrema miopia.

Embora Georgie quisesse muito ir para a Espanha, mudaria de opinião algumas semanas depois, quando conheceu uma menina suíça chamada Emilie e se apaixonou por ela. Dessa vez, o sentimento era recíproco e assim, no começo do verão de 1918, ele teve finalmente sua primeira namorada. Não se sabe quase nada sobre essa moça. Em carta não datada para Roberto Godel, escrita em Lugano não muito depois de seu aniversário de dezenove anos, Borges refere-se a uma menina de Genebra por quem estava seriamente apaixonado, e na carta seguinte que escreveu a Godel há uma referência de passagem a uma moça chamada Emilie.[34] Um retrato mais completo dela pode ser encontrado num poema em prosa intitulado "Paréntesis pasional" que se passa em Genebra, embora tenha sido escrito em Sevilha, em 1920.[35] Nele, refere-se a ela como a "Amada" e conta que a levou a um *bierkeller*, onde beberam vinho antes de fazer amor apaixonado naquela mesma noite (trata-se quase com certeza de uma fantasia desejante, embora deva ter havido algum contato sexual vigoroso). Ela possuía olhos verdes, um "tosão fulgente" de cabelos ruivos e um "deslumbrante corpo". Há indicações de que vem de um meio humilde — a "Amada" menciona uma "oficina" e uma "cabana". Essa impressão de baixa extração social é reforçada por uma alusão a uma menina ruiva que pode ser encontrada numa carta escrita por volta de março ou abril de 1922 por Borges, que estava então em Buenos Aires, para um amigo espanhol, Jacobo Sureda, que estava morando na Suíça: "Você teve a sorte de encontrar de novo aquela lavadeira dos cabelos flamejantes por quem eu achei que estava apaixonado muito tempo atrás?".[36]

No verão de 1918, ao se aproximar dos dezenove anos, Georgie era um jovem que gozava de sua primeira experiência de amor mútuo. Porém, devia ter consciência de que sua relação com Emilie levaria a um conflito com a mãe, pois se a namorada pertencia à classe operária, não havia dúvidas de que ela seria considerada totalmente inadequada por Leonor Acevedo, a neta orgulhosa do coronel Suárez, o Herói de Junín. De qualquer modo, a probabilidade da desaprovação maternal parece ter aguçado o desejo de Georgie pela menina. Os cabelos avermelhados de Emilie eram um emblema do fruto proibido, pois a cor vermelha era fortemente simbólica no contexto da tradição familiar: era a cor dos federalistas e do tirano Rosas, ou seja, a cor da barbárie. Contudo, em "Paréntesis pasional", Borges deleita-se com a cor proibida: as madeixas da menina são tão vermelhas quanto o vinho que bebem; o palato dele é uma "canga vermelha" que "junge" a "chama vermelha" da língua da moça. Emilie devia personificar para ele a liberdade que havia provado em 1917, e seus cabelos ruivos significavam uma combinação de paixão e rebelião, de tal modo que seu amor por ela seria forte o suficiente para desafiar a vontade da mãe e alcançar aquele autocontrole revigorante que outrora ele invejara no tigre do zoológico de Palermo.

Por mais estranho que pareça, porém, na carta que escreveu a seu amigo Sureda em 1922, Borges lembraria dos cabelos ruivos em termos um pouco negativos, associando-os com a infelicidade: "Em espanhol, a palavra *bermejía* é usada para descrever a má sorte que as pessoas de cabelos avermelhados (*bermeja*) podem, às vezes, nos trazer. Mas por que lhe estou dando essa informação pedante?".[37] A razão talvez fosse que, quase quatro anos depois de deixar Genebra, ele ainda associava a ruiva Emilie a infelicidade e má sorte, e devia por certo ter em mente a crise pessoal que sofreu poucas semanas depois que encontrara sua primeira namorada.

Por volta do aniversário de Georgie, no dia 24 de agosto, o dr. Borges lhe perguntou se ele já havia dormido com um mulher. Diante da resposta negativa, o pai resolveu fazer alguma coisa para ajudar o filho a transpor os ritos usuais de passagem da masculinidade. Na Argentina, os pais ou tios costumavam fazer arranjos para a iniciação dos adolescentes com uma prostituta em um bordel,[38] e, assim, de acordo com essa prática, o dr. Borges deu a Georgie o endereço de um apartamento na praça do Bourg-de-Four, que ficava na zona de prostituição, não muito distante de onde moravam, e lhe disse que uma mulher estaria esperando por ele.[39] A maioria dos rapazes enfrenta sua primeira experiência sexual com considerável apreensão, e, quando chegou finalmente ao apartamento da mulher, Borges estava num estado de alta ansiedade. No fim das contas, tudo indica que foi precipitado demais em sua abordagem e não completou a iniciação. Esse revés adolescente nada inesperado, no entanto, parece que foi excepcionalmente traumático para ele: em um poema escrito mais de trinta anos depois, referiria-se a esse encontro no que chamou de um quarto mercenário na Europa com excessiva vergonha autopunitiva.[40]

Norah Borges tinha algumas lembranças do abalo sofrido por seu irmão em consequência desse episódio, embora, na ocasião, não soubesse qual a causa.[41] O pai, evidentemente, não conseguiu entender o que dera errado. A questão parece ter sido discutida com a mãe, o que deve ter causado um considerável constrangimento em Georgie, pois o tema do sexo havia até então sido um tabu na família. Ele foi levado a um médico, que diagnosticou fígado fraco e receitou um tratamento para engordá-lo.[42] Recomendou também uma mudança de clima, além de ar puro e exercícios.[43] Diante disso, o dr. Borges decidiu levar toda a família para Lugano, que ficava próximo da fronteira italiana, possivelmente para que o garoto pudesse recuperar melhor suas forças no clima mais ameno do sul da Suíça. Mas essa decisão era nada menos que um desastre para Georgie, pois significava que ele se separaria de Emilie poucos meses depois de terem se apaixonado.

Em Lugano, a família ficou no famoso Hotel du Lac, que dava para o lago e proporcionava vistas maravilhosas das montanhas circundantes. Georgie, porém, estava abalado demais para aproveitar a paisagem. Em carta escrita de Lugano a Roberto Godel,[44] reconhecia a beleza magnífica do lugar — o lago azul, as montanhas que formavam uma espécie de anfiteatro em torno da cidade, as casas à margem do lago, tudo era de fato belo, mas essa beleza só servia para enchê-lo de desgosto. Contou para Godel que, sendo um afortunado habitante de terras planas, o amigo mal poderia imaginar como era depressivo estar perto de montanhas altas — elas pareciam lançar uma sombra eterna que assediava, oprimia, aniquilava, pulverizava, sufocava e esmagava o espírito da gente. Ele não suportava as pessoas da cidade: eram tão italianas, tão ordinárias, tão barulhentas, tão exibidas; ouvi-las fazia-o pensar que estava de volta à Argentina. As garotas de Lugano eram muito escuras e bastante vulgares; por mais estranho que parecesse, as morenas sempre lhe davam a impressão de serem sujas. Sem dúvida, Godel pensaria que esse mau humor tinha raízes profundas e desconhecidas, mas seu motivo era muito simples: ele havia deixado em Genebra uma menina pela qual estava se apaixonando seriamente. A viagem da família a Lugano o forçara a deixá-la de repente. Mesmo assim, escreviam um para o outro sem parar e ele havia prometido que voltaria em breve. A raiva fervia em seu espírito, mas conseguiu — mal e mal — evitar que tal disposição inundasse a carta que estava escrevendo ao seu amigo argentino. Fica claro que estava tentado a confiar em alguém, mas tinha vergonha de revelar as raízes de seu mau humor. Em vez disso, contou a Godel que estava sofrendo de uma terrível dor de cabeça.

O encontro com a mulher da praça do Bourg-de-Four havia minado sua autoconfiança. Ao tomar providências para a iniciação do filho, era como se o pai colocasse mais uma vez o punhal na mão dele e lhe dissesse novamente: "Que alguém saiba que és um homem". Porém, Borges diria mais tarde a amigos que, ao se dirigir ao local do encontro clandestino, ocorreu-lhe subitamente um pensamento: se seu pai lhe havia dado o endereço da mulher, talvez ele mesmo já tivesse tido relações com ela.[45] Desse modo, o encontro criou-lhe uma dificuldade psicológica para conciliar amor com desejo. Desde seus acessos de fúria diante da jaula do tigre no zoo, via no desafio à autoridade da mãe a chave para sua liberdade, mas o *rendez-vous* em Genebra parece ter provocado um sentimento de conluio com o pai que significava uma traição indireta à mãe. Rebelião era uma coisa; traição, outra bem diferente. A partir de então, a rebelião contra a mãe teria gosto de infâmia e desonra, sobretudo em suas relações com o sexo oposto.

Com efeito, Borges sentiria uma intensa ambivalência em relação às mulheres. De um lado, considerava o amor uma porta para a realização pessoal e, portanto, um sentimento que acarretava uma rebelião contra a autoridade opressiva da espada da honra; em consequência, ele seria atraído por mulheres que sua mãe não aprovaria, e elas seriam idolatradas como "deusas" que tinham o poder, imaginava ele, de lhe trazer uma indizível felicidade. Por outro lado, temia ser testado por essas "deusas" proibidas, porque o desejo estava fortemente associado à degradação e à vergonha de que a atividade sexual só podia ser exercida na obscuridade ilícita do bordel. Essa dissociação extrema entre amor e sexo o colocava num dilema: se amasse plenamente, trairia sua mãe; se não amasse, trairia o desejo de seu coração.

O mau humor de Georgie durou todo o tempo em que a família esteve em Lugano. Fechava-se em seu quarto para ler, em vez de tomar ar fresco e fazer exercícios. De vez em quando, era persuadido a levar sua irmã a passear no lago, e Norah lembrava-se de Georgie declamando Baudelaire e Rimbaud enquanto remava no bote.[46] Por fim, em novembro, ficaram sabendo que a guerra acabara. Georgie saíra para caminhar com o pai quando viram um cartaz que anunciava a rendição dos alemães. Correram de volta ao hotel para contar aos outros, e a família toda regozijou-se com a vitória dos Aliados. Finalmente, estavam livres para viajar para onde quisessem. Decidiram passar vários meses visitando a Espanha; depois, voltariam à Suíça, para que Georgie pudesse terminar sua educação secundária e o dr. Borges, retomar o tratamento para a visão. Mas primeiro a família voltou a Genebra a fim de se preparar para a viagem e, em janeiro ou fevereiro de 1919, partiram para a Espanha num trem que os levou através do sul da França para Barcelona, onde ficariam por dois ou três meses.

Georgie partiu da Suíça deprimido. Não queria mais ir à Espanha: escreveu a Godel de Barcelona dizendo que estava triste por deixar Genebra — e, quando havia dito adeus a Emilie, a coitada também parecera terrivelmente triste.[47] Ele observava a Godel que não havia nada mais comum em Genebra do que ver casais nos parques de braços dados ou entrelaçados que se abraçavam e beijavam com maravilhosa audácia.[48] Ninguém achava aquilo chocante, ninguém zombava ou reclamava, cada um cuidava da sua vida. Em Barcelona, ao contrário, ainda não vira um único casal desde que chegara.

O jovem Borges deve ter refletido sobre a possibilidade de que, se seu caso de amor nascente com Emilie não tivesse sido interrompido involuntariamente por seu pai, se ele tivesse conseguido abraçar e beijar a menina com a receptividade de que os outros casais gozavam em Genebra, talvez tivesse encontrado a realização emocional que tanto desejava. O gosto daquela primeira e brevíssima experiência de amor inocente com Emilie jamais seria esquecido. Genebra permaneceria na memória de Borges como um lugar de promessas não realizadas, um lugar em que tivera um vislumbre de chance da felicidade e depois a perdera.

5. Espanha (1919-21)

Barcelona não impressionou Borges — ele ficou enojado com a sujeira e o barulho.[1] A família pensava em ficar na cidade por uns dois meses, mas depois de um tempo decidiram visitar Maiorca, "porque era um lugar barato e lindo e porque não havia outros turistas além de nós".[2] Também não se sabe muito sobre essa primeira estada da família Borges em Maiorca, em 1919, nem mesmo sua duração, que pode ter sido de até seis meses. O certo é que eles acharam a ilha muito agradável, depois de terem suportado os longos anos da guerra na fria e úmida Genebra, para não falar do recente trauma da morte de Leonor Suárez. Em Palma, hospedaram-se num hotel em frente da pequena igreja de San Miguel, no coração da Cidade Velha. Ficaram encantados com a cidade, em especial com o bairro histórico, com sua imponente catedral e o antigo castelo mourisco de La Almudaina, com vista para o mar. E, ao contrário de Genebra, descobriram que era fácil conhecer pessoas ali. Na bela aldeia montanhosa de Valldemosa, travaram relações com a família Sureda, uma das mais ricas da ilha, que morava num palácio mourisco perto do mosteiro onde George Sand hibernara com Chopin. Don Juan Sureda e sua esposa, Pilar Montaner, uma pintora importante, gostavam de receber estrangeiros interessantes em visita a Maiorca. Tinham doze filhos, e o mais velho, Jacobo, estava morando com a família por ter sido forçado a abandonar os estudos na Universidade de Madri após contrair tuberculose. Pintor como a mãe e poeta em gestação, Jacobo tinha mais ou menos a mesma idade de Georgie, e os dois jovens logo ficaram amigos.

O pai de Borges foi cativado pelas delícias sensuais da vida naquela ilha mediterrânea. Maiorca certamente acendeu-lhe uma chama criativa, e ele começaria a traduzir em versos para o espanhol a clássica versão que Edward Fitzgerald fez em inglês do *Rubaiyat* de Omar Khayyam. O hedonismo do poeta do amor persa atraiu fortemente o dr. Borges: "A atitude filosófica de Omar é muito simples. Tudo está contido no momento presente, que é a sombra do passado e corre em direção ao nada. Devemos abraçar no presente os breves prazeres propiciados pelo tempo".[3] Ele também começou *El caudillo*, o romance que viria a considerar a obra de sua vida. Com efeito, há indícios que sugerem que durante essa primavera em Maiorca ele redescobriu com sua esposa Leonor o tipo de paixão que buscava quando partiu de Buenos Aires, em 1914. Em um poema que glosava o Cântico dos Cânticos bíblico, ele se coloca como o amante para quem Sulamita volta depois que rejeitou o grande rei Salomão. Sua beleza é escura como a noite, e em seu hálito "queima" uma "canção nupcial"; sua boca é a "brasa" que o amor acendeu "para aclamar o triunfo das horas em sestas intumescidas de paixão".[4]

Georgie também sentiu-se inspirado a escrever em Maiorca, onde produziria os primeiros poemas que lhe dariam confiança suficiente para publicar. Tal como seu pai, escreveu sobre o despertar dos sentidos, empregando termos e imagens que ecoam o hedonismo exultante paterno. Os transportes de alegria com que se encerra "El cantar de los cantares" de seu pai — Ó torre de marfim! Ó chama de ouro...! Ó lâmpada de prata em minha noite! — ressoariam nas lembranças de seu filho ao longo dos anos. Meio século depois, essa exclamação em série — "Ó!... Ó!... Ó!..." — ressurgiria em *O Congresso*, novela que Borges escreveu para marcar a resolução dos conflitos que seu pai fizera tanto para semear. Mas, em Maiorca, os sonhos eróticos do jovem Georgie continuavam teimosamente irrealizados. Seu poema "La llama" [A chama] é um lamento por aqueles que como ele anseiam por "deslumbrar-nos e nos perder nos passionais festins de paixão — na crucificação de corpos palpitantes", mas para quem a vida é como "a brasa de uma fogueira morta séculos atrás — o último eco de uma voz extinta".[5]

Georgie buscou alívio na natação, sempre uma atividade profundamente satisfatória para aquele menino desajeitado. Além disso, em Maiorca descobriu que "as pessoas do lugar se espantavam com minha habilidade de nadador, adquirida em rios de corrente rápida, como o Uruguai e o Ródano, enquanto os maiorquinos estavam acostumados a um mar tranquilo, sem marés".[6] E foi no mar que ele chegaria mais perto da naturalidade sensual de seus pais. Em seu "Himno al mar", retrata a si mesmo como "atlético e nu", rendendo-se ao seu "irmão Mar" e saboreando um "instante de plenitude magnífica", que busca capturar em imagens de abandono selvagem — o sol "flameja em suas águas qual bandeira", o mar beija "os seios dourados de praias virginais", lançando "suas blasfêmias ao vento"; ele e o mar "já nos conhecemos há séculos": ele "emergiu do mar" e mergulha nele uma vez mais para experimentar aquele glorioso "instante" em que pode esquecer tudo no passado, pois "somente tu existe" — "Irmão, Pai, Amante!".[7] Anos mais tarde ele observaria sobre esse "Himno al mar" que fizera "o possível para ser Walt Whitman", mas que não passava do "grandiloquente de terceira categoria" definido por Arnold Bennett.[8] Mesmo assim, era a primeira vez que conseguia pôr em palavras aquilo que era, de fato, a força motriz de sua vontade e imaginação: a necessidade de transcender seus inveterados conflitos e se fundir no mundo, no doce esquecimento do verdadeiro ser.

Os Borges deixaram Maiorca no começo do outono, quando a amizade de Georgie com Jacobo Sureda já se tornara tão próxima que ele sentiu muito em ir embora. O que fez a partida tão dolorosa para ele foi o pensamento de que a tuberculose de Jacobo era terminal e muito provavelmente jamais veria de novo seu amigo. Georgie sentia que a alma do jovem espanhol "estava cheia de suicídio" e, com um sentimento tipicamente melodramático de adolescente, "invejava" aquele desejo de morte, uma vez que também se sentia muito infeliz.[9]

Antes de partir para a próxima etapa da excursão pela Espanha, visitaram Ibiza, depois atravessaram o mar até Valência e desceram a costa até Granada e Málaga. Por fim, chegaram a Sevilha no final do outono e decidiram permanecer na cidade, possivelmente até o Natal. "Depois disso, devemos partir para Córdoba e Madri. Então retornaremos a Genebra via Barcelona", escreveu Georgie a Abramowicz.[10] Um dos motivos da duração da estada em Sevilha talvez tenha sido os contatos que Georgie e seu pai fizeram no mundo literário de lá, vendo uma oportunidade de ter suas obras publicadas pela primeira vez. (Enquanto estavam em Maiorca, um jornal de Madri rejeitou um conto de Georgie sobre um lobisomem.) Maiorca era um lugar atrasado culturalmente, enquanto Sevilha era uma cidade importante, com uma longa tradição de produzir escritores de primeira categoria.

Borges chegou à capital da Andaluzia no momento em que um grupo de jovens poetas estava no processo de descobrir a vanguarda europeia. Ele fez o primeiro contato com esse grupo quando compareceu a uma palestra no Centro de Estudos Teosóficos dada por um jovem chamado Adriano del Valle. O espanhol ficou imediatamente impressionado com aquela "família de artistas" e relembrou depois sua primeira impressão do míope Jorge Luis, usando óculos que pareciam "espelhos convexos", e de sua irmã Norah, com suas "pirâmides de riso".[11] Por intermédio de Adriano, Borges conheceria Isaac del Vando Villar, editor de uma revista literária chamada *Grecia* e figura bem conhecida da cena literária sevilhana. Esses poetas pertenciam a um movimento conhecido informalmente como "os ultra", que nascera cerca de um ano antes, quando um compatriota sevilhano, o escritor Rafael Cansinos-Asséns, que vivia em Madri, havia conclamado os poetas jovens a ser "ultrarromânticos"; com isso, queria dizer que deveriam ir além da retórica e dos temas cediços da poesia espanhola da época. Com efeito, o ultraísmo se tornou o meio pelo qual alguns espanhóis muito jovens se uniram para explorar a revolução poética que fora deflagrada, sobretudo na Itália e na França, na primeira década do século XX. Quando Borges chegou a Sevilha, o pessoal da *Grecia* formava uma espécie de posto avançado dos ultras, cujo centro estava em Madri, mas faziam o que podiam para estar ao corrente das tendências atuais: em 2 de maio de 1919, realizaram uma leitura pública de obras de Apollinaire e Marinetti, e em 20 de novembro *Grecia* publicou uma seleção da vanguarda francesa, com poemas de Tristan Tzara, Francis Picabia, Pierre Reverdy e Jean Cocteau, entre outros.

Na velhice, Borges preferiu zombar dos poetas da *Grecia* por seu provincianismo:

> Em Sevilha aproximei-me do grupo literário formado em torno da revista *Grecia*. Seus integrantes se autodenominavam ultraístas e se propuseram renovar a literatura, ramo da arte do qual não entendiam absolutamente nada. Um deles me confessou certa vez que tudo o que havia lido fora a Bíblia, Cervantes, Darío e um ou dois livros do Mestre, Rafael Cansinos-Asséns. Inteirar-me de que não sabiam francês nem tinham a mais remota ideia da existência de algo chamado "literatura

inglesa" confundia minha mentalidade de argentino. Até chegaram a apresentar-me a um importante personagem local, conhecido como "o Humanista", cujo latim (não demorei muito a descobrir) era ainda mais pobre que o meu. Quanto à *Grecia*, seu diretor, Isaac del Vando Villar, fazia com que os auxiliares escrevessem para ele todo o *corpus* de sua poesia. Lembro que um dia um deles me disse: "Estou muito ocupado: Isaac está escrevendo um poema".[12]

Mas, na época, longe de os desprezar, o jovem Borges estava ansioso por ser aceito pelos ultraístas sevilhanos e foi recebido com entusiasmo no grupo. Ali, redescobriu os prazeres da camaradagem masculina, algo que mal conhecera, afora sua amizade em Genebra com Abramowicz e Jichlinski e, até certo ponto, com Sureda em Maiorca. Adriano del Valle tornou-se seu amigo mais íntimo, mas Georgie gostava muito também de Isaac del Vando Villar, a quem se referiria em cartas como "o grande Isaac". Pode ter havido certo grau de interesse pessoal nessa admiração professada, pois estava ansioso para ver suas obras impressas; e seria o "grande Isaac" que lhe daria sua primeira chance quando aceitou o "Himno al mar", com uma dedicatória a Adriano del Valle, para publicação em *Grecia*.

O conhecimento que Borges tinha da vanguarda não era realmente muito maior do que o dos ultraístas. Ele escreveu com certo menosprezo a Abramowicz: "Toda essa coisa do movimento ultraísta espanhol está estreitamente relacionada com o expressionismo alemão e o futurismo italiano. No que me diz respeito, Whitman ainda é o Mestre".[13] No entanto, mais do que Whitman, era a poesia de seu próprio pai que exercia a maior influência sobre seus escritos, embora Georgie talvez não percebesse plenamente isso na época. De qualquer modo, parece que pai e filho passavam muito tempo juntos. Um grupo pequeno de jovens — Adriano, Isaac, Luis Mosquera e um ou dois mais — começou a se encontrar todas as noites no sombrio *salón* do hotel dos Borges, com seus "azulejos mouriscos, vasos de aspidistras e cravos e cadeiras de vime".[14] Eles discutiam literatura e filosofia e também tinham seus poemas recitados pelo histriônico Adriano, que se orgulhava de ter uma voz "suntuosa de órgão de catedral". O dr. Borges frequentava essas reuniões: Adriano lembrou-se dele "fumando seu ópio intelectual enquanto falava sobre Max Stirner, de sua tradução de Omar Khayyam e de suas especulações filosóficas sobre o pragmatismo e a lógica matemática".[15]

Como havia feito com Abramowicz e Jichlinski em Genebra, Georgie retomou seu hábito de ficar na rua à noite, perambulando com seus amigos até as primeiras horas da manhã. Às vezes, faziam banquetes de frutas e doces andaluzes que iam até o amanhecer; de tempos em tempos, Norah tinha permissão para acompanhá-lo, para grande deleite dos ultraístas de Sevilha, bastante encantados com ela. (Depois da partida dos Borges, Isaac e Luis Mosquera escreveram uma peça cuja protagonista "Nancy" era baseada na irmã de Borges.) Por sua vez, Norah passou a fazer desenhos dos rapazes — Adriano del Valle, que prestava serviço militar, lendo seus poemas em uniforme de soldado, "com a expressão de um anjo de Botticelli", como ela lhe disse; o pobre Mosquera foi retratado como um fauno.[16]

Isaac del Vando Villar, que era cerca de dez anos mais velho do que Georgie, acolheu o jovem argentino tímido sob sua asa. Apresentou-o à mesa de jogo e eles saíam à noite com um grupo de amigos para tentar a sorte no bacará ou na roleta. Entre os vários companheiros de Isaac, o mais mal-afamado e fascinante era uma figura byroniana de Málaga chamada Pedro Luis de Gálvez. Borges ficou bastante deslumbrado com Gálvez, que era dezoito anos mais velho e parecia ter vivido tantas aventuras em sua vida quanto qualquer dos heróis que Georgie pudesse ter encontrado nos livros que devorara quando menino. Expulso do seminário em sua juventude, Gálvez se entregara a uma carreira picaresca que lhe rendera quatro anos na prisão por insultar o rei da Espanha num comício anarquista, levara-o ao serviço na Legião Estrangeira na África, a incontáveis perambulações pela Europa e inclusive a combates na Albânia como mercenário, até retornar finalmente à Espanha como um proscrito pobre, reduzido a levar uma vida precária em Sevilha e Madri, à custa de seus amigos literatos.

Gálvez encarnava uma combinação maravilhosa de poeta e aventureiro que um moço tímido como Georgie deve ter julgado irresistível. O jovem Borges achava que havia um toque de gênio naquele sujeito. A obra de Gálvez, composta principalmente de sonetos, caracterizava-se por imagens surpreendentes e paixões ferozes, e deve ter sido essa conjunção de emoção violenta e restrição formal que atraiu tanto Borges na época. Creio que por intermédio de Gálvez, bem como de Isaac, Adriano e outros ultraístas, ele conseguiu ter um sentimento renovado da liberdade com que sonhara em Genebra. Certamente, seus pensamentos se voltaram para a cidade suíça de novo — não para sua experiência humilhante na praça do Bourg-de-Four, mas para seu amor por Emilie. Tentou escrever outra composição à maneira de Whitman, embora dessa vez viesse a tratar de forma muito mais explícita do que em seu "Himno al mar" de seu profundo anseio por experimentar as chamas do amor.

Georgie publicaria em *Grecia* um texto em prosa escrito na primeira pessoa sobre fazer amor apaixonado com uma namorada não nomeada, à qual se refere como a "Amada":

> Ó Amada, nossos beijos incendiarão a Noite! (Ó falo adâmico!) E deixa aberta a Janela, pois quero convidar o Universo para minhas Núpcias: quero que o Ar, o Mar, as Águas e as Árvores gozem de tuas carnes astrais, gozem o Festim febril e breve de tua beleza e de minha força.[17]

Embora escrito em Sevilha (há referências a Isaac e Adriano), o cenário do texto é Genebra. Além disso, os cabelos ruivos da Amada a identificam com Emilie, a primeira namorada de Borges. O poema é assim uma fantasia sobre o êxtase sexual que poderia ter experimentado com ela se seu pai não tivesse intervindo para poluir seu amor por ela quase em sua fonte. É como se Georgie desejasse redimir pela paixão de seu texto o fracasso que lhe fora imposto por seu pai na praça do Bourg-de-Four:

> Beija-me. Beija-me. Todas as dúvidas já se extinguiram. Meus pesares já morreram, e contigo ao meu lado sinto-me forte como um Deus. Eu sou um Deus. Posso criar a Vida.

Mas apesar desses sonhos impetuosos de liberdade, Borges ainda estava sob grande influência do pai. A linguagem e os conceitos que usa em sua prosa são virtualmente idênticos aos da poesia amorosa do pai. Ele talvez tenha notado isso quando, em 10 de fevereiro, apenas três semanas depois que seu "Paréntesis pasional" foi publicado em *Grecia*, o dr. Borges publicou trechos de sua tradução de Omar Khayyam no primeiro número de uma nova revista literária chamada *Gran Guignol*. A publicação fora fundada por seus amigos, os irmãos Romero Martínez, um dos quais, Miguel, era provavelmente o "Humanista" que Borges cita em suas memórias como sabendo menos latim até do que ele.[18] No mês seguinte, o dr. Borges publicaria também na *Gran Guignol* sua adaptação livre do Cântico dos Cânticos.[19]

Foi na Espanha que Georgie começou a ter alguma ideia da influência que essa relação extraordinariamente complexa com seu pai tinha sobre seus escritos, uma relação composta por emoções muito ambíguas — amor e admiração, mas também ressentimento, e um horror crescente à medida que percebia a tremenda força dos laços que prendiam um ao outro. No mesmo número de *Gran Guignol* em que estava o "Rubaiyat" de seu pai, Georgie publicou uma pequena e estranha parábola intitulada "Liberación", que fala de um prisioneiro que foi acorrentado a outros cem homens e condenado a sete anos de servidão penal. Um dia, o prisioneiro se pergunta: "Esta ordem de coisas é justa? Talvez minha herança seja a vida e todas as vitórias da vida". E, contudo, "teve medo diante dessa ideia, que pecava de blasfematória e ímpia". Por fim, ele decide fugir, mas, assim que "chegou a essa cúspide, viu que era impossível libertar-se".[20]

O sentimento crescente de estar amarrado à família talvez explique por que Georgie se voltou para a vanguarda de Sevilha com tanto entusiasmo — ele sabia que era um território em que seu pai não entraria e não poderia entrar, pois o ultraísmo não passava de uma revolta dos jovens contra os velhos, e o dr. Borges estava irremediavelmente apegado à poética simbolista de sua geração. No fim de janeiro de 1920, Georgie já se sentia suficientemente confiante para escrever sobre "o verdadeiro espírito dos ultras", naquela que talvez seja a primeira declaração estética do movimento.[21] Ele atacava "normas inflexíveis" como "clareza e harmonia", nas quais os tradicionalistas "buscam aprisionar todo sentimento e toda beleza". Os ultraístas são essencialmente individualistas: eles "querem descobrir a vida", "querem ver com olhos novos", e desejam captar as qualidades "únicas", "virginais", do mundo ao seu redor. O "florescimento abrupto de metáforas" em seus poemas representa o "esforço de expressar a eterna juventude da vida". A vida é um "devir proteico" que, tal como o poeta, "devora a si mesma, se ergue e renasce a cada segundo".

Um dos primeiros exemplos das tentativas de Borges de expressar a "eterna juventude da vida" foi um soneto muito estranho que mandaria a seu amigo Abramowicz poucas semanas depois de publicar seu curto ensaio sobre a poética do ultraísmo.[22] Esse "soneto clássico", informava ao amigo, havia sido "perpetrado por mim — ó, crime inconfessável! — como uma espécie de exercício". Seu tema era seu herói, Pedro Luis de Gálvez, "aquele poeta vagabundo bêbado e pior", que havia partido para a Suíça por alguns meses. Borges imaginava o rufião espanhol irrompendo na plácida cidade suíça de Martigny e destruindo a paz da paisagem alpina — "se apagam as montanhas, desmorona o céu" quando

Gálvez, "rufião e cavalheiro", aparece "com a testa fulgente como mica/ e com as mãos cheias de poemas de aço". Gálvez personificava o desejo violento de Borges de romper os grilhões do conformismo burguês para "descobrir a vida" e "ver com olhos novos", como escrevera em seu recente artigo teórico sobre o ultraísmo.

Essas reflexões sobre a poética ultraísta eram dedicadas a Isaac del Vando Villar, o líder dos ultras em Sevilha. Mas àquela altura, no entanto, "o grande Isaac" estava disposto a transferir a revista *Grecia* para Madri, onde se concentrava a maioria dos ultraístas. Acontece que Borges também visitaria em breve a capital espanhola com a família. De início, pretendiam partir de Sevilha no Natal, mas a saída foi adiada para março, quando retomaram o itinerário planejado e viajaram para Madri, visitando Córdoba no caminho. Isaac só chegaria à capital em maio, mas deu a Borges o nome de outro jovem poeta sevilhano, Pedro Garfias, que faria sua apresentação aos camaradas ultraístas de Madri.

Borges teve a sorte de chegar a Madri no início de um período excepcional de fermento e renovação das letras espanholas que, no devido momento, produziria escritores de primeira linha, vários dos quais viriam a ser figuras de renome internacional. Uma nova geração estava começando a assimilar as tendências artísticas e literárias que haviam surgido na Europa na virada do século. Até 1918, os espanhóis conheciam muito pouco sobre a vanguarda, embora um escritor jovem chamado Ramón Gómez de la Serna tivesse publicado numa revista de Madri o primeiro manifesto futurista de Marinetti em 1919, poucos meses depois de seu lançamento na Itália. Em 1916, o poeta chileno Vicente Huidobro, que passava pela Espanha a caminho de Paris, tentou fazer com que o escritor Rafael Cansinos-Asséns se interessasse pelas novas ideias da vanguarda, sem conseguir. Mas, uma vez em Paris, Huidobro fez amizade com o pintor espanhol Juan Gris e se aproximou do círculo de seu compatriota Pablo Picasso, onde encontrou Guillaume Apollinaire. Seguindo o exemplo deste, Huidobro, um poeta de dons extraordinários, com o francês Pierre Reverdy, começou a aplicar os princípios do cubismo à poesia. Em 1917, os dois fundaram *Nord-Sud*, a revista que lançou o "cubismo literário". Em meados do ano seguinte, Huidobro foi a Madri, onde tentou conquistar novos adeptos para a causa do cubismo; dessa vez, encontrou uma plateia mais receptiva em Cansinos-Asséns e seus jovens acólitos. Os escritores espanhóis tomaram de Huidobro os dois princípios cardeais da poética de vanguarda — a autonomia do poema e a primazia da imagem, mas, para dissabor do eloquente chileno, resistiram a aceitar o cubismo em sua totalidade e permaneceram abertos a outras ideias que estavam entrando em voga em Paris e outros lugares.

Seria Cansinos-Asséns, e não Huidobro, que se tornaria a figura paterna da nova geração de poetas espanhóis. Isso aconteceu praticamente por acaso, como resultado fortuito de uma entrevista em que Cansinos falou da necessidade de ser "ultrarromântico". A partir de então, o termo "ultra" foi assumido como uma espécie de grito de guerra por um pequeno grupo de poetas jovens e, em dezembro de 1918, fizeram-se planos para lançar uma revista de vanguarda que se chamaria *Ultra*. A revista demorou mais de dois anos para ver a luz do dia, mas o movimento espanhol conhecido como "ultra" ou ultraísmo já nascera, sob a tutelagem do mestre Rafael Cansinos-Asséns.

Cansinos promoveria os ultras tanto em Madri como em sua Sevilha natal. Quando assumiu a editoria da revista literária *Cervantes*, fez com que tomasse uma direção ultraísta, estimulando seu discípulo Isaac del Vando Villar a fazer o mesmo com a *Grecia* em Sevilha. Com efeito, foram os ultraístas desta última cidade que, em 2 de maio de 1919, realizaram o primeiro recital público da nova poesia de vanguarda na Espanha, no Ateneo de Sevilha. Vários dos jovens escritores com quem Borges fez uma breve amizade participaram desse evento histórico: Isaac del Vando Villar, Adriano del Valle, Pedro Garfias, Gerardo Diego, Tomás Luque, Xavier Bóveda e Pedro Luis de Gálvez. Além dos de sua autoria, eles leram poemas de Apollinaire, Marinetti e, é claro, Cansinos-Asséns, que era agora chamado de forma reverente o "Apóstolo do Ultra", ou o "Alto Guardião do Ultra". Não obstante, o ultraísmo continuaria a ser um movimento muito eclético, unido por pouco mais que o desejo de explorar ideias novas nas artes e por uma necessidade travessa de incomodar o establishment literário espanhol.

Ao chegar a Madri, a família Borges se instalou numa *pensión* bem próxima da Puerta del Sol, a movimentada praça do centro da cidade. Pouco depois, Pedro Garfias, o contato de Borges na capital, o levou ao lugar preferido dos ultraístas de Madri, uma cervejaria alemã da praça de Santa Ana chamada El Oro del Rhin [O Ouro do Reno], que ficava a pouca distância da Puerta del Sol. Dentre os muitos escritores jovens que Borges conheceu em Madri naquela primavera — Pedro Garfias, os irmãos Humberto Rivas e José Rivas Panedas, Gerardo Diego, Eugenio Montes, Xavier Bóveda, Tomás Luque —, seria com Guillermo de

Torre, um estudante de direito e aspirante a poeta, que ele estabeleceria a ligação mais duradoura. Os dois compartilhavam um interesse pela teoria literária, além da nova literatura, mas, além disso, Torre e Norah Borges, uma artista consumada cujo estilo falso naïf seria muito admirado pelos ultraístas, se apaixonariam, e isso aproximaria Torre de Borges.

Como sempre, a vida literária em Madri girava em torno daquela instituição tipicamente espanhola conhecida como tertúlia — uma reunião informal de amigos que se encontram habitualmente num bar ou café para conversar sobre temas de interesse comum. Rafael Cansinos-Asséns, o grande cacique do ultraísmo, reunia sua corte uma vez por semana no Café Colonial, um estabelecimento grande e arejado, mobiliado com luxuosos sofás vermelhos e iluminado por globos que se refletiam nos altos espelhos que cobriam as paredes. O Colonial "não era um lugar particularmente literário, é preciso dizer, pois, nas primeiras horas da manhã, era um refúgio para jornalistas, tipos do teatro, cafetões e criaturas semelhantes, mas era lá que o mestre Cansinos-Asséns havia instalado seu 'divã lírico'".[23] Cerca de vinte ou trinta devotos do ultraísmo reuniam-se em torno do mestre todos os sábados, para conversar e discutir sobre poesia da meia-noite até o amanhecer. Borges relembra em seu *Ensaio autobiográfico*:

> Os integrantes do grupo desprezavam a cor local: o *cante jondo* e as touradas. Admiravam o jazz norte-americano e interessavam-se mais em ser europeus do que espanhóis. Cansinos propunha um tema: a metáfora, o verso livre, as formas tradicionais da poesia, a poesia narrativa, o adjetivo, o verbo. A seu modo, com uma tranquilidade tão sua, era um ditador, que não permitia alusões hostis a escritores contemporâneos e tentava manter a conversa em nível elevado.[24]

Pedro Garfias levou Borges a uma dessas reuniões e ao final, quando já amanhecia, Cansinos-Asséns convidou o jovem argentino e alguns outros poetas para ir a sua casa. No caminho, Borges se esforçou para chamar a atenção do grande homem, declarando que dentro de duzentos anos, quando todos os presentes já estariam esquecidos, o nome de Pedro Luis de Gálvez ainda estaria vivo; era uma opinião que, como ele contaria a Adriano del Valle, não o recomendava de imediato ao Apóstolo do Ultra, mas que servia para provocar o tipo de discussão de que Borges sempre gostou.[25] Ele descobriria que Cansinos-Asséns "vivia exclusivamente para a literatura, sem pensar no dinheiro ou na fama"; com efeito, "toda a sua casa era uma biblioteca. Tinha-se a sensação de atravessar uma floresta. Era demasiado pobre para ter estantes, e os livros estavam amontoados do chão até o teto, obrigando-o a abrir passagem entre as pilhas".[26]

Durante toda a sua vida, Borges revelaria uma fraqueza pelos excêntricos, e Cansinos era uma figura bastante rara na Espanha daquela época. Era um homem alto, moreno e bonito — não por acaso era irmão de Rita Hayworth (nascida Cansinos) — e tinha um ar estranho, melancólico, acentuado por gestos langorosos e uma maneira ponderosa de falar. Quando jovem, havia estudado para padre em sua Sevilha natal, mas depois de "descobrir que seu sobrenome constava dos arquivos da Inquisição, decidiu ser judeu. Isso o levou a estudar o hebraico e inclusive a se fazer circuncidar".[27] Em 1915, publicara um livro de "salmos" eróticos intitulado *El candelabro de los siete brazos*, mas escrevia principalmente ensaios e críticas, e como era proficiente em várias línguas — gostava de jactar-se de que era capaz de saudar as estrelas em catorze idiomas — tornou-se um infatigável tradutor de, entre outros, Thomas de Quincey, Marco Aurélio, Henri Barbusse, Marcel Schwob, Goethe, Dostoiévski e *As mil e uma noites*. O jovem Borges via nele "algo parecido com o símbolo de toda a cultura, ocidental e oriental", e passou a imitar o estilo do mestre, que escrevia frases "longas e fluentes, com sabor nada espanhol e muito hebraico".[28]

Não é preciso dizer que Borges se tornou um membro assíduo da tertúlia do Café Colonial. Porém, a cena literária da capital estava pronunciadamente dividida naquela época. Havia outra tertúlia, liderada por Ramón Gómez de la Serna (aquele que havia publicado o manifesto futurista de Marinetti em espanhol já em 1909), que costumava acontecer no Café Pombo, também aos sábados, e também à meia-noite. A rivalidade entre os dois grupos era acirrada — veementíssima — segundo Borges: "Ambas as tertúlias eram privativas: quem frequentava uma era religiosamente excluído da outra, e apenas o admirável Eugenio Montes, mediante uma destreza intelectual que espantava por completo seus camaradas, conseguia alternar sua presença argumentativa entre os dois campos".[29]

Gómez de la Serna não podia ser mais diferente de Cansinos. Autor de ensaios, romances e peças, era baixo e atarracado, com feições cerradas e longas costeletas que lhe davam a aparência truculenta de um toureiro de segunda classe. Ainda se entusiasmava com o prazer futurista pela pura novidade e seu prestígio na vanguarda espanhola se devia à invenção da "*greguería*", termo de sua lavra que, segundo ele, se referia originalmente aos guinchos que os leitões emitem quando correm atrás da sua mãe. Ramón, como era chamado por seus amigos e acólitos, definia a *greguería* como uma equação: humor + metáfora = *greguería*. O resultado era uma metáfora extravagante, geralmente visual, que se destinava a sacudir o leitor de sua suposta autocomplacência.

De acordo com Guillermo de Torre, Borges comparecia de vez em quando à tertúlia do Café Pombo, apesar da "inimizade latente" entre Ramón e Cansinos.[30] Essa promiscuidade não era, de forma alguma, surpreendente. Embora pudesse sentir afinidade com Cansinos, Borges ainda estava tentando firmar o pé como poeta e, de qualquer modo, a vanguarda era muito heterogênea naquele momento, mesmo em Paris, onde diferentes tendências apareceram e desapareceram rapidamente no período entre a morte de Appolinaire, em 1918, e cerca de 1924, quando o surrealismo se tornou o movimento dominante. Ademais, naquele momento o cubismo literário de Reverdy e Huidobro estava sendo ofuscado pelo dadaísmo, na esteira da chegada a Paris de Tristan Tzara, seu principal progenitor. Com efeito, Borges flertaria com o dadá durante sua estada em Madri, talvez atraído por sua iconoclastia brincalhona. Com Guillermo de Torre e cinco outros colegas (incluindo, curiosamente, um jovem hispanista inglês, L. Walton, do Jesus College, Oxford, que um ano depois seria designado como conferencista em espanhol na Universidade de Edimburgo), escreveu uma carta a Tzara no Café Colonial, na qual lhe ofereciam "alegre adesão ao dadá" e lhe mandavam, "deste café estridente", "um poema coletivo" que haviam escrito à maneira semiautomática praticada pelos dadaístas.[31]

A carta e o poema eram pouco mais que uma tentativa especulativa de um grupo de escritores jovens de chamar a atenção de uma celebridade como Tristan Tzara. Mais importante para nossa compreensão do desenvolvimento de Borges como poeta é a rivalidade entre Cansinos-Asséns e Gómez de la Serna. Ele veio a perceber que não se tratava simplesmente de uma rivalidade entre dois homens, mas entre duas sensibilidades, dois "espíritos".[32] Ramón tinha uma compreensão melhor da vanguarda do que Cansinos, que nunca conseguiu se livrar da estética derivada do simbolismo do modernismo hispânico. Mas, perto do final de sua estada em Madri, Borges inclinou-se decisivamente na direção de Cansinos, acreditando que sua obra estava impregnada de emoção, ao passo que as *greguerías* de Ramón não passavam de afetações extravagantes.

Foi graças a Cansinos que o jovem Borges conseguiu perceber com mais clareza a natureza de sua própria sensibilidade. A "emoção" que discerniu na obra dele o levou de volta ao expressionismo alemão, e foi enquanto estava em Madri que escreveu um de seus primeiros poemas expressionistas, chamado "Trinchera".[33] É provável que tenha sido também em Madri que pensou em reunir uma coleção de poemas maximalistas ou bolcheviques, que chamaria de *Ritmos rojos* [Ritmos vermelhos], sugerindo uma ênfase whitmaniana, ou *Salmos rojos*, uma óbvia alusão ao livro de "salmos" de Cansinos.

Perto do final de abril, a família Borges decidiu voltar para Genebra, como estava planejado. Ir embora de Madri era doloroso para Borges: em pouco menos de dois meses, havia conhecido muitos dos principais poetas espanhóis da nova geração e absorvido resolutamente as ideias da vanguarda europeia. Apenas dois dias antes da partida dos Borges, Isaac Vando del Villar chegou de Sevilha para instalar a revista *Grecia* na capital. Em 1º de maio, realizou-se um jantar em sua homenagem, ao qual compareceram todos os ultraístas; até o "grande Pedro Luis" (Gálvez) apareceu, dessa vez, para variar, cheio de dinheiro — havia ganhado 3 mil pesetas na mesa de jogo —, para anunciar a todos sua intenção de partir para a Rússia no dia seguinte.[34] Não surpreende que Borges, tendo em vista sua admiração ilimitada pelo dinâmico Gálvez, viesse a escrever não muito depois um poema em prosa chamado "Rusia", que encheu de imagens de ação revolucionária.[35]

Ao que parece, toda a família Borges estava encantada com a vida na Espanha, mas havia assuntos a cuidar em Genebra — a convocação militar de Georgie, bem como a questão de seu *baccalauréat* incompleto. É possível que houvesse assuntos financeiros também, referentes às várias propriedades que haviam alugado em Buenos Aires, ou o pagamento das pensões da avó, que precisavam ser resolvidos no consulado argentino em Genebra, por intermédio do qual haviam realizado suas negociações oficiais com Buenos Aires nos cinco anos anteriores. Por fim, havia a questão da visão cada vez pior do dr. Borges, para a qual esperava encontrar tratamento em Genebra.

No dia 3 de maio, partiram de Madri, mas pararam por um tempo em Barcelona. Borges escreveu a Abramowicz dessa cidade, com mais reflexões sobre a poética do ultraísmo. O objetivo do movimento era "destruir a retórica", para que cada verso de um poema contasse por si mesmo.

> Queremos condensar, dizer somente o que é essencial. Fazer do poema um todo vivo e orgânico onde cada verso seria a síntese realizada de uma sensação, de uma impressão do mundo, externo ou espiritual, de um estado de consciência [...].[36]

E aproveita para zombar dos "fabricantes de sonetos que constroem treze versos indiferentes apenas para preparar a entrada em palco do último, a razão de ser de seu soneto". Em sua opinião, a originalidade era o objetivo supremo do ultraísmo; era preciso destruir a velha retórica para permitir que cada artista criasse "um universo feito a sua própria imagem".

Uma vez em Genebra, Borges submeteu-se a um exame médico a fim de determinar sua aptidão para o serviço militar, do qual foi finalmente isento graças a sua miopia. (Os documentos mostram que as autoridades de Buenos Aires o declararam oficialmente inapto para o serviço militar em 6 de agosto de 1920.)[37] Quanto ao dr. Borges, que tinha esperança de operar suas cataratas em Genebra, foi aconselhado a não o fazer devido a problemas no coração. No fim das contas, não havia muita coisa a prendê-los na Suíça. Georgie parece ter perdido totalmente o interesse por sua ex-namorada Emilie e não devia estar muito preocupado com o *baccalauréat*, no mínimo porque odiava e temia exames. (Com efeito, jamais terminaria a educação secundária.) Somente sua amizade com Maurice Abramowicz proporcionou um pouco de alívio em seu período pouco animado na Suíça. Obteve algum sucesso ao convertê-lo ao ultraísmo e continuaria a se corresponder com ele durante vários anos, mas afora isso, como se queixou em um cartão-postal enviado a Guillermo de Torre (com carimbo do correio de 5 de junho), Genebra era impermeável ao ultraísmo, embora fosse pródiga em prostitutas, bebidas alcoólicas, chocolate, formalidades e meninas adolescentes.[38] O postal surpreende pela ousadia da imagem: o corpo branco e nu de uma jovem voluptuosa nos braços de um sátiro idoso; ela inclina-se para trás, com o seio direito coberto pela mão escura do macho, e vira a cabeça para beijar a boca de seu grisalho sedutor. Acima da imagem, Georgie escreveu com letras maiúsculas uma frase em latim dizendo que ela representava a vida cotidiana em Genebra.

Por que Borges escolheu essa imagem pornográfica para sintetizar a cidade suíça? À primeira vista, parece não passar de uma tentativa adolescente de impressionar seu amigo espanhol, mas a imagem talvez tenha capturado também o ressentimento reprimido em relação ao pai que o havia mandado visitar a mulher da praça do Bourg-de-Four vários meses antes. E havia bons motivos para Georgie ressentir-se novamente. No início de junho, a família estaria se preparando para regressar à Espanha. Georgie e Norah deviam estar ansiosos para voltar a Madri: ele, para retomar suas atividades na vanguarda espanhola, ela, para ver seu namorado Guillermo de Torre. Mas o dr. Borges decidiu que iriam todos para Maiorca.

A família Borges chegou a Palma em meados de junho e, no começo de julho, subiram as montanhas para passar o verão no ar mais fresco de Valldemosa, onde ficaram no Hotel de L'Artista, de propriedade de um médico da localidade. Não havia muito a fazer ali, como Borges contou a Abramowicz, mas pelo menos podia se divertir com algumas companhias femininas: Clarita, a amante do médico, estava hospedada no hotel, bem como quatro "moças bonitas", acompanhadas pela mãe, que era amiga da amante, mas aparentemente "não se dava conta do que estava realmente acontecendo".[39] Ele também conheceria outra amiga da amante, uma mulher chamada Ángela Márquez, que tinha 23 anos e era "bem bonita"; não demorou para que Clarita concebesse a ideia fixa, como diz Borges, de casá-lo com sua amiga Ángela, que, por sua vez, expressaria o desejo de visitar Buenos Aires, além de sua consternação diante da falta de fé religiosa dele: "Ela instou-me a abjurar de minhas blasfêmias em relação à Virgem, ir à missa com ela, confessar-me e fazermos a comunhão juntos".[40] Porém, diante da "resistência estoica" de Borges, as duas mulheres acabaram por transferir suas atenções para outro candidato à mão desimpedida de Ángela — um ex-capitão do mar que rondava os 45 anos e pesava mais de oitenta quilos.

Em Valldemosa, Borges também veria seu amigo Jacobo Sureda, a quem converteria à causa do ultraísmo naquele verão, e um pintor sueco chamado Sven Westerman, que se tornou professor de arte de Norah. Mesmo assim, Borges escreveu a Guillermo de Torre queixando-se de terrível tédio: passava o tempo fazendo caminhadas pelas montanhas, escrevendo, lendo (William James, Bernard Shaw, os expressionistas alemães) e ouvindo um fonógrafo execrável; sentia-se obviamente frustrado por não estar entre os ultraístas na capital e perguntava a Torre pelas últimas novidades e, especificamente, pelas sessões na Oro del Rhin.[41]

Apesar disso, esse segundo período em Maiorca teria importância considerável no desenvolvimento de Borges como escritor. Pouco depois de deixar Madri, vários meses antes, ele havia escrito a Abramowicz que o ultraísmo era, sobretudo, uma tentativa de "criar mitos novos, escrever de uma maneira que permitisse a cada artista criar um universo a sua própria imagem": "O ideal seria que cada ultraísta da Espanha fosse absolutamente diferente de seus companheiros".[42] E naquele verão em Maiorca, longe como estava do centro literário de Madri, ele passaria seu tempo em busca da originalidade, por aquilo que o faria "absolutamente diferente" dos outros.

Não sobreviveu muita coisa do que Borges escreveu em Maiorca, mas parece que consistia principalmente de experiências de poesia e prosa expressionista. Ele também começou a traduzir uma seleção de poemas expressionistas alemães, que mandaria a Guillermo de Torre para publicação na revista de inclinações ultraístas *Cervantes*. Com efeito, mergulhou de tal forma no expressionismo alemão que no final de setembro, em carta a Torre, se referiria em tom de brincadeira a si mesmo como "Georg-Ludwig", tão germanizado se julgava estar.[43] Dizia que estava escrevendo textos em prosa ultraísta e falava de contos descritos como "*gran-guiñolescos*", o que indica que estava tentando escrever na linha de "Libertación", o texto curto que publicara na *Gran Guignol* de Sevilha alguns meses antes de ir para Madri.[44] Ele sabia que Torre não aprovaria a escrita em prosa; admitia que era cometer um pecado mortal,[45] mas estava preparado para violar os princípios do próprio ultraísmo se isso o levasse a descobrir uma voz singular como escritor.

Apesar de tudo isso, parecia incapaz de alcançar a individualidade de expressão que buscava. Explicou a Torre que o problema estético de tentar ser original fazia parte de um problema maior, o do indivíduo diante da realidade externa: apenas quando viéssemos a conhecer nossos limites é que o problema da originalidade se resolveria automaticamente, como acontecia na conversa com um amigo.[46] Em outras palavras, sua escrita só expressaria a singularidade de sua personalidade quando tivesse obtido um conhecimento mais seguro da diferença entre o eu e o outro.

Perto do fim de agosto, achou que não estava conseguindo nada. Começou até a duvidar de sua capacidade de poeta: "Não creio mais em nenhuma utopia, seja maximalista, whitmaniana ou qualquer outra [...]", queixou-se a Abramowicz. "Careço de um objetivo, ou, antes, tenho objetivos demais diante de mim. Acho que naufraguei e não serei capaz de salvar mais do que duas ou três metáforas do naufrágio."[47] Em 3 de setembro, escreveu a Guillermo de Torre para dizer que estava cansado de condensar histórias em quatro ou cinco páginas manuscritas; em vez disso, passara a escrever poemas de ritmo variável e imagens cruamente vívidas.[48] Mas, mesmo então, não estava satisfeito com os resultados, pois, por mais que tentasse escrever palavras novas, vibrantes e frescas, não conseguia ir além de seu estoque usual de imagens — lâmpadas, bandeiras, ruas, ondas, noite, clímax, colapso, aviões, cartas de baralho.

Essa crise de confiança agravou-se com uma virada inesperada em suas relações com o pai, que ocorreu, creio, perto do fim do verão. O dr. Borges devia estar perto da conclusão de seu romance *El caudillo* quando pediu ao filho que lesse o manuscrito. Esse pedido teria pegado Georgie de surpresa, uma vez que suas tentativas ocasionais de pedir conselhos ao pai sobre seus escritos sempre foram recebidas com uma negativa. Por que, então, o dr. Borges resolveu submeter *El caudillo* ao exame crítico do filho? Com certeza, fora movido por alguma dúvida arraigada sobre sua capacidade literária; com efeito, estava apelando a Georgie para que o salvasse do fracasso.

Esse apelo não poderia ter chegado numa ocasião pior para o jovem Borges, que estava ele mesmo duvidando de seu talento de poeta naquele verão. No momento em que travava uma batalha perdida para conseguir uma voz original, o pai lhe pedia para ler seu romance, em que ele descobriria que suas mais exaltadas aspirações whitmanianas não passavam de outra versão dos sonhos do velho e que até seus sentimentos de falta de mérito se refletiam em *El caudillo*: as dúvidas que Carlos Dubois tinha de si mesmo, os receios sobre a Argentina, o temor do patriarca, eram todos versões das preocupações mais íntimas de Georgie. Em minha opinião, foi nessa época que Borges começou a ver em seu pai um espelho possível de si mesmo, como uma encarnação do destino que lhe poderia estar reservado se fracassasse como escritor.

Georgie passou a buscar uma voz original com energia redobrada. Em setembro, descreveu seus objetivos criativos para Abramowicz: "Luto para combinar as técnicas ultraístas (metáforas plásticas, concisão, imagens criadas) com os ritmos expansivos e a energia de meus primeiros esforços whitmanianos — 'Himno al mar' e outros".[49] Em 24 de outubro, contou a Jacobo Sureda que havia terminado um poema chamado "Judería", "no estilo de um salmo bíblico", e também outro intitulado "Gesta soviética", que era "muito dinâmico"; dizia que estava trabalhando num "terceiro poema ultraísta (bíblico, inevitavelmente) intitulado 'Crucifixión'".[50] E, em 6 de novembro, relatou a Torre que os poemas que estava escrevendo eram de dois tipos: dinâmicos e desanimados, uma descrição estranhamente contraditória, mas que sugere que havia reconhecido uma dualidade que não conseguia resolver num estilo unificado.[51] Algumas semanas depois, no entanto, o encontramos escrevendo um assim chamado texto bolchevista intitulado "Guardia roja", que descreveu a Sureda como "muito objetivo, dinâmico e frio".[52] Portanto, sua escrita tendia agora a alternar entre poemas dinâmicos, geralmente expressões de luta revolucionária, e "salmos" desanimados, sobre temas de sofrimento passivo e opressão. Ao final de novembro, sua busca por uma voz individual já adquirira urgência desesperada. Parece que andara escrevendo numa espécie de frenesi — mais e mais poemas dinâmicos jorravam de seu crânio, contou a Guillermo de Torre; o processo era quase involuntário, até automático, e, assim que terminava de escrever, lia os resultados com não pouca perplexidade.[53] Em outras palavras, sua poesia começava a registrar a volatilidade de sua vida interior, caracterizada por mudanças bruscas do entusiasmo ao desespero, enquanto ele se inflava com visões whitmanianas de comunhão universal e depois caía no solipsismo que era seu estado crônico.

No final de agosto, a família Borges voltou de Valldemosa para Palma. Georgie achou a cidade irremediavelmente provinciana; em Valldemosa podia ao menos contar com a amizade de Sureda e a companhia de Sven Westerman, mas em Palma não havia ninguém a quem pudesse chamar de amigo, exceto o jovem escritor Juan Alomar, filho de um político proeminente, que havia demonstrado algum interesse pelo ultraísmo. Borges passou a frequentar o Círculo Mallorquín, o tipo de clube masculino que se encontra na maioria das cidades espanholas, onde conheceu vários intelectuais do lugar, em sua maioria jornalistas e professores universitários. Uma meia dúzia deles reunia-se nas noites de sexta-feira e se entregava a discussões ruidosas sobre temas variados — "O eterno retorno de Nietzsche, a questão irlandesa, o 'eu' e o 'não eu', dadá, revolução social e — inevitavelmente — o ultraísmo".[54] Ele mencionaria também para Sureda "uma série de bebedeiras, discussões estéticas, infusões de álcool e algumas tentativas na mesa de roleta do Círculo".[55] Quando o Círculo fechava, Borges e seus companheiros dirigiam-se para a Casa Elena, lugar de má reputação mais conhecido de Palma, onde suas discussões continuavam noite adentro. Também fez amizade com dois pintores jovens americanos que ficaram na ilha por cerca de um mês, e quando foram embora, no final de novembro, sua partida foi marcada por uma grande bebedeira; depois disso, a vida retornou a sua rotina monótona usual.[56]

Ele encontraria uma pausa para o tédio generalizado quando uma revista local chamada *L'Ignorancia* publicou, em 7 de setembro, um artigo zombando do ultraísmo. Fora escrito por um jornalista chamado Elviro Sanz, que mantinha uma coluna periódica em dialeto maiorcano com o pseudônimo de "L'Aura de L'Illot". Borges viu no artigo uma oportunidade para agitar a monótona cena literária de Palma. Fez com que seu amigo Sureda escrevesse em defesa do ultraísmo na revista *La Almudaina*, mas, quando tentou publicar sua própria resposta, a mesma revista recusou polidamente seu texto porque o julgou agressivo demais. Em compensação, foi convidado a publicar um poema na *Baleares*, onde seu amigo Alomar trabalhava, mas ficou irritado quando viu que seu nome saíra errado: "Jorge *Llinás* Borges". (É possível que o tipógrafo o tenha confundido com um dos colaboradores usuais, chamado Josep Llinás Simó.)[57] Sua resposta ao artigo de *L'Ignorancia* saiu em 19 de outubro no jornal *Última Hora*. Essa lufada de polêmica literária com Elviro Sanz provocou outro ataque ao ultraísmo no final daquele mês, desfechado pelo jornalista Agustín Palmer, que escrevia com o pseudônimo de Pin na própria *Última Hora*. Mas, justo quando começava a insuflar uma bela controvérsia, ela se apagou tão inesperadamente quanto se acendera. O pobre Elviro Sanz calou-se e Borges não conseguia descobrir o motivo; de brincadeira, sugeriu a Sureda que eles talvez pudessem "estimular nosso taciturno inimigo" a agir uma vez mais se escrevessem um artigo sob pseudônimo denunciando os ultras e fazendo referências provocativas a Sanz.[58]

A frequência da correspondência de Borges com Guillermo de Torre no outono e início do inverno de 1920 é uma medida da profundidade de sua frustração por não estar em Madri. Tanto quanto podia perceber, Torre estava ganhando força e parecia estar a ponto de assumir a liderança da vanguarda madrilense. Em 1º de novembro, ele divulgou o que chamou de "Manifesto Vertical", em que delineava os objetivos do ultraísmo, o que causou uma boa agitação no mundo literário. No mesmo mês, parecia estar prestes a conquistar o controle total de *Grecia* quando seu editor e proprietário Isaac del Vando Villar a vendeu inesperadamente para o colega ultraísta José Ciria y Escalante, um jovem rico de apenas dezesseis anos de idade. Borges supôs que Guillermo de Torre dirigiria de fato *Grecia* e tratou de conservar as boas graças do ambicioso Torre: colocando-se sob suas ordens, ofereceu-se para distribuir o "Manifesto Vertical" em Maiorca e até se autonomeou embaixador dos ultras nas ilhas Baleares.[59]

Segundo Borges, Torre tinha planos para transformar *Grecia* numa "revista internacional suntuosa que publicaria obras originais em línguas estrangeiras", mas havia decidido mudar o nome da revista para *Reflector*, que era mais adequado ao século XX.[60] Borges via a transformação de *Grecia* com pouco entusiasmo, disse a Sureda: se havia algum significado naquilo, era o triunfo do tipo de ultraísmo de que não gostava — "engenhoso, falso e exibido".[61] Ainda assim, estava ansioso por não ficar de fora e, quando o primeiro número de *Reflector* apareceu em dezembro, mandou congratulações ao jovem Ciria, seu dono, e a Torre, enchendo de elogios o amigo e lhe contando que havia escrito ao editor da revista expressionista alemã *Die Sturm* pedindo amostras de obras expressionistas que poderiam ser usadas para a maior glória de *Reflector*.[62] Não obstante, sentia uma considerável dose de inveja de Guillermo de Torre. Para Abramowicz, descreveu-o como "o grão-vizir, ou seja, o primeiro-ministro do rei ou czar absoluto" da nova revista,[63] e, numa carta anterior a Sureda, já chamara Torre de "nosso Lúcifer polissilábico da vanguarda".[64]

Reflector, no entanto, não sobreviveria ao seu primeiro número. Foi eclipsada pelo surgimento, em 27 de janeiro de 1921, da muito aguardada *Ultra*, uma revista que gozava do favor do mestre Cansinos-Asséns.* *Ultra* foi lançada num festival de poesia de vanguarda realizado em 28 de janeiro num estabelecimento chamado La Parisiana, em Madri. O evento ficou famoso, e os ultraístas — para sua grande satisfação — foram recebidos com troças e vaias pelo público. Borges contou a Abramowicz: "Os gritos e berros irados do público abafaram totalmente a leitura de dois dos meus poemas. As obras de outros irmãos ultraístas sofreram o mesmo destino".[65] Mas o triste fato era que ele não estivera presente ao evento: estava preso em Maiorca com a família.

Fervilhando de frustração, Borges queixou-se a Torre de seu exílio longe de Madri.[66] Sem dúvida, sua frustração era aumentada pelo fato de que, no outono de 1920, seu pai, tendo terminado *El caudillo*, por cuja publicação em Palma estava pagando, havia decidido deixar a Argentina para sempre e estabelecer-se na Espanha, nas vizinhanças de Madri; mas, primeiro, a família teria de retornar a Buenos Aires para resolver seus negócios. A data da partida já havia sido fixada: partiriam para Tarragona em 4 de março de 1921. Como Borges explicou a Guillermo de Torre em dezembro, ficariam em Buenos Aires por apenas cinco ou seis meses e depois voltariam para a Espanha e se instalariam em Valladolid, Aranjuez, Getafe ou algum lugar próximo de Madri,[67] mas isso significava que ele não estaria na capital espanhola por cerca de nove meses e seria forçado a

* Borges colaboraria em quase todos os números de *Ultra* durante o ano de sua existência, assim como Norah, cujas xilogravuras apareceriam com frequência na revista.

perder os novos acontecimentos da vanguarda justamente quando as coisas começavam a parecer promissoras, com o lançamento das revistas *Reflector* e *Ultra*. Era óbvio que o dr. Borges não perdera a habilidade de carregar a família para outro lugar exatamente no momento errado para Georgie.

Enquanto esperava a volta para Buenos Aires, Borges fez o que podia para se divertir em Maiorca. Conseguira reunir um pequenino círculo de conversos ao ultraísmo — Jacobo Sureda, Juan Alomar e Jaime Moll, um cantor de ópera que conhecera no barbeiro. Costumavam encontrar-se no Café de los Artistas, na Born, rua principal de Palma, e iam às vezes a Valldemosa para visitar Sureda. Então, em janeiro, o grupo encontrou uma boa oportunidade para se dar a conhecer a um público mais amplo quando a controvérsia em relação à arte moderna acendeu-se novamente em Palma, em consequência de uma exposição do jovem pintor castelhano Manuel Fernández Peña. Fazia parte da exposição a pintura de uma mulher nua que causou enorme escândalo "nesta cidade idiota e infestada por padres", como Borges informou a Abramowicz; até os cônegos da catedral "fizeram fila lado a lado para ver a exposição, para *vê-la*, na verdade"; ninguém comprou uma única tela e toda a imprensa atacou o artista; "só eu publiquei um artigo elogiando-o", acrescentou com orgulho.[68] (Foi publicado na *Última Hora* no dia 5 de janeiro.)[69]

A defesa que Borges fez da pintura do nu instigou o egrégio Pin a atacar a vanguarda de novo na *Última Hora*, em 28 de janeiro. Borges e dois de seus amigos replicaram com um artigo assinado por "Dagesmar" (um pseudônimo composto: Sure*da*, Bor*ges*, Alo*mar*), publicado na *Última Hora* em 3 de fevereiro.[70] Depois, em 15 de fevereiro, a revista *Baleares* publicou um "Manifesto dos Ultras" escrito por Borges, junto a uma breve seleção da nova poesia, para a qual ele contribuiu com o poema "Catedral", uma evocação ultraísta da catedral de Palma.[71] Nesse manifesto, Borges fazia uma distinção entre "a estética passiva dos espelhos" e a "estética ativa dos prismas": o objetivo do ultraísmo era alcançar "uma visão nua das coisas", uma visão "purificada de estigmas ancestrais", e "para conquistar essa visão" era necessário "jogar ao mar todo o passado": estética clássica, romantismo, naturalismo, simbolismo, "toda essa vasta e absurda gaiola em que os ritualistas querem aprisionar o maravilhoso pássaro da beleza"; tudo deveria ser jogado fora, até que "cada um de nós possa arquitetar sua criação subjetiva".

Esse manifesto agressivo provocou a reação desejada de seus inimigos, e Borges não se conteve de júbilo: relatou a Sureda, em Valldemosa, que haviam causado um grande escândalo: "Um bando de fósseis — entre eles Elviro Sanz — está ameaçando nos matar de pancadas com suas bengalas. [...] Você viu aquela alfinetada de *Pin* na *U. H.* [*Última Hora*]? O *Correo de Mallorca* [um jornal católico] está preparando uma refutação do manifesto e um auto de fé dos poemas".[72]

Borges podia finalmente se retratar como um grande rebelde. Com efeito, seu apetite por rebelião era tal que estava preparado agora para afirmar uma visão da vanguarda bem diferente daquela dos ultraístas de Madri, que estavam muito encantados com o dadaísmo naquele momento. Já em carta para Abramowicz escrita em outubro de 1921, ele expressara sua divergência com o dadá: era um erro "afirmar que o dadá constitui a plena realização da personalidade"; os dadaístas estavam demasiado interessados na "realidade tangível" e não viam que "uma ideia, um sonho, até uma teoria, não são menos reais".[73] E ia mais além, declarando que "as coisas pelas quais as pessoas estão preparadas para matar umas às outras são espiritualmente reais: honra, pátria etc.", e que "é precisamente essa realidade interior que devemos perseguir". E, assim, quando Guillermo de Torre lhe pediu para colaborar com um texto para publicação em *Dadaglobe*, uma antologia internacional de obras dadaístas que Tristan Tzara se propunha a publicar (e que nunca viu a luz), Borges ofereceu um texto em francês chamado "Esquisse critique", um "esboço crítico" em que ele petulantemente ousava superar em dadaísmo o próprio Tzara ao defender uma espécie de anarquismo na arte: todos os estilos, declarava, eram "uma gaiola", porque há "tantas formas quanto há equações individuais"; ele esperava uma situação em que cada artista seria livre para expressar seu próprio estilo único: "Ó, mas que alegria solar e popular e cotidiana do dadaísmo sem dadá!".[74]

Com certeza, Borges tinha pouco tempo para o dadá agora; em vez disso, ele queria recuperar os ultras para o expressionismo, mas estava frustrado pelo fato de que não podia influenciar diretamente seus camaradas espanhóis porque estaria em Buenos Aires nos próximos seis meses. Porém, no que foi presumivelmente uma tentativa para se contrapor à inclinação ao dadaísmo dos ultraístas de Madri, mandou a Guillermo de Torre outro manifesto chamado "Anatomía de mi Ultra", no qual afirmava que o movimento de "renovação literária atual" era "essencialmente expressionista" e argumentava mais uma vez que a experiência do poeta deveria ser refratada através do "prisma ativo" do sentimento e da imaginação, para se erguer acima das circunstâncias contingentes, e que "traduza a emoção nua, depurada dos dados adicionais que a precedem".[75] Contudo, em 20 de fevereiro, apenas cinco dias depois de ter exortado seus camaradas de Maiorca a jogar todo o passado poético no mar, e depois de ter afirmado seu direito a uma voz poética não engaiolada contra ninguém menos que Tristan Tzara, Georgie tomava animosamente a balsa para Barcelona com sua família e embarcaria duas semanas depois em Tarragona em um navio que o levaria para o outro lado do globo.

A acreditarmos nele, passou boa parte de suas últimas semanas na Espanha numa orgia de jogo e prostituição. Em fevereiro, contou a Guillermo de Torre que o grupo ultraísta que formara em Maiorca costumava reunir-se num bordel onde, entre floreios de verbosidade grandiloquente, apalpavam os seios e as coxas de raparigas sorridentes e ignorantes; era exatamente como as reuniões na El Oro del Rhin, e um tanto dadaísta também, Torre não achava?[76] E dois dias antes de partir para Buenos Aires, no início de março, escreveu a Abramowicz com ares de decadente baudelairiano, embriagado com as doces exalações de suas *fleurs du mal*:

> E então, na roleta, tive uma rodada de sorte nunca vista — pelo menos por mim — (sessenta pesetas com o capital de uma peseta!) que me permitiu passar três noites seguidas no bordel. Uma loira suntuosamente imunda e uma morena que chamamos de "Princesa" sobre cuja humanidade decolei como se pilotasse um avião ou montasse um cavalo [...].[77]

Sem dúvida, era uma tentativa de impressionar seu amigo suíço, mas esse esvoaçar compulsivo em torno das lâmpadas da devassidão sugere que estava forçando desesperadamente a corrente, testando até que ponto ousava afirmar sua independência em relação à família. Em cartas, ensaios e manifestos, insistia, com veemência quase histérica, na necessidade de afirmar uma visão de mundo singular, individual. Evidentemente, a ironia estava em que ainda não tinha ideia do que era singular em sua personalidade, pois sua realidade interior era um monte de contradições: ansiava por liberdade, mas não deixava de se submeter aos desejos dos pais; vangloriava-se de suas aventuras no bordel, porém estava mergulhado em dúvidas sobre si mesmo depois de sua malfadada iniciação em Genebra.

Por mais estranho que pareça, foi no bordel que o jovem Borges pôde antegozar uma possível reconciliação de seus conflitos interiores. Parece que em suas visitas à Casa Elena, em Palma, havia travado uma curiosa amizade com uma prostituta chamada Luz e essa ligação permitira que o rapaz nervoso e hipersensível obtivesse uma vaga ideia do que poderia ser uma relação natural com uma mulher, uma relação em que inocência e vergonha pudessem finalmente ser englobadas num tipo raro de ternura. Borges escreveu a Abramowicz com melancolia sobre seus sentimentos em relação a Luz:

> Aquela glória está extinta agora. Sinto-me "como um pobre órfão sem sua irmã mais velha". Digo-lhe, eu realmente amei aquela Luz: ela era tão brincalhona comigo e se comportava com indecência tão ingênua. Era como uma catedral, e também como uma puta.[78]

Esse pressentimento do amor nos braços de uma prostituta era o mais próximo que chegara de sentir a paixão que tentava articular em poemas pseudowhitmanescos como "Himno al mar" e "Paréntesis pasional", mas sua experiência real do amor era praticamente nula, exceto por aquelas semanas com Emilie, antes que a intervenção de seu pai destruísse sua breve relação em Genebra.

Na ausência de amor, ele havia tirado sua maior satisfação emocional da amizade. E sua fome por ela tornara-se ainda mais intensa. Em Buenos Aires, tivera Roberto Godel, em Genebra, Abramowicz, em Madri, Guillermo de Torre. Mas seus sentimentos mais fortes eram pelo pobre e tísico Sureda, em Valldemosa. Na carta que lhe mandou em 3 de março, um dia antes de embarcar em Tarragona, implorou ao amigo que não parasse de escrever: "Não rompamos o cabo escritural que une nossos dois corações através do Atlântico!".[79] Contudo, no fundo de seu coração, sabia que essa profundidade de emoção era impossível de sustentar:

> Mas, acima de qualquer alarde egoísta, gritava em meu peito a vontade de mostrar por inteiro minha alma ao amigo. Gostaria de me despir dela e deixá-la ali palpitando. Continuamos a conversar e discutir, à beira de dizer adeus, até que, de repente, com uma firmeza de convicção insuspeitada, compreendi que essa "personalidade" que costumamos valorizar com excesso tão inapropriado não era nada. Ocorreu-me que minha vida jamais justificaria um instante pleno, absoluto, que conteria todos os outros; que todos eles seriam etapas provisórias, aniquiladoras do passado

> e olhando para o futuro, e que fora do episódico, do presente, do circunstancial, não éramos ninguém.[80]

Ainda assim, Borges nunca renunciaria ao seu anseio por um "momento pleno, absoluto", por uma plenitude de ser que o resgatasse da névoa solipsista que o envolvera quando criança e o enchera de desespero.

PARTE II

UM POETA APAIXONADO (1921-34)

6. Buenos Aires (1921-3)

Depois de uma ausência de sete anos, toda a família estava apreensiva em relação à próxima visita à Argentina. Como escreveu Borges a Adriano del Valle pouco antes da partida, todos estavam infelizes com a perspectiva de deixar a Espanha; a Guillermo de Torre, disse que sua experiência ali era como um casaco de muitas cores de que achava difícil se desfazer; com efeito, quando ainda estava em Maiorca, havia confessado a Roberto Godel que não guardava mais do que vinte ou trinta imagens de Buenos Aires em sua memória.[1]

Quando finalmente chegaram à capital argentina, em 24 de março, Georgie e a irmã acharam sua cidade natal decepcionantemente modesta e provinciana. Uma vez que a casa de Palermo e as outras propriedades ainda estavam alugadas, ficaram no Hotel du Helder, na rua Esmeralda, no centro da cidade, enquanto procuravam acomodações mais permanentes. No início de junho, alugaram um apartamento na rua Bulnes, 2216, numa área degradada cheia de *conventillos*, entre os bairros de Palermo e Recoleta, conhecida popularmente como "Tierra del Fuego". Essa região fora famosa outrora por seus delinquentes e *compadritos* e ainda era dominada pelo enorme edifício cor creme da Penitenciária, que se erguia cercada de palmeiras no que é hoje o parque Las Heras.

Buenos Aires parecia agora terrivelmente estranha a Georgie. Ele passou a caminhar por suas ruas, revisitar lugares que conhecera quando criança. Voltou a Palermo, à casa da rua Serrano onde estivera confinado por tantos anos, e ficou impressionado com o fato de que até aquela casa lhe parecia estranha agora: quantos céus, sóis e luas novas seriam precisos "antes que a casa volte a reconhecer-me/ e novamente seja um hábito! ("A volta").[2] Aventurou-se em bairros que não tivera a chance de conhecer na infância: passear pelo lado sul, outrora elegante, mas agora em ruínas, deixou-lhe um gosto amargo na alma ("O Sul"); um poema cheio de imagens ultraístas sobre a região do porto tem "o milagre previsível" do amanhecer "caindo do céu" e "rolando de alma em alma" ("Alba desdibujada"); um arrabalde é descrito como uma via crucis imóvel de ruas sofredoras ("Arrabalde").

Enquanto vagava como um estrangeiro pelas ruas de sua cidade natal, "desanimado pela insolência de suas luzes falsas", seus pensamentos voltavam a uma amada, cuja lembrança é "como uma brasa viva/ que nunca deixo apagar/ ainda que queime minhas mãos" ("Ciudad"). Essa lembrança poderia ser a de sua ex-namorada de Genebra, Emilie, ou talvez de outra menina por quem tivesse se apaixonado na Espanha, mas certamente não havia alguém para ele em Buenos Aires, pois em 21 de junho, na noite de são João, quando se faziam promessas de amor junto às fogueiras, ele descreve sua "toda a santa noite a solidão rezando/ o seu rosário de estrelas dispersas" ("A noite de são João"). Também não tinha amigos e sentia muito a falta de Jacobo Sureda. Em uma de suas cartas, manda-lhe "muitos milhões de calorias do dínamo de meu coração", expressão que é apenas metade brincadeira, pois assina essas primeiras cartas a Sureda com palavras de grande ardor — "Teu irmão te abraça furiosamente", ou "Abraço-te com um coração desfraldado" —, e implora várias vezes que seu amigo espanhol lhe responda imediatamente: "Não me abandona neste meu exílio, que é invadido por arrivistas, jovens corretos que carecem de qualquer equipamento mental e moças decorativas".[3]

A família Borges retornara à Argentina num momento de agitação e incerteza políticas. Uma grande mudança acontecera durante o período em que estavam na Europa quando, em 1916, o Partido Radical havia finalmente chegado ao poder, sob a liderança do veterano Hipólito Irigoyen. Após essa grande vitória, Irigoyen tentou responder à explosão de exigências de mudanças e reformas aumentando os gastos estatais e criando uma grande quantidade de empregos novos no governo. Essa abundância produziu, no entanto, inflação alta e um aumento da agitação dos sindicatos anarquistas, que atingiu o ápice na famigerada Semana Trágica de janeiro de 1919, em que agitações e tumultos de rua foram reprimidos com violência e sangue pela polícia. As políticas expansionistas de Irigoyen e suas tentativas de nacionalizar a indústria petroleira causaram alarme na oligarquia dos estancieiros, que comandava a vital economia de exportação, e levaram a tensões dentro do próprio Partido Radical. As eleições presidenciais seguintes se realizariam em março de 1922, e, como a Constituição impedia a reeleição de Irigoyen, os radicais escolheram para candidato Marcelo T. de Alvear, um latifundiário muito mais palatável aos interesses dos exportadores.

Quando os Borges chegaram à Argentina, em 1921, estava claro que Irigoyen não conseguira romper o domínio da oligarquia que governara o país desde 1880. Uma chance histórica parecia ter vindo e ido embora para as modestas famílias crioulas como a dos Borges. Não surpreende, portanto, que Georgie tenha achado Buenos Aires um lugar ignorante, onde, como escreveu a Sureda, reinava "uma desanimadora incompreensão e indiferença em relação a tudo que é ligado à arte, porque esse bando de milionários que manda agora na república prefere exibir sua riqueza gastando-a em automóveis e roupas, em vez de quadros ou livros".[4] Era a velha queixa da família — as coisas não eram mais como no tempo em que as antigas famílias crioulas estavam no coração da sociedade. Ele queixou-se a Guillermo de Torre que ainda não se sentia pertencendo plenamente a sua Argentina nativa, um lugar muito menos prazeroso do que um espanhol poderia imaginar.[5]

Mas, além do deslocamento social de sua família, Borges percebia que os argentinos sofriam de um desenraizamento mais geral. Tentou articular essa ideia num ensaio que escreveu sobre Buenos Aires e mandou a Guillermo de Torre em junho para publicar numa revista literária espanhola chamada *Cosmópolis*.[6] Em Buenos Aires, "as linhas horizontais predominam sobre as verticais"; é uma cidade de casas uniformemente agachadas, "tímidas, mas orgulhosas", que "traduzem em tijolos e argamassa" o "fatalismo" de seus habitantes, um fatalismo que não é "individualista" ou "anárquico" como o dos espanhóis, mas "o fatalismo envergonhado do crioulo que por esses dias tenta ser um ocidental, mas não consegue": "Pobres crioulos! Nas profundezas de nossa alma sentimos as fontes de nossa hispanidade e, contudo, eles desejam nos transformar em ianques, em ianques falsos, e nos seduzir com as quinquilharias da democracia e do voto". O ensaio termina com uma comemoração de Evaristo Carriego, que morreu em uma daquelas casas modestas de Buenos Aires, e espera pelo dia em que "nosso Messias nascerá" em outra daquelas humildes moradias das *orillas*.

Para passar o tempo enquanto não voltava para a Espanha, Borges começou a frequentar a tertúlia de Macedonio Fernández, o velho amigo de escola e universidade de seu pai. Macedonio tornara-se uma figura excêntrica, vagabunda, que vivia à margem da sociedade. Após o fracasso da comuna anarquista do Paraguai, trabalhara durante um tempo como promotor público em Posadas, perto da fronteira paraguaia, e depois voltara a Buenos Aires, onde montou um modesto escritório de advocacia na avenida de Mayo. Continuava a ser um anarquista filosófico que resumia suas crenças básicas na fórmula "o máximo do Indivíduo, o mínimo do Estado", mas depois do esmagamento dos sindicatos anarquistas durante a Semana Trágica, desiludiu-se da política. A morte de sua esposa em 1920 foi um golpe devastador. Ficou com quatro filhos pequenos, entre três e onze anos, e, reconhecendo sua incapacidade prática para cuidar da família de modo adequado, entregou-os aos cuidados de duas irmãs casadas, enquanto passava a morar em pensões baratas, ou como hóspede temporário de uma sucessão de amigos.

Um dos poucos pontos fixos da existência errática de Macedonio era sua tertúlia de sábado à noite no Café La Perla, na rua Jujuy, numa área degradada próxima aos mercados da praça del Once. Ali, reunia ao seu redor um grupo de jovens de vinte e poucos anos que passava o tempo falando principalmente de literatura e política. Embora lúgubre e taciturno, Macedonio era uma figura carismática, com um senso de humor fantástico. Seu estratagema preferido era levantar um tema e deixar seus jovens companheiros elaborá-lo, para depois intervir e lhe dar uma inflexão inesperada, ou esvaziá-lo totalmente. Admirador eterno dos excêntricos, Borges logo sentiu-se cativado por Macedonio. Havia algo em sua existência marginal que atraía Georgie, talvez porque fosse tão diferente da respeitabilidade bem-comportada de sua família. Mas foram as ideias de Macedonio que ele achou especialmente atraentes, pois lhe permitiam filosofar sobre sua tendência inveterada ao solipsismo.

O estilo de vida sem raízes de Macedonio provinha de uma visão filosófica caracterizada pelo idealismo mais extremado. Macedonio negava a realidade do espaço e do tempo, ou mesmo do eu, que considerava um feixe transitório de estados mentais que não apresentavam uma conexão necessária entre eles. Sua convicção de que o mundo era incognoscível e de que a personalidade individual era uma ilusão talvez tenha sido influenciada por dois eventos trágicos de sua vida: a morte de seu pai quando tinha dois ou três anos de idade e a morte, mais recente, de sua mulher. Ele não aceitava o caráter definitivo da morte e dizia que acreditava que a realidade última estava num plano impessoal de comunicação psíquica, uma interconexão mental que transcendia os limites dos sujeitos e corpos individuais. Essa crença na "psique sem o corpo" levou a uma busca por uma "poética do pensamento especulativo", mas, uma vez que rejeitava a continuidade do tempo, do espaço e do eu, tinha dificuldades para obter uma forma coerente em seus escritos. Costumava tratar desse problema fazendo digressões de uma história que já se multiplicava para lançar o leitor em discussões sobre sua relutância geral em chegar a qualquer conclusão.

Embora vivesse para pensar e escrever, Macedonio não conseguia se organizar para publicar alguma coisa. De qualquer modo, pouco se preocupava com isso e tendia a carregar seus papéis em caixas de sapatos ou latas de bolachas, deixando às vezes um rastro de rabiscos e anotações pela metade quando mudava de residência. Havia anos vinha escrevendo uma obra de metafísica idealista e dizia mesmo que mantinha correspondência com o filósofo americano William James, a quem admirava muito, tal como seu amigo dr. Borges, mas jamais terminaria esse livro. Seus romances também ficaram incompletos, e foi só depois que Borges e alguns amigos juntaram uma coleção de seus escritos em 1928 que ele passou gradualmente a entregar sua obra ao prelo.

A tertúlia de Macedonio no Café La Perla nas noites de sábado tornou-se o ponto alto da semana na vida de outro modo vazia de Borges. As conversas, ele lembraria, eram geralmente sobre "os usos da metáfora ou a inexistência do eu".[7] Borges participava com enorme entusiasmo. Em 22 de junho, escreveu a Sureda sobre a trama de um romance fantástico que havia imaginado e que se propunha a escrever com seus colegas de tertúlia. Seu título era *El hombre que será presidente*, um tema apropriado, tendo em vista as eleições presidenciais do ano seguinte. A trama envolvia uma conspiração para induzir um colapso nervoso coletivo dos cidadãos de Buenos Aires, de modo a fazer de Macedonio presidente da república e "abrir caminho para o bolchevismo"; os revolucionários multiplicariam pequenas contrariedades em toda a cidade para esgotar os nervos de todo mundo: "os realejos nunca terminariam uma melodia, cortando-a pela metade; se encheria a cidade inteira de objetos inúteis, como barômetros; os corrimões dos bondes seriam afrouxados etc."; "não havia muito perigo" de que chegassem a escrever esse romance, "mas ele serve de campo de batalha útil para nosso combate verbal".[8]

Mais tarde, Borges passaria a considerar Macedonio Fernández muito melhor conversador do que escritor. Ainda assim, a influência das ideias dele na literatura de Borges foi crucial, especialmente no que diz respeito a dois temas fundamentais que só chegariam à maturidade nos anos 1940: a "irrealidade" do mundo material e a inexistência do eu, do sujeito individual. Borges faria dessa última ideia um de seus temas mais notáveis: a arbitrariedade da identidade pessoal, a noção de que um indivíduo podia, em princípio, ser qualquer outro, ideia que já havia encontrado em Schopenhauer.

Com exceção da tertúlia semanal, Borges passou sozinho e deprimido seus primeiros meses em Buenos Aires: aguardava ansioso a volta ao "Velho Continente", que, como escreveu a Sureda, "era mais novo do que este, esta América, onde tudo parece sem vida e murcho".[9] Para todos os efeitos, considerava-se um poeta espanhol e esperava que seu "exílio" na Argentina não durasse mais do que cinco ou seis meses. Porém, quando já estavam havia cerca de cinco meses em Buenos Aires, seus pais decidiram adiar a volta à Espanha por um ano. Em agosto, Borges contou a Sureda que iriam para a Suíça em meados de 1922, para que seu pai pudesse operar os olhos em Zurique ou Genebra.[10] Quaisquer que fossem os motivos desse adiamento, Georgie teve de encarar a triste perspectiva de ficar em Buenos Aires por mais uns doze meses, seguido por um período indefinido em Genebra, antes do estabelecimento definitivo da família perto de Madri. Não surpreende que, nessas circunstâncias, tenha se entusiasmado com o idealismo radical de Macedonio. Pelo resto de 1921, passaria o tempo se entretendo com os pensamentos sombrios de sua inexistência como indivíduo e tentando trabalhar fantasias idealistas em seus poemas. Em "Caminhada" escreveu: "Sou o único espectador desta rua;/ se a deixasse de ver, ela morreria", uma ideia que expandiu em "Amanhecer", onde, conforme "a tremenda conjectura de Schopenhauer e de Berkeley", ele imagina que o amanhecer é a "hora em que para Deus seria fácil/ matar inteiramente Sua obra!".

Em novembro, a filosofia já começara a sobrepujar seu interesse pela poesia, pois a teoria de Macedonio do não eu minava a poética ultraísta de Georgie, já que ela se baseava num individualismo extremo em que cada poeta deveria tentar ser absolutamente diferente de todos os outros. Em carta a Sureda, ele diz que a poesia é "uma coisa limitada, fechada, um mero acidente da literatura" e resume assim sua "posição ideológica": "O eu não existe, a vida é uma mixórdia de momentos incompletos, a Arte (concedamos à coitada uma letra maiúscula) deve ser sem igual e possuir uma vida própria, o autobiográfico deve ser afogado para a maior felicidade nossa e dos outros etc. [...]"; sua confusão fica evidente na proposta que faz a Sureda de colaborarem no ano seguinte num livro de "um prazeroso e definitivo niilismo, em que se encontrem todos os tipos de coisas — metafísica, ultraísmo, *greguerías* e, no fim, uma refutação do livro, de seu plano e seus egoísmos".[11]

Perto do fim do ano, seu interesse por poesia havia quase evaporado e, nos meses seguintes, produziria três ensaios sobre tópicos metafísicos inspirados por suas discussões com Macedonio. Bastante rebarbativos em tom e estilo, esses textos têm pouco interesse neles mesmos, exceto na medida em que revelam como esse jovem obcecado consigo mesmo descobriu em alguns princípios básicos do idealismo os meios de articular sua profunda introversão. Em "La nadería de la personalidad" [A ninharia da personalidade], a frase "o eu não existe" é o leitmotiv que sustenta seu argumento.[12] Em janeiro de 1922, em férias com a família na Patagônia, passou as longas horas naquele deserto de morros áridos e céus varridos por ventos escrevendo outro ensaio ao qual deu o nome canhestro de "El cielo azul, es cielo y es azul", no qual sustentava que não fazia sentido olhar para além das aparências, uma vez que não havia "coisas em si mesmas", nenhuma essência, pois a "realidade", na expressão de Macedonio, "funciona como um mistério aberto".[13] Em seguida, escreveu "La encrucijada de Berkeley", em que argumentava que não há um centro na consciência que garanta um sentimento duradouro de identidade pessoal — nem Deus, nem a "Representação" de Schopenhauer, nem a Energia dos materialistas.[14] Portanto, nem o eu nem a realidade possuem qualquer "essência". Isso é puro Macedonio, evidentemente, assim como a figura maravilhosamente narcisista que ele usa para descrever as relações do eu com o mundo: "A realidade é como aquela imagem nossa que aparece em cada espelho, um simulacro que existe graças a nós, que nos acompanha, gesticula e vai embora, mas que jamais deixa de reaparecer assim que a procuramos".

Embora se interessasse então mais por filosofia do que por poesia, Borges estava tão entediado com sua vida que, por volta de outubro de 1921, decidiu divertir-se criando uma sucursal do ultraísmo em Buenos Aires, como havia feito em Maiorca. É provável que seu primeiro recruta tenha sido seu primo Guillermo Juan Borges, filho de seu tio Frank, um jovem muito suscetível conhecido na família pelo apelido de "Willie". Era um aluno do Colégio Naval de Buenos Aires e morava com sua tia viúva Berta Erfjord de Lange e seus seis filhos — cinco meninas e um menino — numa casa grande em Villa Mazzini, distrito que ficava entre a cidade de Buenos Aires propriamente dita e o que era então a vila separada de Belgrano, vários quilômetros ao norte. Os Borges eram parentes afins dos Lange através da mãe de Willie, Estela Erfjord, irmã de Berta. Tanto os Erfjord como os Lange, sendo de origem norueguesa, chamavam a atenção pela pele clara e aparência escandinava. Com suas feições nórdicas e aspecto relativamente moderno, as cinco irmãs Lange, embora argentinas de nascimento, eram criaturas exóticas e vistas com reservas pelas damas moralistas da cidade por serem demasiado "liberais".

Com efeito, Leonor Acevedo não via com o menor entusiasmo que sua filha Norah, ou mesmo Georgie, mantivessem relações com os Lange, mas, uma vez que Berta Erfjord era irmã da mulher de Frank Borges, ela não podia proibi-los de ver seus "primos" e, de qualquer modo, seu marido costumava visitar a casa da cunhada. Na verdade, foi o dr. Borges que revelou o talento poético da jovem Norah Lange. Embora ela tenha começado a escrever poemas muito cedo, não tinha confiança para mostrar seus escritos a ninguém, até que seu "tio" Jorge Guillermo Borges a desafiou a glosar a frase "o tempo ainda não está maduro"; Norah aproveitou a ocasião e o obsequiou com um poema. Assim, Norah Lange, que tinha apenas dezesseis anos na época, qualificou-se para ser membro do grupo ultraísta que o jovem Georgie formava em Buenos Aires.

A decisão de Borges de criar o grupo iria, com o tempo, revolucionar o mundo literário argentino. Até então, a vanguarda europeia não causara impacto algum e a literatura argentina ainda estava sob a influência do Modernismo, movimento baseado no Simbolismo e Parnasianismo francês, fundado pelo grande poeta nicaraguense Rubén Darío na década de 1890 e que se espalhara para todos os países de língua espanhola. O discípulo de Darío na Argentina, Leopoldo Lugones, era o poeta proeminente do país e seu *Lunario sentimental* de 1909, uma obra modernista tardia, ainda gozava de imenso prestígio. Houvera uma tentativa avulsa de ir além do Modernismo, notadamente de Ricardo Güiraldes, que tentou escrever numa linguagem mais simples sobre temas especificamente argentinos, mas desistiu depois de ser totalmente ignorado pelo establishment. Havia também um grupo marginal de jovens poetas, liderado pelo truculento peruano Alberto Hidalgo, conhecidos como *sencillistas* porque defendiam escrever num idioma mais *sencillo* (simples) do que os modernistas. Na época, não havia muito mais do que isso em Buenos Aires; era um lugar atrasado e cheio de si em que o poderoso Lugones continuava a ser o maioral.

Borges não tinha contatos literários na Argentina, e seu problema era encontrar um modo de anunciar a chegada da vanguarda. Teve então a ideia de criar uma "revista mural" que consistiria basicamente de um grande cartaz no qual imprimiria uma amostra de poemas ultraístas e um manifesto dos princípios da estética do movimento. Decidiu chamá-lo de *Prisma*, de acordo com sua ideia de que a imaginação do poeta deve ser um "prisma ativo" no processamento da experiência. Pediu um poema a cada um de seus amigos espanhóis — Jacobo Sureda, Adriano del Valle, Pedro Garfias, Isaac del Vando Villar e José Rivas Panedas — e estimulou seus novos camaradas de Buenos Aires — a saber, seu primo Guillermo Juan e Eduardo González Lanuza — a colaborar. Junto a esses poemas curtos vinha uma xilogravura de Norah Borges — uma espécie de colagem geométrica estilizada de elementos típicos da arquitetura portenha — acima de uma "Proclama" escrita por Borges, mas que era assinada também por Guillermo de Torre, Guillermo Juan Borges e Eduardo González Lanuza. A maior parte dessa proclamação era ocupada por um ataque verboso contra a retórica cediça e os "corações ressecados" dos seguidores de Rubén Darío e concluía afirmando que os ultraístas queriam "desanquilosar a arte" revelando "facetas insuspeitadas do mundo" por meio da metáfora, o "elemento primordial" na poesia: "Cada verso de nossos poemas possui sua vida individual e representa uma visão inédita. O ultraísmo tende, portanto, à formação de uma mitologia emocional e variável".[15]

Desse modo, na noite de 25 de novembro de 1921, quando Borges e quatro amigos partiram com pincéis e baldes de cola para grudar *Prisma* nas paredes de Buenos Aires, nascia a vanguarda argentina (embora cinco dos oito poetas em exibição fossem espanhóis). No espaço de duas noites, eles colaram cerca de mil cartazes na avenida Santa Fé e arredores. Mas essa estranha "revista mural" foi recebida com retumbante indiferença pelos cidadãos de classe média do Bairro Norte, e o ramo argentino do ultraísmo poderia ter sofrido morte instantânea não fosse pelo fato de um cartaz ter chamado a atenção de Alfredo Bianchi, editor da prestigiosa revista literária *Nosotros*, que entrou em contato com Borges e o convidou a escrever um artigo explicando o ultraísmo aos seus leitores. Nesse texto, que foi publicado em *Nosotros* em dezembro de 1921, Borges deu sua versão expressionista dos objetivos dos ultras, mas um elemento novo entrou em seu pensamento: na "Proclama" que fizera para *Prisma* referira-se à "superstição do eu", e agora aprofundava esse conceito explicando que era um "erro psicológico" acreditar que o poeta deveria expressar sua "personalidade", porque o eu do poeta abarcava "a pluralidade de todos os estados de consciência" e era "inútil" tentar "fixar em palavras um eu errante que se transforma a cada momento"; o ultraísmo pretendia transmutar "a realidade palpável do mundo numa realidade interior e emocional".[16] A versão expressionista de Borges do movimento dava sinais de sucumbir à teoria de Macedonio da nulidade do eu, mas era uma influência que não duraria muito, como veremos.

Depois de um início nada promissor, a revista mural *Prisma* atraiu bastante atenção — novos amigos, cartas, muitas colaborações não solicitadas e chacotas de jornalistas ignorantes, conforme Borges informou a Guillermo de Torre.[17] Contava agora com sete ou oito membros no grupo ultraísta, e outra edição de *Prisma* estava planejada para o fim de janeiro. Porém, esse segundo número foi adiado em dezembro porque Georgie teve de acompanhar sua família numa visita à Patagônia para ver seu tio Frank, que era comandante da base naval em Comodoro Rivadavia. Quando voltou, cerca de um mês depois, os ultraístas argentinos retomaram sua campanha de promoção da nova poesia.

Em fevereiro, Eduardo González Lanuza, um dos mais ardorosos conversos do ultraísmo, fez uma palestra e leitura de poesias no Ateneu Universitário, quando lançou um violento ataque aos *sencillistas*, que compunham a maioria da plateia. O segundo número de *Prisma* ficou pronto em meados de março, mas eles acharam melhor esperar para depois da eleição, pois não havia sentido colá-lo nos muros de uma cidade que já estava coberta por cartazes de campanha. Nesse meio-tempo, Borges e seus amigos distribuíram a revista nos cafés literários e, em 27 de março, ele foi, com González Lanuza, visitar ninguém menos que Leopoldo Lugones, "o maior padrinho literário destas plagas", como o descreveu para Sureda.[18] Presentearam o grande homem com exemplares dos dois números de *Prisma* e passaram cerca de três horas discutindo com ele, principalmente sobre os méritos relativos da rima e do verso livre. Borges e Lanuza tentaram superar um ao outro na impertinência em relação ao poeta mais velho, pois temiam parecer obsequiosos demais aos olhos um do outro. Mais tarde, Borges deu-se conta de que Lugones fora indulgente com eles: "Ele poderia facilmente ter-nos esmagado. [...] Mas não o fez". Lugones simplesmente "leu nossos versos e disse: 'Bem, vejo que estou bem perto de vocês'".[19] Foi sua maneira de falar que aqueles iniciantes não estavam fazendo nada de particularmente novo, pois seu *Lunario sentimental* já havia anunciado as mudanças com uma abundância de metáforas inovadoras. Na época, porém, Borges interpretou o elogio polido de Lugones como um grande triunfo para o ultraísmo e contou a Sureda que o venerado poeta havia "declarado ser um campo atropelado e um cemitério repleto (embora não com essas palavras, é claro)".[20] Por mais que se imaginasse um rebelde contra o establishment, era somente em particular que esse jovem tímido ousava revelar os sentimentos violentos que nutria contra os mais velhos.

Finalmente, na primeira semana de abril, o segundo número de *Prisma* foi colado nos muros de Buenos Aires. No mesmo mês, Borges e alguns de seus camaradas — o primo Willie, Lanuza e Francisco Piñero — viajaram, a convite de uma tia deste último, à cidade de Rosário, na província de Santa Fé, para fazer leituras de poesia ultraísta na Universidade do Litoral. Novamente, Lanuza fez uma palestra sobre o ultraísmo, dessa vez para um auditório lotado que lhe deu uma inesperada recepção calorosa. Posteriormente, cerca de trinta estudantes acompanharam os ultraístas a um café e ouviram com entusiasmo as boas-novas da vanguarda de Buenos Aires, decidindo formar um grupo próprio em Rosário.[21] Borges estava satisfeito com os progressos feitos até então: o ultraísmo causava impacto, e, apesar das críticas e insultos, contou a Guillermo de Torre que estava recebendo colaborações e ofertas de apoio.[22]

Ele conseguira juntar um grupo ultraísta de sete poetas jovens, além dele mesmo: seu primo Guillermo Juan, Eduardo González Lanuza, Francisco Piñero, Roberto Ortelli, Rolando Martel, o chileno Salvador Reyes e Norah Lange, a única mulher do grupo. Começaram a se reunir na casa da família Lange, na rua Tronador, e lá Borges encontraria um ambiente descontraído, quase boêmio, que passou a apreciar como um refúgio abençoado de sua família rígida e canhestra. Ademais, na casa dos Lange podia gozar da companhia do sexo oposto. Além das cinco irmãs Lange, conheceu suas amigas de escola, as irmãs Soragi e as irmãs Guerrero: Celia — amiga de Ruthy Lange — e Concepción, a melhor amiga de Norah Lange. Então, em algum momento de março, descobriu que estava apaixonado por Concepción Guerrero. Descreveu-a para Sureda como "uma menina muito maravilhosa de dezesseis anos, sangue andaluz, grandes olhos negros e uma serenidade agradável e gentil com grandes reservas de carinho".[23] Era filha de imigrantes espanhóis de Granada que moravam, em suas palavras, "lá longe, em um dos subúrbios mais remotos, suportando a existência orgulhosa, difícil, monótona e isolada de uma menina pobre, mas decente".[24] Seu pai era professor de escola primária e a família morava na rua Pampa, em uma daquelas casas térreas modestas que eram típicas das *orillas* de Buenos Aires, onde os imigrantes tendiam a se estabelecer, e que contrastavam com a grande residência da família Lange, na esquina próxima de Pampa e Tronador.

O fato de seus sentimentos serem correspondidos por Concepción era algo que Georgie não havia experimentado desde seu mal-aventurado romance com Emilie em Genebra, três anos antes. Ele ficou tão apaixonado que logo seus pensamentos se voltaram para a possibilidade de casamento, como contou a Sureda numa carta do final de março.[25] Mas, apesar disso, desconfiava muito da reação de sua família à garota e manteve suas relações com ela em segredo, temeroso, sem dúvida, de que eles pudessem interferir em sua vida sentimental de novo. Concepción, afinal, era filha de imigrantes espanhóis, que tendiam a ser desprezados pelos crioulos aristocratas, e, se as meninas Lange eram consideradas inadequadas por sua mãe, sua nova namorada seria ainda mais inaceitável.

Depois de suas recentes surtidas no terreno da metafísica, sob a influência de Macedonio, retornou à poesia. Porém, os poemas que escreveu então eram de um teor bastante diverso daqueles que havia feito ao chegar à Argentina, quando ainda estava tomado pela amargura de ter sido arrancado da Espanha. Em abril de 1922, quando a segunda *Prisma* apareceu, começava a achar sua cidade natal estranhamente acolhedora. Registra sua crescente familiaridade com as ruas — o prazer de descobrir por acaso que sua depressão e apatia se desfaziam ao ouvir um trecho de música portenha, que ele levava dentro de si "como alguém segurando um estandarte" ("Hallazgo" [Descoberta]). Em "Música patria", ele celebra a típica música de guitarra dos crioulos, que influenciou tanto a alma argentina que, se alguém a ouve saindo de uma janela à noite, "o caminhante/ sente como se uma mão estivesse acariciando seu coração". Ele fala de uma rua que "entrou em meu inútil coração/ com limpidez de lágrima" e se tornou tão íntima e encantadora que ele esquece por um momento que jamais viu aquele lugar antes ("Rua desconhecida"). Sente-se grato por "viver na sombria amizade/ de um saguão, de uma parreira e de um poço" ("Um pátio"). Até na grande praça San Martín ele goza do "singelo sossego de seus bancos" ("A praça San Martín").

Sem dúvida, foi o amor por Concepción que renovou sua apreciação da poesia. Em abril, ou por volta desse mês, decidiu reunir seus poemas num livro que comporia um registro de sua vida em Buenos Aires, descrevendo-o a Sureda como "lírico-metafísico-mágico-confessional".[26] Na mesma época, decidiu substituir sua revista mural *Prisma* por uma publicação mais substancial e permanente. Discutiu um nome com seus amigos e eles finalmente concordaram com *Proa*, um nome apropriado de vanguarda para aquela minúscula célula de candidatos a revolucionários. Os membros do grupo ultraísta contribuíram com vinte pesos cada um para custear a produção do que seria, de qualquer modo, uma publicação modesta de uma única folha de papel dobrada duas vezes para formar um tríptico de dois lados, com um total de seis páginas. O modelo que Borges tinha em mente era a espanhola *Ultra*, que, ironicamente, tivera seu derradeiro número publicado em 15 de março. O fim de *Ultra* era um sinal de que o ultraísmo estava desaparecendo em Madri e seus membros seguiam caminhos próprios. Mas mesmo assim Borges perseverou com seu projeto ultraísta em Buenos Aires, o qual lhe rendera, no fim das contas, certa notoriedade no mundo literário, um círculo de amigos crescente e, não menos importante, um amor.

Quando o primeiro número de *Proa* apareceu, no início de agosto, a presença da mão editorial de Borges era inconfundível: a capa era ilustrada com uma xilogravura de sua irmã Norah, e, no alto da primeira página, ele publicou um texto curto do fundador do ultraísmo, Cansinos-Asséns, abaixo do qual colocou o item mais longo, seu ensaio metafísico "O nada da personalidade". O resto da revista era dedicado a poemas dos ultraístas de Buenos Aires — González Lanuza, o primo Willie, Norah Lange e Roberto Ortelli — e de alguns de seus amigos espanhóis. No fim, havia dois textos excêntricos do outro mestre de Borges, Macedonio Fernández. Com efeito, *Proa* estava a meio caminho entre as vanguardas de Madri e Buenos Aires.

Enquanto estava envolvido com suas atividades literárias, um novo problema afligia Georgie. Seus pais ainda planejavam deixar a Argentina em algum momento da segunda metade de 1922 — no final de março, havia dito a Sureda que partiriam em setembro[27] —, mas, tendo conhecido Concepción Guerrero, não estava mais entusiasmado com a volta para a Espanha. Praticamente a partir do momento em que se apaixonou por Concepción em março, passou a se preocupar com o que faria quando chegasse a hora de partir. Preocupava-o certamente o fato de não ter qualificações educacionais — havia perguntado a Torre em março se um *baccalauréat* suíço ou francês era válido para admissão numa universidade espanhola, mentindo que havia terminado cinco anos de educação secundária em Genebra.[28] Essa falta de qualificação dificultaria ainda mais desafiar seus pais, se necessário, e eventualmente casar-se com Concepción. Mesmo assim, ele parece ter feito uma tentativa de remediar essa carência. Decidiu obter a qualificação de professor de inglês e, em carta a Sureda de 25 de julho, afirmava estar estudando, embora sem entusiasmo, para exames de inglês (muito provavelmente para obter o Cambridge Proficiency Certificate), que esperava fazer naquele mês; na mesma carta, confessava estar mais apaixonado do que nunca por Concepción, mas parecia muito apreensivo em relação ao futuro: "Só Deus sabe como isso tudo acabará".[29]

Sua ansiedade talvez tenha se agravado pelo fato de que a previsão do retorno de sua família para a Europa se tornou um tanto fluida. Em cartas que escreveu aos amigos espanhóis entre março e meados de agosto de 1922, a partida é antecipada para agosto, depois volta a ser em setembro. Essas flutuações talvez tenham sido causadas por uma diferença de opinião entre o dr. Borges e sua esposa sobre se deveriam realmente voltar. É muito provável que Leonor, boa crioula como era, tenha desejado abandonar a ideia de se estabelecer na Espanha, enquanto seu marido mantinha o desejo de retomar sua existência de "homem invisível" na Europa. Em setembro, a decisão já estava tomada: ficariam na Argentina. Georgie escreveu a Guillermo de Torre para informar que planejavam voltar para a velha casa na rua Serrano, em Palermo, no final do ano.[30]

Georgie deve ter ficado extremamente aliviado por ficarem em Buenos Aires: estava livre para continuar seu namoro com Concepción e podia adiar o dia terrível em que talvez tivesse de enfrentar os pais por causa disso. Para o dr. Borges, porém, essa decisão deve ter sido uma grande frustração, pois indicava o fracasso de todos os objetivos que traçara quando decidiu levar a família para a Europa em 1914. Queria dar aos filhos uma boa educação, mas nenhum dos dois se formara na escola secundária; esperava vencer como escritor, porém seu romance *El caudillo* não causara impacto algum em Buenos Aires, tendo recebido apenas uma ou duas resenhas polidas, dos amigos de Georgie. Além disso, parecia que Leonor, de volta ao seu ambiente nativo, sofrera um retrocesso e ficara obcecada com a glória de seus ancestrais. A partir de então, o dr. Borges ficaria em segundo plano na vida familiar, pois a decisão de permanecer em Buenos Aires resultou numa mudança decisiva do poder para as mãos de Leonor Acevedo, que, para todos os efeitos, assumiu o papel de chefe da família. A passividade que Georgie, quando menino, pressentira em seu pai tornara-se uma realidade palpável. Em sua peça sobre Bernardo del Carpio, o jovem Georgie fantasiara o resgate de seu pai de um rei malvado que o mantinha cativo, mas resgatá-lo daquela passividade acarretaria agora rebelar-se contra a mãe, pois era ela que, mais do que ninguém, sustentava a espada de honra legada por seus ancestrais.

Contudo, se havia alguma coisa da qual Borges podia haurir forças era o amor que sentia por Concepción Guerrero. Por volta desse período, escreveu vários poemas em que parece estar criando coragem para o confronto inevitável com sua mãe no que dizia respeito a Concepción. Há dois poemas, ambos intitulados "Inscrição sepulcral", em que ele se dirige a seus ancestrais heroicos, o coronel Suárez e o coronel Borges, com uma espécie de reverência distante; a glória de Suárez é comparada a uma ilha cercada pelo esquecimento, e ele reza para que ao outro herói, Borges, seja concedida imortalidade. Mas, embora queira prestar homenagem a esses heróis da família, ele deseja claramente manter a memória deles à distância. Em outro poema, reveladoramente chamado "Inscrição em qualquer sepulcro", denuncia a tentativa de buscar "gárrulas transgressões ao todo-poderoso esquecimento" por meio da comemoração em mármore funerário "[d]o nome, [d]a opinião, [d]os acontecimentos, [d]a pátria". Seu conceito central deriva da metafísica do eu de Macedonio: assim como uma pessoa é equivalente a qualquer outra, um túmulo é tão digno de nota quanto qualquer outro.

À medida que cresce o amor de Georgie por Concepción, o mesmo ocorre com sua hostilidade em relação à mãe e seus ancestrais. No poema "Rosas", ele evoca a sala de visitas da casa da família, "cujo relógio austero verte/ um tempo já sem aventuras nem assombro", e lembra como o nome do tirano Juan Manuel de Rosas, o homem que esbulhou o coronel Suárez e causou o declínio social da família, surgiu numa conversa naquela sala e desatou uma corrente de "conjecturas e memórias" odiosas que se sucederam "como um eco insondável". Podemos ter certeza de que essa corrente de vitupérios veio de d. Leonor, para quem o velho conflito entre civilização e barbárie ainda era uma preocupação vital. Contudo, o paradoxo no âmago do poema é que Rosas parece mais vivo para Borges do que qualquer de seus ancestrais. De repente, "a imagem do tirano" é trazida à vida pelas "esmolas de ódio" que sua família oferece a seu fantasma, e Rosas enche a sala "como a sombra de uma montanha remota".

Na economia afetiva da imaginação de Borges, o ódio de sua mãe por Rosas era tão potente que se opor a ela era ganhar vida, enquanto buscar sua aprovação era, de algum modo, submeter-se à opressão. Assim, a "civilização" era associada a um conformismo entorpecedor, ao passo que a "barbárie" significava paixão, energia, realização. A imagem mais interessante do poema "Rosas" descreve a "decorosa brancura" de uma toalha que "amortalha a paixão rubra do mogno". Aqui, a cor vermelha não é mero clichê, pois era a cor do partido de Rosas, uma cor banida da casa pela mãe por suas associações com os *federales*, com os *gauchos* e, portanto, com a infâmia e a barbárie.

Nesse esquema das coisas, o amor de Georgie por Concepción estava inquestionavelmente do lado do tirano Rosas e dos colorados. Seu amor, por assim dizer, politizou-se graças à inflexibilidade dos preconceitos da mãe. E, em contraste com a fixação dela nos antepassados heroicos, ele faria de Concepción um símbolo de uma Argentina mais contemporânea, mais igualitária, que lhe permitiria escapar da espada ancestral da honra. O mais agressivo desses poemas é "Sala vazia", no qual evoca o ambiente fantasmagórico do lar, com sua mobília de mogno que "perpetua [...] sua tertúlia de sempre", os retratos dos heróis mortos, bem como sua prataria e suas espadas. Ele se sente totalmente oprimido por daguerreótipos que "mentem" sobre a "falsa proximidade" de seus antepassados e são como "datas inúteis de esmaecidos aniversários". Mesmo assim, não pode calar "suas vozes aflitas", que parecem persegui-lo no tempo. Ele resiste imaginando o ruído da rua e como a "luz do dia de hoje/ exalta os vidros da janela/ ao vir da rua de clamor e vertigem/ e confina e apaga a tênue voz/ dos antepassados".

O jovem Borges voltou-se para as ruas de Buenos Aires porque elas lhe ofereciam um calor e uma vitalidade de que sentia falta em casa. Essas ruas, no entanto, não eram as vias cosmopolitas do centro da cidade; ele sentia-se atraído pelas ruas dos bairros pobres, "enternecidas de penumbra e de ocaso" ("Ruas"). No poema "Villa Urquiza", escreveu que a rua Pampa, onde sua amada morava, "era tão longa quanto um beijo", e declarou que essa rua, tendo "plantado uma tradição de amor na alma", não precisava de "renome vanglorioso" para merecer "o elogio do verso".

Quando Concepción passou um curto período longe de Buenos Aires, ele achou sua ausência quase insuportável. "Fui separado de minha namorada", escreveu a Sureda; "duas eternas semanas terão de passar antes que eu possa vê-la de novo; sinto-me desolado e abandonado ['*dejado de la mano de Dios*']".[31] A ausência de Concepción foi, de fato, um antegosto da morte para ele, "um sol terrível, sem ocaso", uma ausência que "me cerca como a corda o pescoço" ("Ausência"). Seus pensamentos se voltaram para Deus, a morte e a vida eterna.

"Devemos pensar sobre coisas fundamentais", anunciou de forma pomposa a Sureda, e explicou que na noite anterior, enquanto ouvia um tango triste num café, lhe ocorreu que "a cessação total da vida seria mais surpreendente, talvez, mais inexplicável e sem sentido do que a ideia de imortalidade. Como podemos conceber um fim para a vida, que é tão complexa, tão cheia de tudo que Deus criou?".[32] E copiou para o amigo uns versos que achou num soneto de Quevedo, que acreditava serem relevantes para essa reflexão:

Venas que humor a tanto fuego han dado
Médulas que han gloriosamente ardido,
Su cuerpo dejará, no su cuidado;
Serán ceniza, mas tendrá sentido,
*Polvo serán, mas polvo enamorado.**

Borges achava esses versos "quase panteístas", pois falavam da duração da paixão amorosa para além da própria morte.

A profundidade de seu amor por Concepción era tamanha que o fez questionar a ideia de Macedonio Fernández da inexistência do eu (isto é, de que uma pessoa equivalia a qualquer outra). Ao contrário, começou a se admirar diante do modo como a identidade pessoal parecia perdurar ao longo do tempo. Em "Fim de ano" ele se pergunta por que no Ano-Novo — quando 1922 se transformava em 1923 — se fazia tanto alarde do "pormenor simbólico/ de substituir um três por um dois" e conclui que se devia à "suspeita geral e difusa/ do enigma do Tempo", ao "assombro diante do milagre/ de que apesar de infinitos acasos,/ de que apesar de sermos/ as gotas do rio de Heráclito,/ algo perdure em nós:/ imóvel". Sabedor de que não podia suportar a ausência de sua amada, foi tomado pela total singularidade de sua deliciosa pessoa. Com efeito, seu amor adquiriu uma intensidade religiosa e ele louvava "o incenso de tua presença/ que mais tarde queimarei em minha memória", e regalava Concepción com extravagantes elogios devotos: "tua beleza/ prodigaliza seu milagre pelo tempo"; "Sempre, a profusão de tua beleza" ("Sábados").

* Veias que humor a tanto fogo deram,/ Medulas que gloriosamente arderam,/ Seu corpo deixará, não seu cuidado,/ Serão cinzas, mas terá sentido,/ Serão pó, mas pó enamorado.

No início de 1923, Borges tem um sentimento de pertencer a sua Argentina natal que simplesmente desconhecia. Suponho que foi nesse momento que escreveu um poema em louvor do jardim da casa dos Lange na rua Tronador, seu lugar de encontro com Concepción. O título que lhe deu, "Lhaneza", pode significar "franqueza", "singeleza", "simplicidade", exatamente as qualidades que haviam estado ausentes de sua vida até então. Na casa da rua Tronador:

Conheço os costumes e as almas
e esse dialeto de alusões
que todo agrupamento humano vai urdindo.
Não preciso citar
nem fingir privilégios;
bem me conhecem os que aqui me cercam,
bem sabem de minha angústia e fraqueza.
Isso é alcançar o mais alto,
o que talvez nos dará o Céu:
nem admirações nem vitórias,
mas sermos, simplesmente, admitidos
como parte de uma Realidade inegável,
como as pedras e as árvores.

Esse poema celebra sua saída, por fim, do solipsismo em que vivia desde a primeira infância. O amor o liga a outra alma humana e, graças a Concepción, ele encontra uma conexão também com outras pessoas e com a realidade de sua terra natal. Podemos ter uma medida da diferença que o amor fez em sua visão do mundo comparando esse sentimento poderoso de integração no mundo real — "como as pedras e as árvores" — e aquela outra imagem da realidade como mera projeção narcisista do eu num espelho que, sob a influência de Macedonio Fernández, apresentara apenas um ano antes em seu ensaio sobre Berkeley.

Ele sentia-se agora bastante argentino e contou a Guillermo de Torre que a vida em Buenos Aires era bela, expansiva e dinâmica, brincando sobre os perigos que seu amigo espanhol correria de se tornar um crioulo se decidisse visitá-los.[33] Parece que Borges estava realmente gostando da vida e até se retratou para Sureda como um jovem mundano:

> Perguntas-me se me aborreço. Devo dizer que quase nunca. Estou bastante fascinado — não ria — com a sociedade: converso com as moças, jogo cartas e xadrez, penteio meus cabelos de tempos em tempos. Se dissesse que estou preocupado com minhas gravatas, estaria mentindo deslavadamente, mas isso pode servir de metáfora para definir meu estado de espírito atual.[34]

Ele estava obviamente muito feliz — feliz com os amigos, feliz com Buenos Aires e, a levar em conta suas tentativas um tanto desajeitadas de vaidade física, contente até consigo mesmo, o que não deixava de ser uma grande façanha, tendo em vista sua história familiar. E a fonte de toda essa felicidade era, é claro, Concepción: "Em ti está a ventura/ como na folha nova a primavera. [...] Tu/ que ontem eras só toda a beleza/ és também todo o amor, agora" ("Sábados").

Durante 1922 e no começo de 1923, os sentimentos de Borges por Concepción foram crescendo continuamente e atingiram um clímax em "La guitarra", o único poema desse período em que ele capta algo da paixão whitmanesca que sempre buscou expressar em seus versos. Aqui, a paixão brota dentro dele enquanto ouve alguém dedilhar as cordas de uma guitarra no pequeno pátio de uma casa da rua Sarandí, em Buenos Aires. Imaginava que podia ver o pampa — a paisagem máxima da pátria — "agachando-se nas profundezas de uma guitarra". E, quando o pampa se desdobra diante de seus olhos, ele repete o verbo "Vi... Vi... Vi...", uma construção que reaparecerá em textos posteriores, especialmente na visão extasiada final de "O Aleph", publicado em 1945. Porém, essa é a primeira ocorrência do topos na obra de Borges e, tal como em "O Aleph", a experiência é possibilitada pelo amor de uma mulher: "Eu a vi também/ cuja memória aguarda em toda música". Em "La guitarra", as aspirações erótico-místicas sobre as quais escrevera pela primeira vez em "Paréntesis pasional" são revividas. Fora a lembrança de Emilie que provocara criações tão ardentes em Sevilha, em 1919, e, agora que ele estava novamente apaixonado e até planejava casar-se com Concepción, podia esperar pelo dia em que a vida se transformaria num grande "Hino de alegria", como escrevera em um poema anterior, mediante as verdadeiras núpcias do eu e do cosmo.

Perto do final de março de 1923, no entanto, todos os seus planos foram por água abaixo. Em carta a Sureda, escrita (em francês) provavelmente nas primeiras semanas de abril, ele conta que retornaria à Europa — "o despreocupado, irônico e muito correto método, ou, antes, visão da vida" que Sureda supunha que ele levava "arriscava entrar em colapso", escreveu, porque dentro de dois ou três meses estaria de volta ao "Vieux Collège" em Genebra.[35] Todos os sinais indicam que essa decisão de voltar à Europa foi tomada de forma bastante súbita. O próprio Borges foi certamente apanhado de surpresa por ela. Quais os motivos para a mudança de ideia da família? Os registros são esparsos e não totalmente confiáveis no que se refere a isso. A razão dada usualmente é que o dr. Borges queria consultar um especialista sobre sua visão. Isso pode ser verdade, mas qual o motivo da pressa? Na família de Concepción Guerrero dizia-se que a mãe de Borges opunha-se à relação de seu filho com a menina e que a viagem à Europa foi planejada para rompê-la.[36] Pode ser que, embora Georgie tentasse mantê-lo escondido de seus pais, Leonor Acevedo tenha ficado sabendo do romance e tenha se horrorizado com a perspectiva de ver seu filho se casar com a filha de imigrantes espanhóis de baixa extração. É plausível imaginar a enérgica Leonor decidindo que seria melhor para a família fazer as malas e ir para a Europa por um ano, onde seu marido poderia consultar um oculista em Genebra e Georgie teria tempo para superar sua paixão pela inconveniente Concepción. Qualquer que tenha sido o motivo da súbita determinação de visitar a Europa, o fato é que, naquele momento, Borges não queria deixar Buenos Aires: queria ficar com Concepción, a menina de quem havia poucos meses ele não suportava estar longe. Estava com quase 24 anos, então por que simplesmente não insistiu em ficar em Buenos Aires — sozinho, se fosse necessário?

Na verdade, Georgie viu-se subitamente diante do desafio de rebelar-se contra sua mãe. Isso seria uma repetição da batalha de vontade diante da jaula do tigre no zoológico, mas, se quando criança ele fora capaz de enfrentar a mãe, agora simplesmente cedeu; apesar de toda a força que poderia ter derivado de seu amor por Concepción, ela não era suficiente para que desafiasse a espada da honra. Em vez disso, organizou uma resistência secreta. Comunicou seus planos a Sureda: voltaria a Genebra em dois ou três meses (ou seja, em junho ou julho de 1923) para terminar seu *baccalauréat*, possivelmente no Collège de Genève, e depois retornaria a Buenos Aires, se matricularia na Faculdade de Filosofia e Letras, completaria o curso de três anos em dois e se casaria com Concepción; com efeito, eles já haviam prometido se casar: "Apesar da hostilidade da família dela e da ignorância da minha, ficamos noivos naquele modesto subúrbio que passei a adorar".[37] (Deduzo disso que Borges ainda não sabia que sua mãe fora informada sobre sua relação com Concepción.) Borges deu à namorada um anel e um exemplar dos poemas de amor do romântico espanhol Gustavo Adolfo Bécquer.[38] Nas semanas seguintes, ele e Concepción arranjaram encontros clandestinos no jardim ou na sala de visitas da casa dos Lange na rua Tronador: "Não conversamos muito", conta a Sureda em carta escrita em francês; "apenas nos sentamos solenemente, numa espécie de transe, com um nó em nossas gargantas, sentindo um tipo de angústia obscura de felicidade ['*à la gorge une sorte d'angoisse obscure de bonheur*'], até que a escuridão da noite desce sobre nós e o rosto de Concepción perto do meu parece de algum modo distante. Quando a beijo, ela treme toda [...]".[39] Mas ao assinar a carta para seu amigo espanhol, ele estava cheio de maus presságios: "Estou abatido, perturbado, quase bêbado".

Em carta de 26 de junho, contou a Guillermo de Torre que em 20 de julho a família embarcaria numa jornada que os levaria a Londres, Paris, Genebra e depois para a Espanha, mas acrescentava que o afligia deixar Concepción, sobretudo porque as dificuldades que os separavam antes haviam sido superadas e ele tinha liberdade para vê-la na casa dela, onde se fez bem recebido pela família.[40] Na cultura da época, o privilégio de ser recebido na casa da namorada era um passo indispensável para ganhar o consentimento dos pais ao casamento; contudo, na mesma carta a Torre, Borges revelava que cerca de um mês antes, em maio, a casa dos Borges em Palermo havia sido alugada de novo e toda a família se mudara para um hotel (o Hotel du Helder, na rua Esmeralda) a fim de preparar a partida em julho.

Nesse período, Borges jogou-se num turbilhão de atividades para terminar vários projetos literários. Um segundo número de *Proa* saíra em dezembro e agora ele corria para publicar um terceiro, o que conseguiu em julho, poucos dias antes de partir. Pretendia manter *Proa* em funcionamento após seu retorno da Europa, então deu nesse terceiro número o endereço da revista *Nosotros* — Florida, 573 — para que futuros leitores pudessem contatá-los.[41] Também vinha planejando publicar uma revista cultural chamada *Inicial* com dois jovens intelectuais, Alfredo Brandán Caraffa, que participava do movimento de reforma universitária, e Roberto Ortelli, um de seus camaradas ultraístas que era editor na *Nosotros*. O objetivo deles era promover uma renovação das ideias e valores na Argentina oferecendo um fórum para a nova geração de escritores. Borges vinha discutindo o plano desde o início de 1923, mas teve de se afastar; no entanto, manteria contato com Brandán Caraffa e Ortelli durante sua estada na Espanha. De qualquer modo, o primeiro número de *Inicial* só foi publicado em outubro de 1923, e Borges contribuiria com um ensaio sobre o expressionismo em seu terceiro número, de dezembro.

O projeto mais importante que queria terminar era a publicação do livro de poemas que planejava desde abril do ano anterior. Como a maioria dos jovens poetas da época, teria de publicá-lo à própria custa. Ganhou os 130 pesos de que precisava de seu pai e negociou com a Imprenta Serantes uma edição de trezentos exemplares para um livro de 64 páginas; mas o manuscrito era extenso demais, e cinco poemas tiveram de ser cortados na última hora. A impressão foi feita em apenas seis dias, porém, devido à pressa não foi possível corrigir as provas e a primeira edição saiu com vários erros tipográficos, sem numeração de página, sem índice e sem colofão. Custava um peso, e a ilustração da capa, uma xilogravura de Norah Borges, mostrava o sol se pondo sobre uma casa térrea típica dos bairros periféricos de Buenos Aires.

O título que Borges escolheu para seu primeiro volume de poesia foi *Fervor de Buenos Aires*, que resumia a profunda ligação que passara a sentir com sua cidade natal, mas o fato é que o livro saiu poucos dias antes de sua partida para a Europa com a família, em 21 de julho. Com efeito, o tempo era tão curto que ele deu aos amigos Brandán Caraffa e Ortelli direitos exclusivos para vender o livro na Argentina por meio da revista *Inicial*, que deveria sair enquanto ele estivesse no exterior.[42] Quanto à divulgação do volume, tudo o que pôde fazer no pouco tempo que lhe restava foi se esforçar para que fosse notado por pessoas que importavam. Teve uma ideia engenhosa:

> Lembro um de meus métodos de distribuição: como eu havia percebido que muitas pessoas que iam ao escritório de *Nosostros* [...] penduravam seus sobretudos no vestiário, levei uns cinquenta ou cem exemplares para Alfredo Bianchi, um dos diretores. Bianchi olhou-me assombrado e disse: "Você espera que eu venda esses livros?". "Não", respondi. "Embora os tenha escrito, não estou louco. Achei que podia lhe pedir que enfiasse alguns nos bolsos desses sobretudos que estão ali pendurados." Bianchi fez isso, generosamente. Quando voltei, depois de um ano de ausência, descobri que alguns dos donos dos sobretudos tinham lido meus poemas e até escrito sobre eles.[43]

Mandou exemplares também para amigos como Abramowicz, Sureda e Guillermo de Torre e obteve do bem relacionado Torre uma lista de nomes de gente relevante para oferecê-los na Espanha.

O livro resumia sua vida intelectual e sua experiência do amor na Argentina, explicou a Guillermo de Torre.[44] A maioria dos poemas fora escrita nos dois anos que passou em Buenos Aires, mas incluiu também alguns escritos na Espanha, como "La llama" (cujo título foi mudado para "Llamarada"), que datava de sua primeira estada em Maiorca, em 1919. Para ele, mais do que a cronologia, importava a consistência de tom e tema, e, por essa razão, rejeitou poemas estridentes e altamente imagísticos, como "Gesta soviética" e "Rusia", inspirados pelo expressionismo alemão. Estava então bastante desencantado com alguns dos primeiros objetivos do ultraísmo, em especial seus incessantes esforços para parecer "moderno" e sua obsessão com a metáfora como elemento primordial na poesia. Em carta que mandou a Sureda em janeiro ou fevereiro de 1923, foi cruelmente desdenhoso em relação ao primeiro livro de Guillermo de Torre: "Sabias que o efervescente Torre acabou de prodigalizar milhares daqueles seus polissílabos em um livro de poemas chamado *Hélices*? Não podes imaginar a quantidade de lixo — aviões, ferrovias, ônibus elétricos, hidroaviões, arco-íris, elevadores, signos do zodíaco, semáforos [...]. Sinto-me velho, acadêmico, comido pelas traças quando sou atacado por um livro como esse".[45]

Durante sua segunda estada em Maiorca, enquanto fazia experiências com temas e técnicas expressionistas, ele já havia notado uma dicotomia em sua obra entre poemas "dinâmicos" e composições mais "apáticas", mas, em Buenos Aires, seu amor por Concepción o levou a resolver esses elementos contrastantes numa voz poética mais integrada, mais apropriada a sua sensibilidade mais contemplativa e ao ambiente tranquilo dos arredores da cidade. No início daquele ano, escrevera a Sureda sobre o tipo de poesia que estava fazendo sob a influência de seu amor por Concepción: seus poemas eram "longos, de forma alguma visuais, sem grandes exibições metafóricas e com um pano de fundo metafísico ou religioso".[46] Não obstante, embora sua poesia não se parecesse mais com o sentimentalismo ruidoso dos poetas alemães da guerra ou com o imagismo de Guillermo de Torre, ainda a considerava expressionista no sentido amplo, até mesmo ultraísta, como o título que deu ao livro indica: afinal, "fervor" é uma boa palavra expressionista.

Faltando poucos dias para sua partida, presenteou um exemplar de *Fervor de Buenos Aires* a sua noiva, com a dedicatória: "para minha doce e amada Concepción", pois ela era, sem dúvida, sua inspiração.[47] Mas o que é estranho em um poeta que admirava tanto o ardor de Walt Whitman é que sua imaginação raramente era inflamada pela paixão por Concepción: seus poemas de amor nunca dispensam completamente certo ar de melancolia. Com efeito, a figura dominante na sua primeira poesia é o ocaso, que seria uma imagem fundamental durante boa parte dos anos 1920 e, em certa medida, depois disso. Esse tópico tinha origem numa paisagem muito específica que causava impressão no coração do rapaz. Os bairros do noroeste de Buenos Aires, como Villa Ortúzar, Villa Urquiza, La Chacarita, são todos cruzados por longas avenidas que se dirigem para os horizontes abertos dos pampas. Ainda hoje, o pôr do sol num final de tarde claro pode ser espetacular, mas, na juventude de Borges, quando essas áreas eram diretamente margeadas pela grande planície, o declínio do sol sobre as extremidades irregulares da cidade devia ser uma visão empolgante.

O ocaso no arrabalde tornou-se uma imagem favorita da nostalgia para Borges: era como se as ruas de paralelepípedos e casas baixas das *orillas* fossem vestígios de uma Buenos Aires mais antiga que fora deixada de lado pelo progresso e se apegassem, como sua família, às memórias agridoces de dias passados. Mas, além disso, a figura do pôr do sol captava certo fatalismo em Borges, que vinha da falta de crença na possibilidade de sua própria felicidade. Mesmo num momento em que se esperaria que ele exultasse na glória salvadora de seu amor por Concepción Guerrero, não era o sol em seu zênite do meio-dia que ele cantava, mas o momento em que a enorme bola de fogo chamejante no céu se abrandava num ouro incandescente, quando seu fulgor era toldado progressivamente pelas sombras e insinuações do fim.

Borges temia a perspectiva de ter de se afastar de Concepción: "Entre meu amor e mim hão de se levantar/ trezentas noites como trezentos muros/ e o mar será magia entre nós" ("Despedida"). Sabia que, se o laço com sua amada fosse rompido, ele cairia novamente no solipsismo, a realidade entorpecida do não eu. Ele foi capaz de antecipar essa condição já quando escreveu o prólogo de *Fervor de Buenos Aires*, embora tenha feito pouco-caso disso, numa brincadeira autodepreciativa: "Se as páginas deste livro consentem algum verso feliz, perdoe-me o leitor a descortesia de ter sido, previamente, por mim usurpado. Nossos nadas pouco diferem; é trivial e fortuita a circunstância de que sejas tu o leitor destes exercícios, e eu seu redator".[48] Com efeito, enquanto se preparava para deixar Buenos Aires, devia saber que encararia a mais dura das escolhas ao voltar: teria de montar uma rebelião contra a mãe, uma rebelião mais violenta do que tudo o que fizera até então, ou romper a promessa solene que havia feito para sua "doce e amada" Concepción.

7. Segunda visita à Europa (1923-4)

Em 21 de julho de 1923, a família inteira, inclusive Fanny Haslam, embarcou no porto de La Plata no *Highland Rover*, com destino a Plymouth. Pouco menos de três semanas depois chegaram à Inglaterra; era a primeira visita da família Borges a esse país, mas uma volta ao lar para Fanny, depois de viver na Argentina por mais de cinquenta anos. Viajaram a Staffordshire para visitar seu lugar de nascimento em Hanley e foram também a Oxford e Cambridge, mas na maior parte do tempo fizeram turismo em Londres. Surpreendentemente, Georgie não ficou muito impressionado com a cidade que havia figurado com tanta proeminência em suas leituras; em carta a Macedonio Fernández, preferiu falar sobre a confusão e a angústia que sentia por ter deixado Concepción em Buenos Aires.[1] No final de agosto, a família foi a Paris, onde encontraram Guillermo de Torre, que viera da Espanha para ver sua querida Norah. Torre iniciara a pesquisa para um livro sobre os movimentos de vanguarda na Europa, e ele e Borges concordaram em colaborar numa antologia de poesia europeia contemporânea, na qual Borges trabalharia nos meses seguintes.

A família chegou finalmente a Genebra em meados de setembro e se hospedou na Pension des Tranchées, na rua Malagnou, perto do apartamento que haviam alugado durante a guerra. Georgie retomou sua amizade com Maurice

Abramowicz e Simon Jichlinski e talvez tenha revisto antigas namoradas, como Emilie e Adrienne, mas sentia muitas saudades de Concepción; em poema escrito em Genebra, diz que "a lembrança dolorosa" de sua namorada "deu demasiadas vezes seu resplendor à minha sombra".[2] Contudo, o próprio fato de sentir tanto a falta dela deve ter levantado a óbvia questão do porquê de havê-la deixado, pois era seu amor por Concepción que fizera com que se sentisse enraizado em Buenos Aires, e esse sentimento mais pleno de ser crioulo o havia impelido a buscar formas mais substanciais de expressão do que aquelas proporcionadas pelos poemas breves, descontínuos, centrados em imagens, característicos do ultraísmo espanhol. Esse processo fora interrompido pela decisão súbita da família de partir para a Europa, e, quanto mais tempo ficasse separado de Concepción, maior a probabilidade de se sentir novamente alienado de sua terra natal, com o risco concomitante de declínio de sua crença em ser poeta.

Não se sabe muita coisa sobre a estada da família Borges em Genebra, exceto que o dr. Borges se submeteu finalmente a uma cirurgia no olho. No final de dezembro, foram a Barcelona, onde passaram o Natal e o Ano-Novo. Visitaram também Maiorca e ficaram em Valldemosa, na *pensión* do dr. Giménez, onde uma vez mais Borges foi alvo dos flertes de Ángela Márquez, a menina de quem a amante do doutor tentara aproximá-lo na estada anterior na ilha. Dessa vez, parece que ele foi mais receptivo aos seus charmes coquetes e talvez tenha até alimentado as esperanças da moça de apanhá-lo, pois, nas semanas posteriores a sua partida da ilha, ela o bombardeou com cartas, a ponto de se tornar, como contou a Guillermo de Torre, um espinho em sua carne.[3] Essa suscetibilidade a Angelita sugere um distanciamento de Concepción, ao que parece, não sem certo sentimento de culpa.

É difícil estabelecer quanto tempo a família ficou em Maiorca, talvez um mês e pouco. No início de março, chegaram a Madri, e Borges tratou de promover *Fervor de Buenos Aires* da melhor maneira possível, mandando exemplares para alguns dos mais eminentes escritores e críticos da Espanha.[4] Encontrou-se também com Brandán Caraffa, que havia chegado à capital espanhola em janeiro, e os dois jovens argentinos começaram a pesquisar a cena literária juntos. Borges descobriria que nos dois anos passados desde sua última visita a Madri, Rafael Cansinos-Asséns havia sido ofuscado por Ramón Gómez de la Serna. Registrou sua consternação diante disso num relato enviado para *Inicial*, no qual informava aos leitores de Buenos Aires que a *greguería* havia destruído o "salmo", e jovens poetas que outrora murmuravam "lamentações austeras" e "saboreavam imagens apaixonadas" na "sombra luminosa" de Cansinos estavam "hoje experimentando piadas" no Café Pombo, onde Ramón imperava.[5] Mesmo assim, não resistiu à tentação de ir com Brandán Caraffa ao Café Pombo, nem de presentear Ramón com um exemplar de *Fervor de Buenos Aires*, que o escritor espanhol resenharia com bondade na *Revista de Occidente*, de Ortega y Gasset. Mas Borges odiou o que encontrou no café, como relembraria em suas memórias, décadas depois:

> Fui certa vez a uma reunião e não gostei do modo como se comportavam. Havia um palhaço com uma pulseira na qual tinham amarrado um guizo. Faziam com que ele apertasse a mão das pessoas e o guizo soava e Goméz de la Serna invariavelmente perguntava: "Onde está a cobra?". Achavam isso engraçado. Certa vez, me olhou com orgulho e comentou: "Você nunca viu nada semelhante em Buenos Aires, não é mesmo?". Admiti que não, graças a Deus.[6]

A derrota de Cansinos significava também uma derrota para a crença expressionista de Borges na emoção como cerne da poesia, mas ele achava que a vulgaridade de Ramón e seu círculo fazia parte de uma tendência mais ampla da poesia europeia que andara pesquisando para sua antologia: a poesia inglesa estava dominada por imagens visuais "lamentáveis"; na França, preferiam Cocteau a Mauriac; até na Alemanha, "o sofrimento estagnou em palavras grandiosamente vazias e simulacros da Bíblia"; enquanto isso, os espanhóis, "contradizendo sua história", observavam tudo e "julgavam muito bom".[7]

Ademais, esse esquecimento geral da emoção na Europa precipitou Borges no sentido de um nacionalismo cultural embrionário — o que fora perdido no Velho Mundo deveria ser preservado e desenvolvido no Novo. Os jovens poetas da Argentina, escreveu, devem aceitar o "grandioso e pródigo presente" dos clássicos europeus e tentar criar uma realidade poética em seu próprio idioma, em canções que expressem a essência de suas almas e de sua terra natal: "Creio que nossos poemas deveriam ter o sabor da pátria, como uma guitarra que oferece um gosto de solidão, um terreno aberto e um pôr do sol atrás de um campo de trevos".[8]

Contudo, seu desapontamento com o declínio de Cansinos foi compensado por uma descoberta mais animadora perto do final de sua estada em Madri. Por intermédio de Guillermo de Torre, conheceu a obra de um jovem poeta chamado Federico García Lorca, que havia tomado de assalto a vanguarda espanhola desde que chegara à capital vindo de Granada, alguns anos antes. É praticamente certo que se conheceram, com muita probabilidade em uma das leituras de Lorca na Residência de Estudantes, o colégio ao estilo Oxbridge ligado à universidade. Borges ficou muito impressionado com a obra de Lorca, sem dúvida porque encontrou nela um modelo do tipo de escrita que havia recentemente considerado apropriado para os poetas jovens da Argentina, pois os poemas de Lorca evocavam o espírito de sua Andaluzia natal, misturando formas e motivos da poesia popular espanhola com técnicas de vanguarda.

O interesse de Borges por Lorca continuou intenso mesmo depois que foi embora de Madri, em abril. No decorrer dos dois meses que a família passou em Portugal antes de retornar à Argentina, ele leu *romanceros* e *cancioneros*, as coleções de baladas e canções tradicionais espanholas nas quais Lorca se inspirava. Tentou até escrever uma suíte de "Soleares", poemas curtos no estilo do *cante jondo*, seguindo o exemplo de Lorca e de outros poetas andaluzes da época.[9] Em junho, escreveu de Lisboa para Guillermo de Torre para perguntar se Lorca o acompanharia em sua viagem próxima para vê-los em Portugal.[10] (Parece que não.) E seu interesse por Lorca continuaria após o regresso a Buenos Aires, onde publicaria dois poemas do espanhol numa revista que viria a editar.[11]

O sucesso da poesia de Lorca derivava da força pura de sua personalidade criativa, mas o problema para Borges era precisamente a fragilidade de seu eu poético, sua inclinação a duvidar de si mesmo. Concepción havia inspirado nele um desejo de rebelar-se contra a obsessão da família por seu passado glorioso, de abafar a voz de seus ancestrais e dedicar-se à luz, ao burburinho e à vitalidade das ruas da Buenos Aires moderna, mas esse espírito rebelde havia sido sufocado por sua mãe, uma vez que ele aceitara a decisão dela de voltar à Europa. Em consequência, a atitude de Borges em relação à Argentina contaminou-se com sentimentos de falta de mérito e autorrecriminação, como fica evidente em "Los llanos" ["As planícies"], poema escrito na Espanha, provavelmente quando estava em Madri, entre março e abril.[12]

Em "Los llanos", ele evocava a vida nos pampas nos primeiros dias da república emancipada e, especificamente, o "império nômade" erguido pelo caudilho bárbaro Facundo Quiroga, quando se encontrava uma "intensidade vigorosa" em "batalhas ágeis", em "cargas de cavalaria", na "licença que testemunhava a vitória", na "pilhagem sem freios" e, não menos importante, "na estrela quente traçada por um homem e uma mulher enquanto copulam". E a barbárie daqueles *gauchos* combinava com a energia de construtores da nação como seus ancestrais, a quem "o país era submisso como uma mulher ao desejo deles". Toda essa energia acabou, porém, "como a veemência de um beijo passa sem ter enriquecido os lábios que a ele consentiram". O poema conclui com versos desanimadores: "É triste que a memória deva incluir tudo/ E, mais ainda, quando é uma memória vergonhosa".

A reverência do poeta pelo passado existe em relação inversa com sua autoestima, como se a "memória vergonhosa" de ter abandonado a menina que amava fosse uma prova de sua inferioridade moral aos ancestrais. A segunda visita de Borges à Europa trouxe para o primeiro plano a questão não resolvida de sua relação com a Argentina: ele estava claramente dividido entre passado e presente, pampa e cidade, mãe e Concepción, e, se seu sentimento de identidade nacional estava tão confuso e perturbado, como poderia captar o espírito da pátria do modo como Lorca fizera com a Andaluzia?

Enquanto se preparava para regressar a Buenos Aires, Borges percebeu que era inevitável seu afastamento dos ultraístas espanhóis. Seu projeto era desenvolver uma versão crioula do ultraísmo, baseando-se na emotividade de Cansinos-Asséns e dos expressionistas alemães a fim de criar algo que, embora novo, fosse inequivocamente argentino. Contudo, tinha consciência também de que o sucesso de seu projeto dependeria de esclarecer a questão da identidade crioula, e isso, por sua vez, dependeria de uma solução de suas lealdades opostas à mãe e a Concepción.

Enquanto Borges estava no exterior, em Buenos Aires a vanguarda começara a perder ímpeto e teria, sem dúvida, definhado até sua volta se não fosse pelo fato de *Fervor de Buenos Aires* ter chamado a atenção de um poeta argentino rico, Oliverio Girondo, que vivia em Paris e tinha conexões com algumas das figuras mais importantes da vanguarda europeia. Girondo era amigo de Jules Supervielle e do chileno Vicente Huidobro; por intermédio deste último, conheceu Pierre Reverdy e fez contato com Picasso e Apollinaire. Durante um período de residência em Roma, Girondo conheceu também Marinetti e outros futuristas e, em 1918-9, enquanto viajava pela Espanha, fizera amizade com Ramón Gómez de la Serna, Cansinos-Asséns e ultraístas como Isaac del Vando Villar (comparecera ao primeiro festival dos ultraístas, realizado em Sevilha em maio de 1919, poucos meses antes de Borges chegar à cidade com sua família). Seu primeiro livro, *Veinte poemas para ser leídos en el tranvía* [Vinte poemas para serem lidos no bonde], publicado na França em 1922, bebia de várias tendências: a concentração na metáfora era inspirada em Huidobro e nas *greguerías* de Gómez de la Serna, suas imagens urbanas vinham dos futuristas via ultraísmo, e as referências sexuais escandalosas traíam uma clara intenção de chocar derivada do dadaísmo.

A leitura do livro de Borges, no entanto, aumentou em Girondo a esperança de introduzir as ideias da vanguarda europeia no que ele considerava ser o atraso do mundo literário argentino. Entrou em contato com Ricardo Güiraldes, escritor de classe social semelhante, que também morava em Paris, mas passava longos períodos em sua estância na província de Buenos Aires. Güiraldes ficara totalmente desiludido com o establishment literário argentino depois que seu livro de poemas *El cencerro de cristal* [O chocalho de vidro], que trazia algumas técnicas de vanguarda, foi ignorado ou ridicularizado pelos resenhistas. Girondo tentou convencer o amigo de que nem tudo estava perdido e, para provar sua opinião, pegou um exemplar de *Fervor de Buenos Aires* e o jogou diante de Güiraldes.[13]

Girondo fez contato com Brandán Caraffa na *Inicial*, única revista literária que demonstrava algum conhecimento dos desenvolvimentos revolucionários na Europa, mas o futuro da publicação era incerto, devido a desacordos entre os membros da comissão editorial. Em busca de alternativas, topou com a *Martín Fierro*, uma revista de artes bastante convencional que fora fundada no mês anterior sob a direção editorial do poeta Évar Méndez, que logo foi conquistado para a causa da vanguarda e, na edição de 20 de março de sua revista, publicou uma seleção de poemas do livro de Girondo, acompanhada por um perfil elogioso do autor.[14] Depois, no número de 15 de maio, Girondo publicou um manifesto no qual investia contra "a impermeabilidade hipopotâmica do honrado público" e a "solenidade funérea do historiador e do professor que mumificam todos os toques", e pedia o apoio dos leitores que fossem capazes de perceber que "estamos diante de uma nova sensibilidade e um novo modo de compreensão" que requeriam "novos métodos e formas de expressão".[15]

O manifesto de Girondo causou sensação entre os escritores jovens de Buenos Aires e continua sendo um documento fundamental da história literária argentina, mas o apelo a rebelar-se contra a tradição atraiu o escárnio do establishment literário da época. A "Nova Geração", como os escritores jovens logo passaram a se denominar, era ridicularizada como *"los neo-sensibles"* devido à suposta existência de uma "nova sensibilidade" que eles sentiam necessidade de expressar. Essa hostilidade levou Girondo a unir forças com Güiraldes e Méndez para formar uma Frente Única da geração jovem contra o establishment. Além disso, os três decidiram criar uma editora para disseminar a obra da nascente vanguarda argentina e, muito provavelmente em reconhecimento do papel pioneiro de Borges ao trazer o ultraísmo para Buenos Aires, decidiram chamá-la de "Sociedad Editorial Proa", mesmo nome da pequena revista que Borges fundara antes de viajar para a Europa. Por fim, em julho, Girondo partiu para a Europa, mas, como viajante infatigável, fez um trajeto que o levou a vários países hispano-americanos, naquilo que a *Martín Fierro* chamou de "missão intelectual" para estabelecer ligações com grupos de vanguarda. Durante os nove meses seguintes, antes de voltar a Paris, ele visitaria Chile, Peru, México, Cuba e Nova York.[16]

A família Borges voltou a Buenos Aires em 19 de julho e ficou no Garden Hotel enquanto procurava um apartamento para alugar. Mas, pouco depois da sua chegada, Borges teve de encarar um revés desastroso: o pai de Concepción mandara sua filha terminar a relação, considerando Borges um candidato inadequado para ela, em parte porque achava que a aristocrata d. Leonor não aprovava Concepción por ser socialmente inferior.[17] Borges mergulhou num estado de depressão, como se pode depreender do poema "La vuelta a Buenos Aires", em que se queixa que "beijos são estranhos à minha carne e somente o vento abraça meu corpo/ Minha sombra não mais conhece o amor".[18] Ele pediu a ajuda de Norah Lange para servir de intermediária e acabou retomando a relação com Concepción, mas em segredo. Escreveu a Guillermo de Torre que, embora tivesse brigado com a família dela, os dois ainda se viam regularmente.[19] Seus encontros aconteciam na casa dos Lange, a pouca distância de onde morava Concepción, na rua Pampa, e assim a residência da rua Tronador tornou-se mais uma vez um lugar secreto de felicidade onde Borges se sentia amparado no amor de sua namorada.

Mas, além do problema com Concepción, ele teve outra frustração em seu retorno a Buenos Aires. Aconteceu de ter voltado no mesmo mês em que Oliverio Girondo partiu em sua "missão intelectual" junto a outros grupos de vanguarda. Os dois não se encontraram, mas Borges logo seria informado dos efeitos das atividades de Girondo enquanto ele estivera na Europa. Apenas um ano antes, ele era o líder indiscutível dos ultraístas argentinos, mas, ao voltar, descobriu que essa vanguarda embrionária se transformara numa Nova Geração associada à *Martín Fierro* e havia até fundado uma editora, que se apropriara do nome de sua revista *Proa*. Borges perdera efetivamente o papel principal para Oliverio Girondo e, o que era pior, seu rival estava levando a vanguarda numa direção oposta àquela que Borges propunha. Girondo fizera um apelo poderoso em favor da revolta e da inovação e estava estabelecendo conexões internacionais para a vanguarda argentina exatamente no momento em que Borges reavaliava sua ligação com a vanguarda e propunha cortar seus laços com Madri a fim de desenvolver uma versão caracteristicamente argentina do ultraísmo. Em suma, descobriu que a disputa entre Gómez de la Serna e Cansinos-Asséns havia cruzado o Atlântico e que a guerra entre a *greguería* e o "salmo" teria de ser travada na própria Buenos Aires.

Borges não precisou esperar muito para lançar uma contraofensiva. Com efeito, antes mesmo de sair do Garden Hotel, foi abordado por Brandán Caraffa com a proposta de reviver a inativa *Proa*. Caraffa estivera em contato com Ricardo Güiraldes e outro jovem escritor, Pablo Rojas Paz, os quais haviam brigado com Évar Méndez na *Martín Fierro* e estavam interessados numa nova iniciativa. A *Proa* anterior não era mais do que uma grande folha de papel dobrada em três partes, mas o que os quatro escritores tinham em mente era uma coisa muito mais ambiciosa: uma publicação mensal de cerca de setenta páginas impressa em papel de alta qualidade e encadernada em forma de brochura.

A primeira edição da nova *Proa* saiu cerca de três semanas depois que a família Borges se mudou, em meados de agosto, para um apartamento alugado e, numa indicação clara da atitude de proprietário assumida por Borges em relação à revista, o endereço dado logo abaixo do título era o de sua casa nova, avenida Quintana, 222. *Proa* teve um início promissor. Dois meses depois, Borges contou a Guillermo de Torre que tinha cerca de duzentos assinantes, recebera doações generosas de senhoras da alta sociedade de vagos pendores literários e obtivera 260 pesos de receita de publicidade em cada número.[20] Suas colaborações para o primeiro número foram cuidadosamente escolhidas: ele traduziu um ensaio de Herwarth Walden, o editor da revista expressionista *Der Sturm*; escreveu uma avaliação crítica do progresso dos ultraístas na Argentina sob o disfarce de uma resenha de um livro novo de seu antigo camarada ultraísta Eduardo González Lanuza, cuja fixação com a metáfora considerava agora com ceticismo; e publicou três poemas novos sob o título coletivo de "Salmos", um sinal de que a influência de Cansinos-Asséns continuava presente em sua obra.

A publicação de *Proa* ameaçava dividir a vanguarda de Buenos Aires, pois a revista nascera em clara oposição à *Martín Fierro*: não somente a poética de Borges estava em conflito com a de Girondo, como Güiraldes e Rojas Paz haviam se unido a ela porque tinham brigado com Évar Méndez. Além disso, Borges não mandou a Méndez um exemplar de *Proa*, uma descortesia que foi notada na *Martín Fierro*.[21] Porém, a questão que com maior probabilidade causou uma ruptura entre as duas facções foi a apropriação do nome "Proa" pela editora que Girondo, Méndez e Güiraldes vinham planejando montar, do qual Borges e González Lanuza afirmaram possuir os direitos autorais. Era óbvio que a Editorial Proa não poderia abrir enquanto essa questão espinhosa não fosse resolvida.

As divisões que estavam aparecendo na Nova Geração foram motivo de consternação para Ricardo Güiraldes, que temia que elas enfraquecessem o movimento modernista na Argentina. E essas preocupações revelaram-se justificadas, pois, em outubro, uma exposição na galeria Whitcomb do pintor Emilio Pettoruti, inspirada pelo cubismo, causou furor: sua obra foi ridicularizada e criticada na imprensa e houve até manifestações dos oponentes da nova arte do lado de fora da galeria. Os eventos na Whitcomb persuadiram os membros briguentos da Nova Geração da necessidade de consolidar a Frente Única como um baluarte contra as forças da reação. Foi feito um acordo em relação à questão da Editorial Proa — Évar Méndez concordou em lançar a casa com um livro de ensaios de Borges e publicar seu segundo livro de poesia, *Lua defronte*, mais adiante, no mesmo ano. Por ironia, a Editorial Proa se tornaria um eixo duradouro nas relações frequentemente marcadas por atritos entre as duas alas da vanguarda portenha, pois o próprio Borges permaneceria relutante em relação à Frente Única e, embora viesse a escrever para a *Martín Fierro*, seriam artigos menores que tendiam a estar desalinhados com as opiniões gerais dos *martinfierristas*.

Embora Borges tivesse se esforçado um pouco para recuperar sua posição à frente da vanguarda de Buenos Aires, restavam dificuldades com Concepción. Numa nota provavelmente escrita em agosto, ele queixou-se a Norah Lange: "Passei meu tempo jogando paciência com minhas lembranças de Villa Urquiza. Preciso falar com Concepción na sexta-feira sobre um assunto grave e desafortunado".[22] O que era esse assunto é impossível saber, mas o problema básico era que ele estava num impasse com Concepción, pois, de um lado, seu amor lhe dava a crença em si mesmo de que precisava para escrever, mas, por outro, teria de se rebelar contra sua mãe e desafiar o pai da moça se quisesse que a relação prosperasse. Obviamente, seu fracasso em enfrentar a mãe um ano antes não era um bom augúrio para o futuro e, assim, ele estava diante da clara possibilidade de ter de desistir de Concepción, em cujo caso ficaria privado de sua fonte de inspiração.

O pessimismo e as dúvidas sobre si mesmo estão evidentes num ensaio de Borges chamado "Queja de todo criollo", em que tentava enfrentar a questão da identidade crioula. O caráter dos crioulos fora definido nos primeiros dias da república, mas o progresso econômico causara "a tragédia crioula": o advento da ferrovia, a substituição da criação de gado por uma agricultura "em busca do lucro", o "aprisionamento" dos pampas pelo arame farpado, a subjugação dos *gauchos*, tudo conspirara para transformar o crioulo num estranho em sua terra natal e Buenos Aires, numa verdadeira Babel; os crioulos, no entanto, deveriam aprender "a morrer com dignidade", morrer sem se queixar muito, morrer "com uma canção" em seus lábios.[23]

Trata-se, evidentemente, de uma visão sem saída da história argentina, e o próprio Borges escreveria uma canção do cisne para os crioulos, um poema que caracterizou como "a canção de um crioulo final", à qual deu o título de "*Dulcia linquimus arva*", uma citação dos versos de abertura da primeira écloga das *Bucólicas* de Virgílio, em que o poeta latino lamenta ter trocado sua terra ancestral, seus "doces campos", pela cidade de Roma.[24] Uma vez mais, Borges louvava os primeiros construtores da nação, os "soldados e estancieiros" que haviam feito com que "a campanha" fosse "mulher submissa ao seu amor". Daqueles dias heroicos, não sabia nada: "sou homem de cidade, de bairro, de rua", cuja tristeza "os bondes distantes embalam/ com o lamento longo que soltam pelas tardes". Está claro que não fora muito além dos sentimentos já manifestados em "Los llanos" vários meses antes, exceto por representar Buenos Aires como um deserto espiritual, um lugar de alienação. O impasse em relação a Concepción começava a produzir uma estagnação criativa, como revelou em bilhete enviado a Norah Lange: "Recebi seus poemas, que são dores transformadas em beleza, ao contrário de outras dores que, porque estagnam, só se tornam cansativas e exaustivas, como a minha".[25]

Por volta de outubro, porém, as coisas começaram a mudar. Borges leu o *Ulisses* de James Joyce, que fora publicado em Paris no ano anterior, e escreveu uma resenha para *Proa*, exultante por ser, como diz, "o primeiro aventureiro hispânico a chegar ao livro de Joyce". O escritor irlandês era um espírito afim, que fizera pela Irlanda o que Borges, embora vagamente, pretendia fazer pela Argentina. Joyce fora capaz de expressar os aspectos específicos de tempo e espaço e, simultaneamente, as qualidades universais, e, embora o romance decorresse em um único dia na Dublin contemporânea, oferecia uma variedade de episódios comparáveis à *Odisseia*; além disso, era pródigo em vocabulário, retórica e estilos, e havia no caráter irlandês da literatura de Joyce uma justificação do desejo de Borges de criar uma literatura crioula, pois os irlandeses "sempre foram agitadores famosos da literatura da Inglaterra", a implicação sendo eles estarem em relação aos seus "detestados senhores" assim como os argentinos estavam em relação aos espanhóis.[26]

A influência de Joyce sobre seu pensamento já é evidente no ensaio "Después de las imágenes", em que reitera sua crença em que as vanguardas espanhola e argentina eram limitadas demais por sua obsessão com a metáfora. Afirmava que o poeta deveria fazer mais do que criar metáforas: deveria "alucinar cidades e espaços de uma realidade unificada"; e a cidade que Borges tinha em mente era Buenos Aires, que ainda não fora imortalizada em poesia: "Em Buenos Aires, ainda não aconteceu nada, e sua grandeza não é autorizada por um símbolo ou uma fábula maravilhosa, nem mesmo por um destino individual comparável ao *Martín Fierro*".[27]

Mas para fazer por Buenos Aires o que Joyce fizera por Dublin era preciso uma interpretação imaginativa e sustentada do mundo. Essa era a ideia que preocupava Borges nos últimos meses de 1924 e que pode ser encontrada num ensaio sobre o poeta barroco Francisco de Quevedo, cujos conceitos brilhantes ele admirara outrora, mas agora comparava de forma desfavorável a Cervantes: "Em vez da visão abrangente que Cervantes gera através do desdobramento amplo de uma ideia, Quevedo pluraliza visões numa espécie de fuzilaria de lampejos parciais".[28] Ela ressurge numa resenha das memórias de Ramón Gómez de la Serna, na qual ele observa que o "entusiasmo onívoro" de Ramón individualiza cada objeto, em vez de buscar uma "visão total da vida", "uma concórdia", "uma síntese".[29] Para Borges, Ramón carecia do tipo de princípio unificador que na nova matemática era representado pelo signo do "Alef [*sic*]", "o número infinito que abrange todos os outros".[30]

Em retrospecto, essa referência ao Aleph é de enorme significação para uma compreensão de Borges como escritor. O Aleph viria a representar uma aspiração permanente de alcançar a unidade de ser em que o eu poderia se realizar plenamente, ainda que integrado à realidade objetiva do mundo. No devido tempo, essa aspiração seria articulada de forma mais completa em um de seus principais contos, intitulado precisamente "O Aleph" (1945), no qual ele procuraria expressar a totalidade extática do eu e do mundo. Mas, nesse estágio inicial, o Aleph significava uma visão unificadora que lhe permitiria escrever uma obra substancial que, tal como o *Ulisses* de Joyce, identificaria o autor com o mundo específico que o havia moldado, ao mesmo tempo em que daria uma qualidade universal a sua experiência.

Correndo em paralelo com as reflexões sobre Joyce, encontramos um crescente fascínio de Borges por Norah Lange. Em 26 de outubro, ele contou a Guillermo de Torre que estava pensando em traduzir um trecho de *Ulisses* e, na mesma carta, referia-se não menos de três vezes a Norah, perguntando ao amigo espanhol o que achava de seus poemas.[31] Um ou dois meses antes, comprometera-se a ajudar Norah na publicação de seu primeiro livro, *La calle de la tarde*. Negociou um preço com o editor Samet e escreveu um prólogo para o volume.[32] Fez então Brandán Caraffa resenhá-lo para *Proa* e conseguiu que uma seleção dos poemas fosse publicada na *Martín Fierro*, junto a seu prólogo, no qual elogiava Norah em estilo lírico exagerado: ela era "ilustre pelo duplo brilho de seus cabelos e sua juventude altiva"; era "leve, altiva e ardente, como uma bandeira que se desfralda à brisa".[33]

Borges não estava sozinho em sua admiração por essa moça extraordinária. Em julho de 1924, apareceu na *Martín Fierro* um poema de amor melodramático, escrito pelo jovem Córdova Iturburu, que retratava Norah como um "anjo" com "olhos de sonâmbulo, trágicos e doces", um anjo — não, um "arcanjo" — capaz de invocar visões da noite "saltando no crepúsculo chamejante", ou de "Vida e Morte passando como duas irmãs".[34] Outro poeta florescente, Ulyses Petit de Murat, caiu sob o feitiço daquela que, ele também, chamava de "anjo" com "cabelos avermelhados e perfil agudo", que possuía a "aura quase divina" de alguma "criatura celestial".[35] Ela chamava ainda a atenção de homens mais velhos, em especial de Horacio Quiroga, escritor famoso e "grande caçador de jovenzinhas", que ia às *soirées* literárias da mãe de Norah numa motocicleta ruidosa que fazia os meninos das redondezas correrem à rua para admirar sua máquina esplêndida.[36]

Uma boa parte da atração exercida por Norah estava no exotismo do passado de sua família. Seu pai, Gunnar Lange, era norueguês, enquanto sua mãe, Berta Erfjord, embora argentina de nascimento, era filha de um norueguês e uma irlandesa. Os Lange tinham cinco filhas e um menino, e foi para acomodar essa prole que Gunnar Lange comprou uma casa grande e isolada, com um amplo jardim, na esquina das ruas Tronador e Pampa, num bairro de Belgrano conhecido como Villa Mazzini (e depois, quando Belgrano foi absorvida por Buenos Aires, Villa Urquiza). Norah, a quarta filha, nasceu em 23 de outubro de 1906 e passou os primeiros cinco anos de sua vida na casa da rua Tronador, mas então seu pai, que era engenheiro civil, foi designado para um cargo perto de General Alvear, na província de Mendoza, no sopé dos Andes. Porém, quatro anos depois dessa mudança, Gunnar morreu de repente, e sua viúva (que era vinte anos mais moça que o marido) levou a família de volta para a casa de Buenos Aires. Seriam anos de dificuldades crescentes e Berta Erfjord teria de hipotecar a casa e vender seus bens para criar os filhos. Mas ela era uma mulher inteligente e instruída, amiga de escritores e artistas, e seus filhos cresceram num ambiente culto, liberal e multilíngue.

Um atributo particularmente notável de Norah Lange era sua longa cabeleira ruiva, um tanto exótica num país latino e associada à bruxaria e maldade no mundo hispânico. Esse sinal de temperamento impetuoso era confirmado por seu comportamento vivaz. Tornou-se a menina levada e masculinizada da família, famosa por suas travessuras e trotes: sua brincadeira preferida na adolescência era vestir um poncho e um chapéu de abas largas e subir no telhado, de onde chocava os vizinhos gritando um monte de palavras incompreensíveis em várias línguas, entremeadas de insultos e risadas estridentes. Mas, apesar dessa personalidade extrovertida, Norah era um enigma para si mesma, e esse mistério interior seria a fonte de sua criatividade. Ela começou a escrever quando tinha catorze anos, e os primeiros poemas que publicou revelam uma sensibilidade suave, possuída de um anseio por uma âncora emocional, talvez derivada do sentimento de insegurança após a morte do pai que ela idolatrava.

Com efeito, Gunnar Lange tivera uma vida notável como soldado e explorador. Depois de servir no exército norueguês, fora para a América, e entre suas aventuras no Novo Mundo estava a participação na guerra entre Honduras e El Salvador como comandante da artilharia hondurenha. Na Argentina, distinguiu-se como cartógrafo, e sua maior façanha foi o mapeamento do rio Pilcomayo, que nasce na Bolívia e atravessa o norte da Argentina e o Paraguai, na região inóspita do Chaco, o que lhe valeu o epíteto de "Livingstone do Pilcomayo".

Como sabemos, Borges era extremamente suscetível à aura romântica dos homens de ação, e a fixação de Norah à memória de seu pai aumentava, sem dúvida, sua mística. Além disso, os Lange eram parentes do ilustre romancista e dramaturgo norueguês Alexander Kielland e isso significava que Norah, tal como Borges, podia exibir escritores e heróis entre seus antepassados. Para completar, as duas famílias eram ligadas pelo casamento, pois uma tia de Norah era casada com o tio Frank de Borges, uma conexão que fazia de Norah e Georgie primos, na tradição hispânica.

Norah, então, exercia um fascínio complexo: seus cabelos ruivos falavam de paixão, mas sua pele escandinava pálida trazia à mente a pureza de um anjo, e era essa mistura torturante de inocência e fogo que ela captava em poemas oníricos carregados de expectativa erótica. Ademais, suas poesias representavam uma *paysage d'âme* não distinta da de Borges: um de seus tópicos preferidos era o sol se pondo nos bairros que margeavam os pampas. Não admira que essa criatura cintilante, iridescente — ao mesmo tempo poeta, anjo, sedutora e potencial companheira espiritual —, tivesse cativado o jovem Borges, com sua pouca experiência do sexo feminino.

Em outubro, quando publicou *La calle de la tarde*, Norah começou a convidar Borges e um grupo seleto de amigos para uma festa em sua casa nas noites de sábado. Lá recitavam suas obras, discutiam assuntos literários e variados e depois dançavam tangos tocados ao piano. Essas festas se transformaram no ponto alto da semana de Norah: ela diria que, aos sábados, "a noite se acendia subitamente" com a presença de Georgie e seus amigos.[37] O mesmo acontecia com Borges, pois essas festas converteriam a casa da rua Tronador no refúgio de seu grupo literário, um lugar reservado para os ultraístas, distintos das outras facções que compunham a vanguarda portenha.

Contudo, quanto mais era atraído por Norah, mais urgente se tornava o problema de o que fazer com Concepción: deveria desafiar as famílias e casar com ela, ou abandoná-la? Em 27 de novembro, em resposta a uma rara carta de Sureda, mostrava-se cauteloso em relação ao futuro: "[...] quanto a casar, é um tanto prematuro, embora eu ainda esteja noivo de Concepción".[38] Era óbvio que não podia adiar por muito tempo mais a questão do casamento, mas essa decisão iminente o perturbava.

Nos poemas marcados pela culpa que escreveu enquanto se angustiava com seu futuro, a morte de seu amor por Concepción é representada pelo ocaso, um tropo de extinção expressando uma melancolia que penetra na alma do poeta enquanto ele vaga por ruas vazias à beira do pampa, fazendo um inventário de sua vida:

> Tarde como de Juízo Final.
> A rua é uma ferida aberta no céu.
> Não sei se foi Anjo ou ocaso a claridade que ardeu na profundeza.
> Insistente, como um pesadelo, pesa sobre mim a distância.
> Um arame farpado fere o horizonte.[39]

O futuro é barrado, fechado, ameaçador, mas a figura do pôr do sol é ambígua: fala do temor de que a escuridão caia sobre sua imaginação, mas lembra também um anjo, a qualidade geralmente atribuída a Norah Lange por seus admiradores. Esse vislumbre de esperança é mais evidente em "Quase Juízo Final". Apesar do peso da culpa que carrega, as estrofes não lhe negaram sua graça: "Sinto o pavor da beleza; quem se atreverá a condenar-me se essa grande lua de minha solidão me perdoa?".[40]

A lua é certamente uma alusão à misteriosa Norah Lange, e sua beleza, embora uma promessa ainda distante, não obstante reanima sua fé nos poderes da imaginação.

Borges, afinal, buscava sair da estagnação criativa que o afligia desde a volta da Europa e corria o perigo de frustrar seus planos de criar uma versão crioula do ultraísmo. Ele vivera um impasse com Concepción: ela havia representado a necessidade de se revoltar contra o passado e a favor das realidades contemporâneas da Argentina, mas ele fracassara em levar avante a revolta e, longe de calar a voz de seus ancestrais, era a voz dos ancestrais que ameaçava sufocá-lo. Precisava de um ponto de equilíbrio, uma síntese, um Aleph que lhe permitisse reconciliar o tradicional e o moderno, o passado e o presente, os pampas e a cidade.

Por fim, em algum momento próximo do final de 1924 ou possivelmente no início de 1925, ele decidiu terminar seu relacionamento com Concepción. Foi, sem dúvida, uma terrível traição à pobre menina, que havia suportado um ano inteiro de ausência de Borges e se preparara, quando ele voltou, para desafiar o pai por sua causa. Compreende-se que tenha ficado muito amargurada: depois do rompimento com Borges, rompeu também com sua amiga Norah Lange e nunca mais falou com ela. Porém, era precisamente em Norah que Borges acreditava ter encontrado uma fonte alternativa de inspiração que poderia injetar energia nova em sua literatura. Em janeiro de 1925, publicou sua versão da última página de *Ulisses*, a primeira tradução de Joyce para o espanhol.[41] Tratava-se do famoso solilóquio em que Molly Bloom relembra o momento em que estivera pronta para se entregar ao seu amante. O fato de ter escolhido um dos episódios mais eróticos do romance — um fluxo de consciência lírico pontuado pela palavra "sim" — sugere que, no Ano-Novo de 1925, ele estava peculiarmente suscetível à poderosa afirmação do desejo expressa por Molly Bloom.

Não muito depois de romper com Concepción, ele escreveu um ensaio em que expressava seu desejo de uma síntese entre tradição e inovação. Deu-lhe o título de "Aventura e ordem", uma vez que era uma análise de um poema famoso de Guillaume Apollinaire em que o grande progenitor da vanguarda literária na França fazia uma retratação parcial de seu papel na revolta contra a tradição e defendia uma reconciliação da "aventura" da vanguarda com a "ordem" tradicional da literatura.[42] Era um objetivo com o qual Borges podia simpatizar, mas, ao contrário de Apollinaire, ele dava mais peso à "ordem" do que à "aventura"; havia poucas aventuras a encontrar no exercício da arte, afirmava, quando mais não fosse porque toda aventura era uma "norma futura". Contudo, professava estar contente tanto com a aventura como com a ordem, desde que houvesse "heroísmo" em quem as buscasse.

Por estranho que pareça, Borges não mencionava em nenhum momento de seu ensaio o título do poema de Apollinaire. Talvez julgasse que seria revelador demais, pois a poesia se chamava "La jolie rousse" ['A bela ruiva'], uma alusão à nova amante de Apollinaire, Madeleine Kolb, aquela que o poeta esperava que pudesse vir a ser a musa que o inspiraria a resolver "a velha querela entre tradição e invenção":

Voici que vient l'été la saison violente
Et ma jeunesse est morte ainsi que le printemps
O Soleil c'est le temps de la Raison ardente et j'attends
Pour la suivre toujours la forme noble et douce
Qu'elle prend afin que je l'aime seulement
Elle vient et m'attire ainsi qu'un fer l'aimant

Elle a l'aspect charmant
*D'une adorable rousse.**

Borges talvez esperasse também que a ruiva Norah Lange pudesse um dia encarnar a "Razão ardente" com a qual Apollinaire sonhara. Ele queria se realizar plenamente como poeta, queria fazer para os argentinos o que Joyce fizera para os irlandeses e queria que sua literatura ardesse com o esplendor apaixonado de um Walt Whitman, mas ainda precisava encontrar a visão unificadora, o Aleph que revelaria a verdade do eu e sua conexão vital com a realidade de sua terra natal.

* Eis que vem o verão, a estação violenta/ E minha juventude está morta, assim como a primavera./ Ó Sol, é o tempo da Razão ardente e espero/ Para seguir sempre a forma nobre e doce/ Que ela assume, para que eu a ame como a nenhuma outra./ Ela vem e me atrai como ferro ao ímã,/ Ela tem o aspecto encantador/ De uma adorável ruiva.
"La jolie rousse", *Alcools et Calligrammes* (Paris: Imprimerie Nationale, 1991).

8. Aventuras na vanguarda (1925)

No final de 1924, a vanguarda de Buenos Aires já havia atraído um bom número de adeptos, em sua maioria jovens de vinte e poucos anos ansiosos por defender a causa da arte moderna contra os velhos fósseis do establishment. O passaporte de aceitação na Nova Geração era ter um poema ou artigo publicado na *Martín Fierro* ou na *Proa*. Das duas revistas, a primeira era a mais acessível: tratava-se de uma publicação aberta a uma ampla gama de tendências culturais, desde que fossem consideradas devidamente vanguardistas. Além de ensaios sobre arte e literatura, publicava uma variedade de notícias literárias, fofocas e textos satíricos ou de humor. Uma seção muito apreciada era o burlesco "epitáfio" em verso, um ataque versificado a escritores mais velhos como Leopoldo Lugones, ou uma gozação de outros *martinfierristas*. *Proa* era mais sóbria, mais seletiva na escolha de colaborações e refletia essencialmente os interesses de Borges: literatura e ideias, mas com uma clara inclinação para a poesia.

Uma vida social bastante animada desenvolveu-se em torno das duas revistas. Nos primeiros tempos, acontecia uma tertúlia na livraria de Manuel Gleizer, que também era editor dos poetas novos. Outro local de encontro era a livraria de Samet, que ocupava um porão na avenida de Mayo, sob um teatro especializado em espetáculos de flamenco, proximidade que fazia as instáveis estantes sacudirem visivelmente durante os sapateados mais vigorosos dos dançarinos. Outros lugares frequentados pela Nova Geração eram confeitarias como a Richmond, na rua Florida, e La Cosechera, na avenida de Mayo, bem como vários restaurantes baratos em torno da Corrientes, com particular preferência por um sujinho da rua Cantagalo que apelidaram de "El Puchero Misterioso", já que era um mistério completo o fato de o lugar servir um cozido com pão e vinho por apenas vinte centavos. As noites eram desperdiçadas em alguma taberna de um arrabalde adequadamente em ruínas ou em vários bares do centro da cidade; quando as finanças permitiam, iam ao Cabaret Tabaris, onde dançavam com as garotas e bebiam champanhe barato. Em ocasiões especiais — para o lançamento de um livro ou em homenagem a um visitante do exterior — realizavam um "banquete", em geral no Hotel Marconi, na praça del Once, e então, na maioria das vezes, se embebedavam terrivelmente. Com efeito, dava-se muita importância a receber com comidas e bebidas os escritores estrangeiros — Marinetti, Pirandello e Ortega y Gasset estavam entre as celebridades que visitaram Buenos Aires em meados da década de 1920 — e, depois do costumeiro banquete, o convidado ilustre era levado a uma sessão de tango no Café Tortoni, na avenida de Mayo. Foi lá que levaram Luigi Pirandello, uma ocasião ainda mais memorável porque Ricardo Güiraldes trouxera Carlos Gardel, um cantor ainda desconhecido do resto do mundo, para cantar para o hóspede famoso.[1]

Porém, o lugar que servia de quartel-general informal da Nova Geração era o Royal Keller, um porão na esquina das ruas Corrientes e Esmeralda que era ponto de encontro das damas da noite com seus solitários clientes. Ali era a sede da famigerada *Revista Oral*, uma obra do poeta peruano Alberto Hidalgo, que criara havia não muito tempo o *sencillismo*, mas que era agora um converso à vanguarda. Na qualidade de editor, Hidalgo reservava mesas aos sábados para a edição semanal da *Revista Oral* e, na hora marcada, se levantava e anunciava o novo número — digamos, "*Revista Oral*, ano um, número cinco" —, e, depois de recitar seu editorial, comandava a leitura de vários artigos, poemas e resenhas de livros.[2]

Apesar desse amplo espírito de camaradagem, certas discordâncias ideológicas e financeiras levavam a frequentes tensões e brigas dentro da Frente Única. A mais persistente e grave dessas dissensões surgiu quando um grupo de escritores jovens decidiu publicar uma revista literária chamada *Extrema Izquierda*, para defender o realismo socialista e o engajamento da literatura na causa do povo.

O primeiro número deveria sair em agosto de 1924 e, talvez numa jogada para atrair publicidade, o socialista Roberto Mariani escreveu um artigo na *Martín Fierro* em que criticava os *martinfierristas* pelo "respeito escandaloso" que tinham pelos escritos e ideias políticas de Leopoldo Lugones.[3] Questionava também a adequação do nome da revista, tirado do poema mais famoso da Argentina, quando seus colaboradores tendiam a afetar "uma elegância francesa", ao mesmo tempo em que negavam que o povo argentino possuísse "quaisquer qualidades genéricas ou comuns".

A carta de Mariani dividiria os escritores jovens de Buenos Aires em dois campos: os socialistas se diziam do "grupo da Boedo", nome de uma rua do bairro operário em que ficava a sede de *Extrema Izquierda*; seus oponentes ficaram conhecidos como o "grupo da Florida", porque os "cosmopolitas" da *Martín Fierro* costumavam se encontrar na confeitaria Richmond, na rua Florida, no centro da cidade. Os escritores da Boedo acusavam o pessoal da *Martín Fierro* de macaquear os estrangeiros, e o grupo da Florida retrucava que os socialistas estavam, na verdade, na "extrema direita" em termos literários, pois queriam reviver o naturalismo de Zola "no seu aspecto mais cru e sórdido".[4]

A disputa Boedo-Florida se arrastaria por muitos meses, apesar de a publicação *Extrema Izquierda* ter cessado em dezembro de 1924, e, embora possa parecer trivial agora, esse debate era significativo na medida em que refletia a crise mais ampla no que dizia respeito à identidade dos crioulos. Não foi por nada que Mariani contestou a atitude dos *martinfierristas* em relação a Lugones, pois fora este que exaltara o *gaucho* como símbolo da identidade argentina e elevara o poema *Martín Fierro* à posição de epopeia dos crioulos. Desde suas famosas palestras sobre os *gauchos* de 1913, Lugones havia se aproximado da extrema direita e esposado o fascismo. Em 1924, ele pedia que as Forças Armadas tomassem o poder para defender a ordem estabelecida e o modo tradicional de vida, contra as hordas de imigrantes que temia que viessem a destruir a Argentina.

Quanto a Borges, ele ficou imensamente irritado com a polêmica Boedo-Florida e ressentia-se de ter sido misturado a contragosto com os "cosmopolitas" do grupo Florida. Tinha bons amigos em ambos os campos, protestou, e todos os escritores jovens continuaram a confraternizar no Royal Keller e em outros refúgios; a querela, dizia ele, havia sido estimulada por Mariani e o *martinfierrista* Ernesto Palacio apenas para imitar as facções do mundo literário parisiense; o pessoal da Florida, em sua opinião, tinha uma ideia de arte elitista demais e preferia um mau soneto a uma boa milonga, ao passo que a turma da Boedo era demasiado provinciana em sua avaliação do que era autenticamente argentino e preferia um tango medíocre a um bom soneto, embora este último pudesse refletir um estoicismo muito argentino.[5] Mas a questão era: o que significava realmente ser argentino? O sentimento de identidade nacional do próprio Borges, como vimos, não era muito claro, se não contraditório, e, enquanto se considerasse um "crioulo final", estava sujeito a ser tomado por reacionário, com uma atitude nostálgica em relação ao passado que não era intrinsecamente distinta da de Lugones.

Foi exatamente esse mal-entendido que surgiu em março de 1925, quando *Proa* foi criticada por disseminar ideias fascistas pelo autor de um artigo publicado em *Nosostros* a respeito da ameaça que o fascismo representava para a ordem democrática na Argentina.[6] Borges respondeu imediatamente à acusação numa carta ao editor de *Nosotros* em que protestava que jamais fora vítima de tais "lapsos intelectuais" como o fascismo ou o imperialismo.[7] Sustentava que seus compromissos eram mais locais, mais específicos: sentia-se mais portenho do que argentino e se identificava com o bairro de Palermo, o bairro de Evaristo Carriego, mais do que com qualquer outro lugar. Na verdade, Borges se esquivava de qualquer filiação à nação, além de seu bairro natal, porque estava dividido quanto à questão da identidade nacional: sentia-se, de um lado, alienado da grande metrópole em que Buenos Aires se transformara, mas, de outro, humilhado pela memória abençoada de seus ancestrais construtores da nação.

A incerteza em torno das inclinações políticas e culturais de Borges não foi exatamente desfeita pelo fato de seu ensaio sobre o poema de Apollinaire ter sido publicado no mesmo número de *Nosotros* que trazia o artigo que acusava *Proa* de nutrir simpatias fascistas. O artigo de Borges levantou suspeitas entre os *martinfierristas* de que ele estava disposto a trair os princípios da vanguarda, e essas suspeitas foram reforçadas em abril, quando publicou uma coleção de ensaios críticos chamada *Inquisiciones*, entre os quais estavam várias resenhas de livros sobre o *gaucho* e os pampas, bem como um ensaio até então inédito, "Queja de todo criollo", que apresentava a história argentina como uma "tragédia" para os crioulos. As *Inquisiciones* tiveram recepção variada — "tijoladas e elogios", como contaria a Sureda — e, com certeza, não fizeram nada para contrabalançar a impressão dos círculos de vanguarda de que seu autor poderia ser ideologicamente frouxo, um possível reacionário tanto em literatura como em política.[8]

Desse modo, em março e abril de 1925, Borges viu-se na defensiva, com sua posição na Nova Geração enfraquecida por uma incerteza geral quanto a sua atitude e suas ideias. Após a segunda visita à Europa, ele propunha-se a desenvolver uma versão crioula do ultraísmo e até cultivou esperanças de imitar James Joyce e encontrar uma maneira de criar uma evocação literária substancial da vida de sua cidade natal. Mas esses projetos levantaram inevitavelmente a questão controvertida da identidade argentina, e Borges não conseguia superar seu sentimento de ser um "crioulo final", para quem a Argentina do presente, para não falar da Argentina do futuro, era uma fonte de inquietude e confusão.

E então, no exato momento em que sua tentativa de recuperar a liderança da Nova Geração começava a cambalear, Oliverio Girondo voltou de sua "missão intelectual". Em 22 de abril, Évar Méndez, o editor da *Martín Fierro*, escreveu a Girondo para relatar os problemas que haviam assolado a revista durante sua ausência de nove meses. Eram dificuldades incontáveis — crises financeiras, apatia, inveja e indisciplina; às vezes, queixava-se Méndez, tivera de carregar a revista e o grupo *martinfierrista* sozinho nas costas, assim como dar conta de todas as despesas e compromissos.[9] A defecção de Güiraldes e Rojas Paz para fundar *Proa* com Borges havia quase afundado a *Martín Fierro*, mas ele conseguira vencer a tormenta e preservar o grupo, bem como a aliança com *Proa*. Posteriormente, um desacordo mais sério entre as duas revistas ameaçara acabar com ambas, e surgira o perigo da fundação de outra publicação de tendências reacionárias. Porém, ele garantia a Girondo que havia planejado um programa completo para os *martinfierristas* — um plano de trabalho semanal, palestras, reuniões, tertúlias, entretenimento, jantares mensais e uma reorganização da própria revista. E pedia dinheiro a Girondo: a *Martín Fierro* tinha muitas dívidas.

O dinâmico Girondo entrou em ação. Em 5 de maio, duas semanas depois de Méndez enviar essa carta, saiu um número novo da revista — que não vinha a público desde janeiro. Significativamente, trazia trechos do novo livro de Girondo, *Calcomanías*, que seria publicado em breve pela Editorial Proa.[10] Girondo renovou os apelos de solidariedade entre os membros da Nova Geração. Realizou-se uma reunião conjunta de *Martín Fierro* e *Proa* na casa de Évar Méndez, para discutir maneiras de fortalecer a Frente Única. Então, Girondo e Méndez abordaram os editores de *Proa* e propuseram uma fusão das duas revistas. Ricardo Güiraldes, mais disposto do que nunca a preservar a Frente Única, era a favor da fusão, mas Borges e Brandán Caraffa se opuseram fortemente.

Borges expressou suas frustrações a Guillermo de Torre em carta de 23 de maio.[11] Queixava-se de que a união entre as duas revistas proposta por Oliverio Girondo significava que a *Martín Fierro* traria cem pesos de dívidas, ao passo que a *Proa* tinha atualmente um superávit de mais de mil pesos. Para acrescentar insulto à injúria, o número corrente da *Martín Fierro* trazia um epitáfio satírico escrito por Enrique González Tuñón — com quem dizia ter brigado aos socos três meses antes — que o irritou profundamente porque ligava seu nome ao notório sodomita Roberto Smith e implicava que ele dava o rabo para Smith e Brandán Caraffa — em suas palavras.[12] A situação toda tornou-se grotesca e, depois do que acontecera, nenhuma amizade seria possível com os *martinfierristas*. De qualquer modo — e isso era algo que o próprio Girondo admitia —, a *Martín Fierro* estava ficando mais patética a cada dia; na verdade, era um monte de lixo, Torre não concordava?

Borges temia obviamente que, sob o pretexto de preservar a Frente Única, Girondo pretendesse se tornar o líder da Nova Geração. Acontece que lhe haviam pedido uma resenha de *Calcomanías* para o número de junho da *Martín Fierro* e ele aproveitou a oportunidade para estragar os planos do rival, neutralizando sua alegação de ser revolucionário e dizendo que a "eficácia" dos poemas de Girondo "me assusta": "Girondo é um violento. Ele encara as coisas por um longo tempo, e de repente lhes dá uma bofetada. Depois, as espreme, as guarda e vai embora. Não há aventura nisso, pois o golpe jamais se frustra".[13] Nessa referência insidiosa à "aventura", Borges relembrava seu recente ensaio sobre Apollinaire e implicava que Girondo, apesar de todos os seus ataques violentos à tradição, não era verdadeiramente capaz de uma invenção genuína.

De qualquer modo, estava ficando cansado da querela infindável. Como escreveu a Sureda:

> Estou procurando uma maneira de ir além desse semirrenome em que estou metido, essa semifama de homem literário que é lido por outra gente literária, mas que não chega ao público mais amplo. Vou voltar à simplicidade crioula de expressão e a um vocabulário austero, despido de ornamentos.[14]

Ao final de julho, já decidira abandonar *Proa*: "Adeus Frente Única", escreveu em sua carta de demissão. "Adeus para todos [...] passem-me o chapéu e a bengala, que vou embora."[15]

* * *

Por mais de um ano, Borges buscara criar uma forma especificamente crioula de ultraísmo que lhe possibilitaria expressar a alma da pátria. Mas fora frustrado nessa empreitada pela concepção de si mesmo como "crioulo final", o último de uma linhagem nobre que se sentia perdido na grande Babel em que se transformara Buenos Aires. Procurara em Norah Lange inspiração para resolver esse impasse criativo e ideológico, e há motivos para crer que, em meados de 1925, tenha adquirido uma vaga ideia de como poderia conciliar seu sentimento do passado com a realidade da Buenos Aires moderna.

Em junho, publicou um ensaio sobre o clássico gauchesco *Fausto* (1866), de Estanislao del Campo, um estranho diálogo em verso entre dois *gauchos* simples, um dos quais conta ao outro sua experiência de ver uma apresentação do *Fausto* de Gounod no teatro Colón de Buenos Aires.[16] Borges admirava o êxito do autor em captar o que considerava dois atributos característicos do espírito crioulo, a saber, "alegria" e "descrença", no ambiente estranho da metrópole. Mediante a avaliação irreverente feita por dois *gauchos* de uma ópera europeia importada, Estanislao del Campo transmitia a sobrevivência dos valores tradicionais crioulos em Buenos Aires e, desse modo, estabelecia uma continuidade entre o passado e o presente, o pampa e a cidade. Nessa continuidade, Borges encontraria uma chave para romper o impasse de seu complexo de "crioulo final".

O ensaio transpira um sentimento incomum de alegria. "Felicidade e beleza", escreveu, encontravam-se no *Fausto*, "excelências que, fora de suas páginas, vi somente em uma mulher perfeita".[17] A referência gratuita à felicidade inspirada por uma bela mulher indica, creio, que sua amizade com Norah Lange havia assumido uma inclinação romântica por volta dessa época. Uma pista mais firme para a fonte amorosa escondida do ensaio pode ser encontrada na citação passageira e aparentemente supérflua do *Doutor Fausto* de Christopher Marlowe: "Faz-me imortal com um beijo", uma citação cujo contexto mais amplo, nessas circunstâncias, é revelador.

Na cena XIV da peça de Marlowe, Fausto pede a Mefistófeles:

> Uma coisa, bom servo, deixe-me rogar de ti,
> Fartar o anelo do desejo de meu coração:
> Que eu possa ter como amante
> Aquela Helena celestial que vi recentemente [...]

O desejo de Fausto é concedido e, quando Helena de Troia entra em seu estúdio, ele declara, maravilhado:

> Foi esta a face que lançou mil navios
> E queimou as torres sem topo de Ilium?
> Doce Helena, faz-me imortal com um beijo. (*Beija-a.*)
> Seus lábios sugam minha alma; vê para onde ela voa!
> Vem, Helena, vem, dá-me minha alma novamente.
> Aqui ficarei, pois o Céu está nestes lábios,
> E é escória tudo que não é Helena.

Mediante esse estratagema intertextual, eu diria que Borges estava aludindo aos beijos que recebia de sua própria Helena de Troia, Norah Lange. (Ademais, o nome Norah é uma abreviação de Leonora, que é uma variação de Helena.) Se o *Fausto* servira para dissolver o sentimento de si mesmo como um "crioulo final", então, ao que parece, isso se devia, em última análise, à inspiração de sua *jolie rousse* apollinairiana.

A perspectiva de superar o impasse do "crioulo final" levou Borges a pensar em escrever uma obra mais extensa e substancial sobre a Argentina do que a poética ultraísta permitia. Em algum momento dos três ou quatro últimos meses de 1925, teve uma ideia desse projeto, pelo menos em esboço. Ele o descreveria como "uma história em verso da Argentina", com o título de *Caderno San Martín*. Restam apenas duas alusões a esse projeto, o que dificulta dizer quando lhe ocorreu, mas ele diria a Guillermo de Torre que os poemas desse livro seriam no estilo de "O general Quiroga vai de coche para a morte", poema de *Lua defronte*, segundo livro de poesia de Borges, publicado em 4 de novembro de 1925.[18] Seis meses depois, ele publicou dois poemas em *Nosotros* e mencionou em nota de rodapé que fariam parte do *Caderno San Martín*, livro que planejava escrever.[19]

Temos pouca coisa em que nos basear, mas mesmo assim é possível ter uma ideia da natureza do seu projeto porque, tomados em sequência, os três poemas que ele mencionou em conexão com a história da Argentina em verso traçam uma linha de continuidade dos primeiros dias da república ao tempo da infância do poeta. "O general Quiroga vai de coche para a morte" é um poema sobre o famoso episódio em que o caudilho Facundo Quiroga foi assassinado por agentes do tirano Rosas. O segundo poema é uma evocação de Villa Ortúzar, um subúrbio pobre do noroeste de Buenos Aires, onde o campo "pesa muito" sobre o arrabalde. O terceiro é "Fundação mítica de Buenos Aires", que gira em torno da ideia de que a cidade foi fundada por conquistadores espanhóis no bairro de Palermo e, especificamente, na quadra em que Borges cresceu quando menino. O Palermo aqui pintado representa uma homenagem a Evaristo Carriego: é um lugar de armazéns rosados, música de tango, jogos de truco, realejos queixosos e beijos de uma namorada. Porém, os três poemas são tão distintos na forma, no tom e no tema que apontam para uma falta de unidade orgânica no projeto como um todo: Borges ainda precisava de um princípio unificador — um Aleph, por assim dizer — que contribuísse para uma visão coerente da Argentina e de seu lugar nela.

Foi talvez a confiança nascida desse novo projeto que o levou a concordar com o relançamento da revista *Proa* em novembro, com seus amigos Brandán Carafffa e Francisco Luis Bernárdez. Concordou até com uma reaproximação — mas não fusão — com seus rivais do grupo da Florida, pois o conselho de redação da nova *Proa* incluía Oliverio Girondo e vários *martinfierristas*, bem como Guillermo de Torre e Ramón Gómez de la Serna. Na verdade, Borges não havia cortado todos os laços com a Frente Única quando se demitiu de *Proa*; permaneceu uma conexão por intermédio de Évar Méndez, que se comprometera meses antes a publicar o segundo livro de poesia de Borges. A nova trégua entre *Proa* e *Martín Fierro* foi cimentada com um jantar em dezembro para lançar os dois livros que a Editorial Proa aprontara recentemente: *Lua defronte*, de Borges, e um volume de poesia de Sergio Piñero, um dos *martinfierristas* cosmopolitas. O jantar foi descrito como uma ocasião "feliz e muito cordial", para a qual Borges contribuiu com um bem-humorado poema de agradecimento.[20]

O renascimento de *Proa*, no entanto, teve vida curta: seriam apenas três números, sendo o de janeiro de 1926 o último. A causa da morte da revista é desconhecida: falta de fundos, talvez, ou mais lutas internas da Nova Geração, tendo em vista que a *Martín Fierro* suspendeu sua publicação por alguns meses pouco depois do fracasso de *Proa*. De qualquer modo, Borges parece não ter se preocupado muito com o destino de *Proa*, e isso talvez se devesse ao fato de ter sido convidado para escrever periodicamente em *La Prensa*, um jornal nacional que lhe daria acesso a um público muito mais amplo do que as revistas literárias. Mas havia uma outra razão, mais substancial, para sua aparente indiferença diante do fim de sua revista: no final do ano, ele acreditava ter encontrado a base para criar uma mitologia da cidade e do povo de Buenos Aires.

As sementes desse empreendimento já podem ser observadas em seu projeto de história em verso da Argentina. A continuidade de passado e presente ainda não fora captada como um conceito compreendido porque Borges não se havia despojado devidamente da mentalidade nostálgica de um "crioulo final". Seus sentimentos de inferioridade em relação aos heróis da república ainda são evidentes em "O general Quiroga vai de coche para a morte": ele inveja o enraizamento de Quiroga, o caudilho está "cravado na vida como o esporão pampa bem cravado no pampa". Em "Arrabal en que pesa el campo", a tristeza do poeta encontra um correlato na nostalgia de Villa Ortúzar pela vida dos pampas. Somente no terceiro poema, "Fundação mítica de Buenos Aires", encontramos uma celebração da cidade em tom comparável à despreocupação jovial do *Fausto* de Estanislao del Campo. O final, em particular, tem aquela descrença que Borges tanto admirava no *Fausto*: "Parece-me história o começo de Buenos Aires:/ julgo-a tão eterna como a água e o ar". A "fundação mitológica" de Buenos Aires efetua-se então por virtude da vontade do poeta: ele tomaria o Palermo que havia imaginado enquanto ouvia os versos de Carriego quando menino e transformaria o bairro marginal na essência atemporal da própria cidade.[21]

9. O Aleph (1926)

No decorrer de 1926, Borges procuraria desenvolver seu projeto joyceano de mitificar Buenos Aires. Em janeiro, publicou um ensaio com o título melodramático de "La pampa y el suburbio son dioses", no qual observava que era natural que o pampa e o *gaucho* fossem reverenciados como "arquétipos" ou "totens" num país pastoril como a Argentina, mas ia adiante e sustentava que os bairros de Buenos Aires também haviam adquirido status totêmico, pois embora a grande cidade fosse "uma Babel", um lugar que atraía imigrantes "dos quatro cantos do mundo", os distritos da periferia ainda eram permeados pela influência do pampa, e, ainda que vários poetas tivessem escrito sobre esses subúrbios pobres, nenhum o fizera plenamente: o arrabalde continuava a ser um "símbolo feito pela metade".[1]

O homem a quem Borges atribuía a descoberta do potencial literário dos arrabaldes de Buenos Aires era Evaristo Carriego, e citava um poema em particular, "El guapo", baseado na vida de Juan Muraña, um criminoso célebre em Palermo por sua coragem e habilidade na luta de faca.[2] Muraña fora o mais famoso *cuchillero* do bairro, com Suárez "El Chileno"; quase todas as histórias sobre *guapos* contadas em Palermo eram atribuídas a Muraña, uma vez que se julgava que ele era digno de qualquer ato de bravura.[3] Carriego também fizera a conexão entre os *cuchilleros* e os *gauchos* de antigamente: seu poema sobre Muraña era dedicado à memória de "San Juan Moreira", um *gaucho* famoso que fora uma espécie de Robin Hood dos pampas. Borges gostava de dizer que Carriego fora tão devotado ao culto de Juan Moreira que chegara a ponto de santificar esse *gaucho malo*.[4]

Borges reconhecia sua dívida para com Carriego no que dizia respeito à ideia específica de retratar o arrabalde como uma zona intermediária, limiar entre o pampa e a cidade. Mas Carriego não avaliara a significação de sua descoberta: intuíra as possibilidades épicas do arrabalde, porém cultivara seus aspectos sentimentais.[5] Na verdade, Borges até culpava os poemas lamurientos de Carriego de iniciar a tendência de sentimentalizar o tango. Em sua opinião, o tango primitivo, o tango da velha guarda, embora nascido e criado nos bordéis e cortiços de Buenos Aires, preservava algumas das qualidades da milonga rústica cantada pelos *gauchos*, mas esse espírito primitivo de arrabalde — "impudência, total falta de vergonha, de pura felicidade da coragem" — estava sendo desvalorizado por uma nova onda de compositores, em sua maioria de origem italiana, que estavam transformando o tango numa "lamentação covarde e pesarosa", "um catálogo de fracassos".[6]

O potencial épico do arrabalde proporcionava a Borges a saída de que precisava para seu projeto de mitificar Buenos Aires. Seu objetivo era compor uma epopeia em que os *cuchilleros* dos arrabaldes seriam elevados à categoria de heróis míticos. Essa epopeia da cidade seria criada a partir da cultura popular dos bairros — as lendas, anedotas, canções e ditados da gente comum que morava nos arrabaldes fervilhantes da grande metrópole. Ele acreditava que a moderna Buenos Aires permaneceria "deserta e sem voz" enquanto não fosse "povoada por algum símbolo", e, assim como José Hernández transformara seu personagem Martín Fierro num símbolo dos pampas, Borges também aspirava produzir uma obra ou um personagem que passasse a representar a essência de sua cidade natal.[7] Somente um exemplo sobreviveu do tipo de tratamento épico do arrabalde que Borges tinha em mente nesse período. Trata-se de um esboço narrativo chamado "Leyenda policial", um relato breve de um duelo entre dois *compadritos*, publicado no início do ano seguinte, no qual ele buscava dotar uma sórdida luta de faca entre dois *compadritos* de dignidade épica e ressonância mítica.[8]

Porém, suas ideias ainda estavam em estado de fluxo. Ainda não decidira se a epopeia de Buenos Aires deveria ser escrita em verso ou em prosa — na verdade, referia-se a ela como um "romance", em prosa ou verso —, mas estava inclinado ao verso porque as guitarras da gente comum poderiam então "oferecer sua fraternidade".[9] Tampouco resolvera a questão da linguagem e do estilo em que seria escrita: deveria ser uma forma de *arrabalero*, o dialeto baseado na gíria dos criminosos conhecido como lunfardo? Decidiu-se a favor de um espanhol castelhano, mas com sotaque argentino, porque o *arrabalero* era um meio limitado demais para dar conta da amplitude de sentimentos e ideias que uma epopeia de Buenos Aires exigiria, a não ser que se encontrasse um poeta capaz de fazer pelos *compadritos* da cidade o que José Hernández fizera pelos *gauchos* com o *Martín Fierro*.[10]

A exposição mais completa da nova visão de Borges encontra-se em "El tamaño de mi esperanza", um ensaio que mostra como superara completamente o impasse do "crioulo final" no fim de 1925.[11] Nesse ensaio, ele ainda defende a ideia de que o processo de modernização havia ameaçado a identidade crioula tradicional. O caráter dos crioulos fora estabelecido nos primeiros dias da república, e o maior deles havia sido o tirano Juan Manuel de Rosas. Porém, graças ao inimigo liberal de Rosas, Domingo Sarmiento, um homem que, segundo Borges, odiava e repudiava tudo o que fosse crioulo, iniciara-se o processo de desenvolvimento econômico, mas esse "progressismo" equivalia a "submeter-se a ser quase norte-americano ou quase europeu, sempre quase outros".[12] Ainda assim, para Borges o progresso não acarretava mais uma "tragédia" para os crioulos; em vez do temor e da aversão pela metrópole babélica que sentira um ano antes, encontramos aqui certo orgulho carinhoso por sua cidade natal — sua vastidão e diversidade propunham um desafio criativo ao escritor, pois, com exceção do tango, não fora engendrada nenhuma ideia que se parecesse com "essa minha inumerável Buenos Aires".[13] Daí seu projeto joyceano de mitificar a cidade: a metrópole desnorteante deve ser domada pela imaginação do poeta e transformada numa realidade familiar e adorável em que seus habitantes se sentiriam enraizados como os velhos crioulos outrora se sentiam enraizados nos pampas.

Borges chamou esse novo projeto de crioulismo, mas o termo tinha de ser entendido num sentido amplo, explicava ele, pois não se tratava de um culto nostálgico do *gaucho* e do pampa, como o de Lugones, mas de um crioulismo que "conversaria com o mundo e com o eu, com Deus e com a morte". Sua "esperança", portanto, ia muito além de uma preocupação insular com a definição da identidade crioula; tinha um alcance universal também, porque significava desenvolver uma cultura para a jovem nação que poderia ser comparada às culturas de outros países. Havia poucas lendas, poucas criações originais na Argentina; a "realidade viva" do país, da própria Buenos Aires, era muito maior do que "a realidade de nosso pensamento", e assim esse novo crioulismo, baseado nas realidades urbanas de Buenos Aires, trazia consigo uma forma de construção da nação:

> Buenos Aires, mais do que uma cidade, já é um país, e devemos encontrar a poesia, a música, a pintura, a religião e a metafísica que farão justiça a sua grandiosidade. Esse é o tamanho de minha esperança, que a todos nos convida a ser deuses e trabalhar em sua encarnação.[14]

Vários jovens responderiam ao apelo de Borges de empenhar-se na "encarnação" de uma nova cultura para a Argentina, com destaque para os poetas Francisco Luis Bernárdez, Leopoldo Marechal, Carlos Mastronardi, Ulyses Petit de Murat e Sixto Pondal Ríos. Mas, inquestionavelmente, o mais excêntrico era o pintor, poeta e místico Xul Solar, pseudônimo de Alejandro Schulz Solari, homem de imaginação profusa que contaria entre suas façanhas a invenção do *neocriollo*, uma língua para os argentinos da qual os supostos defeitos do espanhol haviam sido expurgados, mas cujo único inconveniente era que nenhum argentino conseguira até então entendê-la. Borges era o líder deles e, como sempre gostara de longas caminhadas, instava agora seus amigos a andar pela cidade com um objetivo — "sentir Buenos Aires", familiarizar-se com os diferentes bairros e embeber-se pessoalmente das histórias, canções e lendas da gente comum.[15] Podemos ter uma ideia dessas explorações deambulatórias a partir de um cartão-postal que Borges escreveu para um amigo: "Tendo exaurido Saavedra, aquele bairro de barracos de lata, e os pequenos pampas de La Paternal, estou infestando San Cristóbal Sur (você deveria ver os idílicos umbus do Parque Patrícios!) e também Barracas".[16]

Ao mesmo tempo, buscava por vários meios desenvolver seu projeto de mitificar a cidade de Buenos Aires. Ulyses Petit de Murat lembraria como foi posto contra a parede por Borges no Royal Keller: "Você mora em Belgrano, não é? Então, poderia escrever um poema sobre seu bairro. Pondal Ríos fará outro. O mesmo fará Mastronardi. É para uma antologia que Gleizer está preparando, com um mapa na capa feito por minha irmã Norah. Córdova Iturburu e Horacio

Rega Molina farão o bairro de Flores".[17] Embora essa iniciativa pareça ter dado em nada, Borges e seus amigos perseveraram mesmo assim em sua busca do verdadeiro espírito dos crioulos, procurando cenas e festas típicas da gente comum. Gostavam de ir a *asados*, churrascos pantagruélicos em que uma enorme quantidade de carne, linguiça, vísceras e vinho era consumida ao som dos acordes de guitarras festivas.[18] E, numa carta a Guillermo de Torre, Borges mencionou uma peregrinação que estava planejando fazer com Xul Solar e Paco Bernárdez ao santuário de Nossa Senhora de Luján, a virgem dos crioulos.[19] Havia também batalhas a travar contra tendências desviantes que poderiam denegrir o espírito puro do arrabalde, e nada mais urgente que a defesa do tango contra os compositores novos que ameaçavam transformar aquela espontânea epopeia urbana popular em lamúrias efeminadas de cafetões rejeitados. De tempos em tempos, Borges e seus seguidores expressavam seu desgosto pela perversão do tango saindo em massa do Royal Keller para fazer calar aos gritos os aficionados do novo gênero em suas reuniões semanais no Café Tortoni. Reservavam uma aversão especial para as efusões de Juan de Dios Filiberto, um *gringo* da Boca a quem atormentavam impiedosamente por suas canções lacrimosas, mas muitíssimo populares.[20]

No centro do círculo de crioulistas de Borges estava, evidentemente, sua musa appolinairiana, sua Helena de Troia, Norah Lange. As festas de sábado à noite na rua Tronador já eram um ritual sagrado, um ritual, como lembraria Francisco Luis Bernárdez, em que o espírito dos crioulos era celebrado com a máxima devoção. Os rapazes chegavam à casa "como um redemoinho" e então a festa começava:

> O piano dava início. Escolhiam-se parceiros. Tocavam-se os primeiros acordes. E o tango abria sua grande flor melancólica, cujo perfume langoroso parecia misturar-se com os poemas que havíamos escrito durante a semana. [...] Entre uma dança ao som de "El Choclo" e "El entrerriano", entre "Don Juan" e "La Cumparsita", muitas vezes saímos da casa com as deusas daquele paraíso wagneriano e fazíamos um pequeno intervalo no fragrante bar da esquina, e os conhaques que nos serviam no balcão pareciam fazer parte da mesma cerimônia ritual que nos unia a todos com uma convicção ainda maior, num certo "fervor de Buenos Aires" que um jovem crioulo, que voltara não fazia muito tempo de Genebra, costumava disseminar com um zelo quase religioso durante suas prodigiosas caminhadas pela cidade. Voltávamos ruidosamente para a casa e retomávamos nossa festa turbulenta. E en-

tão Norah, a dos longos cabelos flamejantes, retomava seu trono e cetro, estendia ambas as mãos para silenciar o tumulto, e recitava trechos de *La calle de la tarde*, e seus poemas jamais deixavam de acalmar a tempestade e induzir uma aurora da mais pura emoção.[21]

Perto de meados de 1926, as relações de Borges com Norah Lange haviam atingido uma intimidade sem precedentes. Um dos poemas dela desse período sugere um encontro que era tão emocional quanto erótico — ela se descreve indo ao encontro do amante como o orvalho a uma rosa recém-aberta; seu coração dói de felicidade enquanto ela antevê o banquete que a espera nos lábios dele; ela pode imaginá-lo dentro dela, natural como a lua no silêncio da noite.[22] Esse sentimento de comunhão no amor exerceria uma influência poderosa nas ideias literárias de Borges. Em junho, ele publicou "Profesión de fe literaria", o ensaio mais importante de sua juventude, no qual articulava os princípios de um credo literário que, exceto por uma modificação essencial, como veremos, permaneceria sendo a base de todos os seus escritos posteriores.[23]

As ideias de Borges estavam enraizadas no expressionismo de sua juventude, mas, desde então, elaborara uma forma extrema de poética confessional. Comparava a transação entre o autor e o leitor a "uma confidência" e, como qualquer confidência, sua base estava na "confiança do ouvinte e na veracidade do orador". Por conseguinte, toda a literatura era, "em última instância, autobiográfica". Escrever era "a confissão total de um eu, de um personagem, de uma aventura humana" e, por sua vez, os leitores tinham "uma ânsia por almas, por destinos, por idiossincrasias", um desejo tão seguro do que buscava que, se as vidas ficcionais não o satisfizessem, ele iria "investigar amorosamente a vida do autor". Borges concedia que a "substância autobiográfica" de uma obra poderia estar escondida, às vezes, sob os "acidentes" que a encarnavam, mas estava presente de qualquer maneira, "como um coração batendo nas profundezas".

Não obstante, havia um problema intrínseco nessa concepção ultraconfessional da comunicação literária: "Como pode alguém inserir no peito dos outros a vergonhosa verdade sobre si mesmo?". A dificuldade residia no fato de que o próprio meio de expressão do poeta era um obstáculo à sinceridade: versos, rimas, metáforas, a própria linguagem, tendiam a obscurecer, em vez de desnudar os sentimentos genuínos. Sua solução para esse problema era que "precisamos conquistar as palavras vivendo-as efetivamente". Com isso, ele queria dizer que a linguagem, embora genérica e impessoal, tinha de ser embebida na experiência do mundo particular do escritor, de tal modo que a obra trouxesse o selo da personalidade única de seu autor:

> Já identifiquei, entre milhares, as nove ou dez palavras que combinam com meu coração; já escrevi mais de um livro para poder escrever, quem sabe, apenas uma página. A página justificativa, a que seja a abreviação de meu destino, a que talvez somente os anjos julgadores escutem no dia do Juízo Final.

Essa é a primeira formulação feita por Borges de uma ideia que permaneceria com ele até o fim de sua vida — a ideia de salvação pela literatura. Uma única página, um único poema, um único livro — uma obra-prima autêntica — seriam suficientes para justificar a vida de um escritor, pois a condensação de um destino único em forma estética equivalia à salvação de seu realizador, uma vez que o resgatava do vazio indiferenciado do solipsismo, do "nada da personalidade".

Alguns meses depois, ele toparia com um exemplo realizado de salvação pela literatura. Em 3 de setembro, resenhou um livro de poemas *gauchos* de Pedro Leandro Ipuche e escolheu, para comentar, uma poesia sobre um *gaucho* que mata uma onça.[24] Tratava-se de um lugar-comum na literatura gauchesca, observava ele, mas Ipuche lhe havia dado uma verdade que transcendia o estereótipo e "atingia plenamente sua preciosa intimidade". O poema de Ipuche oferecia, assim, um padrão para sua própria literatura — ele desejava um dia ser capaz de ver, como Ipuche, "definitivamente as coisas que são verdadeiramente minhas": "Faço poemas para sentir que pertenço mais plenamente a Buenos Aires, para me sentir seguro em minha intimidade recuperada com Buenos Aires". A criação de um mundo poético equivalia a moldar um destino pessoal, e essa configuração de sentido distintiva constituiria a justificação final da existência de um escritor. Escrever, portanto, era ao mesmo tempo criação e descoberta, pois o autor permanecia aberto a um poder misterioso que lhe revelaria, no próprio processo da escrita e através dele, a essência do eu e sua relação com o mundo.

No que dizia respeito a Borges, a personificação desse poder orientador era Norah Lange: fora ela que lhe possibilitara superar seu impasse de "crioulo final", que havia inspirado sua poética ultraconfessional do coração e que, esperava ele, traria uma fruição harmoniosa de todos os variados elementos que existiam em contradição e desordem em sua concepção de si mesmo. Norah Lange estava singularmente qualificada para ser a musa de Borges, pois podia resolver o conflito profundo entre espada e punhal de um modo que Concepción Guerrero não podia. Concepción representara a realidade urbana plebeia da Buenos Aires moderna que parecia estar em conflito com a identidade crioula que ele havia herdado de seus ancestrais. Seu amor por ela, portanto, havia exacerbado o conflito arraigado em sua infância entre a espada ancestral, associada à mãe, que conferia honra, distinção e legitimidade, e o punhal, associado ao pai, que simbolizava a energia ilícita dos desejos excluídos. Mas seu amor por Norah lhe permitia abraçar aqueles desejos excluídos, pois, ironicamente, a mulher que havia inspirado o crioulismo de Borges não era uma crioula: Norah era escandinava, com um pouco de irlandês, e essa ancestralidade nórdica servia para legitimar a herança inglesa de Borges — o "sabor estrangeiro" que seu pai acreditava que o tornava inaceitável aos crioulos puros. Com efeito, Borges, que falava com Norah principalmente em inglês, cultivava a fantasia de uma afinidade étnica antiga com ela, que viria das raízes da família paterna no norte da Inglaterra. Ele escreveria em suas memórias: "É provável que não passe de uma superstição romântica, mas o fato de os Haslam terem vivido na Nortúmbria e na Mércia [...] liga-me a um passado saxão e talvez dinamarquês".[25] O fato de seu sangue ser predominantemente "saxão" e o de Norah, dinamarquês, sem dúvida sugeria uma analogia entre a conquista de sua afeição por ela e os ataques vikings à Nortúmbria, com a resultante mistura de sangues que produziu a raça inglesa.

A "anglicidade" de Norah pode ser compreendida como uma metáfora do potencial não realizado que Borges desejava incorporar a sua compreensão de si mesmo e de sua relação com a Argentina. Norah lhe possibilitaria forjar uma continuidade entre o passado e o presente, entre o tradicional e o moderno, entre a herança crioula de sua mãe e o lado imigrante da família de seu pai. Não restou muito do pensamento de Borges sobre isso, exceto por um discurso pouco conhecido, que ele faria em 1928, delineando uma visão surpreendentemente radical do futuro da Argentina em que os crioulos e os imigrantes das várias nações do mundo que haviam vindo para o país "conspirariam" juntos "para desaparecer em um novo homem", um novo tipo de argentino.[26] Essa ideia negava claramente aos crioulos um papel privilegiado na determinação da identidade nacional — ainda que tivessem criado a nação, os crioulos deveriam sacrificar seu orgulho por essa façanha em nome da honra maior do país: a crioula deveria ser uma entre as muitas linhagens na Argentina do futuro.

Assim, Borges regalaria Norah com os três epítetos que marcavam o caminho para a salvação: ela era "inglesa, inumerável e um anjo".[27] "Inglesa" porque ela reconciliaria os lados estrangeiro e crioulo da herança de sua família; "inumerável" porque representava o Aleph unificador, o "número que abrange todos os outros números"; e "um anjo" porque sua ígnea beleza nórdica o incitaria ao zênite do ardor whitmaniano que uniria o eu e o mundo num todo apaixonado. Com efeito, encontramos um relato místico do Aleph em um pequeno e curioso ensaio chamado "Historia de los ángeles" — e devemos relembrar que Norah Lange era saudada como um "anjo" pelos escritores da vanguarda portenha — que Borges publicou em março de 1926. Nele, ficamos sabendo que o Aleph era o signo usado pelos cabalistas para denotar o chefe das dez emanações de Deus: era "o cérebro, o primeiro mandamento, o céu de fogo, o nome divino 'Eu Sou Quem Eu Sou' e o serafim chamado Bestas Sagradas".[28] Portanto, o Aleph representava a mais alta expectativa de Borges do papel de Norah Lange como sua musa, pois era por intermédio dela que ele se realizaria plenamente em sua escrita e, desse modo, ganharia acesso à emanação suprema da Unidade em seu céu de fogo.

Em meados de 1926, Borges havia finalmente encontrado o que procurava desde que deixara a Frente Única um ano antes: descobrira os meios de criar uma nova ordem poética capaz de ir além das panelinhas da vanguarda e falar aos seus compatriotas como um todo. Seu crioulismo, no entanto, foi tratado com grande suspeita pelos *martinfierristas*. Em maio, a redação da *Martín Fierro* mudou-se para o terceiro andar de um edifício, na rua Tucumán, 612, perto da Florida, no centro da cidade, uma localização que confirmava sua designação de grupo da Florida, a ala cosmopolita da Nova Geração. De fato, um editorial enfatizava a dedicação dos *martinfierristas* à modernidade e ao cosmopolitismo: "Estamos agora onde deveríamos estar, bem no centro, onde a cidade está mais em dia com o que está acontecendo, mais perto do que o futuro pode trazer".[29] As boas-vindas eram estendidas a todos os elementos da vanguarda, mas as portas da revista seriam "fechadas na cara" de gente com "motivos indignos" que se entregava a "mexericos venenosos". É difícil dizer se essas restrições se dirigiam a Borges e os crioulistas, mas o mesmo editorial advertia que ficar muito ligado aos arrabaldes poderia "impor limitações" aos escritores. Outro artigo do mesmo número da revista censurava os crioulistas por suas suspeitas em relação ao progresso e sua inclinação à nostalgia.[30] Alguns meses depois, o mesmo articulista criticaria "os Carriegos de ontem e de hoje" que falavam incessantemente dos "pampas e dos subúrbios de suas namoradas".[31]

Parece que Borges não se perturbou com essas críticas. O fato é que o movimento da arte moderna em Buenos Aires estava perdendo gás. Seu ímpeto original viera da Europa, do futurismo, do cubismo, do dadaísmo e do expressionismo, mas a vanguarda argentina continuara a ser uma mistura eclética de noções revolucionárias assimiladas pela metade e uma obsessão ingênua com a metáfora como chave para a invenção poética. Por padrões internacionais, era menos uma vanguarda do que uma revolta contra o simbolismo cansado da geração de Lugones. A visita de Marinetti a Buenos Aires em junho daquele ano mostrou a crescente obsolescência do movimento. O futurismo era agora uma coisa tão velha que até as senhoras ultrarrespeitáveis da revista *El Hogar* [O lar] acharam por bem organizar um jantar em honra do famoso poeta italiano em cuja obra se perpetraram conscienciosamente travessuras futuristas: solicitou-se aos convidados que sentassem escarranchados nas cadeiras e que galopassem três vezes ao redor da mesa.[32] O fato é que os "cosmopolitas" da *Martín Fierro* não tinham bem certeza de para onde as coisas estavam indo. Como sempre, olhavam para Paris em busca de uma pista. Sergio Piñero, um de seus melhores escritores, fora para a Cidade Luz em dezembro do ano anterior e desde então mandava notícias sobre as últimas tendências. Vários outros *martinfierristas*, inclusive Oliverio Girondo, planejavam fazer o mesmo nos meses seguintes.[33]

Em contraste, aumentava a influência do crioulismo de Borges entre os escritores jovens: perto do final do ano, poemas e contos que tinham por cenário os arrabaldes de Buenos Aires começaram a aparecer até nas páginas da *Martín Fierro*. E era tal a confiança que Borges tirava desse crioulismo florescente que passou a levar Norah Lange às reuniões da Nova Geração. O fato de ela ainda não conhecer os principais *martinfierristas* se devia à relutância de sua mãe em deixá-la ficar fora de casa até tarde da noite, mas, sem dúvida, se devia também ao desejo de Borges de proteger sua musa do contato com seus rivais. Porém, a partir de meados de 1926, Norah acompanharia Georgie a algumas sessões da *Revista Oral*, onde ela conheceu Évar Méndez, que se ofereceu para publicar seu segundo livro de poesia na Editorial Proa (sairia em setembro com o título de *Los días y las noches*). E, em 10 de julho, ela foi com Borges à festa de relançamento da *Martín Fierro*.

Essa festa degenerou rapidamente numa famosa bebedeira. Évar Méndez, Leopoldo Marechal e alguns outros entronaram Norah Lange numa cadeira que tiraram de um café e a carregaram nos ombros até o porão do Café Tortoni, onde trataram de interromper uma reunião de entusiastas do tango. Paco Luis Bernárdez foi até a *Revista Oral*, no Royal Keller, e insistiu em declamar um "editorial" que terminou em tumulto quando começou a insultar a plateia. Girondo foi visto cambaleando até o cruzamento das ruas Corrientes e Callao, um dos mais movimentados da cidade, onde tentou dirigir o tráfego. E o pobre Raúl González Tuñón acordou na manhã seguinte numa estranha casa no balneário de Adrogué, a quarenta quilômetros de Buenos Aires, para onde foi levado por alguma boa alma que o resgatou na noite anterior.[34] Havia sido uma noite desvairada até mesmo pelos padrões da vanguarda, e, quando eles tentaram descobrir como as coisas tinham saído tanto do controle, as suspeitas recaíram sobre o conde Antonio Mordini, um nobre italiano excêntrico que viera para a Argentina na expectativa de caçar elefantes no Chaco: parece que o "temível alquimista", como foi descrito na *Martín Fierro*, havia batizado as bebidas com uma droga exótica.[35]

Como relembraria Carlos Mastronardi, Borges "ainda estava feliz" naquele período: "animava a conversa com piadas inteligentes e grandes explosões de riso" e "não desejava 'ser outro', fosse nesta vida ou nas vidas imaginárias futuras".[36] Em 24 de outubro, Borges publicou um ensaio chamado "La felicidad escrita", no qual afirmava que a felicidade era incompatível com a crença no nada do eu, pois, quando estamos felizes, não podemos imaginar "a negação de toda consciência, de toda sensação, de toda diferenciação no tempo e no espaço", uma vez que a felicidade traz "a satisfação da vontade, não sua perda".[37] Muitos escritores, dizia ele, haviam tentado retratar a experiência da felicidade, mas "a apresentação da felicidade, de um destino que se realiza em felicidade", era, talvez, a coisa mais rara que a arte poderia oferecer.[38] Sem dúvida, a fé de Borges em si mesmo se havia erguido tal qual uma fênix das cinzas da dúvida sobre si mesmo, e ele se propunha a fazer agora o que alegava que poucos poetas haviam feito — iria "escrever felicidade", captar em palavras como era sentir-se realmente feliz: tais eram as ambições de um jovem apaixonado.

No dia 6 de novembro, um sábado, Borges acompanhou Norah Lange a um almoço festivo num restaurante junto ao lago do parque Palermo.[39] A festa era em homenagem a Ricardo Güiraldes, cujo romance *Don Segundo Sombra* fora publicado no início do ano e recebera enormes elogios. Tratava-se de uma ocasião muito emotiva porque Güiraldes vinha lutando contra um câncer e partiria para Paris dentro de poucos meses, numa visita que seria provavelmente sua última.[40] Uma fotografia publicada depois na *Martín Fierro* mostra os convidados reunidos em torno de Güiraldes.[41] Na foto, Norah Lange tem aparência juvenil e sonhadora, olhando para o alto, cabeça inclinada para um lado, como se estivesse perdida numa fantasia de menina; ao lado dela, Georgie exibe um sorriso levemente torto que lhe dá um ar de satisfação descontraída, de proprietário. Temos ali um momento dourado da vida de Borges, um momento bastante excepcional, um momento tão precioso, frágil e trêmulo quanto uma bolha de sabão prestes a estourar. Pois o destino faria com que, naquela festa, um encontro acontecesse junto ao lago de Palermo, e a feliz crença em si mesmo — o sentimento do Aleph — que Borges alcançara mediante seu amor por Norah Lange se desfizesse em pedaços.

10. Rejeição (1926-7)

Na época da festa em honra de Ricardo Güiraldes, Norah Lange era conhecida como poetisa publicada e uma protegida literária de Borges, mas seu contato com outros membros da Nova Geração, fora do círculo de Borges, era até então muito limitado, e ainda havia vários escritores que ela não conhecia. Foi na festa no parque Palermo que Borges a apresentou a Oliverio Girondo e, mais tarde, ela se viu sentada ao lado dele durante o almoço. O que lhe chamou a atenção em Girondo foi a voz — era escura e ressonante, "como mogno", ou algo "subterrânea"; a certa altura, ela derrubou uma garrafa de vinho, e Girondo inclinou-se em sua direção e disse: "Sangue correrá entre nós".[1] Era uma frase feita sob medida para impressionar uma jovem de vinte anos como Norah, tão suscetível ao advento de um homem a quem ela se sentisse destinada a se dar. Após o almoço, eles dançaram juntos e depois Girondo levou-a para casa. Norah ficou totalmente caída por aquele estranho: "Oliverio era vital, passional. Apaixonei-me por ele naquele dia".[2]

Não que Girondo fosse bonito: era dentuço, característica acentuada por um queixo pequeno que esconderia anos depois com uma barba, mas sua tez pálida destacava os olhos castanhos inquietos, e seus cabelos, que manteve longos por um período, partiam de uma testa alta para cair em ondas ao redor do pescoço. Um trunfo não desconsiderável era também seu estilo cosmopolita, pois tratava-se de um homem do mundo, educado na Inglaterra e na França, muito viajado e residente em Paris. Oliverio gostava de se apresentar como um rebelde contra os costumes tacanhos da sociedade argentina, mas era, na verdade, o herdeiro de uma poderosa família de proprietários de terras de ascendência basca, e, apesar de todo o seu ar boêmio, não era avesso a lembrar às pessoas de seu parentesco com as famílias Arenal e Uriburu, duas das mais ilustres dinastias crioulas. Assim, com aquela voz e seus frequentes gestos teatrais, possuía o tipo de charme viril ao qual uma jovem como Norah Lange, quinze anos mais moça do que ele, deve ter achado difícil de resistir.

Norah chegara à festa com Borges, mas foi embora com Girondo, e esse simples fato causaria uma singular infelicidade na vida de Borges. Perder Norah para outro homem já seria um desastre suficiente, mas perdê-la para Girondo era uma humilhação desesperadora. Sua antipatia por ele surgira em função de um desacordo sobre a vanguarda, mas havia também uma diferença marcante de temperamento: Borges era retraído, discreto, hesitante; Girondo era uma força da natureza, impetuoso e enérgico, um exibicionista compulsivo. O ressentimento de classe também desempenhava um papel nisso. Embora de origem aristocrática rural, Borges vinha de fato da classe média urbana, ao passo que Girondo pertencia à elite dominante, beneficiária da revolução econômica nos pampas que os Acevedo e os Borges julgavam que havia causado seu declínio social. (Isso pode ter contribuído para que Borges retratasse Girondo em sua ficção como um aristocrata autoritário ou um sinistro megalomaníaco.)

As consequências daquele encontro casual entre Norah e Girondo começaram a se desdobrar com velocidade alarmante. Girondo apareceu na casa dos Lange no sábado seguinte, tendo sido convidado para a festa costumeira por Norah. Foi apresentado à sra. Lange e, mais tarde, afirmou que se deu tão bem com ela que acabaram jogando xadrez sob uma mesa.[3] O aparecimento de Girondo na casa da rua Tronador.foi, sem dúvida, muito amargo para Borges engolir, pois ele a considerava território especial seu, um lugar onde era aceito por um círculo de amigos de confiança e podia encontrar refúgio daquela solidão solipsista interior à qual era tão propenso. Era como se tivesse sido expulso do paraíso, como o primeiro Adão, motivo que seria recorrente em seus textos até a velhice.

Norah e Girondo começaram a se encontrar quase dia sim, dia não. Como ela diria em um poema, a voz de seu amante prometia revelar-lhe possibilidades da vida e, à medida que seus sentimentos se tornavam mais ardentes, o mesmo acontecia com aquela voz insistente que exigia algo que ela estava temerosa demais para entregar numa sociedade que valorizava tanto a honra de uma mulher.[4] Mas então Girondo anunciou que estava partindo de Buenos Aires — "Ele já tinha uma passagem para a Europa no bolso", Norah contaria numa entrevista — e, em 4 de dezembro, quase um mês depois da festa no parque Palermo, embarcou para Paris, deixando-a num estado do mais agudo sofrimento.[5] Ela começou a escrever-lhe quase diariamente e, enquanto lutava contra o súbito vazio em sua vida, decidiu transformar suas cartas num romance epistolar mediante o qual pudesse se conformar com seu infortúnio.

Voz de la vida, de Norah Lange, está quase esquecido hoje e, com efeito, é tão raro a ponto de ser quase inencontrável na Argentina. Foi publicado em outubro de 1927 e, como Borges observaria numa resenha, "a primazia da paixão, a realidade única e todo-poderosa do amor profundo é o argumento substancial".[6] Na verdade, dizia ele, não era realmente um romance, era "a terceira parte do único longo poema que são todos os livros e todos os dias dessa escritora", um poema em que o único destino que importava era o dela mesma, e ao qual ela havia acrescentado agora o tema dos "dois homens que estão apaixonados".

Voz de la vida consiste de uma sequência de cartas escritas por uma jovem mulher chamada Mila ao seu amante Sergio, que partiu para o exterior. Enquanto se sente insegura a respeito dos sentimentos de Sergio por ela, Mila é cortejada também por um velho amigo chamado Ivan. A narrativa trata das vicissitudes dessa situação triangular, na qual Mila é claramente a própria Norah, Sergio é Girondo e Ivan pode ser identificado com Borges. Tanto quanto pude confirmar em outras fontes, as datas das cartas de Mila correspondem de muito perto à experiência de Norah, e os acontecimentos reais parecem ter ganhado uma leve camada de verniz de ficção. Por exemplo: a primeira carta de Mila é datada de 6 de novembro, o dia exato do almoço festivo em honra de Güiraldes no qual Norah trocou Borges por Girondo; Ivan acompanha Mila a um baile, tal como Borges havia acompanhado Norah à festa; o baile realiza-se num lugar chamado "Salão Príncipe George", que é certamente uma alusão velada a "Georgie"; o encontro de Mila com Sergio é retratado como um *coup de foudre* similar ao relato da própria Norah sobre o impacto que Girondo lhe causou; no final da noite, quando Ivan vai se despedir de Mila, ficamos sabendo que seus olhos não conseguem deixar de refletir a dor que sente, o que deve ter sido provavelmente a reação de

Borges diante do rumo inesperado dos eventos no almoço em Palermo; por fim, após algumas semanas, Sergio abandona Mila e parte para Londres, ao passo que Girondo foi para Paris.[7]

Evidentemente, nada poderia estar mais distante da conquista decisiva de Norah Lange por Girondo do que a demorada corte à qual foi submetida pelo míope e gago Jorge Luis Borges. Porém, como *Voz de la vida* deixa claro, Borges dedicaria esforços decididos para conquistá-la de volta. A estratégia que adotou inicialmente foi se mostrar amigo de Girondo, ao mesmo tempo em que revelava aos poucos os fatos da situação a Norah. Em 18 de dezembro, Mila escreve que Ivan lhe informou da improbabilidade do retorno de Sergio a Buenos Aires, e isso a fez duvidar se Sergio realmente a amava. Em 23 de dezembro, ela se queixa de que Sergio não lhe escreveu de volta e acrescenta que Ivan a encontra depois do trabalho quase todos os dias. Em 3 de janeiro, observa que nunca viu Ivan mais devotado a ela. Quatro dias depois, escreve de novo para dizer que Ivan a levou a um café da rua Corrientes e que, enquanto tomavam coquetéis, ele pôs sua mão sobre a dela e assim ficou por um bom tempo, antes de ela lhe contar que fora enganada por Sergio — ele fora embora de Buenos Aires porque tinha uma mulher em Londres. Mila ficou muda de espanto diante dessa revelação e disse a Sergio que não conseguia pensar nele nos braços de outra mulher. Ele vivia com ela? Ele a amava? Voltaria a Buenos Aires? Mas Mila não recebeu resposta de Sergio: foi abandonada a uma paixão sem esperança.

Borges deve ter calculado que Norah superaria Girondo no devido tempo e que poderia então retomar sua relação com ela. Porém, não seria assim: o pai de Girondo morreu subitamente em janeiro de 1927 e Oliverio estava de volta em Buenos Aires em meados de fevereiro. A *Martín Fierro* deu a notícia: "A lamentável morte de seu pai, que o tomou de surpresa na Europa, fez com que mudasse seus planos de lá permanecer por um longo período, e ele agora dedica-se aos seus negócios pessoais e a estudar, tendo se retirado por enquanto das atividades artísticas".[8]

Girondo ficou em Buenos Aires provavelmente por cerca de dois meses, mas não estava disposto a reviver o caso com Norah. Em *Voz de la vida*, esse acontecimento é representado pelo recebimento de uma carta de Sergio em 18 de fevereiro na qual ele oferece a Mila a mão da amizade. Furiosa, ela responde no mesmo dia dizendo-lhe que não pode se satisfazer com amizade depois de ter se apaixonado tanto; ela não renunciará a seus sentimentos, e sua ira é alimentada pela própria intensidade de sua paixão por ele. Porém, um mês depois, como fica evidente na carta de Mila datada de 18 de março, Sergio confessa ter uma esposa em Londres a quem ele não ama, mas que não pode deixar. (Ao que parece, Girondo não era casado, mas tinha uma amante em Paris.) Mila sente-se ferida e ofendida pela ideia de que Sergio podia estar brincando com seus sentimentos, mas mesmo assim reafirma sua paixão incontrolável e declara sua disposição de ir ao encontro dele.

Observando o conflito que se desenrolava entre Norah e Girondo, Borges continuou sua corte. Em um pós-escrito de sua carta de 18 de março, Mila informa a Sergio que Ivan vem vê-la quase todos os dias; ela está tocada pela lealdade dele e, às vezes, sente alguma afeição por Ivan, mas, não obstante, assegura a Sergio que é a ele que quer. Girondo, no entanto, permanece impermeável aos rogos de Norah e, em algum momento do final de março, volta para Paris. Essa segunda separação foi absolutamente dolorosa para Norah, pois não tinha ideia se veria de novo o homem por quem estava apaixonada. Ela derramou sua angústia em um poema — sentia-se acabrunhada pela ausência de seu amado, incapaz de esquecer sua voz, seus lábios marcados pelo beijo dele, como se os tivesse selado com palavras de fogo.[9]

Uma vez que Norah parecia ter sido abandonada de novo, Borges decidiu-se por um lance ousado. Em carta datada de 28 de março, Mila conta a Sergio que Ivan lhe fez uma proposta de casamento e não aceitará uma recusa: ele está preparado para esperar até que a dor da ausência de Sergio tenha passado. Às vezes, ela é tentada a aceitar a proposta de Ivan, mas a verdade é que não quer deixar de amar Sergio, e o único impedimento à relação deles é a relutância de Sergio em largar a mulher com quem está casado, embora diga que ama Mila. Ela censura Sergio por sua resistência em desconsiderar as convenções, por não ficar com ela simplesmente porque tem uma união legal com uma mulher que alega não amar. De sua parte, Mila estaria preparada para renunciar ao amor de sua mãe e ir para Sergio, a fim de encontrar qualquer felicidade que ele esteja disposto a lhe oferecer.

Uma vez mais, a carta de Mila fica sem resposta. Em 2 de maio, ela queixa-se de que se passou um mês inteiro sem receber uma palavra de Sergio e confessa estar tentada a ir para Londres de qualquer jeito, embora tema encontrar lá um vazio ainda maior do que aquele que está vivendo atualmente em Buenos Aires sem ele. Ela sente-se exausta com a pressão dupla de querer estar com Sergio, ao mesmo tempo em que resiste à tentação de ceder a Ivan, que continua pedindo que não deixe Buenos Aires, que espere mais algumas semanas.

Em 8 de maio, Mila apresenta um ultimato a Sergio: ele tem de responder às cartas dela dentro de trinta dias, ou ela se casará com Ivan e nunca mais lhe escreverá. Quatro dias depois, nota que os olhos de Ivan revelam sua alegria à medida que os dias passam sem uma carta de Sergio. No entanto, apenas dois dias antes do prazo limite, Mila escreve a Sergio em desespero, implorando por uma carta, assegurando-lhe mais uma vez que está disposta a superar qualquer obstáculo para estar com ele. Seu desespero é tal que ela pensa em jogar-se pela janela para encontrar seu fim na escuridão inútil da noite.

Em 12 de junho, data limite estabelecida por Mila, a tão ansiada carta de Sergio chega — mas apenas para revelar que sua esposa está grávida. Mila sente que sofreu uma dupla derrota: a mulher de Sergio manteve seu homem e terá agora o filho dele. Mila resolve então casar-se com Ivan, para que possa ao menos realizar um de seus desejos mais profundos, que é ter um filho. Ela informa Sergio de que ele não deve esperar mais nenhuma comunicação dela. Mas de novo não consegue manter sua decisão e, em 15 de julho, véspera de seu casamento, confidencia a Sergio que está perturbada pela perspectiva de se casar com um homem pelo qual não consegue sentir o mesmo grau de paixão que sente por ele. Ainda assim, reluta em romper sua promessa a Ivan, porque sabe que o casamento lhe trará grande felicidade e rejeitá-lo condenaria os dois a uma solidão desesperada. Ela reza para ganhar um filho, mas sente-se apreensiva com o engano emocional que seu casamento irá causar.

Voz de la vida, obviamente, não deve ser tomado como um registro exato do que aconteceu entre Norah, Girondo e Borges. Não consegui, por exemplo, averiguar se Girondo estava realmente casado com outra mulher, ou se ela de fato ficou grávida dele. A questão da gravidez foi provavelmente um artifício ficcional utilizado por Norah para indicar a força da ligação de Girondo a sua amante em Paris, o que explicaria sua recusa em retomar o caso, apesar de todos os rogos dela. Quanto a Borges, há todos os motivos para crer que ele propôs de fato casamento a Norah, mas é mais difícil formar um juízo sobre a resposta dela naquele momento. Eu presumiria que ela aceitou a proposta em princípio, mas lhe pediu para esperar até que a dor da perda de Girondo tivesse diminuído e pudesse controlar suas emoções.

Eu diria que Norah e Borges talvez tenham ficado informalmente noivos por volta de 16 de julho de 1927, data do casamento de Mila e Ivan em *Voz de la vida*. Àquela altura, Girondo já estava ausente havia cerca de quatro meses e não dera ouvidos aos apelos de Norah. Borges devia ter esperanças de que ela esqueceria toda a triste aventura com Girondo e ficaria com ele. Mas, de novo, isso não aconteceria, pois, por volta de meados de agosto, parece que Girondo entrou repentinamente em contato com Norah: Mila recebe uma carta inesperada de Sergio em que ele conta que a outra mulher morreu e que ele ainda ama Mila. A morte da "esposa" de Sergio no romance talvez simbolize a percepção de Girondo de que não conseguia esquecer a jovem que abandonara em Buenos Aires. Ele tentara resistir a ela durante vários meses para ser fiel à outra mulher, mas devia estar mais afetado por Norah do que se dera conta; ademais, talvez tenha sido o ciúme despertado pelo "noivado" de Norah com Borges que levou Girondo a reconhecer a força de seus sentimentos por ela.

A súbita declaração de amor de Girondo provocou novo transtorno para Norah: tendo aceitado Borges, ela tentou resistir a Girondo. Em 19 de agosto — mal se passara um mês de seu casamento com Ivan — Mila responde a Sergio expressando sua angústia diante da ideia de estar amarrada a Ivan quando sabe que Sergio está agora livre de seu laço matrimonial. Porém, em outra carta, do dia 4 de setembro, ela diz a Sergio que se sente comprometida com o marido e, portanto, ele precisa parar de lhe escrever e tirá-la da cabeça. Contudo, sabendo que Girondo estava disposto a desistir da outra mulher por ela, Norah achou impossível resignar-se a uma relação com Borges. Em *Voz de la vida*, o casamento de Mila com Ivan é seguido por um longo intervalo de cerca de nove meses, quando então, em 27 de maio, Mila escreve a Sergio novamente, dizendo-lhe que vive atormentada pela ideia de que ele espera por ela, pela lembrança de sua voz e pela perspectiva de descobrir a felicidade em seus braços. Ela acha a bondade do marido irritante, insuportável. Há algum tempo, ele implorou-lhe que retribuísse seus sentimentos, mas ela recusou-se a fazê-lo, e ele reagiu sendo cruel com ela, murmurando o nome de Sergio de forma ameaçadora. Depois, voltou ao seu comportamento obsequioso, que ela achava tão entediante. Mila resolve largar o marido e ir para Sergio. A única voz que poderia contê-la seria a de um filho, mas essa felicidade não lhe foi concedida. Ela tem medo e ansiedade, porém é impulsionada pelo amor que espera encontrar com Sergio. Em sua última carta, datada de 10 de junho, Mila escreve que a reação de Ivan a sua decisão não foi de surpresa, mas de agonia. Partirá no dia seguinte para estar com Sergio, e mal pode conter sua alegria diante da perspectiva de concretizar o amor com que sonhou durante tanto tempo em sua lacrimosa solidão.

As datas das cartas de *Voz de la vida* correspondem, de modo geral, à cronologia das relações de Norah com Girondo e Borges, mas o intervalo de nove meses entre as cartas de 4 de setembro e 27 de maio é obviamente simbólico, indicando que Norah havia chegado à conclusão de que não encontraria realização pessoal com Borges. De todo modo, o desfecho do livro — a decisão de Mila de deixar Ivan e unir-se a Sergio em Londres — talvez refletisse o desejo de Norah, mas a realidade da situação era bem diferente. Norah deve ter terminado a relação com Borges o mais tardar em meados de setembro, pois *Voz de la vida* foi publicado em 12 de outubro, mas ela não foi a Paris atrás de Girondo. Talvez ele não tenha, de fato, deixado a amante, ou, quem sabe, Norah tenha achado que ainda não podia ter certeza das intenções dele. De qualquer modo, tinha apenas 21 anos, não estava bem de vida e devia ser difícil deixar sua mãe viúva e ir para uma cidade desconhecida do outro lado do mundo, sem meios confiáveis de suporte financeiro.

Porém, Norah ainda estava às voltas com a indecisão. Os longos meses de sofrimento decorridos desde sua primeira separação de Girondo causaram-lhe insônia e ansiedade, mas sua agonia era agora tão aguda que começou a perder muito cabelo: "Sofria tanto que meus cabelos caíram", lembraria ela depois. "Durante algum tempo, tive de usar uma pequena boina para cobrir a cabeça. Depois, algumas lindas madeixas voltaram a crescer."[10] Sua angústia piorou porque não tinha confidente: sentia muito a falta de sua irmã Ruthy, de quem era mais próxima, mas que se casara naquele ano e fora morar em Oslo com o marido norueguês. "Foi o período mais inconsolável de minha vida", confessou.[11] No fim, decidiu ir para a Noruega passar um ano com Ruthy, que esperava o primeiro filho. Em 15 de novembro, a *Martín Fierro* anunciava uma festa de despedida para Norah, cujo romance acabara de ser publicado, que partiria em breve para a Europa.[12] No final de novembro ou início de dezembro, ela partiu de Buenos Aires num cargueiro norueguês com destino a Oslo.

A rejeição de Norah Lange seria um dos maiores reveses da vida de Borges. Uma primeira reação a essa catástrofe pessoal pode ser encontrada num texto curto intitulado "Sentir-se em morte", um título idiossincrático.[13] É o relato de uma epifania que experimentou certa noite enquanto caminhava pelas ruas adiante do rio Maldonado, em algum lugar entre seu bairro natal de Palermo e Villa Mazzini, onde Norah morava. Ele descreve como chegou a uma rua de casas baixas e viu um muro cor-de-rosa banhado pelo luar, e ocorreu-lhe com grande força que aquela cena não fora tocada pelo tempo e que ele, por sua vez, fora criado numa condição intemporal, como se fosse um "percebedor abstrato do mundo". O efeito dessa abstração radical do tempo, como indica o título do texto, era entrar numa condição similar a estar morto: era estar à prova da mudança, da perda e da infelicidade, e eternizar um estado de desejo realizado.

Porém, o fato é que suas esperanças de concretizar seu desejo por Norah haviam acabado. E, enquanto ela ficava obcecada com sua paixão por Girondo, as esperanças de Borges desapareciam. Em março, quando Girondo se recusava a ter qualquer envolvimento com Norah, Borges lhe propusera casamento, mas parece que quanto mais Girondo fazia a moça sofrer, mais ela compreendia que não podia amar Borges. Com efeito, depois de ser abandonada por Girondo pela segunda vez no final de março, Norah repudiaria o amor de Borges com crueldade inesperada. Em 28 de abril, publicou na *Martín Fierro* uma resenha desnecessária de *Fervor de Buenos Aires* e de *Lua defronte* sob o enigmático título de "Jorge Luis Borges pensado en algo que no alcanza a ser poema".[14] Com algumas qualificações bem colocadas, ela se distanciava da poesia do homem que de bom grado reconhecera como seu mentor nos três últimos anos. Sua única "censura", como dizia, era que a Buenos Aires evocada nos poemas de Borges era plácida demais: estava sempre vestida com os melhores trajes de domingo.

A crítica de Norah deve ter atingido o alvo com a precisão de uma bala que atravessa o coração da vítima: Borges estava sendo repudiado por sua *jolie rousse* appolinairiana, que rejeitava publicamente a "ordem" poética que ele imaginara e anunciava sua preferência pela "aventura" da vanguarda. E, para piorar as coisas, no mesmo número da *Martín Fierro* em que Norah publicou sua resenha, havia um outro repúdio a Borges, dessa vez na forma de uma nota sobre o fato de não ter ganhado o Prêmio Municipal por seu livro de ensaios *El tamaño de mi esperanza*. A revista contava que um dos jurados, um professor da Universidade de Buenos Aires chamado Nirenstein [*sic*], havia negado seu voto a Borges "porque o considerou um escritor incompreensível, um imitador de Carriego".[15]

A reação de Borges à resenha crítica de Norah veio duas semanas depois, na forma de um breve ensaio sobre um dos grandes poemas de amor da língua espanhola, o vigésimo primeiro dos "Sonetos a Lisi" de Francisco de Quevedo, no qual o poeta declara que sua alma, suas veias e sua medula conheceram os fogos do amor e, quando ele morrer, perderão sua forma, mas não sua vontade:

Serán ceniza, mas tendrá sentido,
*Polvo serán, mas polvo enamorado.**[16]

De acordo com Borges, o soneto de Quevedo era "uma defesa originalíssima da imortalidade", baseado na proposição de que "a intensidade é promessa de imortalidade", e não qualquer tipo de intensidade, mas aquela do desejo erótico, ou, mais precisamente, do próprio ato: "O gozo, a plenitude do ser, transborda de seu minuto e afirma que quem alguma vez tanto viveu já não se esquecerá de continuar vivendo e não morrerá".

Embora a rejeição de Norah ameaçasse matar sua alma, ele, tal como Quevedo, moveria cada fibra de seu ser para resistir à morte, pois, mesmo naquela vontade agonizante de sobreviver, poderia encontrar um ponto de apoio em qualquer resíduo de pessoalidade que Norah pudesse condescender em lhe deixar. Contudo, sua confiança na salvação fora profundamente abalada pelo repúdio de seu amor por Norah, e sua crença na possibilidade de "imortalidade" se tornaria ainda mais tênue; em outro ensaio escrito no mesmo ano, ele enfatizaria que, embora os sentimentos ou pensamentos particulares de um escritor pudessem desaparecer com o tempo, sua "individualidade" se aferraria "como uma raiz" no espírito de seus leitores, permitindo que sua personalidade literária sobrevivesse, nem que fosse como "um eco", "um punhado de sombras", "um mero rastro da ausência da palavra".[17]

Não obstante, Borges começou a duvidar de si mesmo e, em junho, já havia revisado a "Profesión de fe literaria", publicada havia apenas um ano. Em um ensaio chamado "Indagación de la palabra", ele questionava o princípio básico de seu credo literário, a saber, a crença de que a poesia compreendia uma confissão total do eu baseada na confiança do ouvinte e na veracidade do orador.[18] Essa transação era impossível, dizia ele agora, porque a própria linguagem possuía um "hemisfério de mentiras e sombras" que traía a intenção expressiva do autor ou orador; a essa opacidade ele chamava de "a tragédia geral de toda a escrita"

* Serão cinzas, mas terá sentido,/ Serão pó, mas pó enamorado.

— o significado linguístico era "instável e contingente", o sentido de uma frase seria diferente conforme o leitor e, por sua vez, as estruturas da sintaxe estavam propensas a representar mal as intenções de um autor; portanto, não havia escolha senão se submeter "à sintaxe, a sua traiçoeira concatenação, à imprecisão, aos talvez, às excessivas ênfases, aos mas".[19]

Borges fizera sua profissão de fé literária no auge de seu amor por Norah Lange, quando lhe parecia que o objetivo mais elevado da poesia era a transparência de comunicação comparável àquela entre amantes.[20] Agora, percebia que "somente anjos" poderiam evitar a linguagem e que até Norah, que fora reverenciada como um anjo pelos rapazes da vanguarda portenha, não era nenhum anjo nesse aspecto, pois nós, mortais, somos os "nunca anjos" irremediavelmente verbais, inevitavelmente condenados a sofrer com as infidelidades da palavra.[21]

Contudo, Borges retomou sua relação com Norah por volta de julho de 1927, como vimos; é provável que tenham até ficado noivos por um tempo, mas esse estado das coisas não durou mais de um par de meses e, em setembro, Norah o rejeitou outra vez. Esse segundo desapontamento provocaria outra denúncia amarga de Borges da "tragédia geral de toda a escrita". Numa palestra patrocinada por *La Prensa* que deu em setembro, Borges tratou da questão da linguagem a ser empregada pelos escritores argentinos e defendeu o uso do espanhol-padrão com uma entonação argentina, mas, num trecho extraordinário, deu voz a uma desconfiança visceral de toda a linguagem, declarando que era o Diabo — "aquela serpente enganadora, aquele inventor do equívoco e da aventura, aquele caroço do acaso, aquele eclipse de um anjo" — que havia batizado as coisas deste mundo.[22]

Essa explosão aconteceu poucas semanas depois que Norah havia rompido o compromisso com ele — ela recebera uma declaração de amor de Girondo e não podia mais negar seus sentimentos pelo rival. No entanto, curiosamente, a reação de Borges a essa última rejeição — além de sua aflição diante da decisão de Norah — foi uma espécie de admiração, até mesmo reverente, pela força extraordinária de uma paixão que estava arrastando aquela moça inocente para um destino que ninguém podia prever. Pouco depois da publicação de *Voz de la vida*, em meados de outubro, ele escreveu um poema chamado "A la doctrina de pasión de tu voz".[23] (O uso repetido das palavras "voz" e "vida" no poema ecoava o título do romance de Norah, e seus sentimentos se encaixavam exatamente naqueles de um pretendente rejeitado como Ivan.) O poema é dirigido a uma mulher sem nome cuja voz é "o som da paixão do amor". "Pobre de nós", escreve Borges, "que o ouvimos sem sermos julgados dignos dele." A amada declinou de se tornar o centro de seu mundo:

> mas a tua é a voz da paixão em seu poder e glória
> e ela inunda as palavras que pronuncias.
> Como esquecer o que não cabia a nós ouvir?
> Como esquecer tua voz de paixão,
> quando vozes que outrora disseram "eu te amo" foram esquecidas
> e a tua nos mantém na escravidão?

No entanto, apesar dessa atitude de resignação, o poeta olha para um futuro em que seja concebível que ele possa recuperar o amor da mulher, pois a voz da paixão oferece a promessa de que o amor é possível sobre a terra, e não apenas o amor, mas "a presença inteira da felicidade".

Borges sentia evidentemente que nem tudo estava perdido em relação a Norah: ela decidira não ir para Paris e era possível que, durante o ano que planejava passar com sua irmã em Oslo, fosse capaz de superar seus sentimentos por Girondo, e ele poderia ter então uma chance de recuperá-la. Enquanto isso, tinha de encarar a vida em Buenos Aires sem ela, uma perspectiva certamente triste, desoladora, e um período em que todo o seu mundo interior permaneceria em suspenso, esperando a volta de Norah, esperando descobrir se poderia ainda achar a salvação como escritor ou ser condenado para sempre ao nada do eu.

11. Vingança e derrota (1927-30)

O rompimento entre Norah Lange e Borges ocorreu num momento de renovação da fermentação política na Argentina, quando o presidente Marcelo T. de Alvear chegava ao término de seu mandato. A Constituição o impedia de concorrer à reeleição e, entre os vários candidatos para sucedê-lo, o mais popular era Hipólito Irigoyen, que fora seu antecessor na presidência, de 1916 a 1922. Irigoyen era uma figura controvertida e divisora. Sua eleição em 1916 levara o Partido Radical ao governo pela primeira vez em sua história, e durante seu mandato ele recompensara seus seguidores com mais empregos no setor estatal e aumentara enormemente os gastos públicos. Porém, as consequências, numa economia mundial perturbada pela Grande Guerra, foram inflação alta e inquietação trabalhista que culminaram na infame Semana Trágica de janeiro de 1919, quando houve confrontos entre polícia e operários durante uma greve geral decretada pelos sindicatos liderados por anarquistas. Ao sucedê-lo, Alvear, embora do mesmo partido, tentou restaurar a disciplina financeira, política que dividiu os radicais em uma facção pró-Irigoyen e um grupo de "radicais antipersonalistas" fiéis a Alvear. Em 1928, a perspectiva da volta de Irigoyen à presidência alarmou os estancieiros conservadores que sustentavam a economia de exportação, mas eles estavam divididos quanto à melhor maneira de deter Irigoyen: ou reviver o sistema de eleições controladas, se isso fosse possível, ou desmantelar completamente o sistema eleitoral e criar um Estado corporativo autoritário.

A aproximação das eleições presidenciais exacerbou os conflitos ideológicos entre os escritores da Nova Geração. Alguns *martinfierristas* inclinaram-se para a esquerda e, com os escritores do grupo da Boedo, apoiaram os socialistas ou o nascente Partido Comunista. Contudo, a divisão mais aguda aconteceu entre os partidários e oponentes de Irigoyen. Borges saiu fortemente em defesa de Irigoyen, não apenas porque era um radical por tradição familiar — seu avô fora amigo de Leandro Alem, o fundador do partido —, mas também porque o tipo de crioulismo urbano e democrático que criara encontrava um representante natural em Irigoyen, o grande defensor das classes populares.

O grupo anti-Irigoyen de escritores da Nova Geração considerava o líder radical um perigoso agitador que destruiria a ordem e a prosperidade. Esses jovens reacionários uniram-se em torno de um quarteto formado pelo *martinfierrista* Ernesto Palacio, os irmãos Julio e Rodolfo Irazusta e Juan E. Carulla. Defendiam um nacionalismo direitista que chamaremos doravante de nacionalismo, para distingui-lo do crioulismo democrático de Borges, e que, embora não possa ser chamado rigorosamente de fascismo, compartilhava várias posições do nacionalismo fascista que Leopoldo Lugones defendia desde o primeiro mandato de Irigoyen. Sua asserção básica era que a República Argentina estava ameaçada pela demagogia fomentada pela política partidária e pela imigração em massa. No curto prazo, queriam restringir o direito de voto aos argentinos natos e controlar a imigração, mas seu objetivo maior era instituir uma sociedade corporativa liderada por um caudilho supremo cujas diretrizes derivassem da doutrina social católica e dos valores crioulos tradicionais. Um elemento fundamental da estratégia deles era provocar um golpe de Estado e, antes mesmo das eleições de 1928, os nacionalistas começaram a se aproximar de oficiais do exército simpáticos às suas ideias, instando-os a tomar o poder a fim de impedir a eleição de Irigoyen.

Na segunda metade de 1927, os jovens escritores nacionalistas preparavam-se para lançar uma revista chamada *La Nueva Republica*, cujo primeiro número estava planejado para 1º de dezembro. Isso seria causa de preocupação para Borges, porque os nacionalistas eram membros da Nova Geração e, na verdade, seus amigos — Ernesto Palacio se casaria com uma prima sua —, e poderiam começar a afastar gente de seu crioulismo moderado. Foi, portanto, possivelmente para contra-atacar a influência dos nacionalistas que Borges decidiu se engajar ativamente na política. Por volta de outubro, fundou o Comitê de Jovens Intelectuais Irigoyenistas, que atraiu um bom número de escritores. Ele era o presidente, Leopoldo Marechal, seu vice, e Ulyses Petit de Murat, o tesoureiro; os outros membros do comitê eram Macedonio Fernández, Francisco Luis Bernárdez, Pablo Rojas Paz, Carlos Mastronardi, Xul Solar, Roberto Arlt, Sixto Pondal Ríos, Raúl e Enrique González Tuñón e Raúl Scalabrini Ortiz. Borges era o fundador e o espírito animador: a sede do comitê ficava em seu apartamento, na rua Quintana, 222.

Embora restem poucos registros das atividades desse comitê, Borges e seus amigos certamente desempenharam um papel muito ativo na campanha de reeleição de Irigoyen. Fizeram um manifesto político que colaram nos muros da cidade. Escrito quase com certeza por Borges, esse manifesto identificava "Três fases" na construção da nação argentina: "1810-1816 — Revolução [contra a Espanha]; 1853-1860 — Organização [da república]; 1916-1922 — Consciência argentina [primeiro mandato de Irigoyen]". O manifesto apontava então para uma nova fase: "1928 — Nós, os jovens escritores, saudamos a grande esperança da pátria: IRIGOYEN PRESIDENTE". Era assinado por Borges e pelos membros do Comitê de Jovens Intelectuais.[1] Ulyses Petit de Murat relembraria depois ter ido com Borges a reuniões do Comitê Central do Partido Radical.[2] Em 27 de dezembro de 1927, o jornal de circulação de massa *Crítica* publicou uma carta, assinada por todos os membros do Comitê de Jovens Intelectuais, denunciando fraudes nas eleições para cargos do Partido Radical na cidade de Córdoba. O estilo da carta indica que foi escrita pelo próprio Borges: acusava os oponentes de Irigoyen de privar o povo de seus direitos civis fundamentais ao fraudar essas eleições e apelava aos membros do Partido a unirem-se em torno da "verdadeira doutrina radical", que "coroa o triunfo da democracia argentina" e que estava em jogo nas eleições presidenciais vindouras de abril de 1928.[3]

Por volta de outubro, Borges e seus amigos pressionaram Évar Méndez, o editor da *Martín Fierro*, para que a revista declarasse seu apoio à campanha pró-Irigoyen. Méndez recusou-se a fazer isso, alegando que a *Martín Fierro* sempre fora politicamente neutra, e no número de 15 de novembro publicou uma declaração em que dissociava a revista de qualquer interesse político ou religioso e desmentia os rumores de que ela havia fundado um Comitê de Jovens Intelectuais.[4] O desmentido enfureceu Borges e, no decorrer de dezembro, a animosidade que sempre existira entre o grupo da *Proa* e os *martinfierristas* explodiu. Borges e seus amigos foram acusados pelos "cosmopolitas" da *Martín Fierro* de ter traído os ideais da Nova Geração e ter formado o comitê pró-Irigoyen simplesmente para obter empregos e patrocínio do Partido Radical, cujos comitês políticos eram famosos pela corrupção.[5] Mas Borges era pessoalmente indiferente a esses ataques, no mínimo porque provocavam um cinismo agressivo nele — Petit de Murat relembraria como Borges sussurrou sarcasticamente a ele durante uma reunião do Partido Radical: "Me pergunto quando eles vão começar a distribuir as empanadas" ("empanadas" era gíria para as recompensas dadas aos adeptos fiéis do partido).[6]

A disputa ficou tão encarniçada que por fim, em 4 de janeiro, Borges, Marechal e Bernárdez renunciaram ao conselho editorial da *Martín Fierro*. Évar Méndez decidiu então fechar a revista, possivelmente para impedir uma manobra posterior de Borges para derrubá-lo e assumir a editoria. A animosidade entre os dois campos foi mais inflamada pela decisão extraordinária de Borges de divulgar amplamente sua saída da revista através do envio de sua carta de demissão ao jornal *Crítica*, que a publicou na íntegra em 25 de janeiro de 1928:

Buenos Aires, 4 de janeiro de 1928

Senhor Évar Méndez, diretor da *Martín Fierro*. Nós, os abaixo-assinados, decidimos esquecer a *Martín Fierro* pelas seguintes razões:

a) Devido ao prudente desmentido — que não era inteiramente estranho aos serviços que o senhor fornece à Casa Rosada — perpetrado pelo senhor em sua revista.

b) Porque seus gramofones, automóveis, barbeadores elétricos, trajes de mergulho, patins de rodas e o resto desse lixo nos parecem tão retóricos quanto os palácios oníricos de versificadores antiquados.

c) Porque não estamos interessados em ter nosso trabalho submetido a censuras de desmentidos.

d) Porque não podemos entender com que direito o senhor alega representar a *Martín Fierro* contra nós, que somos seus verdadeiros representantes.

e) Porque nossas atividades políticas são honestas e bem fundamentadas, e não o tipo de manipulação medrosa traída por sua nota.

f) Porque religião e política são assuntos sérios, e não um pretexto para o interesse egoísta vil.

Desejando-lhe uma longa vida eterna cheia de calúnias e erros de impressão, asseguramos-lhe uma vez mais de nossa separação longa e firme.

[Assinado por]: Jorge Luis Borges, Leopoldo Marechal, Francisco Luis Fernández [*sic*]

Editores da revista *Proa*, que reaparecerá em março.

A carta era um evidente ataque pessoal maldoso, pois Borges devia saber que Méndez estava impedido por contrato, por ser funcionário público, de participar de atividades políticas. Mais especificamente, Méndez trabalhava na biblioteca do gabinete particular do presidente Alvear e mantinha relações pessoais com ele; desse modo, se a revista que editava declarasse apoio a Irigoyen, o grande inimigo de Alvear, sua carreira seria prejudicada. Mas o texto rejeitava também a poética e o estilo retórico dos *martinfierristas*, como fica claro na zombaria em relação às imagens vulgares e obcecadas com máquinas de seus oponentes. E o questionamento do direito de Méndez representar a revista, junto à acusação relacionada com religião e política, trazia a público a luta pelo poder subjacente que perturbara a vanguarda portenha desde o retorno de Borges de sua segunda visita à Europa.

Na verdade, creio que Borges pode ter tramado essa briga para acabar com a *Martín Fierro* de uma vez por todas. Não por nada, escolheu identificar-se, junto a seus amigos, como editor da revista *Proa*, "que reaparecerá em março". Com efeito, o episódio todo foi, em última instância, muito provavelmente concebido por ele como uma vingança contra Oliverio Girondo, que havia sido o esteio da *Martín Fierro* e que dera um golpe mortal na *Proa* em 1925, com sua proposta de fusão das duas revistas. E sua vingança era alimentada não somente pelo ressentimento literário, mas também pela dor emocional, pois suspeito que Borges também forçou o fechamento da revista graças ao ressentimento causado pela rejeição de Norah Lange. É estranho que a rixa tenha explodido no mesmo mês em que Évar Méndez publicou *Voz de la vida* na Editorial Proa; estranho também que o desmentido de Méndez tenha saído no mesmo número da *Martín Fierro* que anunciava a iminente partida de Norah para a Noruega.[7]

As atividades literárias e políticas de Borges estavam muito intimamente entrelaçadas com seus problemas pessoais. Como se não fossem suficientes a rejeição de Norah em favor de seu rival Girondo e sua subsequente partida para

Oslo, suas atividades foram afetadas também por problemas de visão. Ele sofria de miopia aguda desde a infância, mas, no último ano, desenvolvera catarata, uma moléstia que atacara seu pai e devia ser hereditária. No início de março de 1928, fez uma operação, a primeira das oito que sofreria antes de ficar cego, cerca de 28 anos depois. Essa cirurgia ocorreu justamente algumas semanas antes da data da seleção do candidato radical à presidência, em 24 de março de 1928. Borges e seus amigos haviam decidido publicar um folheto em que cada membro do Comitê de Jovens Intelectuais Irigoyenistas mostraria suas razões para apoiar seu candidato, mas Borges ainda estava se recuperando da operação, então ditou para sua mãe uma carta que é, quase com certeza, sua contribuição para o folheto. Temos aqui a exposição mais completa de suas posições políticas que o jovem Borges divulgara até então:

> Acabei de ser operado e tenho habitado a escuridão por alguns dias (dias que certamente não merecem a honra de serem relembrados), o que não me permite qualquer elaboração retórica ou exploração detalhada no papel. É por isso que escrevo pela mão de outra pessoa e com a simplicidade nascida da pressa. [...]
>
> É fácil para mim dar razões para minha convicção de irigoyenista. Equivale a pensar diante dos outros o que já pensei para mim mesmo. Irigoyen representa a continuidade argentina. Ele é o cavalheiro portenho que experimentou a veemência dos alsinistas [partidários da autonomia da província de Buenos Aires] e o grande levante patriótico de El Parque [a Revolução de 1890, da qual nasceu o Partido Radical], e que continua a viver numa casa modesta do lado sul da cidade (um distrito que exsuda o ambiente da pátria, mesmo para aqueles de nós que não moram ali), mas ele é o homem que melhor lembra nosso futuro com memória profética e esperançosa. É o caudilho que decretou, com toda a autoridade de um caudilho, a morte sem apelação de todas as formas de caudilhismo; ele representa o presente que, sem esquecer o passado e nele encontrar honra, se volta para o futuro.
>
> O empenho heroico de Irigoyen e sua vocação cívica foram administrados (uso a palavra intencionalmente) por uma conduta que se pode dizer com exatidão que é digna de um homem de gênio. A descoberta simples e hereditária dos políticos foi esta: publicidade, loquacidade, franqueza, sinceridade provocam simpatia. A descoberta de Irigoyen foi o oposto inspirado disso, e pode ser expressa assim: o homem sóbrio, prudente, o homem circunspecto, o homem de palavra, o homem que é reservado também pode ser popular. Essa intuição foi suficiente para salvá-lo

> de se entregar aos espetáculos públicos obrigatórios da política. Irigoyen, esse mais nobre dos conspiradores do Bem, não sentiu a necessidade de nos oferecer qualquer espetáculo que não seja sua existência apaixonada, dedicada como é à pátria com fidelidade tão ciumenta.[8]

O estilo efusivo é semelhante ao das cartas que Borges tendia a escrever às mulheres pelas quais se apaixonava e essa é, de fato, uma carta de amor a Irigoyen, composta enquanto ele jazia de olhos vendados após a operação, num poço de depressão, e sentindo-se abandonado por Norah Lange. Naquelas circunstâncias sombrias, ele retratava a Argentina como uma amante esquiva a quem Irigoyen servia com a "fidelidade ciumenta" que ele mesmo adotara em relação à Norah depois que ela o trocara por Oliverio Girondo.

Borges não recobrou o ânimo depois da cirurgia, embora Irigoyen tenha sido devidamente indicado candidato radical e tenha obtido uma vitória maciça nas eleições presidenciais de 1º de abril. Ao contrário, assaltava-lhe a preocupação com a morte. Na véspera da eleição, por exemplo, saiu com um amigo "para sentir Buenos Aires", e, enquanto caminhavam perto do cemitério de Chacarita, ouviram o som de uma guitarra que vinha da sede local do Partido Radical, onde encontraram um jovem cantando uma milonga que continha os versos "a vida não passa/ do brilho luminoso da morte".[9] Borges ficou tão impressionado com a canção que a relembrou num poema sobre o cemitério de Chacarita que escreveu nesse período.[10] E então, apenas um mês depois, foi abalado pelo suicídio de um amigo íntimo que explodiu os miolos no banheiro do porão do Jockey Club, na cidade de La Plata.

A depressão de Borges era tão grande que ele parece ter feito pouco para capitalizar a vitória de Irigoyen: seu Comitê de Jovens Intelectuais se desfez após a eleição e seu plano de relançar *Proa* em março não deu em nada. O motivo da falta de sucesso com a revista talvez tenha sido o fato de Leopoldo Marechal e Francisco Luis Bernárdez, os outros dois membros do conselho editorial, entrarem para os Cursos de Cultura Católica, programa que reunia intelectuais jovens e padres para o estudo das doutrinas sociais da Igreja. Acontece que em 8 de março daquele ano — mesmo mês em que Borges esperava relançar *Proa* — saiu o primeiro número de uma nova revista literária chamada *Criterio*, patrocinada pelos Cursos de Cultura Católica, e seus amigos Marechal e Bernárdez escreveriam para essa publicação.

Ao que parece, Borges se permitiu acompanhar os amigos por algum tempo e até colaborou com algumas resenhas, artigos e poemas para *Criterio*. Talvez esperasse influenciar os membros dos recentemente instituídos Cursos de Cultura Católica no sentido de seu crioulismo pró-Irigoyen, pois, em setembro, aproveitou a oportunidade para declarar sua concepção política na inauguração de uma exposição das obras do pintor folclórico Pedro Figari, organizada pelos Cursos. Foi nesse discurso que ele instou os crioulos a esquecerem seu orgulho pela linhagem ilustre e se conjurar com os imigrantes a fim de criar um "homem novo" numa Argentina tolerante, hospitaleira, em que as pessoas de todo o mundo pudessem encontrar um lar.[11] Essa foi a visão mais ousada e otimista da Argentina que Borges alguma vez propôs em público, mas seu apelo aos jovens crioulos caiu em ouvidos moucos e, não muito depois, os Cursos se transformaram em terreno fértil para a reprodução de ideias nacionalistas de direita, da variedade *La Nueva República*.

A partida de Norah Lange havia deixado Borges num estado de total abatimento e, na ausência da amada, seu sentimento do "nada da personalidade" ameaçava tragá-lo novamente. Embora tenha retomado seu hábito de explorar os bairros de Buenos Aires após a cirurgia no olho, havia um lado desesperado nessas perambulações: aventurava-se altas horas da noite nas áreas mais mal-afamadas, lugares onde delinquentes andavam armados com facas e revólveres e se sabia que cães ferozes atacavam os transeuntes. Em certa ocasião, escapou por pouco de ser agredido quando caminhava com Ulyses Petit de Murat e Sixto Pondal Ríos pelo Bajo, em Belgrano, distrito malcheiroso de haras e estábulos e conhecido refúgio de pequenos criminosos. Com sua visão fraca, Borges usava uma bengala para tatear o caminho na escuridão, ao longo de uma cerca de metal, e o barulho dela chamou a atenção de um grupo de rufiões que começou a gritar insultos aos três amigos. Quando os homens se aproximaram, Ulyses e Pondal Ríos decidiram fugir correndo, mas Borges não arredou pé e, para horror deles, começou a provocar a fúria dos bandidos pondo em dúvida a masculinidade deles: "O que você está dizendo, Rosita? Não consigo ouvi-la, Pelágia!".[12] No fim, Ulyses e Pondal tiveram de arrastá-lo para uma estação ferroviária próxima e jogá-lo por cima da catraca, de onde correram para a segurança comparativa do centro de Belgrano.

A violência, no entanto, atraía Borges como um ímã. Era como se ele só se sentisse vivo pondo-se no caminho da briga, do burburinho e da morte. Alguns meses depois, mandaria um postal a Ulyses em que descrevia um incidente ocorrido na rua Montenegro, perto do cemitério de Chacarita: "Algumas noites atrás — aproveitando-se de nossa ausência —, floresceu um tiroteio entre a polícia e alguns arruaceiros naquela pequena rua, e um desordeiro foi baleado; ele se chamava, com um apropriado senso de cor local, Antonio Rosendo".[13] Com efeito, a vida tinha o costume de se aproveitar da ausência de Georgie, pois por mais que tentasse sentir a emoção de estar vivo — o toque do punhal, o poder do tigre — a vida estava sempre em outro lugar, fora de alcance.

Contudo, extraía algum conforto visitando a família Lange na rua Tronador e era grato, em particular, pela companhia de Haydée, a irmã mais velha de Norah, embora não houvesse, na verdade, muito conforto a obter ali, pois Haydée não demonstrava "nenhum interesse por mim com maravilhosa afabilidade e compaixão", como ele observaria para um amigo.[14] Entrementes, continuava escrevendo para Norah e recebia "frequentes cartas" de resposta, mas, à medida que o retorno dela da Noruega se aproximava, sua ansiedade crescia.[15] Perto do final de 1928, escreveu seu primeiro ensaio sobre um tema que viria a fasciná-lo: o famoso paradoxo de Aquiles e da tartaruga, em que o rápido herói jamais alcança o lento animal.[16] O paradoxo de Zenão era um espelho de seus temores — talvez ele também estivesse condenado à perseguição infrutífera de seus desejos. E esses temores podem ser vistos de novo na epígrafe que escolheu para *El idioma de los argentinos*, o novo livro de ensaios que publicaria naquele ano. Tratava-se de sua breve paráfrase de uma ideia que encontrara em *Appearance and reality* de F. H. Bradley: "Para o amor insatisfeito, o mundo é um mistério, um mistério que o amor satisfeito parece entender".[17] O retorno de Norah Lange determinaria se o amor de Borges seria finalmente satisfeito ou se o universo inteiro se encolheria num mistério impenetrável.

Suponho que Borges teve sua resposta em fevereiro de 1929, pois, quando chegou de volta a Buenos Aires, Norah Lange recusou-se a retomar a relação com ele.* Sua reação à rejeição de Norah pode ser encontrada num ensaio que publicou em junho dedicado ao tema do inferno. Trata-se de uma indagação sobre a natureza do tormento eterno: ele implicaria um sofrimento sem fim ou a

* No conto "O Aleph", a mulher por quem o personagem de Borges esteve irremediavelmente apaixonado morre em fevereiro de 1929, e, em "O Zahir", a moeda inesquecível que o personagem de Borges ganha logo antes da morte da mulher que ama é de 1929.

mera extinção da alma, sem perspectiva de união com Deus? Essas especulações teológicas surgiram da experiência pessoal, pois, em um pós-escrito, ele contou um sonho no qual se viu numa sala que não conseguia reconhecer:

> Pensei com medo, *onde estou?*, e compreendi que não sabia. Pensei: *quem sou?*, e não pude me reconhecer. O medo cresceu em mim. Pensei: Esta vigília desconsolada já é o Inferno, esta vigília sem destino será minha eternidade. Então acordei de verdade: tremendo.[18]

Fora-se a visão do eu realizado; foram-se os laços que o prendiam a um mundo particular: a promessa do Aleph desaparecera, e o inferno era uma sala no meio do nada na qual perdia todo o senso de quem era.

O sinal mais revelador da rejeição de Borges por Norah Lange foi a perda de sua voz poética. Em fevereiro de 1929, publicou um poema em *Criterio* chamado "Paseo de Julio", referência à notória zona de meretrício próxima do porto, e seu tema é que a prostituição é um "céu para aqueles que vivem no inferno".[19] Depois desse poema, passaria catorze anos sem publicar poesia. Em agosto, saiu seu terceiro livro de poemas, chamado *Caderno San Martín*, título que pensara em dar a sua "história da Argentina em versos"; mas projetos assim grandiosos estavam além de suas forças agora, como reconheceu na epígrafe do novo livro, uma citação de uma carta de Edward Fitzgerald: "[...] há poucos homens que têm o ócio para ler e são possuídos por alguma música em suas almas que não sejam capazes de versificar em dez ou doze ocasiões durante suas vidas naturais". A música na alma de Borges ficara cada vez mais débil desde seu rompimento com Concepción Guerrero: *Fervor de Buenos Aires* tinha 49 poemas, *Lua defronte*, 27; *Caderno San Martín*, que veio à luz em 7 de agosto de 1929, compreendia doze poemas e, destes, seis tratavam da morte.

Caderno San Martín foi um adeus de Borges à vida de poeta. Ele resignou-se a uma carreira de ensaísta e comentador cultural: em junho de 1929, havia dito à revista *Literatura Argentina* que preferia a prosa à poesia e mencionava ter começado a trabalhar na biografia de Evaristo Carriego.[20] Essa escolha de tema sugere que, embora pudesse ter desistido de sua ambição de ser o bardo de Buenos Aires, ainda estava preso à ideia de promover o crioulismo democrático que extraíra das canções de bairro de Carriego, muito provavelmente como meio de contestar os nacionalistas católicos e os reacionários de *La Nueva Republica.*

Encontrou um aliado influente para seu nacionalismo cultural residual em um novo amigo, o escritor Alfonso Reyes, um dos homens de letras mais famosos da América Latina, que chegara a Buenos Aires no ano anterior na qualidade de embaixador do México. Reyes participou ativamente da vida literária argentina e costumava convidar Borges e vários outros escritores jovens para jantar todos os domingos na residência do embaixador. Em 1929, passou a ser editor de uma série de livros chamada "Cuadernos del Plata", que estava associada à Editorial Proa de Évar Méndez, motivo possível de Borges não fazer parte do conselho editorial, embora seu terceiro livro viesse a ser publicado nessa série.

Reyes planejava também fundar uma revista literária de orientação nacionalista ampla chamada *Libra*, com Borges, Marechal e Bernárdez, mas estes dois estavam se inclinando muito para a direita e suas diferenças ideológicas com Borges não puderam mais ser ignoradas. Em 27 de maio de 1929, Reyes escreveu em seu diário que Borges havia saído do conselho editorial de *Libra* por conta de "brigas triviais" com Marechal, e também com Bernárdez, que não aprovava a amizade de Borges com escritores que ele reputava "impuros" e inaceitáveis.[21] *Libra* saiu em agosto de 1929, com Marechal e Bernárdez como editores, mas não sobreviveu ao primeiro número. No início de 1930, Alfonso Reyes já estava cansado de todas aquelas rixas. Em 8 de janeiro, escreveu em seu diário: "Ninguém se importa com literatura, somente com política literária entre os grupos ou panelinhas; indivíduos e grupos traem-se uns aos outros constantemente. Preferem fantasias baseadas em fofocas à realidade. É tudo muito estranho".[22] Não muito depois, partiu para o Rio de janeiro, onde assumiu a embaixada mexicana no Brasil.

Borges rompeu com Marechal e Bernárdez porque eles se viraram contra Irigoyen e se bandearam para os nacionalistas. Haveria uma reconciliação com Bernárdez alguns anos depois, mas não com Marechal, por quem Borges continuaria a sentir um grande rancor pessoal, sentimento que era mútuo, como fica claro em *Adán Buenosayres*, romance que Marechal publicaria em 1949 e se tornaria um marco da literatura argentina. Nessa obra, ele tratava com desprezo seus anos de lugar-tenente de Borges na defesa da causa do crioulismo. Satirizava as festas na casa das irmãs Lange e ridicularizava Borges na figura do personagem desajeitado e pedante Luis Pereda, um escritor jovem que é zombado por cultivar uma mística presunçosa do arrabalde.

* * *

Porém, nem tudo foi tristeza para Borges em 1929. As coisas começaram a melhorar perto da metade do ano que começara com o desastre da perda de Norah Lange. Em maio, seu livro de ensaios *El idioma de los argentinos* ficou em segundo lugar no Prêmio Literário Municipal de 1928 e, alguns meses depois, suponho que Borges até conseguiu achar uma namorada nova. Isso aconteceu em consequência de suas idas à cidade de La Plata para visitar Pedro Henríquez Ureña, um dos mais famosos intelectuais da América Latina, natural de Santo Domingo, o qual havia conhecido por intermédio de Alfonso Reyes. Na época, Ureña era professor na universidade de La Plata e Borges ia visitá-lo acompanhado de um amigo chamado Néstor Ibarra, um jovem franco-argentino que estava escrevendo uma dissertação sobre o movimento ultraísta para apresentar à Universidade de Buenos Aires. Ibarra apaixonou-se por uma das filhas da dona da pensão onde costumavam ficar. Para sair com ele, a garota precisava ser acompanhada pela irmã, chamada Elsa Astete, e Borges, por sua vez, passou a acompanhar Elsa e acabou por se sentir atraído por ela, que parece ter sido bem receptiva a sua costumeira corte hesitante.[23]

Em julho, Borges mudou-se com seus pais e a avó inglesa Fanny Haslam para um apartamento no quinto andar da rua Pueyrredón, 2190, onde moraria nos dez anos seguintes (sua irmã Norah, que se casara com Guillermo de Torre em setembro de 1928, morava num apartamento da rua Paraguay). O novo lar da família Borges ficava no bairro conhecido popularmente como "Terra do Fogo", território ideal para a pesquisa de Borges sobre a vida de Evaristo Carriego. Ele se encontrou com o chefe de polícia local, que conhecera pessoalmente os *cuchilleros* Juan Muraña e Suárez "El Chileno", mas sua fonte mais rica de informações foi um homem chamado Don Nicolás Paredes, ex-chefão do submundo de Palermo, outrora idolatrado pelo jovem Carriego. As primeiras impressões que teve de Paredes foram decepcionantes: era de estatura mediana, robusto e "excessivamente polido", mas depois de vários encontros Borges ficou fascinado por ele e começou a visitá-lo com frequência.[24]

Paredes iniciara sua vida criminosa como um simples *cuchillero* de aluguel, depois ascendera à posição de *guapo* — um chefete com guarda-costas próprios — para finalmente tornar-se o caudilho das redondezas que recrutava valentões com a missão de obter votos para o Partido Conservador e distribuir favor aos clientes. Dizia-se que a família de sua esposa possuíra outrora uma estância e por isso Paredes se referia a si mesmo como "*el estanciero*", embora vivesse numa casa pequena, em considerável pobreza, virando-se como trapaceiro e leão de chácara de boate.[25]

Paredes ficou perplexo com o interesse de Borges por Evaristo Carriego. O velho arruaceiro não tinha impressão muito boa do talento poético do bardo anarquista do bairro: mostrou a Borges um volume de poemas que Carriego lhe dedicara e disse, "em tom de resignação": "Como pode ver por você mesmo, o cara não valia grande coisa".[26] A razão disso, deduziu Borges, era que Paredes estava acostumado ao verso octossílabo da tradição popular espanhola, o que fazia com que os alexandrinos e hendecassílabos de Carriego parecessem canhestros ao seus ouvidos incultos.

Contudo, ao que parece, Paredes ficou lisonjeado com o interesse daquele jovem tímido pela vida do velho Palermo e fez o possível para lhe agradar. Certa vez, demonstrou sua lendária destreza de lutador de facas, desafiando um dos amigos mais atléticos de Borges para um duelo em que lhe deu um temível punhal, enquanto empunhava uma vara de madeira do tamanho de uma baqueta; por mais que tentasse, o amigo de Borges não conseguiu chegar perto do veterano *cuchillero*, que zombava do oponente enquanto se esquivava de seus ataques com fintas e desvios tranquilos.[27]

Por intermédio de Paredes, Borges conheceu Luis García, um dos mais famosos cantores da época, um homem diminuto que ceceava, de conduta impecável e que se orgulhava de ter nascido no "bairro da faca", como chamava Palermo.[28] García e Paredes passavam horas tocando tangos e milongas do estilo antigo em sua guitarras, e Borges ficou feliz ao descobrir que eles também desprezavam o novo estilo do tango. Uma noite, estava sentado com Paredes num café quando a banda começou a tocar um tango novo muito popular (hoje um clássico) chamado "Caminito", de Juan de Dios Filiberto, o homem que Borges e seus amigos de vanguarda costumavam atormentar no Café Tortoni. Paredes zombou da última obra de Filiberto: "Esse negócio é técnico demais para mim". Como muitos crioulos de sua geração, ele achava que os imigrantes italianos tinham estragado o velho tango com lamentações sem fim sobre suas companheiras infiéis.[29] "Um homem que pensa mais de cinco minutos numa mulher não é um homem de verdade", observou Paredes, "é um maricas."[30] (A lembrança dessa observação dura daria a Borges, muitos anos depois, a ideia de seu conto brutal "A intrusa", em que dois irmãos se apaixonam pela mesma mulher e acabam matando-a, em vez de deixar o amor se interpor entre eles.)

Aos olhos de Borges, Don Nicolás passou a representar "o arquétipo do crioulo dos subúrbios", mas a verdade é que a velha raposa estava se exibindo terrivelmente, tentando ser "todos os *guapos* que jamais conhecera reunidos em um só", para não desapontar seu jovem admirador.[31] Contudo, às vezes tentava trazer o sonhador Borges para a terra com uma história que retratava os *cuchilleros* de forma pouco lisonjeira. O grande Juan Muraña, apesar de "carregar muitas mortes", parece que não caiu vítima de um punhal: foi a bebida que o derrubou — literalmente — de sua carroça numa noite e rompeu-lhe a cabeça nos paralelepípedos da avenida Las Heras.[32]

No início de 1930, quando passava, como sempre, os meses de verão com sua família no Hotel Las Delicias, em Adrogué, Borges ficou sabendo que Paredes havia morrido e, em homenagem ao seu amigo falecido, decidiu "registrar algo de sua voz, de suas histórias e de sua maneira particular de contá-las".[33] Isso levou a um conto sobre *cuchilleros*, "Hombres de las orillas", que ele escreveu "em segredo durante vários meses", elaborando "com cuidado cada página, recitando em voz bem alta as frases até encontrar o tom exato".[34] Tendo por cenário o bar de um bordel, o conto trata de um lutador de facas, Rosendo Juárez, o orgulho de Palermo, que certa noite é desafiado para um duelo por um estranho de outro bairro.[35] Para espanto de seus asseclas, Rosendo ignora o desafio e, quando sua amante, La Lujanera, lhe entrega um punhal, ele simplesmente o joga pela janela e vai embora. A patente covardia de Rosendo decepciona tanto La Lujanera que ela se oferece para o desafiante vitorioso e eles saem do bar juntos. A história é contada para Borges por um *cuchillero* sem nome que afirma ter ficado tão envergonhado com a atitude de Rosendo que saiu do bordel, quando viu seu antigo herói ir embora do seu bairro. Um pouco depois, La Lujanera reaparece no bar em estado de grande aflição e conta que um homem feriu de morte seu novo amante em duelo. O conto termina com o narrador sugerindo que foi ele que cometeu o crime a fim de resgatar o orgulho de Palermo.

Além de prestar uma homenagem a Nicolás Paredes, a história da misteriosa passividade de Rosendo Juárez sugere que o próprio Borges não sabia como explicar por que Norah Lange o trocara por seu rival Girondo. E, na vergonha do narrador pela covardia de seu herói, talvez possamos ver o desapontamento de Borges consigo mesmo. O conto pode refletir também outro desapontamento:

seu romance acabou abruptamente em algum momento dos meses que levou para escrevê-lo. Parece que Borges telefonou para a casa da moça e foi informado pela mãe dela de que Elsa ficara noiva de outro homem. Embora Elsa viesse a dizer, anos depois, que Borges lhe dera um anel, é difícil determinar quão sério foi esse romance.[36] Com certeza, foi insignificante quando comparado com sua ligação a Norah Lange e mal valeria a pena mencioná-lo, exceto pelo fato de que, quatro décadas depois, a viúva Elsa Astete viria a ser a primeira esposa de Borges.

Se a segunda metade de 1929 prometia alguma melhora na sorte de Borges, o ano seguinte viu essa promessa se evaporar totalmente. No decorrer de 1930, a morte de Paredes e a rejeição por Elsa Astete ocorreram contra o pano de fundo das crescentes dificuldades de seu herói político, o presidente Irigoyen. O mandato dele começara bem: muitos gastos e empregos públicos asseguravam sua popularidade, mas o crash de Wall Street em outubro de 1929 levou a uma depressão econômica que tornou impossível manter os altos níveis de gastos públicos. Com o aumento exponencial da inflação e do desemprego, Irigoyen perdeu o apoio da classe média urbana e passou a ser atacado por não combater a corrupção nos círculos governamentais e por uma incompetência geral, que alguns atribuíam à senilidade. Crescia a desordem nas ruas — grandes manifestações de estudantes e trabalhadores e brigas entre irigoyenistas e vários grupos de oposição. Os críticos mais violentos do presidente eram os nacionalistas de direita; após a quebra da Bolsa, por exemplo, os editores de *La Nueva República* suspenderam a publicação da revista e formaram a Liga Republicana, uma força paramilitar no estilo fascista de cerca de 3 mil jovens, que passaram a desfilar pelas ruas e conclamar os militares a livrar o país de Irigoyen.

Em 6 de setembro de 1930, Irigoyen foi deposto pelo primeiro golpe de Estado do século XX na Argentina. Os insurgentes, liderados pelo general José F. Uriburu, encontraram pouca oposição. O golpe, na verdade, foi saudado pelo povo e bem recebido, em geral, pela imprensa como uma libertação da anarquia que o governo radical trouxera para o país. Mas Borges permaneceu fiel a Irigoyen. Em outubro, escreveu a Alfonso Reyes, no Rio de Janeiro:

> A revolução (ou rebelião militar com o apoio do público) é uma vitória do bom senso sobre a inépcia, a desonestidade e trapalhadas frequentes, mas as coisas ruins que

foram superadas devem ser postas no contexto de uma mitologia, um espírito amoroso, uma alegria — como parte de todo o mito bizarro do Doutor [Irigoyen], conspirando silenciosamente em nome do povo na própria Casa Rosada. Agora, Buenos Aires teve de repudiar sua mitologia caseira e se haver com uns poucos restos de entusiasmo, misturados com uns poucos assim chamados atos de heroísmo em que ninguém acredita, e a opinião comum de que pelo menos esses soldados não são ladrões. Sacrificamos o Mito no interesse do realismo, o que você pensa disso? Sem dúvida, Shaw teria aprovado. Não sei se estou me expressando com suficiente clareza; antes (como digo) as coisas podiam ser um pouco malucas, mas havia jornais de oposição arruaceiros com seus gritos de "*Viva...*" e "*Morte a...*", havia uma idolatria despreocupada que florescia nas paredes da cidade e nas milongas e nas letras dos tangos; mas agora temos independência sob lei marcial, uma imprensa sicofanta, a perpétua briga dos esquerdistas e a ficção de que a antiga administração amalucada era "cruel e tirânica".

Poucos espetáculos dignos de nota. Uma troca não letal de tiros de rifles na praça del Once, uma metralhadora meia quadra adiante, na rua Junín, dois arsenais saqueados por um bando inseguro de bandidos na rua Rivadavia: são essas as visões que devo à revolução, e sou grato por elas.[37]

Essa carta revela o grau do investimento emocional de Borges no culto a Irigoyen. Embora reconhecesse os erros do governo, sua derrubada significava uma derrota para o coração e a imaginação e, o que é mais revelador, para o "Mito".

A queda de Irigoyen foi o prego final no caixão do crioulismo de Borges. Não havia como fugir ao fato de que seu herói fora abandonado pelo povo de Buenos Aires — a casa de Irigoyen chegou a ser saqueada pela turba —, e essa traição coletiva tornava impossível para Borges sentir seu velho entusiasmo por uma mitificação joyceana de sua cidade natal. A "mitologia caseira" dos arrabaldes, o "culto da coragem" que ele extraíra de Carriego, tudo isso, via agora, pertencia a "um mítico Palermo que existiu na memória de Carriego e, depois, na minha memória da memória de Carriego, e que provavelmente nunca existiu e que tomei, em sua maior parte, de minhas muitas conversas com dom Nicolás Paredes, que além de tudo era um grande mentiroso".[38]

Em sua desilusão, escreveu um ensaio que destruía efetivamente a base do seu crioulismo. Em "Nuestras imposibilidades", abandonava qualquer noção de continuidade entre o passado e o presente, ou entre o pampa e a cidade.[39] O *gaucho* se transformara num objeto do folclore mais grosseiro, e o verdadeiro crioulo só podia ser encontrado nas áreas mais remotas, como as províncias do norte do Uruguai, onde a imigração estrangeira ainda não o havia "estilizado e falsificado". Ademais, essa última afirmação contradizia sua visão em que crioulos e imigrantes se tornavam "confederados" na criação de um "homem novo" na Argentina. Na concepção deformada de Borges, seus compatriotas sofriam de duas "características lastimáveis": "pobreza de imaginação" e "rancor". O argentino moderno, escreveu ele, superestimava o lugar da Argentina no mundo e mostrava pouco interesse por outros países; deleitava-se com o fracasso dos outros e era dado a expressar um ódio geral de seu semelhante por meio de insultos gratuitos ou atos de agressão a completos estranhos. Tais atitudes, de acordo com Borges, "definem nossa reivindicação sobre a morte".

12. Experiências em ficção (1930-2)

A biografia de Evaristo Carriego escrita por Borges saiu duas semanas depois do golpe de Estado do general Uriburu e foi recebida com pouco interesse, para não dizer indiferença. O problema, na opinião do autor, era que ele havia começado a fazer uma biografia pura, mas depois se interessara mais pela velha Buenos Aires, com o resultado de que "o livro mal fazia jus ao título, *Evaristo Carriego*, de modo que foi um fracasso".[1] Mas, na verdade, foi menos um fracasso do que uma irrelevância, pois, quando foi publicado, o próprio Borges não acreditava mais no crioulismo que o inspirara. De qualquer modo, sua atenção andava voltada para um projeto diferente: esperava compensar a perda da voz poética escrevendo ficção.

Suas primeiras experiências com ficção estão envoltas em mistério. Ele insinuaria que "só depois de uma longa série de tímidas experiências narrativas é que me sentei para escrever verdadeiros contos", mas foi vago em relação à cronologia exata dessa nova fase. Embora tenha declarado que o "verdadeiro início de minha carreira de contista se deu com a série de exercícios intitulada *História universal da infâmia*", que publicou no suplemento literário do jornal *Crítica* "entre 1933 e 1934", aludiu a um ponto inicial anterior com "Hombres pelearon", um breve esboço de um duelo de punhais, intitulado originalmente

"Leyenda policial", que havia publicado na *Martín Fierro* em 1927: segundo ele, demorara seis anos para ir desse primeiro esboço ao conto "Hombres de las orillas", que também publicou em *Crítica* em 1933.[2] Na verdade, essa história foi escrita em 1930, não muito depois da morte de Nicolás Paredes. Então, o que Borges escreveu entre 1930 e 1933? E por que, em suas memórias, quis atenuar em geral os seis anos decorridos entre 1927 e 1933? Não é coincidência que esse seja exatamente o período em que estava lutando para se acostumar com a perda de Norah Lange. Esse desastre pessoal, como vimos, causou uma crise profunda em sua literatura, uma crise que minou sua poética ultraconfessional e até o fez abandonar a poesia por completo. Quando, por volta de 1930, se voltou finalmente para a narrativa como alternativa possível à poesia, foi obrigado a revisar suas ideias literárias e reformular as razões de escrever.

As primeiras reflexões de Borges sobre ficção datam de 1926, numa alongada resenha intitulada "Cuentos del Turquestán", agora totalmente esquecida, da tradução alemã de uma versão russa desses contos.[3] O que lhe chamou a atenção nessas histórias foi o modo como "o maravilhoso e o cotidiano estão entrelaçados", sem traçar distinção entre fantasia e realidade: "Existem anjos e existem árvores: eles são apenas mais um elemento na realidade do mundo".* Ocorreu-lhe que, nesses contos, a magia era "um exemplo de causalidade como tantos outros", pois os povos "primitivos" não distinguiam subjetividade de objetividade; viviam num mundo que era às vezes suave, porque o desejo e sua satisfação pareciam a mesma coisa, e às vezes assustador, porque a mera expectativa do perigo poderia servir para atraí-lo. E, embora o homem moderno tivesse perdido a fé na magia e colocado sua confiança nas assim chamadas leis naturais, a ficção era capaz de nos pôr em contato com alguma coisa "primitiva" dentro de nós mesmos, porque "nós também vivemos assim em nossas emoções".

Em consequência, o leitor moderno ainda era suscetível às maravilhas e prodígios dos contos tradicionais. O próprio Borges ficou encantado com os dragões, gênios, demônios, gigantes e princesas que povoavam esses contos do Turquestão. Mas, sobretudo, adorou um "personagem especial" — um pássaro

* Essa resenha mostra que, em 1926, Borges descobriu o princípio básico do que veio a ser conhecido quatro décadas depois como o "realismo mágico" latino-americano, embora jamais viesse a usar essa expressão e sua mistura de fantasia e realidade fosse bem distinta da dos "realistas mágicos" como Alejo Carpentier, García Márquez ou Isabel Allende.

mágico, intemporal, com rosto humano e plumagem prateada chamado Simurg, "que salva os heróis nos momentos de maior perigo". Trata-se de uma descoberta de alguma importância, pois mais ou menos cinco anos depois, como veremos, o Simurg apareceria como um símbolo místico associado às noções muito particulares de Borges sobre sua salvação como escritor.

Ele havia encontrado pela primeira vez a magia desses contos orientais quando seu amor por Norah Lange estava no auge. Com efeito, "Cuentos del Turquestán" foi publicado em agosto de 1926, uns dois meses depois de ter escrito sua ultraexpressionista "Profesión de fe literaria". Mas em 1930-2, quando estava transpondo sua incerta passagem da poesia para a ficção, quando sua própria sobrevivência como escritor estava em jogo, ele se basearia em várias observações seminais que fizera naquele primeiro texto para elaborar uma série de reflexões sobre a arte da ficção.

Em junho de 1931, publicou "A postulação da realidade", artigo em que reafirmava sua crença de que toda arte é essencialmente expressiva.[4] Porém, fazia distinção entre o escritor "romântico", que "quer incessantemente expressar", e o escritor "clássico", que "não é realmente expressivo: limita-se a registrar uma realidade, não a representá-la". Os fatos que um conto "histórico" nos dá podem estar carregados das experiências do autor, mas estas só podem ser inferidas do conto, não estão contidas nele, pois o autor "clássico" "nos propõe um jogo de símbolos, rigorosamente organizados, sem dúvida, mas cuja eventual animação fica a nosso cargo". Assim, se em "Profesión de fe literaria", Borges descrevera a transação literária como uma "confidência" baseada na "confiança do ouvinte e na veracidade do orador", agora, depois da perda de Norah Lange, propunha uma estética de desconfiança radical, em que o autor desaparecia atrás da tela do texto, deixando que os leitores escolhessem sua própria interpretação e, em certo sentido, criassem sentido para eles mesmos.

Mais tarde, naquele mesmo ano, escreveu "A arte narrativa e a magia", em que questiona as premissas do realismo literário.[5] Sua asserção básica é que a ficção não depende da ilusão da realidade; o que importa, em última análise, é a capacidade do autor de gerar uma "fé poética" no leitor. A descrição naturalista, segundo ele, não é especialmente eficaz para fazer o leitor suspender a descrença. Um escritor pode empregar técnicas de dissimulação e sugestão para tornar esteticamente convincentes criaturas como centauros e sereias. O problema fundamental do romance, afirmava Borges, era a causalidade: o romance realista, "o moroso romance de personagem", apresenta "uma concatenação de motivos que se propõem não diferir daqueles do mundo real", mas nos romances de aventura, em contos, "no infinito romance espetacular que Hollywood compõe", reina outra ordem — "a primitiva claridade da magia". Com efeito, a magia oferece a melhor analogia para o modo como a narrativa funciona. A causalidade mágica opera em virtude de uma "lei geral, a da simpatia, que postula um vínculo inevitável entre coisas distantes", uma conexão necessária não apenas entre um tiro e um morto, mas entre um cadáver e uma efígie de cera maltratada, ou um espelho quebrado, ou o sal entornado, ou treze comensais à mesa de jantar. A narrativa molda uma comparável "teleologia de palavras e de episódios", um "jogo preciso de vigilâncias, ecos e afinidades" a partir da "desordem asiática do mundo real". A ficção não é um espelho da realidade: ela constitui "um orbe autônomo de corroborações, de presságios, de monumentos", cuja ilustração mais cabal é o "predestinado *Ulisses* de Joyce":

> Distingui dois processos causais: o natural, que é o resultado incessante de incontroláveis e infinitas operações; o mágico, em que os pormenores profetizam, lúcido e limitado. No romance, penso que a única honradez possível está no segundo. Que fique o primeiro para a simulação psicológica.

Contudo, se o escritor não era necessariamente constrangido pela verossimilhança ao dar forma ao orbe autônomo de sua narrativa, sua ficção não se tornaria arbitrária ou caprichosa? Para uma resposta a essa questão, devemos retornar aos "Cuentos del Turquestán", à crença de Borges de que a vida das emoções estava mais próxima das operações da magia do que da razão. No fim, eram as emoções do escritor que determinavam a ordem mágica da ficção. E, assim, a arte da narrativa, tal como apresentada em "A postulação da realidade" e "A arte narrativa e a magia", era análoga a um teatro de sombras chinês, pois a tela do texto borgeano seria iluminada pela imaginação do autor, e as figuras ocultas que se moviam em sua superfície não seguiriam a lógica do realismo psicológico, mas das emoções escondidas de seu criador.

Em 1932, o princípio básico da "fé literária" que Borges professara em 1926 — que toda poesia era "uma confidência" baseada em confiança — já se havia dissolvido. Contudo, se não estava mais preocupado em se comunicar diretamente com o leitor, para quem escrevia? Na verdade, que sentido tinha escrever?

Uma indicação da nova direção de seu pensamento pode ser encontrada em seu interesse de então por escritos e conhecimentos secretos. Em "Uma vindicação da cabala", tratou da crença cabalística de que Deus escondeu um tesouro de significados nas Escrituras.[6] Em texto paralelo chamado "Una vindicación de los gnósticos", descreveu as ideias heterodoxas de Basilides e alguns de seus seguidores.[7] Estava intrigado com a crença deles na existência de um conhecimento secreto, uma gnose, que traria libertação deste mundo mau e levaria a uma união final com Deus. O que Borges encontrou tanto na Cabala como nos gnósticos eram analogias para uma nova teoria criptográfica da literatura, uma ideia da escrita como purificação da experiência, um processo capaz de revelar um conhecimento secreto, uma gnose do eu, que resultaria na salvação do autor.

Ele articulara pela primeira vez a ideia de salvação pela literatura em sua "Profesión de fe literaria" de 1926: seu objetivo mais alto era escrever uma única página talvez, mas uma página que resumiria seu destino e o "justificaria" perante o Juízo Final. Inspirada por seu amor por Norah Lange, essa ambição resultara no projeto de escrever um romance épico sobre Buenos Aires em que seu destino e o de sua cidade natal se integrariam totalmente na obra. No entanto, em 1931, depois que perdera Norah e seu crioulismo desmoronara, ainda se agarrava ao desejo de encontrar a salvação na literatura, mas descartou a noção de mitificar Buenos Aires e decidiu criar uma mitologia de sua própria vida: escreveria um romance autobiográfico por meio do qual procuraria definir a essência do que significava ser Borges.

A única obra existente de Borges que se aproxima dessa obra-prima salvadora é uma novela chamada *O Congresso*, que publicaria somente em 1971. *O Congresso* era, na verdade, um projeto que acalentara durante várias décadas. Raramente falou sobre ele, mas, em uma entrevista de 1955, referiu-se a ele como um "romance" e disse que "resumiria e também seria a resolução de tudo o que escrevi até agora".[8] Em abril de 1971, expressaria a esperança de que *O Congresso* seria sua "justificação como narrador", em outras palavras, que poderia ser a obra-prima que o salvaria como escritor; explicava ainda que era uma história sobre "uma experiência mística que nunca tive", mas "talvez, antes de morrer, seja-me concedido tê-la".[9]

A experiência mística a que se referia era uma revelação panteísta da unidade do universo graças à imanência do divino em cada criatura. O primeiro aparecimento desse tema na obra de Borges ocorreu em 1936, num texto muito estranho chamado "A aproximação a Almotásim", que passava por ser a resenha de um romance com esse título supostamente publicado em Bombaim "no final de 1932".[10] Curiosamente, em 1971, ano de publicação de *O Congresso*, Borges observaria que a história o "assombrara nos últimos trinta ou quarenta anos", o que sugere que suas raízes remontavam a mais ou menos 1931.[11] O fato de que a história básica de *O Congresso* tenha ocorrido a Borges por volta da época da suposta publicação de *A aproximação a Almotásim* persuade-me de que esse suposto romance apócrifo representa, na verdade, uma primeira tentativa borgeana de escrever uma obra-prima autobiográfica, um empreendimento que, após numerosas revisões e reformulações, assumiu finalmente a forma de *O Congresso*, cerca de quarenta anos depois.

Em sua busca por estrutura e clímax místico, "A aproximação a Almotásim" prenuncia *O Congresso*. Conforme ele nos conta, o romance indiano teve por modelo — de uma maneira que lembra o modo como Joyce criou *Ulisses* a partir da *Odisseia* — um poema narrativo chamado *Colóquio dos pássaros*, do místico persa Farid ud-din Attar.[12] Esse poema sufista relata como o Simurg, o rei de todas as aves, deixa cair uma de suas esplêndidas plumas na China e os pássaros resolvem buscá-lo. Atravessam sete vales, cada um simbolizando um estágio no processo de purificação, até que finalmente trinta aves chegam a uma montanha sagrada e descobrem que "eles são o Simurg e que o Simurg é cada um deles e todos". O Simurg, portanto, oferece a iluminação máxima no que diz respeito à ideia panteísta da natureza inter-relacional de todas as criaturas.

Na versão borgeana da busca pelo Simurg, o protagonista é um estudante de direito em Bombaim de nome desconhecido que, apesar de ter perdido a fé islâmica de sua família, vê-se envolvido num tumulto e acaba por matar um hindu. O estudante "livre-pensador" fica tão atordoado pelo conflito entre muçulmanos e idólatras que parte em busca da verdade. Chega a uma torre circular onde encontra um ladrão de cadáveres urinando ao luar. Ao ouvir aquele infeliz maldizer uma mulher de Palanpur, ele conclui que o rancor de "um homem tão minuciosamente vil significa um elogio" e parte então em busca daquela mulher. O objeto da busca não é a mulher enquanto tal (a implicação é que ele ficará desapontado a esse respeito), mas a fonte de luz num mundo caracterizado por uma "infâmia" geral, pois o estudante está convencido de que em algum lugar da terra deve haver "um homem que é a fonte dessa claridade", um homem conhecido como Almotásim. A odisseia do estudante ocorre em sete diferentes regiões da Índia que correspondem aos sete vales da busca mística dos pássaros

1. Coronel Francisco Borges Lafinur (1832-74), avô paterno.

2. Fanny Haslam (1842-1935), avó paterna.

3. Isidoro Acevedo Laprida (1835-1905), avô materno.

4. Leonor Suárez Haedo de Acevedo (1837-1918), avó materna, com sua filha Leonor (mãe de Borges).

5. Jorge Guillermo Borges, pai do escritor (quarto a partir da esquerda), em 1895, com colegas formados em direito. Macedonio Fernández é o segundo a partir da direita.

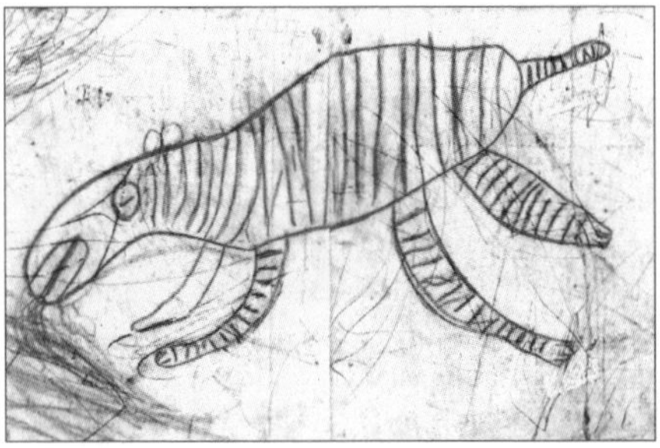

6. Desenho de um tigre feito por Borges aos quatro anos de idade.

7. Borges e sua irmã Norah, no zoológico de Palermo, em 1908.

8. A família Borges pouco depois da chegada a Genebra, em 1914.

9. O pai e a mãe de Borges em Genebra, 1923.

10. Borges em 1924.

11. Norah Lange na década de 1920.

12. Convidados da festa no parque Palermo em homenagem a Ricardo Güiraldes, em 26 de novembro de 1926. (*Fileira do meio, em pé*): Norah Lange (quinta a partir da esquerda); Borges (sexto a partir da esquerda). Güiraldes está sentado na primeira fila (quinto a partir da esquerda). *Martín Fierro*, 12 de dezembro de 1926.

13. O conselho editorial da revista *Sur* em seu lançamento, em 1930. (*Fileira de trás, de pé*): Borges (segundo a partir da esquerda), Victoria Ocampo (segunda a partir da direita), Ramón Gómez de la Serna (primeiro à direita); (*fileira do meio, sentados*): Pedro Henríquez Ureña e Norah Borges (primeiro e segunda a partir da esquerda), Guillermo de Torre (primeiro à direita, com um charuto); (*fileira da frente, sentados no chão*): Oliverio Girondo à esquerda, com o charuto).

14. Norah Lange vestida de sereia numa festa para celebrar a publicação de seu romance *45 días y 30 marineros*, com convidados vestidos de marinheiros, em novembro de 1933. Oliverio Girondo (de barba e gravata) está de pé no centro. Pablo Neruda está de pé na primeira fileira (segundo a partir da esquerda). Évar Méndez é o terceiro a partir da direita, de braços cruzados.

15. Haydée e Norah Lange.

16. Haydée Lange e Borges em 1º de abril de 1939, três meses depois de seu acidente quase fatal de 24 de dezembro de 1938.

17. Borges com Adolfo Bioy Casares em Mar del Plata, 1942.

18. Borges e Estela Canto em 1945.

19. Borges e sua mãe em Londres, 1963.

20. (*página ao lado*): Borges e María Kodama no final dos anos 1970 em Villa Palagonia, Bagheria, Sicília.

21. (*à esquerda*): Borges e María Kodama durante uma visita aos Estados Unidos no final dos anos 1970.

22. (*abaixo*): Borges e María Kodama no vale do Napa, Califórnia, nos anos 1980.

23, 24. Lápide do túmulo de Borges em Genebra vista dos dois lados.

pelo Simurg. Na cena final, o estudante chega a uma porta através da qual vê uma luz e ouve a voz de Almotásim: "O estudante descerra a cortina e avança. Nesse ponto o romance chega ao fim".

O subtexto autobiográfico do romance pode ser discernido sem muita dificuldade. O conflito entre muçulmanos e hindus é análogo àquele entre unitários e federalistas argentinos no século XIX. Mas, tal como o estudante livre-pensador indiano, Borges busca transcender esse conflito histórico. De início, uma mulher — Norah Lange — parece representar uma verdade mais alta, um Aleph unificador, como a mulher de Palanpur para o estudante, mas ela se revela uma decepção e, em consequência, Borges mergulha na confusão, agravada pela contenda resultante da derrubada de Irigoyen. Tal como o estudante indiano, ele continua a busca pela salvação da infâmia geral do mundo, e o tipo de salvação que Borges imagina está representado na natureza do fim do romance, que tem por modelo a resolução de *Colóquio dos pássaros*:

> No vigésimo capítulo, algumas palavras atribuídas por um livreiro persa a Almotásim são, talvez, a ampliação de outras que o herói pronunciou; essa e outras analogias ambíguas podem significar a identidade daquele que busca e daquele que é buscado; podem também significar que aquele influi neste. Outro capítulo insinua que Almotásim é o "hindu" que o estudante acredita ter matado.[13]

Em outras palavras, a revelação final é uma forma de descoberta de si mesmo — "a identidade daquele que busca e daquele que é buscado". Mas, assim como os pássaros do poema persa descobrem que o Simurg é cada um deles e todos, há pistas no romance de Borges que apontam para a unidade subjacente entre todos os personagens envolvidos na ação. Além disso, o fato de o protagonista permanecer sem nome pode implicar que ele e o autor são a mesma pessoa, um advogado de Bombaim chamado Mir Bahadur Ali, e, uma vez que a resolução do romance depende muito de o leitor captar as várias analogias, do mesmo modo a experiência da leitura torna-se um paralelo da busca do protagonista pela iluminação. Portanto, o processo todo culminaria numa unidade implícita, não apenas entre aquele que busca e aquele que é buscado, mas também entre o autor, os vários personagens e, em última análise, o leitor. Em suma, o romance representaria um Aleph no qual a realização do eu implicaria sua comunhão final com um espírito universal que o conectaria com os outros.

O final de "A aproximação a Almotásim" ilustra a concepção borgeana da salvação pela literatura. Embora a ordem "mágica" da ficção seja moldada pela vontade criadora do autor, o processo de composição acarreta em si mesmo uma espécie de purificação, pois na atividade de escrever e por intermédio dela o autor pode vir a descobrir o que é essencial sobre si mesmo, uma iluminação que resultaria num sentimento de estar integrado à ordem objetiva do mundo. Desse modo, a ideia de escrever uma obra que resumiria o destino do autor e justificaria toda a sua existência, ideia esboçada pela primeira vez em "Profesión de fe literaria", veio a ser desenvolvida e, com efeito, mitificada em "A aproximação a Almotásim" como uma teoria mística da literatura que conduz a uma espécie de Aleph abrangente simbolizado no panteísta Simurg.

Borges mantivera distância da família Lange desde o retorno de Norah a Buenos Aires. Como ele deveria saber, Norah não superara de forma alguma Girondo. Enquanto esteve na Noruega e depois do retorno a casa, escreveu poemas sobre sua paixão insaciável, uma paixão que poderia, caso a ela se entregasse, levá-la a romper os limites do decoro de classe média, mas que, se continuasse a resistir a ela, a condenaria ao seu estado presente de insatisfação incontrolável. Tal como fizera antes, Norah poria suas dúvidas e temores em forma literária e, não muito depois de sua volta, começou a escrever um romance baseado em sua viagem marítima à Noruega.

A protagonista do romance de Norah Lange é uma moça argentina de origem norueguesa chamada Ingrid que parte de Buenos Aires em um navio cargueiro para visitar sua família em Oslo.[14] Ela é a única mulher a bordo e, tendo em vista sua juventude e inocência, fica sucessivamente assustada, excitada, repugnada e intrigada com as constantes importunações dos marujos. A viagem torna-se assim uma metáfora para a descoberta gradual de Ingrid a respeito de sua sexualidade e da atração que exerce sobre o sexo oposto. Um dos oficiais tenta abraçá-la e beijá-la em várias ocasiões, mas seu admirador mais persistente é o capitão do navio, cuja perseguição a Ingrid, alimentada por doses liberais de álcool, chega a ponto de tentar forçá-la certa noite. Ingrid faz o que pode para proteger sua honra, mas sente-se lisonjeada por tanta atenção masculina e não evita flertar com seus admiradores, chegando mesmo a conceder um beijo a um ou dois deles, à medida que fica cada vez mais fascinada com o mistério do poder sexual das mulheres sobre os homens. Em uma cena, o camareiro do navio mostra-lhe uma fotografia de sua amante seminua, que supõe nem sempre ser fiel a ele durante suas longas ausências no mar, mas nem por isso se preocupa muito com as infidelidades dela, porque diz que as mulheres que tiveram muitos homens são melhores na hora de fazer amor — devemos lembrar de nosso corpo, diz ele a Ingrid, pois é a melhor coisa que possuímos. Contudo, ela continua a desconfiar dos motivos dos homens. Em outra cena, o capitão lhe conta que acabou de receber um telegrama informando que seu filho mais moço morreu, mas Ingrid descobre que se trata de um estratagema bem conhecido do capitão para levar mulheres para sua cama.

Em contraste com esses homens predadores, há um passageiro chamado Stevenson, um solteiro crônico e sujeito livresco e fastidioso que conhece muito a literatura argentina e tem obsessão por sua ancestralidade. Em Roterdã, cruzam com outro navio norueguês, o *Paris*, e Stevenson identifica, em um jovem oficial de sua tripulação chamado Peter, um primo de Ingrid. Quando fica sabendo do assédio do capitão, Peter aconselha Ingrid a se transferir para seu navio. Porém, a moça vacila diante da oferta e, curiosamente, defende o capitão lascivo, dizendo compreender sua solidão, sua necessidade de carinho e conforto naquelas longas noites passadas em alto-mar. Contudo, depois de pensar bem, decide ir com o primo Peter, que a entregará sã e salva à família na Noruega. Não devemos prolongar uma situação, conclui ela, da qual não surgiu naturalmente a felicidade, e somente deixando o navio por sua livre vontade ela será capaz de ter lembranças felizes de seus dias no mar. Ainda assim, a separação de seu amoroso capitão é dolorosa: ele acena tristemente da proa, ela dá as costas com uma lágrima nos olhos.

Tudo o que Norah Lange escrevia, segundo Borges, era um reflexo pouco velado de suas circunstâncias, e o capitão do navio devia representar a tentação duradoura de Oliverio Girondo, enquanto a preocupação em guardar sua honra estava encarnada tanto no livresco Stevenson, personagem sem dúvida inspirado, em parte, em Borges (que era grande admirador de Robert Louis Stevenson), como no personagem Peter, que é primo de Ingrid assim como Borges era primo de Norah. O dilema de Norah ao retornar da Noruega era, portanto, o mesmo que enfrentara ao escrever *Voz de la vida*, pois, assim como Mila tinha de decidir entre sua paixão ilícita por Sergio e o casamento com Ivan, Ingrid precisava escolher entre se aventurar nas águas desconhecidas da sexualidade ou permanecer fiel à honra da família. Em todo caso, há uma preocupação maior com sua honra nesse segundo romance, mas mesmo assim há antipatia em seu retrato dos dois personagens baseados em Borges: Stevenson evidentemente a irrita, enquanto o primo Peter é um tanto puritano.

Norah estava agastada com as restrições impostas a uma moça bem-nascida pelas convenções sociais da época. A atração por Girondo continuava tão forte como sempre e, embora ela não conseguisse reunir forças para deixar a mãe e ir a Paris atrás de seu amante em potencial, sua capacidade de conter a paixão talvez se devesse menos à honra da família do que à ausência constante dele de Buenos Aires. Contudo, em meados de 1930, ela decidiu reunir seus poemas de amor a Girondo em um livro, que entregou a Évar Méndez para publicação pela Editorial Proa. *El rumbo de la rosa* [O rumo da rosa] saiu em agosto e foi lançado com um jantar em homenagem a Norah.

Pouco depois da publicação desse livro, provavelmente por volta de setembro de 1930, Oliverio Girondo estava de volta a Buenos Aires. Por que voltou? Como se pode inferir de *Voz de la vida*, Girondo havia declarado seu amor por Norah três anos antes, mas ela decidira resistir a ele e ir para a Noruega. Essa atitude fora um fracasso e, depois de mais ou menos um ano de resistência em Buenos Aires, Norah publicou um livro de poemas que equivale a uma declaração pública de amor por Girondo. Portanto, ambos haviam tentado, cada um por sua vez, conter a paixão mútua que nascera naquela festa fatídica em Palermo, em novembro de 1926, mas, em 1930, já não havia como contê-la.

Se Borges via pouco Norah durante esse período, não é preciso dizer que evitava qualquer contato com Girondo. Não obstante, viu-se jogado na companhia de seu rival quando aceitou um convite para participar do conselho editorial de uma nova revista literária chamada *Sur*, que Victoria Ocampo, uma mulher de consideráveis realizações intelectuais e literárias e membro de uma das dinastias mais antigas e ricas da Argentina, planejava publicar.

No devido tempo, *Sur* se tornaria uma das revistas literárias mais importantes da América Latina e Borges estaria estreitamente associado a ela na década de 1940, mas naquele momento demonstrou pouco interesse pelos planos de Victoria Ocampo. Julgou-a "facilmente ditatorial e excessivamente mandona", além de ressentir-se por ela não tê-lo consultado sobre o conteúdo do primeiro número. Em sua opinião, *Sur* carecia de um objetivo coerente: não era suficiente ter "colaboradores ilustres"; uma revista literária precisava ser mais "orgânica".[15]

De qualquer modo, o primeiro número foi "um verdadeiro manual geográfico", ilustrado com fotografias das quedas de Iguaçu, da Terra do Fogo, dos Andes e dos pampas: "Victoria fizera isso para exibir a Argentina aos seus amigos na Europa", observaria Borges, "mas parecia um tanto esquisito em Buenos Aires".

Além de sua irritação com o critério editorial de Victoria, havia outro motivo para uma possível antipatia de Borges pela revista: a presença de Oliverio Girondo no conselho editorial. E não somente Girondo, mas Guillermo de Torre e até Ramón Gómez de la Serna, que visitava Buenos Aires por acaso naquela ocasião. Os três haviam sido antagonistas de Borges no auge da vanguarda e talvez isso explique por que ele escolheu participar com duas colaborações estranhas do primeiro número de *Sur*: um ensaio sobre a poesia gauchesca e um pequeno estudo excêntrico sobre as frases pintadas à mão nas carroças puxadas a cavalo de Buenos Aires, tema que dificilmente se esperaria encontrar numa publicação de alcance internacional como *Sur* pretendia ser. Suspeito, no entanto, de que havia certa intenção maliciosa da parte de Borges, pois os dois textos remontavam ao seu crioulismo, que fora motivo de contenda entre ele e gente como Girondo, Torre e de la Serna nos anos 1920.

O lançamento de *Sur* em janeiro de 1931 foi comemorado com uma festa para o conselho editorial na nova mansão modernista de Victoria Ocampo, perto da embaixada da Espanha, no elegante bairro da Recoleta. Parece que Borges não apreciou muito a ocasião. Numa fotografia de grupo tirada na festa, vemos Oliverio Girondo no centro da primeira fila, descontraído e com um grande charuto na mão, enquanto Borges está claramente desconfortável, de pé na fileira de trás, no canto esquerdo da foto, olhando de soslaio para a câmera, com os olhos apertados pela fumaça de uma ponta de cigarro enfiada em sua boca.

Na época em que essa foto foi tirada, ele devia saber que Girondo estava tendo um caso com Norah Lange havia vários meses. Não se sabe praticamente nada dessa fase da relação deles, exceto o fato de que casamento e filhos seriam motivo de conflito entre os dois. De acordo com um amigo íntimo do casal, Girondo não pensava em casamento porque se considerava muito estabelecido em seus hábitos de solteiro, e de forma alguma queria filhos.[16] Norah, ao contrário, queria muito ser mãe, mas, tendo em vista os valores da sociedade argentina, não poderia realizar esse desejo fora do casamento. Ela talvez tivesse ficado frustrada também com a discordância entre os dois a respeito de seu romance sobre a viagem a Oslo. Parece que ela mostrou o manuscrito a Girondo e ele a aconselhou a não o publicar porque, conforme Norah, o julgou "insubstancial demais".[17] O juízo de Girondo talvez fosse tão prudente quanto estético: o tema do despertar de uma jovem para sua atratividade sexual ainda era extremamente delicado para ser tratado em público por uma mulher na Argentina, e Girondo talvez quisesse proteger a jovem Norah de sua excessiva franqueza. (É interessante observar que em *Voz de la vida*, o primeiro romance de Norah, a heroína Mila repreende seu amante Sergio por se preocupar demais com as convenções sociais.) O conflito sobre seu possível futuro juntos revelou-se insuperável, porque, em algum momento dos primeiros meses de 1931, Girondo decidiu voltar a Paris. Sua partida teria revivido as lembranças de Norah da outra separação, apenas quatro semanas depois do primeiro encontro em Palermo, e deve ter lhe causado dores atrozes aceitar que tudo o que sofrera desde então dera em nada.

Foi devido, talvez, ao abandono que ela buscou mais uma vez o apoio do primo Georgie. Há indícios sugerindo que, em junho de 1931, já ocorrera algum tipo de reaproximação entre os dois. O ensaio "A postulação da realidade" foi publicado na revista literária *Azul* em junho de 1931. O editor dessa revista era Pablo Rojas Paz, que fora coeditor de Borges em *Proa*, em 1924, e julgo significativo que o mesmo número de *Azul* trouxesse um artigo de Norah Lange sobre as Eddas, as sagas nórdicas registradas pelo bardo islandês Snorri Sturluson. Essa justaposição de ensaios numa revista editada por um amigo mútuo dos velhos tempos ultraístas sugere fortemente que Borges e Norah estavam se encontrando em meados de 1931. Sem dúvida, eram relações puramente amigáveis, mas não é preciso dizer que Borges deve ter ficado muito animado com essa reaproximação com a mulher que outrora considerara sua musa appolinairiana.

O certo é que, em meados de 1931, encontramos em Borges um novo otimismo, até mesmo uma nova combatividade, pois não somente havia a perspectiva de uma retomada de seu amor por Norah Lange, como também a possibilidade de que seu herói Irigoyen voltasse ao poder. A depressão mundial abalara a popularidade do regime do general Uriburu: em 5 de abril de 1931, ele decidira permitir eleição livre para o cargo de governador da província de Buenos Aires, a fim de testar sua força política, mas isso resultou numa vitória maciça do candidato do Partido Radical. A relativa debilidade da junta governante levou a uma agitação crescente nos meses seguintes: os partidos de oposição se mobilizaram em protesto contra o regime militar, enquanto os nacionalistas iam às ruas em defesa do general Uriburu. Além da Liga Republicana, surgiu um grupo fascista chamado Legião Cívica, que recrutou cerca de 10 mil membros em poucos meses e os fez desfilar pelas ruas com camisas pardas e botas de cano alto, fazendo a saudação fascista.

Na qualidade de irigoyenista fervoroso, Borges não podia resistir a participar da agitação geral. O pintor Xul Solar costumava contar como Borges lhe arranjou encrenca com os fascistas argentinos.[18] Estavam andando pela avenida Santa Fé quando viram um caminhão levando um grupo de militantes da Legião Cívica. De repente, Borges gritou a plenos pulmões: "Viva o doutor Irigoyen!". O veículo cantou os pneus e parou e dele saltaram os fascistas. Houve troca de insultos e safanões, e Xul viu-se no meio de uma briga, mas enquanto lutavam ficou espantado ao ver que Borges protegia seu olho bom com uma das mãos e batia ferozmente com a outra. Depois, um tanto machucado, explicou que queria proteger o único olho com que via bem, em vez de arriscar danificar os dois.

Seu otimismo provisório no que dizia respeito às relações com Norah Lange está evidente também num ensaio que deve ter escrito antes de março de 1932, pois foi publicado na edição de outono daquele ano da revista *Sur*.[19] Seu tema era a *kenning*, uma figura retórica encontrada na poesia antiga nórdica, na qual uma palavra composta é usada como paráfrase metafórica de um nome comum (por exemplo, "comida de abutres" por cadáver, "tempestade de espadas" por batalha). Borges sustentava que as *kenningar* não eram metáforas válidas, pois eram empregadas de modo formulístico e não podiam, portanto, suscitar surpresa ou admiração. O argumento lembra os debates de que participou na década de 1920, quando defendia seu tipo de ultraísmo, baseado na crença de que uma metáfora eficaz precisa estar enraizada num sentimento autêntico. Com efeito, ele concluía seu ensaio sobre as *kenningar* com um tom surpreendentemente pessoal:

> O ultraísta morto cujo fantasma nunca deixou de me habitar se diverte com esses jogos. Dedico-os a uma clara companheira: a Norah Lange, cujo sangue talvez os reconheça.[20]

Não por coincidência, uma das principais fontes de seu ensaio sobre as *kenningar* era *Edda em prosa*, de Snorri Sturluson, obra sobre a qual Norah Lange havia publicado seu ensaio em *Azul* meses antes. E a referência ao sangue escandinavo de Norah indica um retorno ao que chamei de sua fantasia da "inglesidade": sua superstição romântica sobre as raízes nórdicas que compartilhava com Norah, um sinal do entrelaçamento de seus destinos.

Em minha opinião, foi mais ou menos por volta dessa época que ele escreveu um poema — em inglês — para uma mulher sem nome.[21] O poema relembra seu hábito de vagar à noite pelos arredores de Buenos Aires, e seu conceito básico é que as noites são como ondas que trazem "misteriosas dádivas e recusas". Creio que esse poema se dirigia a Norah Lange e que deve ser lido no contexto da relação anterior e fracassada deles. Uma "onda" noturna como essa lhe trouxera sua amada Norah; fora uma "misteriosa dádiva", mas também uma "recusa", pois ele não conseguira possuí-la completamente — "Conversamos, e tu esqueceste as palavras". Mas outra onda trouxera-lhe Norah de novo e, dessa vez, ele estava decidido a penetrar na "vida escura e rica" dela — "Preciso chegar em ti, não sei como", ele lhe diz. "Quero teu olhar oculto, teu sorriso real; aquele sorriso solitário e zombeteiro que teu espelho frio conhece." Ele queria descobrir a verdadeira Norah, a Norah que permanecera escondida dele na primeira fase da relação. Com efeito, esse poema em inglês era outra versão do poema que Borges endereçara a Norah quando ela estava para ir a Oslo, no final de 1927, pois expressava novamente seu desejo de aprender "a doutrina da paixão" na voz dela, a paixão que o pegara desprevenido quando emergiram subitamente nela sentimentos por Girondo.

Em março de 1932, parece que Borges nutria esperanças, que julgara destruídas para sempre, de voltar a gozar da afeição de Norah. Por volta dessa época estaria também envolvido na criação de *A aproximação a Almotásim*, o romance biográfico que imaginava poder salvá-lo como escritor. Mas essa reelaboração da lenda do Simurg fora concebida na ausência do amor de Norah, e o Aleph final imaginado, como vimos, era um Aleph prosaico, não muito mais do que uma unidade projetada entre o autor, o leitor e os personagens, que poderia ser tomada como uma representação de uma unidade panteísta mais profunda. Isso estava muito longe daquele Aleph exaltado, lírico com que havia sonhado nos anos 1920, quando estava no auge de seu caso de amor com Norah Lange, mas a renovação da amizade com sua antiga namorada deve ter lhe dado motivos para esperar que ela pudesse voltar a ser sua *jolie rousse*, a musa que poderia reviver a música da poesia em sua alma e levá-lo a experimentar finalmente o extático Aleph do verdadeiro ser.

Porém, o otimismo de Borges não duraria muito. Já no final de 1931, a probabilidade de um retorno ao poder de Irigoyen desaparece quase por completo. Temendo que o grande líder radical pudesse ser eleito novamente, o establishment argentino maquinou uma eleição em novembro da qual o Partido Radical foi excluído, e outro general, Agustín P. Justo, ex-ministro da Guerra da junta liderada por Uriburu, foi eleito presidente. As nuvens que se acumulavam sobre a cena política na virada do ano pressagiavam um escurecimento similar nas perspectivas de Borges em relação a Norah Lange, pois, perto do final de 1932, seu grande rival Oliverio Girondo chegou a Buenos Aires, e dessa vez planejava ficar para sempre.

Não há motivo para crer que Norah começou a ver Girondo de novo naquele momento. O desacordo de dezoito meses antes parecia bastante definitivo. Por que, então, Girondo decidiu instalar-se em Buenos Aires em 1932? Embora eu não tenha conseguido confirmar as razões disso, devo supor que foi o ciúme que o trouxe de volta. Afinal, como membro do conselho editorial de *Sur*, Girondo deve ter lido o estudo sobre as *kenningar* publicado por Borges na revista alguns meses antes. Tratava-se do ensaio mais pesquisado que Borges jamais escrevera, mas concluía, como observamos, com uma dedicatória surpreendentemente emotiva para Norah Lange, sua "clara companheira" dos dias heroicos do ultraísmo. E Girondo, sem dúvida, deve ter compreendido o que seu antigo rival queria dizer ao invocar "o ultraísta morto cujo fantasma nunca deixou de me habitar" e ao aludir enigmaticamente ao "sangue" de Norah, que ele esperava que reconhecesse os "jogos" literários que estava fazendo em seu ensaio. Acredito que o ensaio de Borges fez Girondo perceber seus sentimentos por Norah: ele não suportaria perdê-la para o rival e decidiu voltar para reconquistá-la. As velhas linhas de batalha foram traçadas novamente, e o prêmio, como sempre, era o amor de Norah Lange.

O conflito duradouro entre Borges e Girondo era tanto uma guerra de ideias e sensibilidades literárias quanto uma disputa amorosa. A primeira batalha ocorrera em 1925, quando Borges, invocando Apollinaire, repudiou a "aventura" da vanguarda e pediu uma reconciliação com a "ordem" legada pela tradição literária. A guerra entre aventura e ordem prosseguira nas páginas de *Martín Fierro* e *Proa* respectivamente, e levara à morte das duas revistas. Agora, em 1932, Borges decidia renovar as hostilidades uma vez mais, incluindo seu artigo recente sobre as *kenningar* nórdicas num livro de ensaios chamado *Discussão*. Esses ensaios representavam seus esforços variados e mais recentes para chegar a uma nova ordem "clássica" da literatura; entre eles, estavam suas "vindicações" da cabala e dos gnósticos ("resignados exercícios de anacronismo", em suas palavras), reflexões sobre questões metafísicas relacionadas com tempo e espaço, um estudo das "dificuldades teológicas" do conceito de inferno, um ensaio que comparava as traduções da *Ilíada* para o inglês e o francês, um breve estudo dos aspectos "lacônicos" da retórica de Whitman, em oposição a sua famosa efusividade, e dois ensaios em que desenvolvia sua apreciação da contenção estética: "A postulação da realidade" rejeitava a expressividade "romântica" e defendia uma reticência "clássica" que mascarava a experiência para o leitor, e "A arte da narrativa e a magia" aproximava a "ordem" da narrativa da lógica da causalidade mágica, desobrigando a ficção de qualquer conexão necessária com o mundo real.[22] Essa coletânea de ensaios parecia representar as buscas mais esotéricas e secas da mente literária, uma impressão que o autor fez pouco para desfazer no prólogo ao livro, onde parece ter se esforçado ao máximo para evitar qualquer sinal de aventura literária. Com efeito, aparentava um imenso fastio do mundo: "Vida e morte faltaram à minha vida. Dessa indigência, meu laborioso amor por estas minúcias" que oferecia ao leitor.

De fato, *Discussão* era a antítese completa de tudo o que Oliverio Girondo acreditava que a literatura deveria ser. De sua parte, ele trouxera de Paris o manuscrito de um novo livro — seu primeiro em sete anos — que consistia de uma miscelânea de 24 poemas em prosa e esboços seminarrativos. Estridentes em tom e imagens e mais ostensivamente eróticos do que nunca, esses textos já exibiam elementos do surrealismo para o qual ele evoluiria nos anos seguintes. O livro de Girondo, tal como o de Borges, saiu em 1932; foi publicado pela Editorial Proa de seu amigo Évar Méndez com o título de *Espantapájaros* [Espantalhos], indício de que o autor ainda adorava chocar a burguesia. Com efeito, em resposta a uma aposta de que não seria capaz de vender os 5 mil exemplares de seu livro, Girondo inventou um lance publicitário que entrou para a história literária de Buenos Aires.[23] Ele alugou uma loja na rua Florida, contratou várias moças bonitas como vendedoras e empilhou exemplares de *Espantapájaros* na vitrine. Conseguiu que um amigo fizesse um enorme espantalho de papel machê, no qual colocou uma cartola, um monóculo e um cachimbo, para representar o "Acadêmico", ou seja, a encarnação de tudo que Girondo achava pedante e moribundo na cultura argentina. Contratou então de uma funerária uma carruagem aberta puxada por seis cavalos, dirigida por um cocheiro vestido ao estilo da Revolução Francesa. Pôs o Acadêmico nesse cortejo fúnebre e desfilou-o pelas ruas do centro da cidade durante uma quinzena. O livro esgotou em um mês.

Para os literatos de Buenos Aires, o desfile do Acadêmico numa carreta revolucionária deve ter trazido à memória o infame manifesto vanguardista que Girondo publicara na *Martín Fierro* em 1924, no qual invectivara contra a "solenidade fúnebre" do historiador e contra "o professor que mumifica tudo o que toca". O cortejo fúnebre transmitia uma mensagem semelhante — o espantalho do conservadorismo seria em breve levado ao descanso eterno pelas forças da vanguarda. E quem, em 1932, representaria melhor o Acadêmico que Girondo propunha mandar para a guilhotina? Jorge Luis Borges, com certeza, o autor dos ensaios literários dessecados reunidos recentemente em *Discussão*. Pode ser até que o estranho cortejo inventado por Girondo pretendesse transmitir uma mensagem secreta ao seu rival: estava avisando Borges de que se oporia ao chamamento à ordem representado por *Discussão* e invocaria o verdadeiro espírito dos anos 1920, o espírito aventureiro e impetuoso adequado à vanguarda.

A presença de Girondo em Buenos Aires era uma óbvia ameaça à renovada amizade de Borges com Norah Lange. Em setembro de 1932, encontramos sinais de ansiedade nele, como se estivesse afligido por dúvidas em relação a ela. Perguntado por um questionário de uma revista se "o ciúme é uma manifestação de amor", sua resposta foi: "É uma constrangedora, genuína e inescapável manifestação de amor".[24] Em dezembro, republicaria num jornal espanhol "A perpétua corrida de Aquiles e da tartaruga", o ensaio sobre regressão infinita que publicara pela primeira vez em 1929, algumas semanas antes da volta de Norah Lange da Noruega.[25] Uma vez mais, o paradoxo de Zenão servia para articular a ansiedade provocada pela ideia de que Norah estaria sempre — torturantemente — fora de seu alcance.

Foi nesses perturbados e incertos meses do final de 1932 que ele provavelmente abandonou seu romance autobiográfico *A aproximação a Almotásim*, com seu final otimista da revelação do Simurg-Aleph. Àquela altura, certamente não podia mais imaginar a realização do eu. Ao contrário, em 1º de janeiro de 1933, havia voltado às suas especulações sobre o "nada da personalidade", sempre um sinal de depressão. Num artigo breve, reveladoramente intitulado "El querer ser otro", escreveu:

> Todos os amantes que se abraçam com plenitude no amplo mundo, que se abraçarão e abraçam, são o mesmo casal claro: são Adão e Eva. Ninguém é substancialmente alguém: qualquer um pode ser qualquer outro, em qualquer momento. Entre adivinhações e burlas, me parece que chegamos à mística.[26]

Atormentado pela ansiedade como deveria estar àquela altura, ele brincava com permutações aleatórias, trocando possibilidades, imaginando que todos os amantes eram o mesmo par de amantes, assim como um homem era equivalente a qualquer outro homem. Mas por mais que desejasse enganar seus temores persuadindo-se de que espaço, tempo e identidade eram relativos e maleáveis — que, no fim das contas, não importava se Norah acabasse nos braços de Girondo em vez de nos seus — não havia como escapar do fato de que no Ano-Novo de 1933 ele corria o perigo de perder sua amada para sempre.

13. Os rivais (1933-4)

As eleições fraudulentas de novembro de 1931 entregaram a presidência a Agustín P. Justo, que encabeçou uma coalizão de partidos conservadores e radicais anti-Irigoyen conhecida como a Concordância. Após sua posse, em fevereiro de 1932, o novo presidente procurou restaurar um pouco de liberdade política e até tentou conciliar os radicais libertando Irigoyen da prisão domiciliar, mas essas medidas não foram suficientes para apaziguar os partidos e grupos que haviam sido efetivamente excluídos do sistema. Com efeito, a eleição de Justo marcaria o começo da "Década Infame" da história argentina. Foi infame para os radicais porque lhes roubaria o poder mediante fraudes eleitorais, mas foi infame também para os nacionalistas porque frustraria suas esperanças de criar um Estado corporativo de estilo fascista. Os radicais voltaram para sua atitude histórica de "intransigência": abstenção por princípio das eleições e recurso à rebelião armada (haveria levantes radicais em 1932 e 1933). Os nacionalistas protestaram contra o governo de Justo da maneira que conheciam melhor: marchando pelas ruas das principais cidades e espancando seus oponentes.

Um elemento novo entraria na política argentina no começo da Década Infame: um forte sentimento antibritânico baseado na percepção de que a Argentina era subserviente aos interesses econômicos da Inglaterra. A causa imediata dessa anglofobia foi o Tratado Roca-Runciman, um acordo comercial assinado em 1933 com a Grã-Bretanha, seu maior mercado externo, pelo qual os ingleses concordavam em manter certo nível de importações de carne argentina em troca de concessões às exportações inglesas e privilégios para empresas britânicas que atuavam na Argentina. O governo da Concordância argumentava que esse acordo aliviaria os problemas econômicos causados pela depressão mundial, mas os partidos de oposição denunciaram o tratado como uma traição aos interesses nacionais. O acordo comercial provocou indignação pelo monopólio inglês do transporte em Buenos Aires e por suposta evasão fiscal de frigoríficos ingleses e estrangeiros. Assim, a política argentina tornou-se extraordinariamente violenta após a chegada de Justo à presidência, mas, nos anos seguintes, o governo da Concordância conseguiria dar um grau de estabilidade política ao país, graças, por ironia, ao Tratado Roca-Runciman, que permitiu ao país atravessar a depressão mundial mantendo uma grande parte de suas exportações tradicionais para a Grã-Bretanha.

A consequência mais duradoura da grande explosão de anglofobia em 1933 foi ideológica: intelectuais nacionalistas empreenderam uma revisão da história argentina que mudaria todo o curso da política com a ascensão ao poder de Juan Perón, no final da Década Infame. Esse revisionismo começou com a publicação, em 1933, de um livro dos irmãos Rodolfo e Julio Irazusta intitulado *La Argentina y el imperialismo británico: Los eslabones de una cadena*, no qual sustentavam que o país nunca se emancipara realmente do jugo colonialista porque a Grã-Bretanha havia constantemente se metido em seus assuntos e controlava sua economia em conluio com a elite exportadora dos estancieiros. Era preciso, portanto, romper os vínculos que prendiam a Argentina ao Império Britânico para poder construir uma nação verdadeiramente independente.

O ano de 1933 não se prenunciou bom para Borges. Ele continuava a ser uma figura significativa do mundo literário, mas seu novo livro *Discussão* não foi bem recebido pelos críticos, que ficaram confusos com aquela mistura de especulações teológicas e metafísicas combinadas com reflexões estranhas sobre a arte da narrativa e a magia ou sobre a reticência do escritor clássico. Até mesmo seus admiradores confessaram certa consternação. Em agosto de 1933, a revista literária *Megáfono* pediu a opinião de escritores e críticos importantes sobre a obra de Borges e, embora favorável em geral, a pesquisa registrou uma dúvida.

Tomás de Lara, por exemplo, notava um declínio marcante de criatividade desde *Fervor de Buenos Aires* e concluía com uma pergunta: "Para onde vai Borges agora? O que Borges quer fazer?".[1]

O fato é que ele estava numa encruzilhada de novo. Desde a rejeição de Norah, no final de 1926, havia gradualmente perdido sua voz de poeta e se voltado para a escrita de ensaios e, depois, de forma muito experimental, para a ficção, mas suas ideias ainda não haviam formado uma nova estética coerente e seus esforços para produzir um romance autobiográfico não deram em grande coisa. Seu futuro de escritor dependia de recuperar a estima de Norah Lange, mas enfrentava um desafio renovado de seu velho rival Oliverio Girondo, cujo novo livro *Espantapájaros*, como vimos, representava a antítese dos ensaios abstrusos reunidos em *Discussão*.

Pouco depois de retornar a Buenos Aires, Girondo comprou uma grande casa neocolonial no final decadente da rua Suipacha, uma área de cortiços insalubres e mansões decrépitas perto da linha de trem que partia da estação Retiro e corria ao longo de El Bajo. Ali instalou-se em esplendor boêmio, em meio às pinturas, esculturas e obras de arte compradas em suas viagens pelo mundo. Dizia-se que possuía a maior coleção particular de artefatos de ouro pré-colombianos da América do Sul, e, entre as muitas curiosidades que colecionara, uma que divertia muito seus amigos era um conjunto de sapos empalhados vestidos com roupas humanas, que exibia no saguão de entrada de sua casa. Não demorou para que reunisse ao seu redor um grande círculo de jovens escritores e artistas e, tendo em vista sua reputação escandalosa, logo se tornou objeto de curiosidade lasciva em Buenos Aires. Corriam rumores de que o vanguardista desregrado se entregava a todos os tipos de coisas indecentes com seus camaradas em orgias que iam até o amanhecer, embora a verdade — pelo menos segundo alguns de seus amigos — era que essas festas eram bastante inócuas e não iam muito além de danças e consumo de enormes quantidades de bebidas alcoólicas.[2]

Borges deve ter temido que o apetite confirmado de Norah pelo agito social a deixasse novamente vulnerável aos encantos de Girondo. Uma indicação dessa incerteza em relação a ela talvez seja sua curiosa decisão de republicar o ensaio sobre as *kenningar* nórdicas na forma de um panfleto impresso a sua própria custa numa edição limitada.[3] Ele manteve a dedicatória a Norah Lange, em que a relembrava dos dias heroicos do ultraísmo e de seu sangue escandinavo, mas uma outra dedicatória que escreveu no exemplar que deu a ela é mais efusiva, atribuindo-lhe a inspiração de seu interesse pela literatura nórdica, ao mesmo tempo em que traía certa dúvida sobre si mesmo: "Para Norah, esta visita imperfeita a um tema inaugurado por ela. Para Norah, com minha admiração usual e afeição duradoura. Para Norah, em seu esplendor, como sempre, Georgie".[4]

Se Borges estava inseguro no que dizia respeito à relação com Norah, não era porque ela estivesse se encontrando com Girondo de novo — parece que mantinha distância dele —, mas porque ela estava tentada a botar suas manguinhas de "Nova Mulher" de fora. Em 1931, aceitara a opinião de Girondo de que o romance baseado em sua viagem à Noruega não era apropriado para publicação, mas, em 1933, não estava mais disposta a ceder aos conselhos do ex-amante e ofereceu a obra a José Torrendel, da Editorial Tor, uma das principais editoras da Argentina. Acontece que Torrendel estava preparando para o final do ano o lançamento dos primeiros livros em brochura no mercado argentino e planejava celebrar o evento com a publicação simultânea de dez títulos de autores diferentes. Homem com forte faro para a publicidade, Torrendel escolheu o romance apimentado de Norah Lange para fazer parte do pacote. E, sem dúvida, para aumentar o efeito sensacional, chamou-o de *45 días y 30 marineros*, um título obviamente provocativo para um livro de uma moça num país conservador como a Argentina.

A decisão de Norah de publicar *45 días y 30 marineros* equivalia a uma declaração de independência em relação a Girondo e Borges, os dois homens que haviam dominado sua vida nos últimos cinco anos e lhe causado tanto sofrimento. Como seu romance deixava claro, ela começava a saborear o fascínio e o poder que podia exercer sobre os homens; no decorrer de 1933, seria vista com frequência cada vez maior em festas e jantares literários, como uma autora por seu próprio mérito, e não como protegida de Borges ou Girondo. Essa independência de Norah Lange encontrou expressão em sua amizade com um terceiro homem, o poeta chileno Pablo Neruda, que chegou a Buenos Aires em 28 de agosto para assumir o posto de cônsul na embaixada do Chile. Os dois se deram tão bem que gostavam de fazer exibições jocosas de sua afeição mútua em lugares públicos. No restaurante da moda Les Ambassadeurs, por exemplo, pediram certa vez que a orquestra tocasse a "Marcha nupcial", enquanto desfilavam de braços dados pelo salão; depois de outro jantar regado a muita bebida num restaurante da Corrientes, o grupo todo saiu para a rua cantando e gritando, e consta que Norah anunciou: "Pablo, vou dormir com você esta noite!". Neruda respondeu às gargalhadas: "Será um prazer!".[5]

Em outubro, o mundo literário portenho ficou deslumbrado com a chegada do poeta espanhol Federico García Lorca, que ficaria por cerca de seis meses, até abril de 1934. Ele logo tornou-se o assunto da cidade: era festejado onde quer que fosse, e suas palestras, recitais e peças receberam resenhas fulgurantes na imprensa argentina. Durante sua estada em Buenos Aires, travou uma grande amizade com Pablo Neruda e nos meses seguintes encontraram-se com frequência. Em um jantar do PEN Club, no Plaza Hotel, os dois poetas deliciaram o mundo literário argentino ao fazer um discurso *al alimón* — em parceria, revezando-se na fala, um em cada extremidade da mesa. Em outra ocasião famosa, o magnata da imprensa Natalio Botana ofereceu um grande banquete em homenagem a Lorca em sua casa de campo — um boi inteiro assado foi levado à mesa por dez garçons vestidos de *gauchos* —, mas a fofoca posterior veio do fato de Lorca ter torcido o tornozelo quando caiu de uma escada em circunstâncias misteriosas. Parece que, depois do jantar, ele acompanhou Neruda e uma poetisa numa caminhada pelo terreno da casa de Botana e os três subiram numa torre para tomar o ar da noite. Neruda se entusiasmou com o romantismo do momento e, como escreveria em suas memórias, "tomei a moça dourada em meus braços e, quando a beijei, não pude deixar de notar que ela era uma mulher de carne e osso, firme e bem fornida".[6] Estimulado por essa descoberta, Neruda pediu a Lorca que ficasse de vigia para ele na entrada da torre, mas o espanhol caiu ao descer correndo as escadas, levando o encontro improvisado a um final infeliz. Nos quinze dias seguintes, Lorca ficou deitado num quarto de hotel com o pé enfaixado, e correu o rumor de que a moça que havia causado toda a excitação não era outra senão Norah Lange.[7]

Verdade ou não, não podemos duvidar de que Borges ficou sabendo desse rumor e deve ter temido o pior: Norah estava se tornando uma companhia frequente de Lorca e Neruda e ele sabia que seu rival Girondo também era membro daquele círculo cintilante. Não obstante, isso não significa que ela tivesse retomado a relação com Girondo, mas estava certamente passando bastante tempo com ele, na companhia de seu amigo mútuo Neruda. Ela mesma relembraria uma noitada turbulenta com os dois homens, quando se apoderaram de uma carroça de leite nas primeiras horas da manhã e andaram com ela pela avenida Leandro N. Alem, uma das mais movimentadas da cidade. Norah foi para o meio da rua, subiu no pódio da polícia de trânsito e fez o tráfego parar. Então viu passar a carroça do leite, com Oliverio nas rédeas do cavalo a galope enquanto

Neruda declamava um de seus poemas mais famosos: "Sucede que me canso de ser hombre [...]".[8]

Por volta de junho de 1933, Borges fora convidado a ser coeditor do suplemento literário do diário *Crítica*, que tinha uma circulação de cerca de 700 mil exemplares. O cargo foi-lhe oferecido por intermédio de seu amigo Ulyses Petit de Murat, que, na época, era crítico de cinema do jornal. A ideia da "Revista Multicolor de los Sábados", um suplemento colorido semanal dedicado a temas literários e culturais, viera do dono do jornal, Natalio Botana, mas ele deu aos coeditores Petit de Murat e Borges plena responsabilidade por sua produção, além de exigir que contribuíssem com um artigo próprio a cada duas semanas.[9]

Borges publicaria um bom pedaço de sua obra no suplemento de sábado de *Crítica* — artigos, contos, esboços históricos e biográficos, resenhas e traduções.[10] Sem dúvida, retirou uma boa quantidade desse material de seus cadernos de anotações; publicaria, por exemplo, "Hombres de las orillas", o conto que escrevera em 1930 em memória de Nicolás Paredes, bem como as biografias ficcionais que reuniria depois em *História universal da infâmia* (1935). Porém, tendia a assinar com seu nome verdadeiro apenas os textos com os quais estava satisfeito e recorria a pseudônimos quando estava menos seguro. De um ponto de vista biográfico, as colaborações de Borges para *Crítica* são de particular interesse porque, quando consideradas ao lado da cronologia de outros eventos de sua vida nesse período, um bom número delas oferece um registro cifrado de seus sentimentos e atitudes em relação a Norah Lange num momento em que suas relações com ela se aproximavam de uma nova crise.

Em 23 de setembro, Borges publicou o primeiro do que chamou de "Antiguos mitos germánicos".[11] Esse texto tratava de um dragão que vigia seu tesouro escondido noite e dia; ele é estranho ao sono, como o são "os convidados chamejantes do inferno, cujas pálpebras amaldiçoadas jamais caem sobre seus miseráveis olhos", e tudo o que pode esperar é pelo dia em que algum herói lhe ofereça a libertação pela morte. O dragão insone pode muito bem ser tomado por uma representação de sua condição naquela época, e o tesouro seria uma alusão a Norah Lange. Uma lembrança desse mito germânico apareceria em "O Zahir" (1947), conto em que um amante desesperado tenta distrair-se da lembrança obsessiva da mulher que perdeu escrevendo uma história baseada no mito nórdico de Fafnir, a serpente que guarda um tesouro dia e noite até ser morta pelo herói Sigurd.

Duas semanas depois, Borges publicou "Las brujas", outro antigo mito germânico, relacionado com a crença de que seria possível identificar uma bruxa por um sinal com a forma de um sapo que Belzebu imprimiria em seus olhos.[12] Certas feiticeiras, no entanto, eram tão "hipócritas e daninhas" que disfarçavam até esse sinal revelador. Por que esse detalhe estranho do sapo? Talvez Borges quisesse aludir aos sapos empalhados que Girondo tinha no saguão de sua casa, e essa denúncia das mulheres que escondem o sinal do sapo em seus olhos poderia ser lida no sentido de que Norah estava convivendo com Girondo novamente e talvez até frequentando as supostas orgias de sua casa.

O ciúme de Borges inflamou-se mais em outubro com a chegada a Buenos Aires de Federico García Lorca. Sua hostilidade ao poeta espanhol tornou-se famosa, mas a verdade é que fora um grande admirador da obra dele: entusiasmara-se ao se encontrar com Lorca, por intermédio de Guillermo de Torre, durante sua segunda visita à Espanha, em 1924, e até publicara dois de seus poemas ciganos na revista *Proa*. Mais tarde, Borges preferiu esquecer esse entusiasmo; a um entrevistador, disse que encontrara Lorca uma única vez durante a visita do poeta espanhol a Buenos Aires e que haviam conversado apenas por cerca de uma hora. Implícito nessa declaração estaria o fato de que tinham muito pouco em comum; para Borges, Lorca era "um andaluz profissional" e o havia exasperado a afirmação dele de que Mickey Mouse era um personagem "no qual se pode ver toda a tragédia da vida americana".[13] Mas a antipatia por Lorca talvez tivesse raízes mais pessoais, uma vez que o poeta espanhol fizera amizade com Neruda, Girondo e Norah Lange durante sua estada em Buenos Aires e era um convidado frequente de seus jantares e festas.

Em 4 de novembro, Borges publicou "El mito de los elfos", um terceiro antigo mito germânico, que manifestava um grau ainda maior de aflição do que os anteriores.[14] Os elfos maus causavam pesadelos e insônia, e os da Noruega eram particularmente traiçoeiros: ofereciam hospitalidade ao viandante, mas, assim que ele aceitava a oferta, o chão se abria e ele caía no abismo.

Borges não teve de esperar muito para que o chão se abrisse sob seus pés. Menos de duas semanas depois da publicação desse terceiro mito germânico, o romance de Norah Lange foi publicado pela Editorial Tor. Em 16 de novembro, realizou-se um grande jantar no Hotel Marconi para celebrar o lançamento dos primeiros dez livros em brochura argentinos. Mais de duzentos convidados foram acomodados em torno de uma mesa enorme, e não surpreende que *La fiesta de los diez* tenha sido "uma ocasião animada" extremamente "cordial e ruidosa".[15]

Enquanto Norah comemorava com seus colegas autores, Borges preparava a resenha de *45 días y 30 marineros* para *Crítica*.[16] O romance não lhe deixara dúvidas sobre suas chances de recuperar a afeição de Norah. Ele deve ter notado a indiferença, chegando às raias da antipatia, que a heroína Ingrid mostra pelo personagem chamado Stevenson, bem como sua relutância em seguir o conselho de seu primo Peter para deixar o navio onde está sendo assediada pelo capitão e por outros marinheiros. Em sua resenha, ele escolheria a cena em que o capitão do navio mente a Ingrid sobre a morte de seu filho a fim de provocar-lhe piedade "e fazer com que ela se entregue a ele". E, no que deve ter sido um conselho em código para Norah, citava o motivo que Ingrid dá para se decidir finalmente a deixar o navio: não se deve prolongar uma situação da qual a felicidade não emergiu naturalmente.

Contudo, qualquer que fosse a influência que Borges pudesse ter sobre Norah, dificilmente prevaleceria sobre o prazer que ela sentia com o sucesso literário. Havia um lado amante da diversão e exibicionista em sua personalidade, e isso, Borges devia saber, era o que a deixava tão vulnerável aos encantos de Oliverio Girondo. Com certeza, não escapava a ele que Norah adorava ser o centro da atenção. Girondo era obviamente um mestre consumado no *coup de main* espetacular, e por ocasião da publicação de *45 días y 30 marineros* ofereceu uma festa extravagante em honra de Norah. Todos os convidados do sexo masculino tinham de vestir-se de marinheiro para ilustrar o tema central do romance — a atração irresistível sentida por todos pela bela protagonista Ingrid. Fotografias da festa foram publicadas nas colunas sociais dos jornais de Buenos Aires e muitos antigos *martinfierristas* podem ser identificados nelas, mas o brilhantismo da ocasião foi incomensuravelmente realçado pela presença de Federico García Lorca e Pablo Neruda, que também apareceu em uniforme de marinheiro para homenagear Norah. Esse gesto grandioso de Girondo deve ter finalmente conquistado Norah, pois em uma das fotos da festa ela está fantasiada de sereia, reclinada sobre uma plataforma onde se lê o título de seu romance; está cercada por marujos, mas no centro da foto está Oliverio, com uniforme de capitão do mar, e o nome do navio que ele comanda não é outro senão *Norah*, como se pode ver no pano de fundo pintado.

A reação de Borges ao triunfo de Girondo pode ser avaliada a partir de um conto publicado em 20 de janeiro de 1934 em *Crítica*.[17] Um profeta muçulmano herético mantém seu rosto escondido de seus seguidores porque alega que ele irradia a luz estonteante de Deus. A doutrina gnóstica do profeta é assim resumida:

> A terra em que habitamos é um erro, uma incompetente paródia. Os espelhos e a paternidade são abomináveis, porque a multiplicam e afirmam. O asco é a virtude fundamental. Duas disciplinas (cuja escolha deixava livre o profeta) podem conduzir-nos a ela: a abstinência e o excesso, a luxúria ou a castidade.

Porém, quando o profeta é derrotado pelas forças de um poderoso califa, seu véu é arrancado e revela um rosto repulsivo:

> O prometido rosto do Apóstolo, o rosto que havia estado nos céus, era de fato branco, mas de brancura peculiar à lepra manchada. Era tão volumoso ou inacreditável que parecia uma máscara. Não tinha sobrancelhas; a pálpebra inferior do olho direito pendia sobre a bochecha senil; uma pesada cepa de tubérculos comia-lhe os lábios; o nariz inumano e achatado como de um leão.

Ao sofrimento de Borges causado por Norah acrescentava-se uma desilusão geral com a situação da Argentina. A assinatura do Tratado Roca-Runciman em 1933 coincidiu com o centenário da tomada das ilhas Malvinas pelos ingleses, e a indignação pública contra os dois eventos foi habilidosamente explorada pelos nacionalistas de direita, que adicionaram seu antissemitismo virulento ao sentimento geral de injustiça ao alegar que financistas britânicos e judeus eram os responsáveis, em última análise, pelas dificuldades econômicas argentinas. Nos últimos meses de 1933 e ao longo de 1934, os nacionalistas tentariam de forma ainda mais agressiva provocar outro golpe de Estado. A imprensa publicou notícias sobre tiroteios entre fascistas e socialistas e sobre esconderijos de armas encontrados pela polícia em clubes fascistas.[18] Em setembro de 1933, cerca de 2 mil fascistas uniformizados da Legião Cívica desfilaram em rígida formação militar pelo centro de Buenos Aires, numa manifestação que exigiu a maior mobilização da polícia até então vista na cidade.[19] A escalada da violência era de tal ordem que, perto do final daquele ano, o líder do Partido Socialista advertiu que o país estava à beira de uma guerra civil.[20]

Borges sofreria pessoalmente nas mãos dos nacionalistas. Em 30 de janeiro de 1934 — dez dias depois que publicou a história sobre o profeta leproso — tornou-se objeto de um ataque pessoal gratuito na revista nacionalista *Crisol*: uma nota anônima o acusava de "astutamente" esconder sua origem judia. Borges escreveu uma resposta mordaz com o título de "Yo, judío", em que afirmava que gostava de pensar em si mesmo como judeu desde que descobrira o sobrenome de sua mãe, Acevedo, numa lista de nomes de família judaico-portugueses em Buenos Aires em meados do século anterior.[21] Ele concluía com um parágrafo em que zombava da obsessão absurda dos nacionalistas por denunciar judeus.

Por que Borges se tornou objeto desse ataque antissemita? A razão deve ser buscada no considerável rancor que causou nos círculos nacionalistas seu abandono da causa do crioulismo, o nacionalismo cultural que outrora defendera com tanto ardor. Para piorar as coisas, numa época de tensão política aguda, quando se esperava que os escritores se engajassem política e socialmente, Borges parecia ter se fechado numa torre de marfim com a publicação de *Discussão*. O crítico Ramón Doll, que era então um socialista com inclinações nacionalistas, censurara o livro por sua prosa "antiargentina" e por trocar os termos naturais dos crioulos por um estilo mais trabalhado e livresco.[22] O nacionalista católico de direita Ignacio B. Anzoátegui chegara a insinuar que Borges se prostituíra ao abandonar o crioulismo e renunciar ao que chamava de "literatura necessária" pelos ensaios verbosos e vazios de *Discussão*.[23]

Na verdade, Borges não se fechara numa torre de marfim; ele simplesmente se distanciara da direção que a política havia tomado: desprezava a anglofobia, o antissemitismo e, não menos importante, as tendências autoritárias que ameaçavam transformar a Argentina numa ditadura fascista. Se resolveu responder em tom sarcástico ao ataque de *Crisol*, certamente não foi porque não levava a sério os ataques aos judeus, pois sabia muito bem o que isso podia prenunciar. Com efeito, duas semanas depois ele publicou em *Crítica* sua tradução de um relato vívido de Heinrich Mann sobre a situação política na Alemanha, com a descrição de prisões arbitrárias de marxistas e judeus pela Gestapo, dos campos de concentração, dos desaparecimentos de oponentes e da jogada de poder de Hitler contra Hindenberg. O artigo, que saiu com o título de "Escenas de la crueldad nazi", era ilustrado com a imagem de uma caveira com capacete de aço cercada por suásticas.[24]

O desgosto de Borges pode ter se agravado por um sentimento de afrouxamento geral do clima moral do país. Já vimos sua consternação com o fato de

Norah frequentar festas e banquetes com Neruda, Lorca e Girondo, mas isso era um sintoma de um hedonismo mais generalizado, pois, nos últimos meses de 1933, a imprensa de Buenos Aires notava a popularidade de um novo fenômeno social: as boates de estilo francês que, na opinião de *Noticias Gráficas*, estavam aparecendo "em resposta ao desejo de expansão social"; essa expansão parece ter incluído também os primeiros espetáculos com nus do país: anúncios na imprensa da "Revista Prohibida" no Casino alardeavam que a "nudez foi incorporada neste ano ao repertório do cabaré".[25]

Podemos seguir o crescente desencanto de Borges com a situação argentina em quatro esboços históricos, escritos com o pseudônimo de José Tuntar, que foram publicados em *Crítica* entre setembro de 1933 e março de 1934 — exatamente o período em que testemunhou a renovação do fascínio de Norah Lange por Oliverio Girondo.[26] Os quatro artigos baseavam-se no relato de Tácito sobre a decadência da Roma imperial (Tácito havia sido um dos autores prediletos de Borges quando morou em Genebra). O primeiro artigo relaciona a desilusão do bravo Diocleciano ao ver a Constituição da república romana ser denegrida pela corrupção de seus sucessores.[27] Diocleciano decide suicidar-se, num "gesto trágico de desafio e desespero". Em 7 de outubro, outro artigo aludia às orgias da filha e da neta de Augusto, ambas chamadas Júlia.[28] O terceiro artigo, publicado em 18 de novembro — apenas dois dias depois do grande banquete oferecido pela Editorial Tor para comemorar o lançamento das primeiras brochuras na Argentina —, tinha por tema o predomínio dos espiões na Roma imperial, considerado um sintoma de sua degeneração moral, e trazia de novo referências às orgias aprovadas pelos sucessores de Augusto, Tibério, Calígula e Cláudio.[29] O último artigo de José Tuntar, intitulado "Las grandes orgías romanas", apareceu em 3 de março de 1934 e trazia uma síntese da vida de Petrônio, descrevendo a corrupção disseminada que compunha o pano de fundo do *Satiricon*.[30]

Os quatro artigos de José Tuntar implicam uma analogia entre Roma e a Argentina: assim como a Roma republicana foi corrompida pelos sucessores do imperador Augusto, do mesmo modo a república argentina foi corrompida pelo sistema oligárquico criado pelo general Roca na década de 1880. Desse ponto de vista, podemos apreciar melhor as raízes históricas e pessoais do entusiasmo de Borges por Irigoyen. A presidência dele representava uma oportunidade histórica de restaurar as virtudes cívicas pelas quais os crioulos aristocráticos como os ancestrais de Borges haviam lutado e morrido, mas Irigoyen fora derrubado em

1930 e a nação voltara ao domínio fraudulento de uma classe dominante egoísta. Para completar isso tudo, o general José F. Uriburu, o homem que derrubara Irigoyen, era, por incrível ironia, parente de Oliverio Girondo; assim, a perda de Norah para seu rival e a corrupção da república argentina parecem ter se entrelaçado na imaginação de Borges. Ele sentia-se então duplamente rejeitado: expulso do paraíso que compartilhara no passado com Norah na rua Tronador e alienado da pátria depois da queda de Irigoyen. O forasteiro perseguido se tornaria assim uma figura recorrente em sua obra: em contos famosos como "A morte e a bússola", "O milagre secreto" ou "A espera", um indivíduo é caçado pelos agentes de Roma, pelos nazistas ou por ditadores argentinos sem nome.

Pensamentos de suicídio certamente espreitaram no espírito de Borges nos meses que levaram à perda final de Norah Lange. Nos artigos que escreveu com o pseudônimo de José Tuntar, aludia aos bravos líderes militares que, em sua revolta diante da corrupção disseminada de Roma, escolheram tirar a própria vida. O suicídio é apresentado como a forma mais alta de negação da carne — com efeito, como um ato nobre, pois, nas palavras de Sêneca, é "a única maneira que nos resta para ser livre".[31]

Por mais definitiva que Borges tenha considerado a perda de Norah Lange, haveria um estranho epílogo para essa longa e atormentada relação com ela. Em algum momento do início de ano de 1934, ele recebeu um conto dela para publicação no suplemento literário de *Crítica*. Com o título de "Un vacilante juego mortal", tinha por protagonista uma mulher que planeja envenenar seu marido infiel, mas adia o assassinato indefinidamente.[32] Uma vez que acreditava que todos os escritos de Norah eram uma reflexão sobre seu próprio destino, Borges deve ter inferido desse conto que ainda restavam alguns assuntos a serem resolvidos entre Norah e Girondo. Na qualidade de amigo íntimo da família Lange, devia saber que um motivo de discórdia entre os dois era a questão do casamento. Girondo ainda se recusava a casar-se com Norah porque achava que era velho demais para ela,[33] porém essa recusa a colocava diante de um dilema: sua paixão por Girondo era irresistível, mas entrar num relacionamento fora do matrimônio comprometeria sua reputação. Dando rédeas às distorções e exageros da ficção, o conto de Norah significava muito provavelmente que ela estava pensando em terminar a relação, mas não conseguia reunir forças para o rompimento final.

Nessas circunstâncias, Borges pode ter imaginado que nem tudo estava perdido em relação à Norah e deve ter decidido fazer um último apelo a ela. Em minha opinião, foi esse o contexto que deu origem ao segundo "poema inglês". Trata-se claramente de uma sequência do primeiro, no qual ele expressara sua decisão de possuir Norah para "chegar a ti, não sei como". Esse segundo poema inglês é construído como uma série de "oferendas" a ela em resposta à pergunta de abertura, "What can I hold you with?" [Com que posso prender-te?]. Ele oferece a ela a paisagem poética que compartilharam outrora, nos dias heroicos do ultraísmo — "ruas magras, crepúsculos desesperados, a lua dos subúrbios esgarçados"; oferece a lembrança de seus ancestrais gloriosos, seus livros, sua lealdade; oferece as últimas coisas que possui:

> o cerne de mim que conservei, não sei como — o coração central que não lida com palavras, não trafica com sonhos e é imune ao tempo, à alegria, às adversidades.

Mas o que ele podia realmente opor a Girondo? Em comparação com a riqueza de seu rival, seu status social, seu sucesso no mundo literário, Borges tinha muito pouco a mostrar, não tendo conseguido nem mesmo cumprir sua promessa inicial de ser um escritor. Em última análise, tudo o que podia oferecer a Norah era o puro desespero de seu desejo por ela:

> Posso te dar minha solidão, minha treva, a fome de meu coração; tento subornar-te com a incerteza, o perigo, a derrota.

Mas a desafortunada verdade era que não havia compreendido Norah: o que ele não via, ou não admitia ver, era que ela simplesmente não o amava. Norah talvez se sentisse vacilante diante de um compromisso definitivo com Oliverio Girondo, mas, como seus dois romances haviam deixado muito claro, não considerava seu "primo" Georgie uma alternativa, e nenhum argumento a convenceria do contrário. Com efeito, em algum momento de 1934 — suponho que por volta de abril — a relação entre ela e Girondo "tornou-se estável", nas palavras de uma amiga íntima do casal.[34] Em nome das aparências, Norah não iria morar com ele senão quando finalmente o persuadiria a casar-se com ela, nove anos depois, mas, a partir de 1934, passou a ser reconhecida no mundo literário de Buenos Aires como sua consorte.

O fim do longo e complicado envolvimento de Borges com Norah Lange foi marcado por um símbolo fortuitamente apropriado: a decisão da família Lange de mudar-se da casa da rua Tronador.[35] A mansão dos Lange havia, evidentemente, adquirido enorme significação pessoal para Borges — estava associada ao amor e às promessas que poderia ter para ele, pois foi lá que conheceu e cortejou Concepción Guerrero e lá cortejou mais tarde a própria Norah. Mas a casa tornara-se grande demais para as necessidades da família: as moças estavam empregadas no centro da cidade e a mãe não gostava de ficar sozinha muito tempo num subúrbio distante como Villa Urquiza. Em dezembro de 1933, alugaram a propriedade e mudaram-se para um apartamento na rua San Martín, 551, no centro da cidade, e, em novembro de 1934, mudaram-se novamente para um apartamento na rua Arroyo, 845, próximo da casa de Girondo, que ficava logo depois da esquina, na rua Suipacha. A grande casa da rua Tronador seria alugada nos dez anos seguintes, até por fim ser vendida, em 1945.[36]

Foi a decisão de vender essa casa, provavelmente perto do final de 1944, que parece ter deflagrado um dos contos mais famosos de Borges — "O Aleph" (1945) —, cujo subtexto autobiográfico alude a seu amor frustrado por Norah Lange. Borges coloca-se como o protagonista, um escritor incapaz de esquecer a morte de sua amada Beatriz Viterbo. O falecimento dela ocorre em fevereiro de 1929, mesma época em que Norah retornou de seu ano em Oslo e disse a Borges que não queria retomar o compromisso entre eles. Em retrospecto, Borges deve ter percebido que isso fora o verdadeiro fim — a morte, por assim dizer — da relação deles, mas não fora capaz de esquecer Norah, como sugere "O Aleph", em que o personagem passa a visitar anualmente a casa da falecida Beatriz Viterbo, no dia do aniversário dela, até ser informado de que a casa, que "aludia infinitamente a Beatriz", seria demolida. Ele fica então sabendo da existência de uma esfera mágica, um "Aleph", "um dos pontos do espaço que contém todos os outros pontos", "um pássaro que de alguma forma é todos os pássaros".

Curiosamente, a esfera mágica que contém o Aleph está no décimo nono degrau da estreita escada que leva ao porão que fica sob a sala de jantar da casa de Beatriz Viterbo. Temos aqui outra alusão velada à casa dos Lange, que tinha dois porões sob as salas de jantar e estar respectivamente. Esses porões tinham um significado especial para Norah Lange: quando criança, ela sempre os considerou "um permanente e imutável lugar de segurança".[37] Assim, Borges colocou o Aleph de seu conto num porão como esse, pois desde 1925 havia imaginado que o "Aleph" concedido pelo amor de Norah Lange lhe traria um sentimento de realização igualmente permanente e imutável. O protagonista do conto, no entanto, não faz nenhuma tentativa de evitar a demolição da casa de Beatriz Viterbo, pois percebe, sem dúvida, que depois da morte da amada ele não tem nenhuma esperança de tornar verdadeiramente sua a visão do Aleph.

PARTE III

UMA TEMPORADA NO INFERNO (1934-44)

14. Fracasso (1934-5)

Depois da rejeição definitiva de Norah Lange, Borges sofreu com pesadelos e insônia e chegou à beira de se matar. Tentou lidar com o sofrimento jogando-se por inteiro em seu trabalho em *Crítica*. Dois contos que publicaria no jornal nos dão uma ideia da gravidade de sua crise pessoal. Ambos foram escritos sob o pseudônimo "Alex Ander", e é difícil conciliar seu estilo grosseiro e melodramático com a elegância borgeana posterior, mas estava em consonância com o populismo sensacionalista do jornal e não devia pouco à extrema angústia do autor na época.

Na primeira história, chamada "30 pesos vale la muerte", o protagonista sem nome é um estudante de medicina em tempo parcial que trabalha como jornalista num diário popular.[1] Ele sofre de sentimentos de inadequação e ressentimento agressivo em relação às outras pessoas. Um psiquiatra aconselha-o a descansar dos estudos de medicina por um ano, mas "um mês de solidão, análise e insônia fizeram-no decidir" — se suicidaria, porque "todas as possibilidades de felicidade desapareceram".[2] Ele vai a uma loja para comprar um revólver, mas acontece de ver um toca-discos e decide-se finalmente por encomendá-lo, no lugar da arma. Ao sair da loja, testemunha um acidente de trânsito, ao qual reage como um verdadeiro profissional e telefona ao seu editor para que mande um fotógrafo à cena do acidente. Obviamente mais interessado em música e em fazer bem seu trabalho, ele esquece a decisão de se matar.

A segunda história, "¡No valía la pena!", mal passa de um esboço sobre um jovem ator que se mata porque é rejeitado pela atriz que ama.[3] Ele a corteja, mas ela fica entre o sim e o não até que, de repente, inflama deliberadamente o desejo dele durante uma representação, ao lhe dar um longo e apaixonado beijo na boca, diante de toda a plateia. O ator "pareceu perder o juízo" e decide confessar abertamente seu amor pela atriz:

> Ela demonstrou grande surpresa ao vê-lo entrar em seu camarim uma noite, após o fim do espetáculo. E mais ainda ao ouvi-lo soltar uma corrente confusa de palavras apaixonadas nas quais ela acreditou que podia perceber uma destemperada declaração de amor, à qual respondeu simplesmente com uma risada forçada que cortou a inspiração dele com brutalidade, como uma ducha de água fria, forçando-o a sair correndo do camarim sem outra palavra e com as faces tão vermelhas quanto o batom com o qual estava prestes a tornar seus lábios úmidos ainda mais tentadores.[4]

Depois dessa rejeição final, o ator se suicida.

Esses dois contos, publicados em 21 de julho e 8 de setembro de 1934, respectivamente, sugerem que a crise suicida de Borges ocorreu em algum momento entre a publicação do conto de Norah Lange, em 7 de abril, e o começo de setembro. No entanto, parece ter havido duas fases distintas nessa crise, uma vez que o fim da primeira história implica que a tentação do suicídio foi superada pela redescoberta pelo protagonista de certo valor próprio que surge de seu interesse pela música e seu orgulho de ser um bom repórter. Eu deduziria disso que Borges, de fato, resistiu a uma tentação inicial de se matar na crença de que a literatura poderia oferecer uma saída de sua infelicidade, dando um propósito para sua vida.

Em "A aproximação a Almotásim", Borges nos diz que uma segunda versão do romance com esse título foi publicada em 1934, e isso me leva a crer que ele começou a trabalhar não muito depois de abril numa versão revisada do romance autobiográfico que havia abandonado dois anos antes. O leitor fica sabendo que a diferença fundamental entre as duas versões é que, em 1932, a figura do Almotásim, embora simbólica, dava a impressão de ser uma pessoa real, com traços idiossincrásicos, ao passo que, em 1934, o romance "se afoga em alegorias":

Almotásim se torna "símbolo de Deus" e as viagens do herói simbolizam o progresso da alma em sua "ascensão mística".[5] Em outras palavras, a versão de 1932 descrevia um processo que culminava numa resolução específica: a identidade última entre o autor, os personagens e o leitor simbolizada pela lenda panteísta do Simurg, o pássaro que é todos os pássaros. Na versão de 1934, porém, o fato de o deus buscado ser chamado de Almotásim, que significa "aquele que busca refúgio", implica uma "teologia extravagante" que Borges explica assim:

> [...] a conjectura de que o Todo-Poderoso também esteja em busca de Alguém, e esse Alguém, de Alguém superior (ou simplesmente imprescindível e igual), e assim até o Fim — ou melhor, o Sem-Fim — do Tempo, ou de forma cíclica.[6]

Esse final, ou não final, prejudica claramente todo o sentido de escrever um romance autobiográfico, pois, se Borges pretendia originalmente que *A aproximação a Almotásim* articulasse o que era essencial para ele, então teve de chegar à conclusão de que não havia fim, nenhum destino premeditado na vida de um homem. Por outro lado, abandonar seu romance autobiográfico era admitir que não havia salvação na literatura, nenhuma possibilidade de escrever uma obra que justificasse a existência do autor. A perda de Norah Lange destruíra sua fé na realidade essencial do eu — um homem não era, em princípio, diferente de qualquer outro homem, porque a identidade pessoal não era mais do que uma sucessão de estados mentais descontínuos no processo sem fim do tempo.

Àquela altura, a tentação de cometer suicídio deve ter sido bastante forte, mas, embora ele não tenha cedido ao desespero total, os indícios apontam para um grave colapso psicológico. Em 15 de setembro, publicou um conjunto de três textos curtos em *Crítica*, sob o título coletivo de "Confesiones", revelando temores de desintegração, loucura e morte.[7] Um dos textos alude a um desejo de criar um tigre todo-poderoso que resulta na débil imagem de uma criatura não maior do que um cão, ou tão esquiva quanto um pássaro; outro relata o caso de uma jovem louca que não suporta ver espelhos porque só consegue enxergar o reflexo do rosto de Borges, em vez do seu; no terceiro texto, ele imagina que as unhas de seus pés crescem sem parar, mesmo depois de morto, a única forma de vida depois da morte em que consegue acreditar. À guisa de "confissão" final, reimprimiu o pós-escrito de "A duração do inferno", o ensaio que publicara quatro meses depois que Norah Lange o rejeitara, em fevereiro de 1929, ao retornar da Noruega, e no qual descrevia seu pesadelo de despertar num quarto estranho, desprovido de senso de si mesmo ou de lugar:

> Pensei com medo, *onde estou?*, e compreendi que não sabia. O medo cresceu em mim. Pensei: Esta vigília desconsolada já é o Inferno, esta vigília sem destino será minha eternidade.[8]

Em novembro de 1934 — mês em que Norah se mudou para um apartamento próximo à casa de Oliverio Girondo — Borges vai para o Uruguai, como convidado de sua prima Esther Haedo e seu marido, o romancista Enrique Amorim, na casa de verão deles, nas colinas da cidade ribeirinha de Salto. Ele mandou um postal para seu pai em 13 de novembro, com uma foto da casa de campo dos Amorim, e destacou uma efígie de mulher no gramado da frente: "Aquele fantasma de mulher que podes ver [...] é a carranca de um navio num pedestal", uma observação banal, mas que, no original espanhol, traz outras alusões, pois as palavras que usa são *mascarón de proa*, e *Proa* era exatamente o nome das revistas literárias que havia editado nos anos 1920.[9] Se era possível dizer de alguma mulher que havia sido a "carranca" de *Proa* naquela época, certamente seria Norah Lange. Era óbvio que não conseguia tirar Norah da cabeça, e isso pode explicar sua apatia enquanto esteve em Salto, pois num postal que escreveu para sua mãe, em 22 de novembro, relatava que um ensaio sobre Nietzsche em que estava trabalhando (cujo tema era o tempo infinito e o eterno retorno) avançava "sem inspiração, mas sem interrupções", e que somente a piscina "mitiga e domestica o verão".[10]

Ele encontrou certo alívio desse desalento numa visita que fez à estância de Amorim, na província de Tacuarembó, perto da fronteira com o Brasil. Andando de carro com Amorim, eles subitamente toparam com um grande grupo de cavaleiros. Borges exclamou espantado: "Meu Deus! Trezentos *gauchos*!", mas Amorim, que crescera entre vaqueiros na estância, retrucou zombando: "Ver trezentos *gauchos* ali é como ver trezentos empregados da Gath & Chaves [um magazine de Buenos Aires]".[11] Contudo, para um portenho como Borges, as planícies do norte do Uruguai foram uma revelação: "Tudo o que testemunhei então — as cercas de pedra, o gado de chifres compridos, os arreios de prata dos cavalos, os *gauchos* de barba, os postes para amarrar animais, as avestruzes — era tão primitivo, e até bárbaro, que mais parecia uma jornada ao passado do que uma viagem no espaço".[12] Devia parecer que estava viajando de volta no tempo, quando os verdadeiros *gauchos* vagavam pelos pampas à maneira dos personagens de *Martín Fierro* e a vida rural era tão bárbara quanto Sarmiento a descrevera em seu clássico *Facundo*. E, para coroar essa sensação de volta ao tempo da barbárie, aconteceu de ele testemunhar um assassinato.

O incidente aconteceu quando estavam em visita a Rivera, cidade separada por uma rua de Santana do Livramento, no Brasil. Eram lugares sem lei, esconderijo fronteiriço de contrabandistas e bandidos. Certa manhã, Borges e Amorim estavam sentados numa taberna perto do capanga de algum mandachuva local, quando um bêbado aproximou-se da mesa do indivíduo e começou a importuná-lo. O pistoleiro perdeu a paciência, sacou sua arma e atirou no bêbado duas vezes. Borges não viu exatamente o assassinato porque estava envolvido demais numa conversa para notar o que estava acontecendo na mesa ao lado; lembrava apenas de ver o bêbado se aproximar do capanga e depois ouvir os tiros. Mas o que o impressionou foi a despreocupação do assassino: na manhã seguinte, viram-no de novo, tomando seu drinque costumeiro na taberna.[13]

Em retrospecto, Borges se daria conta de que essas terras fronteiriças selvagens o haviam impressionado "muito mais do que todos os reinos do mundo e a glória deles".[14] Ele visitou a fronteira brasileira numa época em que a ruiva Norah Lange ainda o atormentava e as duas experiências ficariam intimamente associadas uma à outra. Ainda em Santana do Livramento, teve a ideia de um conto baseado no assassinato que testemunhara. Foi publicado alguns anos depois com o título de "O morto", e seu tema era a carreira de um moço da cidade que se torna um *gaucho* e tenta usurpar o poder do líder de uma gangue de contrabandistas.[15] Seu desafio ao chefe dos bandidos chega a ponto de levá-lo a dormir com sua amante ruiva. No fim, porém, o rapaz é morto a tiros pelo capanga do chefe.

"O morto" é uma história sobre a "vontade de poder" nietzschiana, por assim dizer. Trata do velho desejo de Borges de recorrer ao punhal contra a autoridade opressiva da espada da honra ancestral. Ademais, essa "vontade de poder" está associada ao desejo sexual na figura da amante ruiva, o prêmio da revolta do jovem contra o chefe. "O morto" é significativo também porque projeta os conflitos do mundo interior de Borges na tela da história argentina, pois nessa associação clara entre o desejo sexual e a desordem dos *gauchos* ele estava criando um paralelo entre o seu conflito interior de espada e punhal e o conflito argentino fundamental de "civilização" e "barbárie". Também vemos essa analogia no valor simbólico dos cabelos ruivos da concubina, uma vez que o vermelho era uma cor proibida em sua família, em virtude de estar associada ao tirano Rosas e aos federalistas, inimigos históricos dos unitários, aos quais pertencia sua família. Ao estabelecer essa ponte simbólica entre realidades interiores e exteriores, Borges tateava no sentido de estabelecer uma conexão entre seu frágil sentimento de identidade pessoal e o papel de sua família na forja da identidade nacional argentina. Já tomava forma a percepção de que sua relutância em afirmar sua vontade contra a mãe poderia derivar de um medo de comprometer o status de sua família de descendentes dos heróis que haviam conquistado a independência da Espanha e, depois, lutado pela civilização contra a barbárie dos *gauchos* e caudilhos.

Borges estava nos primeiríssimos estágios do que viria a ser uma longa e dolorosa exploração de seu mundo interior através da sua literatura. A visita à fronteira de Uruguai e Brasil começou a revelar a complexidade de sua realidade interior, e no conto inspirado por essa visita ele atingiu um veio rico, tão rico que viria a ser a fonte de outras histórias. Além de "O morto", produziria três contos tendo por cenário essa fronteira, ou referindo-se a ela: "Tlön, Uqbar, Orbis Tertius", "A outra morte" e "O Evangelho segundo são Marcos".[16] (Neste último, como em "O morto", o protagonista é punido por dormir com uma ruiva.) E, em várias outras histórias, ele exploraria temas cognatos com os de "O morto": civilização e barbárie, rebelião, traição e punição. Retornaria (no devido tempo) à ideia de salvação pela literatura, mas, a partir de 1934, entregaria-se cada vez mais à escrita de ficção como meio de exploração de si mesmo.

Algumas semanas após a volta das férias no Uruguai, Borges perdeu o emprego em *Crítica*: ele e Petit de Murat foram sumariamente informados por um novo editor adjunto que o jornal tinha outros planos e não publicaria mais a *Revista Multicolor*.[17] A edição do suplemento literário o tirara de dentro de si mesmo num momento de grande sofrimento e agora tinha de voltar a sobreviver com seus recursos exauridos, além de viver torturado pela insônia e por "pesadelos atrozes".[18]

Os meses de verão de janeiro e fevereiro de 1935 foram passados, como de costume, com sua família no Hotel de las Delicias, em Adrogué. Lá, trabalhou numa primeira versão de "O morto" e na preparação de um novo livro que tinha por título *História universal da infâmia*, uma coletânea de biografias fictícias e fábulas mágicas que havia publicado em *Crítica*.[19] Mais tarde, diria que havia sido "assaz infeliz" nessa época.[20] Sem dúvida, essa infelicidade devia-se a sua incapacidade de superar Norah Lange, mas foi agravada pela longa doença de Fanny Haslam, sua avó inglesa, que estava com 83 anos e deve ter ficado doente na segunda metade de 1934. Quando percebeu que chegava ao fim, ela chamou a família junto a sua cama e disse: "Não passo de uma velha que está morrendo muito, muito devagar. Não há nada de notável nem de interessante nisso".[21] Mesmo assim, não puderam deixar de ficar abalados: ela fora vizinha de porta deles em Palermo antes de irem para a Europa em 1914 e morara com eles, sob o mesmo teto, desde que se reunira à família em Genebra.

A morte de Fanny em 20 de junho de 1935 deve ter sido uma perda dolorosa para Georgie, que era tão ligado à querida avó inglesa. Mas a perda talvez tenha sido muito pior para o filho Jorge Guillermo, pois só tivera a ela e não conhecera o pai, morto quando tinha nove meses de idade. Na época da morte de sua mãe, o dr. Borges era um homem cego, doente e absorto em si mesmo, cuidado com grande constância e devoção pela esposa Leonor Acevedo. Parece que ele ficou no pano de fundo da família desde que resolveram se estabelecer em Buenos Aires em 1922, em vez de retornar para a Espanha, como originalmente planejado, e, embora uma cirurgia tivesse restaurado parcialmente sua visão em meados da década de 1920, ela começara a se deteriorar de novo depois de alguns anos, e ele quase não enxergava em 1935. Sua saúde se enfraquecera ainda mais com um problema cardíaco, muito provavelmente associado a um aneurisma que começou a afetá-lo por volta dessa época.

A situação de seu pai levou Borges a perceber um estranho laço entre eles, cuja complexidade lutaria para compreender nos anos posteriores à morte de Fanny Haslam. Um pouco da natureza desse laço entre pai e filho pode ser entrevisto na apresentação que Borges faz do personagem de Herbert Ashe em "Tlön, Uqbar, Orbis Tertius". Ele diz que Ashe estabeleceu com seu pai "uma daquelas amizades inglesas que começam por excluir a confidência e logo depois omitem o diálogo"; e o próprio Borges lembra uma conversa sobre o Brasil que teve com Ashe, na qual falaram "de vida pastoril, de capangas, da etimologia brasileira da palavra *gaucho*".[22] A curiosa figura de Herbert Ashe — um homem que padecia de "irrealidade" — conecta desse modo oblíquo pai e filho numa relação triádica frouxamente associada à viagem de Borges à fronteira entre Uruguai e Brasil. Lá, encontrara uma vitalidade primitiva exemplificada no assassinato de um homem por um capanga, mas, em seu retorno a Buenos Aires, continuara a sentir uma progressiva desconexão com o mundo — a perda de seu emprego em *Crítica*, a perda de Fanny Haslam — e sucumbiu ao medo de cair no solipsismo que espelharia a abstração do adoentado dr. Borges, um reflexo do pai no filho que estava, de algum modo, personificado na figura misteriosa do fantasmagórico Ashe.

Sem Norah Lange, Borges tinha poucas defesas contra a ameaça dessa "irrealidade". Agarrou-se desesperadamente à memória de sua querida desaparecida, como se a memória em si mesma pudesse resgatá-lo daquele "nada da personalidade" que tanto temia. Ao ser publicado, em julho de 1935, poucas semanas depois da morte de Fanny Haslam, *História universal da infâmia* trazia uma dedicatória em inglês a uma misteriosa mulher:

> Dedico este livro a I. J.: inglesa, inumerável e um anjo. E mais: ofereço-lhe o cerne de mim que conservei, não sei como — o coração central que não lida com palavras, não trafica com sonhos e é imune ao tempo, à alegria, às adversidades.[23]

Ninguém identificou o objeto dessa dedicatória apaixonada, mas, dadas as circunstâncias, não tenho dúvida de que se trata de Norah Lange. As iniciais I. J. ainda são misteriosas, mas podem significar "Ingrid Julia". A heroína do romance de Norah *45 días y 30 marineros* chama-se Ingrid, e em um dos artigos sobre a decadência da Roma antiga, publicados na época em que Norah frequentava festas e supostas orgias com Neruda e Girondo, Borges referia-se à filha lasciva do imperador Augusto e a sua igualmente dissoluta neta, ambas chamadas Julia.[24] Além disso, em seu conto "O milagre secreto", coletado em *O Aleph*, o protagonista está escrevendo uma peça sobre a rivalidade entre dois homens pelo amor de uma mulher chamada Julia. Portanto, Ingrid e Julia eram nomes que Borges poderia associar à perda de Norah Lange.

A tripla caracterização de "inglesa, inumerável e um anjo" aponta para Norah e sua associação com o Aleph. Ela era "inglesa" no contexto da superstição romântica de Borges sobre a ancestralidade nórdica de ambos; "inumerável" porque representava "o Aleph", o número que compreendia todos os números; e "um anjo" porque assim era considerada pelos jovens poetas da vanguarda portenha e porque Borges acreditara outrora que o amor de Norah o levaria a experimentar a unidade mística de todas as coisas.[25] Por fim, o resto da dedicatória, com sua oferta do "cerne de mim" e do "coração central", é uma citação direta do poema que escrevera em inglês em 1934, quando acreditava que ainda havia uma chance de arrancar Norah de Girondo.[26]

Borges era perseguido pelas lembranças da felicidade que conhecera quando achou que Norah poderia amá-lo. Em algum momento de 1935, começou a trabalhar num ensaio chamado "História da eternidade", uma reflexão sobre o anseio humano perene de acreditar numa realidade que possa estar acima e além do fluxo do tempo.[27] A noção de eternidade, afirmava, era uma invenção humana que aparecia sob aspectos variados em diferentes períodos da história, mas reduzia essa "história da eternidade" a três exemplos: a teoria platônica das formas, o dogma cristão da Trindade e, finalmente, o que chamava de sua "história pessoal da eternidade", contida no texto "Sentir-se em morte", publicado pela primeira vez em 1928, e que agora republicava *ipsis litteris*, com um curto comentário adicional. "Sentir-se em morte" era um dos primeiros textos que escrevera em resposta à paixão de Norah Lange por Girondo em novembro de 1926 e descrevia uma epifania que experimentou uma noite quando deu com uma rua humilde e teve a súbita impressão de que ela estava fora do tempo. Em momentos de grande intensidade, observava agora Borges, a identidade particular das coisas pode parecer que subsiste para além do tempo, pois, embora não possa ser negada pelo intelecto, a existência do tempo pode ser refutada pelas emoções.

A emoção que Borges identificava como fonte de nosso estranho desejo de "eternidade" era a nostalgia, e o exemplo que dava em apoio a essa asserção não poderia ser mais eloquente sobre a situação desventurada que vivia em 1935:

> O homem enternecido e exilado que relembra possibilidades felizes vê-as *sub specie aeternitatis*, totalmente deslembrado de que a execução de uma delas exclui ou posterga as outras. Na paixão, a lembrança tende ao intemporal. Concentramos as alegrias de um passado numa única imagem; os poentes variadamente rubros que contemplo todas as tardes hão de ser, na recordação, um único poente.[28]

A eternidade, concluía ele, era o "estilo do desejo", e o objeto do desejo que tinha em mente com certeza era Norah Lange, pois, na década de 1920, o pôr do sol fora amplamente reconhecido como a imagem emblemática tanto da poesia de Norah como da sua, e ele usara com frequência a imagem do ocaso para aludir aos cabelos ruivos dela.

Com efeito, ele lembraria Norah dessa fantasia no exemplar de *História universal da infâmia* que deve ter dado a ela exatamente na ocasião em que estava escrevendo o ensaio sobre a eternidade. Como vimos, aquele livro já trazia uma dedicatória emocional à misteriosa I. J., mas no exemplar que deu a Norah — agora companheira de Girondo — escreveu outra dedicatória de próprio punho, na qual não se permitiu outra emoção senão uma nostalgia comedida: "Para Norah Lange, com a lembrança de tantos ocasos, tanta música, tantos cabelos afogueados, Georgie".[29]

Suponho que, perto do final de 1935 ou começo de 1936, Borges começou uma nova experiência para articular na forma de um romance sua "teoria pessoal da eternidade" como o "estilo do desejo" enraizado na nostalgia. Um breve relato desse experimento chegou-nos em "Exame da obra de Herbert Quain",[30] em que é dito que o romance foi publicado em 1936 com o título de *April March*, o que sugere um aspecto autobiográfico, pois remete aos meses de março e abril de 1934, quando Borges escreveu seu apelo final a Norah Lange e ela o rejeitou definitivamente.

Ficamos sabendo em "Exame da obra de Herbert Quain" que *April March* é um "romance regressivo, ramificado"; o primeiro de seus treze capítulos relata "o ambíguo diálogo de dois desconhecidos na plataforma de uma estação", o segundo narra os acontecimentos da véspera do primeiro, o terceiro, os eventos de outra versão do dia anterior, e o quarto, os eventos de ainda outra versão do mesmo dia; cada uma dessas três versões da véspera se ramificam em outras três vésperas "de índole muito diversa", compondo nove narrativas diferentes numa mesma obra. O romance é uma representação de um labirinto do tempo que contém vários possíveis desdobramentos que existiram em diferentes momentos no passado e foram excluídos pelo fluxo linear do tempo. E, como em tudo o que Borges escrevia, havia um subtexto autobiográfico em *April March*, um coração magoado batendo nas profundezas da narrativa, por assim dizer, pois tratava-se de um romance concebido por um "homem enternecido e exilado" que imagina todas as possibilidades de felicidade que poderiam ter existido se Norah Lange tivesse correspondido ao seu amor, um romance nascido da nostalgia, que jogava com a noção de que o tempo poderia ser reversível, ou que poderia se ramificar em múltiplas dimensões, permitindo-lhe recuperar em uma delas o que teria perdido em outra. Mas era impossível representar essa "eternidade" da nostalgia em forma narrativa: a estrutura de *April March* teria gerado "infinitas histórias, infinitamente ramificadas", embora o "furor simétrico" de Herbert Quain conseguisse reduzi-las a apenas nove.

Perto do final de 1935, Borges decidiu reunir vários textos em prosa para publicação num novo livro com o título de *História da eternidade*. Tratava-se efetivamente de um conjunto muito heterogêneo: além do ensaio que dava título, incluía o ensaio sobre o tempo infinito e o eterno retorno que escrevera parcialmente em Salto, uma longa resenha em três partes das traduções de *As mil e uma noites*, o estudo sobre as *kenningar* nórdicas que dedicara a Norah Lange e, o mais estranho de tudo, duas "Notas", uma das quais passava por ser uma resenha de um romance publicado em Bombaim chamado *A aproximação a Almotásim*. Borges resumia rapidamente a trama e explicava a diferença básica entre as versões de 1932 e 1934 do romance. Porém, a lenda do Simurg — aquele símbolo da iluminação panteísta, aquele avatar do Aleph — era reduzida à condição de mera nota de rodapé.[31]

Que público leitor Borges poderia ter em mente para essa miscelânea de textos bizarros? Sem uma chave para seu contexto autobiográfico, ninguém poderia captar a significação que esses textos tinham para seu autor. Borges retirara-se de tal forma para seu mundo privado que havia efetivamente cortado toda a comunicação com seus leitores. *História da eternidade* marcaria o nadir de sua sorte como escritor. Foi publicado em 29 de abril de 1936 e até o final daquele ano vendeu 37 exemplares.

15. Isolamento (1936-7)

Entre os 37 leitores que compraram um exemplar de *História da eternidade* estava um aspirante a escritor chamado Adolfo Bioy Casares. Tamanho era o apetite desse jovem por curiosidades literárias que ficou entusiasmado com a falsa resenha de *A aproximação a Almotásim* e encomendou o romance inexistente a uma livraria de Londres. No devido tempo, Bioy Casares se tornaria um dos amigos mais íntimos e fiéis de Borges, bem como seu coautor em várias coletâneas de contos e alguns roteiros de filmes.

Eles se conheceram no início de 1932 num almoço festivo oferecido por Victoria Ocampo em homenagem a um escritor francês visitante.[1] Apesar da considerável diferença de idade — Bioy tinha apenas dezoito anos quando Borges já estava com 32 —, deram-se bem imediatamente e sentaram-se num canto para conversar sobre os escritores de que gostavam e dos que detestavam. A certa altura, Borges, sempre desastrado, bateu num abajur, atraindo a atenção da anfitriã Victoria, que se aproximou deles e sussurrou: "Não sejam uns merdas, venham conversar com meus convidados".[2] Mas eles a ignoraram e decidiram ir embora, continuando suas discussões no carro em que Bioy levou seu novo amigo para casa.

Apesar da conexão instantânea entre eles, a amizade demorou vários anos para se desenvolver. Os dois vinham de ambientes bem distintos: Borges era produto da classe média urbana, ao passo que a família de Bioy Casares era um pilar da oligarquia da pecuária (seu pai era ministro do governo conservador quando os dois se conheceram). De qualquer modo, naquele momento Borges ainda estava muito envolvido com seus problemas relacionados com Norah Lange, e Bioy, que estudava direito na Universidade de Buenos Aires, ficou entediado com os estudos pouco depois e foi viver em Rincón Viejo, a estância da família na província de Buenos Aires. Propunha-se a restaurar a propriedade, que fora arrendada nos vinte anos anteriores e sofrera considerável negligência nas mãos do arrendatário. O jovem Bioy entrou num duro aprendizado de homem do campo: comprar e vender gado, plantar árvores, renovar cercas de arame, restaurar as construções da fazenda, tudo isso enquanto financiava essas atividades especulando com a venda de terras. Era um negócio que consumia tempo, mas conseguiu assim mesmo combiná-lo com extensas leituras e escritas, uma vez que seu verdadeiro interesse estava numa carreira de escritor.

A amizade íntima de Borges e Bioy Casares cimentou-se no decorrer de uma semana que passaram juntos na estância de Bioy, em algum momento do inverno de 1935. Um tio de Adolfito, como Bioy era conhecido pela família e pelos amigos, lhe encomendara um folheto de propaganda para uma marca nova de iogurte produzida pela empresa da família, La Martona, uma das maiores indústrias de laticínios da Argentina. Ele achou que seria divertido escrever o folheto com Borges e convidou-o a passar uns dias em Rincón Viejo. Borges não era muito chegado à vida rural, mas, quando chegou à estância, resolveu assumir ares de homem do campo, a ponto de se dizer cavaleiro; no entanto, na hora de montar num cavalo, como relembrou Bioy, não conseguiu ficar sobre a sela.[3]

As aventuras ao ar livre logo foram abandonadas e até a redação do folheto sobre iogurte ficou em segundo plano, pois gostavam mesmo era de falar sobre livros. Uma vez que eram ambos aficionados do romance policial, Borges sugeriu que tentassem escrever uma obra desse tipo, e até ofereceu um esboço de trama sobre o diretor de uma escola de garotos, um holandês enorme chamado dr. Pretorius, que era dado a matar seus pupilos "por meios hedonísticos", tais como jogos compulsórios e tocar música em todas as horas.[4] A história do dr. Pretorius foi deixada de lado depois de algumas páginas, mas Bioy afirmaria que essa primeira tentativa de escrever juntos foi o ponto de partida para todos os embustes que ele e Borges posteriormente produziriam ao longo de vários anos com os pseudônimos de H. Bustos Domecq e B. Suárez Lynch.[5]

Bioy dizia ter sido "um escritor prolífico de livros terríveis".[6] Tivera um começo precoce aos quinze anos, quando seu pai pagou pela publicação de uma coleção de seus contos; nos três anos seguintes batalhou sem sucesso para escrever um romance enorme sobre um imigrante espanhol nos pampas; em 1933, encontrou editor para um livro chamado *Diecisiete disparos contra el futuro*, que era "uma brincadeira sobre as consequências para a reputação do autor dos dezessete contos que estava publicando"; no ano seguinte, apareceu um "copioso volume de contos" chamado *Caos* que "abundava em transcrições ou paráfrases de sonhos", e que colecionou invariavelmente más resenhas; e, em 1935, publicou um romance influenciado por Joyce, Appolinaire e Cocteau, entre outros, que mais tarde caracterizou como "incompreensível, tedioso e intencionalmente literário".[7] Naquele mesmo ano, produziu *La estatua casera*, uma coletânea de contos, poemas e reflexões fantásticas do qual Borges faria uma resenha para *Sur* em março de 1936. Borges enfatizava que a fantasia devia estar enraizada na experiência do autor: "Suspeito que um exame geral da literatura de fantasia revelaria muito pouco de fantástico nela"; com efeito, o que julgava admirável no livro de Bioy eram as "confissões autobiográficas ocasionais" do autor e sua "veracidade, sua música, sua emoção, seu meticuloso desespero".[8]

Essas observações podem ter surgido das discussões que tiveram durante a semana em que Borges ficou na estância de Bioy, alguns meses antes. Bioy relembraria uma delas em particular que fez com que mudasse seu modo de ler e escrever. Ele nunca fez um relato dessa discussão além de registrar sua surpresa ao descobrir que Borges defendia uma arte deliberada, consciente: "Ele ficou ao lado de Horácio e dos professores, contra meus heróis, os estonteantes poetas e pintores da vanguarda".[9] Podemos presumir que Borges falou sobre as ideias que expusera vários anos antes nos ensaios "A postulação da realidade" e "A arte da narrativa e a magia": a ficção não era um espelho do mundo, mas um orbe autônomo, um jogo de símbolos que seguiam regras mais próximas das leis da magia do que das supostas leis do que era, de qualquer modo, uma realidade incognoscível; a literatura estava enraizada na experiência do autor, mas essa experiência primordial não deveria ser expressa diretamente ao leitor; a reticência expressiva deveria ser acompanhada de uma contenção estilística comparável, de modo a contrabalançar o que Borges passara a considerar uma tendência à prolixidade na língua espanhola. O efeito dessa discussão foi que "no dia seguinte, talvez na mesma noite", Bioy "mudou de lado", e algum tempo depois começaria a experimentar os novos princípios borgeanos em sua literatura.[10]

Em 1937, Bioy começou a trabalhar num romance novo, cuja ideia básica lhe ocorreu depois de ver seu reflexo repetido nos três painéis de um espelho veneziano no toucador de sua mãe. Imaginou uma máquina capaz de produzir uma imagem holográfica perfeita de uma pessoa. De início, pensou em escrever "um ensaio falso, à maneira de Borges, e comentar a invenção da máquina", mas, depois, "as possibilidades romanescas de minha ideia provocaram uma mudança de plano".[11] Trabalharia nesse projeto nos três anos seguintes, tempo em que sofreria "uma metamorfose completa" como escritor.[12] O resultado foi *A invenção de Morel*, a crônica de um náufrago que encontra um grupo de pessoas numa ilha deserta e acaba descobrindo que elas são imagens holográficas projetadas por uma máquina inventada pelo epônimo Morel. Esse romance fez a reputação de Bioy e se tornaria um clássico da literatura latino-americana.

Borges pode ter funcionado como um catalisador para a imaginação criativa de Bioy, mas o que dizer de sua literatura nesse período? Ele parece ter abandonado a narrativa por essa época e se voltado para o teatro. Em entrevista ao autor, Bioy lembrou-se dele escrevendo uma peça, embora Borges não discutisse detalhes da trama com seu amigo.[13] Anos depois, no entanto, Borges se referiria a essa peça em esboço: "Eu tivera a ideia de um drama em dois atos, e no primeiro ato você teria algo muito nobre e um tanto pomposo e depois, no segundo ato, descobriria que a verdadeira coisa era meio de mau gosto".[14] Essa descrição ajusta-se a *The secret mirror* [O espelho secreto], uma peça em dois atos descrita em "Exame da obra de Herbert Quain", em cujo primeiro ato "os personagens são de vasta fortuna e nobreza de sangue; os afetos, elevados ainda que veementes", mas, no segundo, "tudo é ligeiramente horrível, tudo se adia ou se frustra".[15]

The secret mirror começa na casa de campo do general Thrale, cuja filha, Ulrica, é adorada pelo dramaturgo Wilfred Quarles, a quem ela "concedeu um beijo distraído". O primeiro ato consiste de "um rouxinol e uma noite", seguidos por "um duelo secreto num terraço" depois que Ulrica rompe com Quarles e anuncia seu noivado com o duque de Rutland.[16] Os mesmos personagens aparecem com nomes diferentes no segundo ato. Quarles é agora o escritor fracassado John William Quigley, que nunca viu miss Thrale, "mas morbidamente coleciona retratos dela do *Tatler* ou do *Sketch*". Na verdade, o primeiro ato é uma invenção de Quigley, e a casa de campo do general Thrale não passa da pensão em que vive, que transfigurou e magnificou em sua imaginação.

Em *The secret mirror*, encontramos um reflexo das relações de Borges com Norah Lange e Oliverio Girondo. Ulrica, descrita como "amazona e altiva", lembra Norah, cuja "altivez" Borges elogiava repetidamente; o general Thrale lembra o pai de Norah, Gunnar Lange, que fora comandante da artilharia hondurenha na guerra contra El Salvador; o duque de Rutland, rival de Quarles pela mão da bela Ulrica, lembra Girondo pelo fato de ser rico, aristocrata e, como seu nome Rutland sugere, um namorador. E o desgraçado Quarles-Quigley é claramente um retrato do próprio Borges desprezado.

Na mudança drástica que ocorre entre os dois atos, Borges deve ter procurado transmitir o revés que sofreu quando perdeu Norah para Girondo, um revés tão devastador que pôs em questão a realidade de toda a sua experiência do amor. Ele era obviamente escravo da lembrança de Norah Lange, mas sua imaginação criativa estava estranhamente bloqueada — havia perdido a voz lírica depois que Norah o rejeitou ao voltar da Noruega em 1929, e desde então fora incapaz de exorcizar esse trauma traduzindo-o numa forma literária satisfatória.

Para agravar esses problemas pessoais e literários, os meados da década de 1930 roubariam de Borges qualquer esperança de que sua ideia de uma Argentina nova — democrática, liberal e hospitaleira a imigrantes e estrangeiros — pudesse ser revivida. Apesar do grande desapontamento com a derrubada de Irigoyen em 1930, ele continuara a se identificar com a ala irigoyenista militante e nacionalista do Partido Radical e, em termos gerais, simpatizava com a agitação frequentemente violenta dos radicais contra a Concordância, a coalizão governante do general Justo. A tal ponto que, em 1934, aceitou escrever um prefácio para um poema gauchesco de Arturo Jauretche sobre a rebelião armada de militantes radicais que, em dezembro de 1933, conseguiram tomar e manter por breve tempo a cidade de Paso de los Libres, na província de Corrientes. O poema foi escrito enquanto Jauretche cumpria sentença de prisão por sua participação na revolta e, no prólogo, Borges elogiava a coragem desinteressada de Jauretche e seus companheiros, especialmente porque o fracasso do "levante patriótico" era um resultado previsto, tendo em vista que a ferrovia, o avião, o telégrafo e a metralhadora haviam praticamente garantido a rápida "vindicação da Ordem".[17]

Porém, o entusiasmo de Borges pelo irigoyenismo minguaria em breve. No ano seguinte, em 29 de junho de 1935, Arturo Jauretche, com Raúl Scalabrini Ortiz, que fora membro do Comitê de Jovens Intelectuais por Irigoyen, Homero Manzi, autor de algumas das letras de tango mais famosas da época, e vários outros escritores bem conhecidos, fundou um novo grupo de pressão irigoyenista chamado FORJA (Fuerza de Orientación Radical de la Joven Argentina), cujo lema era "Pertencemos a uma Argentina colonial; queremos uma Argentina livre". Borges foi convidado a entrar para a FORJA, mas recusou-se a participar por razões que permanecem desconhecidas, e que certamente deviam estar ligadas ao fato de que o objetivo do grupo era pressionar a liderança do Partido Radical a adotar políticas que pudessem libertar o país de sua dependência econômica da Inglaterra.[18] Os intelectuais da FORJA haviam de fato adotado o revisionismo histórico dos direitistas irmãos Irazusta, e nessa convergência ideológica de direita e esquerda sobre a questão do nacionalismo econômico, e a concomitante hostilidade à Inglaterra, Borges talvez tenha visto o perigo de uma inclinação para um Estado de estilo fascista na Argentina.

A chave para a evolução do pensamento político de Borges nos anos 1930 era seu ódio ao fascismo e ao nazismo. Seu grande temor era que os nacionalistas, em seu ardor de liberar o país da dependência econômica britânica, pudessem acabar copiando Mussolini, se não Hitler. No momento em que a Europa parecia caminhar inexoravelmente para a guerra, ele voltou durante algum tempo ao americanismo de sua juventude. Em fevereiro de 1936, como parte das comemorações dos quatrocentos anos de fundação de Buenos Aires por dom Pedro de Mendoza, Borges fez um programa de rádio em que revisava a história da república argentina e o papel fundamental que Buenos Aires havia desempenhado nessa história.[19] Reconhecia que a população da cidade tinha uma ligação sentimental com a figura do *gaucho*, considerando-o um símbolo do passado do país, apesar de ter sido um inimigo histórico da grande cidade. Mas essa figura, em sua opinião, estava condenada a permanecer no passado; era um símbolo nostálgico, pois o destino dos portenhos era mais complexo: a cidade em que habitavam estava "crescendo como uma árvore, ou como uma face familiar num pesadelo". Borges instava seus conterrâneos portenhos a aceitar e abraçar o futuro com esperança em seus corações, e acrescentava literalmente um trecho de seu discurso de 1928 aos jovens nacionalistas crioulos:

> Porque nesta casa da América, meus amigos, homens das nações do mundo conspiraram para desaparecer no homem novo, que não é nenhum de nós ainda e que predizemos argentino, para assim nos aproximarmos da esperança. É uma conjuração sem precedentes: pródiga aventura de estirpes, não para perdurar, mas para esquecê-las no fim: sangues que buscam noite. O crioulo é um dos conjurados. O crioulo, que formou a nação inteira, preferiu agora ser um entre muitos.[20]

Reafirmava assim o crioulismo democrático voltado para o futuro de sua juventude contra o nacionalismo xenófobo promovido por gente como Lugones, para quem o *gaucho* continuava a ser o símbolo preeminente da identidade nacional, um tipo de nacionalismo que havia sido retomado recentemente pelos irmãos Irazusta e agora até pelos intelectuais radicais do grupo FORJA. De novo, em abril de 1936, ao responder a um questionário da revista *Nosotros*, Borges instou seus compatriotas a confiar na capacidade material e espiritual das repúblicas do Novo Mundo "de salvar e desenvolver sua cultura na eventualidade de outra guerra europeia"; ele estava convencido de que a cultura das Américas não era inferior à da Europa — "por mais de meio século, a poesia lírica francesa vive às custas de Whitman e Edgar Allan Poe".[21]

Não obstante, esse idealismo americanista logo se revelou ineficaz, pois, não muito depois de sua resposta a *Nosostros*, os conflitos ideológicos que ameaçavam arrasar a Europa se deflagraram na Espanha com o levante do general Franco contra a república espanhola em julho. A intelligentsia argentina dividiu-se acremente em relação à Guerra Civil Espanhola, tendo em vista a grande afinidade dos nacionalistas com a Falange espanhola e os integralistas católicos. As ideologias em guerra na Europa entraram de novo em erupção no Congresso Internacional do PEN Club realizado em Buenos Aires de 5 a 15 de setembro, marcado por altercações políticas provocadas, em larga medida, por intervenções agressivas de escritores fascistas. Marinetti, em especial, entrou numa rixa violenta com o romancista francês Jules Romains e com vários escritores judeus e comunistas italianos. Atacou também Victoria Ocampo, "a mulher mais rica e mais linda de Buenos Aires", como a chamou, por se dizer uma "leitora comum", expressão que ela atribuía evidentemente a Virginia Woolf e ao dr. Johnson, mas na qual o imprevisível futurista italiano via uma defesa da vulgarização da literatura, o que o levou a acusá-la de "bolchevismo esnobe".[22]

Em 1936, a perspectiva política de Borges ficou claramente mais sombria, tendo em vista a força crescente do nacionalismo de direita e suas afinidades com o fascismo. Não há registro de seu comparecimento ao congresso do PEN Club, embora tenha certamente ficado ao corrente dos choques mais escandalosos que ocorreram (mais tarde, ele faria uma referência à altercação entre Marinetti e Jules Romains numa resenha que escreveu para a revista semanal popular *El Hogar*).[23] E se esteve ausente foi porque já havia definido sua posição a respeito das grandes questões ideológicas do momento. Essa posição fora esboçada em sua resposta ao questionário de *Nosotros* em abril, na qual afirmava que as grandes realizações da civilização europeia não ficariam diminuídas caso houvesse guerra na Europa. Em outras palavras, a cultura transcendia a política, e a sua autonomia — o direito do artista de criar como e o que quisesse, sem medo de prescrição por ideólogos de qualquer partido ou regime — se tornaria o seu princípio político fundamental.

Borges encontrara novamente uma causa e, tal como as outras que esposara no passado, havia mais do que um toque de perversidade nela: ele buscava defender a causa da anti-ideologia num momento em que o compromisso ideológico estava em voga total na Argentina e na Europa. Em outubro de 1936, assumiria um emprego em tempo parcial em *El Hogar*, para editar uma seção literária quinzenal chamada "Livros e autores estrangeiros", título que em si mesmo já falava de seu compromisso com o tipo de concepção "cosmopolita" da literatura que era tão malvisto pelos nacionalistas argentinos de direita ou de esquerda. Encheria sua página com resenhas, notícias literárias e biografias resumidas de escritores contemporâneos, um formato adequado ao seu gosto eclético que abarcava livros em várias línguas e de diferentes gêneros e níveis culturais, obras de história, crítica literária e de escritores como Joyce, Yeats, T. S. Eliot ou Evelyn Waugh, bem como romances policiais e de ficção científica.

Um exemplo mais revelador de sua posição anti-ideológica foi sua tentativa de fundar uma revista literária com Bioy Casares dedicada ao princípio da liberdade criadora e do pluralismo cultural. Decidiram chamá-la de *Destiempo*, um neologismo estranho ("Destempo"), título que deveria indicar, segundo Bioy, "nosso desejo de nos desassociar das superstições da época".[24] Com isso, ele queria dizer a crença de que a literatura devia ser posta a serviço do nacionalismo, socialismo ou outra ideologia desse tipo: "Éramos contra, em particular, à tendência de alguns críticos de passar por alto dos méritos intrínsecos das obras e insistir em aspectos que eram folclóricos, telúricos ou ligados à história literária ou a preocupações sociológicas e estatísticas".[25] *Destiempo* estava pronta para ser impressa no mesmo mês da reunião do PEN Club e foi talvez a satisfação maliciosa de remar contra a corrente que levou Borges a sugerir a Bioy, quando saíram da gráfica, que marcassem a ocasião histórica tirando uma fotografia num estúdio barato das redondezas.[26]

Não poderia haver maior contraste entre o som e a fúria do congresso do PEN Club e a pequena revista que os dois amigos estavam lançando. *Destiempo* era uma publicação extremamente modesta, de apenas seis páginas. Seu primeiro número, que saiu em outubro, tinha colaborações de escritores conhecidos como Alfonso Reyes e Pedro Henríquez Ureña, e de alguns amigos de Borges da vanguarda dos anos 1920, como Carlos Mastronardi, Horacio Rega Molina e Xul Solar. Mas havia também nomes novos, como Manuel Peyrou, um jornalista de *La Prensa* que escrevia contos policiais, e Silvina Ocampo, a irmã de Victoria, que tinha formação em pintura, mas que se voltara para a poesia e a ficção. A colaboração de Borges eram quatro das "Confesiones" que publicara em *Crítica* em 1934, sinal, sem dúvida, da continuação de seu transtorno emocional. Bioy publicou duas fábulas mágicas e, com Borges, editou uma seção chamada "Museu", que era uma miscelânea de citações literárias e lugares-comuns, uma ideia que Borges retomaria uma década depois, quando editou *Los Anales de Buenos Aires*.

O segundo número de *Destiempo* saiu em novembro e, embora não contivesse nenhum texto de Borges, refletia seus gostos de forma até exagerada: a primeira página inteira era ocupada por um artigo um tanto empolado de Macedonio Fernández sobre metafísica. Havia também um ensaio do pintor Xul Solar escrito em *neocriollo*, uma língua de sua invenção que era inteligível principalmente para ele mesmo; e alguns poemas de várias figuras menores da vanguarda dos anos 1920. Bioy colaborou com um conto, e o mesmo fez Silvina Ocampo. De alguma significação também era uma fábula de Franz Kafka, uma das primeiras traduções de um escritor ainda desconhecido no mundo da língua espanhola, mas que Borges havia descoberto recentemente e pelo qual, como veremos, logo sentiria uma peculiar empatia.

Porém, o terceiro número da revista, planejado para dezembro, não saiu. Bioy, seu esteio financeiro, fora chamado com urgência a sua estância para cuidar de um surto de doença que ameaçava dizimar seu rebanho de ovelhas. Isso levou a uma suspensão indefinida da revista, pois Bioy foi obrigado a ficar na fazenda para lutar contra a proposta de construção de uma estrada que cortaria pelo meio suas propriedades.[27] Ele levaria um ano inteiro para resolver os problemas de sua estância.

Perto do final de 1937, Borges e Bioy fizeram outra tentativa de lançar *Destiempo*. Em dezembro, saiu um terceiro número, no mesmo formato dos dois anteriores, que trazia um poema de Bioy, um conto de Silvina Ocampo, duas "Inscrições" de Borges e uma página inteira de reflexões de Macedonio Fernández sobre a arte e os argentinos. O renascimento da revista foi acompanhado de um projeto ambicioso de fundação de uma editora, um negócio que representava uma tentativa ainda mais determinada de Borges e Bioy de exercer influência no mundo literário argentino. A ideia original foi de Ulyses Petit de Murat, que andava procurando editor para seu último livro de poemas quando lhe ocorreu que poderia publicar por uma editora nova associada à *Destiempo*. O terceiro número da revista trazia uma propaganda da "Editorial Destiempo" que anunciava a publicação do livro de Petit de Murat em dezembro de 1937 e cinco outros títulos planejados para o ano de 1938: Alfonso Reyes sobre Mallarmé (fevereiro), novos poemas de Carlos Mastronardi (abril), um livro intitulado *Buenos Aires* de Ezequiel Martínez Estrada (junho), uma *Antologia de histórias irreais* (agosto) e *Fragmentos* de Novalis, traduzidos com notas por Borges (outubro). Em 12 de dezembro, Bioy escreveu a Macedonio perguntando-lhe se ele colaboraria com um de seus livros para a série e explicando que, se os assuntos financeiros da Editorial Destiempo pudessem ser resolvidos, ele esperava publicar uma coleção de histórias fantásticas de Santiago Dabove, um livro de contos policiais de Manuel Peyrou e algumas traduções (não especificadas). Essas dificuldades financeiras, no entanto, nunca foram resolvidas, e a Editorial Destiempo não foi além de publicar o livro de Petit de Murat. A revista também foi forçada a fechar depois do terceiro número, pois foi recebida com quase total indiferença pelo público e a maior parte da edição teve de ser doada por falta de demanda.[28]

O fracasso da *Destiempo* foi um revés para os esforços de Borges de recuperar sua posição no mundo literário. Onde outrora ele atraía a atenção de toda uma geração de escritores, agora mal conseguia manter junto um grupo cada vez menor de amigos de confiança. Pior ainda: enquanto sua capacidade de exercer influência diminuía, os nacionalistas ficavam ainda mais agressivos em sua reinterpretação antiliberal da história. Em 1936, Julio Irazusta publicou um ensaio polêmico sobre Rosas, no centenário de sua subida ao poder, que revivia o velho conflito argentino entre civilização e barbárie e reabilitava o tirano como defensor heroico dos valores tradicionais crioulos contra as influências estrangeiras da Inglaterra e da Europa liberal. O próprio Borges, em sua fase crioulista, havia elogiado Rosas, mas mesmo na década de 1920 sua apreciação do tirano fora bem diversa daquela dos nacionalistas de direita; para ele, Rosas representava uma manifestação muito primitiva e limitada dos valores crioulos, e sua declarada esperança era de elaborar uma cultura crioula mais plenamente realizada e que, longe de ser nostálgica ou xenófoba, seria versada "no mundo e no eu, em Deus e na morte".[29]

Contudo, seus ex-companheiros que haviam se tornado nacionalistas não esqueciam o elogio que fizera a Rosas. Em 1938, foi contatado pelo escritor Ernesto Palacio e convidado a se associar ao recém-fundado Instituto Juan Manuel de Rosas, um centro de pesquisas sobre a história e a política da Argentina. Mas Borges não tinha nada a ver com a historiografia revisionista representada por esse instituto, que considerava ter fins puramente ideológicos. Disse a Palacio que não fazia muito sentido realizar pesquisas porque os revisionistas já sabiam que chegariam à conclusão de que os unitários liberais estavam errados e que Rosas era um patriota e um grande homem.[30]

Borges estava consciente dos perigos inerentes ao projeto revisionista de fazer dos crioulos os verdadeiros representantes da nação. Aquilo cheirava muito à teoria nazista da superioridade ariana e, como ele sabia muito bem, já tendo sido objeto do antissemitismo dos nacionalistas, ambos resultavam em racismo. Em maio de 1937, faria em *Sur* a resenha de um livro escolar nazista projetado para ensinar as crianças do Terceiro Reich a odiar os judeus.[31] Essa "pedagogia do ódio" era, na sua opinião, pior do que a mais vil pornografia e representava uma corrupção da cultura germânica que ele tanto admirava. Voltaria a esse tema quando resenhou uma história da literatura alemã escrita por um intelectual nazista que dera um jeito de omitir os nomes de todos os escritores judeus ou comunistas, mas julgara adequado elogiar os discursos de Adolf Hitler e um longo romance de Goebbels.[32] Borges lamentava a loucura nazista de sacrificar a cultura da Alemanha, seus passos e sua probidade a uma barbárie rancorosa. Era esse o perigo que os nacionalistas argentinos deixavam de ver e que provocava sua defesa da liberdade cultural.

Não obstante, ele estava isolado demais para fazer muita coisa contra a onda crescente de ideologia. Às vezes, escrevia uma resenha politicamente inclinada em sua coluna "Livros e autores estrangeiros" em *El Hogar*, com algumas críticas aos nazistas ou ao totalitarismo da esquerda marxista. Em 2 de dezembro de 1938, por exemplo, escreveu sobre um manifesto de André Breton e Diego Rivera que denunciava o regime totalitário da URSS e pedia liberdade total para a arte. Em princípio, simpatizava com essa posição, mas criticava os autores por declararem que "a tarefa suprema da arte contemporânea era preparar para a revolução", e zombava do apelo que faziam para a fundação de uma "Federação Internacional de Arte Revolucionária Independente" (FIARI): "Pobre arte independente essa que premeditam, subordinada a pedantismos de comitê e a cinco maiúsculas!".[33]

Borges não toleraria uma arte amarrada a comitês trotskistas, assim como não aceitava a proposição de que para ser um bom argentino era preciso confinar-se a temas considerados autenticamente argentinos. Seu compromisso com a liberdade de criação vinha da mesma fonte que fizera dele um escritor, pois, se pegara da pena quando menino, fora para se rebelar contra a espada de honra de seus ancestrais. Esse era o verdadeiro legado de seu pai: um anarquismo intelectual que o levou a afirmar a singularidade do eu contra qualquer força que ameaçasse restringi-lo ou negá-lo. Foi essa vontade de liberdade que tornou Borges tão combativo e polêmico durante toda a sua carreira — e tão ambicioso, pois não havia nada de que gostasse mais, com exceção de escrever e ler, do que ser o líder de uma facção literária envolvida em alguma causa. Mas, no final da década de 1930, ele era uma figura isolada, um tanto reduzida, respeitada por muitos, até admirada por uns poucos, mas um homem que, em geral, consideravam ter traído as elevadas promessas de sua juventude. Seu destino parecia ter sido selado pelo fracasso melancólico de *História da eternidade*; e que destino pungente também, pois ainda era o escritor mais talentoso de Buenos Aires, mas fora reduzido pelo fracasso a um Lúcifer irascível, famoso nos cafés por seu espírito cáustico, porém temido em igual medida por suas terríveis afrontas.

O objeto favorito de seu veneno era, evidentemente, Oliverio Girondo. Com frequência, eles eram vistos na Jockey Club, uma confeitaria na esquina das ruas Florida e Viamonte, sentados em mesas diferentes com seus respectivos grupos de amigos. Girondo era agora o mentor de um grupo de jovens surrealistas que o reverenciavam como a encarnação do espírito iconoclasta da primeira vanguarda. Não que precisasse de muito estímulo, pois continuava ávido por escandalizar a burguesia e dava o melhor de si mesmo para manter viva a memória da *Martín Fierro* — quando comprou um veleiro, em 1936, batizou-o com o nome da revista, e, em aniversários significativos da sua fundação, oferecia jantares aos seus velhos amigos *martinfierristas*, bem como aos muitos escritores jovens que compunham seu extenso círculo de admiradores.

O fato de Girondo parecer incapaz de superar os anos 1920 causava uma irritação sem fim em Borges. Em 26 de fevereiro de 1937, escreveu um artigo em *El Hogar* em que sustentava não ter havido nada de revolucionário nas experiências da vanguarda argentina, uma vez que tudo já fora feito antes por Leopoldo Lugones.[34] Mas o incansável vanguardista Girondo continuaria a pôr jovens poetas sob suas asas, e, embora estivesse passando por um período infértil na década de 1930, seu contato com escritores novos e, em especial, com os surrealistas reacenderia sua chama criativa: na década seguinte, publicaria vários livros de poesia e produziria sua obra-prima, *En la masmédula* [Na medula mais profunda], em 1954, um marco na história literária por conter as experiências mais extremadas e revolucionárias com linguagem poética jamais empreendidas por um poeta argentino.

Mas nada mudaria a opinião de Borges sobre os talentos de Girondo. Certa vez, chamou-o de "o Peter Pan das letras argentinas", um motejo que enfureceu Girondo e o fez jurar aos seus amigos que nunca perdoaria Borges.[35] Na opinião de Borges, as experiências muito elogiadas de Girondo não o levavam muito adiante das *greguerías* de Gómez de la Serna; anos mais tarde, diria numa entrevista que Girondo era um "homem deliberadamente extravagante", "um imitador forçado de Gómez de la Serna"; jamais gostara de alguma coisa escrita por ele e citava um verso seu sobre Veneza — "Sob as pontes, os gondoleiros fornicam com a noite" — que julgava "medonho" e "horrível": "Se alguém admirava versos como este, seria difícil achar alguma coisa que não admirar".[36] Todos os anos, Borges e seus amigos faziam uma eleição para escolher o escritor mais estúpido da Argentina, e seu voto ia sempre para Oliverio Girondo.

No fundo dessa animosidade sem fim estava, é claro, a lembrança de Norah Lange. Ele achava que Girondo nunca apreciara realmente Norah e, segundo Bioy, considerava seu rival um "grosso inculto" que tornara sua adorada Norah "dura" e "insensível".[37] Afinal, Borges cultivara a sensibilidade poética de Norah quando ela ainda era uma adolescente e a estimulara a publicar seus primeiros livros; por isso, devia considerar significativo que ela tivesse deixado de escrever poesia depois de se unir a Girondo. Em vez disso, com o encorajamento de Oliverio, ela ganhara reputação como oradora em jantares, embora de um tipo menos convencional: subia numa cadeira — quando não era na própria mesa — e fazia discursos grandes e bombásticos, cheios de ideias complicadas e de humor um tanto forçado.[38] E, graças à influência e à riqueza de Girondo, ela se transformara na rainha da boemia literária, o centro de atração dos círculos intelectuais. Nas festas dadas pelo casal na casa da rua Suipacha, Norah adorava fazer seu número de estrela: lá pelas tantas, subia ao seu *boudoir*, vestia um vestido deslumbrante e depois surgia no alto da escada, com o *bandoneón* à mão, e, com um movimento de seus famosos cabelos ruivos, descia as escadas em toda a sua majestade, cantando um tango a plenos pulmões.[39]

Não é preciso dizer que Borges jamais pôs os pés na casa da rua Suipacha, tampouco Bioy Casares, apesar de as festas de Girondo atraírem a nata do mundo literário. Bioy explicaria que evitava ir "por lealdade a Borges", pois, embora seu amigo lhe falasse raras vezes sobre Girondo, havia claramente uma dor profunda ali, uma ferida que não cicatrizara.[40] Mas, ainda que não perdoasse Girondo, sempre teria uma palavra terna para Norah Lange. Quando ela publicou *Cuadernos de infancia*, em 1937, ele declarou que era "um livro muito lindo", embora achasse que Girondo "também o tomou por algum tipo de brincadeira".[41] No começo dos anos 1940, Norah começou a sondar seu mundo interior em romances e contos que revelavam um sentimento precário de identidade, atormentado por ansiedades em relação ao alheamento de seu verdadeiro eu e das outras pessoas. Na opinião de Borges, Norah era melhor escritora do que Girondo. Certa vez, disse numa entrevista: "Ele teve a sorte de se casar com Norah Lange. [...] Ela era muito mais talentosa do que ele, é claro. Bem, ela tinha talento, ele não".[42]

No entanto, as coisas poderiam ter sido muito diferentes. Bioy lembrava-se de Borges dizer-lhe com tristeza, depois de verem Norah por acaso na rua: "E pensar que fui tão apaixonado por ela!".[43] Às vezes, recitava para o amigo um trecho de "La jolie rousse" de Appolinaire, demorando-se com particular fervor nestes versos:[44]

Elle vient et m'attire ainsi qu'un fer l'aimant
Elle a l'aspect charmant
*D'une adorable rousse.**

* Ela vem e me atrai como ferro ao ímã/ Ela tem o aspecto encantador/ De uma adorável russa.

Ele havia visto em Norah a musa que o levaria além da aventura da vanguarda para o pleno verão da realização madura, e, durante algum tempo, naquele *annus mirabilis* que foi 1926, parecia que sua corte de Norah poderia ainda levá-lo às alturas da felicidade, onde sua pena arderia em êxtase whitmaniano de comunhão com a essência do mundo. Mas o colapso daquele sonho o jogou num vazio do qual ele julgara impossível sair. Desde 1929, tentara várias vezes dar conta de sua experiência com Norah e Girondo em sua literatura, e fracassara. A verdade é que, enquanto não entendesse por que havia perdido Norah, permaneceria escravo de sua lembrança, preso em um círculo de nostalgia e frustração. Somente escavando as raízes de seu sofrimento é que descobriria a verdadeira matéria de sua literatura, e, nos últimos meses de 1937, sua vida piorou de tal modo que, após uma gestação complicada de quase dez anos, ele nasceria finalmente como escritor de ficção.

16. A morte do pai (1938-9)

Em algum momento dos últimos meses de 1937, o pai de Borges sofreu um derrame cerebral que deixou paralisado o lado esquerdo de seu corpo. Aos 64 anos, o dr. Borges estava cego, debilitado por um aneurisma e, agora, imobilizado. Borges nos daria um vislumbre da situação de seu pai no conto "O outro": "[...] a mão esquerda posta sobre a mão direita era como a mão de um menino sobre a mão de um gigante".[1] O derrame destruiu o que lhe restava de vontade de viver: ele queria morrer, costumava dizer, queria morrer "completamente", ou seja, morrer de corpo e alma, sem perspectiva de uma vida após a morte.

É muito provável que tenha sido a situação do pai que levou Borges a procurar um emprego em tempo integral pela primeira vez em sua vida. Estava com 38 anos e não tinha nenhuma qualificação educacional, nem mesmo o *baccalauréat* suíço, que nunca conseguira terminar. Tendo trabalhado até então somente como jornalista literário em vários empregos mal pagos e de curta duração, deu-se conta de que o melhor que podia fazer para ganhar a vida era obter um emprego no Departamento Municipal de Bibliotecas. Em 8 de janeiro de 1938, começou a trabalhar na Biblioteca Miguel Cané, no bairro operário de Almagro Sur, do lado oposto àquele em que morava na cidade. Seu salário eram minguados 210 pesos por mês, embora algum tempo depois, por intermédio da influência de amigos, tenha sido aumentado para 240 pesos, quantia miserável para a época.

Em seu primeiro dia de trabalho, surpreendeu-se ao descobrir que "éramos em torno de cinquenta funcionários, produzindo o que podia ter sido feito com facilidade por quinze".[2] Foi posto a trabalhar na catalogação e logo descobriu que o acervo da biblioteca era tão magro que essa atividade era desnecessária. De qualquer modo, decidiu fazer um trabalho honesto, mas, no dia seguinte, foi levado a um canto por seus colegas e censurado por trabalhar demais: a catalogação fora planejada para dar alguma aparência de trabalho, então ele deveria racionar o número de livros que classificava por dia, ou todos perderiam o emprego.

Se havia alguma vantagem em seu emprego na biblioteca era que podia terminar sua cota diária de catalogação em uma hora e passar o resto do tempo lendo ou escrevendo no porão, ou no telhado, no tempo quente do verão. Afora isso, a vida na Miguel Cané era bastante triste para um escritor como Borges. Nenhum de seus colegas revelava qualquer interesse por livros; passavam o tempo falando de futebol e corridas de cavalos, ou contando piadas obscenas. Exibiam um machismo grosseiro que Borges julgava repelente: certa vez, um deles tirou a camisa para mostrar as cicatrizes que ganhara em brigas de faca, e, quando uma leitora foi violentada no toalete, "todos disseram que isso tinha de acontecer, já que o toalete de homens e o de senhoras ficavam um ao lado do outro".[3] Deu-se conta da situação em que caíra quando um colega "encontrou numa enciclopédia o nome de um tal Jorge Luis Borges, fato que o surpreendeu pela coincidência de nossos nomes e datas de nascimento".[4]

Um dia, duas amigas, "senhoras da sociedade", foram visitá-lo na biblioteca e ficaram tão horrorizadas com o que viram que depois lhe telefonaram e disseram: "Talvez você ache divertido trabalhar num lugar como esse, mas prometa que antes do fim do mês procurará outro emprego de pelo menos novecentos pesos".[5] Mas trabalhar de primeiro auxiliar de biblioteca não era uma das piadas perversas de Georgie; era a posição que alcançara por seu esforço próprio de adulto independente no mundo, e isso lhe causava grande sofrimento:

> De vez em quando, nesses anos, nós, os funcionários municipais, éramos recompensados com um pacote de um quilo de erva-mate. Às vezes, ao entardecer, enquanto caminhava os dez quarteirões até a parada do bonde, meus olhos se en-

chiam de lágrimas. Esses pequenos presentes vindos de cima sempre acentuavam o aspecto sombrio e servil de minha existência.[6]

A aflição de Borges aumentava com a consciência de ter decepcionado seu pai. Lembrava-se dele comentando um aforismo do general José de San Martín, no qual o pai da nação exaltava o dever primordial de um homem de cumprir seu destino: "*Serás lo que debes ser, y si no, no serás nada*". Na versão cínica do dr. Borges, isso significava:

> *Serás o que deves ser* — serás um cavalheiro, um católico, um argentino, um membro do Jockey Club, um admirador de Uriburu, um admirador das vastas paisagens de Quirós, *ou não serás nada* — serás um judeu, um anarquista, um vagabundo, um primeiro auxiliar numa biblioteca; a Comissão Nacional da Cultura ignorará teus livros e o dr. Rodríguez Larreta não te mandará nenhum exemplar autografado dos livros dele.[7]

A referência ao cargo de "primeiro auxiliar" indica que essa conversa aconteceu no começo de 1938, depois que Georgie começou a trabalhar na Biblioteca Miguel Cané. Já seria suficientemente doloroso testemunhar a profundeza da desilusão de seu pai, mas a dor devia ser exacerbada pela consciência de que seu pai o considerava também um fracasso. Nenhum dos dois tivera muito sucesso no mundo: o pai não realizara suas aspirações de escritor e estava agora cego e paralisado, enquanto o filho havia desperdiçado sua promessa de poeta e alcançado as alturas estonteantes de ser "primeiro auxiliar" numa biblioteca municipal num canto remoto de Buenos Aires.

Mesmo assim, à medida que a realidade da morte se aproximava, o dr. Borges não conseguia se conciliar com o fracasso literário. Confessou estar insatisfeito com seu romance, *El caudillo*, e parece que pôs alguma culpa disso em Georgie: estava descontente com as metáforas expressionistas que seu filho lhe sugerira em Maiorca: "Coloquei muitas metáforas para agradar você, mas elas são muito pobres e você precisa se livrar delas", disse a Georgie.[8] Depois, pediu ao filho que "reescrevesse o romance de maneira simples, tirando todas as passagens grandiloquentes e floreadas", e os dois discutiram formas de melhorá-lo.[9]

Esse estranho pedido de reescrever *El caudillo* era em si mesmo um sinal do sentimento de fracasso do dr. Borges: quando Georgie começara a escrever poesia, seu pai lhe disse: "Cada um de nós deve se salvar por seus próprios esforços; jamais busque conselho de ninguém".[10] No fim de sua vida, no entanto, o desafortunado dr. Borges, não tendo conseguido se salvar como escritor por esforço próprio, pediu ajuda ao filho. Mas era um pedido que colocava Georgie numa situação terrível, pois como poderia "salvar" seu pai quando seu próprio fracasso em escrever um romance autojustificativo o levara à beira do suicídio quatro anos antes?

Na manhã de 24 de fevereiro, a mãe de Borges telefonou-lhe para contar que o aneurisma se rompera e seu pai estaria morto em questão de horas. Ele saiu da biblioteca, atravessou a cidade e chegou a tempo de ver seu pai falecer. Ficou profundamente emocionado com a dignidade estoica com que o pai enfrentou seu fim, mas a admiração estava misturada com uma aflição abrasadora, como fica evidente num poema que escreveu pouco depois, uma composição bruta de 32 versos escrita em papel pautado tirado de um livro de exercícios e datada claramente de 1938.[11] Ao lado do texto manuscrito vê-se o desenho tosco de uma árvore grande, uma representação de força e resistência que se relaciona com a imagem que abre o poema:

> Vimos morreres de pé,
> dando frutos, como os bravos morrem;
> vimos morreres com o inquebrantável
> espírito de teu pai em meio às balas [...]

Georgie elogiava a coragem do pai diante da morte comparando-a com a morte heroica em batalha de seu ancestral, o coronel Borges. Por duas vezes, repetia os versos "Vimos morreres de pé, dando frutos, como os bravos morrem". Contudo, apesar de seu espírito corajoso, o dr. Borges morreu desejando que seu filho pudesse, de algum modo, levar à realização o destino literário que ele não alcançara. Georgie terminava seu poema de despedida com um grito desesperado do coração: "Papai, não me abandona, leva-me contigo para onde quer que estejas indo!".

O poema de Borges estabelecia uma conexão entre ele, seu pai e o espírito do pai de seu pai. Quando adolescente, já esboçara esse triângulo em sua peça sobre Bernardo del Carpio, em que o jovem herói paga um resgate para libertar seu pai cativo, descobre que foi enganado pelo rei e vinga a morte do pai matando o rei.[12] Porém, a crença em si mesmo exibida pelo jovem Georgie não sobrevivera no homem crescido: sentia-se agora um mero reflexo de seu pai, uma vez que suas respectivas tentativas de estar à altura do herói ancestral ou de rebelar-se contra sua memória opressiva haviam ambas redundado em fracasso, e tanto pai como filho estavam, em consequência, atolados numa condição paralisante de "irrealidade".

A relação triangular que o ligava a seu pai e ligava ambos à figura do herói patriarcal exercia um fascínio horrível. Borges via um emblema dessa tríade na noção cristã da Trindade. No ensaio "História da eternidade", descreveu a Trindade como uma monstruosidade que "só o horror de um pesadelo foi capaz de parir"; era mais aterrorizante ainda do que a ideia de inferno, pois o "inferno não passa de violência física, mas as três inextricáveis Personas configuram um horror intelectual, um infinito sufocado, especioso, que lembra o de espelhos opostos".[13]

Uma das primeiras tentativas de Borges de analisar a dinâmica dessa trindade foi "O morto", o conto que lhe ocorreu depois de ver um homem baleado numa taberna em Santana do Livramento, a cidade fronteiriça que visitou com Enrique Amorim em 1934. É impossível dizer quando o conto atingiu sua forma atual, mas é provável que estivesse em gestação durante os anos 1930. Em sua versão final publicada, "O morto" conta a história de Benjamín Otálora, um jovem *compadrito* dos subúrbios pobres de Buenos Aires que mata um rival e foge para o Uruguai, onde entra para o bando de vaqueiros e contrabandistas liderado por um brasileiro chamado Azevedo Bandeira. Em um ano, esse rapaz da cidade aprende as habilidades de um *gaucho*. Estimulado por um sentimento novo de liberdade e poder, ele aspira superar Bandeira na liderança do bando. Para isso, faz amizade com um capanga de Bandeira, um homem chamado Suárez, e fala-lhe de seu plano, recebendo uma promessa de ajuda em sua rebelião contra o velho chefe. Otálora desobedece então às ordens de Bandeira, dá aos homens contraordens e até dorme com a concubina do chefe, uma mulher com cabelos ruivos resplandescentes. Uma noite, no entanto, Bandeira desmascara o caso de Otálora com a ruiva e seu capanga Suárez atira a sangue-frio no usurpador.

"O morto" registra o desejo de Borges de rebelar-se contra a autoridade do poder patriarcal, mas seu verdadeiro interesse está na percepção do protagonista de que foi enganado pelo velho chefe, que encorajou sua vontade de poder apenas para desmascará-la subitamente como uma impostura. O papel do capanga

Suárez é fundamental porque ele finge ser amigo de Otálora, mas está secretamente em conluio com Bandeira. Desse modo, se podemos dizer que Bandeira encarna o espírito patriarcal dos ancestrais, então Suárez poderia representar o pai de Borges, que, afinal, promoveu o culto da coragem de seu filho, sua vontade de poder, a ponto de pôr um punhal em sua mão e instá-lo a mostrar aos seus colegas de escola que era um homem. Sob esse aspecto, "O morto" expressa o ressentimento de Borges em relação ao pai por tê-lo, por assim dizer, iludido ao estimulá-lo a se rebelar contra a espada da honra, ao mesmo tempo em que antecipava o resultado desejado daquela rebelião. E o principal instrumento do engano é a concubina ruiva, que tem permissão para dormir com Otálora de forma a fornecer uma desculpa para seu assassinato. Há certamente uma alusão aqui ao fato de o dr. Borges ter mandado seu filho a uma prostituta em Genebra. O fato de a concubina de Bandeira ter cabelos ruivos indica, além disso, um obscuro reconhecimento da parte de Borges de que a experiência traumática de Genebra tinha, de algum modo, prejudicado suas relações com a ruiva Norah Lange e evitado que ele atingisse a liberdade e a autodeterminação que tanto desejava.

Contudo, qualquer ressentimento que Borges possa ter sentido foi temperado por um sentimento de compaixão ao ver o sofrimento e a aflição do pai nos meses que precederam sua morte. Georgie sentia empatia pela situação do pai — ali estava um homem que perdera seu próprio pai aos nove meses de idade e havia crescido sob a sombra de um herói morto perfeito a quem não conseguia se equivaler, nem rejeitar. Em consequência, o dr. Borges ficara dividido entre uma necessidade "anarquista" de destruir a ordem estabelecida e um desejo persistente de ser aceito pela sociedade dos crioulos. Daí sua inquietude — a ruptura da vida familiar em Buenos Aires a fim de encontrar a felicidade com Leonor na Europa. E Georgie, além disso, tinha consciência de sua dívida para com o pai — fora ele que o apresentara ao mundo dos livros, da filosofia, da política, das ideias e, sobretudo, da literatura.

Na época da morte de seu pai, Borges estava envolvido na tradução de uma seleção de contos de Kafka para a Editorial Losada, e seria Kafka que lhe ofereceria os meios para explorar mais as relações ambivalentes com seu pai e o fantasma do herói ancestral deles. No prólogo dessas traduções, ele observaria que o escritor tcheco havia sido intimamente menosprezado e tiranizado por seu pai e que o próprio Kafka declarara que toda sua obra procedia "desse conflito, e de suas persistentes meditações sobre as misteriosas misericórdias e as ilimitadas exigências do pátrio poder".[14] Duas "obsessões" regem a ficção kafkiana: "a subordinação" e "o infinito", motivo pelo qual nenhum dos três romances que escreveu são completos, pois o "*páthos* desses 'inconclusos' romances nasce precisamente do número infinito de obstáculos que detêm e voltam a deter seus heróis idênticos".[15]

Borges devia ter em mente o *páthos* de seus próprios romances "inconclusos" — as duas tentativas do autobiográfico *A aproximação a Almotásim*, ou *April March*, seu igualmente inconclusivo esforço de tornar infinito o tempo na forma narrativa. Graças a Kafka, ele atribuiu esse fracasso a uma misteriosa inibição derivada do poder paternal. Em maio, pouco mais de dois meses após a morte do pai, publicou uma tradução de "Diante da lei", o conto curto de Kafka sobre um homem que é impedido por um obstáculo invisível de atravessar uma porta aberta.[16] O protagonista pede para ser admitido na lei, mas o guarda lhe diz que não pode deixá-lo entrar por enquanto e avisa-o de que existem outros salões lá dentro, com outros guardas ainda mais poderosos do que ele. O homem espera por muitos anos pela permissão para entrar e, por fim, quando está à beira da morte, pergunta ao guarda por que ninguém mais pediu para entrar na lei. O guarda lhe informa então que aquela entrada era reservada somente para ele e, agora que ele está prestes a morrer, ela será fechada. Na curiosa incapacidade do personagem de desafiar a proibição do guarda, Borges deve ter reconhecido uma inibição idêntica em si mesmo — e em seu pai também, sem dúvida — baseada no temor de desafiar a autoridade.

O período da doença e da morte do pai constituiria um momento decisivo na sua carreira de escritor. Desde o início, ele concebera a literatura como um meio de expressar seu eu verdadeiro, numa fusão extasiada com a realidade essencial do mundo. Mesmo depois de perder sua voz poética em 1929, ele havia experimentado a ficção a fim de definir sua personalidade artística transmutando em forma estética sua infelicidade em relação a Norah Lange. Mas os repetidos fracassos em se rebelar contra a espada da honra e assim dissolver a perversa trindade borgeana na qual estava preso fizeram com que perdesse o amor de uma mulher — primeiro, Emilie, em Genebra, depois Concepción Guerrero e, pior ainda, Norah Lange. Sem o amor de uma mulher, não podia haver esperança de encontrar a salvação na literatura. Após a morte de seu pai, portanto, ele abandonaria sua busca pela essência do eu e se voltaria para a literatura como meio de explorar a natureza daquele fracasso abjeto.

O pedido do pai agonizante para que reescrevesse *El caudillo* exemplificava a total impossibilidade de ser salvo pela literatura, pois tal empreitada acarretaria o sacrifício de sua identidade criativa à de seu pai, ao mesmo tempo em que enfraqueceria a afirmação do dr. Borges de ser seu único autor, o que destruiria o motivo de tê-lo escrito. Em suma, reescrever acarretaria a destruição da verdadeira autoria, da originalidade, da invenção. Suponho que, em meados de 1938, as reflexões de Borges sobre as implicações de reescrever a obra de outra pessoa o levaram aos rudimentos de um novo conto no qual ele reviraria a ideia que havia cultivado durante tanto tempo e a retrataria ao inverso: a danação pela literatura, ou a morte do autor.

Encontramos elementos do novo conto que estava tomando forma na imaginação de Borges em sua resenha de *Introduction à la poétique* de Paul Valéry, publicada em *El Hogar* em 10 de junho de 1938, apenas duas semanas depois que sua tradução de "Diante da lei" foi publicada na mesma revista.[17] Valéry afirmava que a história da literatura não estava no relato da vida e das obras dos autores, mas num transcendente "Espírito" que era ao mesmo tempo produtor e consumidor de literatura. E, para ele, a criação literária era a combinação das potencialidades de determinada língua de acordo com formas estabelecidas para todo o sempre. Porém, Borges encontrou uma contradição entre essa concepção e uma afirmação posterior de que as obras de arte existiam somente no ato de serem percebidas por um leitor ou espectador, pois a primeira afirmação implicava um número grande mas finito de obras possíveis, ao passo que a segunda "admite que o tempo e suas incompreensões e distrações colaboram com o poeta morto". O mesmo texto, segundo Borges, podia significar coisas diferentes para diferentes leitores em diferentes períodos, e ele cita um verso de um poema de Cervantes para mostrar que um leitor do século XX extrairia um sentido diferente das mesmas palavras: "O tempo — amigo de Cervantes — soube emendar suas provas".

Nos meses seguintes, Borges elaboraria essa ideia do tempo como "revisor de provas" num conto que chamaria de "Pierre Menard, autor do *Quixote*", uma falsa resenha das obras de um escritor de ficção de Nîmes recentemente falecido. No personagem de Pierre Menard, temos um Paul Valéry que acordou certa manhã e se descobriu transformado em Franz Kafka, pois o niilismo de Menard é tão absurdamente perverso que o leva a "adiantar-se à vaidade que aguarda todas as fadigas do homem" e empreender "uma tarefa complexíssima e de antemão fútil": reescrever o *Dom Quixote* de Cervantes. Não se trata de copiar o romance, mas de "repetir" o livro, ou seja, escrever seu texto independentemente de Cervantes, mas com o objetivo de fazê-lo coincidir "palavra por palavra e linha por linha" com o original. "Pierre Menard, autor do *Quixote*" nos apresenta, portanto, uma inversão exata do ideal borgeano de literatura, pois trata-se de uma literatura que resulta na total aniquilação da personalidade. Se Menard tivesse conseguido reescrever o *Dom Quixote*, teria sacrificado sua individualidade artística à tarefa, mas, do mesmo modo, teria roubado Cervantes de seu status de autor único do grande clássico. O sucesso de Menard equivaleria então à destruição da criação original, tornando a autoria um conceito arbitrário — um autor seria equivalente a qualquer outro — de tal modo que, num período suficientemente longo de tempo, qualquer obra, em princípio, poderia ser escrita por qualquer autor.

Além dessa morte, por assim dizer, do autor, Borges elaborou a ideia afim do tempo como "revisor de provas" que havia mencionado brevemente em sua resenha do livro de Valéry. Se o tempo mudava o significado dos textos, de tal modo que cada leitor inferia um sentido diferente do mesmo conjunto de palavras, então se poderia dizer, em certo sentido, que o leitor inventava o sentido de qualquer texto dado. Desse modo, ficamos sabendo que Pierre Menard havia enriquecido a arte de ler ao abrir a possibilidade de atribuir determinado texto a qualquer autor que o leitor pudesse imaginar, povoando "de aventura os livros mais pacatos". "Atribuir a Louis-Ferdinand Céline ou a James Joyce a *Imitação de Cristo* não será uma renovação suficiente desses tênues conselhos espirituais?"

Uma ironia amarga, que zomba de si mesmo, permeia "Pierre Menard", pois nesse conto Borges retirou do ato de escrever qualquer propósito vital. O empreendimento de Menard converte o leitor em um autor, e o autor, por sua vez, num leitor glorificado para quem a literatura não tem conexão com a experiência ou o sentimento individual e, com efeito, não é mais original do que a obra de um copista que "repete" um texto preexistente. Ademais, como Borges percebe, essa concepção de escrita e leitura leva à dissolução do significado objetivo. Ele cita como exemplo do enriquecimento que Pierre Menard faz da leitura da primeira parte, capítulo 9 do *Quixote*, na qual a história é chamada de "mãe da verdade". O que era retórica convencional para um escritor barroco como Cervantes transforma-se numa ideia assombrosa num francês do século XX. "Menard [...] não define a história como uma indagação da realidade, mas como sua origem. A verdade histórica, para ele, não é o que aconteceu; é o que julgamos que aconteceu." E, assim, podemos inferir que inventamos as verdades da história, inventamos a realidade, do modo como os leitores podem inventar sentidos para os textos literários, com o resultado de que ler, não menos do que escrever, torna-se um exercício de solipsismo.

Por uma das estranhas ironias que pareciam se manifestar periodicamente na vida de Borges, essas reflexões sobre a morte do autor foram interrompidas por uma súbita colisão com a realidade de sua própria morte física num acidente estranho que ocorreu no Natal de 1938. Borges foi buscar uma moça em seu apartamento, na rua Ayacucho, a cerca de cinco quadras de onde ele morava, na avenida Pueyrredón, para levá-la a jantar com sua mãe. O elevador estava com defeito, então resolveu subir correndo pelas escadas, mas a iluminação era ruim e ele bateu com a cabeça na aresta de um batente recém-pintado que fora deixado aberto para secar. Apesar de receber os primeiros socorros, o ferimento infeccionou e durante uma semana ele ficou de cama com febre alta e sofrendo de insônia e alucinações. Uma noite, perdeu a fala e teve de ser levado às pressas a um hospital para uma operação de emergência no meio da noite. Estava com septicemia e, durante um mês, ficou entre a vida e a morte. Quando se recuperou, teve medo de estar mentalmente prejudicado e não conseguir escrever mais. Decidiu escrever alguma coisa que nunca fizera antes, para não se sentir tão mal se fracassasse, e isso levou-o a escrever "Pierre Menard, autor do *Quixote*" enquanto convalescia, nos meses de verão, entre janeiro e abril de 1939.[18]

O conto foi publicado na *Sur* em maio, e, embora recebesse elogios de seus amigos, isso não foi suficiente para dissipar seu sentimento de fracasso.[19] Ainda estava oprimido pelas preocupações que precederam seu acidente, preocupações que só podem ter se agravado quando, em julho de 1939, perdeu o emprego de editor da página literária quinzenal de *El Hogar*. Restava-lhe apenas o terrível emprego na Biblioteca Miguel Cané, e sua depressão pode ser avaliada pela leitura de um ensaio que publicou em agosto, chamado "La biblioteca total", no qual imaginava o universo inteiro na forma de uma biblioteca.[20] A "biblioteca total" baseava-se na ideia de que, dado um período suficientemente longo de tempo, um número limitado de letras ou símbolos geraria um número finito de combinações e, em consequência, de livros. Essa biblioteca, portanto, conteria todos os livros que poderiam ser escritos e descreveria tudo o que existia ou poderia existir no universo. Nela, todos os escritores seriam reduzidos à condição de Pierre Menard, pois, como Lewis Carroll observou, não poderiam se perguntar "que livro devo escrever?", mas somente "qual livro devo escrever?". Por mais terrível que fosse essa ideia para Borges, ele foi adiante e imaginou uma "biblioteca total" imersa na imensidade apavorante do tempo infinito, em que para cada "linha inteligível" de texto haveria "milhões de insensatas cacofonias, barafundas verbais e incoerências", em que era concebível que "as gerações dos homens pudessem passar" sem que as estantes da biblioteca monstruosa oferecessem "uma única página tolerável".

O pesadelo da biblioteca total o lembrava de um pesadelo análogo, a Trindade, e associava ambos à ideia de inferno:

> Um dos hábitos da mente é a invenção de imagens horrorosas. Ela inventou o Inferno, inventou a predestinação ao Inferno, imaginou as ideias platônicas, a quimera, a esfinge, os números transfinitos anormais (em que a parte não é menos copiosa que o todo), as máscaras, os espelhos, as óperas, a Trindade teratológica: o Pai, o Filho e o Espírito insolúvel, articulados em um único organismo.[21]

A biblioteca — a forma platônica da biblioteca do pai em Palermo, onde ele se criara, ou da Biblioteca Miguel Cané, na qual trabalhava — tornaria-se a metáfora suprema do solipsismo para Borges, um contramundo idealista, uma prisão de "irrealidade" tão difusa que era como se o próprio universo vivo tivesse se transformado num inferno de livros infindáveis:

> Procurei resgatar do esquecimento um horror subalterno: a vasta e contraditória Biblioteca, cujos desertos verticais de livros correm o risco incessante de se transformarem em outros, e que tudo afirmam, negam, e confundem como uma divindade que delira.[22]

Foi com essa mentalidade solipsista que ele concebeu um novo conto, "Tlön, Uqbar, Orbis Tertius", que seria publicado em *Sur* em maio de 1940.[23] Tratava-se de uma paródia do idealismo filosófico do bispo Berkeley, na qual os membros de uma sociedade secreta dirigida por um milionário chamado Ezra Buckley inventam um planeta imaginário chamado Tlön, cujos habitantes carecem de qualquer senso nato da existência de uma realidade física externa a suas consciências. Numa série de brilhantes manobras cômicas, Borges esboça as consequências desse idealismo congênito para as línguas, as ciências, a matemática, a literatura e as religiões de Tlön.

Existem, no entanto, várias alusões autobiográficas por trás do conto, entre elas a figura de Herbert Ashe, o taciturno engenheiro inglês afligido pela "irrealidade", que é um amigo do pai de Borges e que morre da ruptura de um aneurisma, tal como o próprio dr. Borges. Por fim, um toque de paranoia se intromete na fábula quando Borges descreve dois incidentes de sua experiência própria que sugerem que Ezra Buckley e seus conspiradores podem estar tentando contaminar nosso mundo com o idealismo sinistro do planeta Tlön. O conto revela, desse modo, os temores de Borges de acabar como um reflexo de seu pai — alheado do mundo em torno dele e esmagado por um sentimento de irrealidade do qual nem mesmo a literatura poderia oferecer qualquer salvação.

17. O exemplo de Dante (1939-40)

Em 1939, Bioy já estava cansado de cuidar da estância e queria participar mais do mundo literário de Buenos Aires. Tornara-se amigo íntimo de Silvina Ocampo desde o envolvimento deles com *Destiempo* e ela o visitava periodicamente na fazenda, onde se entregavam à paixão de ler e escrever. No Ano-Novo, Bioy surpreendeu os amigos ao anunciar que iria se casar com Silvina; em 15 de janeiro, tiveram um casamento tranquilo na igreja da paróquia de Las Flores, perto da estância de Bioy, e Borges foi uma das testemunhas. Logo depois, o casal montou uma casa em Buenos Aires, num espaçoso apartamento de dois pisos que ocupava os sétimo e oitavo andares de um prédio na esquina da avenida Santa Fé com a rua Ecuador, no elegante Bairro Norte. Havia dois grandes quartos no andar de baixo e uma escada em espiral que levava para uma sala ampla e semicircular no andar de cima, com uma galeria superior revestida de estantes de livros e uma área de leitura contígua, que se tornou a biblioteca de Bioy.[1]

Esse apartamento viria a ser um refúgio agradável para Borges numa época em que estava profundamente infeliz. Criou-se uma espécie de ritual: Borges aparecia quase todas as noites e, depois do jantar, ele e Bioy trabalhavam em algum projeto literário no quarto de Bioy, que servia também de estúdio e oferecia uma vista magnífica para os tetos das casas do Bairro Norte, ao longo da avenida

Santa Fé. (Em 1940, ele, Bioy e Silvina trabalharam numa *Antología de la literatura fantástica*, e, pouco depois, compilaram uma *Antología poética argentina*.)[2] Às vezes, faziam caminhadas pelos bairros preferidos de Borges ou ouviam música, embora Borges não tivesse um ouvido muito bom: apreciava Brahms, mas preferia blues, gospel e um pouco de jazz.

Todas as quintas-feiras, Silvina e Adolfito recebiam seus amigos literatos, em geral escritores que haviam participado de *Destiempo* e desde então gravitavam em torno de *Sur*. Às vezes, convidavam uma ou duas pessoas para acompanhá-los nos jantares com Borges; ao que parece, não era um convite muito atraente do ponto de vista culinário: Borges costumava avisar a esses convidados ocasionais que se preparassem para ficar com fome após o jantar. Com certeza, os anfitriões não se distinguiam pelo esplendor da mesa: o jantar podia consistir de algumas fatias de carne grelhada acompanhadas de água (Bioy e Silvina eram abstêmios), ou então de algum prato improvisado com o que Silvina achava na geladeira naquela noite. O verdadeiro prazer estava em ver Borges baixar a guarda nessas reuniões íntimas e mostrar o seu melhor: era cordial, espirituoso, cheio de fofocas maliciosas e incansavelmente inventivo nos jogos que criava para testar a amplitude e a profundidade das leituras de seus amigos.

Contudo, embora participasse mais da cena literária depois que Bioy e Silvina se mudaram para Buenos Aires, ele continuava profundamente perturbado. Raras vezes trocava confidências com Bioy, mas, bem no início da amizade deles, em meados da década de 1930, havia confessado ao amigo seu amor mal-aventurado por Norah Lange e, no começo dos anos 1940, quando os dois começaram a se ver quase diariamente, ele parecia "muito sensível" ao tema Norah Lange; como Bioy relembrou, parecia "causar-lhe dor".[3] Referia-se "obsessivamente" a ela, trazendo-a à conversa apenas para dizer que preferia não entrar no assunto, embora pouco depois se referisse a ela de novo, como se não conseguisse tirá-la da cabeça; Bioy tinha a impressão de que havia algo que Borges mantinha "oculto" em relação às irmãs Lange: havia "profundidades escondidas" ali, supunha, "um elemento misterioso" que Borges reservava para sua "vida secreta".

Mais ou menos na mesma época em que Bioy percebeu o que chamou de "obsessão" de Borges por Norah Lange, surpreendeu-se também com a "obsessão" concomitante de seu amigo por *A divina comédia* de Dante. Mais tarde, Borges diria que a leu pela primeira vez nas idas e vindas de bonde quando trabalhava na Biblioteca Miguel Cané.[4] Uma vez que muito provavelmente já conhecia os temas gerais do poema de Dante, talvez tenha sido na segunda metade de 1939 ou no início de 1940 que leu pela primeira vez *A divina comédia* do início ao fim. De qualquer modo, ficou "deslumbrado com aquele livro": era "uma das experiências literárias mais vívidas" que jamais lhe fora concedida "no decorrer de uma vida dedicada à literatura", e a partir de então a consideraria "talvez a mais elevada obra de literatura, de todas as literaturas".[5]

A divina comédia é, em essência, o relato da salvação da alma de seu autor. Dante descreve uma jornada épica através do Inferno, do Purgatório e do Paraíso que culmina numa série de visões que lhe revelam o sentido final da criação de Deus. O poeta romano Virgílio, autor da *Eneida*, é o guia de Dante pelos nove círculos do Inferno e pelos sete terraços do Purgatório, mas, quando os dois chegam ao Jardim do Éden, que está situado no topo da montanha do Purgatório, Virgílio vai embora e Dante se reencontra com Beatriz, a mulher morta que ele ainda adora, e é ela que o conduz através dos nove céus do Paraíso até o empíreo, o plano da Presença Absoluta de Deus, para além do espaço e do tempo. Lá, por fim, é concedida a Dante uma visão da Rosa do Justo, formada pelas almas daqueles que conquistaram a salvação. De repente, Dante nota que Beatriz não está mais com ele; ele grita de consternação, mas então a vê no lugar designado para ela, em um dos círculos da rosa mística. Beatriz sorri para ele uma última vez, antes de virar-se para contemplar em êxtase a fonte do amor eterno de Deus.

Beatriz é a personagem que desempenha um papel providencial no início e no desenrolar de *A divina comédia* toda. Graças à intercessão dela, Deus permite que Dante empreenda a jornada e é ela também que propicia a inspiração para a composição do poema que revelará o destino pessoal de Dante e oferecerá um sentido final para a existência do homem na terra. Quem era, então, Beatriz? Em uma obra anterior, a *Vita nuova*, Dante faz um relato de seu amor por uma mulher — considera-se geralmente que se tratava de Bice Portinari — que diz ter visto pela primeira vez quando tinha nove anos de idade e tê-la revisto só nove anos depois, quando se recusou a reconhecê-lo. Essa rejeição fez com que Dante sublimasse seu amor por Beatriz, um processo que continuou mesmo depois que ela se casou com outro homem, Simone de' Bardi. Com a morte da moça, em 1290, aos 24 anos de idade, o amor de Dante despojou-se de todos os atributos terrenos e se tornou totalmente espiritual. Àquela altura, ele estava pronto para empreender a composição de seu grande poema sacro, no qual Beatriz figuraria como a agente de sua salvação.

Se *Vita nuova* descreve ou não uma genuína experiência autobiográfica é uma questão em aberto, mas o que importa para nossos propósitos é que Borges estava convencido de que sim. Com efeito, acreditava que era a dor do amor frustrado que impulsionara a imensa máquina narrativa de *A divina comédia*:

> Dante, morta Beatriz, perdida para sempre Beatriz, brincou com a ficção de encontrá-la, para mitigar sua tristeza; tenho para mim que edificou a tríplice arquitetura de seu poema para intercalar esse encontro.[6]

A verdade é que Borges leu *A divina comédia* de uma maneira profundamente pessoal e projetou nela a dor que ele mesmo sofrera em consequência da rejeição de Norah Lange. Tanto isso é verdade que ele reivindicaria uma penetração pessoal sem igual no cerne emocional do poema. Localizava-o no Canto XXXI do *Paraíso*, quando Beatriz sorri a Dante antes de voltar para sempre a face para a majestade de Deus. Para ele, eram "os versos mais patéticos que a literatura alcançou", mas, "embora famosos, ninguém parece ter discernido o pesar que há neles, ninguém os escutou inteiramente".[7] Na visão de Borges, essa cena era uma lasca do Inferno enfiada no coração do Paraíso, pois Dante era forçado a reviver sua perda de Beatriz, no momento em que a via alcançar a salvação no plano divino das coisas. Eram "circunstâncias atrozes" e "tanto mais infernais, claro está, por ocorrerem no empíreo".[8] De modo oposto, ele lia a cena do Canto V do *Inferno*, em que Dante encontra Paolo e Francesca no segundo círculo do Inferno, como um exemplo de realização amorosa que o poeta deve ter secretamente admirado e, com efeito, invejado, pois o casal pode ter sido condenado ao Inferno por sua excessiva absorção no amor profano, mas, uma vez que estavam destinados a ficar juntos para sempre, eram os emblemas obscuros da felicidade que Dante jamais poderia esperar gozar com Beatriz.[9]

Borges sentia uma extraordinária empatia com Dante no que dizia respeito ao seu amor frustrado por Beatriz, mas, ao mesmo tempo, *A divina comédia* era uma grande fonte de esperança, pois era uma prova de que um escritor podia transcender seus sofrimentos e salvar-se por meio de sua arte. Borges descobrira o livro numa conjuntura muito particular de sua vida: o recente encontro com a morte, logo após o falecimento de seu pai, havia exacerbado sua angústia em relação ao seu aparente fracasso como escritor. Mas sua leitura de Dante confirmava uma verdade que estava obscurecida em anos recentes: somente o amor de uma mulher podia libertá-lo da irrealidade infernal que compartilhava com seu pai e inspirá-lo a escrever uma obra-prima que justificaria sua vida.

A divina comédia serviu para relançar o projeto de salvação de Borges pela literatura. Porém, havia uma diferença entre Dante e ele. O poeta italiano era cristão e podia se inspirar na crença de que Beatriz era capaz de lhe trazer a salvação. Borges era um cético, se não ateu: como poderia compensar a perda final, a "morte" de sua Beatriz, Norah Lange? A meu juízo, por volta de 1940, ele teve a ideia de uma "nova Beatriz" que lhe daria o que Norah prometera, mas nunca cumprira: um amor que o inspiraria a escrever a obra-prima autobiográfica que justificaria sua vida de homem e de escritor. A leitura de *A divina comédia*, portanto, levou Borges a inventar um mito poético de sua própria salvação.Os termos particulares desse mito dantesco podem ser reconstruídos a partir de várias alusões e símbolos presentes em seus textos. Não há espaço aqui para empreender sua elucidação sistemática, mas acredito que algumas dessas alusões e, em especial, o significado biográfico central do próprio mito ficarão evidentes ao longo deste livro.

O plano dantesco de Borges tomou por sua origem a casa dos Lange na rua Tronador, lugar onde seu amor por Concepción Guerrero e, depois, por Norah Lange o fez sentir-se plenamente integrado à realidade. Era o Jardim do Éden, por assim dizer, mas a rejeição de Norah o expulsara daquele paraíso terrestre, fazendo-o sofrer a morte de sua imaginação. Desde então, ele suportara o inferno do solipsismo, simbolizado pela "biblioteca total", mas o advento de uma nova Beatriz o libertaria dessa condição e lhe permitiria recuperar a felicidade outrora experimentada na rua Tronador. Deflagrado pelo amor dessa nova Beatriz, um amor simbolizado pela rosa, escreveria um livro que representaria a realização de seu verdadeiro eu. Depois disso, ele seguiria para o "paraíso" — uma valorização da relação vital entre o eu e o mundo, uma síntese quase mística representada pela visão do Aleph ou pela lenda panteísta do Simurg.

Esse padrão dantesco de salvação moldaria a compreensão de Borges de si mesmo até quase o fim de sua vida, como veremos no devido tempo. Literatura e experiência estariam ligadas de forma tão inextricável quanto ele imaginava que elas estavam em Dante ao escrever *A divina comédia*. Em consequência, seu mundo interior estaria imbuído de um sentimento de alto drama, uma vez que todo o destino parecia girar em torno do advento de uma "nova Beatriz", a qual poderia lhe conceder a graça de escrever um livro que daria algum sentido final a sua existência.

Bioy Casares descreveria o impacto de Dante sobre Borges como "*una ebullición*", e ele observou também uma ebulição comparável em relação às lembranças de Borges da família Lange e dos dias da vanguarda.[10] Borges pedia-lhe para levá-lo de carro a certos bairros distantes que, nos anos 1920, haviam sido as *orillas*, as margens da grande cidade. Bioy nunca tinha muita certeza do motivo desse retorno a tais lugares, mas divertia-se em acompanhá-lo nesses estranhos caprichos; desciam do carro e saíam em caminhadas noturnas por ruas cinzentas e desinteressantes de bairros como Palermo, Villa Urquiza, Villa Ortúzar e Saavedra, que Borges parecia achar particularmente evocativas: eram suas pátrias, costumava dizer a Bioy.[11] Sua nostalgia dos dias felizes em que ele era o líder da vanguarda continuava muito presente. De tempos em tempos, levava seu amigo à esquina das ruas Tronador e Pampa, onde ficava a casa da família Lange. Estava alugada desde o começo de 1934, mas Borges, segundo Bioy, gostava de se sentir perto das irmãs Lange — queria "absorver a atmosfera delas" — e visitava de vez em quando o apartamento da rua Esmeralda, 1394, onde a sra. Berta Erfjord de Lange morava agora com suas filhas ainda solteiras Haydée, Chichina e Norah (embora esta passasse boa parte de seu tempo na casa de Oliverio Girondo).[12]

Borges sempre gostou da companhia de Haydée. Ela era inteligente, muito lida e multilíngue (conversavam principalmente em inglês), mas tinha também certo ar de mistério que não podia deixar de intrigar um homem de inclinações românticas como ele. Além disso, na lembrança de Bioy, ele sempre apreciou muito o "conforto" que Haydée lhe oferecera quando das "dores e sofrimentos" que sua irmã Norah lhe causara.[13] Ela lhe dera também o necessário apoio moral após seu acidente quase fatal no Natal de 1938. Desde então, passaram a se encontrar depois do trabalho e iam ao cinema ou jantar em algum restaurante do centro da cidade. Existe uma fotografia muito conhecida, tirada numa praça em 1º de abril de 1939, em que Haydée está com um elegante vestido branco, enquanto Georgie parece estranho e desajeitado de barba, boina e um terno pequeno demais para seu corpo gorducho.

Pelos meus cálculos, em algum momento dos primeiros meses de 1940, Borges começou a ter outras ideias em relação à Haydée e pôs na cabeça que estava apaixonado por ela. Chegou mesmo a lhe propor casamento, mas, como era de prever, ela recusou: no que dizia respeito a Haydée, eles eram apenas bons amigos que se conheciam desde a infância, uma vez que eram primos.[14] Mas ele não se desencorajaria e aparecia depois do trabalho no banco onde Haydée era secretária bilíngue para insistir no pedido. Essa estranha corte acabou se transformando numa brincadeira entre os dois: Borges fazia um sinal de proposta de casamento do outro lado da rua e Haydée recusava fazendo uma negação com o dedo.

Pelo resto de sua vida, Borges sustentaria para todos que estivera profundamente apaixonado por Haydée Lange. Por sua vez, Haydée diria a uma amiga íntima, a poetisa Olga Orozco, que Borges, embora fizesse insinuações, nunca declarou efetivamente seu amor por ela. Por que essa curiosa reticência emocional em sua corte a Haydée? Talvez a indiferença dela lhe fosse conveniente, pois, enquanto Haydée estivesse contente em brincar com o ritual de suas propostas de casamento, seu suposto amor por ela podia permanecer na esfera de um sonho poético.

Em minha opinião, o amor de Borges por Haydée se devia mais a uma lógica estética do que a qualquer emoção irresistível: ele se persuadira de que estava apaixonado por ela para poder escalá-la no papel da "nova Beatriz". Afinal, ela era sua ligação mais próxima com o paraíso perdido da rua Tronador e, além disso, haveria uma simetria agradável no fato de ela ser irmã de Norah: era apropriado que uma irmã abrisse caminho para a outra em seu mito dantesco da salvação pessoal.

Creio que, no início de 1940, ele já extraíra suficiente inspiração de sua ligação romântica com Haydée para dar início a sua obra-prima dantesca. Estava planejada para ser um romance chamado *O Congresso*. Em 1971, ele revelou a Fernando Sorrentino que havia concebido *O Congresso* "mais de trinta anos atrás", o que situaria suas origens por volta de 1940; de novo, em abril de 1971, ele declararia que *O Congresso* o vinha "assombrando" nos "últimos trinta ou quarenta anos".[15] Isso sugere que a ideia original para a história poderia datar de 1930, mas, como já argumentei, estou inclinado a pensar que Borges viu *O Congresso* como uma reformulação do projeto autobiográfico que tentara sem sucesso em *A aproximação a Almotásim*, cujas origens podem ser remontadas com certeza aos arredores de 1930-1.

Apesar de sua gestação por várias décadas, Borges raramente falou a respeito de *O Congresso*. O relato mais completo sobre a obra que descobri está numa entrevista de 1955, na qual Borges esboçou seus objetivos gerais:

> Seria um livro em que todos os meus livros anteriores estariam envolvidos, um livro novo, mas que resumiria e seria, além disso, a conciliação de tudo o que escrevi até agora. [...] Seria um romance fantástico, não de fantasmas, nem uma ficção

científica, mas num sentido psicológico. [...] *O Congresso* — um Congresso ideal — começaria como um romance e terminaria como um conto de fadas.[16]

Quando foi publicado, em 1971, *O Congresso* já fora reduzido às dimensões de uma novela (embora seja a obra de ficção mais longa que Borges produziu).[17] Infelizmente, a ausência de rascunhos anteriores significa que só podemos trabalhar a partir do texto de 1971, mas a versão publicada ainda pode nos dar uma boa ideia de como Borges se inspirou em Dante para criar uma narrativa que esperava resolver seu destino de escritor.

O Congresso assume a forma de memórias escritas por Alejandro Ferri, um solteiro com mais de setenta anos que vive modestamente em sua Buenos Aires. Ele faz um relato de uma experiência definidora que ocorreu pouco antes de ter chegado de sua província natal à capital, poucos anos antes do final do século XIX. A história se desenrola depois que Ferri é convidado por um amigo, o poeta José Fernández Irala, para entrar numa sociedade secreta cujos membros planejam organizar um "Congresso do Mundo", com delegados de todas as nações do globo. Trata-se do fruto da imaginação de um estancieiro rico chamado Alejandro Glencoe, homem de origem escocesa que divide seu tempo entre Buenos Aires e uma estância no Uruguai chamada La Caledonia. A sociedade tem entre quinze e vinte membros e sua secretária e única participante do sexo feminino é uma bela norueguesa chamada Nora Erfjord. Logo fica claro para Ferri que o poder por trás do pano é um sujeito sinistro chamado Twirl. Ferri observa como Twirl explora Glencoe: primeiro, recomenda a criação de uma biblioteca de referência para o Congresso, depois, aconselha que a biblioteca deve ser ampliada para incluir os clássicos de cada nação e de cada língua. Os volumes necessários são fornecidos por um dos companheiros de Twirl, um livreiro chamado Nierenstein, e eles são pagos por Glencoe. A seguir, Twirl sugere que o Congresso adote uma língua universal e recomenda o envio — de novo à custa de Glencoe — de dois delegados a Londres e Paris, respectivamente, a fim de realizar pesquisas sobre a adequabilidade das várias línguas universais. Ferri é mandado a Londres; o poeta Eguren, outro companheiro de Twirl, a Paris.

Em Londres, Ferri realiza pesquisas em esperanto, volapuque, latim e outras línguas na sala de leitura do Museu Britânico. Lá conhece uma inglesa chamada Beatriz Frost e se apaixona por ela. Ferri retarda seu retorno por um ano inteiro, mas Beatriz se recusa a ficar amarrada pelos laços do casamento, então

Ferri tem de voltar para Buenos Aires, onde descobre que Twirl ampliou a biblioteca do Congresso até abarcar praticamente todos os livros existentes, uma vez que, segundo Twirl, nenhum livro é tão ruim que não se possa achar algo de bom nele. Em consequência, a casa de Glencoe está se transformando numa biblioteca caótica de livros não catalogados. Desesperada, a secretária Nora Erfjord demitiu-se e foi substituída por outro amigo de Twirl. Porém, justo no momento em que Ferri está para fazer um relatório de suas investigações no Museu Britânico, Glencoe aparece na casa e ordena que todos os livros acumulados por instigação de Twirl sejam queimados. Fora revelado para ele que não faz sentido continuar com o empreendimento: "O Congresso do Mundo começou com o primeiro instante do mundo e prosseguirá quando formos pó. Não existe um lugar em que não esteja". Ele os leva então para um passeio por Buenos Aires numa carruagem aberta para que possam contemplar o Congresso, e todos os presentes são impregnados pela firmeza e fé de Glencoe:

> Os místicos invocam uma rosa, um beijo, um pássaro que é todos os pássaros, um sol que é todas as estrelas e o sol, um cântaro de vinho, um jardim ou o ato sexual. Dessas metáforas nenhuma me serve para aquela longa noite de júbilo, que nos deixou, cansados e felizes, nos confins da aurora.

Durante a iluminação mística, Nora Erfjord e Glencoe recitam a balada escocesa de sir Patrick Spens. Até Twirl é levado a dizer: "Quis fazer o mal e faço o bem". Ferri, o autor das memórias, nos conta que nunca foi capaz de captar de novo aquela experiência sublime, mas, como um dos últimos membros sobreviventes da sociedade de Glencoe, decidiu romper o voto de sigilo e compartilhar a lembrança dela com seus leitores, de modo que eles também possam perceber que são participantes involuntários do congresso do mundo.

O Congresso oculta um tesouro de informações autobiográficas. O nome Alejandro Ferri carrega uma dupla associação: o prenome lembra Alexandre da Macedônia e a espada do guerreiro, enquanto o sobrenome italiano Ferri traduz-se para o espanhol como *fierros*, que significa "arma branca" e também traz ecos do poema gauchesco *Martín Fierro*, escrito por José Hernández, cujo nome ressoa de novo no do amigo de Ferri, José Fernández Irala. Desse modo, Alejandro Ferri representa o conflito fundamental de Borges entre a espada de honra e o punhal do *gaucho*, entre civilização e barbárie, Mãe e Pai.

Nora Erfjord tem claramente por modelo Norah Lange, que tinha ascendência norueguesa em ambos os lados da família e cujo nome de solteira da mãe era Erfjord. A moça inglesa Beatriz Frost tem atributos que também lembram Norah Lange: ela é descrita como "alta, esguia, com traços bem definidos e uma longa cabeleira ruiva". E, ainda por cima, uma alusão ao amor frustrado de Borges por Norah está embutido no relato da noite final de iluminação em Buenos Aires. É quando Nora Erfjord recita a balada de sir Patrick Spens, que conta a história de um cavaleiro que é enviado à Noruega para trazer Margaret, a filha do rei, para a Escócia, para que ela possa subir ao trono após a morte de Alexander, rei dos escoceses.

To Noroway, to Noroway,
To Noroway o'er the faem,
The King's daughter of Noroway,
*'Tis thou maun bring her hame.**

A alusão às viagens marítimas de Norah Lange a Oslo em 1927-9 é iniludível, mas, além disso, a balada conta como o navio de sir Patrick é presa de uma tempestade doentia e mortal e tanto ele como a filha do rei morrem afogados no mar. O motivo do afogamento sugere não somente o naufrágio do amor de Borges por Norah, mas também sua crença de que, ao preferir Girondo, ela de algum modo perdeu seu direito hereditário paterno.

Oliverio Girondo está representado no principal conselheiro de Glencoe que tem "o curioso nome de Twirl". Ao traduzirmos "*twirl*" para o espanhol "girar", a alusão a Girondo fica mais óbvia. O verbo girar ficou associado a Girondo graças a um famoso epigrama burlesco que apareceu na coluna "Parnaso Satírico" da *Martín Fierro* em 24 de janeiro de 1925: "*A veces rotundo/ Y a veces muy blando/ Se va por el mundo, Girondo girando*". Temos aqui versos que brincam com o nome de Girondo e o relacionam com sua propensão a viajar pelo mundo.[18] Alguns dos outros atributos de Twirl apontam obliquamente para Oliverio Girondo. Ele é vertiginosamente alto, mas, embora Girondo fosse de estatura normal, a altura excepcional de Twirl representaria a visão que Borges tinha da

* Para a Noruega, para a Noruega,/ Para a Noruega pelo mar,/ A filha do rei da Noruega,/ És tu que deves trazê-la para casa. (N. T.)

posição social elevada do desafeto, tendo em vista sua enorme fortuna e a linhagem de sua família. Girondo tinha um bigode famoso, Twirl exibe um "bigode fulgente"; os cabelos de Twirl são ruivos e os de Girondo eram pretos, mas o fato de que sua "cor violenta sugeria o fogo" indica que poderiam ser tomados como símbolo da personalidade fogosa de Girondo, que Borges caracterizara certa vez como "violenta" na resenha de seu segundo livro de poemas, *Calcomanías*.[19] Os cabelos ruivos de Twirl servem também para associá-lo a Beatriz Frost ("uma cabeleira vermelha que poderia ter me lembrado e nunca o fez a do oblíquo Twirl") e, por intermédio dela, à norueguesa Nora Erfjord. Desse modo, Borges alude dissimuladamente aos laços de Girondo com Norah Lange, embora em *O Congresso* Twirl não tenha relação amorosa com nenhuma das moças.

No nome Nierenstein, do amigo de Twirl, encontramos uma porta secreta que leva ao subtexto autobiográfico específico de *O Congresso*, pois o verdadeiro Nierenstein era, de fato, um professor da Universidade de Buenos Aires e, mais especificamente, membro do júri que recusou o Prêmio Municipal de 1926 a *El tamaño de mi esperanza*, o livro que deveria lançar o crioulismo de Borges. De acordo com uma notícia publicada na *Martín Fierro* em abril de 1927, Nierenstein havia tachado Borges de "escritor incompreensível e imitador de Carriego"; o mesmo número da revista trazia o repúdio público de Norah Lange da tutela poética de Borges.[20] Na alusão a Nierenstein, portanto, Borges apontava os motivos precisos para a rixa encarniçada com Girondo que o levou a vingar-se da perda de Norah destruindo a própria revista *Martín Fierro*.[21] Até esse ato de vingança ecoa no incidente de *O Congresso* em que o *compadrito* Nicolás Paredes desafia o poeta Eguren, outro dos companheiros de Twirl, para um duelo a faca diante de um bordel e o faz recuar.

Alejandro Glencoe é o epítome da autoridade patriarcal e, como tal, reflete a ambivalência de Borges em relação às figuras paternas. O próprio nome Glencoe implica uma dualidade, na medida em que alude ao famoso massacre dos Macdonald pelos Campbell em Glencoe, uma dualidade notada por Ferri, que observa a "mudança total" que ocorre com o patriarca: ele é um cavalheiro urbano em Buenos Aires, mas se comporta como um caudilho primitivo com os *gauchos* em sua estância. Alto, robusto e de barba avermelhada, lembra Gunnar, o pai de Norah Lange, falecido havia muito tempo, e isso aponta para uma associação paternal entre Glencoe e sua secretária norueguesa Nora Erfjord, associação reforçada pelo recital conjunto da balada de sir Patrick Spens na noite da iluminação. Ademais, o prenome Alejandro de Glencoe e o fato de sua propriedade se chamar La Caledonia fazem dele um epígono do rei Alexandre da Escócia naquela balada.

Há também um laço paternal implícito entre Alejandro Glencoe e seu xará Alejandro Ferri, o alter ego ficcional de Borges. Sua estância fica na fronteira do Uruguai com o Brasil, exatamente a região que Borges visitou quando estava às voltas com sua crise suicida, em 1934. Desse modo, faz-se uma associação implícita entre Glencoe e o chefe dos bandidos de "O morto", que faz seu jovem protegido Otálora ser morto por tentar usurpar sua posição e por dormir com sua amante ruiva, uma conexão intertextual sugerindo que as relações entre Glencoe e Ferri são potencialmente destrutivas. (Com efeito, Ferri fica inquieto com sua excessiva ausência de Buenos Aires, à custa de dom Alejandro, devido ao seu caso com Beatriz Frost.)

Porém, a mais profunda e significativa de todas as referências patriarcais encontra-se nos paralelos que existem entre *O Congresso* e *El caudillo*, o romance escrito pelo pai de Borges. A estrutura básica e a trama das duas obras são idênticas: há um chefe poderoso posicionado entre civilização e barbárie; Glencoe é aconselhado pelo sinistro Twirl, assim como o caudilho consultava o dúbio Gringo; os personagens secundários são divididos de acordo com suas atitudes em relação a um herói jovem — Carlos Dubois ou Alejandro Ferri — cujo amor por uma mulher — Marisela ou Beatriz — provoca uma reação do chefe que determina o resultado da ação; por fim, os chefes repudiam seus conselheiros, o Gringo e Twirl, respectivamente.

Borges escreveu *O Congresso* em cima do modelo do romance do dr. Borges, e isso sugeriria que ele buscava, em parte, cumprir o pedido de seu pai agonizante para que reescrevesse *El caudillo*. Esse pedido equivalia a um apelo do pai para que o filho o salvasse do fracasso literário, e a obrigação de redimi-lo, como vimos, resultara na frustração da imaginação criativa de Borges, frustração refletida na empreitada literária de Pierre Menard, o qual, em vez de inventar por conta própria, buscou reescrever o *Quixote* e arriscou-se assim a anular sua personalidade, como a de Cervantes. Porém, se em *O Congresso* Borges reescreveu *El caudillo*, ele o fez não somente para espelhar o romance do pai, mas também para transcendê-lo, e nisso encontramos mais uma razão para sua imensa admiração por *A divina comédia*. A relação entre Dante e Virgílio fascinava Borges quase tanto quanto a relação entre Dante e Beatriz. Ele a considerava uma relação filial: "Dante é como um filho para Virgílio; mas, ao mesmo tempo, Dante é superior a Virgílio porque ele acredita que será salvo".[22] E ele veria nessa relação pai-filho entre Virgílio e Dante um modelo para resolver a relação kafkiana com seu próprio pai.

Em certo sentido, o poema de Dante era uma reescrita da *Eneida* de Virgílio, mas não se tratava do tipo de reescrita empreendida por Pierre Menard, pois Dante não pretendia eclipsar Virgílio do mesmo modo que Menard ameaçava fazer com Cervantes; ao contrário, ele concebia seu poema como a realização, conforme a revelação cristã, das verdades espirituais que estavam latentes na epopeia do grande poeta romano. Isso explica o papel de Virgílio como guia de Dante no Inferno e no Purgatório até as portas do Paraíso, no qual ele, como pagão, estava proibido de entrar. Do mesmo modo, Borges buscava incorporar o destino de seu pai em seu próprio mito da salvação. Por analogia com Virgílio, o dr. Borges não encontrara efetivamente a salvação na literatura, mas suas aspirações criativas iriam adquirir alguma justificação se seu filho conseguisse, tal como Dante, escrever uma obra-prima que assegurasse sua imortalidade como escritor.

Em *O Congresso*, portanto, Borges transfiguraria o sentido de *El caudillo* invertendo exatamente a significação do desfecho de seu pai: o primeiro romance terminava com a destruição causada pelo caudilho, que não podia tolerar o amor de sua filha por Dubois, mas o "congresso" amoroso entre Ferri e Beatriz Frost ilumina implicitamente o patriarca Glencoe quanto ao inter-relacionamento de todas as coisas do mundo. A diferença fica evidente na imagem do rio nas duas obras. Em *El caudillo*, a paixão dos amantes é simbolizada pelo rio que rompe suas margens e inunda a planície, mas essa paixão transgressora provoca a cólera do caudilho e os amantes são destruídos. Tal como seu pai, Borges escolheu a imagem de um rio para representar a cópula entre Ferri e Beatriz: "Ó noites, ó trépida treva compartida e quente, ó amor que flui na sombra como rio secreto, ó momento de deleite em que cada um é os dois". A união orgástica que provocou a ira do caudilho em um romance é exatamente o que leva à solução feliz no outro, de tal modo que o idílio destruído retratado pelo dr. Borges é restaurado e vindicado na história imaginada por seu filho.

Desse modo, Borges subsumiu a estrutura de *El caudillo* em seu romance projetado e organizou a narrativa numa progressão dantesca através do inferno e do purgatório, em direção ao paraíso. Com efeito, não é difícil discernir o modelo de *A divina comédia* na novela de Borges. O inferno é representado em *O Congresso* pela biblioteca potencialmente infinita recomendada por Twirl a Glencoe: "Era como estar no centro de um círculo crescente, que aumenta sem fim, distanciando-se", uma imagem que lembra os círculos do Inferno de Dante. Com efeito, Twirl, "cuja inteligência era lúcida", é um Lúcifer dos últimos dias, tramando com seus asseclas a ruína do patriarca Glencoe. Porém, o ano que Alejandro Ferri passa em Londres representa sua passagem pelo purgatório. Ferri empreende sua busca de uma língua universal numa biblioteca, mas trata-se da sala de leitura do Museu Britânico, não da biblioteca infernal de Twirl, e ele não encontrará sua língua universal por meio de esforços livrescos, mas no amor de Beatriz Frost. Desse modo, seu idílio em Londres com a inglesa Beatriz é equivalente ao segundo encontro de Dante com Beatriz no paraíso terrestre, no alto do Monte do Purgatório, e abre o caminho para a libertação final da influência diabólica de Twirl. O paraíso é finamente conquistado quando Ferri retorna a Buenos Aires, depois de aprender a língua do amor com Beatriz Frost. Ele descobre que Glencoe experimentou uma iluminação misteriosa que o leva a repudiar Twirl e ordenar a queima dos livros que estão transformando sua casa numa versão da "biblioteca total". Depois de ser um caudilho desorientado, Glencoe surge como um Deus Pai benevolente que revela aos membros da sociedade a verdade última de que todas as coisas partilham do mesmo espírito universal. O bem triunfa assim sobre o mal, como até Twirl é obrigado a reconhecer.

O desdobramento dessa estrutura dantesca tripartite de Inferno, Purgatório e Paraíso é maravilhosamente enxuto e elíptico em *O Congresso*, pois as conexões não são feitas pelas ligações causais de um romance realista, mas pelo tipo de "magia contagiosa" que Borges recomendara em "A arte da narrativa e a magia", seu ensaio de 1932. E, ao criar alguns desses vínculos mágicos, Borges fez uso residual do recurso dantesco da *figura*: o encontro de Ferri com Beatriz Frost "sob a alta cúpula" da sala de leitura do Museu Britânico prenuncia a unidade dominante da revelação final, enquanto o "labirinto vermelho" de Londres, no qual Ferri pode ter se perdido (como seu rival Eguren em Paris), prefigura a forma da "Rosa do Justo" de Dante que a cidade de Buenos Aires assumirá implicitamente durante a iluminação coletiva, no fim da história.

Desse modo, *O Congresso* representa o mito dantesco da salvação de Borges. Os dois elementos constituintes desse mito — a recuperação do amor de uma mulher e a escrita de um livro — são evidentes na versão existente da novela, embora em forma consideravelmente atenuada, que pode ser resultado do processo de condensação de romance a novela que o livro sofreu ao longo dos anos. Nas duas mulheres — Nora Erfjord e a ruiva Beatriz Frost — temos um desdobramento de Norah Lange. Há um laivo de sugestão de que numa versão anterior de *O Congresso* Ferri talvez tenha se apaixonado e sido rejeitado por Nora Erfjord, pois, em Londres, Beatriz Frost recusa sua proposta de casamento porque ela, "como Nora Erfjord, era devota da fé pregada por Ibsen e não queria se prender a ninguém". E há também um indício de que num rascunho anterior o episódio do amor de Ferri por Beatriz Frost talvez o tenha levado a recuperar a afeição de Nora Erfjord, uma vez que, ao retornar a Buenos Aires, ele nos diz que "Nora me abraçou e me beijou, e aquele abraço e aquele beijo me recordaram outros".

Se a perda e a recuperação do amor de uma mulher são sugeridos em *O Congresso*, o mesmo acontece com o tema da escrita de uma obra autobiográfica que representaria a salvação de seu autor. Descobrimos que a novela, que são as memórias em primeira pessoa de Ferri, é uma consequência longamente adiada de sua iluminação mística final e revela que o autor é um homem reconciliado consigo mesmo, sereno e que aceita seu lugar no mundo, apesar do fato de jamais ter se casado. Além disso, seu motivo para escrever as memórias é justamente abandonar o sigilo a que os membros da sociedade estão sujeitos por juramento, a fim de comunicar a seus leitores a natureza de sua iluminação — uma consciência da realidade onipresente do panteísta "congresso do mundo".

É impossível dizer, com os dados atualmente disponíveis, até que ponto Borges avançou na escrita de *O Congresso* em 1940, mas em setembro daquele ano ele estava profundamente perturbado. Um poema chamado "A noite cíclica", que publicou em *La Nación* em 6 de outubro, revela que estava às voltas com uma crise pessoal.[23] O poema descreve uma visão apavorante em que Buenos Aires, em vez de ser uma versão panteísta da Rosa de Dante, tal como insinuado no final de *O Congresso*, se transformou num labirinto cujas "ruas unânimes" são "corredores de impreciso medo e de sonho", um labirinto em que o minotauro gemerá na noite infinita de seu "palácio fétido", onde "tornará toda noite de: minuciosa", onde "uma obscura rotação pitagórica" leva Borges de volta aos arrabaldes que percorria nas noites suspirantes de amor de sua juventude e o deixa em "uma esquina remota" no norte, sul ou oeste da cidade, "mas em que vejo sempre um muro azul-celeste, uma figueira sombria e uma calçada rota" — uma cena que evoca outra cena intemporal que produziu sua experiência estranha e mística de "Sentir-se em morte" pouco depois de ser abandonado por Norah Lange em 1926-7.[24]

> Aí está Buenos Aires. O tempo, que a outros homens
> traz ouro ou traz amor, em mim apenas funda
> esta rosa amortecida, esta vã barafunda
> de ruas que repetem os pretéritos nomes
>
> de meu sangue: Laprida, Cabrera, Soler, Suárez...

A causa desse grande surto de angústia foi que Haydée Lange se apaixonou por outro homem e, como se o destino quisesse esfregar sal na sua ferida, seu novo amor era membro de um grupo de poetas, mais tarde conhecido como "geração de 1940", que fora adotado por um dos patronos literários mais poderosos da cidade: Oliverio Girondo.[25] A corte de Borges a Haydée acabava assim numa paródia cruel da traição de sua irmã Norah com Girondo. Longe de ser a "nova Beatriz" que lhe possibilitaria recuperar a felicidade que conhecera outrora na rua Tronador, Haydée lhe trouxera de volta o inferno do solipsismo. Borges viu-se vagando novamente na "noite côncava", com nada mais que "a lembrança — o projeto? — de um poema incessante", como diz em "A noite cíclica". Em outras palavras, ele teria de abandonar *O Congresso*, seu projeto de obra-prima, o grande "poema" dantesco que esperava poder salvar ao seu pai e a si próprio do esquecimento.

A perda de Haydée provocou outra crise suicida, pelo menos em sua imaginação, pois no mesmo caderno de anotações em que escreveu "Tlön, Uqbar e Orbis Tertius" esboçou o seguinte roteiro: depois de cumprir seus deveres de segundo auxiliar na biblioteca no subúrbio desinteressante de Boedo, ele comprou um revólver numa loja da rua Entre Ríos, um romance de mistério de Ellery Queen que já havia lido e uma passagem de ida para Adrogué, onde se registrou no Hotel Las Delicias, bebeu, mas deixou de pagar por dois ou três conhaques e depois se matou num dos quartos de cima.[26]

Borges acrescentava que deixara para trás um poema que escrevera na biblioteca Miguel Cané naquela tarde — supõe-se que se tratava de uma espécie de bilhete suicida. O poema em questão era uma versão muito primitiva de uma composição inacabada que sobrevive num caderno que contém também certos textos que publicou em 1940. Nos trechos desse poema inacabado que foram traduzidos para o inglês e publicados por Donald Yates, podemos ver que o motivo do desejo de se matar era o fracasso literário, consequência, em última análise, de sua insegurança sexual.[27]

O poema descreve sua insatisfação com os produtos imperfeitos de sua pena e explica que está pegando o revólver não por desespero ou tédio, mas para descobrir se ele realmente existe. Temos aqui mais indícios de que, em 1940, Borges acreditava que seu projeto de salvação pela literatura havia sido destruído e que a única alternativa era se matar. Mas o poema vai adiante e especula sobre a possibilidade de ele já estar morto — em consequência do acidente de 1938, quando bateu com a cabeça no batente da janela, ou de sua experiência num quarto mercenário no meio da Europa, vinte anos antes. Temos aqui, sem dúvida, uma referência ao seu encontro fracassado com a prostituta de Genebra em 1919, uma experiência que ele sente que pode ter uma conexão com o sentimento avassalador de irrealidade expresso no poema, embora seja uma conexão que não parece captar ainda de modo adequado.

A profundidade da desilusão de Borges está evidente também nos três contos que escreveu naqueles meses. Em "As ruínas circulares", que publicou em *Sur* em dezembro de 1940, imaginou um "homem cinza" que chega a um templo circular dedicado ao deus do fogo.[28] O homem pede à divindade o poder de sonhar um filho e inseri-lo no mundo real. Seu desejo é concedido — ele sonhará um filho que todos tomarão por real, exceto o deus do fogo e o próprio sonhador, que saberão que sua criatura é, na verdade, um fantasma imune ao fogo. O "homem cinza" sente uma espécie de êxtase, uma vez que o propósito de sua vida parece ter se realizado. Pouco depois, porém, um incêndio destrói o templo, e o "homem cinza" descobre que não é afetado pelas chamas. Percebe então que ele também, tal como o filho de seus sonhos, é um fantasma: outra pessoa o está sonhando. Esse conto foi seguido, em janeiro de 1941, por "A loteria na Babilônia", em que tomou a ideia banal de que a vida é uma loteria e inventou uma situação em que é impossível dizer se as vidas dos babilônios são governadas pelo acaso ou pelos desígnios de uma companhia secreta.[29] Por fim, em "A biblioteca de Babel", outra fábula escrita em 1941, o universo é comparado a uma biblioteca onde a humanidade busca em vão um propósito geral para o vasto e geométrico edifício na qual está presa.[30]

As três histórias refletem a destruição do sonho dantesco de salvação de Borges. O amor passara por ele uma vez mais e, intocado como era pelo deus do fogo, era pouco mais do que um fantasma que havia sido sonhado por aquele outro fantasma, o "homem cinza" que fora seu pai. Em consequência, ele não poderia encontrar fim ou propósito para sua existência; sua vida poderia ser governada tanto por acaso como por desígnio. Com efeito, o universo era como a biblioteca de Twirl, embora em escala cósmica: era uma "biblioteca total", infinitamente circular, na qual "os mesmos volumes se repetem na mesma desordem".

18. O jardim de veredas que se bifurcam (1940-4)

Aos problemas de Borges acrescentou-se sua infelicidade diante dos eventos que aconteciam na Europa. A invasão da Polônia por Hitler no início de setembro de 1939 e a consequente irrupção das hostilidades o encheram de apreensão. Para ele, a guerra era um conflito apocalíptico entre o bem e o mal. Em outubro de 1939, escreveu em *Sur* que uma vitória alemã resultaria na "ruína e degradação de todo o globo" e, por esse motivo, esperava que a guerra levasse à "afortunada aniquilação de Adolf Hitler".[1] A guerra na Europa polarizaria o mundo literário argentino: escritores socialistas e liberais, que apoiavam os Aliados contra Hitler, assumiram o controle da Sociedade Argentina de Escritores (SADE); os nacionalistas a favor do Eixo responderam com uma união de escritores própria. Borges se identificaria com a SADE, e os anos de guerra veriam seu ressurgimento como figura nacional na política cultural da Argentina, depois do longo período de relativa obscuridade na década de 1930. Esse envolvimento político, no entanto, não influenciaria diretamente suas preocupações literárias, mas sua oposição ao crescente poder dos nacionalistas e seus temores concomitantes quanto à ampliação da influência nazista na Argentina acrescentariam urgência e intensidade particulares aos seus textos.

No final de 1940, Adolfo Bioy Casares publicou *A invenção de Morel*, romance inspirado pelos princípios defendidos por Borges durante a semana que os dois amigos passaram juntos na estância, em 1935. O romance de Bioy oferecia uma lição objetiva sobre a teoria da ficção borgeana: passava-se numa ilha que era em si mesma uma metáfora da "esfera autônoma" da arte, e a narrativa baseava-se numa fantasia — uma máquina capaz de produzir imagens holográficas perfeitas de seres humanos — que era desenvolvida com extraordinário rigor para tratar de questões metafísicas como o amor e o solipsismo, o tempo e a eternidade.

A admiração de Bioy por Borges continuava a mesma. No prólogo à *Antología de la literatura fantástica* que Bioy, Silvina Ocampo e Borges haviam organizado ao longo do ano anterior e que saiu um mês depois de *A invenção de Morel*, Bioy era pródigo em elogios a Borges por ter inventado um novo tipo de ficção:

> Com "A aproximação a Almotásim", com "Pierre Menard", com "Tlön, Uqbar, Orbis Tertius", Borges criou um novo gênero literário que participa do ensaio e da ficção. Trata-se de exemplos de inteligência incessante e imaginação engenhosa, desprovidos de fraquezas, de elementos humanos, de sentimentalidade ou *páthos*, e destinados a leitores intelectuais, aficionados da filosofia, quase que para especialistas literários.[2]

Bioy pediu a seu mentor que escrevesse um prefácio para *A invenção de Morel*, e Borges aproveitou a oportunidade para reiterar a ideia central de seu ensaio de 1932 "A arte da narrativa e a magia". Escreveu que o romance realista ou psicológico é "informe": a "liberdade plena" do romancista resulta numa "plena desordem".[3] Além disso, o romance realista "prefere que esqueçamos seu caráter de artifício verbal", e contrastava-o com o "intrínseco rigor" do romance de aventuras, que "não se propõe como transcrição da realidade: é um objeto artificial que não sofre nenhuma parte injustificada". O que é essencial é a trama, argumentava, e, contra aqueles que se queixavam que o século XX era incapaz de produzir tramas interessantes, ele afirmava que se esse século era superior em algum aspecto aos outros era exatamente na excelência de suas tramas, e citava as obras de Chesterton, Kafka e Henry James. Quanto a *A invenção de Morel*, "discuti com seu autor os pormenores de sua trama; reli-a; não me parece imprecisão ou hipérbole qualificá-la de perfeita".

Embora pudesse admirar a trama do romance de Bioy, não deve ter escapado a Borges que ele fora efetivamente eclipsado por seu discípulo, pois se havia uma coisa que não conseguira produzir depois de uma década de tentativas era precisamente uma história com uma trama. Seu sentimento contínuo de fracasso é evidente em "Exame da obra de Herbert Quain", um embuste na linha de "A aproximação a Almotásim" ou "Pierre Menard, autor do *Quixote*", que foi publicado em *Sur* em abril de 1941.[4] O texto passa por ser uma espécie de necrológio de um escritor irlandês que acabou de morrer e que é autor de uma pequena obra composta de quatro livros díspares, mas o embuste pode ser tomado como uma paródia que zomba dos produtos de sua própria pena malsucedida. A primeira obra do desventurado Quain é um romance policial chamado *The god of the labyrinth* [O deus do labirinto] que subvertia o gênero, uma vez que, no final, o narrador sugeria que a solução dada pelo detetive ao crime estava errada. A segunda era um romance chamado *April March* [Abril maio] no qual Quain tentava criar uma narrativa capaz de refletir o tempo como um labirinto de ramificações infinitas. A terceira era *The secret mirror*, uma peça em dois atos sobre o amor de Wilfred Quarles por Ulrica Thrale e seu duelo com um rival, o duque de Rutland, na qual a realidade da ação no primeiro ato é posta em questão no segundo. A quarta obra de Quain era uma coletânea de oito narrativas chamada *Statements* [Declarações], cada uma das quais "prefigura ou promete um bom argumento, voluntariamente frustrado pelo autor", de um modo que leva os leitores a crer que eles mesmos inventaram as tramas. Quain "costumava argumentar que os leitores eram uma espécie já extinta" e afirmava também que, "das diversas felicidades que a literatura pode ministrar, a mais alta seria a invenção", mas, "uma vez que nem todos são capazes dessa felicidade, muitos teriam de se contentar com simulacros". Quain escrevera suas histórias para lisonjear a vaidade pseudocriativa de seus leitores, aqueles "'escritores imperfeitos', cujo nome é legião", e Borges, que se contava implicitamente entre estes, alegava ter "cometido a ingenuidade" de extrair seu conto "As ruínas circulares" da terceira narrativa de Quain, cujo título era significativamente "The rose of yesterday" [A rosa de ontem].

Porém, em sua busca contínua pela "felicidade" da verdadeira invenção, pela perfeição da trama, Borges voltaria os olhos para o romance policial. Velho apreciador da ficção criminal, via nesse gênero um potencial para o tipo de ordem narrativa "clássica" que, em sua opinião, o romance realista havia perdido totalmente. Já em 1933, havia publicado um breve ensaio chamado "Leyes de la narración policial", que incorporou depois a um ensaio sobre G. K. Chesterton, e o que ele chamou de "labirintos do gênero policial".[5] Anos depois, ele explicaria seu interesse dessa maneira:

> Nesta nossa época, que é tão caótica, há algo que, a seu modo modesto, manteve as virtudes clássicas: o conto policial. Pois um conto policial não pode ser compreendido sem um começo, um meio e um fim.[6]

Na segunda metade de 1941, ele e Bioy deram seguimento à ideia de escrever contos policiais juntos depois de experimentarem o gênero com a história do dr. Pretorius, durante a semana que passaram na estância em 1935. Inventaram um personagem novo chamado Isidro Parodi, um detento da penitenciária de Buenos Aires dotado do dom de resolver crimes sem nem mesmo pôr os pés para fora da cela. Evidentemente, nenhum dos dois considerava esses contos um trabalho sério; reuniam-se no escritório de Bioy depois do jantar e passavam horas inventando problemas absurdos para Parodi resolver. Os contos eram paródias bem-humoradas da ficção policial (o sobrenome italiano Parodi é bastante comum em Buenos Aires) e, além disso, sua estrutura simples permitia uma boa dose de sátira social e política. Terminaram a primeira em 27 de dezembro de 1941 e, ao lado de outras cinco, publicaram *Seis problemas para don Isidro Parodi* com o pseudônimo de H. Bustos Domecq, *nom de plume* que reunia nomes das famílias de Borges e Bioy, respectivamente.[7]

Na mesma época em que se divertia escrevendo as histórias de Parodi com Bioy, ele também se valeu da ficção policial para fins mais sérios, e suas experiências deram fruto com "O jardim de veredas que se bifurcam". Tendo por cenário a Inglaterra durante a Primeira Guerra Mundial, a história diz respeito a Yu Tsun, um espião chinês que trabalha para os alemães e pretende transmitir a eles a informação de que a artilharia britânica se prepara para bombardear uma cidade chamada Albert, na França. Uma vez que está sendo caçado pelo agente britânico Richard Madden, ele precisa encontrar uma maneira de transmitir sua mensagem antes de ser localizado e morto. Decide informar o nome da cidade francesa matando um homem que se chama Stephen Albert. A trama é altamente teleológica, uma vez que tanto agente como espião perseguem objetivos específicos, mas, à medida que a ação alcança um clímax desconcertante na casa de Albert, uma mansão cercada por um jardim de veredas que se bifurcam, o leitor alerta capta indícios que traem o fato de que os três personagens ostensivamente hostis — Yu Tsun, Madden e Albert — poderiam, em princípio, trocar de papel em diferentes dimensões do tempo. A teleologia da trama de estilo policial revela-se uma ilusão, pois as veredas que se bifurcam do tempo se ramificam num labirinto de múltiplas direções, anulando assim a identidade particular de cada um dos personagens. Nesse conto, ele conseguiu casar a trama policial que se anula de *The god of the labyrinth* de Herbert Quain com o labirinto do tempo do outro romance dele, *April March*, e o resultado foi o que se poderia chamar de trama labiríntica, exibindo uma mania por ordem na superfície, mas se ramificando infinitamente em suas implicações metafísicas.

Pouco antes de terminar "O jardim de veredas que se bifurcam", Borges decidiu publicar uma coletânea que representasse o novo gênero que seu jovem amigo Bioy Casares dizia ter identificado. Além de "A aproximação a Almotásim", que saíra com o título de "Nota" em *História da eternidade*, ele havia publicado seus "ensaios-ficções" desde seu acidente quase fatal em 1938: "Pierre Menard, autor do *Quixote*", "Tlön, Uqbar, Orbis Tertius", "As ruínas circulares", "A loteria na Babilônia" e "A biblioteca de Babel". Mas para título da coletânea escolheu "O jardim de veredas que se bifurcam", seu último e inédito conto, e isso pode ser um indício de sua satisfação por ter finalmente inventado uma história com trama.[8]

A publicação de *O jardim de veredas que se bifurcan* em dezembro de 1941 foi considerada um evento histórico pelos escritores do grupo *Sur*. Ao fazer sua resenha na revista, Bioy repetiria sua afirmação de que Borges havia inventado um gênero novo ao descobrir "as possibilidades literárias da metafísica" e combiná-las com a busca do "ideal" inerente à ficção policial, a saber, "inventividade", "rigor" e "elegância" na estruturação da narrativa.[9] O livro foi inscrito no Prêmio Nacional de Literatura, competição organizada trienalmente pela Comissão de Cultura, mas não ganhou nenhum dos três prêmios principais. Isso deve ter representado uma considerável decepção para Borges, uma vez que era o primeiro livro que publicava desde o fracasso abjeto de *História da eternidade*, em 1936.

Não obstante, a falta de sucesso de *O jardim de veredas que se bifurcam* não se deveu a qualquer animosidade pessoal contra Borges. O júri era composto por seu primo Álvaro Melián Lafinur, pelo editor da *Nosotros* Roberto Giusti, que o conhecia desde os tempos da vanguarda, e pelo romancista Eduardo Mallea, membro do grupo da *Sur*. A verdade é que os jurados simplesmente não souberam o que fazer com os estranhos "ensaios-ficções" de Borges. Em julho de

1942, Giusti publicou uma nota na *Nosotros* dando a avaliação que o júri fez do seu livro. Eles haviam considerado inapropriado recomendar ao povo argentino "uma obra exótica e decadente" que seguia "certas tendências da literatura inglesa contemporânea" e que hesitava "entre o conto de fantasia, uma erudição pretensiosa e recôndita, e a ficção policial"; a obra de Borges era "literatura desumanizada", "um obscuro e arbitrário jogo cerebral".[10] No fim, os jurados não se arriscaram e premiaram livros (todos já esquecidos) sobre temas argentinos familiares: o primeiro prêmio foi para um romance sobre *gauchos*, o segundo, para um romance histórico sobre as guerras entre caudilhos, e o terceiro, para uma coletânea de contos sobre os arrabaldes de Buenos Aires. Assim, embora possa não ter sido em si mesma política, a decisão dos jurados tinha uma ressonância no clima político da época: refletia uma mudança no sentido de um tipo de literatura defendido pelos nacionalistas, cheio de "cor local", que Borges e seus amigos estavam decididos a evitar.

Com efeito, no decorrer de 1941, a maré política virou a favor dos nacionalistas. A coalizão da Concordância, que se mantivera no poder graças à fraude nas eleições por quase uma década, enfraquecera-se devido a uma recessão profunda, e, quando os problemas de saúde forçaram o presidente Roberto M. Ortiz a renunciar, seu substituto, Ramón S. Castillo, tentou reforçar sua posição incluindo oficiais militares em seu ministério, medida que encorajou os nacionalistas, cuja estratégia sempre fora incitar as Forças Armadas a tomar o controle do Estado. Acreditando que sua hora havia chegado, os nacionalistas marchavam nas ruas gritando slogans contra os Aliados e os judeus e pedindo apoio aos nazistas. Em reação a essa agitação de direita, os partidos de centro e de esquerda — radicais, socialistas, comunistas e outros — formaram a União Democrática e pressionaram Castillo a abandonar a política de neutralidade do país e unir-se aos Aliados contra a Alemanha e o Japão.

O fato de não ganhar o Prêmio Nacional de Literatura fez com que Borges fosse visto pelo público como um dos principais representantes dos intelectuais antinacionalistas e antinazistas da Argentina. A decisão dos jurados causou consternação e indignação entre seus amigos. Como forma de "compensação" pela suposta injustiça que sofrera, Pepe Bianco, editor da *Sur*, reagiu publicando uma homenagem a Borges na revista, na qual 21 escritores e críticos escreveram elogiando *O jardim de veredas que se bifurcam*.[11] Bianco organizou também um jantar muito divulgado em sua honra, em 18 de julho de 1942, ao qual compareceram alguns dos mais conhecidos e famosos escritores argentinos. De qualquer modo, Borges entrara na refrega ideológica com seu costumeiro gosto pela polêmica. Em artigo publicado na *Sur* em dezembro de 1941, acusou os "germanófilos" argentinos de serem uma potencial quinta-coluna, uma vez que poderiam, em sua opinião, oferecer aos nazistas uma cabeça de ponte caso houvesse uma invasão de forças alemãs em busca do precioso Lebensraum em que a Argentina era tão abundante.[12]

Apesar de seu crescente papel público na política cultural do país, os textos de Borges continuavam a lidar com preocupações profundamente pessoais, sobretudo com o colapso de seu mito dantesco da salvação depois da perda de Haydée Lange. No início de 1942, começou um conto muito ambicioso chamado "A morte e a bússola", no qual buscava representar o oposto do que esperara conseguir em *O Congresso*: não um processo de transfiguração e resolução, mas uma articulação dos conflitos que haviam gerado a situação de "irrealidade" ou solipsismo com a qual continuava a sofrer. Uma vez mais, recorria ao conto policial para organizar o tumulto de seu mundo interior numa aparência de ordem.

Em "A morte e a bússola", o detetive Erik Lönnrot está investigando o homicídio de um judeu estudioso da Cabala.[13] Uma estranha desmedida o impele a procurar o assassino por um processo de pura razão. Porém, Lönnrot está, na verdade, sendo manipulado por seu arqui-inimigo, um criminoso judeu chamado Red Scharlach, que planeja secretamente atrair o detetive para a morte aprisionando-o num labirinto de pistas enganosas. Scharlach estimula Lönnrot a elaborar uma hipótese intelectual baseada em ideias cabalísticas concernentes ao nome secreto de Deus. Depois que três assassinatos parecem ter sido cometidos, o detetive calcula que um quarto acontecerá numa chácara chamada Triste-le-Roy. Lönnrot descobre que se trata de um lugar apavorante:

> Vista de perto, a casa da chácara Triste-le-Roy abusava de inúteis simetrias e repetições obsessivas: a uma Diana glacial num nicho lôbrego correspondia num segundo nicho outra Diana; um balcão refletia-se noutro balcão; escalinatas duplicadas abriam-se em dupla balaustrada. Um Hermes de duas caras projetava uma sombra monstruosa.

Esperando surpreender o assassino, Lönnrot vê-se subitamente confrontado por Scharlach e compreende que ele será a quarta vítima.

As dualidades de Triste-le-Roy atingem seu apogeu febril no confronto entre os dois inimigos, mas, no clímax da história, ambos sentem uma tristeza idêntica: o detetive e o criminoso parecem ser imagens especulares um do outro, em vez de opostos polares. As dualidades enlouquecedoras da chácara dissolvem-se finalmente numa unidade, mas não aquela do eu realizado em comunhão com o cosmo: trata-se da unidade vã do solipsismo em que tudo se revela ser outra versão do mesmo. Triste-le-Roy representa a moradia desse rei triste, o sujeito solipsista, que pode ser soberano de si mesmo, mas é incapaz de se conectar senão consigo mesmo. Lönnrot e Scharlach, portanto, são dois aspectos da mesma pessoa, de tal modo que "A morte e a bússola", como diria o próprio Borges, é, "de modo simbólico", uma história sobre "um homem que comete suicídio".[14]

Não obstante, subsiste na história a lembrança de uma situação mais feliz. Todas as janelas que Lönnrot abre em Triste-le-Roy revelam, "de várias alturas e vários ângulos, o mesmo desolado jardim". Trata-se certamente de uma versão degradada do jardim das delícias que era a casa dos Lange na rua Tronador, lugar onde o amor fizera Borges se sentir plenamente parte da realidade como "as pedras e as árvores". Mas o amor fenecera e morrera em Triste-le-Roy: Lönnrot encontra "uma única flor num copo de porcelana" em um dos quartos; "ao primeiro toque as pétalas antigas desfizeram-se". Podemos discernir aqui uma referência ao mito dantesco de Borges, uma referência que está codificada também no próprio título, pois "A morte e a bússola" é uma demonstração de que o intelecto sozinho leva à morte, enquanto o amor oferece uma bússola (conhecida pelos marinheiros como "a rosa dos ventos") que nos conduzirá à salvação levando-nos para fora de nós mesmos e nos relacionando com o outro.

"A morte e a bússola" foi publicado em maio de 1942, ano que, como diria a revista *Leoplan*, "não foi propício" para Borges no que dizia respeito a sua saúde.[15] É muito provável que seus problemas tenham sido causados por uma grave deterioração de sua visão congenitamente ruim. Ele fez uma operação de catarata em 1941 e possivelmente outra no ano seguinte — há uma referência à cegueira, "a escuridão visível de João Milton" — em um poema escrito nesse período, o que pode apontar para temores de que pudesse perder a vista totalmente.[16]

Esses recorrentes episódios de má saúde o aproximaram de sua mãe: ela cuidara dele na época de seu acidente quase fatal, no final de 1938, e ele contara com a ajuda dela para as tarefas cotidianas depois de suas várias cirurgias nos olhos. A doença e a morte do pai também desempenharam um papel nessa aproximação. Borges apreciara muito a devoção que sua mãe demonstrara para com o marido doente e admirava sua coragem em enfrentar a viuvez. Nessa época, mãe e filho viviam sob o mesmo teto e assim seria pelo resto da longa vida de d. Leonor Acevedo. Em 1941, mudaram-se da casa da família, na rua Anchorena, 1672, que haviam compartilhado com Norah Borges e seu marido desde o retorno deste da Espanha durante a Guerra Civil, para um apartamento na avenida Quintana, 263, e depois disso se mudariam finalmente em 1947 para um pequeno apartamento no sexto andar da rua Maipú, 994.

No entanto, à medida que se via cada vez mais em dívida com a mãe, Borges ficava mais consciente dos laços emocionais que o ligavam a ela, e essa percepção lhe provocou certas ansiedades. Elas estão evidentes em "A morte e a bússola", em que o próprio nome do criminoso judeu, Red [vermelho] Scharlach, o identifica com a cor proibida do tirano Rosas, o inimigo histórico da família de sua mãe. Scharlach é motivado pelo desejo de se vingar no cristão Lönnrot de uma tentativa anterior de obrigá-lo a se converter ao catolicismo. Mesmo assim, o criminoso judeu continua assombrado pelo medo de que "todos os caminhos levam a Roma", de que ele seja absorvido numa ordem abrangente que destrua sua identidade separada. A percepção final de Red Scharlach de que ele talvez não passe de uma imagem especular de Lönnrot o enche de tristeza, porque sugere que sua rebelião contra "Roma", seus esforços para ser diferente e livre, como os de Otálora em "O morto", podem não passar de fantasias autoenganadoras. E os temores de Scharlach eram os temores de Borges, evidentemente, pois havia um perigo de que sua crescente ligação com a mãe — *madre*, como ainda a chamava — comprometesse seu já frágil sentimento de independência.

Contudo essa nova proximidade entre mãe e filho serviu para deixar mais clara a natureza da inibição misteriosa e kafkiana que neutralizara repetidamente seus esforços de rebelar-se contra a mãe. Em 26 de julho de 1942, apenas dois meses após a publicação de "A morte e a bússola", Borges publicou "A forma da espada" em *La Nación*.[17] O narrador é um estancieiro irlandês na Argentina cujo rosto exibe uma terrível cicatriz em forma de lua crescente. Ele conta a Borges que foi um rebelde na causa da independência irlandesa e que foi traído por um camarada chamado John Vincent Moon, que o entregou aos ingleses. Mas o final da história revela que o narrador é, na verdade, o traidor Moon e que ele resolveu aliviar sua culpa confessando a Borges a história de sua traição na *persona* da vítima. Porém, a cicatriz em seu rosto foi causada pela espada do homem que ele traiu e ali permanece como uma indelével "marca da minha infâmia".

A história é impulsionada pelos sentimentos de culpa do próprio Borges, e certos detalhes sugerem a natureza da questão oculta que pode ter causado essa culpa. A estância do traidor Moon chama-se La Colorada. O vermelho era a cor proibida de Rosas, mas o termo *la colorada* também é usado na Argentina para se referir a uma mulher de cabelos ruivos. Podemos discernir nessas associações um conflito na psique de Borges que equipara a liberdade de se associar uma ruiva (uma *colorada* como Norah Lange) à traição de um herói (alguém, *mutatis mutandis*, como o coronel Suárez, seu ancestral materno, que lutou nas guerras de independência sul-americana contra os espanhóis). E o preço a ser pago por essa traição da figura do herói é ser cortado no rosto pela espada da honra.

Borges estava chegando às raízes da misteriosa inibição que o impedira de concretizar sua paixão por uma mulher. Em "O morto", expressara seu desejo de rebelar-se contra a autoridade de seus ancestrais e explicara o fracasso dessa rebelião em termos de uma artimanha que frustrara sua "vontade de poder". Mas "A forma da espada" revela o outro lado da moeda: seu medo muito real de trair os ancestrais e de ser punido por trazer "infâmia" para a família. As duas histórias juntas ilustram o dilema que paralisara sua imaginação criadora: por um lado, precisava da liberdade para afirmar sua vontade como quisesse, mas, por outro, desejava sustentar o bom nome da família. Em ambas as direções, corria o risco de ser um traidor: se optasse pela liberdade, corria o risco da "infâmia"; se se submetesse à espada da honra, trairia seus verdadeiros desejos, o que significaria sua morte como escritor.

Na segunda metade de 1942, parecia impossível que viesse a resolver esse dilema e superar sua inibição, mas isso significava que teria de abandonar toda a esperança de salvação pela literatura, uma vez que isso dependia de forma crítica da inspiração do amor de uma mulher. O puro desespero que sentia por ter de renunciar ao mito dantesco da salvação produziu um novo conto chamado "O milagre secreto".[18] O personagem central é um escritor judeu chamado Jaromir Hladík, que é preso pelos nazistas e sentenciado à morte por fuzilamento pouco depois da invasão alemã da Tchecoslováquia, em março de 1939. À medida que o dia da execução se aproxima, Hladík não consegue encarar a morte sem alguma justificativa de sua existência. Ele relembra sua carreira literária (que não é diferente da de Borges na época) e gostaria de se redimir "de todo esse passado equívoco e lânguido" terminando sua tragédia inacabada *Os inimigos*. Tal como *The secret mirror* de Herbert Quain, a peça de Hladík reflete o envolvimento de Borges com Norah Lange e Oliverio Girondo. *Os inimigos* trata de uma rivalidade tácita entre o barão Roemerstadt e um tal de Jaroslav Kubin pelo amor de Julia de Weidenau. No último ato, fica evidente para a plateia que o personagem de Roemerstadt é uma projeção do frustrado Kubin e que a ação dramática não passa do "delírio circular que Kubin vive e revive interminavelmente".

Hladík pede a Deus que lhe conceda o milagre de um ano para terminar a peça, porque aquela era a obra na qual via "a possibilidade de resgatar (de maneira simbólica) o fundamental de sua vida". Em seu pedido por um milagre temos a declaração mais explícita do desejo do próprio Borges de salvação pela literatura:

> Se de algum modo eu existo, se não sou uma de tuas repetições e erratas, existo como autor d'*Os inimigos*. Para pôr termo a este drama, que pode me justificar e Te justificar, necessito um ano mais. Concede-me esses dias, Tu, a Quem pertencem os séculos e o tempo.

A situação de Hladík revela a profundidade do desespero de Borges no final do ano muito difícil de 1942. Tal como o escritor do conto, ele podia conceber a escrita de uma obra-prima salvadora somente graças a um milagre de Deus. Em "O milagre secreto", o tempo é suspenso por um ano e isso permite que Hladík termine sua peça antes de ser executado pelos nazistas, mas esse milagre, no caso de Borges, era uma fantasia — a verdade era que seu laço emocional com a mãe havia minado sua vontade de rebelar-se contra a espada da honra, e a morte que encarava, em consequência, não era por um pelotão de fuzilamento, mas por inanição.

Embora Borges não estivesse sob ameaça imediata de seus inimigos políticos, "O milagre secreto" articulava ansiedades crescentes em relação à situação na Argentina, pois nos últimos meses de 1942 circulavam em Buenos Aires rumores de um complô militar para derrubar o governo de Castillo. O desastre que Borges mais temia parecia iminente — um golpe criaria um Estado fascista e seria uma preliminar para uma invasão alemã das Américas. Três meses depois da publicação de "O milagre secreto" em *Sur*, em fevereiro de 1943, o anunciado golpe militar tornou-se realidade. Em 4 de junho, o governo de Castillo sucumbiu a um golpe planejado por um grupo de jovens oficiais do exército que eram a favor do Eixo e de ideologia fortemente nacionalista. Cerca de cem pessoas morreram nos choques armados entre os rebeldes e unidades da Marinha argentina, mas o sucesso do golpe foi saudado com regozijo violento dos militantes nacionalistas, que incendiaram vários ônibus de propriedade inglesa nas ruas de Buenos Aires. E a nova junta militar logo revelou suas inclinações fascistas, proclamando sua missão de preservar "os sagrados interesses da nação" e resistir a qualquer tentativa de subverter os fundamentos da "identidade nacional". Em 18 de junho, emitiu um decreto que condenava artistas e intelectuais que mostrassem interesse insuficiente em "temas históricos" — ou seja, a história argentina tal como interpretada pelos nacionalistas, pois sua base era a glorificação de Rosas como a encarnação dos autênticos valores crioulos.[19]

Talvez tenham sido esses eventos agourentos que levaram Borges a assumir uma atitude pública contra a junta. Em 4 de julho, apenas duas semanas depois do decreto de 18 de junho, publicou "Poema conjectural" no grande diário liberal *La Nación*.[20] Tratava-se de um monólogo dramático em que ele assumia a voz de seu ancestral Francisco de Laprida, morto em 1829 por um bando de *gauchos* que agiam sob as ordens de um caudilho tradicionalista. A escolha de Laprida era reveladora: ele foi o presidente do Congresso de Tucumán que proclamou a independência das Províncias Unidas do Rio da Prata em 1816. Borges contestava a junta militar voltando à própria fonte da identidade nacional argentina e a reivindicando para liberais como Laprida, que acabou com o jugo colonial a fim de construir uma república livre baseada nos valores do Iluminismo europeu.

Dificilmente o "Poema conjectural" poderia ser uma declaração mais flagrante da oposição de seu autor à junta militar, mas era também um poema muito íntimo, imbuído de um pessimismo curioso, quase suicida, pois, no fim, Laprida cede agradecido à doce violência do abraço da morte:

> vem o primeiro golpe,
> o duro ferro que me fende o peito,
> a íntima navalha na garganta.

A atitude de Borges aqui não é muito diferente daquela de seu personagem Hladík em "O milagre secreto" ao encarar sua execução pelos nazistas. Se não havia mais nenhuma chance — exceto um milagre — de se justificar como escritor, talvez pudesse resolver seu conflito interior se assumisse a espada ancestral contra o punhal *gaucho* e se mostrasse digno de seus ancestrais heroicos.

Mas acontece que o destino escolheu negar a Borges essa resolução. Em 16 de julho, duas semanas depois da publicação do "Poema conjectural", Norah Lange casou-se com Oliverio Girondo, depois de quase uma década de coabitação intermitente. Girondo cedera sob a condição de que tudo fosse privado, e o próprio casamento aconteceu de forma tão secreta que até a família Lange teve de esperar do lado de fora da elegante igreja de El Socorro, tomando chá com bolinhos numa confeitaria defronte da igreja, enquanto Norah fazia Oliverio finalmente amarrar o laço.[21] Mas, no que diz respeito a Borges, o casamento de Norah com Girondo não deve ter deixado de reabrir as velhas feridas emocionais, apontando para a contradição entre sua defesa pública da "civilização" contra os "bárbaros" da junta militar, tal como expressa no "Poema conjectural", e seu desejo insaciado de provar a "barbárie" da paixão que sentia pela ruiva Norah Lange.

Nos meses posteriores ao casamento de Norah Lange, ele escreveu uma história chamada "Tema do traidor e do herói", baseada na ideia de um homem venerado como herói nacional, mas que era secretamente um traidor da causa que dizia defender.[22] Era como se Borges acreditasse que ao publicar o "Poema conjectural" tivesse traído a paixão que sentia outrora por Norah e sacrificasse o desejo de liberdade que fizera dele um escritor. E foi o desejo de expiar essa "traição" privada, creio, que o levou a prestar homenagem àquelas memórias de sua juventude em um volume de poemas coligidos — *Poemas (1922-1943)* — que a Editorial Losada planejava lançar naquele ano.

Nessa coletânea, homenageava secretamente a memória de seu amor por Norah Lange ao incluir os dois poemas que escrevera para ela em inglês, no começo dos anos 1930. Foram publicados sob o título de "Prose poems for I. J.", a mesma dedicatória enigmática que aparecera em *História universal da infâmia*, de 1935.[23] Ele datava agora, significativamente, o segundo desses poemas, que começa com o verso "What can I hold you with?", de 1934, relembrando assim a conjuntura precisa em que vira uma última chance de recuperá-la de Girondo. Norah havia sido sua Beatriz, mas Borges decidiu também homenagear a mulher que ele julgara ser a "nova Beatriz" que talvez o conduzisse ao paraíso que perdera. Desse modo, dedicou o poema "Lhaneza", de *Fervor de Buenos Aires*, a

Haydée Lange, pois tratava-se do poema em que havia celebrado a felicidade que lhe dava o lar dos Lange na rua Tronador.

Sem dúvida, Borges pretendia que essas dedicatórias fossem sinais para Norah e Haydée de seu apreço duradouro. Mas o significado delas era tão privado, tão enigmático, que resultou numa estranha incompreensão. Quando os *Poemas* (*1922-1943*) saíram, em 17 dezembro de 1943, o namorado de Haydée suspeitou da dedicatória de "Lhaneza" e, além disso, se convenceu de que "Prose poems for I. J." também fossem secretamente dedicados a Haydée porque, como disse a seus amigos, o nome do meio de Haydée era Julia, então ele achava que Borges havia substituído a inicial H de seu prenome por um I, a letra seguinte do alfabeto, num truque criptográfico.[24]

Parece que o namorado de Haydée era um jovem emocionalmente instável às voltas com uma grave crise pessoal na época da publicação dos poemas de Borges. De acordo com sua amiga próxima Olga Orozco, ele ficou com ciúme obsessivo de Borges, acreditando — erroneamente — que o escritor tinha um caso secreto com Haydée.[25] O ciúme logo saiu do controle, e seus amigos ficaram preocupados com sua saúde mental quando souberam que ele ficava até altas horas da madrugada vigiando a entrada do edifício onde Haydée morava, para tentar pegar Borges numa visita secreta. Pouco depois, parece que ficou bastante perturbado e, no final de dezembro de 1943, foi encontrado afogado no porto de Buenos Aires. Haydée ficou devastada com a morte de seu noivo: jamais se casaria e se tornaria ainda mais enigmática e reclusa do que antes.

O envolvimento de Borges com as irmãs Lange não lhe rendera senão sofrimento, e o grau de sua desorientação emocional àquela altura pode ser avaliado a partir de um episódio que ocorreu pouco depois da morte do namorado de Haydée. Ele encontrou Elsa Astete, a mulher que havia cortejado brevemente em 1930, quando costumava ficar na pensão da mãe dela ao visitar Pedro Henríquez Ureña, em La Plata. Perduram duas cartas desse estranho encontro com Elsa, no início de 1944.[26] Uma é datada de "sexta-feira, 31", provavelmente se referindo ao fim de janeiro de 1944, e mostra que Borges havia passado a manhã e a tarde anteriores com Elsa. Ele caracteriza o encontro deles como um milagre: ela se tornou indispensável para ele, que implora que não desapareça de sua vida porque precisa salvá-lo da falta de sentido de sua existência, de sua solidão. Todas as outras pessoas, com exceção de Elsa, parecem irreais; ele gostaria de inundá-la com uma descrição minuciosa de seu quarto para que o ambiente pudesse, desse modo, perder um pouco o aspecto fantasmagórico. Ele está muito contente com a ideia de que talvez possa vê-la de novo em poucos dias, mas era insuportável pensar que, para vê-la, teria de esperar aqueles poucos dias.

Na outra carta, datada de 4 de fevereiro de 1944, conta a Elsa que pensa nela com intensidade inquebrantável: os dias e as noites de solidão que teve de suportar não somente o deixaram muito infeliz, como também eram irreais porque não podia compartilhá-los com ela. Acabara de corrigir as provas de "Tema do traidor e do herói" e dedicaria a história a ela. Em um pós-escrito, menciona que nas primeiras horas da manhã ele tendia a sentir um desejo que era infinito, embora fútil, e acrescenta que tentava tirar sua mente dos problemas enterrando-se no trabalho.

Que devemos pensar desse encontro e das missivas apaixonadas que produziu? Suspeito que, após o casamento de Norah Lange e a trágica perda sofrida por Haydée, Borges estava tentando relançar seu projeto dantesco de salvação num momento em que estava sob o mais intenso estresse emocional. E, no desespero, voltou-se para Elsa Astete como uma possível candidata ao papel da "nova Beatriz" que poderia oferecer uma libertação miraculosa do nó de contradições que lhe causava tanta dor. Mas ele perdera o contato com a realidade — Elsa já o havia rejeitado e, uma vez que tinha se casado com outro homem seis anos antes, havia ainda menos razão para ela responder aos seus apelos desesperados naquela ocasião.

O projeto dantesco não poderia ser revivido: não havia esperança de se salvar e, portanto, nenhuma esperança de redimir seu pai. A perversa trindade de pai, filho e fantasma ancestral parecia ser a condição inevitável de sua existência. Em um novo conto intitulado "Três versões de Judas", ele retrabalhou o paradoxo do traidor e do herói, retomando-o em termos do drama cristão da perdição e redenção e levando-o ao extremo de conceber a blasfêmia de um "redentor-traidor".[27] O teólogo gnóstico Nils Runeberg acredita que Judas era o verdadeiro redentor porque Jesus não poderia ter morrido na cruz se não tivesse sido traído antes por Judas. Esse é o "terrível segredo" de Deus Pai: ele condenou Seu filho Judas ao inferno a fim de redimir a humanidade. Além disso, Runeberg acredita que ele mesmo foi punido por descobrir o segredo de Deus, e sua punição tem uma semelhança misteriosa com as aflições do pai de Borges — cegueira e aneurisma. Com efeito, o subtexto da história é mais bem compreendido da perspectiva imaginada do pai de Borges, pois ele esperara que Georgie "traísse" a espada ancestral da honra a fim de redimir ambos com sua pena, mas a rebelião de Georgie não dera em nada e ele também fora condenado ao inferno pelo espírito patriarcal implacável de seus ancestrais. A história termina com Runeberg vagando pelas ruas de Malmö, "ébrio de insônia e de vertiginosa dialética", rogando aos gritos que lhe fosse concedida a graça de compartilhar o inferno com Judas, o redentor.

Borges havia chegado a um beco sem saída, e a tentação de suicídio deve ter sido tão forte então quanto numa situação comparável do passado. Ele segurou-se, sem dúvida, enterrando-se no trabalho, mas, mesmo assim, suas tendências suicidas foram redirecionadas para a política. Na época em que "Três versões de Judas" foi publicado na *Sur*, em agosto de 1944, a junta militar parecia estar abrindo caminho para um Estado fascista na Argentina. Os partidos políticos foram empurrados para a clandestinidade; líderes operários foram demitidos dos sindicatos; propriedades e organizações judaicas sofriam ataques. A designação de Gustavo Martínez Zuviría para ministro da Justiça e Educação pressagiava tempos ruins para a liberdade intelectual. Autor de romances de sucesso com o pseudônimo de "Hugo Wast", Zuviría era um fervoroso nacionalista e notório antissemita cujo objetivo declarado era "tornar o país verdadeiramente cristão" e "erradicar as doutrinas baseadas no ódio de classe e no ateísmo".[28] Ele tratou de impor educação religiosa compulsória nas escolas estatais e expulsar os comunistas das universidades. Enquanto isso, crescia a censura à imprensa e as publicações nacionalistas denunciavam o "liberalismo", o "imperialismo" e o "cosmopolitismo". Mas, o que era pior, surgira um líder carismático entre os jovens oficiais que haviam planejado o golpe de Estado de 1943. Tratava-se do coronel Juan Domingo Perón, que, no cargo de ministro do Trabalho, estava montando uma enorme base de apoio para si mesmo ao afastar os trabalhadores de seus sindicatos tradicionais com uma série de medidas populistas. Perón exibia os atributos de um Mussolini e não demoraria a comandar algum tipo de golpe que lhe daria o poder de transformar a Argentina numa ditadura fascista. Dali, seria um passo para a tomada do país pelos nazistas.

Tratava-se claramente da hora da verdade para a Argentina, e Borges estaria à altura do momento ao desafiar o crescente totalitarismo do regime em defesa da causa da liberdade cultural. Na segunda metade de 1944, decidiu publicar uma coletânea dos seis contos novos que escrevera desde *O jardim de veredas que se bifurcam*. O título que escolheu para esse novo livro foi *Artifícios*, coerente com sua crença de que a ficção constituía um orbe autônomo artificial, mas era também um título que afirmava seu direito de ser tão desengajado politicamente e tão "cosmopolita" quanto desejasse. O escândalo causado por não ter ganhado o Prêmio Nacional de Literatura dois anos antes fizera de Borges um dos mais proeminentes opositores intelectuais do regime, e seus amigos do grupo *Sur* e da SADE estavam prontos a explorar *Artifícios* com fins políticos. Foi o escritor comunista Enrique Amorim que veio com a ideia de maximizar o capital político que poderia advir da publicação dos contos de Borges: propôs que a SADE criasse um prêmio próprio e o concedesse ao escritor. Este parece ter ficado bem contente com a manobra e talvez tenha sido a proposta de Amorim que influenciou sua decisão de reeditar *O jardim de veredas que se bifurcam*, o objeto da controvérsia anterior, no volume de *Artifícios*, como se quisesse acrescentar combustível ao fogo. Essa dupla coletânea chamou-se então *Ficções*, um título apolítico como *Artifícios* e que, nas circunstâncias da época, faria a turma de "Hugo Wast" ficar irada. O livro saiu em 4 de dezembro de 1944 e vários meses depois recebeu devidamente o "Grande Prêmio de Honra" que fora especialmente criado pela SADE.[29]

A entrega desse "Grande Prêmio" foi feita num jantar, em julho de 1945, o qual, mais ainda que o jantar realizado em homenagem a Borges quando deixou de receber o Prêmio Nacional por *O jardim de veredas que se bifurcam*, se transformou num evento político, um ponto de encontro dos escritores que apoiavam a União Democrática. Em seu discurso de agradecimento, Borges revelaria um pouco do sofrimento do qual aquelas ficções se haviam destilado.[30] Tendo sido criticado pelo aspecto "desumanizado" de sua obra quando lhe negaram o Prêmio Nacional em 1941, ele falou dos vinte anos de "obscuridade" que haviam precedido a recepção do prêmio da SADE. Ele fora "nutrido com venenos perigosos": alimentara-se de "escuridão, amargura, frustração, intermináveis noites inúteis e esquecimento". Regozijava-se com o fato de que o prêmio fora dado a uma obra de fantasia, porque a literatura de fantasia, longe de ser um "gênero marginal", era, na verdade, o mais antigo de todos: "Sonhos, símbolos e imagens atravessam nossas vidas; uma confusão de mundos imaginários flui sem cessar através do mundo". Mas concluía com tom político, denunciando os nacionalistas e a ideologia nazista que admiravam tanto. O nazismo, disse ele, representava um problema para o escritor: ele exaltava a superioridade da terra natal, da língua, da religião e da raça, e essa convicção era um dos temas tradicionais da literatura, mas "uma seita perversa" havia "contaminado de tal modo essas inclinações antigas e inocentes" que as praticar hoje equivalia a uma forma de "cumplicidade". Era por isso que, desde 1939, não escrevera mais uma única linha que pudesse levar a alguma confusão sobre essa questão. Embora não fosse "talhado para o heroísmo" e sua vida pessoal tivesse sido "uma sucessão imperdoável de mesquinhezas", ele esperava alcançar uma dignidade maior em sua vida de escritor.

Mas, apesar dessa alusão à miséria de sua vida, a perspectiva de Borges se transformara totalmente desde a publicação de *Ficções* em dezembro de 1944. Quando fez seu discurso de agradecimento no jantar da SADE, sete meses depois, já havia se apaixonado por uma jovem que tinha motivos para acreditar que poderia qualificar-se para ser a "nova Beatriz" que o libertaria do inferno descrito em suas ficções e o levaria ao paraíso que somente o amor poderia revelar.

PARTE IV

DO CÉU E DO INFERNO (1944-69)

19. A "nova Beatriz" (1944-6)

Uma noite de agosto de 1944, Borges foi apresentado a uma mulher chamada Estela Canto, numa festa oferecida por Bioy Casares e Silvina Ocampo. Magra, morena e bonita, Estela tinha olhos perscrutadores e um sorriso irônico que lhe dava um ar de inteligência ferina que preservaria até a velhice. Com 28 anos, era dezoito anos mais moça do que Borges e se desviara do caminho convencional das mulheres argentinas ao escolher não se casar e seguir uma carreira no jornalismo e na publicação de livros. Estava então ganhando fama de escritora, e dois de seus contos haviam sido publicados recentemente na *Sur*. Seu irmão Patricio, escritor às margens do grupo *Sur*, a havia apresentado a Silvina Ocampo e Estela logo se tornou uma convidada habitual das noitadas literárias na casa de Bioy.

Seu primeiro encontro com Borges não foi muito promissor: ela havia lido "A morte e a bússola" na *Sur*, um conto que a deixara maravilhada, mas não se impressionou com a aparência do seu autor. Embora lhe tivessem dito que ele não era muito bonito, pareceu-lhe pior do que esperava: era gorducho, razoavelmente alto, tinha um rosto pálido e gordo e pés incrivelmente pequenos.[1] Depois de apertar-lhe a mão distraidamente, Borges quase não lhe deu atenção, o que irritou Estela, porque, naquela época, dava por certo que os homens a julgariam atraente. Na verdade, ela era uma mulher de ampla experiência sexual: tivera casos com escritores, mas preferia homens de ação, e, quando conheceu Borges, estava envolvida com um inglês, "um espião britânico que viajava constantemente por toda a Argentina e o Brasil".[2]

Depois daquele primeiro encontro, eles dificilmente se cruzaram, mas por volta da data da publicação de *Ficções*, em 4 de dezembro, aconteceu de Estela sair do apartamento de Bioy ao mesmo tempo que Borges e, enquanto caminhavam juntos até o *subterráneo* (o metrô de Buenos Aires), ela deve ter dito alguma coisa que chamou a atenção dele, porque, quando chegaram à entrada da estação, ele sugeriu que caminhassem mais algumas quadras. Passava da meia-noite, mas uma brisa agradável soprava do rio e os jacarandás estavam floridos, sinal de que a primavera ainda não cedera ao calor sufocante do verão portenho.

Desceram a avenida Santa Fé até a praça San Martín, mas ele se ofereceu para acompanhá-la a pé até o bairro de Barracas, no lado sul, a uma distância considerável. Vinham falando sobre a ascensão do coronel Perón, o ministro do Trabalho que passara a dominar a junta militar e estava criando uma base de poder formidável no movimento sindical. Estela, que era de esquerda, achava que a possibilidade de um golpe fascista era um perigo muito real. Borges também achava um pesadelo a ascensão de Perón, mas acreditava que acabaria depois que a guerra terminasse com a esperada vitória dos Aliados. Em algum momento da conversa, Estela mencionou George Bernard Shaw e citou em inglês o final de *Candida*. O fato de que soubesse inglês e fosse capaz de citar de cor seus trechos preferidos agradou a Borges enormemente. Quando pararam para tomar um drinque num bar, ele olhou para ela de perto, como se a estivesse notando pela primeira vez, e disse em inglês: "O sorriso da Mona Lisa e os movimentos de um cavalo no tabuleiro de xadrez". Estela ficou lisonjeada — e gratificada porque finalmente aquele homem ("mais um homem") havia gostado dela; e não era somente graças a sua aparência, pois Borges acrescentou então: "É a primeira vez que encontro uma mulher que gosta de Bernard Shaw. Que estranho!".

Chegaram finalmente ao prédio em que Estela morava, na esquina das ruas Tacuarí e Chile, mas Borges sugeriu que fossem ao parque Lezama, uma vez que era perto, embora ela soubesse que ficava a doze quadras de distância. O parque era um oásis de verde refrescante empoleirado no extremo sudeste da grande cidade, logo antes das altas encostas que desciam para as docas e os velhos barracos de La Boca. Tradicional refúgio dos jovens amantes, fora outrora muito lindo, mas sua discreta atmosfera romântica se desfizera com anos de negligência, enquanto o bairro decaía de sua antiga nobreza.

Borges conduziu Estela a um anfiteatro abandonado, do outro lado do caminho que levava ao domo azul da igreja ortodoxa. Na velhice, Estela ainda era capaz de visualizar "o jogo de luz e sombras enquanto as folhas balançavam na brisa" daquela noite; foi ali que ela começou a apreciar "as nuances e o charme" da "voz trêmula" de Borges: tudo o que ele dizia tinha "uma qualidade mágica" e, tal como um mágico, parecia tirar "coisas inesperadas de uma cartola inexaurível"; essa magia verbal "apontava para o homem que ele realmente era, o homem escondido atrás do Georgie que todos conhecíamos, um homem que, a sua maneira tímida, lutava para emergir, lutava para ser reconhecido". Passava muito das três da manhã quando Borges espiou seu relógio e disse que estava na hora de ir para casa. Fora uma noite de descobrimento mútuo e promessas tentadoras: Estela olhara através do exterior pouco atraente de Borges e percebera o espírito extraordinário que estava preso dentro dele, enquanto Borges se sentira intrigado por aquela jovem misteriosa, cujo sorriso deixava entrever uma natureza deliciosamente perversa, uma mulher que parecia serpentear e fintar como um cavalo no xadrez e que, portanto, provavelmente o surpreenderia.

Naquela manhã — poucas horas depois de se separarem — Borges foi ao apartamento de Estela e deixou um livro para ela com a empregada. Era um exemplar de *Youth* de Joseph Conrad. Mas não pediu para vê-la, e essa negligência intrigou Estela. Naquela noite, ele apareceu de novo e se ofereceu para acompanhá-la à *soirée* na casa de Bioy. Quando ela mencionou sua omissão anterior, ele pareceu nervoso, murmurando algo sobre não querer incomodá-la. Estela achou que poderia estar envergonhado dos "momentos poéticos e inocentes" que haviam compartilhado no parque, mas não era exatamente isso: estava nervoso porque se apaixonara.

Depois do encontro fortuito no parque Lezama, Borges habituou-se a telefonar para Estela de um telefone público todas as manhãs, antes das dez horas, e com frequência aparecia no apartamento dela para lhe presentear com um livro. Tinha o ar desajeitado de quem temia estar se intrometendo, uma atitude de desculpas que logo começou a irritar a prática Estela. Habituaram-se a se encontrar todas as noites na entrada da estação Constitución do metrô e ir ao cinema ou comer na casa de Bioy. Faziam longas caminhadas nos bairros de Barracas ou La Boca, ou na região de ruas tranquilas em torno do enorme terminal de trens ao sul de Constitución, uma estrutura funcional de vigas cruzadas que, não obstante, trazia muitas associações poéticas para Borges, pois proporciona um ponto de observação de onde se pode ver um labirinto de trilhos que se espalham para fora da estação, se fundem e se cruzam à medida que desaparecem para o sul, na direção dos pampas que, segundo Estela, Borges sempre imaginava como "algo vasto e livre". Nessas caminhadas, travavam discussões bastante acaloradas, principalmente sobre literatura ou política, questões sobre as quais Estela tinha opiniões próprias fortes. Ela gostava de enfiar um "espinho insidioso" nas "opiniões fixas" dele. Ela não tolerava Henry James, por exemplo, que julgava enrolado, inibido, temeroso, mas essa opinião enfurecia Borges, que contra-atacava com observações sarcásticas sobre os gostos literários dela. O fato de Estela não ter medo de dizer o que pensava devia torná-la mais desejável ainda aos olhos dele, embora ele não pudesse prever àquela altura até onde iriam as sondagens dela.

Na época em que passou a se encontrar com Estela regularmente — início de dezembro de 1944 —, Borges começou a trabalhar — ou talvez já estivesse trabalhando — em uma nova história que chamaria de "O Aleph". O estímulo para esse conto foi muito provavelmente o fato de ficar sabendo, perto do fim de 1944, que a casa da rua Tronador estava sendo posta à venda pela família Lange, que a alugava desde que se mudara para o centro da cidade, em 1934. O conto recapitularia sua experiência de fracasso amoroso — descreveria a devoção infrutífera de "Borges" a uma bela mulher chamada Beatriz Viterbo, uma devoção tão infrutífera que o conto começaria com a morte de Beatriz e recordaria a obsessão do protagonista por essa dama inalcançável após sua morte, visitando sua casa todos os anos, em seu aniversário, até ser informado de que a casa está para ser demolida, o que provoca a visão mística final do Aleph, uma visão quase divina de todo o universo.

Há aspectos de "O Aleph" que relembram Norah Lange: o termo "aleph" fora usado pela primeira vez por Borges no final de 1924, quando estava ficando cativado por Norah, e depois em meados de 1926, no auge de seu caso de amor com ela; é dito que Beatriz Viterbo morreu em fevereiro de 1929, e estes foram quase com certeza o mês e o ano em que Norah rejeitou Borges, pouco depois de seu retorno da Noruega.[3] Mas nesse conto refaz sua experiência com Norah num molde dantesco. O nome Beatriz Viterbo lembra obviamente a Beatriz de *A divina comédia*, e Borges tirou de Dante o tema fundamental de que o amor de uma mulher pode levar a uma visão da totalidade universal. Porém, *A divina comédia* era o resultado da rejeição de Dante pela Beatriz real, ao passo que Borges sugere que seu fracasso em conquistar o amor de uma mulher o privara da capacidade de escrever uma obra que encarnasse uma visão sublime comparável com a de Dante. "O Aleph", portanto, não trata da perda do amor como tal; é um lamento pela perda do que o amor poderia ter concedido a Borges. Para enfatizar esse ponto, Borges inventou um personagem cômico chamado Carlos Argentino Daneri, um primo de Beatriz Viterbo, que está trabalhando no empreendimento absurdo de descrever o mundo inteiro num poema. Alguns viram no nome Daneri uma contração de Dante Alighieri e, com certeza, esse versejador pedante é um anti-Dante, um homem tão obtuso que é incapaz de ver a impossibilidade de apreender o mundo na linguagem se não se tem o demônio da inspiração.

Borges colocou-se um desafio ao escrever esse conto: queria dar ao leitor alguma ideia do que o personagem "Borges" havia perdido com a morte de Beatriz Viterbo e esperava completar isso com um exemplo do tipo de escrita extática a que sempre aspirara e nunca conseguira alcançar. Propunha-se a fazer isso inventando o fantástico dispositivo de um orbe mágico — um "Aleph" — que permitiria ao personagem "Borges" uma visão abrangente de todo o universo. Porém, a dificuldade criativa estava em tentar descrever uma experiência mística que lhe era desconhecida precisamente porque jamais lhe haviam concedido seu pré-requisito essencial: o amor de uma mulher.

Não obstante, perto do final de 1944, encontramos Borges imbuído de certo otimismo em relação a sua literatura. Em resposta a um questionário que seria publicado numa nova revista literária chamada *Latitud*, disse que planejava no futuro imediato trabalhar numa série de contos fantásticos e metafísicos, bem como numa novela policial, em colaboração com Bioy Casares.[4] No longo prazo, propunha-se a escrever uma narrativa longa ou um romance curto intitulado *O Congresso*, que conciliaria "os hábitos de Whitman com os de Kafka". Sua "maior ambição literária", no entanto, era "escrever um livro, um capítulo, uma página, um parágrafo que seja tudo para todos os homens [...] que prescinda de minhas aversões, de minhas preferências, de meus hábitos". Essa obra transcendental devia ser também "insondável e eterna"; devia "preservar (para mim e para todos os outros) um ângulo cambiante de sombra; que corresponda de algum modo ao passado e ainda ao secreto futuro; que a análise não possa esgotá-la; que seja a rosa sem propósito, a platônica rosa intemporal".

Podemos ver na visão do Aleph místico que Borges se propunha a compor como clímax de seu novo conto um antegozo, por assim dizer, da literatura apaixonada, transcendental, semelhante à rosa que o entusiasmava nas respostas ao questionário de *Latitud*. E, agora que se apaixonara por Estela Canto, procuraria obter sua ajuda para inflamar a imaginação e pôr em palavras aquela experiência de êxtase. Estela lembraria mais tarde que uma noite, perto da praça Constitución, Borges lhe anunciou que estava escrevendo um conto sobre "um lugar que continha todos os outros lugares do mundo" e que ele gostaria que ela o ajudasse na enumeração de todos os lugares que queria citar. Ela declinou do convite para colaborar com ele, suspeitando de que poderia ser um estratagema que usava para chamar a atenção de "poetisas em botão". Porém, no decorrer dos dois meses seguintes, ele repetiria esse pedido várias vezes. Na verdade, talvez precisasse se sentir próximo da mulher por quem estava apaixonado para escrever a visão do Aleph com o grau apropriado de convicção.

Cerca de uma quinzena depois que começaram a sair juntos, Estela deixou Buenos Aires sem se dar ao trabalho de avisar Borges, embora se encontrassem praticamente todas as noites. Em 18 de dezembro, ele escreveu para o endereço de residência dela expressando sua perplexidade por não saber onde ela estava, se ainda em Buenos Aires ou no Uruguai. O desaparecimento de Estela o fez se perguntar sobre os sentimentos dela por ele, embora confessasse que nunca se sentira mais próximo dela; pensava nela constantemente, mas sempre com ela de costas ou de perfil para ele. E acrescentou num pós-escrito que havia comprado um bilhete de loteria para os dois, o que era, segundo ele, uma maneira curiosa de multiplicar a incerteza.

Estela havia, de fato, ido ao Uruguai, muito provavelmente para encontrar-se com seu amante inglês, e, embora pareça que Borges não soubesse da existência dele, a incerteza causada pela partida de Estela afetaria sua capacidade de terminar "O Aleph". Em carta enviada na segunda metade de janeiro de 1945, ele diz que está fazendo progressos na história sobre o lugar que inclui todos os outros, mas repete que gostaria de contar com a ajuda dela em certos detalhes, uma vez que o final parecia subdividir-se infinitamente, como o caminho da tartaruga no paradoxo de Zenão. Diz que sente muito a falta dela e não pode imaginar o que está errado com Buenos Aires, pois a cidade parece aludir a ela infinitamente — Corrientes, Lavalle, San Telmo, a entrada do metrô, todos esses lugares lembram Estela com particular dedicação.

Após a volta de Estela a Buenos Aires, eles retomaram os encontros, mas então foi a vez de Borges sair de férias de verão — fora convidado por sua prima Esther Haedo e o marido Enrique Amorim para passar a maior parte do mês de fevereiro na casa de verão deles, perto de Salto, no Uruguai. Levou "O Aleph" com ele, mas durante toda a sua estada continuou a sentir dificuldades para conduzir a história a um fim adequado. Num cartão-postal, contou a Estela (em inglês) que sentia falta dela e lhe agradecia pela alegria que sua carta lhe trouxera. Esperava terminar o rascunho do conto que queria lhe dedicar, aquele sobre o lugar que abrangia todos os outros lugares do mundo. No entanto, não conseguia chegar a uma versão que o satisfizesse; sentia muito a falta de Estela. Escreveu-lhe de novo pouco antes de retornar a Buenos Aires, descrevendo como era dominado pelas lembranças de seu sorriso, da inflexão de sua voz dizendo "Georgie", de seu relógio guardado na bolsa dela, seus dedos rasgando um papel. Sentia-se terrivelmente feliz ao pensar que dentro de uma semana (talvez antes) eles se encontrariam de novo, mas o pensamento de ter de esperar tanto tempo era insuportável.

Com efeito, ele mal conseguia conter seu desejo de se reunir a Estela. Três dias depois, na quarta-feira, 4 de março, escreveu-lhe outra carta, confessando um sentimento de desmerecimento — sentia-se indigno das manhãs e das noites, indigno dos dias que passara com ela, indigno dos lugares extremamente lindos que havia visto, e a razão desse sentimento era que tinha dúvidas sobre os sentimentos de Estela em relação a ele. Seus dias eram consumidos com angústia e incerteza porque não tivera notícias dela. Não conseguia imaginar as razões de seu silêncio, e tudo o que pedia era um sinal de que ele ainda existia para ela. Esperava estar em Buenos Aires na sexta-feira, mas diria de novo que a amava e lhe assegurava que ambos poderiam ser muito felizes. Acrescentava um pós-escrito informando-a de que terminara o conto dela.

Assim que voltou a Buenos Aires, escreveu a Estela — em inglês — por nenhum outro motivo, ao que parece, senão falar-lhe da alegria diante da perspectiva de vê-la. Até pedia desculpas pelos sentimentos arrebatados, excessivos, que expressava na carta e por comportar-se como um horrível poeta em prosa. Contou-lhe também — contradizendo a carta anterior — que, quando ela terminasse de ler a carta, ele já teria terminado o conto que lhe prometera, que descrevia como sendo o primeiro de uma longa série.

Ao voltar a ver Estela, ficou ainda mais excitado: telefonava-lhe todas as manhãs e mandava bilhetes e postais para lembrá-la, desnecessariamente, que se encontrariam à noite. Ela se divertia com esses extravasamentos, mas eles talvez possam ser explicados pela necessidade de Borges de se entregar a uma exaltação amorosa a fim de escrever a visão mística de "O Aleph". Então, apareceu um dia no apartamento dela com um pacote que continha, segundo ele, um objeto que mostrava todos os objetos do mundo. Chamou-o de um "Aleph", palavra que não significava nada para Estela e menos ainda quando descobriu que o pacote continha um caleidoscópio. Não obstante, ele estava feliz como uma criança e deu uma explicação estranhamente mística de seu interesse pelo brinquedo: era um objeto mágico que podia ser uma das manifestações de Deus. A explicação mais provável para o estranho entusiasmo de Borges é que, depois de várias tentativas, conseguira finalmente acertar a visão do Aleph e estava radiante por Estela tê-lo inspirado a produzir o texto mais extasiado que já conseguira escrever. Ainda assim, continuava a expressar-se numa língua particular cuja chave somente ele tinha: dizia a Estela que ele era Dante e ela, Beatriz, e que ela era capaz de libertá-lo do inferno, embora não conhecesse a natureza desse inferno. Borges disse a Estela que "O Aleph" constituiria o início de uma longa série de contos, ensaios e poemas que seriam todos dedicados a ela.

Numa noite de março de 1945, convidou-a para visitar Adrogué. Levou-a para jantar no Hotel Las Delicias, onde a família Borges passava as férias de verão desde o retorno da Europa. Estela achava que ele decidira levá-la até lá porque Adrogué era um lugar "aterrorizante" para Borges, "sagrado". O hotel tivera certamente dias melhores.

> A passagem do tempo era perceptível: os losangos vermelhos e azuis das janelas haviam sido parcialmente substituídos por vidros transparentes; as samambaias e palmeiras em vasos não existiam mais. A sala de jantar, enorme e mal iluminada, estava quase vazia. A comida do cardápio de preço fixo era tão ruim quanto se poderia esperar de uma pensão. Mas isso não tinha importância para ele naquela noite. O maître e dois ou três garçons vieram cumprimentá-lo. Podia-se ver que ele estava feliz e excitado naquela velha sala de jantar, que fora roubada de seu antigo esplendor.[5]

Depois, deram uma caminhada pelo jardim, que estava tão decadente quanto o próprio hotel. Ele sugeriu então que fossem ao lugarejo de Mármol, que era a parada seguinte da linha de trem, e depois voltassem a pé para Adrogué, uma distância de cerca de vinte quadras. Enquanto caminhavam de volta, Borges queria evidentemente contar alguma coisa a Estela e, às vezes, pegava-a pelo braço e a empurrava, como se quisesse levá-la a um lugar específico. De vez em quando, refazia seus passos a meio caminho da quadra, enquanto recitava versos de *A divina comédia*. Estela lembrou de um trecho em que Beatriz pede a Virgílio que acompanhe Dante em sua jornada pelo Inferno. Borges fazia observações zombeteiras sobre Beatriz, que bajulava Virgílio a fim de alcançar seus objetivos.

Conforme o relato que Estela fez daquela noite, Borges parecia estar imaginando a história de sua vida em termos de *A divina comédia*, brincando com a ideia de Beatriz pedir a Virgílio para guiar Dante pelo Inferno e o Purgatório a caminho do Paraíso, onde ele teria a visão da rosa mística. E deve ter levado Estela ao Hotel Las Delicias porque havia sido lá que ele mesmo experimentara os tormentos do inferno várias vezes: o hotel estava associado a insônia, pesadelos e mesmo a suicídio, que ele contemplara em pelo menos duas ocasiões, e talvez tenha até tentado em um de seus quartos. Mas Borges resolvera revisitar o hotel com Estela Canto naquela noite "sagrada" de março de 1945 na esperança de que ela viesse a se tornar sua "nova Beatriz", a mulher que o libertaria finalmente do inferno emocional que experimentara no passado.

A certa altura da caminhada de volta a Adrogué, decidiram descansar num banco de concreto, e foi então que Borges por fim revelou a Estela o que vinha remoendo em sua cabeça. Sentado desajeitadamente a cavalo no banco, arriscou-se com voz trêmula: "Estela, você se casaria comigo?". Ela ficou espantada: a declaração lhe parecia ter saído de um romance vitoriano. Por algum motivo, ocorreu-lhe de responder em inglês, a língua que Borges usava em momentos de grande intensidade emocional: "Eu ficaria muito feliz, Georgie. Mas não esqueça que sou uma discípula de Bernard Shaw. Não podemos nos casar sem antes ir para cama juntos". Essa resposta provocou uma reação pungente: ele tomou-a ao pé da letra e, a partir daquela noite, consideraria Estela sua noiva.

O "noivado" com Estela encheu Borges de um tremendo otimismo. Cerca de um mês depois daquela noite em Adrogué, levou-a ao zoológico de Palermo. Estava com um lenço xadrez que ela lhe dera, amarrado ao redor do pescoço, ao estilo vistoso de um *compadrito*. Depois de tirarem uma foto diante da jaula dos macacos, foram ver os grandes felinos e, enquanto observavam o tigre-de-bengala em sua jaula, ele contou a Estela a trama de um novo conto em que estava trabalhando, que acabaria chamando de "A escrita do deus". Um homem está preso num calabouço e, cada vez que o carcereiro deixa entrar alguma luz, ele entrevê um jaguar através de uma abertura na parede. O homem acredita que um dos deuses inscreveu de algum modo uma fórmula sagrada que irá conjurar os males do mundo. Um dia, o prisioneiro tem uma iluminação mística em que vê uma roda infinita feita de fogo e água, uma visão que lhe dá um sentimento do universo e dos "desígnios íntimos do universo". Ele percebe então que as palavras salvadoras do deus são as listras na pele do tigre.

Nessa primeira versão de "A escrita do deus", tal como Estela relembrou, o prisioneiro ainda não decifrara a fórmula divina inscrita na pele do tigre, mas, no processo de sua busca, o calabouço deixava de ser um calabouço porque o prisioneiro podia perceber a iminência da liberdade. Mesmo assim, é significativo que o prisioneiro ainda não tenha conquistado sua liberdade, pois Estela, afinal, havia estabelecido uma precondição para consentir em se casar com ele; desta forma, o novo otimismo de Borges, tal como expresso nessa primeira versão do conto, era temperado pelo conhecimento de que ainda tinha de vencer uma barreira final antes de poder completar sua passagem dantesca do purgatório para o paraíso do amor.

A vitória dos Aliados em 1945 trouxe novas esperanças de que o final da Segunda Guerra Mundial pudesse testemunhar uma restauração da democracia na Argentina. Os partidos da União Democrática pressionavam em favor da realização de eleições, mas o maior obstáculo à democracia era o poder do coronel Juan Perón, que se tornara vice-presidente do governo militar, além de ser ministro do Trabalho. Em 19 de setembro, a União Democrática, estimulada pelo apoio aberto do embaixador americano, organizou uma marcha em favor "da Constituição e da liberdade". O comparecimento foi tão grande que parecia que a junta militar não poderia sobreviver por muito tempo.

Borges não pôde participar da marcha porque estava de cama, com catapora, mas Estela estava tão feliz com o modo como as coisas tinham se passado que fez um de seus raros telefonemas para a casa de Borges para contar-lhe sobre a marcha, e ele convidou-a para tomar chá em seu apartamento na tarde seguinte. Ela já fora convidada uma vez para almoçar com Borges e sua mãe, mas ficara evidente naquela ocasião que a velha senhora não simpatizara com ela e desde então cresceu uma mútua antipatia entre as duas mulheres.

Quando chegou para o chá, Estela foi recebida por d. Leonor e Georgie, que estava de roupão. A conversa encaminhou-se para assuntos de família, e d. Leonor começou a contar a história de seus ilustres ancestrais. Falou sobre os heróis que haviam lutado nas guerras de independência e contra os índios selvagens na fronteira; sobre seu pai, o comissário de polícia, que era filho e neto de ilustres unitários, oponentes unânimes do tirano Rosas; com efeito, alguns retratos desses homens, Estela deveria saber, pendiam agora das paredes do Museu Histórico Nacional, no parque Lezama. Estela ficou um tanto constrangida com essa exibição de orgulho familiar e também um pouco desconcertada pelo que considerou mau gosto de uma senhora tão aristocrática quanto d. Leonor, pois ela mesma, se quisesse, poderia jactar-se de glórias comparáveis no passado, já que sua família, tal como a maioria das famílias antigas da Argentina e do Uruguai, também preservava memórias nobres de heróis de guerra e de terras que outrora haviam sido deles. Enquanto a mãe despejava esse catálogo de fanfarronice esnobe, Georgie não disse nada, o que surpreendeu Estela, pois ele costumava se irritar muito com qualquer sinal de "vulgaridade". Depois de suportar esse suplício por cerca de uma hora, decidiu ir embora, mas Borges pediu-lhe que voltasse para o chá no dia seguinte.

A situação se repetiu uma segunda vez: a mãe esteve presente o tempo todo e voltou a arengar sobre seus ancestrais. Quando Estela estava para partir, Georgie convidou-a novamente para o chá, mas d. Leonor interrompeu subitamente, sacudindo a cabeça e dizendo que não seria possível no dia seguinte porque ela teria de sair. Foi só depois de deixar o edifício que Estela se deu plena conta do alcance das palavras da mãe de Borges. Esperou até que Georgie lhe telefonasse e deu vazão a sua raiva: era um insulto que sua mãe achasse que sua presença era necessária para evitar que Estela saltasse sobre Georgie. Essa conversa causou uma briga e eles não se viram por vários dias.

Depois que se recuperou da catapora, Borges foi visitar Estela e discutiram o assunto enquanto caminhavam com ar sombrio pelas ruas ao redor da estação Constitución. Ela disse que achava a atitude da mãe dele inaceitável. Ele retrucou que d. Leonor era uma senhora muito antiquada que achava que deveria estar presente aos encontros deles em nome da honra de Estela — na sua época, uma mulher jovem jamais ficava sozinha com um homem, mesmo quando esse homem era seu noivo. Mas Estela não estava disposta a poupar Georgie e lhe disse que sua mãe sabia muito bem que eles se encontravam de manhã, à tarde e à noite; não havia nada que ela pudesse fazer para impedi-los de ir a um hotel se assim quisessem; sua mãe dissera aquilo como um insulto deliberado. Borges ficou "esmagado" pela reação de Estela, que percebeu que ele queria que ela aceitasse sua mentira, aceitasse a ficção de que sua mãe quisera simplesmente defender a honra dela.

Estela estava intrigada pelo fato de que, embora Bioy e Silvina estivessem fora da cidade, Borges parecia querer retirar-se cedo: eles saíam por volta das sete horas e depois, por volta das dez, ele ficava inquieto. Ela também notou que, quando estavam num restaurante, ele se levantava para dar um telefonema depois de fazer o pedido ao garçom, e voltava logo depois com aparência de alívio, como se tivesse cumprido seu dever. Uma noite, Estela foi ao banheiro enquanto Borges estava ao telefone e, ao passar por ele, entreouviu-o dizer: "Sim, sim, mamãe... Sim... daqui iremos ao Ambassador... Sim, mamãe, Estela Canto... Sim, mamãe". Ela se deu conta de que d. Leonor exigia ser informada periodicamente sobre o paradeiro sempre que ele saía à noite com uma mulher: era um procedimento-padrão. E compreendeu então por que ele lhe telefonava de um telefone público todas as manhãs antes das dez — já percebera que ele não gostava que lhe telefonasse em casa e evitava fazê-lo na medida do possível.

O comportamento de d. Leonor, segundo Estela, "destruía qualquer possibilidade" de ela se aproximar de Borges. Ela achava ridículo que um homem de mais de 45 anos de idade tivesse de prestar conta à mãe de todos os seus movimentos, e não o poupou da humilhação de lhe dizer isso. Borges, no entanto, insistia que estava loucamente apaixonado por Estela, que queria começar uma família com ela. Disse-lhe que, nos dias que se seguiram à briga entre eles, sentiu-se tentado a jogar-se da sacada do apartamento de um amigo, no quinto andar. Sabia que ficaria cego um dia, disse ele, mas isso não importava desde que estivessem juntos: seu amor traria redenção e, mais uma vez, referiu-se a ela como a Beatriz de Dante, assegurando-lhe que seriam muito felizes juntos.

Estela tinha um espírito combativo, uma autoproclamada Nova Mulher que não estava preparada para tolerar as tolices de uma velha senhora esnobe e seu timorato filho. Não obstante, estava emocionada com o apelo desesperado de Borges por amor; sentia que ele estava sendo absolutamente sincero, porém achava que, se tivesse concordado em se casar com ele naquele instante, Borges gozaria um momento de felicidade, mas logo correria para um telefone público para pedir permissão a sua mãe, pois jamais ousaria enfrentar Leonor Acevedo.

Enquanto Estela desafiava Borges a afirmar sua vontade contra a da mãe, quis o destino que ele testemunhasse ao mesmo tempo outro ataque a tudo o que d. Leonor defendia. Pelos cálculos de Estela, sua briga com Borges ocorreu uma semana depois de 20 de setembro, dia em que tomaram chá juntos com a mãe pela primeira vez. Menos de duas semanas depois, a crise política que vinha fermentando na Argentina desde o fim da guerra explodiu subitamente. Em 9 de outubro de 1945, a junta deu sinais de sucumbir à pressão pelo retorno à democracia. O vice-presidente, coronel Perón, foi detido e mantido preso na ilha de Martín García. Mas Perón tornara-se forte demais para ser sumariamente descartado da cena política. Seus partidários começaram uma agitação em favor de sua libertação. Sua amante, a bela ex-atriz Eva Duarte, oradora explosiva, convocou os *descamisados* dos bairros pobres de Buenos Aires para que se erguessem e libertassem seu líder. A junta militar acabou por ceder e soltou Perón depois que os sindicatos organizaram uma imensa manifestação, em 17 de outubro. Perón emergia da crise como o homem mais poderoso da Argentina e quando se realizassem eleições, em fevereiro de 1946, ele ganharia a presidência com uma vitória esmagadora.

Borges achava que a prisão e a soltura de Perón não passavam de teatro político, uma charada projetada como pretexto para que tomasse o poder. Os eventos de 17 de outubro confirmaram seus temores de que o movimento liderado por Perón resultaria numa ditadura populista gerada pelo nacionalismo xenófobo e antissemita que ele vinha denunciando desde o final dos anos 1920. No final de outubro, foi a Montevidéu para dar uma palestra na universidade e encerrou lendo seu "Poema conjectural" para a plateia como modo de reafirmar a posição que havia assumido na época do golpe militar de 1943.

Porém, depois de dois anos decorridos, as coisas não estavam tão claramente definidas. Ao opor-se a Perón, ele erguia a espada da honra que sua mãe amava, defendendo os valores pelos quais seus ancestrais haviam lutado e morrido; acreditava que estava defendendo a civilização contra os bárbaros peronistas que, se não fossem controlados, certamente destruiriam o país. Mas essa posição pública contra Perón produziria uma confusão de lealdades pessoais. O ódio óbvio de Estela por d. Leonor enervava Borges, pois ele sabia que perderia sua "nova Beatriz" se não desafiasse a mãe, mas, no contexto da ascensão do coronel Perón, tal rebelião emocional se associaria à infâmia e à traição. Borges estava mais uma vez preso nas teias do conflito entre desejo e lealdade, de tal modo que, no período da ascensão de Perón e consolidação de seu poder, Borges, como veremos, viveria num estado de considerável confusão psicológica, o qual, embora doloroso, revelou-se extraordinariamente fértil para sua literatura.

Naquela primavera, provavelmente perto de novembro de 1945, um incidente curioso expôs as dificuldades não resolvidas entre aqueles amantes desajeitados. Uma noite, Borges e Estela estavam sentados no parque Lezama quando um policial pediu para ver suas carteiras de identidade. Uma vez que nenhum dos dois tinha documentos consigo, ambos foram detidos por conduta indecorosa e escândalo público. Era uma acusação ridícula, em especial no que dizia respeito ao fastidioso Borges: no máximo, segundo Estela, ele estaria com o braço sobre os ombros dela enquanto ficavam sentados no banco do parque. Mas foram obrigados a acompanhar o policial até a delegacia, onde esperaram várias horas até que aparecesse um oficial superior. Ocorreu a Borges amolecer o policial sugerindo que talvez tivessem um interesse comum em criminologia, uma vez que ele era na ocasião editor de uma série de romances policiais da conhecida editora Emecé. Devidamente impressionado, o policial deixou-os ir embora, com uma advertência: deveriam se comportar no futuro, e, quando eles protestaram dizendo que sua conduta havia sido irrepreensível, o policial explicou que as coisas estavam um tanto confusas, tendo em vista a situação política depois do golpe peronista de 17 de outubro.

Talvez tenha sido um incidente trivial em si mesmo, mas, no que dizia respeito a Estela, aumentava o mal-estar que surgira entre eles depois que d. Leonor os havia proibido de se encontrarem sozinhos na casa dela. Nos dias seguintes à detenção, Estela notou que Borges parecia profundamente envergonhado de ter sido detido pela polícia até as três da manhã e perturbado por não ter podido telefonar para a mãe. Ela acreditava que ele considerava o episódio todo degradante — era como se tivesse sido punido por ter feito alguma coisa que estava fora da ordem. Ela conjecturava que Borges devia ter recebido uma reprimenda de sua mãe, que provavelmente lhe dissera que se ele estivesse com uma dama respeitável não teria sido preso, e aborrecia Estela pensar que ele não teria ousado defendê-la contra d. Leonor.

Após esse incidente, suas saídas noturnas ficaram muito mais abreviadas: não iam mais ao café depois do cinema, tampouco davam as longas caminhadas noturnas de que ambos gostavam; em vez disso, tomavam o metrô logo depois do filme, Borges a acompanhava até seu apartamento e depois corria para pegar o último trem para casa. Estela cansou-se dessa situação e, no final de novembro, decidiu passar os meses de verão no Uruguai.

* * *

Conforme seu próprio relato, ela encontrou-se com seu amante inglês no Uruguai: "Passei os meses mais lindos de toda a minha vida com ele. Esqueci totalmente Georgie, a quem, de certo modo, tratei mal".[6] Borges escreveu-lhe enquanto estava longe, mas ela não lembrava se havia respondido. Com efeito, havia muitas outras coisas em sua cabeça, e nem todas diziam respeito ao espião inglês, pois se separaria dele também: "Eu era inconstante. Um belo dia, ele partiu e nunca mais o vi. [...] Então, eu já estava apaixonada por outro homem, um guerrilheiro espanhol".[7]

Enquanto Estela se apaixonava e desapaixonava por outros homens durante os três meses que passou no Uruguai, Borges via-se às voltas com uma grave crise emocional. Percebendo que corria o perigo de perder sua "noiva" de novo, resolveu vencer sua timidez inveterada com as mulheres. Um amigo recomendou-lhe um psicólogo, o dr. Miguel Kohan-Miller, e Borges passou a frequentá-lo duas vezes por semana. Porém, ao contrário de hoje, em que a psicoterapia é muito popular na Argentina (existe até mesmo um bairro de Buenos Aires apelidado de "Freudsville"), a psicanálise era pouco conhecida ou praticada naquela época. Kohan-Miller era um psicólogo forense e não um psicanalista: seu conhecimento da teoria freudiana não era muito avançado e, assim, Borges não se submeteu à psicanálise no sentido clássico.[8] Suas sessões com Kohan-Miller parecem ter sido bastante informais e divagantes: o terapeuta às vezes tocava piano e a conversa virava-se com frequência para a literatura — o médico era um grande admirador da obra de Borges e ganharia um exemplar autografado de *Ficções*, que se tornou um de seus objetos mais valorizados.

Na medida em que a natureza da análise pode ser reconstruída a partir das informações fornecidas por Estela Canto em suas memórias e de uma entrevista que o dr. Kohan-Miller deu na velhice, as sessões eram dedicadas a discutir a angústia geral de Borges, concentrando-se amplamente nas suas relações com o pai.[9] Kohan-Miller considerava Borges um homem que sofria de várias inibições, entre as quais estava sua gagueira e seu temor de falar em público. Ele achava que a raiz das dificuldades do escritor estava num agudo sentimento de culpa, mas acreditava que suas inibições seriam superadas no contexto de uma relação carinhosa e de confiança com uma mulher e, em especial, no casamento.

As sessões com Kohan-Miller encorajaram Borges a dar andamento a sua intenção de casar-se com Estela, mas, a julgar pelas cartas que escreveu a ela que ainda subsistem, estava acossado por incertezas. Visitava a mãe de Estela quase todos os dias para tentar descobrir quando sua filha voltaria de suas longas férias de verão no Uruguai. Em uma das cartas desse período que sobreviveram, não consegue esconder sua ansiedade: agradece a Estela por suas cartas, que achou muito comoventes, e reitera o desejo de estar com ela, de senti-la ao seu lado e, antes de terminar, pergunta sem rodeios quando ela volta.

Estela voltou a Buenos Aires na primeira semana de abril. Borges suspeitava de que ela se encontrara com alguém no Uruguai, mas estava disposto a manter o noivado e ainda tinha esperanças de se casar com ela. Assim que ficou sabendo de sua volta, telefonou-lhe para dizer que precisavam se encontrar o mais breve possível, porque ele tinha uma coisa muito importante para lhe contar. Combinaram de se encontrar na entrada da estação Constitución do metrô, mas ele apareceu no apartamento dela uma hora antes, com aparência ansiosa e inquieta. Enquanto caminhavam sem destino pelas ruas ao redor do edifício dela, ele recitava nervosamente seus poemas preferidos. Por fim, disse que queria pedir-lhe um grande favor: estivera vendo um psicólogo nos últimos meses e a análise chegara a um ponto em que seria útil se o dr. Kohan-Miller pudesse conversar com ela. Estela concordou de imediato, porque estava curiosa e queria ajudá-lo; havia um lado Sherlock Holmes nela, escreveria mais tarde: gostava de sondar os motivos mais profundos de uma pessoa.

O encontro vindouro de Estela com seu psicólogo causou uma boa dose de ansiedade em Borges. Em carta não datada que escreveu para ela, quase com certeza antes da entrevista marcada com Kohan-Miller, ele tentou transmitir como sentia sua falta — havia quase chorado ao passar pelo parque Lezama no dia anterior — e depois extravasou seu coração. Antes de conhecer Estela, havia engendrado fantasmas: alguns deles — seus contos — talvez o tivessem ajudado a suportar sua existência; outros — suas obsessões — não lhe trouxeram nada, senão morte. Contudo, estava convencido de que venceria essas obsessões se Estela estivesse disposta a ajudá-lo; ele estava lutando por sua honra, sua vida e, sobretudo, pelo amor de Estela Canto.

Ao encontrar-se com Estela, Kohan-Miller explicou que Borges era oprimido por uma sensibilidade excepcional em suas relações com as mulheres. Contou-lhe a experiência do jovem Borges em Genebra, que ele interpretava como uma ordem paterna para que o menino provasse que era homem; por outro lado, a fim de libertar-se dos sentimentos de culpa, Borges precisava da aprovação da sociedade. De acordo com o psicólogo, o casamento proporcionaria uma solução ao problema e ele perguntou a Estela se ela estaria preparada para se casar imediatamente, deixando de lado o teste prévio que havia proposto a Borges. Mas Estela não queria se casar, ao menos por enquanto, e Kohan-Miller não a pressionou mais, exceto para dizer que ela deveria tentar inspirar confiança em Borges, deveria ser carinhosa com ele. O psicólogo acreditava que, com suficiente paciência, todas as obsessões de Georgie desapareceriam.

Estela Canto não registrou o que aconteceu entre ela e Borges depois da sua entrevista com Kohan-Miller. Parece que se encontraram por várias semanas, mas estava claro para os dois que a relação vivia um impasse. Estela tentou facilitar as coisas até onde podia oferecendo-se para ter relações sexuais com ele, mas essa oferta foi rejeitada. Ela concluiu da recusa que Borges carecia da coragem para atravessar a barreira física na relação deles. Mas a solução proposta por ela para o impasse traía uma visão um tanto limitada, para não dizer simplista, da libertação. As dificuldades de Borges com as mulheres não eram físicas, eram psicológicas, e, tal como Kohan-Miller percebia, ele precisava de amor e compreensão se quisesse se libertar daqueles sentimentos de desmerecimento que o afligiam desde a infância e haviam sido tão exacerbados pelo suplício pelo qual passara em Genebra.

Vendo que seu noivado com Estela estava condenado, Borges escreveu-lhe uma carta, provavelmente na primeira semana de junho, em que lhe dizia que não havia motivo para que não permanecessem amigos. Confessava que a amava muito — devia-lhe os melhores e possivelmente os piores momentos de sua vida, e isso havia criado um laço entre eles que não podia ser rompido. Estela, escreveu ele, dizia-lhe sempre que podia contar com ela e, se essa afirmação era um sinal do amor dela, ele a aceitaria com prazer, mas, se ela estava se oferecendo para ajudá-lo por cortesia ou piedade, não poderia aceitar sua oferta, porque amar ou salvar uma pessoa não era algo que se pudesse fazer em momentos esporádicos. Contudo, que sentido tinha trocar acusações, que eram a moeda do inferno? Ele queria estar com ela e esperava que ela não deixasse de encontrá-lo na praça Constitución mais tarde, naquele mesmo dia.

Está claro que o encontro de Estela com o psicólogo havia levado as coisas a um ponto crítico. Na opinião dela:

> Havia uma falha na análise que Kohan-Miller fazia da situação: o fato de eu ter ido vê-lo fez com que acreditasse que eu estava interessada em normalizar minhas relações com Borges. Esse mal-entendido fora criado pelo próprio Borges, que havia

processado literalmente minhas palavras frívolas quando estávamos sentados naquele famoso banco nos arredores de Adrogué. Eu via aquilo como uma aventura que estava preparada para levar até as últimas consequências, mas que não me tocava de forma alguma.[10]

E ela passou a aceitar que a "inibição" de Borges em relação a sua proposta de amizade sexual fora do casamento vinha do mesmo mal-entendido: "Ele queria meu *amor* [ênfase dela]. Eu não podia dá-lo a ele. Estávamos num beco sem saída, uma vez que ele não estava preparado para aceitar menos do que isso".

Com a relação afundada nesse "mal-entendido", Estela retornou ao Uruguai, onde outro homem, provavelmente o guerrilheiro espanhol, a esperava, e por um período de aproximadamente três anos ela se distanciaria de seus amigos em Buenos Aires. Muitos tempo depois, Estela reconheceria em suas memórias o papel que desempenhara na criação do mal-entendido que arruinara suas relações com Borges. Ela teve a coragem de admitir que seu comportamento lançou "uma certa sombra sobre meu caráter" e se arrependia de sua falta de honestidade, confessando que, na noite em que ele a levou a Adrogué, ela deveria ter dito: "Georgie, não o amo o suficiente para me casar com você. Podemos ser amigos e algo mais, se você quiser". Em retrospecto, diria desse estranho caso de um lado só: "Comportei-me mal com Borges. Eu estava comovida com seu desespero, mas não podia fazer nada a respeito: estava alienada. Foi uma experiência muito negativa que me mostrou que as coisas da vida não eram como eu as imaginava".

Mesmo assim, o caso não foi de forma alguma uma experiência totalmente negativa para Borges. Desde o início, ele fora atraído pela imprevisibilidade de Estela — lembrava-lhe "um cavalo no tabuleiro do xadrez" — e nisso ele não se enganara, pois ela soprara para longe as nuvens de mistificação em que ele envolvia seus sentimentos amorosos, forçando-o a enfrentar a incômoda verdade de que, se quisesse encontrar a salvação no amor de uma mulher, não poderia continuar a ignorar as realidades do sexo. Estela pode não ter amado Borges, mas, graças a ela, ele começaria a sondar as raízes emaranhadas de sua ambivalência psicológica em relação à mãe e ao pai. Estela tinha razão ao dizer que Borges "entrou num terreno que jamais visitara antes" e, em consequência, sofreu profundamente, mas o que ela talvez nunca tenha apreciado plenamente foi o grau desse sofrimento, nem as muitas dificuldades que ele teria de enfrentar antes de, como ela diz, "emergir aceitando a si mesmo".

20. Humilhação e angústia (1946-7)

É muito provável que o rompimento com Estela Canto tenha ocorrido no início de junho de 1946. Podemos ter uma boa ideia da reação de Borges a essa perda através de algumas de suas publicações nesse período. Alguns meses antes da separação, ele assumiu a editoria de uma nova revista literária chamada *Los Anales de Buenos Aires*, e foi tão indulgente consigo mesmo que suas colaborações para a publicação registraram obliquamente seus humores e preocupações do período imediatamente anterior e posterior ao fim de caso.

O primeiro número de *Los Anales de Buenos Aires* sob a editoria de Borges saiu em março, quando Estela ainda não voltara do Uruguai, e já trazia uma resenha sua de um livro cujo título, *The road to Hell* [A estrada para o inferno], soava suficientemente agourento. Mas é no número de maio, depois que Estela esteve com Kohan-Miller, que encontramos sinais claros de angústia. Ele publicou um conto curto pseudo-oriental sobre um rei forçado a vaguear pelo labirinto que é o deserto arábico até morrer de fome e sede, bem como um poema intitulado "Limites", que relacionava várias coisas que ele estava destinado a nunca mais experimentar porque "a morte me desgasta, incessante".[1] Em junho, quando ficou claro que Estela não o amava, publicou outro poema intitulado "O poeta declara seu renome", cujos últimos versos são: "Meus instrumentos de trabalho são a humilhação e a angústia; quem dera eu tivesse nascido morto".[2] Em julho, quando estava tudo acabado entre eles, Borges imaginou-se mais um vez um homem condenado ao inferno. Em uma seção chamada "Museu", que incluía em cada número e que consistia de uma miscelânea de textos curtos de outros escritores, alguns inventados por ele mesmo ou Bioy Casares, encontramos definições de "Um infierno de fuego" e "Um infierno mental", bem como dois textos sobre "La abolición del pasado" e um intitulado simplesmente "Crucifixion".

A perda de Estela já era uma calamidade suficiente, mas o destino perverso quis que esse golpe coincidisse com a vitória esmagadora de Juan Domingo Perón. Em fevereiro de 1946, ele foi eleito presidente com 54% dos votos. Após seu triunfo, tratou de expurgar conhecidos oponentes das instituições públicas. Em si, isso não representava nenhuma novidade, pois era prática comum na Argentina que um novo governo demitisse um grande número de funcionários para recompensar seus partidários com empregos. Porém, tendo em vista as aspirações revolucionárias dos peronistas, a revisão tradicional do pessoal foi mais ampla e ideologicamente motivada do que no passado, e, na tensa atmosfera da época, deu margem a ajustes de contas e atos de vingança pessoal. Na qualidade de antinacionalista notório, Borges deveria saber que era candidato a perder o emprego, mas, em 15 de julho, tomou conhecimento de que, em vez de ser demitido de seu cargo na Biblioteca Miguel Cané, ele seria promovido e transferido para outro departamento.

A exata natureza dessa promoção continua controversa. Em seu *Ensaio autobiográfico*, Borges deu a seguinte versão do episódio:

> Em 1946, subiu ao poder um presidente cujo nome não quero lembrar. Pouco depois fui honrado com a notícia de que havia sido "promovido" ao cargo de inspetor de aves e coelhos nos mercados municipais. Apresentei-me à Prefeitura para perguntar a que se devia essa nomeação. "Olhe", disse ao funcionário, "parece bastante estranho que entre tantos outros na biblioteca eu tenha sido escolhido como merecedor desse novo posto." "Bem", respondeu-me ele, "você foi partidário dos Aliados durante a guerra. Então, o que pretende?" Essa afirmação era irrefutável, e no dia seguinte entreguei minha demissão.[3]

De acordo com Estela Canto, Borges achava que sua "promoção" fora instigada por um sujeito poderoso da administração municipal, um intelectual peronista que era "um dos homens de Evita".[4] Com certeza, havia gente na Secretaria de Cultura que se enquadrava nessa definição, e talvez um desses homens tenha resolvido "punir" Borges colocando seu nome na lista de demissões. Mesmo assim, pode-se questionar se houve realmente intenção de punir Borges; parece que havia razões objetivas para demiti-lo. A versão oficial peronista era que Borges fora posto na lista devido ao seu absenteísmo na biblioteca e sua história de assinar declarações públicas contra o vice-presidente Perón, uma infração das regras do serviço público que proibiam o envolvimento em atividades políticas.[5] Quanto à possibilidade de Perón ter se envolvido pessoalmente na questão, ela foi descartada por Raúl Salinas, que foi secretário de Estado para a Cultura da cidade de Buenos Aires entre 1946 e 1951 e que tinha reuniões com o presidente todas as manhãs. Salinas observou que Perón era completamente alheio ao destino de um bibliotecário assistente como Borges e, de qualquer modo, tinha uma grande quantidade de coisas para cuidar depois que foi eleito presidente.[6]

Na qualidade de funcionário responsável por decidir as mudanças de pessoal nos serviços culturais do governo, Salinas lembrou que o nome de Borges estava numa lista de cerca de 2 mil servidores cuja demissão foi recomendada por uma variedade de motivos.[7] A única diferença entre Borges e os outros que iriam perder seus empregos era o fato de ser um dos escritores mais conhecidos do país. E foi exatamente por isso que ele ganhou a simpatia de certos escritores que trabalhavam na Secretaria da Cultura. Com efeito, foi o vice de Salinas, o poeta católico Miguel Angel Etcheberrigaray, amigo de Francisco Luis Bernárdez, um dos amigos mais antigos de Borges, que pediu que ele fosse transferido para outro departamento, em vez de ser demitido. Uma transferência, alegou Salinas, era a única maneira que tinham de evitar a demissão, pois os regulamentos declaravam que aqueles cujos nomes apareciam na lista dos que seriam mandados embora não poderiam permanecer no cargo. No fim, decidiram promover Borges para um cargo de inspetor do Departamento de Apicultura. Escolheram essa repartição porque consideraram a apicultura, nas palavras de Salinas, "uma ocupação apropriadamente doce para um poeta".[8]

Na opinião de Salinas, foram Borges e seus amigos que viram na promoção uma oportunidade para fazer estardalhaço: eles trocaram *apicultura* por *avicultura* e espalharam o boato de que Borges seria nomeado "inspetor de galinhas", fazendo assim a promoção parecer uma humilhação calculada de um proeminente escritor. A versão de Salinas é semelhante à de Arturo López Peña, outro funcionário peronista na época, apresentada num artigo pouco conhecido publicado sob pseudônimo na revista nacionalista *Pueblo Entero*, em maio de 1980 (López Peña assinala que não existia um Departamento de Avicultura).[9]

Embora os relatos de Salinas e López Peña possam ter a intenção de absolver o regime peronista, é preciso dizer que Borges não estava acima desse tipo de manobra, pois tinha um lado espinhoso, agressivo, em seu caráter e gostava de dar o troco. No fim das contas, os dois relatos talvez não sejam inconciliáveis, porque o que pode ter sido uma tentativa genuína de ajudar Borges — ou, pelo menos, de causar-lhe um mal menor — pode muito bem ter sido recebido pelo escritor como um insulto calculado. Ele sabia que tinha inimigos na Secretaria da Cultura, então, quando soube de sua transferência para a Apicultura, talvez estivesse predisposto a interpretar essa medida como uma punição. Nessas circunstâncias, ele e seus amigos da União Democrática podem ter decidido aproveitar ao máximo a situação, tentando converter o incidente num exemplo notável de perseguição política. E, em vez de apicultura, podem ter tido a ideia de trocá-la por avicultura e espalhar pelo mundo literário de Buenos Aires que Perón se propunha a fazer de Borges um inspetor de galinhas (em seu *Ensaio autobiográfico*, Borges até incluiu "coelhos" para reforçar).

Se a versão de Salinas está correta, então Borges e seus camaradas fizeram um trabalho notável de convencer as pessoas de que ele teria de supervisionar o bem-estar de galinhas, em vez de abelhas. Em pouco tempo da assim chamada promoção, a própria imprensa peronista falava do inspetor de galinhas Borges. Em 24 de julho de 1946, o jornal peronista *Democracia* publicou um artigo anônimo sob o título JORGE LUIS BORGES, INSPECTOR DE AVES, lamentando a "promoção" do "ilustre escritor".[10] O autor apelava para a "generosidade" do prefeito de Buenos Aires, dr. Emilio Siri, e perguntava: "Será que o dr. Siri supõe que a Pátria progredirá muito se os escritores se dedicarem a cuidar de galinhas e comerciantes de galinhas escreverem romances?".

Em geral, no entanto, a notícia da estranha promoção provocou indisfarçável regozijo entre os peronistas. Em 8 de agosto, o jornal da linha-dura do partido *Descamisada* publicou um ataque grosseiro a Borges em sua coluna anônima de fofocas.[11] Chamava-o de "um escritor argentino que traduz contos do inglês e os assina como se fossem dele". Ele supostamente tinha "vivido às custas do município" na Biblioteca Miguel Cané, onde "lia, traduzia e recebia seus salários". Mas, quando aconteceu a revolução peronista, "ele se sentiu na obrigação de assinar qualquer manifesto que atacasse o coronel Perón e as massas descamisadas". O artigo revela então o motivo da promoção de Borges: "Como punição, o prefeito dr. Siri mandou-o há pouco tempo inspecionar galinhas. O prefeito fez isso porque queria que Borges voltasse aos seus dias de descamisado e se colocasse numa posição para compreender esta revolução, coisa que ele não consegue fazer". O autor anônimo alude duas vezes, de forma anacrônica, à simpatia de Borges pelos descamisados — os partidários da classe operária de Perón — e isso era certamente uma referência aos seus dias de fundador do Comitê dos Jovens Intelectuais por Irigoyen. Com efeito, ele alega que o próprio Borges fora "de certo modo um descamisado e um boêmio" nos anos 1920. Pode-se deduzir dessas alusões que Borges estava sendo atacado por não ter evoluído do nacionalismo cultural populista de sua juventude para o tipo de nacionalismo de direita que acabou por gerar Perón.

Qualquer que seja a verdade sobre a "promoção" de Borges, Raúl Salinas estava com a razão ao dizer que Borges e seus amigos resolveram capitalizar politicamente o fato. Por mais humilde que seu posto na biblioteca municipal fosse, o pedido de demissão de Borges se transformou numa *cause célèbre* no mundo literário de Buenos Aires. Afinal, ele era um escritor importante, e a Sociedade Argentina de Escritores (SADE) promoveu um jantar em sua homenagem no restaurante Marconi, na praça del Once. O presidente da SADE na época, o comunista Leónidas Barletta, elogiou a coragem de Borges e saudou-o como um exemplo do "espírito de resistência" que "todos os intelectuais argentinos deveriam seguir".

Por ocasião do jantar, Borges escreveu um ataque violento ao regime peronista que foi lido por seu amigo Pedro Henríquez Ureña. Ele afirmava ter se demitido da Biblioteca Miguel Cané porque lhe haviam subitamente dado "ordens para emprestar seus serviços à administração municipal" e fora informado de que isso era uma "punição" por ter assinado declarações públicas em favor da democracia. Mas esse episódio, dizia ele, tinha pouca significação em si mesmo; mais importante era o fato de que o havia convencido da necessidade imperiosa de combater a ditadura:

> Ditaduras geram opressão, ditaduras geram servilismo, ditaduras geram crueldade; mais repulsivo ainda é o fato de que elas geram idiotice. Garotos de recados balbuciando ordens, retratos de caudilhos, aplausos ou insultos pré-arranjados, paredes

> cobertas de nomes, cerimônias unânimes, a mera disciplina usurpando o lugar do pensamento claro. [...] Combater essas tristes monotonias é um dos muitos deveres de um escritor. Preciso lembrar os leitores da *Martín Fierro* ou de *Don Segundo* que o individualismo é uma velha virtude argentina?[12]

O jantar em homenagem a Borges foi um ponto de reunião para os oponentes intelectuais de Perón: o espaço não era suficiente no restaurante para acomodar todos os que apareceram e havia gente transbordando para a rua. Betina Edelberg, uma proeminente militante da União Democrática, estava presente ao jantar e lembraria mais tarde que Borges já era considerado pelos escritores jovens como ela "uma espécie de anti-Perón".[13] Não obstante, ainda que Borges aparecesse como um dos líderes intelectuais da oposição democrática, seu compromisso político se tornaria um tanto errático nos meses e anos seguintes. Não devemos esquecer que sua "promoção" pelos peronistas ocorrera poucas semanas depois de seu rompimento com Estela Canto, e o amargo legado emocional daquele caso de amor, como veremos, iria periodicamente minar seu espírito durante o regime peronista.

Após demitir-se da biblioteca, Borges ficou desempregado por vários meses. Essa situação causou-lhe considerável angústia, pois parecia haver poucas perspectivas de achar um emprego adequado. Candidatou-se a um cargo de bancário e fez uma prova de admissão com um grande número de candidatos às cinco vagas existentes, mas não foi chamado. Porém, vários meses antes, sua amiga Adela Grondona o levara a conhecer uma velha dama inglesa que lia o futuro em folhas de chá e ela havia predito que, em breve, ele viajaria e ganharia muito dinheiro fazendo conferências.[14] Quando contou isso a sua mãe, os dois riram, pois falar em público era algo que ele nunca conseguira encarar, mas a predição da vidente não estava muito longe da verdade: um amigo arranjou-lhe um emprego de professor de literatura inglesa na Associação Argentina de Cultura Inglesa e, pouco depois, ofereceram-lhe outro emprego, de conferencista de literatura americana no Colégio Livre de Estudos Superiores. Ele aceitou esses postos, uma vez que os cursos só começariam dentro de três meses.

Para o Colégio Livre, planejou um curso de nove palestras e se propôs a superar seu medo de falar em público escrevendo-as e decorando-as totalmente. Mas demorou tanto para escrever a primeira que ficou sem tempo para escrever a segunda. À medida que se aproximava a data da primeira conferência, começou a se "sentir cada vez pior".[15] Consultou Kohan-Miller, que o aconselhou a tomar uma bebida forte antes. No dia fatídico, almoçou na casa de uma amiga, tentando não revelar o quanto estava aterrorizado — sua anfitriã assegurou-lhe que não parecia de forma alguma nervoso. Quando chegou ao Colégio Livre, outra amiga, Ema Risso Platero, fez com que tomasse um copo de licor de pêssego para acalmar os nervos. Ele deu então a conferência, com voz lenta e hesitante, e as mãos bem cruzadas durante todo o tempo ("estava rezando para que o teto caísse", comentaria depois).[16] A partir de então, seu estilo de palestrar não mudaria muito: falava sempre de forma hesitante e com voz monótona, sem tirar os olhos do vazio. Com o tempo, se tornaria um conferencista bem conhecido e procurado e de certo modo faria carreira nisso.

> Assim, aos 47 anos, descobri que se abria diante de mim uma vida nova e emocionante. Percorri a Argentina e o Uruguai dando conferências sobre Swedenborg, Blake, os místicos persas e chineses, budismo, poesia gauchesca, Martin Buber, a cabala, *As mil e uma noites*, T. E. Lawrence, poesia germânica medieval, as sagas islandesas, Heine, Dante, expressionismo e Cervantes. Ia de cidade em cidade e pernoitava em hotéis que jamais voltaria a ver. Às vezes, minha mãe ou um amigo me acompanhavam. Não só acabei ganhando mais dinheiro do que recebia na biblioteca, como desfrutava esse trabalho e me sentia gratificado.[17]

O tom tranquilo de seu *Ensaio autobiográfico* não deve nos enganar e fazer ignorar a dor que sentia naquela época. De acordo com Bioy Casares, Borges "sofreu dolorosamente" com a rejeição de Estela Canto,[18] pois esse fracasso amoroso mais recente despertou-lhe a lembrança de fracassos anteriores, acrescentando mais um filão de sofrimento a uma aflição de muitas camadas; e assim ele voltou-se para si mesmo e atacou aqueles ricos veios de angústia com fúria redobrada, produzindo uma sucessão de contos que escreveu e publicou entre agosto de 1946 e julho do ano seguinte.

Em novembro de 1946, publicou "O morto", a história de um rapaz da cidade que desafia a autoridade de um velho chefe *gaucho* e acaba descobrindo, antes de ser morto a tiros, que seu sucesso era uma ilusão e que estava sendo enganado durante todo o tempo.[19] Depois, veio "O imortal" (fevereiro de 1947), uma exploração ficcional da teoria do eterno retorno de Nietzsche, na qual o tempo infinito apaga a identidade dos indivíduos e até Homero não lembra mais que foi outrora o autor da *Odisseia*.[20] "Os teólogos" foi publicado em abril, e, nesse relato de uma disputa mortífera entre dois clérigos, Borges retrabalhou certos temas dos anos 1930 — os ciclos do tempo, os rivais que são meros reflexos um do outro e várias heresias gnósticas sobre as relações misteriosas entre o outro mundo e o nosso.[21] "A casa de Astérion" (maio-junho) reconta o mito do Minotauro, um monstro solitário preso em seu labirinto que, segundo essa versão, anseia ser libertado de seu tormento pela espada de Teseu.[22] "A busca de Averróis" (junho) talvez seja uma história mais recente, embora ele tivesse aludido a uma versão anterior, em 1945.[23] O grande filósofo muçulmano tenta descobrir o que Aristóteles poderia ter entendido pelas palavras "tragédia" e "comédia", mas, como não tem ideia do que possa ser um teatro, fica preso num labirinto de ideias preconcebidas e só pode defini-las erradamente em termos dos gêneros arábicos estabelecidos. E, por fim, em julho de 1947, Borges publicou "O Zahir", conto que acabou com o fluxo literário que havia jorrado da dor da partida de Estela.[24]

"O Zahir", como Borges observaria, era "mais ou menos 'O Aleph' de novo".[25] Como no conto anterior, o personagem principal é "Borges", que nutre um amor não correspondido por uma bela dama da sociedade chamada Teodelina Villar. A amada morre em 6 de junho e, depois de deixar o velório nas primeiras horas de 7 de junho, "Borges" para num armazém para tomar uma bebida e recebe de troco uma moeda de vinte centavos. Aquela moeda é o Zahir, e sua virtude peculiar está no fato de seu possuidor não ser capaz de livrar-se de sua imagem. A fantasia do Zahir é uma metáfora do amor que Borges acabara de perder — o armazém onde recebe a moeda fica na esquina de Chile e Tacuarí, onde Estela Canto morava, e a data cunhada na moeda é 1929, ano da morte de Beatriz Viterbo em "O Aleph". O Zahir pode assumir diferentes formas em diferentes lugares: numa região da Índia, "Borges" fica sabendo, assumiu outrora a forma de um tigre, e entre suas vítimas estava um faquir muçulmano que morreu em cativeiro, deixando inumeráveis desenhos do fatídico tigre nas paredes, no teto e no chão de sua cela (temos aqui uma alusão irônica a "A escrita do deus", do qual ele contara uma versão primitiva e otimista para Estela Canto quando visitaram o tigre do zoológico de Palermo, em 1945).

Os tormentos descritos por Borges nesse conto — a insônia, a angústia, as lembranças enlouquecedoras da moeda infernal — são, evidentemente, confissões deslocadas da gravidade de seu suplício. Estela deveria ser sua "nova Beatriz", que o inspiraria a criar uma obra que seria "a rosa sem propósito, a rosa intemporal, platônica", mas ali estava ele novamente, mergulhado na irrealidade do eu labiríntico, sem perspectiva de contemplar a rosa mística do amor. Mesmo assim, tentava resistir ao vazio com a ideia desesperada de que o Zahir poderia ser "a sombra da Rosa e a rasgadura do Véu", esperando contra toda a esperança que a pura intensidade de sua dor possa servir para rasgar o véu do solipsismo e impeli-lo para alguma verdade última para além do eu. E o conto conclui que "talvez atrás da moeda esteja Deus".

21. Falsas esperanças (1947-50)

"O Zahir" foi o último texto substancial que Borges escreveu para *Los Anales de Buenos Aires*. Poucas semanas depois de sua publicação, em julho de 1947, demitiu-se da editoria da revista devido a uma discordância com o dono; sua atividade literária diminuiu muito a partir de então: nos nove meses seguintes, publicaria uma ou outra tradução curta ou prólogo e um punhado de resenhas breves e "notas" literárias. Sem dúvida, estava exausto após os muitos meses de esforço criativo que se seguiram à partida de Estela. Também pode ter havido um agravamento de seu problema nos olhos, e possivelmente outra de suas cirurgias. Em 1947, mudou-se com sua mãe para o sexto andar da rua Maipú, 994, bem perto da praça San Martín. Era um apartamento pequeno: dois quartos que davam para uma sala grande. D. Leonor contratou uma criada, Epifanía "Fani" Úveda de Robledo, uma mulher da província de Corrientes que ficaria no quarto de empregada ao lado da cozinha. Seria o lar deles pelo resto de suas vidas.

Borges continuava a levar uma vida modesta dando aulas particulares para os filhos de amigos e fazendo palestras em várias sociedades literárias e educacionais em Buenos Aires e nas províncias. Uma delas era a Pro-Arte, uma associação informal dirigida por damas bem-intencionadas da sociedade cujo objetivo era oferecer apoio financeiro a escritores e artistas que não gozavam do beneplácito das autoridades peronistas. Tratava-se de um fruto da iniciativa de Sara "Pippina" Diehl de Moreno Hueyo, uma socialite famosa por sua grande beleza. Ela tornou-se uma amiga leal de Borges naqueles anos difíceis e, embora fosse uma católica devota, casada e com vários filhos, corria o rumor de que Borges estava apaixonado por ela. Não existe, porém, nenhum indício de que essa ligação com Pippina Diehl fosse mais do que uma amizade estreita.

Não há dúvida de que Borges gostava da companhia de mulheres, em especial se fossem lindas, cultas e interessadas em literatura. Após seu rompimento com Estela Canto, essas amizades se multiplicariam, como atestam as dedicatórias dos livros e contos que publicou nos anos 1940 e 1950. Ficou amigo de uma loira alemã escultural chamada Ulrike von Kühlmann, uma viúva rica e muito viajada que se instalou na capital argentina no final da década de 1940 e ali viveu por muitos anos. Para ela, Borges dedicaria "História do guerreiro e da cativa" e seu nome é mencionado em "A outra morte", ambos contos publicados em *O Aleph* (1949). Vários contos dessa coletânea são dedicados a outras mulheres: a bela poetisa uruguaia Ema Risso Platero ("A escrita do deus"), Marta Mosquera Eastman ("A casa de Astérion"), Cecilia Ingenieros ("O imortal"), a poetisa e declamadora Wally Zenner, que ele conhecia desde o seu tempo de vanguarda ("O Zahir"). A dedicatória de *História universal da infâmia* foi trocada na segunda edição (1954), da enigmática I. J. da primeira edição (1935) para "S. D.", que quase com certeza era Sara Diehl (de Moreno Hueyo). Os "Two English poems" que escrevera em 1933-4 foram dedicados novamente a I. J. na primeira edição (1943) de *Poemas (1923-1943)*, mas, quando uma segunda edição ampliada saiu em 1954, o primeiro dos poemas ingleses trazia uma dedicatória para sua amiga Beatriz Bibiloni Webster de Bullrich, uma bela senhora casada. A outras mulheres, pediu que o ajudassem em alguns de seus projetos literários: *Antiguas literaturas germánicas* (1951) foi escrito com a colaboração de Delia Ingenieros e, em 1955, publicaria o conto "La hermana de Eloísa", escrito com Luisa Mercedes Levinson. No ano seguinte, dedicaria a segunda edição de *Ficções* a Esther Zemborain de Torres Duggan, senhora muito culta de família aristocrata que se tornou sua amiga e protetora por muitos anos e mais tarde colaboraria com ele em *Introducción a la literatura norteamericana* (1967).

Essas amizades amplificavam a reputação que adquirira no início da década de 1930 de ser uma espécie de adolescente ingênuo em questões do coração. Havia sempre uma mulher que se dizia que Borges estava cortejando e, às vezes, parecia que fazia a corte a várias ao mesmo tempo. No entanto, ninguém parecia levar essas ligações a sério, nem mesmo, na maioria dos casos, as damas em questão, que se contentavam em ser lisonjeadas pela atenção de um dos principais escritores do país. Com efeito, não poucas dessas senhoras se divertiam com o contraste entre os arroubos adolescentes de Borges e a voracidade devassa de seu amigo, o belo Bioy Casares.

Foi Silvina Ocampo, a mulher de Bioy, que deu forma memorável à visão predominante sobre suas inclinações amorosas: "Borges tem um coração de alcachofra. Ele ama as mulheres lindas, em especial se forem feias, porque então pode inventar seus rostos com mais liberdade".[1] Silvina estava certa quanto ao caráter fantasioso da maioria de suas paixões, mas errada se com "coração de alcachofra" queria dizer que ele era incapaz de sentimentos genuínos por uma determinada mulher. As dedicatórias literárias eram sinais de amizade, sinceros sem dúvida, mas não servem de guia para a profundidade de seu apreço pela dama em questão. Faz mais sentido distinguir entre as muitas mulheres que ele admirava e um outro conjunto de mulheres com quem ele tentou estabelecer relações sérias e que lhe causaram uma boa dose de sofrimento.

Na primeira e numerosa categoria estavam mulheres do tipo que sua mãe poderia ter escolhido para ele, em geral senhoras da classe alta crioula. Com essas, Borges mostraria graus variados de ligação. Havia algumas, como Susana Bombal ou Esther Zemborain de Torres, com quem manteve uma amizade genuína e duradoura, sem que houvesse qualquer elemento romântico na relação. Esther Zemborain, por exemplo, estava separada do marido quando conheceu Borges, mas, como católica praticante, deixou-lhe claro desde o início que não estava interessada num caso amoroso.[2] De outras, como Pippina Diehl, Beatriz Bibiloni ou Ema Risso Platero, ele apreciava a companhia graças à beleza digna ou à conversa inteligente delas; de outras ainda, respeitava o trabalho literário ou intelectual, como Silvina Bullrich, Delia Ingenieros, Alicia Jurado ou Betina Edelberg; e havia aquelas com quem mantinha flertes amistosos, como muito provavelmente Ulrike von Kühlmann, por exemplo. De fato, Borges tinha um lado de troça de si mesmo e gostava de brincar com sua reputação de Lotário incompetente entregando-se a paródias leves do amor cortês por uma variedade de "deusas" e "anjos" inacessíveis, e isso não porque tivesse um "coração de alcachofra", mas porque, nesses flertes platônicos, podia escapar das verdades cruas de sua vida emocional e mitigar por um momento a dor muito real que o amor lhe fizera sofrer.

Longe de ser promíscuo em suas afeições, Borges era, na verdade, seletivo demais e obedecia a um único e involuntário critério: apaixonava-se por mulheres que seriam inaceitáveis para sua mãe, ou porque vinham de uma classe social inferior, ou porque não se enquadravam nos altos padrões de respeitabilidade exigidos por d. Leonor. A rebelião contra a mãe era o pré-requisito do amor, pois o amor era o meio da salvação, e a salvação dependia da liberdade. Entretanto, uma vez que o amor era inerentemente transgressivo, o desejo sexual estava misturado ao risco: ele sentia-se atraído, como uma mariposa pelo fogo, por mulheres que provocariam a vergonha e a culpa que associava ao encontro de Genebra. E assim, à emoção da rebelião acrescentava-se a emoção do perigo moral e ambos convergiam na figura do *compadrito*, o lutador de facas delinquente que se tornou a encarnação da paixão viril em seus textos.

Não se sabe muita coisa substancial sobre qualquer relação séria com alguma mulher no período imediatamente posterior à partida de Estela Canto. Pelos meus cálculos, deve ter sido por volta de 1947 que ele entrou numa espécie de amizade amorosa com Cecilia Ingenieros, filha de José Ingenieros, um influente escritor da geração de Lugones e Carriego que o pai de Borges conhecera na juventude. Cecilia era bailarina profissional e, embora viesse de uma família bem conhecida, pertencia a um conjunto de reputação relativamente duvidosa de artistas, dançarinos e escritores e era amiga de Estela Canto. Jovem excepcionalmente admirável, de rosto suave e moreno, estudara com Martha Graham em Nova York, mas, depois de sofrer um acidente, dirigia uma companhia de balé em Buenos Aires. A impressão que Borges deu a seus amigos na época foi que Cecilia era um dos grandes amores de sua vida,[3] mas praticamente não restaram informações que permitam obter um retrato mais completo dessa relação. Creio que não pode ter durado mais de um ano, pois em meados de 1948 já tinha quase certamente acabado.

O fim de seu romance com Cecilia pegou Borges de surpresa. Ele o descreveu assim a um entrevistador:

> Ela rompeu a relação de uma maneira muito honrada. Pediu-me para encontrá-la numa confeitaria na esquina de Maipú e Córdoba (a St. James). Eu não falava com ela havia algum tempo e pensei, "que estranho que ela tenha me chamado", e estava me sentindo muito feliz, e então ela me disse, "quero lhe dizer uma coisa que você vai ouvir de qualquer modo, mas quero que ouça primeiro de meus lábios: estou noiva e vou me casar". Então cumprimentei-a, e foi isso.[4]

Porém, para Roberto Alifano, contou uma história diferente:

> Planejamos juntos uma viagem à Europa. Nos casaríamos lá, essa era a ideia. Mas, uma tarde, nos encontramos numa confeitaria e Cecilia me disse: "Estou partindo para a Europa em duas semanas". "Você quer dizer *estamos* partindo", eu a corrigi. "Não, vou sozinha", ela respondeu. "Decidi não me casar com você." Foi assim que nossa corte terminou.[5]

O que transparece nas duas versões é o grau da ignorância de Borges em relação aos sentimentos de Cecilia. Na verdade, era tanta que devemos nos perguntar o quanto desse suposto caso de amor era apenas invenção de sua imaginação. Segundo um amigo em comum, Cecilia declarou que as cartas "vinham e iam" entre ela e Borges, mas que a relação deles não ia muito além disso.[6] Essa versão corrobora o que Silvina Ocampo disse sobre o "coração de alcachofra". Seu amor devia ser certamente muito solipsista, com pouquíssima percepção de Cecilia como uma pessoa independente.

No início de 1948, na época em que, segundo os meus cálculos, estava envolvido com Cecilia, ele começou a publicar uma série de quatro artigos sobre *A divina comédia* de Dante no jornal *La Nación*, a intervalos de mais ou menos dois meses, entre março e outubro. O primeiro ensaio, "O Simurg e a águia", saiu em 14 de março e nele Borges afirmava que uma das visões finais de Dante no *Paraíso* tinha um análogo anterior na lenda persa do Simurg, a mesma que lhe servira de modelo para a ação de seu romance autobiográfico fracassado, *A aproximação a Almotásim*, e a que se fazia alusão na visão panteísta do fim de *O Congresso*. O último ensaio, intitulado "O encontro num sonho", saiu em 3 de outubro e nele Borges sustentava que *A divina comédia* inteira fora escrita por Dante a fim de mitigar sua dor pela morte de Beatriz mediante a imaginação de que a encontraria no outro mundo.

Nesses ensaios sobre Dante, ele reavivava as brasas de uma aspiração que o levara outrora a tentar uma obra como *O Congresso*, na qual uma mulher o conduziria a um "paraíso" da realização de si mesmo. E, uma vez que os artigos coincidem com os últimos estágios da relação com Cecilia Ingenieros, ele talvez tivesse esperanças de reavivar aquelas brasas através de seu caso com ela. Porém, quando o último ensaio foi publicado, sua relação com Cecilia já devia ter acabado: a visão do "paraíso" evaporara uma vez mais e restavam-lhe os sentimentos de raiva e ressentimento que estão evidentes num conto publicado em *Sur* em setembro de 1948.

"Emma Zunz" seria um dos contos fundamentais de sua carreira.[7] Ele disse que o argumento lhe foi dado por Cecilia Ingenieros e embora afirmasse que não gostava muito do conto porque se baseava na vingança, que lhe parecia inútil e cruel, não deixou de dedicá-lo a Cecilia: "Ou antes, mais do que dedicá-lo a ela, eu o estava lhe devolvendo".[8] O impulso misógino da história é inequívoco. Emma quer vingar seu pai, que se suicidou depois de ter sido acusado falsamente de desfalque. Maquina então um plano para matar Loewenthal, o ex-sócio do pai responsável por sua desgraça. Ela se prostitui com um marinheiro num bordel e depois mata a tiros Loewenthal sob o falso pretexto de que tentou estuprá-la.

Borges chamou a atenção para o nome da protagonista: "Emma com dois *m* e Zunz com dois *z*, eu estava tentando obter um nome feio e ao mesmo tempo anódino. [...] O nome parece tão sem sentido, tão insignificante".[9] Não obstante, como ele devia saber muito bem, o nome é tão carregado de sentido que reverbera como um encantamento mágico. Emma é a forma feminina abreviada de Emmanuel, o nome de seu pai, que em hebreu significa o "salvador". Começando e terminando com vogais, Emma tem um caráter aberto, expansivo, mas Zunz é uma palavra totalmente introvertida — o *u* e o *n* internos são imagens invertidas um do outro e ficam ainda mais encerrados pelos dois *z*, cuja forma é igual à do *N* maiúsculo de lado. É como se a plenitude de Emmanuelle tivesse sido truncada para Emma por sua justaposição com Zunz, e nessa conjunção de *a* e *z* encontramos novamente uma introversão — o *a*, que é a última letra de Emma, é também a primeira letra do alfabeto, mas está bloqueado pelo *z*, que é a letra inicial de Zunz, além de ser, obviamente, a última letra do alfabeto. O efeito geral é de uma confusão entre começos e fins, aberturas e fechamentos, da qual não há saída senão o espaço em branco do meio que separa um nome do outro. Em termos puramente gráficos, o nome Emma Zunz funciona como um ideograma do tipo de labirinto solipsista em que Borges se imaginava preso, pois todos os elementos acabam voltando-se para si mesmos, apontando para nada, senão reflexos ou distorções uns dos outros, de tal modo que há uma promessa de salvação no primeiro nome, Emma, que o segundo, Zunz, destrói.

Em "Emma Zunz" podemos ver como Borges retrata uma mulher jovem (uma salvadora em potencial) presa num labirinto de contradições sexuais. Ela tem quase dezenove anos (a mesma idade de Borges quando foi mandado por seu pai à prostituta em Genebra), mas "os homens ainda lhe inspiravam um temor quase patológico", de tal modo que, quando perde a virgindade com o marinheiro, ela experimenta "uma desordem perplexa de sensações desconexas e atrozes" que a faz pensar em seu pai e no fato de que ele "fizera com sua mãe a coisa horrível que agora lhe faziam". Nessa extrema disjunção entre sexo e honra, encontramos uma imagem refletida do conflito do próprio Borges. Porém, ao projetá-lo numa personagem feminina, assumia um distanciamento crítico a partir do qual podia examinar seu medo de degradar-se fazendo "a coisa horrível" que seu pai fizera com sua mãe.

Em minha opinião, o fato de "Emma Zunz" ter sido publicado em setembro de 1948 e o ensaio sobre a última visão de Dante de Beatriz no Paraíso ter saído em 3 outubro indica o reconhecimento de Borges de que todo o seu projeto dantesco de ser salvo pelo amor de uma mulher continuaria a ser uma fantasia inútil enquanto ele não aceitasse a natureza sexual da mulher, bem como a sua própria. Embora dedicado a Cecilia Ingenieros, "Emma Zunz" só poderia ter sido escrito depois de sua experiência com Estela Canto. Ela abusara da confiança de Borges, mas, ao exigir sexo dele, o havia colocado no caminho da desmistificação de sua tendência a considerar as mulheres "salvadoras" angelicais.

Enquanto isso, a situação política continuava a deprimir Borges. Perón fortalecera-se muito desde sua vitória em 1946. Sua popularidade foi alavancada por um boom econômico baseado na exportação de alimentos para a Europa destruída pela guerra, o que lhe possibilitou financiar grandes aumentos salariais e enorme crescimento dos gastos públicos. Ele expandiu rapidamente o papel do Estado, nacionalizando o Banco Central, o sistema de telefonia, as ferrovias e os portos. O ano de 1947 foi uma espécie de *annus mirabilis*: a dívida externa foi totalmente paga e sem grandes fanfarras, Perón assinou uma "Declaração de Independência Econômica" dos interesses estrangeiros. Além disso, tinha um trunfo valioso em Eva Duarte, com quem se casara logo antes da eleição. "Evita" revelou-se uma populista de raro gênio que sabia como jogar com as simpatias e reclamações dos descamisados, a massa dos despossuídos. Ela deu início a "cruzadas de assistência social" nos cortiços e favelas, e seus métodos eram simples, diretos e vívidos: reunia enormes quantidades de alimentos, roupas, remédios e outras coisas numa garagem do palácio presidencial e supervisionava sua distribuição para os necessitados, da qual participava com frequência, beijando e abraçando os pobres e doentes. Evita logo se tornou objeto de intensa devoção dos descamisados, o símbolo encarnado da aspiração de "justiça social" que constituía o cerne do peronismo. Dirigia-se a multidões do balcão da Casa Rosada, fazendo discursos apaixonados em que atacava a "oligarquia" e apelava aos descamisados para que oferecessem lealdade incondicional ao seu marido. Defendia também o voto para as mulheres argentinas e, quando essa medida foi aprovada, em 1947, Perón ganhou uma fonte enorme de apoio eleitoral.

Perón chegou ao poder como um caudilho militar, não como líder de uma organização política. Uma vez no poder, resolveu remediar essa falha com a fundação de um partido próprio dotado de uma ideologia chamada "justicialismo", que era, em termos gerais, de espírito corporativista, relembrando aspectos do fascismo em sua ênfase na supremacia do Estado sobre a sociedade civil, na harmonia social entre as classes e em seu culto autoritário da personalidade de um grande líder. Em 1948, iniciou-se uma campanha para modificar a Constituição e introduzir nela princípios justicialistas, tais como um "decálogo" dos direitos dos trabalhadores e o direito do Estado de intervir na economia e nacionalizar propriedades e recursos naturais. Também seria permitida a reeleição do presidente para um número indefinido de mandatos de seis anos.

A proposta de emenda à grande Constituição liberal de 1853 teve enorme significação histórica para a Argentina: a sobrevivência da democracia liberal estava em jogo, uma vez que as emendas acabariam por manter Perón no poder e lhe permitiriam criar um Estado corporativo. A oposição tratou de se unir para defender a Constituição, mas Perón já tomara medidas para intimidar e enfraquecer seus opositores. Depois de sua eleição, ele havia limitado a independência do Judiciário, feito expurgos nas universidades e estabelecido restrições às reuniões públicas. Havia também um esforço coordenado para manipular a mídia: as estações de rádio foram instruídas a evitar qualquer crítica ao governo, criou-se uma comissão para monitorar "atividades antiargentinas" de editoras e editores, e o fornecimento de papel aos jornais foi seletivamente racionado; a partir de outubro de 1948, por exemplo, os diários liberais *La Prensa* e *La Nación* teriam acesso limitado ao papel.

Os opositores de Perón viram nele a reencarnação do tirano Rosas. De acordo com *La Prensa*, por exemplo, em 11 de setembro realizaram-se numerosas comemorações "oficiais e não oficiais" do sexagésimo aniversário da morte de Domingo Sarmiento, o grande presidente liberal e defensor da "civilização" contra a "barbárie" da tirania de Rosas.[10] Aquele era o momento do ajuste de contas previsto por Borges em seu "Poema conjectural" em que havia evocado a memória de seu ancestral Francisco de Laprida, o homem que fora morto pelos "bárbaros" *gauchos*. Poucos dias depois do golpe de Estado de 1943, Borges advertira seus compatriotas de que os bárbaros estavam chegando de novo. Contudo, agora que haviam chegado e ameaçavam efetivamente a Constituição liberal, Borges parecia incapaz de se mexer, pois se diria que, desde o golpe de 1943, seus problemas com Estela Canto e Cecilia Ingenieros lhe haviam de tal modo tirado o ânimo que não tinha mais estômago para uma briga.

Mas não no caso de sua mãe. A ameaça peronista à Constituição trouxe à tona um heroísmo ancestral latente naquela mulher formidável. D. Leonor Acevedo de Borges mergulhou na resistência a Perón, e seu ápice ocorreria na noite de 8 de setembro de 1948, quando se uniu a um grupo de até trezentas pessoas na rua Florida para manifestar seu compromisso com a Constituição da república argentina. Os manifestantes cantaram o hino nacional, gritaram vivas à Constituição de 1853 e distribuíram folhetos com as iniciais RUL, que significavam *Resistencia, Unidad y Libertad*. Seus gritos foram recebidos com outros de "Viva Perón!" de estudantes que estavam na sacada do Centro Universitário Argentino, do lado oposto da rua. Segundo uma declaração distribuída à imprensa pelas autoridades, a polícia federal recebeu um telefonema anônimo às 7h10 da noite informando que dentro de alguns minutos ocorreria uma manifestação contra o governo na rua Florida, entre Sarmiento e Corrientes.[11] Após pedir ao exército que mandasse um destacamento de infantaria para "prevenir qualquer eventualidade", a polícia dirigiu-se ao local e chegou a tempo de impedir que cerca de trinta oponentes da manifestação (provavelmente estudantes peronistas) atacassem os manifestantes. A maioria destes dispersou-se a pedido da polícia, mas algumas senhoras não recuaram e continuaram a cantar o hino nacional. Policiais preocupados com a segurança delas conduziram-nas até uma sapataria próxima e poucos minutos depois outro grupo, gritando slogans peronistas, começou a queimar os folhetos espalhados na rua. Mais tarde, transeuntes afirmaram que um dos manifestantes foi atacado e espancado por um desconhecido.

As senhoras presas nesse incidente eram Leonor Acevedo de Borges, Norah Borges de Torre, Adela e Mariana Grondona, Raquel Pueyrredón de Lastra, María González Acha de Tomkison e uma uruguaia com sua filha que alegaram ser espectadoras inocentes. Elas foram acusadas de causar perturbação da paz e de "infrações do édito relacionado a reuniões públicas" e, três dias depois, foram sentenciadas a trinta dias de prisão, a penalidade máxima para esses crimes. Leonor Acevedo, que foi escoltada à sala do tribunal por três policiais, recebeu a mesma sentença, mas em consideração de sua idade — estava com 72 anos — teve permissão para cumprir a pena em prisão domiciliar. As outras foram mandadas para a penitenciária feminina de San Miguel. Norah Borges passou boa parte de seu tempo na prisão escrevendo cartas tranquilizadoras para a família e fazendo esboços das delinquentes e prostitutas comuns que eram suas colegas de prisão.

Borges viria a dizer que a prisão de sua mãe e sua irmã foi "penosa, mas também honrosa".[12] Com efeito, ele estava tão oprimido pelo sentimento de desmerecimento que se sentiu obrigado a articulá-lo num conto chamado "La redención", escrito perto do final de 1948.[13] A história diz respeito a Pedro Damián, um homem que vivia com a vergonha de ter sido covarde em batalha quarenta anos antes. Mas, em seu leito de morte, ele sonha que morreu como herói naquele conflito. Curiosamente, Borges, o narrador, descobre que as memórias dos outros sobreviventes da batalha mudaram e em vez de lembrarem da covardia de Damián, como faziam antes, lembram dele agora como o herói que ele havia esperado ser. Damián encontrou assim "redenção" em um sonho que alterou milagrosamente as verdades do passado.

No contexto do choque de Leonor Acevedo com as autoridades peronistas, esse conto lida com as velhas ansiedades de Borges em relação a ser um covarde. A coragem da mãe o deixava envergonhado e ele gostaria de encontrar redenção perante os olhos dela fazendo alguma coisa digna da memória de seus heroicos ancestrais. Mas tinha igualmente consciência de que esse desejo de estar à altura das expectativas da mãe entrava em conflito com seu desejo de realização que só poderia ser satisfeito rebelando-se contra a autoridade dela. Via-se preso novamente nesse duplo laço, paralisado por sua relutância instintiva a se submeter à mãe, mas desprovido de qualquer fé em sua capacidade de se rebelar. Tratava-se de uma situação que ele compararia àquela de um homem preso num calabouço que sabia exatamente o que deveria fazer para se libertar, mas que não conseguia efetuar sua própria libertação.

Em fevereiro, um mês depois do aparecimento de "La redención", Borges publicou em *Sur* outro conto chamado "A escrita do deus", uma versão da história que contara a Estela Canto quatro anos antes diante da jaula do tigre no zoológico de Palermo.[14] O prisioneiro no calabouço é agora um sacerdote asteca que pode ver um jaguar do outro lado da parede. O sacerdote descobre a fórmula sagrada que o deus escreveu na pele do jaguar. Consiste de catorze palavras e se ele pronunciá-las será libertado, expulsará os invasores espanhóis do México, reconstruirá o império e herdará o trono de Montezuma. Mas o prisioneiro decide não pronunciar as palavras mágicas porque "quem tenha entrevisto os ardentes desígnios do universo, não pode pensar num homem, em suas felicidades triviais ou em suas desventuras, embora esse homem seja ele".

O prisioneiro da primeira versão, segundo Estela Canto, ainda não descobrira o segredo da escrita do deus, mas, mesmo enquanto o procurava, tinha certeza de que um dia ficaria livre; o personagem da versão final descobre o segredo, mas decide não pronunciar as palavras e assim permanece cativo no calabouço. Estela interpretou isso como mais outro sinal da falta de coragem de Borges e, em certo sentido, estava certa, mas ela não levou em conta o fato de que, quando Borges lhe contou a primeira versão, ela havia recentemente concordado em se casar com ele, ao passo que a segunda versão registrava uma indiferença com seu destino depois que ela, e mais tarde Cecilia Ingenieros, lhe deram as costas.[15] De uma história de libertação, "A escrita do deus" se transformou numa de resignação.

O fato é que Borges estava dividido entre o desejo de redenção perante sua mãe e o desejo pelo amor de uma mulher. E não via maneira de conciliá-los. Seu dilema está representado num conto que apareceu apenas três meses depois de "A escrita do deus". Em "História do guerreiro e da cativa", ele contrasta civilização e barbárie.[16] De um lado, temos Droctulft, um bárbaro visigodo, que é conquistado pela civilização de seus inimigos romanos quando contempla a beleza e a ordem de Ravena; de outro, um inglesa que escolhe livremente continuar cativa dos índios na fronteira argentina, ainda que a avó de Borges, também inglesa, se ofereça para resgatá-la da barbárie. Droctulft vê a civilização como "uma maquinaria complexa, cujo objetivo ignorássemos mas em cujo desenho se adivinhasse uma inteligência imortal"; a cativa inglesa encontrou uma realização sensual na barbárie e transmite isso numa única ação: joga-se de seu cavalo e bebe o sangue quente de uma ovelha "como um desafio e um signo" para a avó vitoriana de Borges. Aos olhos de Borges, os motivos dos dois personagens são igualmente misteriosos: "os dois foram arrebatados por um ímpeto secreto, um ímpeto mais fundo que a razão, e ambos acataram esse ímpeto que não teriam sabido justificar".

Quando "História do guerreiro e da cativa" apareceu no número de maio de *Sur*, ele estava reunindo para publicação uma série de contos que havia escrito desde 1944. Decidiu chamar o novo livro de *O Aleph*, título do conto que escrevera logo depois de se apaixonar por Estela Canto e que dedicara a ela. Por que escolheu esse título? Creio que foi porque, por volta da época em que *O Aleph* veio à luz, em 26 de junho de 1949, Estela Canto entrara em sua vida de novo e Borges estava novamente tentado a vê-la como a "nova Beatriz" cujo amor o libertaria de seus infortúnios.

Em suas memórias, Estela passa por cima dessa segunda fase de sua relação com Borges, mas inclui o texto de um cartão-postal que ele lhe mandou de Santiago del Estero em 4 de outubro de 1949, enquanto fazia uma série de conferências no norte da Argentina.[17] Podemos deduzir da mensagem que ele estava interessado em retomar seu romance com Estela, mas até então só obtivera resultados incertos. Isso talvez explique as cores abafadas da paisagem que descreve no postal. Conta a Estela que Santiago tem um sabor peculiar triste, melancólico: a terra tem um matiz amarelado, o solo é, em grande parte, arenoso e o verde se parece mais com cinza. Refere-se a algumas casas antigas, que acha muito bonitas e nobres. E depois diz que sente falta dela o tempo todo.

Quando ele foi a Mar del Plata, provavelmente em dezembro, para trabalhar com Bioy num roteiro de cinema, saiu de Buenos Aires sem se preocupar em avisá-la. Estela, porém, telefonou para a casa de Bioy, mas Borges já se retirara para dormir. Na manhã seguinte, ele escreveu para lhe agradecer, dizendo-lhe que sonhara que ela lhe telefonara e estava, portanto, encantado que ela havia de fato ligado.[18] Desculpava-se por não lhe ter contado que estava saindo de Buenos Aires, mas havia esquecido de contar por cortesia ou talvez medo, porque estava convencido de que, no fundo, ele não passava de um aborrecimento ou uma obrigação para ela. Contudo, o telefonema de Estela lhe dera ânimo novo e estimulou-o a pensar que havia formas de destino que se repetiam, pois lá estava ele em Mar del Plata de novo, querendo-a e esperando pela noite ou pelo amanhecer que ambos possuiriam plenamente. Pouco depois de seu retorno a Buenos Aires, ele escreveu a Estela novamente para dizer que tudo em Mar del Plata parecia aludir a ela, sendo esse o destino de qualquer lugar em que por acaso ele se encontrasse. Contou-lhe que estava trabalhando num roteiro com Bioy Casares, mas somente com uma parte externa de sua alma, porque algo nas profundezas dele continuava se lembrando dela todo o tempo.[19]

Os pensamentos de Borges voltaram-se mais uma vez para o casamento. Bioy e Silvina tentaram ajudar convidando Estela e ele para passarem o mês de fevereiro na estância deles. Entrementes, Borges convenceu Estela a ter outra entrevista com Kohan-Miller, na esperança, sem dúvida, de que o psicólogo tivesse mais sucesso em persuadi-la a casar-se com ele sem precondições. Mas nem Estela nem Kohan-Miller mostraram muito entusiasmo, e Borges deve ter percebido que não fazia muito sentido insistir no assunto.

Quando chegou a hora de ir para a estância de Bioy, estava tudo acabado entre eles. O mês que passaram na fazenda foi uma experiência bastante sombria. Borges e Bioy trabalhavam no roteiro; Estela passava o tempo com Silvina. O mais próximo que chegaram de algum contato físico foi quando Estela o ajudou a raspar uma barba um tanto absurda que ele deixara crescer naquela época. Era uma deferência à mãe de Bioy, uma senhora da escola antiga que também estava na estância e se queixara para o filho Adolfito da aparência desleixada de seu amigo.

Depois que retornaram a Buenos Aires, Estela cortou sua conexão com Borges e pouco depois foi morar no exterior. Algum laço se rompera, observou ela em suas memórias, e Georgie não confiava mais nela, nem mesmo como amiga, mas ela suspeitava também que nos três anos em que estivera ausente de Buenos Aires, a mãe dele não estivera inativa.[20] Obviamente, a hostilidade de Estela em relação a d. Leonor continuava inflexível e isso impedia suas relações com Borges.

Foi a segunda vez que Borges fracassou em conquistar o amor de Estela Canto. Parecia que o destino o levava sempre a grandes picos de esperança para depois jogá-lo num poço de desespero. Sem Estela, não parecia haver motivo para viver. Não importava que Perón estivesse ficando cada vez mais autoritário: Borges estava farto de seus fracassos amorosos. Por volta da época do desaparecimento de Estela, ele começou a trabalhar num conto novo chamado "A espera", em que retratava um homem em fuga de assassinos políticos que se esconde numa pensão de um subúrbio de Buenos Aires.[21] O fugitivo descobre um exemplar de *A divina comédia* numa estante de seu quarto e, por falta de coisa melhor para fazer, começa a ler alguns cantos. Quando por fim seus assassinos o encontram, ele simplesmente se vira para a parede e resigna-se ao inevitável.

22. Borges contra Perón (1950-5)

A paranoia de que está imbuído "A espera" reflete a tensão crescente na Argentina da época. A nova Constituição peronista aprovada em 1949 concedia amplos poderes ao Estado e permitia que Perón pudesse governar pelo resto de sua vida. Mas o boom econômico acabara, tendo os países europeus se recuperado da guerra, e as exportações argentinas começaram a cair. Em 1950, Perón viu-se em dificuldades. Para manter seus gastos, teve de recorrer a empréstimos externos, o que contradizia seu tão propalado nacionalismo econômico. Mais preocupante ainda era o forte crescimento do desemprego e da inflação, e isso estimulou a oposição a agitar o descontentamento popular. Portanto, era imprescindível que ele apertasse o controle sobre o país. Num esforço para "peronizar" a Argentina, universidades e escolas sofreram expurgos, e o controle governamental foi estendido a associações profissionais e organizações patronais. A repressão aos opositores se intensificou: um pacote de austeridade foi impingido aos sindicatos e os líderes operários dissidentes foram jogados na cadeia. Houve notícias de torturas, inclusive com o uso da infame *picana*, choque elétrico nos genitais.

Eva Perón mostrou-se valiosa na campanha para consolidar o poder de seu marido. Ela gozava de uma relação quase hipnótica com os descamisados e, em julho de 1949, criou a Fundação Eva Perón, financiada por "contribuições" de sindicatos e empresas, que empregava cerca de 14 mil funcionários na administração de um vasto império de assistência social e abrangia moradia para pensionistas, desempregados e sem-teto, bem como hospitais, escolas, campos de férias e até uma "Cidade das Crianças" inteira em Buenos Aires. A fundação representava o aspecto positivo da influência de Evita, mas havia também um lado negativo. Ela tinha plena consciência do poder da mídia e, a partir de 1948, começou a comprar estações de rádio e jornais por intermédio de um consórcio de empresários simpatizantes. Uma única companhia, Alea S.A., controlada por ela, comprou vários títulos já estabelecidos no mercado: *El Hogar*, *La Razón*, *Noticias Gráficas*, *Crítica*, *La Época*. Muitas outras publicações foram simplesmente eliminadas: em 1950, cerca de sessenta jornais de província foram fechados, bem como as publicações socialistas *Argentina Libre* e *La Vanguardia*.[1] Os adeptos de Evita também foram úteis para eliminar os sindicalistas dissidentes e colocar gente fiel em posições-chave. Em 1950, Perón mandou para a prisão o importante político do Partido Radical Ricardo Balbín, pelo crime de desacato à autoridade, uma vez que havia sugerido que Eva Perón poderia estar enriquecendo com sua fundação de caridade.

A guinada de Perón para o totalitarismo causou alarme entre escritores e intelectuais. Em 1950, vários amigos pediram a Borges que se candidatasse à presidência da Sociedade Argentina de Escritores (SADE). Com sua velha reputação de antifascista, ele tinha excelentes credenciais para liderar a SADE naqueles tempos complicados. Mas Borges não conseguia sair da apatia desde seu segundo rompimento com Estela Canto, embora sua inação lhe pesasse na consciência:

> Eu tentava pensar o menos possível sobre política. Mesmo assim, tal como uma pessoa que tem dor de dente pensa sobre aquela dor de dente no momento em que acorda, ou um homem que foi abandonado por uma mulher pensa nela assim que abre os olhos, eu costumava me dizer todas as manhãs: "Aquele homem está na Casa Rosada", me sentia perturbado e, de certo modo, culpado também, porque pensava que o fato de não fazer nada ou de fazer tão pouco... mas o que eu poderia fazer? Fazia uma ou outra piada sobre ele em minhas palestras. Havia muito pouco mais que eu pudesse fazer; não me sentia capaz demais. Tudo isso costumava me deixar bastante deprimido.[2]

No fim, cedeu e aceitou a indicação, mas revelou seus sentimentos conflitantes numa carta ao artista Attilio Rossi.[3] Ele não era talhado para aquele tipo de papel público, dizia a Rossi, pois detestava qualquer tipo de autoridade e se sentia deslocado em encontros e reuniões sociais, mas acreditava que tinha o dever de saldar a dívida que tinha com a SADE pelo prêmio que lhe concedera por *Ficções* em 1945, em especial porque haviam negado a *O jardim de veredas que se bifurcam* o Prêmio Nacional de Literatura alguns anos antes. Acrescentava que sua mãe estava certa ao dizer que ele tinha uma dívida de honra com a SADE. Com efeito, os valores de Leonor Acevedo permeavam a carta de seu filho, com suas referências à honra, compromisso, *noblesse oblige* e retribuição. Isso é especialmente evidente quando Borges declara a Rossi que estavam vivendo numa época de barbárie em que era obrigatório elogiar Rosas, Hitler e Mussolini, uma época de ignorância que era prejudicial para a pátria. Contudo, confessava que se sentia como se estivesse preso nas simetrias e repetições apavorantes de Triste-le-Roy. Talvez temesse que, ao assumir um papel público como a presidência da SADE, seus inimigos poderiam atraí-lo para uma armadilha, como o criminoso Scharlach, em "A morte e a bússola", faz o detetive Lönnrot buscar ativamente a própria destruição. Contudo, a carta sugere fortemente que a mãe o havia pressionado a assumir a espada da honra em defesa da "civilização" contra a "barbárie" de Perón.

Borges esperava uma reação dura dos peronistas. Quando convidou Betina Edelberg, que fora demitida da Universidade de Buenos Aires, para ser membro da comissão da SADE, advertiu-a de que lhe estava oferecendo uma "coroa de espinhos".[4] No entanto, essa ansiedade revelou-se injustificada porque a arma mais eficaz de Perón contra a SADE não foi o terror, mas o esquecimento. Afinal, ele tinha pouco a temer de uma associação de escritores quando já estava com os meios de comunicação de massa sob seu controle. E a imprensa de qualidade logo também seria ameaçada e se submeteria: poucos meses depois de Borges assumir a presidência da SADE, o governo fechou *La Prensa* e o entregou à confederação dos sindicatos.

De qualquer modo, àquela altura, a maioria dos membros da SADE estava assustada. Como disse Borges, "muitos ilustres homens de letras só se atreveram a pisá-la após a revolução".[5] Somente um núcleo irredutível de antiperonistas aparecia a fim de fazer o que podiam para expressar sua oposição ao regime, o que não era grande coisa. De acordo com Luisa Mercedes Levinson, "nós nos reuníamos todas as semanas para contar as últimas piadas sobre o casal de governantes e até ousávamos cantar as canções da Resistência Francesa, bem como a Marselhesa".[6] Para manter o ânimo, promoviam de vez em quando um jantar na sede da SADE, ao lado da Biblioteca Nacional, na rua México. Era um prédio grandioso que fora outrora a casa de cidade da família de Victoria Ocampo, mas havia tão poucos membros ativos naqueles dias que o jantar não atraía muito mais do que um punhado de intransigentes sentados no pátio para compartilhar uma panela de *locro*, um guisado popular de carne, milho, feijão e outros ingredientes. A única coisa que se podia dizer dessas reuniões, como observou uma amiga de Borges, é que eram "muito aconchegantes".[7]

Não obstante, Borges perseveraria em suas tentativas de criticar o regime. "Em cada palestra que eu dava, sempre expressava minha opinião contra o governo."[8] Em 22 de outubro de 1950, publicou "A muralha e os livros" em *La Nación*, um ataque velado à política cultural xenofóbica dos peronistas. O ensaio pretendia ser uma reflexão irônica sobre o imperador chinês que tentou impedir a entrada das influências estrangeiras construindo a Grande Muralha e que tentou abolir o passado mandando destruir todos os livros escritos antes de sua época. Borges observava a inutilidade intrínseca dessas aspirações, pois a construção de uma muralha admitia a fragilidade do que estava sendo defendido, ao passo que a queima de livros atestava o poder deles, pois os livros ensinam o que todo o universo ou a mente humana são capazes de ensinar.

Esses ataques, evidentemente, eram alfinetadas mínimas contra Perón, que parecia desprezar cada vez mais a oposição. No final de 1950, a máquina peronista se preparava para garantir uma vitória esmagadora para "El Conductor" na próxima eleição presidencial, marcada para novembro de 1951. Organizavam-se comícios, desfiles e marchas; penduraram-se enormes retratos de Perón e Evita em lugares públicos; hinos brotavam dos rádios; slogans eram erguidos em estandartes: PERÓN CUMPLE, EVITA DIGNIFICA. Criava-se uma atmosfera febril em torno do populacho, mas uma fraqueza secreta aparecera no coração do sistema, um segredo conhecido somente do circulo íntimo de Perón: Evita estava com câncer e o prognóstico era incerto.

Durante todo o período do regime peronista, Borges manteve seu hábito de jantar na maioria das noites com seus velhos amigos Bioy Casares e Silvina Ocampo. Como sempre, ele e Bioy se divertiam escrevendo histórias ou trabalhando juntos em traduções. Para aliviar a depressão causada pela situação política, gostavam de compor esquetes satíricos contra Perón, como "La fiesta del monstruo", relato burlesco de um comício peronista escrito em gíria portenha que é praticamente incompreensível para os de fora.[9] Embora esses textos lhes permitissem dar vazão à frustração com o ditador, não havia esperança de que fossem publicados e circulavam apenas entre os amigos.

Borges também encontrou alívio da atmosfera política opressiva na amizade que estabeleceu com uma dançarina chamada Margarita (Margot) Guerrero. Amiga de Estela Canto e Cecilia Ingenieros, Margot era uma daquelas belezas não convencionais em cuja companhia Borges encontrava uma fuga dos salões elegantes das senhoras de classe alta de que sua mãe fazia questão de ser amiga. Borges ficou intrigado com o interesse de Margot pelo oculto e passou a acompanhá-la à livraria Kier, na avenida Santa Fé, especializada nesses assuntos. Lá, os dois passavam o tempo folheando manuais de astrologia, numerologia, quiromancia e similares.

Foi Margot que lhe sugeriu que colaborasse com a amiga mútua Betina Edelberg no roteiro de um balé. Borges concordou e passou a frequentar o apartamento dos Edelberg para trabalhar no projeto. Betina achou muito divertido trabalhar com Borges e ficou espantada com sua "vitalidade" e seu "entusiasmo".[10] Ele tinha um grande apetite por brincadeiras verbais e morria de rir ao fazer pequenas paródias da linguagem pomposa usada pelas autoridades peronistas que desprezava. Seu senso de humor "maluco", na opinião de Betina, estava muito de acordo com o espírito da velha Buenos Aires, com a *sobrada criolla*, uma ironia provocadora planejada para fazer com que a pessoa ficasse imaginando qual seria a verdadeira intenção do orador.

O balé chamou-se *La imagen perdida* e se desenvolveu a partir da brincadeira constante de Betina com seu marido, que parecia ficar invisível toda vez que tentava chamar um táxi. O personagem central era um homem chamado Geist ("espírito", em alemão), que ficava invisível sempre que se absorvia em seus pensamentos. Havia certamente nisso um elemento de paródia de si mesmo da parte de Borges, uma vez que o problema de Geist era em resumo o seu próprio, pois ele também era dado a perder-se num mundo mental que tendia a obliterar o lado físico da vida. O roteiro do balé perdeu-se, mas a história parece ter terminado bem: Borges contaria a Jean de Milleret que ela se encerrava com a entrada no palco das nove Musas, que executavam a dança final.[11]

Esse fim inspirador talvez refletisse o fato de que, enquanto trabalhava com Betina em *La imagen perdida*, sua amizade com Margot Guerrero assumira um aspecto romântico e é possível que, graças a ela, ele tenha começado a se sentir mais à vontade consigo mesmo. De qualquer modo, Betina Edelberg relembrou depois que, no período em que trabalhou com ela no balé, ele visitava um psicanalista em Montevidéu uma vez por semana.[12] Parece que estava decidido a perseverar no processo de autoconhecimento que iniciara anos antes, durante sua relação com Estela Canto.

A questão toda de suas inibições em relação ao sexo oposto estava certamente muito presente em sua cabeça nessa época. Certo dia, apareceu no apartamento de Betina e perguntou se ela ou o marido Gerardo poderiam lhe dar um sinônimo para a palavra "lama". Explicou que precisava dela para um conto novo que estava escrevendo. Betina sugeriu *légamo*, barro, palavra de que gostou e que apareceu depois no texto final. O conto era "A seita da Fênix", uma fábula sobre uma confraria mundial que executa um rito oculto conhecido como "o Segredo".[13] A muitos devotos da seita "o Segredo, no princípio, pareceu-lhes fútil, penoso, vulgar e (o que é mesmo mais estranho), incrível", e não "queriam admitir que seus pais tivessem se rebaixado a tais práticas". O Segredo estava associado a sentimentos de repugnância — o barro era utilizado com frequência na execução daquele ato escondido. Anos depois, Borges diria a Ronald Christ que o Segredo se referia à relação sexual.[14]

A relação com Margot Guerrero fez bem para sua autoestima, e outro motivo de satisfação veio com a tradução de *Ficções* que a prestigiosa editora francesa Gallimard lançou em Paris naquele ano. Era a primeira tradução de um livro de Borges para língua estrangeira e ele ficou muito contente ao ver a versão francesa feita por seu amigo Néstor Ibarra e por Paul Verdevoye. Esse modesto sinal de reconhecimento na França deve ter sido especialmente gratificante num momento em que o governo peronista pretendia fechar as portas do país à influência externa. Betina Edelberg levou Borges de carro ao aeroporto de Ezeiza para pegar um exemplar do livro que um amigo havia mandado de Paris, e, quando ele segurou o volume com mãos trêmulas, sua alegria foi "impossível de descrever".[15]

Em 17 de dezembro de 1951, Borges fez uma conferência no Colégio Livre de Estudos Superiores intitulada "O escritor argentino e a tradição", em que atacava o objetivo central da política cultural peronista — a promoção de uma supostamente autêntica cultura nacional que teria o *gaucho* como seu arquétipo e *Martín Fierro* como sua epopeia popular.[16] Ao mesmo tempo em que admitia que *Martín Fierro* era uma das obras mais perduráveis criadas na Argentina, ela não era a Bíblia ou o livro canônico dos argentinos; a poesia gauchesca era um gênero literário tão artificial quanto qualquer outro, e bem distinto do tipo de poesia efetivamente escrita por *gauchos*. Até mesmo um romance sobre *gauchos*, como *Don Segundo Sombra*, de Ricardo Güiraldes, que os nacionalistas tanto admiravam, não poderia ter sido escrito sem influências estrangeiras como as do simbolismo francês ou de *Kim*, de Rudyard Kipling. A tradição argentina, declarava ele, abrangia toda a cultura ocidental. O sociólogo americano Thorstein Veblen havia afirmado que a primazia dos judeus na cultura ocidental não se devia a uma superioridade inata, mas ao fato de que eles agiam dentro dessa cultura sem se sentir ligados a ela por uma devoção especial. E Borges declarava: "Creio que nós argentinos, e os sul-americanos em geral, estamos numa situação análoga; podemos lançar mão de todos os temas europeus, utilizá-los sem superstições, com uma irreverência que pode ter, e já tem, consequências afortunadas". Desse modo, os escritores argentinos não deveriam se limitar a temas puramente argentinos, "pois ou ser argentino é uma fatalidade, e nesse caso o seremos de qualquer modo, ou ser argentino é mera afetação, uma máscara".

Essa palestra viria a ser um dos textos mais influentes de Borges, mas, na época em que foi proferida, mal influenciou a consciência do público, pois, no decorrer de 1951, a atmosfera política ficara carregada demais para que as palavras de um mero escritor tivessem muita ressonância. No período prévio à eleição presidencial de novembro, aumentara a pressão dos sindicatos para que Evita fosse indicada à vice-presidência. Esperava-se que ela anunciasse sua candidatura num comício de massa que se realizaria em 22 de agosto na Nove de Julho, a imensa avenida que atravessa o centro de Buenos Aires. Cerca de 1 milhão de peronistas compareceu para aclamar Evita; contudo, quando ela apareceu no palanque, fez um discurso apaixonado, mas não mencionou a candidatura. Perón também omitiu qualquer referência a isso em seu discurso. A multidão gritou para que Evita se declarasse candidata, mas ela resistiu: precisava de mais alguns dias para pensar. As massas continuaram implorando para que ficasse. Evita parecia pálida e doente, Perón estava claramente inquieto. Nove dias depois, ela chocou seus seguidores ao declarar pelo rádio que "renunciaria" à vice-presidência porque sua missão não era mais do que "comunicar as esperanças do povo" a Perón.[17] Em 10 de setembro, Perón concedeu à esposa uma medalha especial por sua "renúncia" heroica. O "sacrifício" de Evita provocou uma manifestação vulcânica de fervor das massas, fervor que chegou ao pico da adoração intensa e religiosa quando foi anunciado que a grande protetora dos pobres estava com câncer incurável. Assim criou-se o mito da "Santa Evita", a mártir sagrada da causa do povo.

Em 11 de novembro de 1951, Perón ganhou a eleição presidencial com uma vitória esmagadora, derrotando seu principal oponente, Ricardo Balbín, do Partido Radical por uma margem de dois para um. A oposição foi totalmente derrotada nas urnas: sua presença no Congresso foi reduzida a meros catorze deputados. A vitória de Perón teve a ajuda das mulheres que exerciam o direito de voto pela primeira vez (a imprensa peronista publicou fotos de uma Evita descarnada pondo seu voto numa urna que fora levada até seu leito de enferma). No final do ano, não parecia haver nada que pudesse deter a ambição de Perón de transformar a Argentina numa Comunidade Organizada controlada pelo Estado, sob um único líder e um partido único.

À medida que sua vida se consumia aos poucos, Eva Perón ficava cada vez mais estridente e agressiva. Pelo rádio, ou do balcão da Casa Rosada, fazia discursos violentos em que expressava seu amor sem limites pelo incomparável Perón e instava as massas a se erguer caso houvesse alguma tentativa de derrubá-lo. Corria o rumor de que ela havia comprado milhares de armas para serem distribuídas aos seus adeptos em caso de golpe de Estado.[18] No dia 1º de maio de 1952, Evita falou aos trabalhadores da sacada da Casa Rosada, mas estava tão debilitada que Perón teve de segurá-la pela cintura. Seria seu último discurso e um dos mais inflamados, um virtual incitamento à insurreição caso "a oligarquia" contra-atacasse.

Para os oponentes de Perón, o futuro não podia parecer mais sombrio: o país aparentava estar diante da perspectiva de uma ditadura totalitária ou de uma guerra civil. Bioy Casares, por exemplo, imaginou-se numa situação semelhante à dos liberais do século XIX lutando pela "civilização" contra a "barbárie" do tirano Rosas. Em março ou abril de 1952, "num momento de extrema desolação", ele concebeu o conto "Homenagem a Francisco Almeyra", sobre um jovem escritor que anseia pegar em armas contra Rosas e, apesar de ser advertido sobre os perigos, parte para a luta e é degolado.[19]

Borges também começou a elaborar a ideia de um novo conto. O protagonista de "O Sul" é Juan Dahlmann, um residente de Buenos Aires de origem mista germano-protestante e argentino-católica que se sente "profundamente argentino" por ser neto de um herói da guerra de independência.[20] Embora as propriedades da família tenham se perdido há muito tempo e ele tenha um emprego público modesto na cidade, Dahlmann conseguiu salvar a sede de uma estância nos pampas ao sul de Buenos Aires. Na segunda parte da história, o encontramos tomando um trem para ir visitar a mansão, mas o trem para inesperadamente no meio do campo e, enquanto espera num armazém, Dahlmann recebe provocações de um grupo de peões. Sem saber como reagir, ele subitamente resolve enfrentar o desafio de um *compadrito* depois que um velho *gaucho* lhe joga uma adaga.

Esse conto, tal como o de Bioy, entregava-se à fantasia de pegar em armas contra Perón. Mas o tratamento que Borges deu ao tema era muito diferente do de seu amigo, pois Bioy, que vinha de uma poderosa família de estancieiros, podia identificar-se totalmente com a luta dos liberais de Buenos Aires contra o tirano Rosas, mas Borges, que estava cortejando Margot Guerrero, devia estar especialmente consciente de suas lealdades mais complicadas. "Civilização", em seu caso, identificava-se com a ancestral espada da honra de sua mãe, ao passo que ele se sentia tão ou mais atraído por um tipo de "barbárie" associado ao seu pai e simbolizado pelo punhal do *gaucho* e pelo *compadrito*. "O Sul", na verdade, registra uma mudança de lealdade da mãe para o pai, pois em seu cerne está a curiosa interrupção da viagem de trem de Dahlmann, em consequência da qual ele jamais chegará à sede da estância de seus antepassados, mas precisará provar seu valor pegando a adaga do velho *gaucho* e enfrentando os provocadores em duelo.

Borges estava mudando os termos de sua oposição a Perón. Concordara em assumir a presidência da SADE por instigação da mãe e, ao fazê-lo, era como se erguesse a espada da honra para defender a "civilização" contra o ditador. Mas "O Sul" sugere um desafio a Perón sobre uma base bastante diferente, pois apresenta-se como um retorno ao espírito eterno do *gaucho*, a uma tradição da resistência individual ao poder do Estado que tinha origem nas ideias anarquistas de seu pai e de Evaristo Carriego. O motivo da adaga jogada pelo velho *gaucho* a Dahlmann lembra o episódio em que o dr. Borges deu ao jovem Georgie uma faca e o instou a mostrar aos provocadores da escola que ele era um homem.

De fato, enquanto trabalhava em "O Sul", Borges escrevia também um estudo crítico do *Martín Fierro* com a ajuda de Margot Guerrero (que ele chamaria de colaboradora quando o ensaio saiu em livro, em 1953).[21] Mergulhava uma vez mais no mundo dos *gauchos*, facas e duelos, os tópicos comuns da "barbárie" argentina que, como sabia, sua mãe detestava. Eu diria que se tratava de um sinal de que seu romance com Margot o deixara disposto a rebelar-se contra a espada da honra, e o fato de Dahlmann empunhar a adaga contra os provocadores do armazém é um reflexo, creio, da autoconfiança que Borges tirava de sua relação com ela.

Com efeito, ele estava apaixonado por Margot, de tal modo que estava preparado para desconsiderar o fato de que o interesse dela por literatura não era tão absorvente como o dele. Contudo, era-lhe impossível manter qualquer tipo de relação que não envolvesse atividade literária, então inventou um projeto extravagante o suficiente para competir com o interesse de Margot pelo oculto. Começou a fazer um catálogo dos animais mais esquisitos que a mente humana imaginara e persuadiu Margot a ajudá-lo a reunir esse estranho bestiário que seria publicado em 1957 com o título de *Manual de zoología fantástica*.[22] Apesar dessas diversões, a vida com Margot era bem tempestuosa — ele estava vivendo "num reino de terror", suspirou de brincadeira para sua amiga Betina Edelberg.[23] Mas estava suficientemente feliz para aquiescer aos desejos de Margot, e a única explicação que Betina podia achar para essa docilidade era que Borges estava terrivelmente "ansioso por encontrar amor".

E então aconteceu o desastre: Margot rompeu a relação, decisão que tomou Borges totalmente de surpresa. Betina e seu marido não conseguiram descobrir o que causou o rompimento, mas Margot fazia o que bem entendia, e os Edelberg deduziram que ela simplesmente se cansou da obsessão sem fim de Borges pela literatura. Quaisquer que tenham sido as razões para o rompimento, Borges o aceitou muito mal: "Afetou-o terrivelmente, terrivelmente", lembraria Betina. "Ele sofreu muito. Ficou devastado. Cheguei mesmo a vê-lo chorar."[24]

Na noite em que Margot lhe deu a notícia, Borges saiu para uma longa caminhada e chegou à primeira ponte sobre a ferrovia, do lado da estação Constitución. Ali, em meio ao ruído dos trens "que tramavam labirintos de ferro" ao partir para o sul, para os pampas, ele experimentou uma espécie de êxtase, uma revelação, como se estivesse perante o Dia do Juízo; no dia seguinte, tentou expressar num poema esse sentimento de "uma voz infinita" que se erguia "do invisível horizonte" e "do centro de meu ser", e que lhe revelou a grande diversidade do mundo, uma revelação que só serviu para oprimi-lo com o pensamento de que "gastaste os anos e eles te gastaram, / e ainda não escreveste o poema".[25] Como contaria a um entrevistador, recriminava-se por ter desperdiçado seus talentos: "Recebi o dom da infelicidade nessa noite, e mesmo isso não foi suficiente para me fazer um grande poeta".[26]

Tal como suas várias namoradas anteriores, Margot Guerrero fora designada para o papel da "nova Beatriz" cujo amor inspiraria Borges a escrever um "poema", uma obra-prima que o definiria do mesmo modo que *A divina comédia* definira Dante. Mas sua perda havia frustrado a esperança de encontrar salvação pela literatura, e o título que ele daria ao triste poema que lhe veio à mente enquanto estava sobre a ponte da ferrovia era uma referência bíblica, Mateus 25,30: "E a esse servo inútil, jogai-o nas trevas exteriores: ali haverá choro e ranger de dentes".

Creio que a rejeição de Margot aconteceu antes que Borges tivesse terminado de escrever "O Sul", e o fim do conto talvez tenha sido influenciado pelo impacto de sua perda. Na versão publicada, Dahlmann sofre um ferimento na cabeça que o leva ao hospital, acidente idêntico ao que Borges sofreu em 1938, pouco depois da morte de seu pai. Em consequência, esse final pode ser lido de duas maneiras: ou a viagem de trem ao campo e o confronto de Dahlmann com os provocadores acontece na realidade, ou é apenas um sonho dele enquanto jaz morrendo num hospital de Buenos Aires. O simples ato de pegar a adaga torna-se assim ambíguo, duvidoso e possivelmente irreal.

Em 26 de julho de 1952, a imprensa argentina anunciou que Eva Perón havia "entrado na imortalidade". Foi decretado luto oficial de um mês, os sindicatos ordenaram que todos os trabalhadores usassem gravata preta ou outro sinal de luto por três dias e esperava-se que todas as organizações argentinas dessem uma demonstração apropriada de respeito. Na qualidade de presidente da SADE, Borges recebeu a visita de dois policiais que lhe pediram para pôr um retrato de Perón e outro de Evita nas paredes da sociedade. Borges recusou-se e lhes disse que era uma exigência ridícula. "Muito bem, o senhor terá de encarar as consequências",[27] responderam-lhe. Ele foi posto sob vigilância das autoridades: um policial assistia a suas palestras e tomava notas e ele observou que era seguido por um agente. Em seu *Ensaio autobiográfico*, afirma que costumava levá-lo "a longos passeios sem rumo e por fim me tornei seu amigo. Ele admitiu que também odiava Perón, mas alegou que só obedecia a ordens".[28] Em setembro, os peronistas deram o golpe final e obrigaram ao fechamento da SADE. "Lembro a última conferência que me permitiram fazer ali. O público, bastante escasso, incluía um policial muito desconcertado que fazia todo o possível, a seu modo desajeitado, para anotar alguns de meus comentários sobre o sufismo persa."[29]

Borges concordara em assumir a presidência da SADE para lutar pela liberdade intelectual, mas queria também vingar a humilhação que achava ter sofrido em 1946, quando os peronistas propuseram seu nome para inspetor de galinhas. Em carta de 1950 a Attilio Rossi, afirmava que a infame promoção fora uma maneira muito inteligente que os peronistas haviam encontrado de prejudicá-lo e diminuir sua reputação. Com o fechamento da SADE, prejudicavam-no de novo, o que era corroborado pela visita do escritor espanhol Julián Marías, que chegou a Buenos Aires pouco depois desse fato. Foi impossível para Borges organizar a recepção usual que a sociedade oferecia aos visitantes ilustres; um de seus amigos trouxe uma ovelha de sua estância que foi assada numa taberna que ficava na frente da SADE, na rua México.[30] Depois do jantar, um zelador simpático deixou que entrassem na sede e eles mostraram-na para Marías à luz de velas. Aquele minúsculo grupo de escritores conduzindo um convidado estrangeiro no escuro mal iluminado por velas era uma prova vívida do grau em que a SADE ficara à míngua sob o governo de Juan Péron.

O sentimento de derrota e humilhação experimentado por Borges diante do fechamento forçado da SADE levou-o a fantasiar sobre pegar uma adaga, tal como Dahlmann em "O Sul", e enfrentar Perón num duelo. Porém, sua recente decepção amorosa minara sua crença em si mesmo e ele sentia-se dividido entre a necessidade de enfrentar Perón e seus sentimentos renovados de pouca valia. Essa dúvida expressou-se num conto muito estranho que escreveu em algum momento próximo do fim de 1952. Em "O desafio", um *cuchillero* idoso chamado Suárez (um dos sobrenomes da família de sua mãe) recebe uma carta desafiando-o para um duelo numa cidade da província de Santa Fé.[31] Suárez responde declinando do convite: "Explica que não se anima a deixar sozinha sua mãe, já muito idosa". O desafiante, no entanto, procura-o em casa e segue-se um duelo. Duvidando de sua capacidade de derrotar seu oponente, Suárez deixa-se ser ferido no antebraço esquerdo e depois, pondo sua bota sobre o membro ferido no chão, arranca sua mão esquerda. Impelido pela dor excruciante dessa autoamputação, Suárez faz uma investida desesperada contra o oponente e dá o golpe fatal. "O desafio" reflete de novo o duplo laço com que Borges tinha de se haver: Suárez está dividido entre a lealdade à mãe e um desejo de se afirmar como homem pleno, e a violência da amputação da própria mão sugere que o único modo que Borges podia imaginar de resolver esse conflito era infligindo um grave dano a si mesmo.

"O desafio" foi publicado em *La Nación* em 28 de dezembro de 1952; "O Sul" apareceu em *Sur* em 8 de fevereiro de 1953. Os dois contos registram um declínio na autoconfiança de Borges depois de sua rejeição por Margot Guerrero. Um terceiro texto, "O punhal", escrito provavelmente no início de 1953, revela a lembrança autobiográfica que subjaz a essas duas histórias sobre adagas e duelos.[32] Seu título vem do velho punhal espanhol que o dr. Borges costumava guardar na gaveta de sua escrivaninha e que Evaristo Carriego teve em suas mãos certa vez. Com muita probabilidade, era também o punhal que o pai permitira que o menino de treze anos empunhasse a fim de encorajá-lo a enfrentar os provocadores na escola. Borges adulto relembra a atração magnética que o punhal costumava exercer sobre ele quando menino e o imagina com vontade própria:

> É mais que uma estrutura feita de metais; os homens o pensaram e o formaram para um fim muito preciso; é, de algum modo, eterno, o punhal que ontem à noite matou um homem em Tacuarembó e os punhais que mataram César. Quer matar, quer derramar brusco sangue.
>
> Numa gaveta da escrivaninha, entre rascunhos e cartas, interminavelmente sonha o punhal seu singelo sonho de tigre, e a mão se anima quando o empunha, porque o metal se anima, o metal que pressente em cada contato o homicida para quem o criaram os homens.

Trata-se do punhal dos primeiros sonhos de Borges, o punhal do caçador de jaguares, e sua magia é tão poderosa que o mais simples toque o faria entrar em ação. Borges adoraria tê-lo em suas mãos, mas não consegue forças para pegá-lo. E, assim, apenas olha para o punhal enquanto ele jaz ali sonhando com seu tigre: "Às vezes me dá pena. Tanta dureza, tanta fé, tão impassível ou inocente soberba, e os anos passam, inúteis".

Por volta da época em que calculo que Borges escreveu "O punhal", Perón enfrentava sua maior crise até então. A economia ia mal e a oposição ficava mais irrequieta. Ademais, não havia Evita para distrair o populacho de seus problemas. Ao contrário, sua memória santificada foi conspurcada pelo misterioso destino de seu irmão, Juan Duarte, que foi encontrado morto em 9 de abril, tendo supostamente se suicidado em razão de seu envolvimento num escândalo financeiro, embora corressem rumores de que havia sido morto. Esses sinais de dissensão e trapaça no círculo íntimo do regime fizeram Perón parecer vulnerável. Em

15 de abril, ocorreu um atentado contra sua vida quando explodiram bombas num comício que mataram e mutilaram várias pessoas. Os militantes peronistas reagiram com tumultos em que destruíram as sedes dos partidos Radical, Socialista e Conservador. O Jockey Club, considerado havia muito tempo o símbolo da oligarquia rural, foi incendiado e sua valiosa coleção de livros e pinturas foi consumida pelas chamas.

Borges não pode ter deixado de se entusiasmar com as rachaduras que estavam aparecendo no regime peronista. Duas vezes, em sua opinião, fora humilhado por Perón, e durante a maior parte do ano anterior cultivara fantasias de vingança, como está evidente num ensaio que escreveu nesse período. Em "Diálogos del asceta y del rey", ele caracteriza o asceta como "um zero", ou "nada" em comparação com o rei, que é "uma plenitude", e se pergunta se poderia existir alguma "magia" pela qual "o zero, o asceta, pudesse de algum modo igualar e superar o rei infinito".[33] Em outras palavras, quão eficaz poderia ser um escritor opondo-se a um homem poderoso? O que ele poderia realmente contrapor a Perón?

Em algum momento entre abril e setembro de 1953, creio que ele fez um último esforço para superar as dúvidas sobre si mesmo tentando tornar real o duelo que imaginara em "O desafio". Tal como Suárez, ele superaria sua conexão incapacitante com a mãe, se não literalmente com uma automutilação, ao menos expondo-se ao perigo real. Ofereceu o texto de "O punhal" para publicação em *La Nación*.[34] Foi recusado, evidentemente, pois, numa época em que houvera atentados contra a vida de Perón, como o jornal poderia se arriscar a publicar um texto de Borges, um notório inimigo do ditador, que invocava "os punhais que mataram César" e retratava uma arma que "quer matar, quer derramar brusco sangue"?[35] Era obviamente uma coisa maluca e imprudente de fazer, mas tratava-se de um teste de coragem que Borges inventara para si mesmo na tentativa de fazer sua literatura se engajar de alguma forma no mundo real. E o fracasso dessa tentativa desesperada de autoafirmação produziria outro conto sobre punhais e duelos, chamado, adequadamente, de "O fim".

Nesse texto, Borges reescreveria o final de *Martín Fierro*: ele relata o duelo final entre o protagonista e El Moreno, o irmão de um *gaucho* negro que Fierro havia matado numa briga de bar na primeira parte do famoso poema.[36] Dessa vez, porém, é Fierro que é morto, mas a morte do protagonista não oferece, no fim, uma resolução clara da ação, pois o vitorioso, El Moreno, assumiu para todos os efeitos a identidade de Fierro: "Cumprida sua tarefa de justiceiro, agora era ninguém. Melhor dizendo, era o outro: não tinha destino sobre a Terra e matara um homem". Quando mata Fierro, o negro assume o destino de sua vítima, e as identidades aparentemente contrárias de assassino e assassinado, vingador e vítima, se dissolvem uma na outra, abrindo desse modo a história para uma progressão potencialmente infinita, pois El Moreno acabará por encontrar um destino similar ao de Fierro; talvez um dos filhos dele busque vingar a morte do pai, assim como o negro buscou a vingança da morte do irmão. E a série poderia, em princípio, estender-se ao infinito, numa sequência sem fim de duelos periódicos.

A ação é observada por um terceiro personagem chamado Recabarren, mas ele, ao contrário de Martín Fierro e El Moreno, é uma invenção de Borges. Trata-se de uma testemunha do duelo totalmente passiva, paralisada por um derrame, mas há sugestões no texto de que ele talvez tenha invocado o encontro em sua imaginação enquanto jaz impotente em sua cama, olhando através da janela para os campos vastos e vazios. Com efeito, o ciclo de desejo e frustração que caracteriza esse conto de vingança sem sentido está resumido no trocadilho latente no nome Recabarren. *Recabar* significa solicitar, reclamar, pedir, mas em "Recabarren" essa palavra se funde com o inglês "*barren*", estéril, infecundo, de tal modo que o nome em si mesmo sugere que todos os nossos esforços para afirmar um eu único e autêntico são inúteis: devemos nos resignar à indefinição e irresolução.

Depois que "O fim" apareceu em *La Nación* em 11 de outubro de 1953, Borges não publicaria outro conto até 1969. Na verdade, não tinha muito mais para escrever: as sucessivas perdas de Estela, Cecilia e Margot haviam demonstrado sua incapacidade de realizar seus desejos e, tal como Recabarren, ele jazia prostrado por seu próprio desespero, olhando para fora, por assim dizer, para o vazio dos pampas, esperando uma revelação que nunca parecia chegar.

O ano seguinte, 1954, foi um período melancólico, monótono. Sua visão vinha diminuindo de modo constante: praticamente não enxergava de um olho, mas o outro ainda lhe permitia ler e escrever, embora tivesse agora de aproximar o papel dos olhos para discernir as letras. Porém, no final de 1954, sofreu um acidente quando estava de férias com Bioy e Silvina em Mar del Plata: caiu na praia e no esforço para se levantar deu-se conta de que havia perdido a visão do olho bom.[37] Os amigos o levaram imediatamente a um médico, que os aconselhou a levá-lo para Buenos Aires o mais depressa possível para uma cirurgia de emergência. A queda causara descolamento da retina e não era certo que o dano pudesse ser reparado. Para aflição de todos, o prognóstico não era de forma alguma esperançoso: os médicos advertiram que talvez não recuperasse nunca mais a visão.

Durante várias semanas do início de 1955, Borges permaneceu na clínica convalescendo da operação. O resultado não foi bom: ainda podia ver o suficiente para andar sozinho, mas não poderia mais ler e escrever por conta própria. A partir de então, sua visão enfraqueceria rapidamente e, dentro de poucos anos, ambos os olhos se toldariam e ele mal seria capaz de discernir o contorno das coisas e perderia o sentido das cores, exceto amarelo e laranja. O fato de não poder mais ler e escrever foi um golpe cruel para um homem cuja vida inteira fora dedicada aos livros. Seus amigos arregimentaram-se e tentaram ajudá-lo a continuar com suas atividades literárias. Esther Zemborain ofereceu-se para comprar um gravador a fim de que ele pudesse trabalhar sozinho. Porém, ficou surpresa com a reação de d. Leonor a sua proposta: "E eu estou aqui para quê?", protestou ela.[38] Leonor Acevedo cuidara do marido com dedicação exemplar depois que ele ficou cego e, agora que seu filho tinha sucumbido ao mesmo mal, ela cuidaria dele com devoção igualmente inabalável.

A reação de Borges à cegueira não foi de raiva — ele estava muito além dela agora —, mas de estupor, uma espécie de incompreensão aturdida diante do destino inescrutável que parecia ter destruído toda a possibilidade de salvação pela escrita. Em 15 de fevereiro de 1955, não muito depois de ter deixado a clínica, escreveu um texto curto sobre os últimos dias de Dante em Ravena.[39] O poeta moribundo teve um sonho em que Deus revelava a ele "o secreto propósito de sua vida e de seu lavor; Dante, maravilhado, soube por fim quem era e o que era e abençoou suas amarguras". Mas, ao despertar, descobre que não lembra mais do propósito secreto. Em outras palavras, até mesmo Dante não fora salvo no fim por escrever *A divina comédia*, ele "tinha recebido e perdido uma coisa infinita, algo que não poderia recuperar, nem mesmo vislumbrar, porque a máquina do mundo é complexa demais para a simplicidade dos homens".

23. A Revolução Libertadora (1955-9)

Nos primeiros meses de 1955, enquanto Borges se recuperava da operação no olho, o regime peronista estava sob forte pressão de seus opositores. Perón decidira desafiar a estrutura de poder do país, mas cometeu o erro fatal de entrar em conflito com a Igreja católica com uma série de medidas, como a introdução da educação laica e a legalização do divórcio e da prostituição, que afastaram um grande número de católicos e enfraqueceram o consenso popular de que ele precisava para o sucesso de sua revolução. As divisões que se abriam na Argentina ficaram palpáveis em 11 de junho, quando a tradicional procissão de Corpus Christi no centro de Buenos Aires se transformou numa manifestação de massa do descontentamento dos católicos com o regime. Aconteceu de Borges estar na praça de Maio observando a procissão com seus sobrinhos Luis e Miguel de Torre, quando a polícia atacou a multidão. Na confusão que se seguiu, o jovem Luis foi detido e levado para a prisão de Villa Devoto, onde ficou por uma semana antes de ser solto.[1]

Os peronistas responderam à procissão de Corpus Christi com um comício monstruoso na praça de Maio. Mas algumas unidades militares se rebelaram contra Perón durante esse comício e, quando a Casa Rosada foi bombardeada por aviões de combate, centenas de peronistas foram mortos ou ficaram feridos.

Turbas peronistas promoveram tumultos na cidade depois desse atentado e a guerra civil parecia inevitável, mas, na última hora, Perón recuou e fez gestos conciliadores para acalmar a oposição.

Enquanto ocorriam esses graves acontecimentos, na vida pessoal de Borges sucedia uma inesperada virada para melhor. Ele retomou, de forma um pouco hesitante, sua amizade com Estela Canto, que retornara a Buenos Aires para cuidar de sua mãe enferma, depois de viver na Europa por vários anos.[2] A amizade deles ficou mais estreita após a morte da mãe dela e, em meados de 1955, eles estavam discutindo a possibilidade de um tipo de relação mais íntima. A situação parecia certamente mais favorável do que dez anos antes, quando Estela estava envolvida com outro homem e não levara a proposta de casamento de Borges muito a sério; mas agora estava livre, completara quarenta anos e, depois da morte da mãe, parecia ter avaliado as coisas e ficado mais receptiva à ideia de uma relação permanente e talvez até o casamento.

Em suas memórias, Estela foi bastante reticente em relação a essa terceira fase de suas relações com Borges, dizendo apenas que a "velha chama" reviveu por um tempo.[3] Deduzo que isso pode ter ocorrido em junho ou julho, pois em 11 de julho *Noticias Gráficas* publicou uma entrevista em que Borges falava de seu projeto de escrever um romance chamado *O Congresso*, "que resumiria e também seria a resolução de tudo o que escrevi até agora".[4] Ele explicava que "*O Congresso* — um Congresso ideal — começaria como um romance e terminaria como um conto de fadas". A partir de nosso conhecimento posterior dessa obra, podemos deduzir que com final de "conto de fadas" ele estava aludindo à visão panteísta de integração pessoal e universal que via como análoga à última visão de Dante de Beatriz no Paraíso. Com efeito, o ressurgimento de Estela deve ter parecido nada menos que milagroso para Borges, pois ela reentrava em sua vida no momento em que desistira de qualquer esperança de salvação pessoal. Era como se lhe concedessem uma última chance de encontrar o amor antes de ficar totalmente cego.

A entrevista de Borges para *Noticias Gráficas* foi publicada num momento de crise sem precedentes para o regime peronista. A trégua instável entre governo e oposição estabelecida depois do ataque ao comício em junho estava a ponto de entrar em colapso. Em 31 de agosto, Perón apareceu no balcão da Casa Rosada e fez um discurso inflamado em defesa de sua revolução no qual exortou seus partidários a matar quem atravessasse o caminho deles e pronunciou a frase famosa de que, para cada peronista que tombasse, cinco de seus oponentes deveriam ser mortos. Seguiram-se três semanas de grave tensão enquanto o país esperava a reação das Forças Armadas. Em 19 de setembro, o general Eduardo Lonardi liderou um levante na cidade de Córdoba que se espalhou por unidades de todo o país. Mas mesmo então Perón deixou de contra-atacar e, durante vários dias, houve um impasse entre as forças rebeldes e aquelas fiéis a Perón.

Borges sentiu-se muito estimulado por esses acontecimentos. Na noite de 22 de setembro, foi avisado por amigos de que a Força Aérea bombardearia áreas em torno da Casa Rosada. Uma vez que seu apartamento na rua Maipú ficava perto da zona de perigo, decidiu levar sua mãe para o apartamento de sua irmã, no Bairro Norte. Ele estava inquieto demais para dormir à noite, então saiu e vagou pelas ruas da cidade, esperando o início do bombardeio. Porém, nada parecia acontecer e, por fim, vendo-se diante do prédio em que morava sua amiga Susana Bombal, resolveu subir para visitá-la. Ao abrir a porta, Susana jogou-se em seus braços e exclamou "meu nobre amigo!". Ele ficou perplexo diante dessa saudação teatral, mas depois se deu conta de que ela estava tão emocionada porque Perón havia sido derrubado. Na verdade, o bombardeio nunca aconteceu porque Perón fugiu da Casa Rosada e se refugiou na embaixada do Paraguai. Na mesma noite, teve permissão para se exilar.

Borges telefonou imediatamente a sua irmã para dar a notícia à família. Depois saiu de novo: a população inteira do Bairro Norte parecia estar nas ruas para festejar a queda de Perón. Chovia forte, mas ninguém se importava; havia gente por toda parte, andando sem rumo, cantando e gritando a plenos pulmões "viva a pátria!". Na rua Libertad, topou com uma moça que conhecia e, quando conseguiram voltar para a avenida Santa Fé, ele estava encharcado até os ossos e perdera a voz de tanto gritar. "Lembro-me da alegria que sentimos; lembro que naquele momento ninguém pensava em si mesmo: o único pensamento deles era que a pátria fora salva".[5]

A queda de Perón, na opinião de Borges, abria as melhores perspectivas políticas para o país desde o golpe de Estado que derrubara Irigoyen em 1930. Ele podia sonhar de novo com uma Argentina democrática, livre do flagelo dos caudilhos. E o fato de essa nova aurora da história da nação praticamente coincidir com a retomada do romance com Estela Canto explicaria a extraordinária euforia sentida por ele com a queda de Perón: a pátria fora salva justamente quando ele ganhava uma última chance de ser salvo. Nessa rara concordância entre as esferas pessoal e pública de sua vida, teria tido um pressentimento daquele estado feliz ao qual aspirara durante toda a sua vida — a realização sublime do eu e sua integração à realidade do mundo.

Borges não teve de esperar muito para saborear os frutos da vitória. Poucas semanas depois da derrota de Perón, foi nomeado nada menos que diretor da Biblioteca Nacional. Em seu *Ensaio autobiográfico*, ele alega que "duas amigas muito queridas, Esther Zemborain de Torres e Victoria Ocampo, conceberam a possibilidade" de sua nomeação e até sugere certa relutância modesta de sua parte: "Achei que era um disparate: esperava no máximo que me dessem a direção de uma pequena biblioteca de bairro, de preferência no sul da cidade".[6] Esther Zemborain, no entanto, lembrou depois que Borges fora com sua amiga Margarita Bunge visitar o novo ministro da Educação, Attilio Dell'Oro Maini, que lhe disse que outra pessoa estava prestes a ser nomeada para o cargo.[7] Não obstante, eles decidiram pedir a ajuda de Victoria Ocampo e consultar Esther, que tinha boas relações, a qual os aconselhou a elaborar imediatamente um abaixo-assinado de várias organizações culturais e apresentá-lo a Dell'Oro Maini antes das onze da manhã do dia seguinte, pois de outro modo seria tarde demais e o nome do outro candidato teria de ser anunciado. Voltando à versão de Borges dos eventos: "No decurso de um dia, um abaixo-assinado foi firmado pela revista *Sur* (leia-se Victoria Ocampo), pela reaberta SADE (leia-se Carlos Alberto Erro), pela Sociedade Argentina de Cultura Inglesa (leia-se Carlos del Campillo) e pelo Colégio Libre de Estudios Superiores (leia-se Luis Reissig). O documento chegou ao gabinete do ministro da Educação e acabei sendo nomeado pelo general Eduardo Lonardi, que era presidente interino".[8]

A explicação mais provável para a incoerência desses relatos é que a nomeação foi, de fato, "concebida" por Borges e sua mãe. Na época, havia uma impressão geral entre os amigos dele que era d. Leonor quem estava trabalhando por baixo do pano para promover a carreira do filho, e isso seria perfeitamente coerente com sua personalidade forte e suas altas aspirações sociais.[9] Leonor Acevedo era uma mulher esperta e inteligente e deve ter percebido que a derrubada de Perón lhe dava uma oportunidade histórica de restaurar a posição social da família se seu filho ocupasse um cargo de eminência adequada. *Ensaio autobiográfico* dá uma medida do grau de conluio entre mãe e filho nessa questão. Antes mesmo que a nomeação fosse confirmada, os dois mal podiam conter a excitação: "Uns dias antes, à noite, minha mãe e eu tínhamos caminhado até a Biblioteca para olhar o edifício, mas por superstição eu não quis entrar. 'Não até conseguir o emprego', disse-lhe. Nessa mesma semana chamaram-me para tomar posse do cargo. Minha família esteve presente à cerimônia e fiz um discurso aos funcionários, dizendo-lhes que eu era de fato o diretor, o inacreditável diretor".[10] Borges confessou sentir-se "muito importante" quando assumiu o posto e era, obviamente, por esse exato sentimento de importância que Leonor Acevedo ansiava desde menina.

Como observou Estela Canto em suas memórias, Borges ficou "encantado" com seu novo cargo, mas, como sua "namorada" na época, via o triunfo dele com considerável apreensão, pois sempre desconfiara da influência de d. Leonor sobre Georgie, e sua impressão era de que, nos últimos anos, seus problemas de visão e alguns "abalos" em suas relações com as mulheres o haviam aproximado ainda mais da mãe.[11] Por sua vez, d. Leonor certamente não estava feliz de ver Georgie cortejar Estela de novo. De todas as mulheres pelas quais ele decidira se apaixonar, ela era, de longe, a mais inadequada aos olhos da velha senhora. Estela já era bem conhecida por sua liberdade sexual, mas as coisas haviam ficado piores: tornara-se comunista e corriam comentários de que bebia muito. Bioy Casares lembraria depois de Leonor lhe dizer como estava preocupada com as saídas de Georgie e Estela sozinhos à noite: com seu filho quase cego e o amor míope de Estela pela garrafa, como se poderia confiar que sobreviveriam àquelas longas caminhadas pela cidade?[12] O velho conflito entre Leonor Acevedo e Estela Canto estava pronto para reacender-se, mas dessa vez não seria d. Leonor que representaria o maior obstáculo ao sucesso do amor de Borges por Estela: seria a mudança política na Argentina.

O golpe de Estado que derrubou Perón ficou conhecido como Revolução Libertadora, e seu líder, o general Lonardi, declarara que não haveria "vencedores nem vencidos" após a saída de Perón. Supunha-se que, com a remoção do presidente, as divisões políticas do país poderiam ser curadas e a democracia, restaurada, mas em poucas semanas ficou claro que a realidade era bem mais complexa do que o previsto. Perón tivera sucesso em institucionalizar seu poder: fundara um partido próprio e também controlava a confederação dos sindicatos, que lhe garantia uma enorme quantidade de partidários entre as classes trabalhadoras, mas, além disso, podia contar com o fervor quase religioso que seus seguidores sentiam pela falecida Evita. Assim, a verdadeira questão para a junta militar vitoriosa era como governar o país quando uma parcela tão grande da população ainda estava dominada pelo homem que acabavam de derrubar.

A coalizão antiperonista dividiu-se em relação a isso. Havia aqueles que, como os comunistas, socialistas e radicais de inclinações esquerdistas, tinham consciência do extraordinário domínio de Perón sobre os sindicatos e, portanto, defendiam uma acomodação com os líderes e as organizações peronistas, embora não com o próprio Perón. Por sua vez, os radicais e conservadores opunham-se a qualquer acordo, pois acreditavam que a "regeneração democrática" só poderia ser alcançada com a eliminação completa do peronismo e a reconstrução da ordem constitucional liberal.

Em novembro de 1955, o general Lonardi, que era a favor de um acordo com os peronistas, foi retirado da liderança pelo general Pedro E. Aramburu, um defensor da "regeneração democrática". Seu governo provisório se propôs a erradicar completamente o peronismo e supervisionar uma restauração gradual da democracia liberal. O primeiro passo do processo seria a eleição de uma Assembleia Constituinte, cuja tarefa seria formular uma nova Constituição. Depois, haveria eleições para presidente e para o Congresso, como e quando as circunstâncias permitissem.

Borges fez o que pôde para ajudar a Revolução Libertadora. Como diretor da Biblioteca Nacional, patrocinou várias medidas destinadas a superar o que considerava mentalidade tacanha do regime peronista. Buscou fundos para expandir o acervo da biblioteca e assim reparar os danos causados pelo nacionalismo mesquinho da era peronista; reviveu por pouco tempo *La Biblioteca*, a publicação defunta da Biblioteca Nacional; e instituiu um programa de palestras de oradores ilustres comprometidos com a causa da liberdade intelectual. Outro elemento importante da reconstrução cultural da Argentina era o expurgo das universidades de funcionários peronistas, e nisso Borges também desempenhou um papel, ainda que menor, quando foi nomeado professor de literatura inglesa da Universidade de Buenos Aires.

Sendo adepto do Partido Radical, Borges apoiava a "regeneração democrática" e, logo após o golpe, publicou uma forte condenação do peronismo na revista *Sur*. O regime de Perón tinha dois aspectos, escreveu em "L'illusion comique": um histórico "criminoso" que consistia de "prisões, tortura, prostituição, roubo, assassinato e incêndio criminoso", e uma fachada teatral composta de "histórias e mitos adequados somente para idiotas".[13] Até seus partidários não acreditavam num teatro político de tamanho "sentimentalismo grosseiro", mas nenhum deles o rejeitava, pois o verdadeiro propósito dessas "ficções fraudulentas" — a propaganda, os slogans e os gestos — era esconder "as realidades atrozes e sórdidas" do regime de Perón. O público havia entrado numa "suspensão voluntária de descrença", porque, Borges deixava implícito, ninguém tivera coragem de denunciar a corrupção no âmago mesmo do sistema.

Porém, seu apoio à "regeneração democrática" de Aramburu fez com que entrasse em conflito com Estela. Ela diria de suas relações com Borges que "a Revolução Libertadora, que deveria nos aproximar mais, nos afastou um do outro".[14] Sendo comunista, ela era a favor de um acordo com os peronistas. Contra Borges, argumentava que, se democracia significava alguma coisa, era um governo para o povo eleito pelo povo, enquanto Aramburu estava tentando fazer o relógio voltar a 1910, quando a oligarquia governava através de eleições manipuladas. Em sua opinião, uma volta a esse sistema não era mais possível, e, assim, a única alternativa a eleições livres era a violência militar. Ademais, as diferenças políticas entre os dois se misturaram com a velha luta pelo poder entre Estela e Leonor. Estela inclinava-se a atribuir seu desacordo com Borges ao medo dele de contrariar a mãe: "Ele se agarrava ao ponto de vista de sua mãe".[15] Ela achava que Georgie estava sendo covarde, um filhinho da mamãe: ele deveria rebelar-se.

O que Estela deixava de ver era que Borges tinha sua própria integridade a defender. Longe de ser a favor da oligarquia, ele havia, desde a década de 1920, sustentado uma visão democrática da Argentina, livre do domínio de caudilhos como Perón. Mas a queda deste criou um problema terrivelmente difícil para os defensores da democracia liberal. Perón fora retirado do poder, mas não fora derrotado politicamente: sua influência ainda era enorme e ele era capaz de obter a maioria dos votos em qualquer eleição, embora não fosse claramente um democrata. A situação argentina era ainda mais complicada do que a da Itália ou da Alemanha do pós-guerra, onde os regimes fascistas haviam sido desacreditados pela derrota militar e o caminho podia ser limpo para uma sociedade liberal. Então, o que se deveria fazer? Na opinião de Borges, a Revolução Libertadora oferecia a melhor perspectiva para apagar as tendências pró-fascistas no país e pô-lo de volta no caminho da democracia.

Estela, no entanto, instava Borges a ser menos intransigente em sua visão política. Na verdade, ela o pressionava para fazer a mais dolorosa das escolhas:

ou desistia da possibilidade de salvar a pátria, tal como ele a concebia, ou renunciava à chance de encontrar o amor. A ideia de que o amor pudesse novamente lhe escapar deve ter sido insuportável para Borges, mas o tipo de amor que Estela parecia lhe oferecer estaria tão profundamente comprometido que não lhe traria a realização que esperava. E, assim, em vez de abandonar seu desejo de "regeneração democrática", ele escolheu sacrificar o amor de Estela. Decidiu acabar com a relação, embora soubesse que, ao fazê-lo, condenava-se a uma forma de morte.

Na hora H, Estela recusou-se a aceitar o fim da relação. Passou a perseguir Borges para fazê-lo mudar de ideia. Esperava num bar que ficava diante da Biblioteca Nacional, pronta para saltar quando ele saía do prédio; dizem até que o perseguiu pelas plataformas do metrô.[16] Um dia, ela apareceu no bar Munich, na praça Constitución, onde Borges estava bebendo com amigos, e fez uma cena terrível. Por fim, desistiu, e eles deixaram de se ver durante muitos anos.

Três vezes Borges cortejara Estela e três vezes a perdera. Além do mais, a saga tortuosa de suas relações se desenrolara tendo por pano de fundo o regime peronista: começara pouco antes de sua eleição em 1945 e acabara pouco depois de sua derrubada, dez anos depois. Essa simetria pode, em parte, explicar o ódio visceral e intransigente que Borges sempre sentiria por Perón. Embora de forma irracional, é possível que culpasse Perón por se meter entre os dois: Borges era um homem de cinquenta e tantos anos, sabia que estava condenado a ficar cego e, contudo, fora forçado a sacrificar o que seria provavelmente sua última chance de amor devido a uma discordância com Estela sobre a influência duradoura de Perón na Argentina.

Para marcar o fim da relação com Estela Canto, Borges escreveu "Uma rosa amarela", em que retratava o poeta barroco italiano Giambattista Marino deitado em seu leito de morte, ao lado de uma sacada aberta "que olha para o poente".[17] Uma mulher coloca uma rosa amarela num copo diante dele e isso leva Marino a recitar alguns de seus versos sobre a beleza da rosa. Mas, então, ele tem uma "revelação": "Marino *viu* a rosa, como Adão pôde vê-la no Paraíso, e sentiu que ela estava em sua eternidade e não em suas palavras" (itálico de Borges). Os muitos tomos de sua obra não eram "um espelho do mundo, mas uma coisa a mais acrescentada ao mundo". Às vésperas da morte, Marino percebe que não conseguiu captar a verdade da rosa com sua pena.

* * *

Privado de Estela, Borges abraçou o antiperonismo como uma vingança. Não teve escrúpulos em se identificar com a junta de Aramburu, mesmo quando ficou mais repressora em sua tentativa de expurgar todos os traços de peronismo do sistema político. Em 5 de março de 1956, foi aprovada uma lei que proscrevia o Partido Peronista e proibia a exibição de qualquer imagem de Perón ou de líderes peronistas, ou o uso de estandartes, símbolos e músicas peronistas. Os nomes de Perón e de seus parentes, as expressões *peronismo*, *peronista* e *justicialismo* foram proibidos, sob pena de prisão ou multas. Fizeram-se esforços também para desacreditar o mito da "Santa Evita" oferecendo provas da suposta corrupção de Eva Perón. Seus objetos pessoais — uma enorme coleção de joias, peles, sapatos e vestidos — foram postos em exibição pública e depois leiloados. Além disso, o palácio Unzué, que fora a residência oficial de Perón, foi demolido e fizeram-se planos para erguer em seu lugar um prédio novo que abrigaria a Biblioteca Nacional (da qual Borges era por acaso diretor).

Muitos escritores e intelectuais reclamaram da ferocidade dessas medidas para destruir o legado de Perón. Um dos mais proeminentes a fazer isso foi o crítico cultural Ezequiel Martínez Estrada, ligado havia muito tempo à revista *Sur* de Victoria Ocampo e conhecido antiperonista. Ele afirmava agora que os intelectuais deveriam procurar compreender as raízes do apoio maciço das classes pobres a Perón. Mas tais argumentos não funcionavam com Borges, que tratou de combater essa tendência de simpatizar com o peronismo organizando e publicando um manifesto, assinado por mais de sessenta escritores, em apoio a Aramburu, e formando um grupo de escritores e intelectuais, a Associação Cultural Argentina para a Defesa e Superação dos Ideais de Maio, conhecida como ASCUA (acrônimo que significa "brasa" em espanhol), com o objetivo de promover a liberdade de pensamento e expressão, que a Comunidade Organizada de Perón estivera a ponto de eliminar. Com efeito, ele estava contente por se tornar um porta-voz semioficial da junta e, em junho, aceitou um convite da embaixada argentina no Uruguai para fazer várias conferências em Montevidéu. Numa entrevista a um jornal uruguaio, expressou seu apoio à Revolução Libertadora e criticou Martínez Estrada por ter "indiretamente" elogiado Perón em artigos e discursos.[18]

Cinco dias depois dessas críticas de Borges, oficiais militares simpatizantes de Perón lideraram uma rebelião contra Aramburu. Os rebeldes exigiam a revogação da proibição do peronismo e a convocação de eleições livres para aquele ano. A rebelião foi debelada e seus líderes foram processados por cortes marciais, que lhes deram penas de até quatro anos de prisão. Mas, em 12 de junho, o governo de Aramburu desconsiderou as sentenças dos juízes militares e fuzilou 32 dos rebeldes.

Foi nessa atmosfera acirrada de violência e repressão que Martínez Estrada publicou uma réplica a Borges em 10 de julho, acusando-o de "lacaio pago" do governo e de "pregar o catecismo da desonra".[19] Borges reagiu a esse ataque destemperado com uma nota concisa em *Sur* na qual afirmava sua integridade como homem que sempre se opusera a Perón, mesmo quando a perspectiva de derrubá-lo era uma esperança distante: "Creio que o ditador era a encarnação do mal, e é uma superstição romântica supor que sua causa não era perversa somente porque é uma causa perdida hoje".[20]

Que o peronismo fosse de fato uma causa perdida era uma questão em aberto. Aramburu havia convocado para julho a eleição de uma Assembleia Constituinte, mas a participação de candidatos peronistas estava proibida. Os radicais, que compunham o maior partido, dividiram-se sobre a questão do que fazer com Perón: uma facção liderada por Ricardo Balbín se opunha a qualquer acordo com o peronismo; outra, liderada por Arturo Frondizi, era mais receptiva a uma acomodação. Perón mandou seus partidários votarem em branco. O resultado da eleição foi claro: a soma dos votos em branco superou a dos outros partidos. Os radicais de Balbín obtiveram 2,1 milhões de votos, o grupo de Frondizi ficou com 1,8 milhão, mas o verdadeiro vencedor nas urnas foi evidentemente Perón.

O resultado dessa eleição fez aumentar o clamor pelo levantamento da proibição de organizações peronistas e pelo retorno a eleições livres para a presidência e o Congresso. Borges, no entanto, opunha-se terminantemente a qualquer suavização da postura antiperonista do governo. Uma entrevista que deu a *El Hogar* em 2 de novembro de 1956 nos dá uma ideia de sua leitura da situação política, bem como lança uma luz lateral interessante sobre seus sentimentos em relação a Estela Canto.[21] Ele afirmava que, antes da Revolução Libertadora, quase todos os escritores argentinos eram contra a ditadura de Perón, "em alguns casos, ativamente, em outros, por meio da abstenção". Porém, quando haviam recentemente redigido um manifesto em apoio ao governo revolucionário, ele e Bioy Casares tinham sido criticados por alguns escritores. "E a coisa curiosa é que aqueles que nos censuraram pela declaração de apoio são os extremistas de esquerda e de direita, especialmente os comunistas" (Estela Canto, não podemos esquecer, era comunista).

Portanto, na opinião de Borges, deviam-se culpar principalmente os comunistas pela divisão da oposição a Perón e isso porque eles tinham afinidades com os peronistas em sua adesão comum a ideologias totalitárias. Os comunistas "são a favor de regimes totalitários e combatem sistematicamente a liberdade de pensamento, esquecendo-se do fato de que as principais vítimas das ditaduras são exatamente a inteligência e a cultura":

> Muitas pessoas são a favor de ditaduras porque elas lhes permitem evitar pensar por elas mesmas. Tudo é apresentado a elas já pronto. Existem até agências do Estado que lhes fornecem opiniões, senhas, slogans e até ídolos para exaltar ou derrubar, conforme o vento predominante ou de acordo com as diretivas das cabeças pensantes do partido único.

Quanto ao argumento de que os comunistas ou peronistas gozavam do apoio do povo, ele atribuía essa alegação a um "jogo duplo" de "ditadores demagógicos" que ao mesmo tempo "enganam e adulam as classes populares, fazendo-as acreditar que são elas que inspiram e influenciam seus líderes, quando são esses que as manipulam como lhes convém a fim de acumular mais poder e lucro para eles mesmos".

Ele comparava a situação da Argentina à de um homem doente que está "recuperando rapidamente sua saúde": "Mas ainda restam muitos pacientes recalcitrantes que se recusam a melhorar e resistem à terapia revolucionária. Temos de persistir no tratamento, aumentando a dose de democracia para os mais rebeldes para ver se eles podem ser curados de uma vez por todas". E em resposta à pergunta do entrevistador sobre qual o caminho que o país deveria seguir para conseguir "uma plena recuperação de sua vida institucional", Borges aprofundou a metáfora da doença: "Como ocorre com pacientes que acabam de superar uma doença grave, choques súbitos podem causar uma recaída". Havia gente "impaciente demais" — "na melhor das hipóteses, elas não veem os perigos que ainda nos ameaçam, na pior, [...] fomentam, provocam e exploram" esses perigos. O que a Argentina precisava era de "um regime adequado": "Creio que o governo está fazendo a coisa certa e que devemos ajudá-lo a manter e melhorar o processo de recuperação". Borges adotava uma posição bem linha-dura: a "democracia" devia ser aplicada em doses graduais porque "choques súbitos" — uma aceitação prematura de eleições livres, presumivelmente, ou a legalização do Partido Peronista — poderiam causar uma recaída na ditadura. Na verdade, ele caía em contradição: defendia uma suspensão indefinida da democracia até o momento em que "o povo" fosse considerado pronto para ela.

A lealdade de Borges a Aramburu traria suas recompensas. Em 1956, recebeu um Prêmio Nacional de Literatura e foi escolhido para a cadeira de Literatura Inglesa e Norte-Americana na Universidade de Buenos Aires. Em seu *Ensaio autobiográfico*, fez um relato benévolo dessa nomeação:

> Outros candidatos tinham enviado minuciosos relatórios de suas traduções, artigos, conferências e demais realizações. Limitei-me à seguinte declaração: "Sem me dar conta, venho me preparando para esse cargo durante toda a minha vida". Essa simples proposta surtiu efeito. Contrataram-me e passei dez ou doze anos felizes na Universidade.[22]

Tal como no caso da direção da Biblioteca Nacional, insinuava que se tratava de uma honra não buscada, mas Betina Edelberg deu uma versão diferente dos acontecimentos.[23] Ela voltara ao seu cargo na universidade depois da queda de Perón e, um dia, recebeu um telefonema da mãe de Borges que lhe disse que seu filho estava interessado em se candidatar para a cadeira de Inglês e perguntava se ela estava disposta a se manifestar a favor dele. Betina foi falar com o diretor da faculdade, o historiador Alberto Salas, que como "Decano Interventor" fora encarregado pelo governo de Aramburu da tarefa de se livrar dos indicados pelo peronismo e nomear novos professores. O fato de Borges não ter nenhuma qualificação acadêmica — nem se formara no segundo grau — não foi obstáculo para sua nomeação. De qualquer modo, esse inconveniente foi logo corrigido quando recebeu o doutorado honorário da Universidade de Cuyo, em Mendoza, o primeiro dos muitos títulos honorários que receberia em sua vida. Portanto, é muito provável que sua escolha para a cadeira tenha se devido tanto a uma mexida de pauzinhos quanto a sua "simples proposta".

No final de 1956, Borges já era uma das figuras públicas mais controvertidas da Argentina. Em dezembro, foi atacado em um artigo do romancista Ernesto

Sábato, que ficou ao lado de Martínez Estrada e acusava Borges de não levar em conta a "trágica miséria" do "povo sublevado".[24] Sábato havia sido um sólido antiperonista e membro da ASCUA, mas ficara cada vez mais perturbado pelo caráter repressivo da junta de Aramburu e, como editor da revista *Mundo Argentino*, publicara alegações de que militantes peronistas estavam sendo torturados pelas autoridades. Sábato se retirara então da ASCUA[25] e publicara um folheto chamado *A outra face do peronismo* (1956), em que afirmava que os intelectuais argentinos eram culpados de ter ignorado as injustiças sociais que levaram as massas a apoiar Perón. Borges escreveu uma resposta ríspida em que acusava Sábato de querer congraçar-se com Perón, "o múltiplo monstro". "De qualquer modo, a ética não é um ramo da estatística; uma coisa não deixa de ser atroz somente porque milhares de homens possam tê-la aclamado ou praticado."[26]

Borges começava a ter consciência do dilema que o afligiria — assim como à política argentina — pelo resto de sua vida. Pois como criar uma democracia quando o maior setor do eleitorado elegerá um líder totalitário que é ideologicamente hostil à democracia liberal? Deve-se aceitar "a vontade do povo" sem levar em conta princípios e valores? Borges estava sendo levado para uma posição em que desejava restaurar a democracia, mas só podia confiar numa elite não representativa para levar a cabo essa tarefa. Era uma contradição evidente e, sem dúvida, ele tinha consciência de suas implicações, tanto para o país como para si mesmo. Perón o forçava a questionar a sabedoria do "povo" e isso ameaçava comprometer, se não destruir, seu sonho de uma Argentina democrática. Ele desistira de Estela Canto em nome dos princípios políticos, mas, se salvar a pátria se mostrasse impossível, então ele teria sacrificado o amor por nada e teria desperdiçado a última oportunidade de dar algum sentido a sua vida.

No decorrer de 1957, Borges sucumbiria a uma crescente alienação. Certamente, uma alienação dos acontecimentos políticos que começavam a lhe escapar, mas também uma alienação mais profunda: um distanciamento do desejo de seu coração. Ele deu voz a esse curioso alheamento em "Borges e eu", publicado em março de 1957 no primeiro número de *La Biblioteca*, a revista revivida da Biblioteca Nacional.[27] Nesse texto, faz uma distinção entre um eu pessoal, íntimo, e um eu externo chamado "Borges", cujo nome aparece "numa lista tríplice de professores ou num dicionário biográfico" e que tem o "perverso costume de falsear e magnificar" as coisas que os dois têm em comum:

> Seria exagerado afirmar que nossa relação é hostil; eu vivo, eu me deixo viver, para que Borges possa tramar sua literatura, e essa literatura me justifica. Não me custa nada confessar que alcançou certas páginas válidas, mas essas páginas não podem me salvar, talvez porque o bom já não seja de ninguém, nem mesmo do outro, mas da linguagem ou da tradição.

"Borges e eu" deriva sua força da paranoia subjacente a esse relato de alienação de si mesmo. "Borges", o homem público, cai sobre seu "eu" fugitivo como uma besta voraz que cerca sua presa:

> Há alguns anos tentei livrar-me dele e passei das mitologias do arrabalde aos jogos com o tempo e com o infinito, mas esses jogos agora são de Borges e terei de imaginar outras coisas. Assim minha vida é uma fuga e tudo eu perco e tudo é do esquecimento, ou do outro.
>
> Não sei qual dos dois escreve esta página.

Ele sempre estivera em movimento, em busca daquela parte realmente criativa de si mesmo que faria sua literatura ganhar vida, mas a tragédia de "Borges e eu" era que, como escreveu, sabia que não havia mais sentido em buscar: não acreditava mais que a literatura oferecesse um domínio da realidade e parecia ter perdido sua última chance com o amor.

Em janeiro de 1958, publicou "O fazedor" em *La Biblioteca*, no qual se põe no lugar de Homero cego que relembra dois momentos fundamentais de sua vida passada.[28] O texto começa com uma vigorosa recriação da alegria que Homero sentiu quando era um guerreiro jovem graças a seu envolvimento imediato com o mundo ao seu redor. Homero lembra-se da experiência que o impeliu a pegar em armas: havia contado a seu pai que outro rapaz o insultara e seu pai pegara da parede um punhal de bronze, "belo e poderoso", e lhe dera a arma; "a voz do pai estava dizendo: 'Que alguém saiba que és um homem', e havia uma ordem na voz". O jovem Homero pressentiu a "força mágica" do punhal em suas mãos e se tornou um guerreiro porque queria recapturar "o gosto exato daquele instante", "o resto não importava". O êxtase de segurar o punhal estava ligado a sua busca posterior pelo amor. "Uma mulher, a primeira que os deuses lhe depararam, o havia esperado na sombra de um hipogeu, e ele a procurou por galerias que eram como redes de pedra e por declives que afundavam na sombra." A cegueira de Homero é, portanto, uma metáfora de seu fracasso em encontrar a mulher, um fracasso que o condena a refletir em vez de agir, a lembrar em vez de gozar. E, contudo, é esse fracasso que faz dele um poeta; ele compreende que não estava destinado a ser um guerreiro ou amante; seu destino é cantar "o amor e o risco", cantar as "Odisseias e Ilíadas" que ressoaram para sempre na memória humana. Aqui, Borges renega sua crença de que a pena pode captar a sublime alegria de segurar o punhal. Escrever é uma atividade vicária, nascida da incapacidade de satisfazer o verdadeiro desejo, e, embora possa trazer seus consolos, talvez seja insuficiente no fim para justificar uma vida: não sabemos o que Homero "sentiu ao afundar até a última sombra".

"Borges e eu" e "O fazedor" são textos escritos a partir de um sentimento crescente de apreensão, pois, no decorrer de 1957, Borges deve ter percebido que as perspectivas de criar uma Argentina democrática — a última esperança que nutria — dependiam crucialmente do resultado da eleição presidencial marcada para julho de 1958. O fato de elas terem sido convocadas dava uma medida da influência que Perón ainda exercia, apesar de viver no exílio. Pessoalmente, Borges teria sido favorável a um período mais longo de "convalescença" antes de o país voltar à democracia, mas o general Aramburu fora pressionado a convocar uma eleição pelo clamor crescente da oposição para que acabasse o regime militar não democrático.

Entretanto, uma vez mais os candidatos peronistas estariam excluídos das eleições, mas o líder na campanha eleitoral, o radical dissidente Arturo Frondizi, havia secretamente cortejado Perón e obtido o apoio tácito da máquina peronista. Em 23 de fevereiro de 1958, ele ganhou a presidência por uma margem convincente, graças, em larga medida, aos votos dos peronistas; mesmo assim, houve cerca de 800 mil votos em branco. O pacto de Frondizi valera a pena — ele ganhara a eleição —, mas o preço que pagara fora abrir as portas para que Perón tornasse o país ingovernável.

O principal motivo da popularidade de Perón estava no fato de que ele anunciara uma revolução social e econômica, embora não a tivesse levado a cabo. Antes de mais nada, ele havia melhorado as condições materiais da grande massa do povo. Em certo sentido, também havia modernizado a política argentina ao conceder direitos aos trabalhadores, estender o voto às mulheres, secularizar a educação e legalizar o divórcio. Mas esses ganhos foram obtidos com base num culto autoritário da personalidade e seu caudilhismo não ficaria menos virulento depois de sua derrubada: continuava livre para influenciar o curso dos eventos na Argentina a partir de sua mansão em Madri.

Desse modo, Perón se tornaria um íncubo sobre o corpo político argentino, com seu poder pessoal ocupando o lugar do desenvolvimento das instituições democráticas. O impasse resultante pôs o país numa espiral descendente, pois tornou-se impossível gerir a economia sem o consentimento dele e isso, por sua vez, agravou as queixas populares. Ao contrário da Itália e da Alemanha do pós-guerra, não surgiu um consenso em apoio da democracia liberal depois da queda de Perón. Nas décadas seguintes, a Argentina experimentaria convulsões periódicas em um sistema de outro modo paralisado, convulsões que se tornaram cada vez mais violentas à medida que a agitação operária deu lugar ao terror da guerrilha, que, por sua vez, seria enfrentada pelo contraterror militar, chegando ao ponto em que a nação quase se despedaçou.

A vitória de Frondizi nas eleições de 1958 convenceu Borges de que a Revolução Libertadora havia fracassado em seu objetivo básico de "regeneração democrática". Seu sonho de livrar o país do caudilhismo acabara e assim ele se resignou a abraçar a contradição que o assombrava desde 1956: podia acreditar na democracia, mas era incapaz de confiar no "povo", uma vez que este estava "acorrentado a mitos ideológicos" propagados por Perón.[29] O grau de sua desilusão está evidente em "Ragnarök", que deve ter sido escrito em algum momento depois da vitória de Frondizi.[30] Na mitologia nórdica, Ragnarök assinala o crepúsculo dos deuses, anunciando o fim do mundo.

Na versão de Borges de Ragnarök, ele sonha com uma invasão da Faculdade de Filosofia e Letras por uma turba de criaturas estranhas. "Gritos humanos e animais" vinham do Bajo, a região de favelas em torno das docas de Buenos Aires. Alguém anuncia que essas criaturas eram "os Deuses" e todos aplaudem sua chegada. Então, quatro ou cinco desses deuses saem da "turba" e ocupam o estrado do salão principal da faculdade. Um deles prorrompe "num cacarejo vitorioso" e é então que Borges começa a suspeitar de que os deuses teriam perdido o poder de falar, que "séculos de vida fugitiva e feral haviam atrofiado neles o humano". Ele recua, enojado: "Testas muito baixas, dentaduras amarelas, bigodes ralos de mulato ou de chinês e beiços bestiais revelavam a degeneração da estirpe olímpica". E a repugnância se transforma em medo: "Bruscamente sentimos que jogavam sua última cartada, que eram matreiros, ignorantes e cruéis como velhos animais carnívoros e que, se nos deixássemos levar pelo medo ou pela pena, acabariam nos destruindo".

"Ragnarök" está imbuído de uma ampla repugnância pelos "Deuses". Suas roupas exibem o "luxo malévolo das casas de jogo e dos bordéis do Bajo". Mais especificamente: "Numa lapela sangrava um cravo; num paletó ajustado adivinhava-se o volume de uma adaga". Transparece que "os Deuses" que estão profanando a universidade são exatamente os *compadritos* que encarnaram o "culto da coragem" em sua literatura e os quais ele havia imaginado como heróis da epopeia urbana de Buenos Aires que pensara em escrever na sua juventude. Mas os *compadritos* haviam se transformado nos capangas e esbirros de Perón; e a adaga, que fora o símbolo central do desejo de seu coração, não era mais a arma revitalizadora do caçador de jaguar, mas um objeto infame de traição e dissimulação.

Em "Ragnarök", Borges expressa seu desânimo diante do malogro da Revolução Libertadora que não trouxera a "regeneração democrática": tinha de aceitar que Perón havia destruído tudo em que ele acreditara ou por que esperara. E, tendo em vista que persistia em apoiá-lo, o povo era visto agora como uma ameaça; tinha de destruí-lo antes que ele destruísse os valores que lhe eram caros. E assim ele conclui o texto: "Sacamos os pesados revólveres (de repente houve revólveres no sonho) e alegremente demos morte aos Deuses". Estela Canto tinha razão: a única alternativa a um acordo com Perón era aceitar a violência militar. Não obstante, há algo de perverso nessa imagem de Borges "alegremente" atirando numa horda de selvagens que emana dos lugares estranhos, escuros e proibidos das profundezas do Bajo. Se havia algum tipo de alegria no massacre, era um tipo de júbilo maluco, autopunitivo, pois, ao escrever "Ragnarök", Borges, como Estela havia previsto, ficava ao lado de sua mãe: estava pegando a espada da honra, mas a utilizava, finalmente, para cortar seu próprio coração.

Em 3 de agosto de 1959, poucas semanas antes de completar sessenta anos, Borges escreveu "O outro tigre", uma de suas reflexões mais pungentes sobre o fracasso de seu esforço criativo fundamental.[31] Conforme contaria a Richard Burgin, "eu estava andando pela biblioteca e então escrevi aquele poema em mais ou menos um dia".[32] A figura do tigre rondara sua imaginação desde a época em que, ainda menino, costumava olhar para o grande tigre-de-bengala do zoológico de Palermo, e foi precisamente seu confinamento na "penumbra" da "vasta Biblioteca laboriosa" que o fez pensar em um tigre brilhante como uma "joia nefasta" na selva, um animal "forte, inocente, ensanguentado e novo" e para o qual o mundo "não tem nomes nem passado, nem há futuro, só um instante certo". Todos os tigres sobre os quais havia escrito, pondera ele, não eram nada parecidos com um tigre verdadeiro, "cumprindo em Sumatra ou em Bengala/ sua rotina de amor, de ócio e de morte"; eles não passavam de "uma série de tropos literários/ e de memórias da enciclopédia". Contudo, alguma coisa impõe a ele a "insensata e antiga" aventura de procurar "o outro tigre, o que não está no verso", embora soubesse, como observaria mais tarde a Antonio Carrizo, que a busca era "infinita e vã", porque "a realidade é inalcançável pela arte".[33]

O fato é que chegara à mesma conclusão seis anos antes no conto "O fim". Tudo o que lhe acontecera desde então fora uma distração torturante: a promessa renovada do amor de Estela, a queda de Perón, a perspectiva de escrever *O Congresso*, um vislumbre do Aleph, tudo isso se revelava agora como ninharias que o destino acenara diante de seus olhos cada vez mais fracos. Tudo o que sobrava era a biblioteca, a Biblioteca Nacional, um avatar gigantesco daquela outra biblioteca que conhecera quando menino na casa da família em Palermo. Mas a biblioteca do pai lhe havia ao menos possibilitado a liberdade de ler, que o poupara de um destino ainda pior — sujeição total à vontade da mãe sob a sombra da espada de honra. Sua nomeação para diretor da Biblioteca Nacional podia, portanto, ser uma espécie de volta para casa, um retorno a um tempo anterior a sua procura das quimeras do tigre e do punhal. No entanto, até a liberdade de ler lhe fora negada pela cegueira:

> Pouco a pouco, comecei a entender a estranha ironia dos eventos. Sempre imaginara o Paraíso com o aspecto de uma biblioteca. [...] E lá estava eu, de algum modo o centro de 900 mil volumes em várias línguas. Descobri que mal conseguia adivinhar as páginas de rosto ou as lombadas. Escrevi então o "Poema dos dons".[34]

Borges queria que os versos de abertura do poema fossem "calmos, como uma oração",[35] o tipo de oração que poderia sair de seus lábios enquanto perambulava por sua "cidade de livros" com "olhos sem luz":

> Ninguém rebaixe a lágrima ou rejeite
> esta declaração da maestria
> de Deus, que com magnífica ironia
> deu-me a um só tempo os livros e a noite.

E ele se compara ao rei da lenda grega que morre de fome e sede "entre fontes e jardins".

24. O império da mãe (1958-63)

A vida de Borges ganhou uma rotina tranquila. Cuidava de seus deveres na Biblioteca Nacional, dava seus cursos na universidade, fazia palestras em Buenos Aires e, de vez em quando, empreendia viagens para dar conferências nas províncias, o mais das vezes acompanhado por sua mãe. No final dos anos 1950, segundo Esther Zemborain, esse estranho casal — a dama aristocrata e seu filho cego — já haviam alcançado uma espécie de "status mítico" no mundo literário portenho.[1] D. Leonor se tornara secretária e gerente de negócios do filho, sua guia geral e protetora, e reunia em torno dela um círculo de senhoras de estirpe que mimavam Georgie e funcionavam como um coro de admiração a cada sucesso ou distinção sua.

A crescente cegueira de Borges unira mãe e filho como nunca, e não há dúvida de que Leonor Acevedo floresceu graças a essa associação: ler em voz alta para ele estimulou-a a desenvolver seu inglês até então rudimentar e ela o ajudava nas traduções, a tal ponto que se tornou capaz de empreender ela mesma essa atividade. Sua inteligência inata pôde então andar a rédeas mais soltas do que seria o caso normalmente para uma senhora de sua classe e geração, e, graças a esforços próprios, conseguiu superar o que Borges chamava de ignorância "inconcebível" dos Acevedo.[2] Mas, no que dizia respeito a Borges, a mãe havia assumido o comando. O crítico Emir Rodríguez Monegal lembra de ter almoçado no apartamento deles e, depois que a criada lhe serviu o vinho, voltou-se para d. Leonor e perguntou se deveria servir Borges também.[3] A resposta foi bem firme: "*El niño no toma vino*" (O menino não toma vinho). D. Leonor pode ter se transformado no amanuense de Georgie, escrevendo o que ele lhe ditava e lendo em voz alta para ele, mas, como Monegal observou, "era tudo feito do modo como uma mãe ajuda o filho com a lição de casa".

O interesse de Borges por epopeias e mitos se reacendeu de uma forma curiosamente atenuada nesse período. Na juventude, ele lera poemas épicos porque aspirava mitificar os crioulos numa história em versos da Argentina, mas, nesse estágio de sua vida, o interesse reviveu como um exercício de erudição amadora. Resolveu aprender sozinho o anglo-saxão para poder ler textos em inglês antigo no original, e ocorreu-lhe perguntar aos seus alunos na universidade se estariam interessados em aprender essa língua com ele. A partir de 1958 mais ou menos, quatro ou cinco estudantes, na maioria moças, passaram a ir à Biblioteca Nacional aos sábados pela manhã para acompanhar Borges na decifração de textos em inglês antigo com a ajuda do *Anglo-Saxon Reader* de Sweet, de seus conhecimentos de alemão e de um grande dicionário que lhe foi dado por um amigo escocês em Buenos Aires. O grupo abriu caminho penosamente por *Beowulf, the dream of the rood* e trechos da *Anglo-Saxon Chronicle*. Seu primeiro encontro com a língua produziu um estranho contentamento: saiu para a rua com seus estudantes declamando um trecho que haviam conseguido decifrar naquela manhã. Aprender anglo-saxão concedeu-lhe a "pura contemplação de uma linguagem da alvorada",[4] e nesse passatempo recôndito ele pôde escapar para outro tempo e outro lugar, longe de Buenos Aires, onde tudo era exasperação e desalento.

Publicaria muito pouco nesses anos e não escreveu ficção — contar histórias sempre servira de arena para a articulação de conflitos internos, então não fazia muito sentido empreender mais explorações desse tipo. Sua produção restringiu-se a poemas ou breves reflexões em prosa. Em 1960, seu editor na Emecé, Carlos Frías, sugeriu que reunisse uma nova coletânea de sua obra, mas Borges não achava que tivesse muita coisa a oferecer. Desde meados da década de 1950, escrevera cerca de uma dúzia de textos em prosa e umas duas dúzias de poemas. Numa tarde monótona de sábado, remexeu em seus papéis e juntou vários textos para o livro novo, na maioria contribuições para *Crítica* e *Destiempo*, escritas na década de 1930.

Todos os textos que entrariam na nova coletânea foram produzidos durante períodos de desespero diante de seu fracasso em se tornar um poeta como Walt Whitman. Sem dúvida, ao reconhecer esse fator comum, escreveu o texto em prosa "O fazedor", que daria título ao livro de 1960, pois é nele que descreve o episódio transcendente em que sentiu pela primeira vez o poder mágico do punhal de seu pai e seu posterior fracasso em concretizar aquele poder em sua literatura. Como insinua em "O fazedor", a função do poeta era para ele agora totalmente tradicional: ele precisava manter viva a memória dos feitos dos homens bravos e lamentar a passagem do tempo. Os poemas que escreveu nesse período tendem assim ao elegíaco: são composições desiludidas e conservadoras — sonetos em sua maioria — sobre tempo, perda e os enigmas do destino. O objetivo da poesia, declara em "Arte poética", é "transformar o ultraje desses anos/ em música, em rumor e em símbolo", pois a poesia "retorna como a aurora e o ocaso" e, tal como um espelho, "nos revela nosso próprio rosto" ou nos dá uma visão do lar, como a Ítaca de Ulisses, mas, uma vez que, no fim, tudo é transitoriedade e sonho, a poesia, tal como o tempo, como nós mesmos, é o que passa e fica, é a mesma e, no entanto, outra, "como o rio interminável".[5]

Durante boa parte do tempo, esteve distante dos acontecimentos políticos no país. Desnecessário dizer que lhe eram profundamente desagradáveis. No final da década de 1950, uma nova geração de intelectuais começou a reavaliar o peronismo. Embora socialistas ou marxistas, esses jovens resolveram desconsiderar o autoritarismo de Perón, suas raízes ideológicas no fascismo italiano, suas afinidades com o general Franco na Espanha e passaram a ver nele um emancipador da classe operária e um defensor da pátria contra o neoimperialismo. Inevitavelmente, Borges foi criticado por ser um escritor cosmopolita com pouca sensibilidade para "o nacional". Era uma acusação já bem conhecida — ele a ouvia de um coro variado de nacionalistas e "germanófilos" desde o início dos anos 1930. Naquela época, o nacionalismo argentino estava associado, em larga medida, à direita, e o tipo de nacionalismo borgeano, seu crioulismo, com seu ideal hospitaleiro de criar um "homem novo" na Argentina, era, por sua vez, percebido como pertencente à esquerda. Mas, na década de 1960, Borges passaria a ser considerado "reacionário" pela nova geração de intelectuais: seu histórico de nacionalista democrático pró-Irigoyen e de defensor da liberdade intelectual contra os simpatizantes argentinos do nazismo e fascismo foi desconsiderado e por fim apagado da memória.

Todo o entendimento que Borges tinha da história argentina estava agora confuso. Quando *La Nación* lhe pediu para escrever um poema a fim de marcar o 150º aniversário da primeira revolta dos crioulos contra a Espanha, em maio de 1810, ele ficou embaraçado: "Achei que não podia fazer nada com esse tema", diria a Carrizo. Mas produziu um poema chamado simplesmente "A la Pátria en 1960", que disse ser mais uma elegia do que uma ode, pois era "um poema íntimo, o menos oficial dos poemas".[6] Ele comparava sua relação com a Argentina com um "íntimo diálogo" entre "a gota" e "o rio", e enumerava lembranças e sensações que combinavam com sua apreciação muito pessoal da terra natal. Afora isso, não podia dizer o que a pátria era realmente, "porém por esse rosto vislumbrado/ vivemos e morremos e ansiamos,/ oh, inseparável, misteriosa pátria".

A Revolução Cubana serviu para distanciar Borges ainda mais da geração jovem. Sua opinião sobre Fidel Castro estava condicionada por seu ódio de Perón: via o novo regime de Cuba como mais uma manifestação do nacionalismo autoritário, com tendência ao totalitarismo. Faria comentários depreciativos sobre Castro e o herói guerrilheiro Che Guevara, nascido na Argentina, e isso lhe granjearia mais vituperações da esquerda, para a qual a Revolução Cubana, que ainda estava na sua fase eufórica, anunciava a libertação de toda a América Latina do que era percebido como dependência neocolonial dos países desenvolvidos.

Não obstante, como se poderia esperar de um homem de temperamento cético, Borges não deixaria que a mera política se interpusesse entre ele e seus amigos. Ao aceitar um convite para ir a Havana em 1961 e participar do júri do prêmio Casa de las Américas, Pepe Bianco, editor da *Sur*, provocou a ira de Victoria Ocampo, a proprietária da revista. Ela fez questão de publicar uma declaração no número de março-abril da *Sur* que desassociava sua revista das simpatias políticas de seu editor. Ao voltar de Cuba, Pepe não teve outra opção senão se demitir. Ele sentiu-se "profundamente ferido" pela briga com Victoria Ocampo e, ainda por cima, estava desempregado.[7] Borges, no entanto, convidou-o para jantar e, como Bianco registrou em suas memórias, "teve o tato de espantar minha tristeza conduzindo a conversa para temas leves e impessoais". No decorrer da refeição, mencionou alguns empregos pelos quais Bianco poderia se interessar. Essa preocupação discreta com o amigo foi muito apreciada: "Sua atitude comoveu-me mais do que ele poderia prever".

A vida de Borges teria continuado nesse rumo monótono se não fosse por um lance de sorte que surgiu como um raio em maio de 1961. Era domingo e ele estava almoçando na casa de Bioy Casares quando recebeu um telefonema informando de que ganhara um prêmio literário internacional do qual jamais ouvira falar. De início, achou que era uma brincadeira, mas, na verdade, tratava-se de um prêmio que era concedido pela primeira vez naquele ano. Seis editoras — Gallimard, da França, Einaudi, da Itália, Rowohlt, da Alemanha, Seix Barral, da Espanha, Weidenfeld and Nicolson, de Londres, e a Grove Press, de Nova York — haviam criado o International Publishers' Prize, a ser concedido a um autor "de qualquer nacionalidade cuja obra existente terá, na visão do júri, uma influência duradoura sobre o desenvolvimento da literatura moderna".[8] O vencedor receberia 10 mil dólares e teria um livro traduzido e publicado em cada um dos países representados pelas editoras patrocinadoras do prêmio. Criaram-se seis comissões que compreendiam escritores, críticos e acadêmicos de cada um dos idiomas (entre eles estavam escritores ilustres, como Alberto Moravia, Iris Murdoch e Hans Magnus Enzensberger).[9] Em maio, os membros das várias comissões reuniram-se no Hotel Formentor, em Maiorca. Dois nomes acabaram se destacando: Samuel Beckett e Jorge Luis Borges. As comissões francesa, espanhola e italiana defendiam o nome de Borges, enquanto ingleses, americanos e alemães preferiam Beckett. Os organizadores haviam planejado convocar uma sétima comissão, escandinava, que resolveria o impasse, votando provavelmente em Beckett com o bloco "do norte", mas não houve tempo para montá-la naquele ano. A certa altura, os americanos tentaram romper o impasse apresentando a candidatura de Henry Miller, mas essa proposta foi deixada de lado. Resolveram então dividir o prêmio igualmente entre Beckett e Borges.

"Em consequência desse prêmio, meus livros proliferaram da noite para o dia em todo o mundo ocidental", diria ele em seu *Ensaio autobiográfico*.[10] Na verdade, demoraria vários anos para que sua reputação internacional ficasse bem estabelecida, mas ele recebeu reconhecimento oficial rápido da França e da Itália, onde seu nome era conhecido havia anos por círculos pequenos, porém influentes. Ganhou o título de "Gran Commendatore" do presidente da Itália durante sua visita oficial à Argentina, em 1961, e, em novembro do ano seguinte, o governo francês lhe atribuiu o título de "Commandeur de l'Ordre des Arts et des Lettres", por recomendação de André Malraux, o ministro da Cultura de Charles de Gaulle.

O crítico Roger Caillois, membro da comissão francesa do International Publishers' Prize, fora um dos defensores mais apaixonados de Borges durante os debates no Hotel Formentor. Ele conhecera sua obra quando estava exilado em Buenos Aires durante a guerra e, ao voltar a Paris, encomendara a primeira tradução estrangeira de *Ficções* para La Croix du Sud, uma série de obras latino-americanas que editou para a Gallimard. Essa tradução francesa de 1951 pode ser considerada a verdadeira origem da imensa reputação que Borges acabaria por gozar no exterior. No ano seguinte, Caillois publicou tradução feita por ele mesmo de uma antologia de contos com o título de *Labyrinthes*, e Borges logo chamou a atenção dos escritores e críticos franceses. Em setembro de 1952, dois ensaios sobre sua obra apareceram em revistas literárias de prestígio: *Critique* publicou um estudo introdutório de Paul Bénichou, um de seus tradutores, e o renomado crítico Étiemble escreveu uma resenha substancial de *Ficções* na revista de Sartre *Temps Modernes*.[11] Em 1955, essa mesma revista publicou oito ensaios de Borges e, dois anos depois, publicaria também "O Aleph".[12] Em 1957, a Gallimard publicou uma tradução feita por Paul e Sylvia Bénichou de *Outras inquisições*, com o título de *Enquêtes*, e, no ano seguinte, Caillois publicou suas traduções de *História universal da infâmia* e *História da eternidade*. Desse modo, no final dos anos 1950, o mundo literário francês já tinha acesso a três coletâneas dos contos de Borges, bem como a uma importante antologia de seus ensaios críticos e uma seleção de suas especulações metafísicas.

Graças a essas traduções precoces para o francês, sua obra seria traduzida também para o italiano e o alemão. Na Alemanha, uma antologia com o título de *Labyrinthe* foi publicada pela Hanser Verlag em 1959, embora tenha passado, em larga medida, despercebida na ocasião. Na Itália, ao contrário, Borges foi uma revelação. A versão francesa de *Ficções* foi notada por Elio Vittorini, da editora Einaudi, o que levou à publicação em 1955 de uma antologia traduzida por Franco Lucentini com o título de *La biblioteca di Babele*. Segundo Italo Calvino, Borges logo passou a exercer ampla influência na Itália "sobre a escrita criativa, sobre o gosto literário e sobre a própria ideia de literatura".[13]

Borges chegou à Espanha inicialmente via Itália, graças, em grande medida, à iniciativa do poeta e editor Carlos Barral, sócio da Seix Barral, que tinha conexões com a Einaudi. Figura importante da esquerda espanhola, Barral decidiu introduzir na Espanha vários autores latino-americanos cujo experimentalismo considerava conducente a uma ampliação dos horizontes culturais de um país dominado havia tanto tempo pelas políticas católico-nacionalistas monolíticas da ditadura de Franco. Com efeito, havia sido Barral que propusera o nome de Borges para o prêmio internacional. Escolhera-o devido a sua influência seminal sobre uma geração promissora de escritores latino-americanos que seriam publicados em breve pela Seix Barral e ganhariam fama internacional. Escritores jovens como Gabriel García Márquez, Julio Cortázar, Carlos Fuentes e Mario Vargas Llosa, os futuros astros do assim chamado boom latino-americano, admiravam Borges por seu estilo irônico, discreto, considerado revolucionário na literatura em espanhol da época, bem como por seus ensaios que defendiam o fabuloso e o fantástico na ficção narrativa, que haviam preparado o terreno teórico desde o início dos anos 1930 para o surgimento do "realismo mágico".

A reputação de Borges demoraria um pouco mais para alcançar o mundo da língua inglesa. Mesmo assim, em 1961, ele foi convidado pela Fundação Edward Larocque Tinker a passar um semestre como professor visitante na Universidade do Texas em Austin, onde faria leituras e daria um curso sobre literatura argentina. Quando ele deixou Buenos Aires, no dia 10 de setembro, acompanhado por sua mãe, era a primeira vez que os dois punham o pé fora da região do rio da Prata desde 1924. A dupla produziu uma impressão um tanto esquisita quando chegou aos Estados Unidos. James E. Irby, um especialista em América Latina de Princeton, que entrevistou Borges em dezembro, achou que poderiam ser confundidos com marido e mulher: Borges, com sua cabeça grande e cabelos prateados, tinha uma aparência distinta, de um senador americano, enquanto a pequenina d. Leonor era surpreendentemente viçosa e bonita.[14] Borges, embora bilíngue, jamais passara algum tempo num país de língua inglesa, exceto por um par de semanas na Inglaterra, na juventude, e ficou surpreso ao ouvir o inglês ser falado por todos ao seu redor — até por "operários que cavavam valetas" no campus; para ele, o inglês fora um veículo literário, "língua que até então eu pensava ser negada a essa classe de pessoas".[15]

Ficaria nos Estados Unidos nos seis meses seguintes, retornando a Buenos Aires em 25 de fevereiro de 1962. Visitou o Novo México e a Califórnia e fez palestras em Harvard, Yale, Columbia, na Biblioteca do Congresso e na Organização dos Estados Americanos, em Washington. O que lhe encantou particularmente nessa estada foi a oportunidade de se entregar a uma viagem sentimental a lugares ligados aos autores que admirava. Por esse motivo, gostou especialmente da visita a Harvard, onde foi recebido pelo ilustre filólogo argentino Raimundo Lida. Denah, a esposa do professor Lida, levou-o à mansão georgiana na rua Brattle, em Cambridge, onde Longfellow morou por décadas, e, no carro,

Borges não parava de recitar de memória longos trechos da obra do poeta.[16] Depois, quis ver a casa de Emerson em Concord, e Denah lembrou-se de levá-lo de carro pelos campos nevados e observá-lo passar um tempo excessivo olhando para a casa (enquanto ela temia que seu convidado, com a visão tão prejudicada, pudesse escorregar no gelo), para depois ouvi-lo dizer por fim que a casa não era tão grandiosa quanto a de Longfellow. Mas, além dos prazeres puramente literários, os Estados Unidos lhe deram uma percepção de sua herança puritana, o fato de que "o povo dos Estados Unidos se aproxima das coisas eticamente. Isso era o que eu — como protestante amador — mais admirava. Até me ajudava a não dar importância aos arranha-céus, às sacolas de papel, à televisão, aos plásticos e à horrível selva de utensílios".[17] Essa aproximação ética "protestante" seria uma influência importante sobre ele quando, mais adiante, seu país caiu ainda mais na desordem política.

Em 1963, o dr. Neil MacKay, diretor do Conselho Britânico em Buenos Aires e bom amigo de Borges durante os anos duros do regime peronista, arranjou-lhe uma série de conferências na Grã-Bretanha, e mais uma vez sua mãe o acompanhou. Por razões sentimentais, fariam visitas breves a Madri e Genebra. Partiram em 30 de janeiro, no auge do verão portenho, para encontrar um inverno rigoroso na Europa. Primeiro, foram a Madri, onde passariam apenas um dia, mas Borges estava ansioso para se encontrar com Rafael Cansinos-Asséns, que estava com 81 anos e muito doente (morreria no ano seguinte). Passaram uma manhã juntos na casa de Cansinos, lembrando os dias do ultraísmo e da vanguarda madrilena. Durante toda a conversa, Borges segurou a mão de seu velho mestre e, quando chegou o momento de partir, chorou em silêncio enquanto sussurrava adeus no ouvido de Cansinos.[18] Sua estada, no entanto, passou quase despercebida pelos meios de comunicação espanhóis: a conferência que fez no Instituto de Cultura Hispânica naquela tarde atraiu pouco público, mas *La Razón*, de Buenos Aires, registrou que sua palestra sobre metáfora no Ateneo de Madri foi calorosamente aplaudida por uma plateia em que estavam "as figuras intelectuais e acadêmicas mais proeminentes" da Espanha.[19]

Depois de Madri, passaram alguns dias em Genebra, onde ele revisitou velhos lugares conhecidos com a mãe e teve outra reunião curta e emotiva com os dois melhores amigos de seus anos na Suíça, Maurice Abramowicz e Simon Jichlinski. Nenhum dos dois seguira uma carreira literária, mas ambos mantiveram suas filiações esquerdistas: Abramowicz tornara-se advogado e fora vereador pelo Partido Comunista, enquanto Jichlinski era médico com consultório num bairro pobre da cidade. Seguiu-se uma semana em Paris, como convidado de uma organização chamada Congrès pour la Liberté de la Culture. Por fim, chegaram a Londres, onde, em 19 de fevereiro, fez uma conferência para o Conselho Hispânico e Luso-Brasileiro em Canning House, Belgrave Square, sobre o clássico argentino *El gaucho Martín Fierro*, palestra que faria em várias universidades e locais similares e à qual dera o título um tanto augusto de "A língua espanhola na América do Sul: um problema literário".

Contudo, essa viagem de conferências pela Grã-Bretanha era pouco mais que um pretexto para visitas a lugares que ele associava à literatura que amava sobre todas as outras. De Londres, foi levado à casa de Henry James, em Rye, Sussex, e à de H. G. Wells, em Sandgate. Sua palestra em Bristol levou a visitas a Bath e Glastonbury, esta última por suas associações com a saga do rei Artur. Falou em Oxford e Birmingham, de onde foi visitar o lugar de nascimento de Shakespeare em Stratford-upon-Avon e Hanley, em Staffordshire, uma das cidades de Arnold Bennett nas Potteries, onde nascera sua avó Fanny Haslam, bem como Lichfield, onde prestou homenagem ao dr. Johnson. Enquanto estava em Manchester, foi levado por um trio de jovens hispanistas da universidade a The Downs, em Bowdon, Cheshire, para visitar uma casa particular que pertencera outrora a Thomas de Quincey, um de seus escritores preferidos. Depois veio o Lake District, com suas reminiscências de Wordsworth e Coleridge, e, por fim, a Escócia, onde falou em Glasgow e Edimburgo. Borges esperava visitar as Highlands, mas o tempo na Escócia estava tão rigoroso que d. Leonor pegou um resfriado e eles julgaram mais prudente retornar a Londres, de onde voltaram para Buenos Aires em 11 de março.

Evidentemente, ninguém ouvira falar dele na Grã-Bretanha. A reação do poeta Philip Larkin àquele sul-americano provavelmente resume a atitude geral. Assumindo ares de insularidade mental superior, ele perguntou em tom derrisório a um jornalista: "Quem é Jorge Luis Borges?". Em Londres, com exceção de Stephen Spender, que o conhecera no ano anterior numa reunião do PEN Club em Buenos Aires e havia publicado três de seus contos em *Encounter*, Borges viu pouca gente de alguma significação: o poeta George MacBeth, V. S. Pritchett e o historiador espanhol exilado Salvador de Madariaga. Em Edimburgo, que Borges diria ser uma de suas cidades preferidas — sem dúvida, porque era a terra natal de Robert Louis Stevenson, escritor pelo qual era apaixonado —, o Conselho

Britânico tentou reunir uma plateia persuadindo o Círculo Espanhol a realizar uma reunião especial e, em 7 de março, nas lúgubres instalações do velho hotel Mackenzie-Robinson, em Drumsheugh Gardens, Borges falou sobre o problema literário da língua espanhola na América do Sul. O secretário honorário registrou devidamente depois que "o prof. Borges, que não é um mau escritor literário, ficou obviamente entusiasmado com seu tema e falou com certa minuciosidade sem quaisquer anotações, pois é quase cego".[20] Seria só depois da publicação de várias traduções em inglês nos anos 1960 — *Ficciones* e *Labyrinths* (1962), *Dreamtigers* e *Other inquisitions* (1964) e *A personal anthology* (1967) — que sua reputação decolaria no mundo da língua inglesa, em especial nos Estados Unidos. Na segunda metade da década, seriam publicados vários ensaios e resenhas por conhecidos escritores e críticos — John Updike, John Barth, John Ashbery, William Gass, Alfred Kazin, Paul de Man, George Steiner —, e Borges passaria a ser reconhecido como uma figura de grande estatura.

Ao retornar à Argentina, Borges encontrou a situação política novamente tumultuada. A influência desestabilizadora de Perón sobre a política interna do país foi demonstrada pela derrubada do presidente Arturo Frondizi por um golpe militar em março de 1962. Desde 1958, o governo de Frondizi sofria muitos ataques e tentou acalmar os sindicatos legalizando finalmente o Partido Peronista, que ganhou maioria nas eleições legislativas. Essa vitória era inaceitável para as Forças Armadas, que prontamente depuseram Frondizi e, depois de um mandato tampão, tentaram uma vez mais dar uma aparência de governo democrático que pudesse dirigir o país sem fazer acordos com os peronistas. Convocaram-se novas eleições presidenciais para julho de 1963, da qual os peronistas estavam excluídos, embora Frondizi tivesse permissão para concorrer. Porém, os militares decidiram apoiar Arturo Illia, político de uma facção rival do Partido Radical, cuja candidatura esperavam impor.

Borges começara a perder a fé no Partido Radical, que apoiava desde os anos 1920. Com certeza, não nutria ilusões em relação a Frondizi, que disputava as eleições com o apoio declarado dos peronistas. Mas Borges não estava convencido de que Illia não iria, no devido tempo, tentar também fazer um acordo com Perón. E derrotar Perón continuava a ser, para Borges, a pedra angular de qualquer reconstrução democrática da Argentina. Continuava convencido de que Perón era um tirano corrupto que, se tivesse uma chance, instalaria uma ditadura populista, mas sabia igualmente que uma clara maioria do eleitorado não hesitaria em eleger Perón, caso o voto fosse livre.

A lógica dessa posição, evidentemente, punha em questão a correção do próprio processo democrático. Contudo, apesar da raiva amarga e repressiva que havia exibido em "Ragnarök", Borges ainda não conseguia aceitar aquela postura com consciência leve e mantivera sua inscrição no Partido Radical. Porém, ao se aproximarem as eleições, viu-se discutindo a situação política com Elba de Loizaga, uma de suas amigas aristocratas. "Você é um conservador", disse-lhe ela. Ele se encrespou ao ser assim caracterizado: não, era um radical, mas ela insistiu e lhe "provou" que ele era a "própria imagem de um conservador".[21] "Pensei sobre o assunto, vi que ela tinha razão e decidi entrar no partido." Sua opinião agora era que a Argentina só conhecera "períodos de verdadeira prosperidade" em governos conservadores. E, além disso, apesar de ter sido em sua juventude um partidário apaixonado de Irigoyen, acreditava agora que, quando os radicais estiveram efetivamente no poder, "haviam sido uma calamidade", então era "absurdo" dizer-se radical por nenhum motivo melhor do que "reverência por meus ancestrais", ou "simplesmente porque meu avô materno Isidoro Acevedo havia sido amigo íntimo de Alem, o fundador do partido".[22] Ademais, os conservadores pertenciam a uma coalizão de forças antiperonistas cujo candidato não era outro senão o general Pedro E. Aramburu, que fora o líder da Revolução Libertadora, e, uma vez que Borges ainda estava fixado na ideia de "regeneração democrática", julgou que dar apoio a Aramburu era uma questão de princípio.

Poucos dias antes das eleições, Borges assinou a ficha nº 12013 do Partido Democrata Conservador. Em 1º de julho, os conservadores realizaram uma recepção em sua sede para divulgar a entrada do escritor famoso. Borges fez um discurso em que lembrou Leopoldo Lugones, que fora criticado por sua "inconstância": havia sido anarquista na juventude e depois sucessivamente socialista, fascista e conservador.[23] Mas, segundo Borges, "essa aparente inconsistência significava a constância essencial de Lugones, sua sinceridade". E fazia um apelo vibrante à ação: "Estamos todos empenhados em salvar a pátria. Esta pátria nossa, que pode parecer tão obstinada às vezes, como se relutasse em ser salva. Contudo, contra a vontade dos muitos, contra a vontade da maioria, nossa vocação é salvar o que sempre será salvo no fim: a pátria".

Apesar dessa demonstração muito pública de apoio aos conservadores, o entusiasmo de Borges pelo partido nunca foi muito grande. Ele revelou suas dúvidas logo depois que Illia ganhou a eleição de julho. Em setembro, confessou a sua amiga Silvina Bullrich que ficara muito contente com a vitória dos radicais e explicou que entrara para o Partido Conservador porque era "o único partido que não procurou fazer um acordo com os peronistas. Todos os outros tentaram".[24] Seu apoio morno aos conservadores sugere um desconforto em relação a sua posição não democrática — estava disposto a contestar a vontade do eleitorado, mas era apenas um expediente temporário, porque acreditava que a massa do povo fora enganada por Perón. Era certamente uma posição contraditória, mas derivava da incoerência fundamental da política argentina na época: a democracia liberal não poderia funcionar no país porque, numa eleição livre, a maioria elegeria Perón, um homem que não tinha nenhum compromisso com os princípios da democracia liberal. As inconsistências de Borges devem ser vistas no contexto dessa contradição insolúvel, que continuava a paralisar todo o sistema político.

O que preocupava Borges era, sobretudo, o imperativo de permanecer fiel a um conjunto de valores políticos e não necessariamente a um partido ou ideologia específica. Como diria a Jean de Milleret alguns anos depois, sentia "indiferença, para não dizer desprezo", pelos políticos; "o ceticismo em relação à política é uma coisa essencial para mim": "Se você é conservador, não pode ser fanático, pois não se pode sentir qualquer entusiasmo pelo conservadorismo, não mais do que se pode conceber um conservador fanático".[25] O que importava era a consciência, não a ideologia. Daí seu elogio à "constância essencial" de Lugones, sua "sinceridade", pois Borges acreditava que era fiel a uma visão da pátria que, em termos amplos, ele defendia desde sua juventude: uma Argentina baseada numa forma progressista e aberta de nacionalismo, em que as instituições democráticas desbancariam o caudilhismo de líderes demagógicos como Perón.

Contudo, se Borges tinha algumas dúvidas sobre a entrada no Partido Conservador, nada disso acontecia com sua mãe e sua irmã: elas ficaram "muito satisfeitas" com sua adesão, ele contaria a Milleret.[26] Afinal, para Leonor Acevedo, aquilo era uma espécie de vindicação. Em menina, acalentara sonhos de grandeza quando estava deitada e olhava para a pequena coroa de bronze no dossel que cobria sua cama e agora seu filho Georgie havia revivido a importância social da família: era diretor da Biblioteca Nacional, detentor de uma cadeira na principal universidade do país, membro da Academia Argentina e recipiendário de honrarias dos presidentes da Itália e da França. Georgie havia certamente dado a sua mãe tudo o que ela poderia ter desejado nesse sentido, exceto comandar um ataque de cavalaria no campo de batalha contra o tirano Rosas.

Mas, em seu interior, ele não estava feliz. Há uma fotografia de Victoria Ocampo com Borges e sua mãe, tirada provavelmente em novembro de 1962, quando Victoria e Georgie foram condecorados pelo embaixador francês, na qual, como a perversamente perceptiva Estela Canto observaria, Borges parece "de saco cheio e distante", enquanto d. Leonor, de pé ao lado da magnificente Ocampo, inclina-se para o filho com os olhos brilhando de satisfação.[27] A causa da visível aflição de Borges, apesar da distinção e aclamação de que era objeto, é sugerida num poema desse período em que ele se vê como um Adão "expulso" de um jardim, um "claro paraíso".[28] Ele lembra daquele jardim e se pergunta se não teria sido um sonho, mas sabe que ele "existe e perdura, / embora não para mim":

> E, no entanto, é muito ter amado,
> ter sido feliz, ter tocado
> o vivente Jardim, nem que por um dia.

A que jardim poderia estar se referindo? Talvez fosse o jardim da casa da família Lange na rua Tronador, seu lugar de encontro com Concepción Guerrero e, mais tarde, com Norah Lange, um lugar que ele outrora comparara a um "céu", onde se sentia uma parte tão segura da "Realidade inegável" quanto "as pedras e as árvores".[29]

O fato de ter se permitido escrever um poema sobre a felicidade passada sugeriria que começava a se impacientar com o domínio da mãe. Sua fama crescente no exterior talvez lhe desse uma confiança nova, tentando-o, ao menos esporadicamente, a dar vazão a sentimentos que normalmente manteria sob controle. Ao que parece, havia momentos em que não podia deixar de sentir as estranhas agitações do desejo. Deixou escapar a um jornalista que, quando recebera o convite para lecionar na Universidade do Texas, tivera a esperança de que haveria mais moças do que rapazes nas aulas, mas "imediatamente senti vergonha desse pensamento; era como se tivesse imaginado alguma coisa pecaminosa"; contudo, "a magia da fêmea era muito potente", observou ele, ao se lançar num elogio muito efusivo do sexo oposto: "Como as mulheres são encantadoras! Como é agradável ouvi-las falar! Que poder misterioso devem possuir para fazer com que tudo ao redor delas pareça tão interessante!".[30] E em Austin,

Texas, ao visitar a casa de um colega da universidade, foi surpreendido por outra reação involuntária. O anfitrião pôs um disco para ele, e Borges viu-se escutando horrorizado o tipo de tango lamuriento que sempre detestara. "E enquanto eu os julgava intelectualmente", contou a Carrizo, "senti lágrimas: eram minhas, eu estava chorando com emoção. Quer dizer, lá estava eu os condenando intelectualmente, mas ao mesmo tempo eles me pegaram. E eu estava chorando."[31]

Um terceiro episódio ocorreu na Universidade de Buenos Aires, quando quatro jovens entraram numa aula que estava dando sobre Coleridge e lhe pediram para parar porque uma assembleia estudantil decidira suspender todas as aulas num gesto de solidariedade para com uma greve de trabalhadores do porto.

> Então fiquei surpreso e, de repente, descobri que sem saber havia caminhado desse lado da sala para o outro, que estava encarando aqueles quatro jovens, dizendo-lhes que um homem pode tomar uma decisão por ele mesmo, mas não pelos outros, e que eles estavam malucos se pensavam que eu aceitaria aquele tipo de absurdo. E eles me olharam fixamente porque estavam espantados por eu reagir daquela maneira. Evidentemente, eu sabia que era um homem idoso, meio cego, e eles eram quatro jovens robustos. Mas eu estava tão irado que disse para eles: "Bem, como há muitas senhoras aqui, se vocês têm alguma coisa mais a dizer para mim, vamos para a rua resolver o assunto".[32]

Borges ficou constrangido com a violência de sua reação; sentiu-se "um tanto envergonhado de ter gritado e de ter se sentido tão bravo", mas não podia deixar que o intimidassem diante de seus alunos, disse a si mesmo, porque, se o fizesse, "eles não me respeitariam e eu não respeitaria a mim mesmo".[33] A situação havia claramente provocado sentimentos atávicos nele — era como se reagisse ao fato de o pai lhe dar o punhal e instá-lo a enfrentar os agressores da escola. Na verdade, desafiara os jovens para um duelo, como se fosse Juan Dahlmann em "O Sul", ou um daqueles *compadritos* bons de faca que fantasiara várias vezes em seus textos. Esse ataque involuntário de sentimentos — nessa ocasião como nas duas outras citadas antes — era um sinal de que, em algum lugar sob a lucidez glacial com que ele se submetera ao domínio da mãe, sobreviviam algumas brasas daquele velho desejo de afirmar seu direito à liberdade.

25. Desconstruções (1963-7)

Por volta de 1963, Borges fez amizade com uma jovem de menos de trinta anos chamada María Esther Vázquez. Ele a conhecera em 1957, quando ela trabalhara na Biblioteca Nacional. Na época, tivera um caso amoroso complicado e infeliz, com mais do que um toque de melodrama, o que talvez tenha motivado o interesse de Borges. Ela fora namorada de um escritor e crítico que Borges conhecia por ser autor de um dos primeiros estudos críticos de sua obra, mas esse jovem profundamente perturbado sentia ciúmes tão intensos de um concorrente pela afeição de María Esther que se matou com um tiro na frente da amada.[1] Vázquez ficou muito doente e deixou o emprego na biblioteca; recuperada, foi viver durante algum tempo na Europa. Ao retornar a Buenos Aires, em 1961, trabalhou como jornalista e acabou por renovar suas relações com Borges.

Em março de 1964, Borges deveria comparecer a uma conferência internacional de escritores em Berlim, a convite do Congrès pour la Liberté de la Culture; em seguida, faria uma turnê pela Alemanha e pela Grã-Bretanha, bem como visitas curtas a Paris, Estocolmo e Copenhague. Como sempre, solicitou uma acompanhante por causa de sua cegueira e pediu a María Esther que fosse com ele nessa longa viagem ao exterior. Os relatos variam no que diz respeito à reação de d. Leonor diante desse convite. A própria Vázquez escreveu que a mãe de Borges decidiu não o acompanhar porque estava com quase 88 anos de idade e a viagem à Inglaterra do ano anterior a deixara cansada demais.[2] Porém, na versão fornecida por uma amiga íntima de d. Leonor, a velha senhora fizera preparativos para viajar com o filho e ficou profundamente abalada quando ele lhe contou que iria com María Esther.[3] Se essa última versão está correta, então o convite de Borges equivaleu a uma forma de rebelião contra a mãe, numa outra tentativa de afirmar sua independência dela.

A conferência de Berlim não era o tipo de evento de que Borges gostasse muito; preferiu viajar por várias cidades alemãs onde, como nos Estados Unidos e na Grã-Bretanha, pôde visitar lugares com fortes associações literárias para ele. Estava especialmente interessado em visitar a costa do Báltico, em Schleswig, onde pediu que o levassem à praia e lá ajoelhou-se e mergulhou a mão no mar enquanto recitava poemas anglo-saxões sobre os vikings.[4] Persuadiu María Esther de que deviam fazer uma curta visita à Dinamarca, apenas para visitar o castelo de Elsinore, cenário de *Hamlet*. A parada seguinte foi em Paris, atendendo a convite da Unesco para, com o poeta italiano Giuseppe Ungaretti, falar na comemoração do quarto centenário do nascimento de Shakespeare. De lá, voou direto para Londres, onde passou vários dias antes de ir a Yorkshire, como convidado do historiador da arte Herbert Read e hóspede de sua casa na charneca. Uma vez mais, emocionou-se com os vikings quando visitou a cidade de York e escreveria um poema sobre uma espada viking na catedral da cidade. Depois, foi à Escócia, onde visitou St. Andrews e Edimburgo, e também as Highlands, o que não pudera fazer no ano anterior em virtude do mau tempo. Posteriormente, foi à Suécia, a convite de seus editores, e de lá para a Espanha, visitando Madri, Santiago de Compostela — que diria ser uma de suas cidades preferidas — e depois Alcalá de Henares, terra natal de Cervantes, onde queria prestar homenagem ao escritor espanhol que mais admirava e amava.

Ao retornar a Buenos Aires, sua amizade com María Esther parecia mais estreita. Ele a convidou para colaborar em dois projetos literários. Trabalharam juntos numa breve *Introducción a la literatura inglesa* (1965) e também numa versão revisada de *Literaturas germánicas medievales* (1966), que publicara pela primeira vez em 1951, com a cooperação de Delia Ingenieros. Sua amizade com María Esther reacendeu seu fascínio pelos *gauchos* e *compadritos*. Em 27 de abril de 1964, o jornal *La Razón* trazia uma declaração sua: "Apesar de mim mesmo, estou escrevendo muita poesia — letras para tangos e milongas".

Os amigos notaram que as relações entre Borges e d. Leonor haviam se tornado muito tensas. A velha senhora temia que ele cismasse em pedir María Esther em casamento e achava a moça jovem demais para Georgie; ele deveria procurar alguém de mais idade. "Mas, aparentemente, ele não pôde ser persuadido; era terrivelmente teimoso e se ressentia do que julgava ser uma interferência de sua mãe."[5] D. Leonor telefonava para suas confidentes a fim de manifestar suas preocupações;[6] supostamente, temia que María Esther pudesse se aproveitar de Georgie;[7] e, quando saiu o livro sobre literatura germânica medieval, consta que Leonor ficou "furiosa ao ver determinado nome junto ao de seu filho".[8] É certo que Borges e María Esther tinham uma amizade estreita e que, com muita probabilidade, havia um elemento romântico nisso, mas não está claro se ele alguma vez pensou em se casar com ela. Algumas das amigas de d. Leonor tinham a impressão de que o casamento era provável,[9] mas a própria María Esther escreveria mais tarde que, depois de acompanhá-lo na viagem à Europa em 1964, ela já sabia que o casamento estava fora de questão: no que lhe dizia respeito, não o amava o suficiente para correr o risco de fazer ambos infelizes.[10]

Borges apresentou María Esther ao seu círculo de amigos. No verão de 1964-5, por exemplo, levou-a para ficar na casa de Mar del Plata de Bioy Casares e Silvina. Lá, ela conheceu a grande dama da cultura argentina Victoria Ocampo, que acabara de voltar da Europa entusiasmada com os Beatles e a *swinging* Londres. María Esther relembraria depois um confronto constrangedor que ocorreu entre Victoria e Borges naquele verão.[11] Certa noite, após o jantar, ela resolveu fazer com que Borges experimentasse uma peruca de Beatles que trouxera de Londres. Borges não quis, mas ela insistiu; a discussão ficou cada vez mais alta e raivosa, até que Victoria, furiosa, soltou os cachorros: "Olhe aqui, meu amigo, você é tão rígido que não vai chegar a lugar nenhum nesta vida".

Rígido ou não, o fato é que Borges não estava preparado para parecer um bobo diante dos outros; afinal, era um homem de mais de sessenta anos com uma considerável fama internacional de escritor. Sua irritação com a peruca de Beatles talvez fosse um sinal de que alimentasse certas dúvidas quanto à adequação das relações de um homem de sua idade com uma mulher várias décadas mais jovem. Com efeito, talvez já soubesse das dúvidas de María Esther sobre o futuro da relação deles e isso também pode explicar sua postura defensiva. De qualquer modo, quando foi com María Esther ao Peru, em 1965, a amizade parece ter ficado tensa e as dificuldades devem ter piorado nos meses seguintes, porque ela não foi junto na viagem ao Chile e à Colômbia em julho; quem o acompanhou foi Esther Zemborain de Torres.

Qualquer que fosse a verdadeira natureza de seus sentimentos por María Esther, a amizade de Borges por ela certamente punha em xeque sua lealdade à mãe, revivendo mais uma vez as velhas tensões entre a espada e o punhal. Naquele ano, ganhou mais prêmios e honrarias. Em 9 de agosto de 1965, foi investido com o título de cavaleiro honorário na embaixada britânica de Buenos Aires. Por volta de setembro, recebeu um convite da Universidade Harvard para ocupar no ano letivo de 1967-8 a cadeira Charles Eliot Norton de poesia, uma das mais prestigiosas honrarias oferecidas por essa instituição a artistas criativos de primeira linha. Em 20 de novembro, o embaixador italiano presenteou-o com o Prêmio de Poesia da Cidade de Florença, concedido pela Sociedade Dante Alighieri da Itália. Mas, enquanto sua reputação internacional alcançava picos elevados, sua atenção estava voltada justamente para temas muito argentinos — os *compadritos*, o tango primitivo, o "culto da coragem" de Carriego. Em 23 de agosto, fez uma palestra intitulada "A história do tango" para uma casa cheia no teatro San Martín. Em setembro, *La Nación* anunciou que ele daria uma série de quatro conferências públicas sobre os seguintes temas: "Origens e virtudes do tango", "O *compadrito*", "O rio da Prata no início do século" e "O tango e suas derivações"; essas palestras se baseariam no conhecimento pessoal de Borges do Palermo "maltrapilho" dos *compadritos* e *orilleros*, em "muitas reminiscências e anedotas" e em "documentos e experiência pessoal".[12] Em 24 de novembro, publicou *Para as seis cordas*, uma coletânea de tangos e milongas que escrevera no ano anterior.[13] A publicação vinha acompanhada de um disco dos tangos de Borges musicados pelo famoso compositor Astor Piazzola e interpretados por Edmundo Rivero, um dos cantores de tango mais populares da época.[14]

Como Borges admitiria, sua mãe ficou "bem zangada" por ter publicado *Para as seis cordas*; sentiu "vergonha" e lhe disse que jamais deveria ter escrito sobre temas tão "inferiores".[15] Mas ele estava claramente extraindo um prazer perverso de aborrecê-la — bastaria continuar recitando em público seu conhecimento íntimo de todos aqueles tópicos repugnantes associados ao infeliz Carriego, e isso num momento em que era inundado de honrarias em seu país e no exterior. Com efeito, apenas dois dias depois da publicação de *Para as seis cordas*, receberia um prêmio que provavelmente significava mais para Leonor Acevedo do que todas as outras honrarias que seu filho ganhara até então. O governo do

Peru lhe atribuiria a Ordem do Sol, criada em 1821 por ninguém menos que o libertador argentino San Martín, quando estava no Peru preparando a destruição final do poder da Espanha na América do Sul. A Ordem do Sol evocava a glória que o coronel Suárez conquistara nas batalhas de Junín e Ayacucho, no Peru, durante as Guerras de Independência, e simbolizava, portanto, as origens da reivindicação de status aristocrático de Leonor Acevedo.

Em 26 de novembro de 1965, a família e os amigos de Borges compareceram a uma cerimônia na embaixada do Peru, onde ele recebeu a Ordem do Sol. Na recepção que se seguiu, contaram-lhe que María Esther Vázquez decidira casar-se com o poeta Horacio Armani dentro de apenas três semanas.[16] Esther Zemborain, amiga íntima de Borges, lembraria depois que ele ficou arrasado com a notícia — sofreu uma espécie de "colapso" emocional.[17] Contudo, por que essa informação o afetaria tão profundamente, quando ele deveria saber havia vários meses que María Esther não o amava? Com certeza, deve ter sido em virtude da significação simbólica da ocasião. Ao saber dos planos de casamento dela na embaixada peruana, deve ter se dado conta da vacuidade da distinção que acabara de receber, pois a Ordem do Sol podia significar que ele se mostrara digno da espada ancestral da honra, cumprindo assim as expectativas mais altas de sua família — mas a que custo conquistara essa distinção? Ao custo de ter repetidamente sacrificado sua chance de felicidade com uma mulher.

A história de suas relações fracassadas com as mulheres se repetia, senão como farsa, então como arremedos cada vez mais cruéis de manifestações anteriores. Mas o eixo em torno do qual esses ciclos perversos giravam ficara cada vez mais fino, e o choque da notícia sobre María Esther fez com que se rompesse de vez. Depois de tantas rebeliões fracassadas contra a autoridade da mãe, tantas tentativas de agarrar o punhal do desejo, o punhal como símbolo de sua oposição à espada da honra perdera praticamente seu valor. O último abalo o fez ver que o problema não estava na espada nem no punhal, mas na natureza da dialética fatal pela qual balançava entre suas lealdades rivais à Mãe e ao Pai. A força dessa percepção o levaria a um processo de desmistificação tanto da espada como do punhal e, numa série notável de contos, desmantelaria os mitos familiares entrelaçados que tanto haviam infelicitado sua vida.

Podemos seguir esse processo de libertação bem de perto. Teria começado no final de 1965, poucas semanas depois da recepção na embaixada peruana e por volta da data do casamento de María Esther com Armani, em 14 de dezembro. Creio que esse processo foi deflagrado pela raiva de Borges contra sua mãe. No começo do ano, o bibliófilo Gustavo Fillol Day lhe pedira um conto para ser publicado em edição limitada. "Alguns meses mais tarde eu estava pronto para dar conta do recado e no início de 1966 ditei 'A intrusa' para minha mãe."[18] Tratava-se da história de dois irmãos inseparáveis, notórios lutadores de faca nas *orillas* de Buenos Aires que, a despeito deles mesmos, se apaixonam pela mesma mulher.[19] Compartilham-na, depois tentam se livrar dela vendendo-a para um bordel. Porém, descobrem que não podem viver sem ela, mas, em vez de trazê-la de volta, o irmão mais velho decide acabar com ela. Após o assassinato, os irmãos unem-se por um novo vínculo — "a mulher tristemente sacrificada e a obrigação de esquecê-la".

Segundo Estela Canto, Borges lhe contara uma versão dessa história nos anos 1950, numa época em que estava envolvido na luta para conciliar seu amor por Estela com a fidelidade à mãe.[20] Ela viu no relato uma expressão subconsciente de sua relação com a mãe, que se parecia a um "pacto de sangue" entre dois homens que implicava a destruição de quem quer que ameaçasse se interpor entre eles.[21] Embora a interpretação de Estela tenha algum interesse, creio que é demasiado tosca e parcial. Em minha opinião, "A intrusa" capta a experiência de Borges de estar dividido entre a honra e o desejo sempre que se apaixonava por uma mulher. E diz respeito também à dor envolvida em ter de sacrificar a mulher para recuperar certo grau de integridade. (Os irmãos preferem ficar juntos a permitir que a mulher os separe.)

Contudo, Estela estava basicamente certa ao ver o conto dirigido contra a mãe, pois, quando perguntado por entrevistadores sobre "A intrusa", Borges raramente deixou de associá-lo a sua mãe, atribuindo a ela a sugestão de um fim adequado. Ele dizia ter ficado "empatado no final da história, inseguro das palavras que o irmão mais velho diria", quando sua mãe, "que desde o início não gostara nada do conto, deu-me as palavras de que eu precisava sem um momento de hesitação".[22] E que palavras horrivelmente brutais: "Ao trabalho, mano. Depois os caranchos vão nos ajudar. Hoje a matei. Que fique aí com seus trastes. Não vai nos dar mais prejuízo". Esse conto impiedoso — que a mãe soubera instintivamente completar — foi entregue a Fillol Day para uma edição de luxo para colecionadores, de apenas 52 exemplares. Saiu em abril de 1966, um mês antes dos noventa anos de d. Leonor.

Borges considerava "A intrusa" "a primeira de minhas novas incursões na narração direta. A partir dela, escrevi muitas outras que depois foram reunidas sob o título de *O informe de Brodie*".[23] Com efeito, esses contos de meados da década de 1960 registram uma mudança profunda em seu mundo interior. À primeira vista, há pouca novidade neles — as histórias parecem retornar aos tópicos familiares associados ao culto da coragem, com o tema da civilização e da barbárie, com a busca da identidade e assim por diante; mas ele, por assim dizer, viraria esses temas do avesso, a fim de desnudar suas premissas subjacentes. A cronologia do processo de composição não pode ser estabelecida com precisão, mas, embora os contos que formaram a coletânea intitulada *O informe de Brodie* não tenham sido ditados antes de 1969, muitos deles já teriam tomado forma em sua imaginação antes do final de 1966, pois, como veremos, no fim daquele ano, Borges completara o processo de desconstrução da espada e do punhal e, ao fazê-lo, libertara-se dos grilhões psicológicos da vida toda.

O tema do sacrifício que encontramos em "A intrusa" está no centro de outro conto violento, "O Evangelho segundo são Marcos",[24] em que narra o estranho caso de um estudante de medicina chamado Baltasar Espinosa, que fica preso por uma enchente numa estância remota nos pampas. Ele é hospedado pelos Gutre, uma família de gente rústica tão desprovida de civilização que esqueceu completamente a língua e a religião de seus ancestrais escoceses, os Guthrie. Espinosa encontra uma Bíblia em inglês na estância e, à noite, lê o Evangelho de são Marcos para eles. Espinosa é um livre-pensador, e suas leituras são "para se exercitar na tradução", mas o conto termina com os degenerados campônios que buscam evitar o fogo do inferno crucificando Espinosa numa paródia bárbara da paixão de Cristo.

No cerne do conto está a noção de uma família que sacrifica um homem de inteligência e cultura para ganhar a redenção. Borges talvez tivesse em mente a família de sua mãe, os Acevedo (foi em 1966 que ele disse a Jean de Milleret que "a ignorância dos Acevedo, que estão do lado materno de minha família, é inacreditável").[25] Mas certas alusões a Fanny Haslam também podem ser detectadas na história. Borges associava a leitura da Bíblia a sua avó inglesa, e os Gutre, que são descendentes escoceses presbiterianos, têm um respeito instintivo pela Bíblia que parecem trazer "no sangue", embora não saibam ler. A estância situa-se perto da cidade de Junín, lugar onde Fanny viveu com seu marido quando ficava na fronteira do território indígena. Embora tenham cabelos ruivos, os Gutre uniram-se por casamento aos índios, e isso sugere que podem ser de cepa similar à da prole daquela inglesa cativa que Fanny havia encontrado outrora em Junín, encontro que deu a base para a "História do guerreiro e da cativa". Nesse conto, Borges havia mostrado como Fanny havia absorvido completamente os temores argentinos da barbárie. E agora, em "O Evangelho segundo são Marcos", ele adotava o ponto de vista que Fanny Haslam poderia ter ao contemplar os descendentes mestiços "degenerados" da inglesa cativa que recusara seu convite para voltar à "civilização" e escolhera uma vida na "barbárie".

Um novo conto, "O informe de Brodie", penetrava mais fundo nas preocupações de sua avó inglesa com "civilização e barbárie", mas de uma perspectiva britânica francamente imperialista.[26] O dr. Brodie é um missionário escocês que escreve um informe sobre um povo que encontrou e que, por conveniência, resolve chamar de Yahoos, que "não são uma nação primitiva, e sim degenerada". A maior parte da narrativa é ocupada pela descrição de seus costumes. Brodie conclui por observar que o "horror essencial" dos Yahoos é que eles talvez sejam o povo "mais bárbaro do planeta", mas têm certas qualidades que os redimem, e é "o dever" do governo de Sua Majestade "salvá-los".

Nas duas narrativas, Borges combinou a situação das duas mulheres de sua família que haviam inspirado nele uma reverência pela espada ancestral da honra. Em Leonor Acevedo havia o ressentimento pelo declínio da família e o ódio dos *gauchos* e imigrantes que haviam arruinado a república que seus ancestrais lutaram para transformar numa nação civilizada; já Fanny Haslam se sentia presa no que considerava uma Argentina bárbara enquanto idealizava a distante civilização da Grã-Bretanha vitoriana.

O que estava por trás do horror ostensivo dessas mulheres pela barbárie? Borges começou a analisar esse temor em "A velha senhora", um retrato da sra. María Justina Rubio de Jáuregui que tem por modelo Leonor Suárez, sua avó materna e verdadeira fonte da obsessão de sua mãe pelo coronel Suárez e pela espada da honra:

> Os Jáuregui viviam, já dissemos, numa situação um tanto falsa. Acreditavam pertencer à aristocracia, mas as pessoas de nome os ignoravam; eram descendentes de um prócer, mas os manuais de história costumavam prescindir de nomeá-los.[27]

A senhora de Jáuregui vivia inteiramente no passado: "Continuava abominando Artigas, Rosas e Urquiza"; a Primeira Guerra Mundial fora menos real para ela do que a Revolução de 1890 ou a carga de cavalaria que seu pai comandara no Peru. Vivia "modestamente" em Palermo com sua filha e um neto e, uma vez que jamais saía de casa, "talvez nem suspeitasse de que Buenos Aires tivesse mudado e crescido". Por ocasião de seu centésimo aniversário, no entanto, foi objeto de intensa publicidade em virtude de ser a única filha sobrevivente da geração de crioulos que lutara pela independência. O ministro da Guerra e dezenas de pessoas apareceram para comemorar seu aniversário, mas, alguns dias depois da festa, a velha senhora morreu. A irrupção da "turba" talvez tenha apressado sua partida. A história termina com uma reflexão do narrador: "Penso nos mortos de Cerro Alto, penso nos homens esquecidos da América e da Espanha que pereceram sob os cascos dos cavalos; penso que a última vítima daquele tropel de lanças no Peru seria, mais de um século depois, uma velha senhora". A narrativa está impregnada de compaixão pela velha esnobe e sitiada e seu tom está muito longe da ira gélida que sentimos em "A intrusa". A senhora de Jáuregui é retratada como uma vítima da espada, agarrada à crença de que somente ela lhe garantiria um lugar no mundo, ao mesmo tempo em que deixa de ver que, em verdade, sacrificou toda a sua vontade e sua liberdade nesse processo.

Borges passara a compreender que as mulheres de sua família eram tão vítimas da espada quanto ele ou seu pai haviam sido. E essa percepção explicava também a ambivalência de seu vínculo com a mãe. A veneração de Leonor Acevedo pela espada da honra, sua dedicação obstinada à memória do coronel Suárez eram, na verdade, um produto da imaginação dela — foi ela que inventou o fantasma de seus ancestrais e era esse fantasma que a obrigava a viver à altura de um padrão preconcebido de honra. Mas esse padrão imaginário era um reflexo de seu temor de perder o status e a identidade que ela e sua família poderiam possuir por serem descendentes do herói de Junín.

Por ironia, foi a pura força de sua personalidade que escravizou Leonor Acevedo ao passado. Tinha ambição, inteligência e vontade, mas foi justamente sua condição de mulher vivendo numa sociedade profundamente patriarcal que a impediu de se realizar. Ao contrário do marido e do filho, que tentariam fazê-lo rebelando-se contra os constrangimentos da família e da tradição, Leonor resolveu afirmar-se conformando-se com ela. E reagiria a esse paradoxo de duas maneiras. Primeiro, investiu suas consideráveis energias numa promoção excessiva e fanática da importância de sua família. Em segundo lugar, tentaria que seu filho realizasse vicariamente seus sonhos de grandeza. Porém, ao instar o filho a concretizar as ambições que havia definido para ela mesma, provocou involuntariamente nele um sentimento de desmerecimento que se tornou o principal obstáculo para sua autoafirmação. Assim, quanto mais ela se dedicava ao bem-estar dele, mais restringia sua liberdade de determinar a própria vida.

Leonor Acevedo (e, a sua maneira, a avó Fanny Haslam) queria que o jovem Georgie fosse o instrumento da redenção da família: sobrecarregaram-no com histórias de ancestrais heroicos, desafiando-o a redimir a família de sua desgraça. E essa pressão insidiosa reflete-se no tema do sacrifício de um jovem em nome da redenção de uma família ou grupo social. Esse tópico está mais evidente na crucificação de Baltasar Espinosa em "O Evangelho segundo são Marcos", mas aparece também em "O informe de Brodie". Nesse conto, os Yahoos examinam cada menino que nasce e, se encontram certos estigmas, ele é elevado a rei. "Ato contínuo, mutilam-no, queimam os olhos dele e lhe cortam as mãos e os pés, para que o mundo não o distraia da sabedoria." Por fim, passa a viver "confinado numa caverna". Não é extravagante ver nisso uma alusão às circunstâncias da criação do menino Borges: seu confinamento em casa, seu isolamento das outras crianças e sua incapacidade de se relacionar livremente com o mundo a sua volta. O tema do sacrifício é retomado quando Brodie descreve como os poetas também são tratados com temor reverente pelos Yahoos — eles se afastam dele "sob o domínio de um horror sagrado", ninguém fala com o poeta ou olha para ele, "nem sequer sua mãe". "Já não é um homem, mas um deus, e qualquer um pode matá-lo."

Um outro conto, "Guayaquil", mostra que, para Borges, se toda a sua família havia sido escrava da espada — pai, mãe e avós, assim como ele mesmo — era porque todos eles, cada um a sua maneira, haviam sido vítimas da condição pós-colonial da Argentina.[28] O narrador da história é um dos mais ilustres historiadores do país, um crioulo aristocrata cujo ancestral, Suárez, lutou na batalha de Junín e que, portanto, "traz a história no sangue". A trama compreende a descoberta (fictícia) de cartas escritas por Simón Bolívar que prometem lançar luz sobre sua conferência secreta com San Martín em Guayaquil, pouco antes da derrota final dos espanhóis na América do Sul. É um dado histórico que, em consequência desse encontro, o general San Martín entregou o comando dos exércitos patriotas e, renunciando à "mera ambição", "deixou o destino da América nas mãos de Bolívar".

O historiador crioulo espera ser escolhido pelo governo argentino para fazer uma cópia dessas cartas históricas. Mas defronta-se com um rival, o judeu alemão Eduardo Zimmermann, cidadão argentino naturalizado, de reputação acadêmica muito menor, que desafia o pressuposto de que o historiador crioulo tem um direito predeterminado de ser escolhido para a missão. Quando chega o momento da verdade, no entanto, o historiador ilustre concede o privilégio ao novato, num misterioso ato de renúncia que espelha o do próprio San Martín. Contudo, Zimmermann lembra que nenhum ato é involuntário e que se o historiador lhe cedeu o privilégio e preferiu permanecer em sua casa aristocrática "é porque intimamente quer permanecer". Nesse conto estranho, Borges abandona as reivindicações especiais de sua família em relação à história nacional. A única maneira de evitar se tornar uma vítima da espada da honra era renunciar a ela, renunciar à ilusão de possuir um direito nato histórico que garantiria uma identidade fixa. Em vez disso, ele aceitava que a Argentina de então era diferente, mas não menos autêntica do que no tempo da independência. O judeu tinha tanto direito de ser considerado argentino quanto o velho crioulo aristocrata. Borges havia compreendido finalmente que a obsessão da família com a espada derivava de um temor de ser privada de uma posição social que imaginava que seus ancestrais lhes haviam legado. Mas, ao mesmo tempo, ele passou a perceber que essa veneração da espada era a imagem espelhada de seu fascínio pelo punhal. Ambos eram reações ao mesmo medo: o de ser desprezado, de perder o senso de identidade, de não ser ninguém.

A analogia entre a espada e o punhal é explicitamente articulada em "Juan Muraña", conto que leva o nome de um lendário *cuchillero* de Palermo, mas que trata, na verdade, de sua viúva e da obsessão dela com a adaga do falecido: "A adaga era Muraña, era o morto que ela continuava adorando".[29] A velha senhora vivia tempos difíceis e não conseguia pagar os aluguéis que devia ao senhorio italiano. Diante da perspectiva do despejo, usa a adaga do marido para matar o proprietário. Mas ela identifica de tal modo a adaga com Muraña que atribui ao falecido a façanha. "Quem nos salvou foi Juan", diz ela ao sobrinho.

A origem do conto encontra-se na história que sua mãe contava sobre uma parente chamada Micaela Soler, filha do ilustre general Soler, que guardava a espada do pai no guarda-roupa e usava-a para ameaçar seu senhorio italiano sempre que ele vinha cobrar o aluguel.[30] Mas, ao retrabalhar as lembranças da família, Borges degradou a espada de um herói das guerras de independência ao nível da adaga de um mero *compadrito* do submundo de Palermo. "Na história daquela mulher que ficou só e acabou por confundir seu homem, seu tigre, com aquela coisa cruel que ele lhe deixou, a arma de seus feitos, creio entrever um símbolo, ou muitos símbolos." Podemos identificá-la como um símbolo da obsessão de Leonor Suárez e de sua filha Leonor Acevedo com a espada do coronel Suárez, e poderia igualmente simbolizar as lembranças de Fanny Haslam de seu marido morto, o coronel Borges. Mas também poderia ser um símbolo da obsessão do próprio Borges com a adaga. Sua admiração pelos *gauchos* e *compadritos* não era intrinsecamente distinta da adoração maternal da espada. E, assim, as obsessões aparentemente contrárias com o punhal e a espada derivavam do mesmíssimo temor de ser "despejado", de não ter nada para chamar de seu, de se tornar uma nulidade.

Depois de desconstruir o complexo vínculo da família com a espada e desmascarar sua simetria oculta com o punhal, Borges passou a explorar mais as raízes psicológicas de sua ligação com o "culto da coragem". O conto "O indigno" relata o caso de Santiago Fischbein, um adolescente judeu que cresceu em Palermo e se tornou amigo de um *compadrito* chamado Francisco Ferrari.[31] A mãe de Fischbein não aprovava aquela "gentalha", mas no bairro "era importante ser valente", e o jovem Santiago acreditava que as pessoas o olhavam com desprezo por ser judeu: "Eu sentia o desprezo das pessoas e me desprezava também". Desse modo, em sua amizade com o delinquente Ferrari ele vê a possibilidade de ganhar respeito como homem.

Borges situou o motivo de seu fascínio pelo punhal no desejo de Fischbein de se rebelar contra o esnobismo de sua mãe. Mas ele mostra também como esse desejo de se rebelar está enraizado num desejo de compensar sentimentos de desmerecimento (o fato de ser judeu, nesse caso). A rebelião tenta Fischbein a entrar para o submundo de Palermo, mas, quando Ferrari o convida para participar de um assalto, ele informa a polícia. Porém, paradoxalmente, é nessa traição que Fischbein encontra a salvação, pois resistiu à tentação de se tornar um fora da lei e decidiu seguir sua consciência, em vez de continuar a buscar a aprovação dos *compadritos*. Com o tempo, Fischbein torna-se um homem em paz consigo mesmo: um manso bibliófilo, homem casado com filhos, orgulhoso de ser "um bom argentino e um bom judeu". O mesmo não se pode dizer de Borges, que continuou fascinado pelo punhal do *compadrito* até os sessenta e tantos anos de idade.

A desconstrução mais completa da obsessão de Borges com a adaga ilícita encontra-se em "História de Rosendo Juárez".[32] Ele a descreveria como "uma continuação e um antídoto" ao primeiro conto que publicara, "Homem da esquina rosada", escrito em 1930, após a morte do chefão de Juan Muraña, dom Nicolás Paredes.[33] "Homem da esquina rosada" mostrava como os *compadritos* de Palermo tinham se envergonhado com a aparente covardia de seu líder, Rosendo Juárez, que fora desafiado para um duelo a faca por um *cuchillero* de outro bairro, mas se recusara a ser provocado. Em "História de Rosendo Juárez", o personagem explica a "Borges", o narrador, por que se recusou a lutar com o desafiante: "Eu me vi como num espelho diante daquele provocador desmiolado, e senti vergonha". Com essa súbita revelação, Rosendo largou a faca e saiu da casa. "Não senti medo; se tivesse sentido, talvez partisse para a briga." O que Rosendo perdera era nada menos que seu medo de ser julgado pelos outros; havia compreendido subitamente que a genuína personalidade só podia ser alcançada tomando a simples medida de exercer o livre-arbítrio. Como o próprio Borges diria, "o aparente covarde" da primeira versão revelou-se "um personagem de Bernard Shaw que compreende o absurdo romântico e a vaidade infantil do duelo e alcança finalmente a virilidade e a sanidade".[34]

Tal como Rosendo, Borges passara a perceber que sua obsessão com o punhal escondia um temor de ser desprezado pelos outros. Esse medo tinha suas origens na cena primal de sua infância, quando seu pai lhe dera um punhal e o instara a mostrar aos outros que era um homem. Seus sentimentos de "desvalimento", portanto, vinham tanto do pai como da mãe. Em suma, a adaga ilícita era o espelho diante da espada da honra; o que parecia uma oposição era, na verdade, uma simetria, uma identidade, pois, ao fugir das expectativas da mãe, sucumbira às expectativas do pai, e o meio de escapar simplesmente reproduzia a situação da qual tentava escapar. Esse círculo vicioso gerara alguns dos temas mais insistentes de Borges — o rival que é imagem espelhada de alguém, o criminoso que é uma versão do detetive, o criador que é a criatura de outro criador, o herói que também é traidor, o traidor que é igualmente um salvador, o pesadelo monstruoso de trindade mutuamente destrutiva em que o filho não pode se livrar do pai porque ambos foram feitos à imagem sombria de algum fantasma ancestral. Não admira, portanto, que a fábula de Zenão de Aquiles e a tartaruga o tenha impressionado tanto, pois ele se havia lançado numa busca pelo seu verdadeiro eu por caminhos que o distanciaram sempre mais do homem que poderia ter sido.

É numa história secundária da narrativa de Rosendo, no entanto, que descobrimos por que ele foi capaz de perceber o absurdo e a futilidade de duelar. Rosendo tinha um amigo chamado Luis Irala, cuja amante o deixou por outro homem. Embora admitisse que não a amasse mais, Irala estava preocupado que as pessoas pudessem julgá-lo covarde se não desafiasse seu rival para um duelo. Rosendo advertiu-o: "Ninguém tira nada de ninguém. Se a Casilda o deixou, é porque gosta de Rufino e você não tem mais importância para ela". Mas Irala insiste em travar o duelo e acaba sendo morto. Do mesmo modo, Borges cultivara sua rivalidade com Oliverio Girondo, e o motivo principal disso não era porque estivesse apaixonado por Norah Lange, mas porque temia perder prestígio. Sua inimizade com Girondo adquirira um ritmo próprio, pois, enquanto permanecesse psicologicamente escravo do punhal como símbolo de virilidade, não seria capaz de deixar para trás a perda de Norah Lange.

Borges desconstruiria sua rivalidade obsessiva, seu "duelo" com Girondo em vários contos. Em "O encontro", caracterizaria a rivalidade como uma força impessoal que dominara os competidores como se fossem suas indefesas vítimas.[35] Dois rapazes discutem sobre um jogo de pôquer e se desafiam para um duelo; pegam duas armas brancas guardadas sob uma vitrine e lutam como veteranos, embora jamais tivessem empunhado facas antes. Como Borges observaria depois, "as duas facas tinham vontade própria e dominaram os rapazes que supostamente as empunhavam".[36] A luta transpira "como num sonho" e no fim o matador pede perdão e soluça abertamente enquanto sua vítima expira. Em "O outro duelo", o tópico é reduzido ao absurdo quando dois *gauchos* criminosos, que se odiavam havia anos e estão para ser executados ao mesmo tempo, concordam com uma corrida grotesca para ver quem consegue ir mais longe depois de uma degola simultânea.[37]

Em "O duelo", Borges foi o mais longe que pôde no sentido de desmascarar as origens autobiográficas do tema sem entregar realmente as verdadeiras identidades dos rivais.[38] O conto narra a inimizade secreta entre Clara Glencairn de Figueroa, uma pintora abstrata, e Marta Pizarro, que "do retrato de próceres locais passou às casas velhas de Buenos Aires". Evidentemente, Borges estava aludindo a sua velha rixa com Girondo, mas disfarçou-a fazendo dos rivais mulheres e seu veículo a pintura, em vez da poesia. Tal como Norah Lange, Clara Glencairn era "alta e altiva e de fogoso cabelo vermelho"; sua primeira exposição realizou-se na galeria de vanguarda da rua Suipacha (onde Girondo morava). A pintura nativista de Marta Pizarro lembra o crioulismo de Borges dos anos 1920. Na superfície, suas relações eram amigáveis e até generosas: quando Clara ganhou um prêmio, Marta organizou um jantar em sua homenagem e, em seu discurso de agradecimento, Clara "observou que não existe uma oposição entre o tradicional e o novo, entre a ordem e a aventura". Essa última frase mais uma vez revela o subtexto do conto: é uma referência dissimulada ao ensaio que Borges publicou em março de 1925 em que citava o poema de Apollinaire "La jolie rousse", uma alusão também ao seu novo amor pela ruiva Norah Lange.[39] Aquele ensaio inflamaria a rixa entre os crioulistas e os cosmopolitas na vanguarda portenha, contenda que adquiriu uma virulenta dimensão pessoal quando Norah Lange trocou Borges por Girondo. Nas linhas finais do conto, não há ressentimento, apenas um humor irônico:

> Naquele delicado duelo que só nós, alguns íntimos, adivinháramos, não houve derrotas nem vitórias, nem sequer um encontro nem outras circunstâncias visíveis senão as que procurei registrar com respeitosa pena. Somente Deus (cujas preferências estéticas ignoramos) pode conceder a palma final. A história que se desenrolou na sombra acaba na sombra.

Contudo, parece que o fim da rixa pessoal de Borges com Girondo veio tarde demais para que ele pudesse ter uma reconciliação apropriada com seu rival. Oliverio estava mal de saúde desde 1961, quando foi atropelado por um automóvel ao sair de um cinema em Buenos Aires. Os ferimentos que sofreu deixaram-no mentalmente debilitado, exigindo atenção constante de Norah e de uma enfermeira. Em 1966, seu estado piorou muito e ele faleceu em 24 de janeiro de 1967. Ao costumeiro velório em sua casa na rua Suipacha compareceram familiares e amigos. Duas amigas íntimas do casal, a poetisa Olga Orozco e Lila Mora y Araujo, lembrariam depois uma visita inesperada naquela ocasião: Jorge Luis Borges no braço de sua mãe.[40] Ele foi até onde jazia Oliverio e o beijou de leve na testa, depois foi embora sem falar com ninguém. Foi um gesto espantoso e ainda mais dramático pelo fato de ter sido executado diante de pessoas que conheciam muito bem o antagonismo entre os dois, mas não a razão secreta de sua hostilidade implacável.

O que Borges quis expressar com aquele beijo? Por volta dessa época, ele escreveu uma breve parábola sobre Caim e Abel em que se encontram de novo depois da morte de Abel. Caim pede que o irmão o perdoe. Abel responde: "Tu me mataste ou eu te matei? Já não me lembro; aqui estamos juntos como antes". "Agora sei que você me perdoou de verdade", diz Caim, "porque esquecer é perdoar. Eu também tentarei esquecer." Abel diz tranquilamente: "Assim é. Enquanto dura o remorso, dura a culpa".[41]

26. Casamento (1967-8)

Borges procurou se distrair de seus recentes problemas emocionais e de seu conflito com a mãe recorrendo ao remédio habitual: escrever. Desde o final de 1965, estivera absorto na redação dos contos discutidos no capítulo anterior. Mas, a partir da segunda metade daquele mesmo ano, voltou-se também para seu velho amigo Bioy Casares e eles ressuscitaram H. Bustos Domecq, o autor apócrifo das histórias policiais de dom Isidro Parodi, embora o usassem agora para zombar de escritores e artistas modernistas. (Quando as *Crónicas de Bustos Domecq* apareceram em 1967, traziam a dedicatória: "Àqueles mestres esquecidos, Picasso, Joyce, Le Corbusier".) Haviam terminado o livro no início de julho de 1966 e Borges convidara então outra boa amiga, Esther Zemborain de Torres, para colaborar com ele numa introdução à literatura norte-americana, na qual trabalharam em sessões ocasionais no apartamento de Esther pelo resto daquele ano.[1]

Além de escrever contos e colaborar com amigos em projetos literários, Borges tinha suas aulas de anglo-saxão nas manhãs de sábado na Biblioteca Nacional, que ainda atraíam um grupo fiel de alunos. No ano anterior, convidara uma moça chamada María Kodama para entrar no grupo.[2] Ela o admirava desde que seu pai japonês a levara a uma de suas conferências. Tinha apenas doze anos na época, mas um amigo da família a apresentara ao escritor depois e tinham conversado sobre o livro predileto dela, *Alice no País das Maravilhas*. Borges havia esquecido aquele primeiro encontro, mas, alguns anos depois, quando estudava na Universidade de Buenos Aires, María matriculou-se no curso de Borges sobre a epopeia, tema que a fascinava desde que seu pai lhe contou histórias de samurais. Porém, depois de algum tempo, María sentiu que estava perdida e não conseguia acompanhar o curso. Pensou em desistir, mas seus colegas lhe disseram para falar com o professor sobre suas dificuldades. Borges estimulou-a a perseverar e convidou-a para visitá-lo em seu apartamento às tardes. Eles passaram a se encontrar ocasionalmente em confeitarias para falar sobre literatura e ele acabou por convidá-la para as aulas semanais de anglo-saxão.

Borges ficou bastante impressionado com aquela moça parte japonesa, cuja beleza delicada fazia com que parecesse ainda mais jovem do que era. Ademais, era pessoa de modos gentis, respeitosos, discretos. Numa época de tanta turbulência emocional secreta para ele, ela deve ter sido uma presença confortante e ele podia passar o tempo fazendo aquilo de que mais gostava: divagar interminavelmente sobre temas literários enquanto María ouvia atenta cada palavra, mal acreditando que lhe fora concedido o privilégio de ouvir a sabedoria de seu admirado mestre. Como era de prever, não demorou para que a florescente amizade com a moça se transformasse em algo mais intenso, embora fosse difícil definir então o que ele sentia por ela. Dava-lhe livros de presente e lhe telefonava com frequência. Não havia motivo para que María reconhecesse esses sinais característicos de enamoramento, nem achava estranho que pudesse atrair tanto a atenção de um homem de mais de sessenta anos; foi sua mãe que, depois de um tempo, ficou um pouco preocupada com a atenção que sua filha adolescente estava recebendo do professor.

Na primeira metade de 1966, Borges pensara sobre o convite de Harvard e reunira algumas ideias para as seis conferências públicas que deveria dar enquanto ocupasse a cadeira Charles Eliot Norton de Poesia. Essa ida para Harvard por dois semestres em 1967-8 era motivo de preocupação. Ele precisava obviamente de um acompanhante enquanto estivesse nos Estados Unidos, mas sua mãe completara noventa anos em maio de 1966 e, embora ainda estivesse em forma notável, a idade começara a pesar-lhe nas viagens que haviam feito juntos alguns anos antes. Porém, não havia ninguém mais que estivesse preparado para passar um período de seis meses com ele num país estrangeiro; assim, ou levava a mãe ou desistia de Harvard. A questão se tornou urgente quando a universidade lhe escreveu oferecendo uma suíte de um quarto na Leverett House, uma residência de alunos de graduação. Essas acomodações eram claramente inadequadas, então Borges respondeu ao professor W. J. Bate, do Comitê Charles Eliot Norton, dando-lhe uma lista de suas palestras públicas e se oferecendo para dar um curso ou dois sobre literatura sul-americana, mas explicando também que precisava de acomodações para sua mãe. Aparentemente, a carta de Borges sumiu dos arquivos de Harvard, mas uma carta do professor Bate ao reitor indica a natureza do problema. Bate explicava que se tratava de um caso especialmente incômodo, porque Borges estava quase cego e era também o único apoio de sua idosa mãe; portanto, era inevitável que ela o acompanhasse. Borges esperava que pudessem achar um apartamento de dois quartos para eles, pois relutava compreensivelmente em compartilhar um quarto com a mãe.[3]

Os problemas práticos de sua ida a Harvard prenunciavam uma situação muito mais grave: quem cuidaria dele depois que sua idosa mãe morresse? De acordo com Emir Rodríguez Monegal, mãe e filho "costumavam discutir a questão abertamente com amigos".[4] Sua irmã Norah e a família dela não eram apropriados, porque haviam se afastado desde o casamento com Guillermo de Torre, por quem Borges desenvolvera forte antipatia. Não poderiam ser Bioy Casares e Silvina Ocampo, porque, embora se vissem quase diariamente durante tantos anos, o casal levava, em larga medida, vidas separadas, cada um cuidando de seus assuntos. Como até d. Leonor era capaz de avaliar, a única solução era o casamento, mas quem poderia ser uma parceira adequada? Essa era exatamente a questão que dividia mãe e filho desde que Georgie se apaixonara pela primeira vez, em Genebra.

Borges passara a se encontrar habitualmente com María Kodama e se enamorara da moça, mas que chances tinha com ela? O tempo estava a seu desfavor, pois dificilmente poderia esperar, mesmo nos cálculos mais otimistas, se casar com ela a tempo de levá-la para Harvard com ele no ano seguinte. De qualquer modo, havia apresentado María para um amigo que se separara recentemente da esposa, e parecia que os dois andavam se encontrando com frequência; então Borges supôs — erroneamente, como ficou claro depois — que María estava se envolvendo com esse outro homem.

Assim, quem mais poderia ser uma candidata adequada ao casamento? Na segunda metade de 1966, Borges retomara sua amizade com Margarita Guerrero e a persuadira a colaborar com ele numa segunda edição ampliada do *Manual de zoología fantástica*, o bestiário de criaturas imaginárias que haviam produzido durante sua breve amizade amorosa no início dos anos 1950.[5] Parece que ele cogitava a possibilidade de reviver sua relação com Margot, mas tal união duraria? Era improvável, diante dos fatos passados.

De qualquer forma, sua mãe tinha outras ideias. Segundo Bioy Casares, d. Leonor soube que Elsa Astete Millán, a garota que Borges cortejara no final dos anos 1920, ficara viúva uns dois anos antes, depois de um casamento de 27 anos com Ricardo Albarracín, de quem tinha um filho.[6] Leonor persuadiu Georgie a contatá-la novamente por intermédio da irmã de Elsa, Alicia, que fora casada com seu amigo Néstor Ibarra. Arranjaram um encontro na casa de Alicia e os dois passaram a tarde inteira conversando. No dia seguinte saíram para jantar.[7] Aparentemente, Elsa Astete era uma candidata muito promissora. Afinal, houvera outrora certa ternura entre eles. Com efeito, ela alegaria que haviam sido noivos: "Fui sua noiva quando tinha vinte anos de idade. Chegamos mesmo a trocar alianças. Estávamos formalmente noivos".[8] E, mesmo depois de seu casamento com outro homem, ocorreu um estranho episódio no início da década de 1940, quando Borges lhe escreveu algumas cartas apaixonadas. Enquanto discutiam a possibilidade de levar a amizade adiante, parece que a velha chama começou a se reavivar. Elsa mostrou a Borges um anel que ele lhe dera e o fato de que houvesse guardado por tanto tempo o emocionou profundamente.[9] De sua parte, ele apresentou uma fotografia de Elsa que ela lhe dera cerca de quarenta anos antes, e d. Leonor contou a ela que ele costumava olhar para a foto todas as noites antes de dormir.[10]

Mesmo assim, Borges não conseguia se decidir. Fani, a empregada, disse ter ouvido a mãe perguntar a Georgie durante um almoço: "Com quem você vai casar, Margarita Guerrero ou Elsa Astete?".[11] Borges não respondeu. Em janeiro de 1967, saiu de circulação por um tempo: Esther Zemborain, que estava ansiosa para terminar o manuscrito da *Introducción a la literatura norteamericana*, não conseguiu encontrá-lo por várias semanas.[12] No fim, ele escolheu a viúva de meia-idade, mas deve ter sido uma decisão torturante, pois, em janeiro de 1967, como vimos, ele havia completado o ciclo de contos que narravam sua libertação do conflito entre a espada e o punhal, e, assim que saboreou essa liberdade psicológica sem precedentes, teve de encarar a necessidade prática de encontrar uma companheira. Elsa Astete aceitou a proposta de Borges e eles concordaram com um casamento civil no cartório, mas, como Elsa lembraria depois, foi d. Leonor que "estimulou" a ideia de um casamento na igreja,[13] pois a ausência dessa cerimônia seria considerada um escândalo nos círculos sociais que Leonor Acevedo frequentava. Decidiu-se que o casamento civil seria em agosto e o religioso, várias semanas depois.

A notícia do noivado foi recebida com certa incredulidade pelos amigos de Borges. Ninguém jamais ouvira falar de Elsa Astete, uma vez que ela não pertencia ao mundo literário portenho, nem ao círculo de senhoras de classe alta que frequentavam a casa dele. Quando ele a levou para almoçar com algumas de suas amigas, elas acharam-na malvestida, provinciana e um tanto sem graça; e, quando ela foi jantar pela primeira vez na casa de Bioy e Silvina, até a empregada não pôde evitar de rir à socapa ao abrir a porta para a mulher que todo mundo dizia ser a noiva do sr. Borges.[14] Mesmo assim, Leonor Acevedo estava encantada com Elsa, que era devidamente respeitosa e deferente, a ponto de ceder um lugar para a futura sogra ao lado de Georgie no sofá, como fez numa visita à casa de Susana Bombal.[15]

A impressão de María Kodama era que Borges estava constrangido com o noivado. Uma tarde, quando foi tomar chá no apartamento dele, Borges estava usando um anel de noivado, mas, depois que d. Leonor saiu da sala, ele desapareceu por um instante e, quando retornou, María notou que estava sem a aliança. Em outra ocasião, d. Leonor falou a ela sobre o casamento vindouro e sugeriu-lhe que o cumprimentasse. María deu-lhe votos de felicidade enquanto ele a acompanhava no elevador e ficou impressionada com a aparência constrangida dele quando ouviu a menção ao casamento.

Na verdade, ele estava desesperado. Como escreveu num poema chamado "O labirinto", publicado em *La Nación* em 11 de junho de 1967:

Nem Zeus desataria essas redes
de pedra que me cercam. Olvidado
dos homens que antes fui, sigo o odiado
caminho de monótonas paredes
que é meu destino. Retas galerias
encurvando-se em círculos secretos
com o passar dos anos.

Ele se retratava como Teseu, que perdeu o fio de Ariadne e ouve um "bramido desolado" enquanto cambaleia pelo labirinto sem fim:

Sei que na sombra há Outro, cuja sorte
é exaurir as solidões sem fim
que este Hades fiam e desfiam,
sugar meu sangue e devorar minha morte.
Nós dois nos procuramos. Quem me dera
fosse este o dia último da espera.

Mas essa libertação parecia nunca chegar e, a julgar por outro poema chamado "Labirinto", que publicou no mesmo ano, parecia não haver saída desse apuro — "Nunca haverá uma porta" — nem mesmo por intermédio da própria morte:

Não esperes a investida
Do touro que é um homem e cuja estranha
Forma plural dá horror à maranha
De interminável pedra entretecida.
Não existe. Nada esperes. Sequer à
negra sombra crepuscular, a fera.[16]

No dia 4 de agosto, Borges finalmente amarrou o nó: ele e Elsa se casaram numa cerimônia em cartório, mas, embora tivessem comprado um apartamento na avenida Belgrano, 1377, a poucas quadras da Biblioteca Nacional, decidiram evitar o mínimo motivo para escândalo e Georgie ficou no apartamento com sua mãe por várias semanas, até que a união pudesse ser santificada na igreja. Durante esse estranho hiato entre celibato e matrimônio, ele publicou um poema chamado "Rubaiyat", nome do famoso poema de Omar Khayyam que seu pai havia traduzido. Borges tomava o tema hedonista do *carpe diem* e o transformava numa meditação sobre a vaidade de todas as coisas, chegando por fim a uma formulação extremamente violenta: "Hoje é ontem. És os outros/ Cujo rosto é o pó. Tu és os mortos".[17]

D. Leonor garantira a suas amigas que a cerimônia na igreja seria tranquila e discreta, como condizia com um casal de meia-idade, mas Borges era o escritor mais famoso do país e seu casamento estava fadado a atrair a atenção da mídia. Ademais, a data escolhida era 21 de setembro, primeiro dia da primavera no hemisfério sul e Dia dos Namorados na Argentina, quando os homens presenteiam suas amadas com uma rosa vermelha para celebrar seu romance. Esther Zemborain ficou presa num engarrafamento de trânsito provocado pelo desfile anual de primavera na avenida Santa Fé e, quando chegou à elegante igreja de Nossa Senhora das Vitórias, encontrou-a transbordando de gente, que não reconheceu.[18] Bioy Casares não estava à vista, mas ela divisou sua esposa Silvina Ocampo, que aparecera afinal, assim como um punhado de amigos literários de Borges. Depois, entreviu o casal de noivos no meio de uma multidão que se acotovelava e de *paparazzi* que se empurravam a fim de tirar fotos para a imprensa portenha.

O *Clarín* noticiou que o casamento havia sido uma cerimônia simples, à qual compareceram uns cinquenta convidados, e fora oficiado por monsenhor Ernesto Segura, bispo auxiliar da arquidiocese de Buenos Aires.[19] Borges chegou à igreja acompanhado pela mãe; a noiva chegou cinco minutos depois, conduzida por seu irmão. De vestido preto e casaco, avançou ao som da Marcha Nupcial de Mendelssohn e, depois da cerimônia, amigos e parentes reuniram-se ao redor do casal para cumprimentá-los.

Entretanto, mesmo antes de partirem para os Estados Unidos, uma semana depois, surgiram nuvens no horizonte. As amigas de d. Leonor organizaram uma festa de despedida para eles. O número de convidados foi tão grande que Esther Zemborain teve de pedir emprestada a mansão de sua mãe, na rua Schiaffino, no bairro elegante da Recoleta, para acomodar todo mundo.[20] Todos os convidados estavam na expectativa da chegada da nova "senhora de Borges", mas ela não dava sinais de aparecer, e d. Leonor pediu finalmente que Esther Zemborain telefonasse para a nora. Soube-se então que Elsa estava muito cansada dos preparativos para a iminente viagem do casal e, de qualquer modo, sentia-se indisposta naquela noite.[21] Borges foi à festa sozinho.

Ao chegar a Boston, em 29 de setembro, o casal foi recebido por Raimundo Lida, professor do Departamento de Línguas Neolatinas de Harvard. Em seu diário, Lida anotaria que Borges parecia muito mais velho e alquebrado do que em sua última visita a Harvard, em 1962.[22] Elsa sentiu-se imediatamente deslocada em Cambridge. Para começar, estava descontente com o apartamento que a universidade havia providenciado para eles e logo achou outro num edifício na esquina da rua Craigie com a avenida Concord, bem perto de Cambridge Common. Depois, por saber pouco inglês, demonstrou escasso interesse em levar a vida de uma esposa de professor: raramente acompanhava o marido nas obrigações sociais, e o casal não recebia visitas em casa. Elsa preferia a companhia de um primo seu que na época dava aulas de espanhol em Harvard. Durante boa parte do tempo, Borges ficava nas mãos de um jovem estudante de pós-graduação anglo-argentino chamado John Murchinson, encarregado pela universidade de cuidar do professor convidado cego. Murchinson levava-o à biblioteca do Radcliffe College, nas proximidades, onde lia para ele e, às vezes, anotava o que Borges lhe ditava.

O ocupante da Cadeira de Poesia Norton deveria dar seis palestras; por convenção, seriam três no primeiro semestre, três no segundo. A *Harvard Gazette* de 14 de outubro anunciava que a série de palestras públicas de Borges, intitulada "Esse ofício do verso", seria feita no Charles Eliot Norton Lecture Hall, no Museu de Arte Fogg.[23] Os temas de cada palestra seriam: "O enigma da poesia" (25 de outubro), "A metáfora" (15 de novembro), "O narrar uma história" (6 de dezembro), "Música da palavra e tradução" (28 de fevereiro), "Pensamento e poesia" (20 de março) e "O credo de um poeta" (10 de abril).[24] O público para a palestra inaugural foi tão grande que teve de ser transferida para o Sanders Theatre, no Memorial Hall, a curta distância do Museu Fogg. Enquanto caminhava para o novo local, Denah, esposa de Raimundo Lida, ouviu por acaso um grupo de estudantes radicais do SDS (Students for a Democratic Society) discutindo o que parecia ser um plano para invadir a palestra de Borges.[25]

Tal como tantas outras universidades americanas, Harvard não era mais o lugar tranquilo que Borges visitara em 1962. A oposição estudantil à guerra no Vietnã estava então no auge e, nas semanas que antecederam à palestra de Borges, o *Harvard Crimson*, jornal diário dos estudantes, estivera cheio de notícias de manifestações e protestos. No sábado anterior, 21 de outubro, por exemplo, uma imensa "Marcha sobre o Pentágono" resultara em graves choques entre a Guarda Nacional e os estudantes; naquela mesma semana, aconteceram manifestações contra a suposta cumplicidade de Harvard com a Dow Chemical, empresa fabricante do napalm; na mesma noite da palestra de Borges, Edward Kennedy falou para uma plateia lotada na Escola de Medicina de Harvard sobre a necessidade de reavaliar a guerra.

É difícil dizer em que medida essa agitação política chamou a atenção de Borges. De qualquer modo, é improvável que ele se interessasse muito, mesmo supondo-se que não estivesse cego. Mas era exatamente essa falta de interesse por política que lhe estava granjeando uma reputação de conservador, mesmo nos Estados Unidos, onde a ascensão da Nova Esquerda nos campi americanos levara à expectativa de que os escritores latino-americanos demonstrassem solidariedade com as lutas revolucionárias em andamento no continente. Apenas duas semanas antes, a primeira página do jornal estudantil publicara uma foto do corpo assassinado de Che Guevara exibido pelo exército da Bolívia[26] e, em 17 de novembro, dois dias depois da segunda palestra de Borges em Harvard, o jornal trazia uma reportagem de página inteira sobre o discurso que Stokeley Carmichael, o líder dos Panteras Negras, fizera em Havana elogiando a "visão apocalíptica" de Che Guevara e a "grande vitória ideológica" de Fidel Castro.[27]

No fim das contas, a palestra inaugural de Borges em Harvard decorreu sem incidentes, mas na ameaça de disrupção de membros do revolucionário SDS encontramos os começos da reputação dupla que ele adquiriria no exterior nos anos seguintes — admirado por seu gênio literário, de um lado, execrado como reacionário político, de outro. Naquela ocasião, como em muitas outras, o velho e cego escritor argentino, com sua aparência pálida e elevada e fala trêmula, exsudava uma aura sobrenatural que parecia provocar uma espécie de reverência, mesmo de gente que discordava violentamente de suas posições políticas.

Uma boa parte do charme de Borges estava na despreocupação distraída com que ele abordava a performance pública. Ele terminou abruptamente sua primeira palestra em Harvard e depois ficou imóvel por um bom tempo, antes de agradecer a atenção. Quando Raimundo Lida, que presidira a mesa, se aventurou a lhe perguntar se algo dera errado, Borges respondeu que sua perna ficara "dormente" — "como a da maioria da plateia, espero". Mesmo assim, de acordo com Richard Burgin, que era um jovem estudante da vizinha universidade de Brandeis na época, Borges criou "um entusiasmo genuíno na comunidade intelectual de Cambridge" e suas palestras "tiveram muito público e foram muito bem recebidas".[28] Logo no início do ano seguinte, Robert Lowell o apresentaria numa leitura de poesias dizendo que "seria impertinente de minha parte elogiá-lo. Durante muitos anos, achei que ele deveria ganhar o prêmio Nobel".[29]

Embora tivesse se casado com apreensão, para não dizer maus presságios, Borges havia nutrido esperanças de que a união pudesse levar a algum tipo de realização para ambos. Nos primeiros dias em Harvard, escreveu um poema chamado "Elsa" no qual lembrava os muitos e longos anos durante os quais vivera privado do amor de uma mulher; não obstante, declarava considerar esses anos como passos necessários no caminho para "a pura altura de azul que persiste no azul da noite deste dia e de meus dias".[30] O poema terminava em tom carinhoso: "Elsa, tua mão está em minha mão. Vemos/ a neve no ar, e a acariciamos".

Infelizmente, o casamento deu sinais de estar em dificuldades logo depois da chegada deles a Harvard. Uma noite, Raimundo Lida chegou em casa com a notícia de que Borges brigara com Elsa e fora para o hotel Continental, nas redondezas.[31] Embora tenha sido persuadido a voltar para a esposa, estava ficando evidente que eles não se davam bem. O comparecimento de Borges às aulas tornou-se errático e correu o rumor de que estava dedicando tempo demais a palestras em outras universidades e escolas. Talvez tenha sido esse o motivo de Juan Marichal, o chefe do departamento, ter ficado "irritadíssimo" com ele, como observou Lida em seu diário. As fofocas e especulações sobre os supostos desacordos do casal chegaram até d. Leonor, principalmente por intermédio da viúva de um professor espanhol de Harvard que Borges conhecera em Buenos Aires na década de 1930.

A infelicidade de Borges enquanto esteve em Harvard inspiraria um conto chamado "O outro", em que se representa sentado sozinho em um banco junto ao rio Charles quando um rapaz se senta inesperadamente ao seu lado.[32] Trata-se de uma aparição dele mesmo quando adolescente em Genebra. O sexagenário Borges inicia então um diálogo com seu jovem eu, examinando pesarosamente as aspirações do rapaz no conhecimento implícito de seu atual desespero. Apenas o mais agudo distanciamento de seu próprio passado poderia ter inspirado esse conto, mas, quando seu casamento com Elsa começou a fracassar, parecia que até sua vida passada era mais real do que o presente, tão vazio, tão insubstancial, tão insuportável. No poema "Cambridge", ele levou essa ideia ao extremo de afirmar que o passado — as coisas que desapareceram — vive dentro de nós: "Somos nossa memória,/ somos esse quimérico museu de formas inconstantes,/ esse amontoado de espelhos quebrados".[33] E em "The unending gift" levou a ideia mais adiante, refletindo sobre o poder exercido pelas coisas ausentes.[34] Ao saber da morte de seu amigo pintor Jorge Larco, lembra-se de um quadro que ele certa vez lhe prometeu, e ocorre-lhe que, se tivesse recebido a pintura, ela teria se tornado apenas uma coisa a mais entre as outras da casa. Sua ausência, no entanto, a faz "ilimitada, incessante, capaz de qualquer forma e qualquer cor e a ninguém ligada". Em consequência, "viverá e crescerá como uma música e estará comigo até o fim". Ele havia topado com um tema novo: o que é passado ou ausente é mais vívido do que a realidade de nossa experiência. Essa crença no poder virtual da imaginação assumiria uma importância crucial cerca de dez anos depois, embora em circunstâncias muito diferentes da situação desesperada em que se encontrava então.

Um certo alívio desse terrível desânimo adveio do encontro casual com Norman Thomas di Giovanni, um escritor e tradutor que morava não longe de Boston. Esse americano de 34 anos descobrira a obra de Borges ao preparar uma antologia da poesia latino-americana e, quando soube que ele estava em Harvard, escreveu-lhe oferecendo-se para traduzir uma seleção de seus poemas, como fizera dois anos antes com a obra do poeta espanhol Jorge Guillén, que vivia então perto de Cambridge, depois de se aposentar do Wellesley College. Di Giovanni encontrou-se com Borges em 3 de dezembro de 1967, e esse primeiro encontro levaria a uma notável colaboração de vários anos. Apesar da diferença gritante de temperamento, o dinâmico americano e o desalentado argentino conseguiram trabalhar bem juntos e, por boa parte do resto de seu tempo em Harvard, Borges ajudou Di Giovanni nas preliminares do projeto de antologia de sua poesia. Ele deu ao jovem americano plena liberdade para negociar em seu nome com os editores de língua inglesa e concordou em receber a metade dos direitos autorais de qualquer tradução para o inglês feita em conjunto.

Os seis meses que Borges passou nos Estados Unidos levaram-no a ser reconhecido no mundo de língua inglesa como um escritor de primeira categoria. Richard Burgin viria a escrever:

> Quando deu sua última palestra em Harvard, Borges já era o herói literário de Cambridge. Pelo que sei, em todos os lugares do país em que fez palestras e leituras de suas poesias, a recepção foi igualmente entusiástica. Em Cambridge, escritores como Robert Lowell, Robert Fitzgerald, Yves Bonnefoy, John Updike e Bernard Malamud compareceram às suas palestras e fizeram fila para conhecê-lo pessoalmente. John Barth disse que Borges era o homem "que havia sucedido a Joyce e Kafka".[35]

Em abril, retornou a Buenos Aires com a esposa. Vistos de fora, levavam uma vida de plácida domesticidade no apartamento da avenida Belgrano. Borges passava algumas horas da manhã na Biblioteca Nacional, voltava a casa para almoçar à uma hora e fazer uma sesta e, à tarde, passava mais algum tempo na biblioteca. À noite, costumavam jantar com Bioy e Silvina e, mais tarde, liam um pouco em casa, antes de ir para a cama. Mas não demorou para que os amigos mais próximos notassem que o casamento estava sob tensão. Borges não conseguia se acostumar com a relação marital, e a esposa, no fim das contas, não mostrara ser uma substituta adequada para sua mãe.

Elsa logo sentiu-se deslocada entre os escritores cosmopolitas que eram amigos de Borges. Não é preciso dizer que, tendo passado grande parte de sua vida como dona de casa provinciana em La Plata, ela se tornou objeto de comentários maldosos das senhoras aristocráticas do círculo social de sua sogra. Essas fofocas eram acompanhadas por uma sutil perseguição. Por exemplo, durante o chá, lembravam-lhe de como ela tinha sorte de estar casada com um escritor tão famoso, que as mulheres achavam tão atraente.[36] O desconcerto de Elsa levou-a a proibir todas as mulheres de pôr os pés em seu apartamento e, à medida que suas oportunidades sociais em Buenos Aires declinavam, ela passava a visitar suas família e os amigos em La Plata.

Durante as ausências de Elsa, um Borges um tanto desorientado buscava a companhia de María Kodama. Ela era a única mulher que Elsa aprovava na casa; essa jovem simples e discreta, com suas blusas brancas e saias xadrezes, ajudava seu marido cego a passar o tempo lendo-lhe e ajudando-o a decifrar seus textos anglo-saxões. A solidão de Borges era óbvia, mas María mal podia imaginar a dimensão de sua angústia interior, pois a relação entre eles se caracterizava por uma extrema reticência — continuavam a dirigir-se um ao outro com o formal *usted* — e, embora ela se visse cada vez mais ligada a seu reverenciado professor, não conseguia dar um nome ao que sentia por ele.[37]

Quanto a Borges, os sentimentos que nutria por María antes do casamento começaram a reviver, mas ele parecia relutar em admiti-los, pois a última coisa que queria era reabrir as velhas feridas que o amor lhe infligira ao longo do tempo. Talvez fosse melhor a infelicidade estável e fria do casamento do que os tormentos da paixão não correspondida. Mas não adiantava, ele não conseguia negar seus sentimentos: o amor o possuía uma vez mais e, num poema chamado "O ameaçado", ele comparou-o a ser perseguido por um inimigo ou ver-se numa prisão da qual não há escapatória:

> É o amor. Terei de me esconder ou fugir.
> Crescem as paredes de seu cárcere, como em um sonho

atroz. A bela máscara mudou, mas como sempre é a
única. [...]
Estar contigo ou não estar contigo é a medida de meu tempo.[38]

E, mais adiante, expressa o medo, mas também a necessidade insuportável, provocados por seu por amor por María Kodama:

Há uma esquina pela qual não me atrevo a passar.
Agora os exércitos me cercam, as hordas.
(Este quarto é irreal; ela não o viu.)
O nome de uma mulher me delata.
Dói-me uma mulher por todo o corpo.

Enquanto isso, Di Giovanni fazia vários acordos de publicação nos Estados Unidos de traduções das obras de Borges para o inglês. Seu primeiro sucesso foi um contrato com o editor Seymour Lawrence para uma antologia da poesia de Borges, que sairia pela Delacorte Press em 1972, sob o título de *Selected poems (1923-1967)*. Tratava-se de um empreendimento complexo que exigiria que Di Giovanni encomendasse e coordenasse o trabalho de vários tradutores, entre eles John Updike, John Hollander, Richard Wilbur, Alastair Reid e o próprio Di Giovanni. Também fora contatado por Jack Macrae, da editora E. P. Dutton de Nova York, que estava interessada em publicar traduções para o inglês de toda a produção borgeana, mas foi impossível obter os direitos da maioria dos contos que já haviam sido traduzidos; Macrae acabou por assinar um contrato com Di Giovanni para uma tradução de *O livro dos seres imaginários*, que saíra no ano anterior em espanhol. Também fez um acordo informal com Di Giovanni para publicar qualquer livro de Borges que estivesse livre de problemas de direitos autorais. Por fim, Di Giovanni negociou um acordo com a revista *New Yorker* para submeter ocasionalmente à apreciação poemas e contos de Borges, um acordo potencialmente lucrativo, tendo em vista as belas quantias pagas pela revista.

Diante de todos esses negócios, Di Giovanni julgou essencial reforçar seus laços pessoais com Borges e pediu uma bolsa à Fundação Ingram Merrill para passar alguns meses em Buenos Aires e trabalhar ao lado do escritor. E, assim, em meados de novembro de 1968, a infeliz vida doméstica de Borges foi animada pela chegada do entusiasmado americano Norman Thomas di Giovanni. O casal o recebeu no aeroporto e o conduziu a um hotel modesto que haviam encontrado na avenida de Mayo, não longe do apartamento deles.

Sem perda de tempo, entregaram-se à tarefa de traduzir poemas para a antologia da Delacorte e já na manhã seguinte começaram a trabalhar juntos em "Heráclito". Nos sete meses decorridos desde a volta de Borges dos Estados Unidos, Di Giovanni recebera dezessete poemas não coligidos para tradução e publicação na *New Yorker* e em outras publicações. Ele perguntou então se eram composições recentes ou poemas encontrados no fundo da gaveta.[39] Borges disse que eram novos, mas quando Di Giovanni sugeriu que os reunisse em livro, o escritor ficou bravo e recusou-se a aceitar a ideia. Porém, na noite seguinte, enquanto jantava com Bioy, levantou a questão de novo: "Di Giovanni tem uma ideia maluca. Ele quer que eu publique um livro novo de poesias". Bioy achou a sugestão excelente e alguns dias depois Borges foi visitar seu editor Carlos Frías, na Emecé, e lhe disse que queria publicar uma coletânea de poemas novos.

Di Giovanni também tratou de descobrir quais livros de Borges estavam livres de copyright em inglês: eram oito, mas, em sua maioria, obras de interesse menos óbvio para um leitor anglo-americano, como o estudo biográfico *Evaristo Carriego*, sobre o qual até Borges tinha suas dúvidas, *Discussão*, a miscelânea de ensaios do começo dos anos 1930, ou ainda o excêntrico *História da eternidade*, que atraiu meros 37 leitores quando foi publicado pela primeira vez, em 1936. Mesmo assim, essas obras teriam de compor a base do contrato de vários livros que Di Giovanni esperava negociar com Jack Macrae, mas era óbvia a necessidade de um título que fosse comercialmente mais viável no mercado americano; concordaram então em fazer uma antologia de contos e textos em prosa que seria publicado no devido momento com o título de *The Aleph and other stories*.

Enquanto Di Giovanni tratava desses negócios, Borges continuava atolado nas dificuldades emocionais provocadas por seu casamento infeliz e seus sentimentos por María Kodama. E, assim como acontecera em Harvard, estava propenso a repisar a vivacidade do passado em comparação com o presente irremediável. Na manhã seguinte à chegada de Di Giovanni a Buenos Aires, levou o amigo para uma visita à Biblioteca Nacional e "a alguns lugares próximos, no lado sul da cidade que ele adorava e transformara em mito".[40] O americano achou comovedor que o velho escritor quisesse pedir desculpas pelas ruas em mau estado e pelo parque empoeirado do bairro, mas percebeu o sentimento de orgulho que estava por trás dessa cortesia. "Afinal, esses lugares significam muito para mim: eles são o meu passado", explicou Borges.[41]

Em 4 de dezembro, menos de três semanas depois, Di Giovanni o acompanhou ao bairro de Palermo. Borges não ia até lá havia trinta anos, contou ao americano. Foram a um *almacén*, um bar de esquina tradicional, onde pediram *cañas quemadas*, uma espécie de rum, e, enquanto bebericavam, notaram dois homens jogando cartas numa mesa de madeira. Parecia uma cena tirada de seu poema da juventude "O truco", de *Fervor de Buenos Aires*, no qual imaginara um grupo de jogadores de carta repetindo as palavras e as ações de incontáveis predecessores, anulando dessa forma a realidade do presente e trazendo o passado de volta à vida. Mais tarde, "como um escolar ansioso", Borges mostrou ao americano uma travessa de paralelepípedos que disse ser incomum porque corria na diagonal, em vez de ser um lado de um quadrado.[42] E naquele lugar, que talvez lembrasse especialmente os dias longínquos de sua juventude, Borges saiu-se com a trama de um conto que já tinha trabalhado em sua cabeça. Era "Juan Muraña", a história da velha viúva que usa a adaga do marido para matar o senhorio que ameaça despejá-la. Assim que terminou de contar a história, informou a Di Giovanni que jamais conseguiria escrever ficção novamente. Mas a verdade é que havia escrito uma série de contos novos cerca de três anos antes, então talvez estivesse testando Di Giovanni, tentando-o obliquamente a pedir mais, na esperança de que o americano decidido pudesse ajudá-lo a entrar num território no qual ainda não havia encontrado o espírito para aventurar-se sozinho.

PARTE V

O AMOR RECONQUISTADO (1969-86)

27. Islândia (1969-71)

A partir da chegada de Di Giovanni a Buenos Aires, Borges dedicou-se a dois projetos. Pela manhã, ditava poemas novos em espanhol para uma secretária na Biblioteca Nacional, com o objetivo de, com as poesias que escrevera desde 1966, reuni-los num novo volume que se chamaria *Elogio da sombra*. Depois, à tarde, Di Giovanni o apanhava em casa às quatro horas e o levava de volta à biblioteca, onde colaboravam na tradução de sua obra para editoras americanas. Essa rotina interrompeu-se por cerca de duas semanas, quando Borges visitou Israel acompanhado de Elsa, nos primeiros dias do novo ano, mas ele retornou ao trabalho assim que voltou de viagem. Em fevereiro de 1969, terminou com Di Giovanni os poemas para os *Selected poems* encomendados pela Delacorte Press, e os dois passaram a traduzir *The book of imaginary beings* para a E. P. Dutton, acrescentando novos itens durante o processo.

É evidente que Borges continuou a ver María Kodama durante todo esse período, sempre com o habitual decoro e discrição, o mesmo modo formal de se dirigir um ao outro enquanto discutiam e traduziam textos anglo-saxões. Mas os sentimentos dele pela jovem podem ser avaliados a partir de um poema que escreveu nessa época. Em "A rosa", ele evoca a rosa do amor em suas variadas manifestações — a "jovem flor platônica", indicando a inocência de seus primeiros amores, e também aquela outra flor, a rosa da paixão, "ardente e cega", que não se julga ainda qualificado para cantar. Ele incluiria esse poema numa edição nova de seu primeiro livro, *Fervor de Buenos Aires*, que a Emecé publicou naquele ano.[1] À primeira vista, era uma decisão curiosa, mas o teor desse novo poema era bem distinto daquele das poesias que estava reunindo para *Elogio da sombra*, que refletiam sua infelicidade no desastroso casamento. "A rosa" era um canto de louvor ao amor que celebrava sua capacidade de ressuscitar "das delicadas cinzas", e ele deve ter considerado mais adequado incluí-lo em *Fervor de Buenos Aires*, o livro que fora inspirado pelo amor por Concepción Guerrero.

A perda daquele antigo amor talvez o estivesse acabrunhando novamente, pois, embora a rosa do amor pudesse florescer uma vez mais em seus sentimentos por María Kodama, ele também estava preso ao casamento com Elsa. Como poderia encontrar uma saída daquele aperto? Perderia a rosa de novo? As esperanças e ansiedades provocadas por esse amor expressaram-se numa sequência de tankas (forma poética japonesa relacionada com o haicai), escritos provavelmente por volta de seu septuagésimo aniversário.[2] Antes de tudo, temos o desejo ardente: "Alto no cimo/ Todo o jardim é lua,/ Lua de ouro./ Mais precioso é o roçar/ De tua boca na sombra". Mas, depois, a consciência da falta: "A voz da ave/ Que a penumbra esconde/ Emudeceu./ Andas por teu jardim./ E algo, eu sei, te falta". Em seguida, ele é tomado pelo temor de que a paixão o devore em vão: "Sob a lua/ O tigre de ouro e sombra/ Olha suas garras./ Não sabe que na aurora/ Destroçaram um homem". E, finalmente, é oprimido pela tristeza de "ser terra", de "não ser os dias/ Do homem, o sonho, o alvorecer", pois sua vida inteira foi vazia até então e nem sua literatura trouxe realização plena: "Não ter tombado,/ Como outros de meu sangue,/ Na batalha./ Ser na inútil noite/ O que conta sílabas". Esse sentimento de que a vida passou por ele devia ser mais intolerável do que nunca: sabia muito bem o que devia ser feito, tinha a chave para a liberdade, mas restava ver se era capaz de achar a coragem para abrir a porta que o libertaria do labirinto do desespero.

Desde a visita nostálgica a Palermo, de vez em quando Borges contava ao seu amigo americano tramas de outros contos que tinha em mente. Di Giovanni fez uma contagem dessas histórias e chegou a uma lista de oito. Era óbvio que constituíam a base para uma nova coletânea, então deu início ao que chamou de "uma sutil campanha para instigá-lo" a publicá-las, campanha que começou a dar frutos em meados de abril de 1969, quando soube que Borges estava ditando um conto para uma secretária da Biblioteca Nacional.[3] Quando recebeu o texto datilografado cerca de três semanas depois, Di Giovanni ficou encantado ao encontrar a história de dois jovens que entram em duelo depois de serem misteriosamente atraídos para um par de facas que encontram numa vitrine. Era "O encontro", que Di Giovanni traduziu em seguida e mandou para a *New Yorker*.

Enquanto isso, a produção de Borges vinha crescendo constantemente: no final de maio, a tradução de *O livro dos seres imaginários* estava terminada e, perto de meados de junho, o grosso dos poemas para *Elogio da sombra* foi entregue à Emecé (o livro sairia em 22 de agosto, com grandes elogios). Borges e Di Giovanni começaram então a trabalhar no novo projeto para a editora Dutton: a antologia de prosa de ficção *The Aleph and other stories*. Porém, após ditar "O encontro" em maio, parece que Borges se mostrou pouco inclinado a continuar a ditar contos novos. No final de junho, souberam que a *New Yorker* aceitara "O encontro", e essa notícia fez a confiança de Borges ir às nuvens, segundo Di Giovanni, mas mesmo assim ele relutava em ditar alguma das novas histórias.[4] Essa relutância talvez se devesse à consciência de que o conjunto dos contos que escrevera em 1966-7 descrevia a libertação psicológica que precedera o casamento com Elsa e que o processo de pô-los no papel tornaria sua atual infelicidade ainda mais dolorosa de suportar.

Contudo, em setembro — mais ou menos no mesmo período em que compôs os tankas sobre seu amor por María Kodama — ele venceu suas inibições e começou a ditar "História de Rosendo Juárez", a narrativa em que o protagonista se recusa a travar um duelo porque percebe não haver sentido em fazer uma coisa simplesmente para se conformar às expectativas dos outros. Seguiu-se, em outubro, "O indigno", em que o rapaz judeu Fischbein encontra seu verdadeiro eu fazendo o que julga certo, em vez de tentar impressionar o *compadrito* Ferrari. Ambos os contos mostram que a vontade é a chave para a personalidade, e o fato de Borges resolver ditar esses dois contos naquela conjuntura sugere que estava se preparando para dar os passos necessários a fim de recuperar finalmente sua liberdade.

Em dezembro, ele foi com Elsa e Di Giovanni aos Estados Unidos, atendendo o convite para presidir uma conferência sobre sua obra, organizada pela Universidade de Oklahoma. Mais tarde, lembraria essa viagem como uma das mais infelizes de sua vida, devido aos desentendimentos com Elsa.[5] Depois de

Oklahoma, foi a Washington, para dar uma palestra na Universidade Georgetown, e a Nova York, para encontrar-se com seu editor americano Jack Macrae, que organizara uma leitura de sua obra no Poetry Center, na YM-YWHA, na rua 92, a fim de divulgar *The book of imaginary beings*, o primeiro dele para a E. P. Dutton. Macrae emprestou ao casal um apartamento na rua 74, no Upper East Side, entre as avenidas Park e Lexington, mas notou que eles não estavam contentes juntos — havia "um constrangimento" entre eles,[6] e a verdade era que Elsa, que mal falava inglês, estava se sentindo perdida entre todos os *publishers*, editores e jornalistas que faziam um grande estardalhaço em torno de seu marido famoso. Tendo feito um acordo com a Dutton para vários livros, Macrae estava empenhado em promover Borges em Nova York e, após a leitura, ofereceu uma festa em sua homenagem num prédio antigo da rua 78, à qual Elsa preferiu não comparecer. Acontece que María Kodama, que na ocasião estava visitando uma amiga em Nova York, foi à festa, e Borges, parecendo tremendamente aliviado ao encontrá-la, pediu-lhe o favor de cuidar de Elsa, pois ela estava achando aquilo tudo demais.[7]

Foi o fato de ter encontrado Borges numa aflição tão óbvia que fez María compreender a natureza dos sentimentos dela por ele e admitir finalmente que o amava. Foi uma sensação "maravilhosa", mas uma "percepção terrível", pois, além de ser várias décadas mais velho do que ela, Borges estava casado com outra; o pior de tudo, no entanto, era o fato de ele estar tão infeliz e ela não poder fazer nada para remediar a situação.[8] No voo de volta para casa, ela disse a si mesma que, se Deus existisse, rezaria para que Borges encontrasse a felicidade na vida, mesmo que isso significasse infelicidade para ela.

Após voltar dos Estados Unidos, Borges e Di Giovanni continuaram a trabalhar nas traduções para *The Aleph and other stories*. Di Giovanni teve então a ideia de incluir um breve relato autobiográfico na antologia, mas Borges não quis saber disso, talvez porque seria muito doloroso rever sua vida num momento em que se sentia tão infeliz no casamento. Contudo, a visita a Oklahoma e Nova York parece ter fortalecido sua determinação e acelerou prodigiosamente o ritmo em que ele revisava e ditava os contos novos. Em meados de janeiro, terminou "Juan Muraña" e vieram logo a seguir "O duelo" e "O outro duelo". No final de fevereiro, terminou um rascunho de "Guayaquil". Em 5 de março, começou a trabalhar em "O informe de Brodie" e, no dia em que terminou este conto, passou a trabalhar em "O evangelho segundo são Marcos". Em 13 de abril, já terminara a última história. O ritmo em que produziu esses contos — sete em três meses — indica que todos eles já estavam mais ou menos compostos em sua imaginação antes de ditá-los para a secretária da Biblioteca Nacional. Pô-los no papel deve ter tido um efeito catártico, pois constituíam a desconstrução do conflito básico entre a espada e o punhal que fora fonte de tanta angústia e inibição, especialmente em suas relações com as mulheres, e o ritmo acelerado dos ditados sugere uma urgência crescente de recuperar sua liberdade. Em 20 de abril, apresentou ao seu editor na Emecé o texto datilografado da nova coletânea, que seria publicada no final daquele ano com o título de *O informe de Brodie*. No dia seguinte, concordou finalmente em escrever um ensaio autobiográfico para a antologia da Dutton.

No entanto, apenas três dias depois de começar o ensaio com Di Giovanni, o trabalho foi interrompido. A agenda de Borges ficara aparentemente muito ocupada: havia um fluxo constante de visitas e ele recebera vários convites para palestras. Di Giovanni começou a temer que não aprontaria seu ensaio autobiográfico a tempo da publicação de *The Aleph and other stories*. O que ele não sabia é que Borges estava em crise em sua vida privada: não suportava mais estar casado e decidira deixar Elsa. O único problema era que não sabia como efetuar a separação. Pediu conselhos a sua velha amiga Alicia Jurado, que era separada. Se abandonasse sua casa, poderia ficar por um tempo na casa de campo dela, enquanto se resolviam as coisas? Alicia ressaltou que, do ponto de vista jurídico, não seria bom que deixasse a mulher para viver na casa de uma mulher descasada.[9] Ele falara com Elsa sobre suas intenções? Não. Alicia sugeriu que seria justo contar para a esposa; Borges protestou que não suportava cenas.[10] Sabia que não fazia muito sentido entrar em discussões com Elsa: devia acabar com suas perdas e recuperar a liberdade que demorara tanto para conquistar e chegara tão perto de jogar fora.

Em 16 de maio, cerca de três semanas depois que o trabalho fora suspenso, Borges retornou à redação das memórias, mas Di Giovanni notou que ele não conseguia sossegar; havia alguma coisa em sua cabeça. Então Borges contou aos borbotões seus problemas. O americano não perdeu tempo: arranjou um encontro naquela mesma tarde de sábado com um advogado e, dois dias depois, iniciaram o trâmites legais para obter uma separação judicial (não havia divórcio na Argentina naquela época). Borges não conseguia encarar Elsa com seus planos, e toda a operação teve de ser realizada em segredo nas seis semanas seguintes.

* * *

Foi por volta desse período que voltou a ver Haydée Lange. Ela nunca se casara e morava com sua irmã Chichina no apartamento da rua Talcahuano que haviam compartilhado com a mãe desde o começo dos anos 1940. De acordo com Bioy Casares, ele sempre gostara de visitar a família Lange; "gostava da sua aura, queria estar próximo delas",[11] mas talvez não tenha tido muito contato com elas durante seu casamento com Elsa. Ademais, é praticamente certo que por intermédio de Haydée tivesse notícias de sua irmã viúva Norah, e talvez tenha até começado a se encontrar socialmente com ela de vez em quando, pois Norah morava agora nas proximidades, num apartamento na mesma rua das irmãs.

Norah Lange continuava a ser uma figura lendária no mundo literário de Buenos Aires. Apesar da idade, causava impressão nas festas, sempre vestida de preto, segurando uma piteira e exibindo ainda a sensacional cabeleira ruiva de sua juventude. Mas se abrandara muito desde o tempo em que os poetas de Buenos Aires ficavam fascinados com os discursos que fazia em cima das mesas de incontáveis banquetes literários. Permanecera na casa da rua Suipacha depois da morte de Oliverio Girondo, mas passou a sentir que a velha casa era grande demais para ela e muito cheia de lembranças. De qualquer modo, estava desmoronando aos poucos: um dia, o teto de seu quarto caiu e o mesmo aconteceria pouco depois no escritório de Oliverio. Aos poucos, ela diminuiu suas atividades sociais; devotou-se a editar as obras do marido e a escrever um romance; em 1970, decidiu mudar-se para perto das irmãs. Vendeu ou doou a maioria das coisas do marido: pinturas, artefatos africanos, estatuetas eróticas incas. A famosa efígie do "Acadêmico" que Oliverio desfilara pelas ruas da cidade em 1932 foi dada para um amigo, o poeta Enrique Molina, bem como o conjunto de sapos empalhados. Porém, em vez de vender a casa para alguma construtora, ofereceu-a, com a biblioteca de Oliverio, para o museu vizinho Fernández Blanco. Mas de algumas coisas ela não conseguiu se separar e entre elas estava a placa de rua original da rua Tronador.[12]

O fato de entrar em contato novamente com Haydée e Norah Lange ao mesmo tempo em que estava apaixonado por María Kodama e decidido a deixar Elsa foi de enorme significação para Borges. Na mitologia pessoal que criara ao longo dos anos, Norah Lange representava a Beatriz original para seu Dante; em 1925-6, ela fora a encarnação do Aleph, o princípio unificador supremo, o número que abrangia todos os outros. E fora então que ele concebera a ideia da salvação pela literatura — a criação de uma obra-prima que destilaria a essência de sua vida e justificaria sua existência. Depois que Norah o rejeitara em troca de Oliverio Girondo, ele experimentara as agonias de um inferno pessoal, mas em 1940 se apaixonara por Haydée Lange, a "nova Beatriz", que lhe ofereceria a salvação que Norah lhe negara. Fora o período durante o qual, sob a influência de Dante, começara a escrever *O Congresso*, com a esperança de que pudesse salvá-lo como escritor.

Haydée Lange, no entanto, também o rejeitara, e ele tentara então encontrar outras mulheres que pudessem desempenhar o papel salvador de sua "nova Beatriz". Tentou com Estela Canto, Cecilia Ingenieros, Margarita Guerrero e, sem dúvida, outras, mas fracassou com todas; em consequência, sua vida se fechara e até seu casamento tardio com Elsa era um fracasso. Porém, a iminente separação abria-lhe novamente a perspectiva de concretizar o modelo dantesco de salvação, embora ainda tivesse de descobrir se seu novo amor, María Kodama, consentiria em se tornar a "nova Beatriz" de sua vida. Um sinal desse otimismo florescente foi que, por volta de maio, enquanto esperava a separação judicial de Elsa, resolveu retomar a redação de sua obra-prima dantesca, *O Congresso*.

Enquanto trabalhava simultaneamente em seu ensaio autobiográfico e em *O Congresso*, recebeu a notícia de que o processo de separação estava terminado. Conforme haviam combinado, Borges e Di Giovanni pegariam um avião para Córdoba, onde permaneceriam enquanto o advogado resolvia o assunto. A pobre Elsa ignorava completamente esses trâmites; com efeito, quando saiu como sempre para trabalhar na manhã do dia 7 de julho, Borges se esqueceu de dizer à esposa que não voltaria para o almoço. Ele e Di Giovanni tomaram um táxi para o aeroporto, onde dois camaradas conspiradores esperavam no balcão com as passagens. Borges "tremia como uma folha e estava totalmente exaurido por uma noite insone".[13] O voo atrasou por causa do mau tempo, o que aumentou a ansiedade de Borges, mas finalmente os dois partiram e ficaram ausentes de Buenos Aires durante uma semana. Elsa ficou sabendo das intenções do marido quando um advogado bateu a sua porta e deu-lhe a notícia do pedido de separação judicial. Ela não se opôs e mais adiante, no mesmo ano, eles concretizaram a separação. Como parte do acordo, Elsa ficou com o apartamento e Borges voltou para a casa de sua mãe, na rua Maipú.

Ao retornar a Buenos Aires, retomou o trabalho em seu ensaio autobiográfico e em *O Congresso*. Em 29 de julho, terminou o ensaio com Di Giovanni, que foi enviado para a *New Yorker*. As palavras finais desse texto indicam um surto de otimismo após a separação de Elsa: "Não considero mais a felicidade inatingível, como eu acreditava tempos atrás. Agora sei que pode acontecer a qualquer momento, mas nunca se deve procurá-la. [...] Agora o que procuro é a paz, o prazer do pensamento e da amizade. E, ainda que pareça demasiado ambicioso, a sensação de amar e ser amado".[14] A separação deixava-o finalmente livre para dar rédeas soltas ao seu amor por María Kodama, mas ele ainda não tinha certeza de que ela corresponderia aos seus sentimentos — talvez fosse "demasiado ambicioso" sentir-se digno de ser amado por uma mulher.

Em 12 de agosto, duas semanas depois de finalizar o ensaio, terminou *O Congresso*. Di Giovanni estava perplexo com o hábito de Borges chamar essa obra de "romance", pois, no fim, não tinha mais de quarenta páginas datilografadas; intrigou-o também o fato de Borges colocar no texto, à maneira de epígrafe, "Buenos Aires, 1955" quando chegou o momento de prepará-lo para publicação por uma editora pequena, El Archibrazo.[15] (*O Congresso* sairia em 17 de março de 1971.) No entanto, tratava-se de sinais da consciência de Borges da longa pré-história dessa história autobiográfica, pois sua última tentativa de escrevê-la datava de 1955, quando a terceira fase de sua relação com Estela Canto coincidira com a Revolução Libertadora, e, naquela ocasião, ele ainda a concebia como romance. De fato, alguns meses depois, diria a uma plateia da Universidade de Nova York que o projeto que resultaria em *O Congresso* tinha uns "trinta ou quarenta anos".[16] (Em minha opinião, suas origens estão provavelmente no romance autobiográfico *A aproximação a Almotásim*.) Mas, em 1970, o complexo emaranhamento de experiências em que se baseava o romance projetado já havia sido podado e sintetizado numa narrativa alusiva maravilhosa, um exemplo brilhante de minimalismo narrativo que possuía a ressonância onírica de grande parte da arte moderna, ao mesmo tempo em que retinha a simplicidade luminosa de uma parábola.

Em agosto, mesmo mês do término de *O Congresso*, a Emecé lançou a coletânea de novos contos *O informe de Brodie*. Em setembro, seu "Ensaio autobiográfico" saiu na *New Yorker*, o qual foi incluído também em *The Aleph and other stories*, que a E. P. Dutton publicou em outubro. Borges tinha todos os motivos para estar otimista: estava livre do casamento com Elsa, publicava obras novas e sua reputação internacional alcançava as nuvens. Com efeito, em março de 1971 deveria ir a Oxford para receber o título de doutor honorário que lhe haviam concedido no ano anterior, e também fora convidado a receber o prêmio Jerusalém em Israel. O empreendedor e habilidoso Di Giovanni obteve uma dotação do British Council e marcou uma série de leituras de poesia e palestras nos Estados Unidos e em Londres, a fim de cobrir as despesas da viagem. Ao mesmo tempo, preparou uma surpresa. Tendo notado que Borges expressara, em "Ensaio autobiográfico", o desejo de fazer um dia "uma peregrinação pela Islândia", conseguiu, por intermédio de um agente de viagens de Buenos Aires, um voo para Telaviv que permitia uma breve escala no país.

Quando soube disso, Borges ficou assombrado. Tudo que pudesse ser concebido como uma revelação da mão do destino — coincidências, repetições, augúrios — detinha um peculiar fascínio para ele, e a surpresa arranjada por Di Giovanni teria uma ressonância especialmente poderosa, pois a Islândia adquirira uma espécie de aura sagrada em sua imaginação: graças aos poemas sobre as batalhas entre saxões e vikings na antiga Bretanha, graças a toda uma gama de alusões a tópicos contidos nos Eddas, ele elevara a Islândia a território imaginário complexo que lhe servira de metáfora para sua relação problemática com Norah Lange e o tema associado do fracasso no amor. Foi muito provavelmente essa oportunidade inesperada de visitar a Islândia que plantou em sua cabeça a ideia de convidar María Kodama para acompanhá-lo na viagem. Seu sentimento poético do destino deve tê-lo atraído para a chance de declarar seu amor por ela num lugar que lembrava tanto Norah Lange, a Beatriz original de sua mitologia particular.

A correspondência entre mito e realidade foi reforçada pela retomada do contato com as irmãs Lange em 1970. A amizade com Haydée transformou-se num ritual semanal: encontravam-se para tomar chá toda sexta-feira às cinco da tarde e depois iam ao cinema ou jantavam juntos, e, sempre que não conseguiam se encontrar, conversavam pelo telefone ao meio-dia, também às sextas.[17] Quando saiu *O informe de Brodie*, Borges deu um exemplar a ela com a seguinte dedicatória (em inglês): "Para aquela cintilante deusa nórdica Haydée, do sempre seu, Georgie".[18] Desse modo, a relembrava do que fora outrora para ele, pois Haydée havia sido a primeira de uma série de "novas Beatrizes", todas candidatas a substituir a irrecuperável Norah. E talvez julgasse adequado lembrar esse desejo constante de amor porque chegara a mais uma encruzilhada em sua vida. Em 1º de novembro, publicou "Browning resolve ser poeta", poema em que contemplava uma dura alternativa: "Se uma mulher compartilhar meu amor, / meu verso roçará a décima esfera dos céus concêntricos; / se uma mulher desdenhar meu amor, / farei de minha tristeza uma música, / um alto rio que continue ecoando no tempo".[19]

Diante mais uma vez dessa encruzilhada decisiva, ele lembrou da mulher que fora a Beatriz original para seu Dante, a mulher que anos antes lhe recusara o dom do amor. Aquela rejeição original permanecera em sua memória como um instante eterno, límpida como um diamante em sua implacável definição. Em um poema datado de 3 de novembro de 1970, invoca uma mulher sem nome, "alta na tarde, altiva e louvada"; ela atravessa o "casto jardim" e se coloca "na exata luz do instante irreversível e puro / Que nos dá este jardim e a alta imagem, / Silenciosa".* Ele pode vê-la "aqui, nesta hora", mas também em diferentes tempos e lugares — num "antigo fulgor crepuscular", descendo a escadaria de um templo que desde então se transformou em pó, ou "aspirando uma rosa na Inglaterra"; ela "está onde houver música", "no hexâmetro do grego", "em nossas solidões que a procuram", "nessa serenidade do terraço / Que divisa poentes e jardins". E o poema termina com um remate melancólico, lembrando seu autor de uma verdade inevitável — que "por detrás dos mitos e das máscaras, / A alma, que está só".

Contudo, por mais dura que pudesse ser a lembrança da perda, por mais temores que pudesse provocar sua decisão de apostar mais uma vez no amor, resolveu mesmo assim convidar María Kodama para ir à Islândia. O que ele não sabia na época era que María planejava em segredo ir à Inglaterra para comparecer de surpresa à cerimônia de entrega do título de doutor em Oxford.[20] O convite de Borges forçou-a a revelar-lhe esses planos. Ele ficou encantado ao sa-

* O poema foi publicado pela primeira vez em julho de 1971 na *Revista de Occidente* e, mais tarde, coligido em *El oro de los tigres*, 1972 [*Poesia*, p. 95]. Borges deu-lhe o título de "Susana Bombal", mas, segundo María Kodama, ele nunca esteve apaixonado por Susana e, com certeza, não nesse período. Considero o título uma daquelas dedicatórias a amigas por meio das quais buscava mascarar o verdadeiro tema da poesia que, nesse caso, creio ser Norah Lange. Seu primeiro verso, "*Alta en la tarde, altiva y alabada*", contém duas palavras-chave que fazem eco ao prólogo que ele escreveu para o primeiro livro de poesia de Norah, *La calle de la tarde*. Lá, ele dizia que a casa da rua Tronador se erguia "nas profundezas da tarde" e elogiava Norah pelo "duplo brilho de seus cabelos e de sua altiva juventude", caracterizando a "alma" dela como "leve e altiva e fervorosa como bandeira que se realiza no vento". Ver capítulo 7 deste livro.

ber que ela se preocupava o suficiente com ele para ir à Inglaterra por sua causa, mas haveria uma surpresa adicional, pois, quando María reprogramou seus voos para incluir a Islândia em seu itinerário, teve de fazer uma escala de dois dias em Oslo antes de pegar o voo para Reykjavík.[21] Para Borges, esse desvio casual deve ter sido carregado de significados secretos, pois Oslo era a cidade em que Norah Lange morara por um ano, e fora no retorno de lá que ela rompera a relação entre eles. Mas essa coincidência seria um augúrio de boa ou má sorte? Ele estava novamente entre a felicidade e o desastre: a "peregrinação" à Islândia revelaria se os fracassos do passado se repetiriam mais uma vez ou seriam finalmente resgatados na pessoa de María Kodama.

No final de março de 1971, Borges partiu para os Estados Unidos com Di Giovanni e a esposa deste. Sua reputação literária estava no auge e a visita se transformou numa rodada de cerimônias de homenagem, palestras e leituras em salões lotados por plateias entusiásticas. Foi à Universidade Brigham Young, em Utah; tornou-se membro honorário do Instituto de Artes e Letras; presidiu um recital de seus poemas no Centro de Poesia da YM-YWHA, em Nova York; a Universidade Columbia concedeu-lhe o título de doutor honorário e realizou um colóquio sobre sua obra; Yale organizou "Uma noite com Borges" que atraiu uma plateia tão grande que o local teve de ser mudado no último minuto. Depois dessas aparições públicas espetaculares, foi para a Islândia em 13 de abril com Di Giovanni e sua esposa, visita que ele descreveria como "a maior revelação de minha vida".[22]

Quando chegou a Reykjavík, onde María o aguardava, sentiu "uma espécie de êxtase"; era "um tipo de sonho que se tornava realidade".[23] Impressionou-se com a paisagem desolada de vulcões cercados de neve e gêiseres fumegantes. Visitou Althing, onde viu os restos do parlamento medieval de chefes tribais, e a casa de Snorri Sturluson, em Borgafjord, bem como outros sítios históricos, e, enquanto ia de um lugar para outro, recitando seus trechos preferidos das grandes sagas nórdicas, emocionou-se às lágrimas com tudo aquilo, pois na Islândia, explicaria depois a Carrizo, "você tem as sagas e os Eddas, e sempre tive sentimentos profundos em relação a tudo isso".[24] Parecia-lhe que o passado revivia: "Muitas vezes pensei que poderia ouvir as vozes daqueles ilustres escandinavos entoando suas belas canções".[25] E foi nesse estado de emoção exaltada que juntou coragem para declarar seus sentimentos a María; por sua vez, ela admitiu que o que havia entre eles era muito mais que amizade: era amor. Borges confessou então que parecia que estivera esperando por ela durante toda a sua vida, e foi nesse contexto de um sonho antigo transformado em realidade que ele teve a ideia de um conto que, como relatou a María naquela ocasião, se propunha a dedicar a ela um dia.[26] O germe dessa história era um encontro entre um homem idoso e uma mulher jovem que o leva a lembrar de uma moça que o rejeitara na juventude; ao fazer amor com a mulher, ele sente que a lembrança daquele amor antigo e não correspondido é finalmente apagada.

Depois da breve estada na Islândia, Borges e María se separaram: ela foi para Londres, enquanto ele seguia para Israel a fim de receber o prêmio Jerusalém. Jack Macrae lembra que Borges estava excepcionalmente animado durante os quatro dias que passou em Israel, tanto que, quando visitaram o mar Morto, tirou os sapatos e meias e entrou na água até a cintura.[27] De volta a Jerusalém naquela noite, pediu que Macrae o ajudasse a se arrumar para dormir; ao sair do quarto, o americano escutou um leve murmúrio e, ao olhar para trás, viu que o escritor, com lágrimas que rolavam pela face, cantarolava um tango, o tipo de música que associava a rebelião, virilidade, paixão.[28]

Borges e María reencontraram-se em Londres e depois foram com Di Giovanni e sua esposa à Escócia para passar alguns dias com Alastair Reid, o poeta e tradutor que morava então numa velha casa nos arredores da cidade universitária de St. Andrews. Reid lembra-se de Borges recitando baladas da fronteira escocesa diante da lareira no início gelado de primavera na costa de Fife; a certa altura, pediu um favor esquisito: queria que o levassem à beira do mar para que pudesse passar um tempo sozinho.[29] Reid levou-o então até à esplanada em St. Andrews e o conduziu até um ponto junto às ruínas da catedral, mas, ao ir embora, o anfitrião deu uma olhada para trás e viu que Borges estava de frente para o continente, então teve de voltar e gentilmente fazer seu amigo cego se voltar na direção do mar.[30]

Por que Borges quis comungar sozinho com aquele pedaço de água entre a Escócia e a Noruega? Pode-se encontrar uma resposta no fato de que havia publicado *O Congresso* — sua história dantesca de salvação através do amor de uma mulher — em 17 de março, apenas duas semanas antes de partir de Buenos Aires para aquela viagem. E, em seu clímax, Nora Erfjord, a secretária norueguesa de Alejandro Glencoe, é levada a recitar a balada da fronteira escocesa de sir Patrick Spens. Na versão de Walter Scott, Patrick Spens cruza o mar até a Noruega para trazer de volta Margaret, a filha do rei da Noruega, de forma que ela possa assumir o trono depois da morte do rei Alexandre III:

To Noroway, to Noroway,
To Noroway o'er the faem,
The King's daughter of Noroway,
*'Tis thou maun bring her hame.**

Mas a viagem do cavaleiro acaba em naufrágio e morte. Desastre análogo ao de Borges: o naufrágio de sua esperança de amor depois que Norah Lange retornou da Noruega por mar, no início de 1929. Tendo em vista que fazia apenas uma semana que María Kodama lhe concedera seu amor na Islândia, o desejo de comungar com o mar do Norte em St. Andrews não era muito estranho, pois era como se tivesse trazido a filha do rei da Noruega de volta finalmente — a promessa quebrada de sua juventude se realizara e, como os personagens de *O Congresso* no clímax do livro, ele estava pronto para experimentar aquele sentimento de união com o mundo do Simurg num lugar que, de outro modo, o lembraria dos longos anos de frustração e desesperança.

Após a estada com María na Escócia, Borges foi a Oxford receber seu título de doutor honorário, em 29 de abril. Depois foi a Londres, onde deveria dar uma série de quatro conferências no Instituto de Artes Contemporâneas, entre 3 e 13 de maio. Essas palestras foram um sucesso: falou para um auditório lotado no primeiro dia e, nas seguintes, foi preciso mudar o evento para o Salão Central em Westminster a fim de dar conta da demanda por lugares. A imprensa argentina festejou sua recepção extraordinária em Londres: diziam as notícias que recebera uma ovação de pé de "uma plateia de hippies londrinos", "gente jovem cabeluda, desgrenhada, extremamente entusiástica".[31]

Na época, a obra de Borges havia alcançado o auge da aclamação popular. A antologia de seus contos e ensaios que a Penguin publicou na Grã-Bretanha em 1970, com o título de *Labyrinths*, alcançou status de cult. Ademais, o nome de Borges já estava associado à Nouvelle Vague do cinema francês depois que vários

* Para a Noruega, para a Noruega,/ Para a Noruega pelo mar,/ A filha do rei da Noruega,/ És tu que deves trazê-la para casa. (N. T.)

diretores famosos — Jacques Rivette, Jean-Luc Godard, Alain Resnais — citaram sua obra em filmes dos anos 1960. Mas, em 1970, a associação de Borges com o cinema atingiu alturas inesperadas com a estreia de dois filmes que se tornariam sucessos internacionais. *A estratégia da aranha*, do diretor italiano Bernardo Bertolucci, versão de seu conto "Tema do traidor e do herói", foi aclamado pela crítica nos festivais de Veneza e Nova York daquele ano. Outro filme, *Performance*, dirigido por Nicolas Roeg e Donald Cammell, tendo no elenco Mick Jagger, dos Rolling Stones, transformaria Borges, de forma improvável, em algo parecido com um ícone da vanguarda cultural da "swinging London". O filme homenageava Borges de várias maneiras: Mick Jagger cita trechos de "Tlön, Uqbar, Orbis Tertius" e de "O Sul", sua fotografia na capa da *Personal anthology* aparece duas vezes e bem no final, quando Jagger é alvejado pelo gângster interpretado por James Fox, uma imagem de Borges aparece na tela por um segundo. Além disso, *Performance* devia sua trama enrolada a alguns dos temas mais constantes de Borges, como o labirinto, o duplo e o enigma da identidade pessoal, embora estranhamente transpostos para um mundo de sexo, drogas e rock and roll.* É preciso dizer que esse filme não agradou a todo mundo: o crítico do *New York Times*, por exemplo, atacou sua "pretensão insensata" e queixou-se que "até o grande escritor Jorge Luis Borges é arrastado para a cloaca".[32]

Acima dessas associações relativamente efêmeras, Borges já ganhara reconhecimento como uma figura literária de primeira classe internacional e, nos anos seguintes, seria amplamente considerado candidato forte ao prêmio Nobel de literatura. Contudo, havia certa ironia no fato de receber essa tremenda aclamação, em grande medida, pelos contos reunidos em *Ficções* e *O Aleph*, que jogavam com o tema básico do "nada da personalidade", pois fazia poucas semanas que passara por uma mudança radical em sua vida pessoal, graças à experiência crucial do amor mútuo na Islândia. Na volta a Buenos Aires, após esses triunfos nos Estados Unidos, na Grã-Bretanha e em Israel, ele pensaria sobre as implicações da Islândia e suas reflexões frutificariam em dois contos, "Ulrica" e "A noite dos dons".

"Ulrica" foi a história que lhe ocorreu na Islândia, a que disse que dedicaria a María Kodama.[33] A trama, em si, é insignificante. Um professor sul-americano

* Outros filmes bem conhecidos de Nicolas Roeg, como *Aquele inverno em Veneza* (1973) e *O homem que caiu na Terra* (1976), este protagonizado por outro músico de rock, David Bowie, também revelam traços das ideias de Borges.

idoso se apaixona por uma jovem norueguesa chamada Ulrica, a quem conhece numa visita a York, e ela, inesperadamente, lhe oferece uma noite de amor, o que, para um "celibatário entrado em anos", é "dom que já não se espera"; esse "milagre" faz com que ele relembre sua juventude e uma "moça do Texas, clara e esbelta como Ulrica, que me negara seu amor".

Porém, o conto está cheio de alusões autobiográficas secretas. A jovem misteriosa que permite acesso ao paraíso do amor em Thorgate chama-se Ulrica, e a única outra moça com esse nome na ficção de Borges é miss Ulrica Thrale, personagem de "Exame da obra de Herbert Quain" (1941). Ela é a "amazona altiva" que rejeita o amor do escritor Wilfred Quarles e fica noiva do duque de Rutland na peça de Herbert Quain *The secret mirror.* Esses detalhes são suficientes para identificar essa Ulrica Thrale como um alter ego de Norah Lange, mas segue-se que a Ulrica do novo conto não pode representar Norah, exatamente porque não nega seu amor ao professor que ocupa o lugar de Borges. Quem, então, é a nova Ulrica? De acordo com María Kodama, Borges lhe disse que Ulrica a representava, mas, se é assim, por que é norueguesa?[34]

A meu juízo, Borges a fez norueguesa de acordo com os objetivos da história, para simbolizar o fato de que a experiência de amor mútuo com María Kodama na Islândia realizara e transcendera as esperanças a ele negadas em sua juventude por Norah Lange. Em outras palavras, Borges queria dizer que havia encontrado sua "nova Beatriz" em María Kodama, quem imaginava desempenhando o papel salvador de sua vida que a personagem de Beatriz Frost representava em *O Congresso*. Do mesmo modo, criou um personagem feminino em "Ulrica" que lembraria as duas mulheres inter-relacionadas de *O Congresso*: Beatriz Frost e Nora Erfjord. A ruiva Beatriz vinha do norte da Inglaterra, então ele situa "Ulrica" em York, e fez com que a protagonista fosse norueguesa porque Nora Erfjord, a secretária de Glencoe, era norueguesa.

No fim das contas, "Ulrica" é uma história sobre a realização inesperada dos desejos da juventude de Borges, mas é também sobre a libertação de sua escravidão à memória desses desejos. A moça diz ao professor: "Serei sua na pousada de Thorgate". "Gate" deriva da palavra anglo-saxônica para "rua"; portanto, Thorgate significa "a rua de Thor", ou "a rua do Trovejante", que, traduzido para o espanhol, dá a rua Tronador, uma referência à casa das cinco irmãs Lange, que o narrador também invoca ocultamente numa referência de passagem às janelas da catedral de York conhecidas como as "Cinco Irmãs". A casa na rua Tronador era o "jardim", o "paraíso" que o jovem Borges perdera quando Norah Lange trocou-o por Oliverio Girondo. A rua Tronador é relembrada secretamente em "Thorgate" a fim de exorcizar a nostalgia de Borges pelo que ela representava. Do mesmo modo, quando o velho professor faz amor com Ulrica, é dito que ele possuiu a "imagem" de Ulrica pela "primeira", mas também pela "última vez". Em outras palavras, Borges não seria mais assombrado pela "imagem" de Norah Lange; não seria mais subjugado pela lembrança cristalina da mulher alta e arrogante no casto jardim, a imagem imutável da rejeição eterna que evocara no poema que escreveu não muito antes de convidar María Kodama para ir à Islândia. Assim, o fato de, em "Ulrica", a noite de amor ocorrer em "Thorgate" significa a realização do modelo dantesco pelo qual o amor de uma mulher conduz finalmente ao paraíso que Borges buscara na juventude.

O tema da superação do passado está incrustado também no nome do velho professor, Javier Otárola, que lembra o protagonista de "O morto", Benjamín Otálora. "O morto" foi concebido por Borges depois que testemunhou um assassinato em Santana do Livramento, cidade brasileira na fronteira com o Uruguai, durante suas férias de 1934, alguns meses depois de ser rejeitado definitivamente por Norah Lange.[35] O jovem Otálora é morto por ordem do velho chefe dos bandidos por ousar usurpar sua posição, inclusive na cama com sua amante ruiva. Assim, o nome Otárola, tal como o de Ulrica, lembra uma época da juventude de Borges em que Norah Lange negou-lhe seu amor. Mas os nomes dos dois personagens não são idênticos: o *l* e o *r* de Otálora, "o morto", sofreram metátese, dando origem ao Otárola do velho professor. "Ulrica", portanto, evoca secretamente "O morto", de forma a indicar que as aspirações do jovem Otálora "ressuscitaram" e se realizaram no amor que Ulrica oferece ao seu quase homônimo Otárola.

Borges usou como epígrafe de "Ulrica" uma citação da *Saga dos volsungos* no original islandês — *Hann tekr sverthit Gram ok legger i methal theira bert* —, que significa "Ele pegou sua espada, Gram, e colocou entre eles dois o aço nu". O *tópos* da espada refere-se ao caso de amor trágico entre Sigurd e Brynhild na *Saga dos volsungos*. Os amantes são forçados a se separar em consequência de uma bebida mágica administrada a Sigurd pela rainha Grimhild. Porém, mais adiante na narrativa, Sigurd vê-se cortejando Brynhild outra vez — mas em nome de seu irmão Gunnar. Numa cena crucial, Sigurd, que se faz passar por Gunnar, deita-se ao lado de Brynhild, mas põe sua espada Gram entre eles. A espada representa assim um obstáculo autoimposto ao congresso entre os ex-amantes.

Esse motivo é retomado por Ulrica e o professor quando tomam o caminho de Thorgate:

> — Vou chamá-lo Sigurd — afirmou com um sorriso.
>
> — Se sou Sigurd — repliquei —, você será Brynhild.
>
> Retardara o passo.
>
> — Conhece a saga? — perguntei.
>
> — Naturalmente — disse. — A trágica história que os alemães estragaram com seus tardios Nibelungos.
>
> Não quis discutir e respondi:
>
> — Brynhild, você caminha como se desejasse que entre nós houvesse uma espada na cama.

As referências textuais a Sigurd e Brynhild têm uma exata significação autobiográfica: tal como a bebida mágica dada a Sigurd pela rainha Grimhild, foi graças à influência de sua mãe que a vontade de Borges ficou tão confusa que era como se colocasse a espada da honra entre ele e as mulheres. Porém, quando a jovem norueguesa faz amor com o professor em Thorgate, esse impedimento é finalmente superado: "Não havia espada entre nós".

Se "Ulrica" é sobre a libertação de Borges em relação à espada, então "A noite dos dons" é sobre sua libertação do punhal. O conto diz respeito à iniciação sexual de um menino de treze anos com uma jovem prostituta conhecida como a "Cativa". A iniciação acontece inesperadamente quando o bordel é invadido por um grupo de "bêbados dos arrabaldes". Um deles, Juan Moreira, provoca uma luta com outro homem. O menino fica com medo da violência iminente e foge escada acima. Lá encontra a Cativa, que se oferece como recompensa por ele ser uma pessoa de paz. Depois, ela mostra ao menino uma maneira de sair do bordel e, ao fugir, ele vê por acaso Juan Moreira ser morto a baioneta por um sargento da polícia.

No início do texto, o personagem que narra a história diz que ela é sobre as "primeiras vezes que ninguém esquece" e é inconcebível que Borges pudesse escrever sobre esse tema sem ter em mente a própria iniciação insatisfatória com uma prostituta em Genebra. Fora essa experiência, mais do que qualquer outra, que colocara o desejo sexual no reino do ilícito, criando assim um conflito entre honra e desejo, entre a espada erguida pela mãe e o punhal associado ao pai. Mas

"A noite dos dons" narra uma libertação desse conflito. O apelido da prostituta, Cativa, indica que ela é prisioneira do desejo masculino pelo sexo ilícito, e, assim, a iniciação voluntária que oferece ao menino é um ato de rebelião contra um sistema patriarcal que degradou o amor de um homem e uma mulher e o relegou a um bordel. Além disso, ela se oferece como recompensa pela "covardia" dele ao fugir da violência dos homens que invadem o bordel.

O conto talvez tenha raízes na lembrança daquela inesperada ternura que Borges confessara sentir por Luz, a jovem prostituta do bordel que ele costumava frequentar em Maiorca.[36] Sua experiência com Luz não lhe dera mais que o antegozo do amor, pois fora sufocada pelo conflito entre honra e desejo que atormentava suas relações com as mulheres. Porém, em "A noite dos dons", a prostituta liberta simbolicamente o menino da servidão à sexualidade proibida mostrando-lhe literalmente a saída do bordel; ela também rompe a conexão entre virilidade e transgressão: ao sair, o menino testemunha a morte de Juan Moreira pela polícia, e Moreira, evidentemente, era o nome do lendário proscrito *gaucho* que fora reverenciado por Evaristo Carriego como "San Juan Moreira", o santo padroeiro, por assim dizer, do "culto à coragem" masculino. A oferenda de amor da moça equivale então a uma subversão radical do machismo que estava por trás do "culto à coragem" que tanto fascinara Borges desde a infância.

Ademais, "A noite dos dons" está associado ao pai de Borges. Em primeiro lugar, a narrativa surge no contexto de uma discussão entre um grupo de homens que inclui Borges e seu pai; e, em segundo lugar, a história se passa em 1874, ano do nascimento do dr. Borges. A libertação do protagonista sem nome do bordel poderia, portanto, aplicar-se tanto ao dr. Borges como ao seu filho, uma ambiguidade que implica o reconhecimento da parte de Borges de que o lado mulherengo de seu pai, seu interesse pelo punhal e o "culto da coragem" haviam sido tentativas autodestrutivas de rebelar-se contra a espada da honra.

"A noite dos dons" foi publicado em *La Prensa* em 19 de dezembro de 1971, oito meses depois da visita à Islândia.[37] Mas "Ulrica" só sairia dois anos e meio depois. Borges ainda era cauteloso demais para publicar uma história tão obviamente autobiográfica. Seu tema, de qualquer modo, era demasiado provocante para alguns de seus amigos, que o julgaram "indecente", como ele confessaria mais tarde a um entrevistador, embora pessoalmente achasse "que havia algo de puro naquela história".[38] Mas "Ulrica" e "A noite dos dons" são obviamente complementares na medida em que exploram os fundamentos psicossexuais da espada e do punhal respectivamente. Assim como mostra em "Ulrica" que a espada era um obstáculo autoimposto ao amor, Borges revela em "A noite dos dons" que o punhal constituía um impedimento similar em suas relações com as mulheres. Mas, com a rejeição de ambos, vem uma abertura redentora para o amor de uma mulher. Em "Ulrica", ela é retratada como uma deusa nórdica dourada; em "A noite dos dons", é uma prostituta morena com traços indígenas, mas a distinção entre deusa (tão pura que ele se sente indigno dela) e prostituta (desavergonhada demais para ser digna dele) é apagada pela moça que, nos dois casos, se oferece livremente a um homem, um dom que é gratamente aceito e consumado, num espírito de assombro e admiração.

Esse motivo do amor físico como força libertadora, comum aos dois contos, tem sua fonte num terceiro texto — *O Congresso* — e, especificamente, no episódio em que Beatriz Frost e Alejandro Ferri fazem amor em Londres. Efetivamente, Ulrica e a Cativa são avatares de Beatriz Frost. Ademais, os três textos empregam a mesma metáfora — um rio que flui na escuridão — para aludir à experiência salvadora do amor. A relação sexual em "Ulrica" é assim descrita: "Secular na sombra, o amor fluiu". No final de "A noite dos dons", o narrador anônimo observa que se sentira "aturdido por aquela enxurrada de coisas", ao que o pai de Borges acrescenta: "Pelo grande rio daquela noite". E, quando Beatriz Frost faz amor com Ferri em *O Congresso*, o narrador exclama: "Ó noites, ó tépida treva compartida, ó amor que flui na sombra como rio secreto".

Ademais, a metáfora do rio tem origem num quarto texto — *El caudillo* —, o romance escrito pelo pai de Borges em Maiorca. No clímax desse romance, o rio que corre através das terras do caudilho transborda e isola os amantes Marisela e Dubois na casa deste. Marisela insta então Dubois a fazer amor com ela e, durante a única noite que passam juntos, experimentam uma união mística com o espírito do universo. Quando a enchente baixa, no entanto, o caudilho deserda a filha e manda matar Dubois. O rio de amor que fluiu na escuridão daquela única noite acabou na destruição dos amantes nas mãos de um patriarca vingativo.

A conexão intertextual entre *El caudillo* e os três contos de Borges acrescenta mais uma dimensão de significado ao valor redentor que Borges atribuía a sua experiência na Islândia. O amor de María Kodama exorcizara a lembrança de Norah Lange, o libertara do legado de sua iniciação em Genebra, mas também realizara vicariamente o sonho frustrado de paixão representado em *El caudillo*. Portanto, não é coincidência que as exclamações que acompanham a relação sexual de Beatriz Frost e Alejandro Ferri em *O Congresso* — "Ó noites, ó tépida treva compartida, ó amor que flui na sombra como rio secreto" — ecoem os gritos gozosos do poema do dr. Borges "O cântico dos cânticos", escrito na ensolarada Maiorca, onde ele e Leonor Acevedo reencontraram o ardor juvenil "em sestas intumescidas de paixão", enquanto seu filho Georgie, abatido ainda pelo encontro de Genebra, escrevia "La llama", poema em que a paixão é descrita como "a brasa de uma fogueira morta séculos atrás".[39] Mas, depois da Islândia, o rio do amor, imaginava Borges, varreria essa infelicidade, e o labirinto desnorteante de lealdades ao pai, à mãe e aos ancestrais daria lugar finalmente a um sentimento da Rosa mística, do Aleph ou do Simurg — àquela inefável unidade que sustentava secretamente a grande diversidade das coisas no mundo.

28. Entre o ocaso e a aurora (1971-5)

Borges interpretou sua experiência na Islândia em termos do modelo ideal de significação estabelecido em *O Congresso*. Como vimos, esse era o projeto poético que tinha em mente quando escreveu "Ulrica" e "A noite dos dons", nos meses decorridos entre seu retorno a Buenos Aires em maio e o final de 1971. Nesse projeto dantesco, atribuíra a María Kodama o papel da "nova Beatriz" que compensaria a rejeição de Norah Lange e guiaria Borges do inferno do solipsismo para o ansiado paraíso onde a rosa do amor traria realização e inspiraria um livro que garantiria sua imortalidade. Mas quem era, na realidade, essa "nova Beatriz"?

María Kodama era filha do químico japonês Yosaburo Kodama e de María Antonia Schweitzer, filha argentina de um pai alemão e uma mãe espanhola.[1] O casal teve um menino e uma menina, mas separou-se três anos depois do nascimento de María, e as crianças foram criadas pela mãe e pela avó espanhola. As circunstâncias da família eram incomuns na Argentina católica e socialmente conservadora da época: pais separados e pai ausente estrangeiro e, ainda mais, asiático. Essa situação talvez tenha contribuído para que María tivesse poucos amigos na infância, mas, de qualquer modo, ela não tinha permissão para sair muito de casa. Em suas lembranças, a influência dominante na família era da avó espanhola, que ela retrata como sendo uma mulher formidável, uma católica devota inflexível que preferia ter sido uma freira e para quem a fé católica era a única possível. A avó levava-a à missa, obrigava-a a rezar o rosário e, em geral, tentava arrastá-la para seu mundo de intensa devoção católica.

Nos fins de semana, porém, a menina tinha permissão para ver o pai, que a levava para passear e visitar museus. María achava essas saídas uma folga bem-vinda da atmosfera fechada e sufocante do lar e, naturalmente, sentiu-se atraída pela herança japonesa do pai: ele ensinou-lhe os rudimentos da língua materna e contava passagens da história turbulenta de seu país. Ela gostava especialmente dos contos de samurais e ficou fascinada com o código de honra deles e seus feitos de coragem. Elementos do amor pela etiqueta dos japoneses e dos valores dos samurais sobreviviam na relação de seu pai com ela: tratava-a com uma curiosa formalidade, sempre se dirigindo a ela como *usted*, em vez do familiar *tú*, e instilou nela um senso de honra, enfatizando a importância da responsabilidade individual. Sendo xintoísta, sua visão da vida não era dogmática: jamais proibia a menina de fazer alguma coisa, mas lhe explicava as consequências prováveis de seus atos. Se ela queria trepar numa árvore, por exemplo, ele falava dos perigos de fazê-lo e depois lhe dizia que, se subisse e se ferisse, não adiantaria vir chorar depois.

O pai japonês e a avó espanhola não concordavam em nada. Quando a avó lhe falava de Deus, paraíso e inferno, ela perguntava ao pai o que tudo aquilo significava e ele lhe dizia que, quando crescesse, seria livre para descobrir essas coisas por ela mesma e decidir se queria acreditar ou não. Quando pequena, tinha o sonho de tornar-se marinheira e partir em aventuras pelo alto-mar, mas a avó declarou que isso era impossível, porque as mulheres não eram feitas para ser marujos. María também percebeu como as aspirações de sua mãe haviam se frustrado, pois desejara ser uma pianista de concerto, mas não conseguira realizar essa ambição. Deixara-se moldar pelas expectativas tradicionais das mulheres hispânicas; comprava bonecas para a filha e lhe dizia que, quando crescesse, teria seus próprios filhos. A jovem María costumava achar essa perspectiva bastante assustadora e perguntava ao pai se seria obrigada a se casar, mas ele lhe respondia que ninguém poderia forçá-la a fazer o que não quisesse. Ele a tratava da mesma forma que a um filho e ela reagia do mesmo modo; o pai costumava dizer-lhe que ela era um ser humano com as mesmas obrigações e os mesmos direitos de qualquer outro ser humano.

Dividida entre os valores tradicionais da avó espanhola e o individualismo ético do pai japonês, sentia-se "deslocada" em relação às outras pessoas: tinha poucos amigos, jamais teve um namorado e passava seu tempo em atividades solitárias como natação, equitação e leitura. Sem dúvida, o fato de ser parte japonesa constituía uma barreira para ser plenamente aceita na Argentina daquela época, mas, graças à influência compensadora do pai, sua identidade japonesa também era uma fonte de força: permitiu-lhe resistir às tentativas de moldá-la, de amarrá-la a um conjunto de valores que sentia não serem adequados a ela, pois crescera com uma grande precaução para não ser dominada pela avó, que ameaçava absorvê-la num mundo de catolicismo fanático ou coagi-la a aceitar uma definição muito estreita do lugar da mulher na sociedade.

María se tornaria uma pessoa intensamente privada e autossuficiente: tendo sido uma criança bastante solitária e passado muito tempo lendo, sentia-se envolvida num mundo especial próprio, um mundo que se abria para muitas possibilidades, mas também se fechava para muitas outras. E ela estava preparada para defender esse mundo interior acima de tudo, pois ele constituía o âmago daquilo que julgava ser no ambiente um tanto inóspito em que crescera. Com efeito, Borges pôde observar por ele mesmo a independência de caráter de María logo no início da amizade deles. Quando ela ainda era estudante universitária, ele pediu-lhe que o acompanhasse numa viagem para fora de Buenos Aires, mas ela recusou o convite porque estava estudando para um exame. Ele ficou irritado com a recusa e continuou a pressioná-la, porém, María não cedeu, porque, se perdesse o exame, talvez não conseguisse fazê-lo de novo. Eles discutiram muito a questão; Borges ficou realmente contrariado, mas acabou por entender o ponto de vista dela.[2] Esse caráter inflexível de María deve ter intrigado Borges, pois, ao contrário de tantas outras jovens bajuladoras que haviam explorado sua fama para promover suas carreiras literárias, ela era capaz de se opor a ele. Além disso, seu autocontrole contrastava saudavelmente com as ambiguidades tortuosas que Borges experimentara em sua vida devido às lealdades contraditórias ao pai e à mãe. E a independência de espírito de María deve ter sido ainda mais atraente, porque Borges já sabia então que a essência de seu problema estava nas tentativas de escapar das expectativas da mãe e satisfazer as do pai: ele nunca conseguira afirmar satisfatoriamente sua própria vontade contra a deles.

De sua parte, María a princípio aproximou-se de Borges porque encontrou nele um espírito que lembrava o de seu pai: podia compartilhar com ele os valores estéticos e os princípios éticos que seu pai defendia. Porém, ao conhecer melhor a obra de Borges, ficou intrigada com a infelicidade implícita em sua literatura. Um de seus poemas preferidos era o segundo dos "Two English poems", escrito em 1934, que terminava com um apelo a uma mulher sem nome: "I can give you my loneliness, my darkness, the hunger of my heart; I am trying to bribe you with uncertainty, with danger, with defeat".* Quando o conheceu melhor, ela pôde apreciar a realidade dessa "fome" emocional escondida atrás da máscara de civilidade; percebeu que o caráter de Borges era composto de "paixão e pudor",[3] e, ao ler para ele durante os piores períodos de seu infeliz casamento, deve ter percebido a profundeza da paixão inarticulada represada dentro daquele homem cego e indefeso. Em consequência, cresceu entre eles uma afeição tácita que teve de permanecer em segredo até o momento em que Borges decidiu deixar Elsa e Di Giovanni providenciou a assistência prática para efetuar a separação.

Após seu retorno a Buenos Aires em 1971, Borges resolveu aprender islandês antigo com María, como forma de manter viva a chama que fora acendida na Islândia. Ele admitiu que, em sua idade, não podia esperar ir muito longe com a língua, mas isso pouco importava, pois, como disse num poema, sua "busca" por aquela língua antiga fora inspirada por nada menos que "amor, o ignorante amor, Islândia".[4]

Contudo, o amor encontrado lá tinha de ser traduzido para as realidades da vida cotidiana em Buenos Aires, e, já enquanto escrevia "Ulrica" e "A noite dos dons", na segunda metade de 1971, ficou perturbado pela falta de oportunidades para desenvolver sua relação com María. Afora as restrições impostas por sua cegueira, ele voltara a morar no apartamento minúsculo que dividia com a mãe e a empregada. D. Leonor estava com 95 anos de idade e, embora frágil, ainda era ativa e alerta e ele não podia ter certeza de como ela reagiria a seu caso amoroso com uma mulher tão jovem como María Kodama. Além de tudo, havia o estorvo representado por Norman Thomas di Giovanni, que pressionava em relação às traduções: a editora E. P. Dutton publicaria a versão em inglês de *O informe*

* "Posso te dar minha solidão, minha treva, a fome de meu coração; tento subornar-te com a incerteza, o perigo, a derrota" (Tradução de Paulo Henriques Britto publicada em *O outro, o mesmo*. São Paulo: Companhia das Letras, 2009, p. 23).

de Brodie naquele mesmo ano, os *Selected poems* para a Delacorte Press estavam quase prontos e deveriam sair em 1972, a tradução de *História universal da infâmia* estava em andamento e havia também um livro novo de poesia, *Elogio da sombra*, esperando para ser traduzido para o inglês.

Borges, no entanto, estava começando a se irritar com os prazos dos editores e congêneres e não suportava mais ser incomodado com traduções. Sua cabeça estava em outras coisas: em 19 de setembro de 1971, publicou um poema em *La Nación* no qual declarava: "Uma única mulher é teu cuidado,/ Igual às outras todas, mas que é ela".[5] No início de 1972, decidiu distanciar-se de Di Giovanni. Eles não se veriam nos dez anos seguintes, e, ainda que tenha havido alguns encontros breves depois disso, a amizade entre os dois jamais voltaria a ser a mesma. Não obstante, o americano fora útil para tornar Borges conhecido no mundo de língua inglesa; também ajudara o pouco prático Borges a ganhar algum dinheiro com sua literatura e, não menos importante, ajudara-o a se livrar de seu infeliz casamento. A partir de então, Di Giovanni trabalharia sozinho nas traduções contratadas para a E. P. Dutton.

Por volta da época do rompimento com Di Giovanni, encontramos Borges preocupado com a ansiedade de que pudesse malbaratar o amor de novo; sentia que sua vida estava em suspenso, entre seu passado infeliz e um futuro incerto. Em um poema escrito em 9 de março de 1972, ele diz: "Os dias e as noites/ estão entretecidos (*interwoven*) de memória e de medo,/ de medo, que é um modo da esperança".[6] Sua vida sempre foi "um Jano bifronte/ que mira o ocaso e aurora" e, embora ele tenha tomado a decisão de celebrar o futuro imediato, não pode eliminar "a insofrível memória de lugares de Buenos Aires/ nos quais não fui feliz/ e nos quais não poderei ser feliz".

Dez dias depois de escrever esse poema, ele viajou para Michigan, acompanhado por Mariana Grondona, uma velha amiga da família. Receberia o título de doutor honorário da Universidade Estadual de Michigan, onde seu amigo e tradutor Donald Yates lecionava espanhol. Nos Estados Unidos, escreveu outro poema sobre a ideia de estar suspenso entre o passado e o futuro. Em "O ouro dos tigres", volta à lembrança infantil de observar o tigre no zoológico de Palermo "até a hora do ocaso amarelo", e depois evoca visões de outros tigres e suas peles de ouro, e mais imagens do ouro — o "metal amoroso" de Zeus, o anel de ouro nos Eddas que a cada nove noites engendra nove anéis e estes, outros nove, multiplicando-se ao infinito.[7]

Não se tratava de lembranças de experiências reais — eram tigres dourados do desejo, aspirações antigas que nunca chegaram à fruição, que lhe haviam escapado do mesmo modo que a tartaruga sempre escapava de Aquiles. Mas os gritos de desejo pelo que permanecera fora de seu alcance eram suplantados no fim por uma irrupção ainda mais ardente de desejo fresco:

Oh, poentes, oh, tigres, oh, fulgores
Do mito e da épica,
Oh, um ouro mais precioso, teus cabelos
Que estas mãos almejam.

Seu desejo por María Kodama era suficientemente forte para superar o fardo das lembranças infelizes e ilusões perdidas. Mas, depois que voltou a Buenos Aires, foi vítima novamente do lamento pelas oportunidades perdidas no passado. Em 18 de junho de 1972, publicou um soneto intitulado "O perdido", no qual perguntava: "Onde estará minha vida, a que tudo / Pôde ser e não foi", e concluía invocando aquela companheira "que me queria, e quem sabe ainda queira".[8] Esse "talvez" sugere uma incerteza, uma dúvida, sobre a sobrevivência de seu amor por María Kodama em circunstâncias tão pouco propícias.

Era uma dúvida que deve certamente ter se agravado com a notícia da morte súbita de Norah Lange. Ela gozava de boa saúde, mas, na manhã de 6 de agosto, acordou com uma forte dor de cabeça e perdeu a consciência; chamaram uma ambulância, porém, ela morreu de hemorragia cerebral antes de chegar ao hospital.[9] Poucos meses depois, a saúde de sua mãe começou a vacilar. Seu súbito declínio parece ter sido consequência de um acidente em que um grão-de-bico ficara preso em sua garganta, causando-lhe agudo desconforto por algum tempo, até ser removido por cirurgia.[10] Aos 96 anos, ela ficou prostrada com o choque físico dessa experiência e perdeu seu lendário gosto pela vida: não saiu mais de casa e, aos poucos, ficou mais magra e mais fraca, até passar a maior parte do tempo na cama.

Essas duas mulheres — Norah Lange e Leonor Acevedo — personificavam o conflito básico que havia destruído as esperanças de sua juventude. Em 3 de junho de 1973, ele publicou em *La Nación* um poema chamado "Eu", no qual os atributos do eu são "a memória de uma espada / E a de um solitário sol poente".[11] Na espada, está representada a obsessão de sua mãe com a glória passada da família, enquanto o sol poente era uma imagem seminal que compartilhara com Norah Lange nos tempos do ultraísmo, embora dissesse dele agora "que se dispersa em ouro, em sombra, em nada". Outra alusão presente no poema remete àquelas paixões não concretizadas de sua juventude: "Sou o que vê as proas lá do porto". A palavra "proa" é, com certeza, uma alusão à revista de mesmo nome e lembra os impulsos revolucionários do início de sua carreira de poeta de vanguarda. Mas ele renunciara à "aventura" da vanguarda em troca da "ordem" e, em consequência, não partira para o alto-mar da vida, mas ficara em segurança no porto, para ser agora "o que inveja aquele que está morto", um homem "que entrelaça/ Palavras num dos quartos de uma casa". Portanto, em 1973, Borges estava suspenso entre o ocaso e a aurora, entre as memórias do passado e as incertezas do futuro — e começava a duvidar da capacidade até mesmo de sua "nova Beatriz" de resgatá-lo de um sentimento cada vez mais arraigado de ter desperdiçado sua vida.

O medo de que o amor por María pudesse ser esmagado pelo puro peso de seu passado infeliz foi exacerbado pelos acontecimentos políticos. Nos primeiros meses de 1973, parecia provável que Juan Perón conseguiria voltar ao poder na Argentina, pois os peronistas haviam tornado o país ingovernável desde a derrubada de seu líder, quase vinte anos antes. Frondizi, do Partido Radical, fora sucedido na presidência por Arturo Illia, mas nenhum dos dois fora capaz de sobreviver sem fazer acordos secretos com Perón. Em 1966, um golpe militar pôs no poder uma junta militar comandada pelo general Juan Carlos Onganía, que conseguiu reprimir os peronistas até maio de 1969, quando uma revolta extraordinária aconteceu na cidade industrial de Córdoba, liderada por estudantes e metalúrgicos que protestavam contra cortes nos gastos do governo. A autoridade de Onganía esfacelou-se depois desse episódio: os sindicatos peronistas retomaram sua agitação e a junta viu-se continuamente sob o ataque de greves e tumultos.

Um legado da revolta de Córdoba de 1969 foi a crença dos estudantes radicais de que o Estado capitalista poderia ser derrubado pela violência revolucionária direta. Jovens peronistas criaram um exército guerrilheiro com o objetivo de iniciar uma guerra de "libertação nacional" contra a "oligarquia" de estancieiros e empresas multinacionais que controlavam a economia de exportação do país. Assumindo a denominação de *montoneros*, para lembrar as forças irregulares de *gauchos* que lutaram contra os liberais de Buenos Aires no século XIX, os guerrilheiros iniciaram a luta armada contra o Estado em 1970, ao mesmo tempo em que começavam a competir com os chefes da velha guarda peronista pelo controle dos sindicatos. Em março de 1970, os *montoneros* sequestraram um dos arquitetos da derrubada de Perón, o general Pedro Aramburu, líder da Revolução Libertadora de 1955. O objetivo deles era descobrir onde estava o corpo de Evita, que fora escondido pelos militares em 1955. Uma vez que não soube fornecer essa informação, Aramburu foi morto a sangue-frio. E os *montoneros* anunciaram que seus restos não seriam devolvidos para a família enquanto o povo não soubesse onde estava o corpo de Evita.

O assassinato de Aramburu deixou o alto-comando militar confuso, e seguiu-se um período de luta interna que resultou, um ano depois, numa tomada do poder pelo general Alejandro Lanusse, que buscou um acordo com Perón que permitisse às Forças Armadas sair da política sem humilhação. Quando circularam os rumores sobre negociações secretas entre a junta e os peronistas, Borges sentiu-se obrigado a advertir seus compatriotas contra a medida que considerava desastrosa de convidar Perón a voltar do exílio. Pouco depois de seu retorno de Londres, em maio de 1971, ele se ligou à Comissão Promotora de Concentração Cívica em Prol da República, cujo objetivo era reunir cidadãos "em apoio à república", e, fazendo uso do enorme prestígio de que gozava no país, mandou uma declaração pessoal à imprensa denunciando Perón por ter traído suas responsabilidades de líder:

> Uma vez que era virtualmente onipotente, ele poderia ter instigado uma revolta das massas revelando a elas, por meio do próprio exemplo, um conjunto novo de ideais; mas tudo o que fez foi imitar de maneira crassa e grotesca os traços menos admiráveis da oligarquia esclarecida que pretendia atacar.[12]

Chamou o regime de Perón de "nossa imitação vernácula do fascismo" e afirmou que o político havia corrompido a alma do povo por meio de roubos, eufemisticamente chamados de "acordos comerciais", da tortura de opositores, do confisco de propriedades, do enchimento de cadeias com prisioneiros políticos, da censura indiscriminada, do incêndio de arquivos e igrejas, da execução de trabalhadores e da abolição da liberdade. E expressava seu desgosto diante da inclinação dos generais a não resistir ao ditador: "Tantos retratos sorridentes sinistros e nenhuma caricatura; tantos panegíricos oportunistas e nenhuma sátira!".

Borges resolveu publicar essa declaração, chamada "Lenda e realidade", no dia 25 de maio (de 1971), o Dia da Independência da Argentina, mas sua advertência foi ignorada. Alguns meses depois, os *montoneros* realizaram uma façanha sensacional ao localizar os restos de Eva Perón num cemitério de Milão, onde fora enterrada sob identidade falsa. Em setembro, o corpo foi levado para a casa de Perón, em Madri, onde foi mantido como relíquia sagrada do movimento no sótão de sua mansão. Relatos de que o corpo de Evita havia sido desfigurado pelos militares inflamaram seus seguidores, mas Borges e seus colegas não se detiveram diante da tensão política crescente e, em dezembro de 1971, a Agrupação Democrática Argentina organizou uma cerimônia junto ao túmulo do general Aramburu para homenagear sua memória e reafirmar os princípios da Revolução Libertadora antiperonista. Borges foi uma das várias figuras públicas que falaram na ocasião e explicou aos jornalistas que o fizera para "render justa homenagem" a Aramburu.[13] Declarou que a história da Argentina se caracterizava "por atrocidades e ações heroicas" e reiterou sua condenação dos abusos perpetrados pelo regime peronista.

Não obstante, o general Lanusse, líder da junta militar, perseverou em suas negociações secretas com a liderança peronista e acabou por fazer um acordo que salvava as aparências e permitia a participação de candidatos peronistas — embora não do próprio Perón — nas eleições que se realizariam em março de 1973. A série de eventos que levariam ao retorno de Perón fora posta em marcha: Hector Cámpora, um preposto de Perón, venceu a eleição para a presidência e imediatamente mudou a lei para permitir que o próprio Perón concorresse a uma eleição futura.

Borges continuou inflexível em sua oposição aos peronistas. Quando Cámpora foi eleito, ele disse a um jornal italiano que as pessoas que haviam votado nele eram "seis milhões de idiotas"; ele iria para o exílio, se pudesse, mas isso era impossível: "Minha mãe está com 96 anos e gravemente enferma. [...] e, de qualquer modo, o que faria um homem cego de 74 anos em Londres ou Paris?".[14] Estava convicto de que os peronistas procurariam se vingar de inimigos conhecidos como ele, mas a verdade é que sua fama internacional o tornava politicamente intocável. Até Perón evitava criticá-lo em público: quando um jornalista lhe perguntou sobre sua atitude em relação a Borges, ele respondeu: "Se o aguentamos durante dez anos quando estávamos no governo, há mais razão ainda para fazer isso agora que ele é um homem idoso".[15] E quando se soube, por volta de junho de 1973, que Borges estava pensando em renunciar à direção da Biblioteca Nacional, as autoridades peronistas, preocupadas com a publicidade negativa que inevitavelmente resultaria desse gesto, deram-lhe garantias de que poderia permanecer no cargo sem interferências.[16] Mas Borges achou que sua posição de diretor, que devia, no fim das contas, à Revolução Libertadora, se tornaria insustentável se Perón voltasse à Argentina, como era esperado, e continuou decidido a se demitir, o que faria em outubro de 1973.

A vitória de Cámpora, em vez de cicatrizar as feridas, serviu para ampliar as divisões dentro do próprio movimento peronista. Após a eleição, os peronistas de esquerda passaram a ocupar prédios públicos, como se estivessem se preparando para um assalto frontal ao Estado burguês. Perón, no entanto, não tinha intenções de instalar uma ditadura do proletariado. Cámpora, seu preposto, firmou um "pacto social" entre patrões e sindicatos, numa tentativa de estabilizar a economia. Os guerrilheiros urbanos não aceitaram isso e persistiram em sua campanha de atentados a bomba e assassinatos. Perón decidiu retornar à Argentina antes que as coisas saíssem do controle: Cámpora renunciou e convocaram-se eleições para setembro de 1973, que Perón ganhou com 62% do voto popular. Uma vez de volta à presidência, tomou uma série de medidas surpreendentemente moderadas, social-democráticas. Manteve o pacto social e conseguiu baixar a inflação e aumentar o valor real dos salários. Depois de consolidar seu poder, começou a enfrentar o problema da guerrilha, repudiando os *montoneros* e aprovando leis duras contra a subversão. Também fez vista grossa para as atividades de uma organização sinistra autodenominada Aliança Anticomunista Argentina — conhecida como Triple A ou AAA — que começou operações contra a esquerda revolucionária no início de 1974, sequestrando e matando militantes conhecidos.

Borges, no entanto, continuou a denunciar Perón, e sua influência não era desprezível. Em 10 de dezembro de 1973, a *Newsweek* publicou uma entrevista com ele que tocava na situação política de seu país; ele criticava Perón com muita liberdade, chamando-o de "segunda classe". Esse número da revista americana foi proibido na Argentina. E, contudo, a verdade é que Borges estava preso ao passado: cultivava fantasias de decidir homem a homem com o "tirano" e até escreveu um conto "Avelino Arredondo" sobre o jovem de mesmo nome que, em 1897, matou o presidente do Uruguai a sangue-frio.[17] Mas, depois de se entregar a fantasias semelhantes como "O Sul", "O desafio" e "O punhal", devia saber que tudo isso servia apenas para expressar sua frustração diante da perversidade da política.

Perón não duraria mais do que nove meses no poder. Era um homem doente de 78 anos e, em 1º de julho de 1974, morreu na presidência. Como mandava a Constituição, foi sucedido pela vice-presidente, que era ninguém menos que sua terceira esposa, María Estela, conhecida como "Isabelita", uma ex-dançarina de boate que ele conhecera no Panamá e que não tinha a menor experiência política. A situação do país logo saiu do controle de Isabelita: o pacto social entrou em colapso e nenhuma medida estabilizadora conseguia prevalecer contra as imensas greves organizadas pelos sindicatos contra seu próprio governo peronista. Buscando explorar o vazio no âmago do governo, os guerrilheiros redobraram seus esforços para produzir uma crise revolucionária que derrubasse o sistema capitalista.

Após a morte de Perón, Borges também perdeu suas referências. Enquanto seu inimigo estava na presidência, ele sabia a quem culpar pelo deterioramento da situação, mas com Perón morto ficou muito mais difícil entender o que estava acontecendo no país. Borges simplesmente não conseguia compreender o que os *montoneros* queriam. A alegação de que eram os herdeiros dos "bárbaros" *gauchos* em suas guerras contra a oligarquia parecia-lhe a inversão, senão derrota, de todo o objetivo da história argentina como nação pós-colonial. Como disse a um jornalista:

> Creio que pertencer a um país significa sobretudo fazer um ato de fé: devemos nos "sentir" como parte desse país. Quando, em 1816, tomamos a decisão de deixar de ser espanhóis para sermos argentinos, a palavra "argentino" não significava nada, mas não creio que Laprida e os outros membros do Congresso de Tucumán quisessem se tornar *gauchos* ou índios; essa perspectiva os teria horrorizado.[18]

Ou seja, os *montoneros* estavam faltando com a palavra aos pais fundadores do país, ameaçando o consenso que levara ao próprio nascimento da nação.

Porém, Borges estava tão confuso com o curso dos eventos que não defendia mais nenhuma concepção particular da pátria — pelo que sabia, a visão do futuro da Argentina que tinham os *montoneros* talvez fosse tão válida quanto qualquer outra. Em soneto dedicado ao amigo e escritor Manuel Mujica Láinez, escrito em algum momento de 1974, ele observa que, assim como as Escrituras podem ter tantos sentidos quanto leitores, do mesmo modo há muitas versões possíveis da pátria.[19] A sua própria versão é apenas uma "nostalgia" de "facas ignorantes e de velha coragem", uma nostalgia que o fazia lamentar a morte da Argentina que conhecera outrora. O soneto termina com versos pesarosos: "Manuel Mujica Láinez, algum dia tivemos/ Uma pátria — recordas? — e os dois a perdemos".

Borges pensava agora que a verdadeira causa dos problemas do país não estava em determinada ideologia ou concepção política, mas numa perda geral de valores. Acreditava que era necessário que um indivíduo agisse de acordo com sua consciência, pois um homem "sabe em virtude de um instinto ético quando deve fazer o bem"; esse "instinto ético" era o único remédio contra o mal que afligia a Argentina:[20]

> Nosso país está atravessando uma crise moral. Passamos a cultivar o luxo, o dinheiro e outros mitos e dogmas. Penso que nosso país é venal. Não tenho nenhuma receita de salvação, nenhuma panaceia. Tudo o que posso fazer é tentar cumprir meu dever honestamente de um dia para o outro. Tudo o que posso recomendar é sinceridade, honestidade.[21]

Porém, essa insistência na necessidade de um "instinto ético" implicava uma desconfiança na vontade do povo. Apesar de sua aceitação de várias versões possíveis da pátria, permanecia preso na contradição para a qual fora conduzido por Perón: sempre quisera ver a criação de uma genuína ordem democrática no país, mas ainda duvidava de que o povo estivesse pronto para a democracia. A segunda vinda de Perón só confirmou suas dúvidas de 1955, e ele ainda se agarrava, embora de forma relutante, a uma concepção elitista da situação política: "Eu era um liberal", disse a um entrevistador, "mas não mais. Acho que apoiaria uma ditadura esclarecida, desde que não fosse demagógica".[22] Mas, se acreditava na ética como solução para os problemas nacionais, quem daria o exemplo moral? Uma elite ética parecia ser a única resposta, governando por meio de uma "ditadura esclarecida" que manteria sob controle os instintos básicos do povo.

Em novembro de 1974, o governo de Isabelita Perón declarou estado de emergência, o que deu ao exército praticamente rédea solta para aprofundar a ofensiva contra os guerrilheiros. A repressão militar foi auxiliada pelas ações de esquadrões da morte da Triple A, que se dizia serem controladas por José López Rega, o ministro do Bem-Estar Social e o verdadeiro poder por trás do trono. Enquanto isso, Isabelita fazia tentativas patéticas de sustentar sua popularidade associando-se à imagem de Eva Perón: passou a usar um coque como o de sua predecessora e até autorizou a repatriação dos restos mortais de Evita, que instalou na residência oficial em Olivos. Mas não adiantou nada, pois não havia o que pudesse ser feito para consertar a economia ferida pelos ataques ferozes da guerrilha. Com efeito, chegara-se a uma situação extraordinária em que as duas alas extremas do movimento peronista haviam se voltado uma contra a outra, ameaçando levar com elas o país inteiro.

Perto do final de 1974, à aflição de Borges diante da pátria que caía no abismo acrescentaram-se desgostos pessoais. Sua mãe quase não saía mais da cama — a mulher que adorava a vida social perdera o interesse em ver pessoas, e sua mente, outrora tão afiada, ficava cada vez mais errática. Borges, cujo quarto ficava a poucos metros, não podia evitar ser lembrado constantemente dos sofrimentos dela. E então, em novembro, a família foi atingida por uma tragédia que o afetou profundamente: sua sobrinha-neta Angélica, filha de Luis de Torre, de apenas quatro anos, afogou-se acidentalmente numa piscina. Ao lamentar num poema a extinção cruel dessa menina, ele se pergunta quantas vidas terão desaparecido "com esta pobre e diminuta morte". Para ele, "com esta flor um futuro está morto", enquanto "sobre nós vai crescendo, atroz, a história".[23]

A morte de Angélica personificava os temores que o atormentavam desde o retorno da Europa três anos antes, temores de que o passado, de que a sombra da história pudesse tragar suas esperanças para o futuro e matar as sementes de uma vida nova que haviam sido plantadas na Islândia. Por outro lado, foi talvez o choque da morte de Angélica que fortaleceu sua determinação de não permitir que as forças da escuridão prevalecessem. Na época do trágico acidente, estava preparando uma nova coletânea de contos — que se chamaria *O livro de areia* — para publicação no ano seguinte. A Emecé pedira-lhe oito contos novos, mas ele entregara onze. Em dezembro de 1974, acrescentou mais um — "Ulrica" — a história inspirada por sua experiência na Islândia.

Em 13 de dezembro, Borges fez a revisão final de "Ulrica", antes de entregá-lo à editora. O jornalista Carlos Burone estava presente e fez um relato dessa sessão.[24] Ele acompanhou Borges, seu editor Carlos Frías e uma secretária até um apartamento de oitavo andar na rua Juncal. Era uma noite agradável de verão, as janelas foram abertas, Borges tirou o paletó, sentou-se numa poltrona e pegou o texto escrito em minúsculas letras femininas. Frías passou a ditar trechos para a secretária datilografar e, enquanto fazia isso, Burone observou espantado que o autor analisava cada frase palavra por palavra, "porque todas elas, absolutamente todas, com pontos finais, vírgulas, maiúsculas, travessões, a grafia de palavras estrangeiras e tudo o mais que se possa imaginar estava registrado na memória de Borges como no negativo de uma fotografia". Enquanto revisava o texto, ele "movia a cabeça e sorria, como se estivesse espionando seus dois personagens. Era como um menino brincando sozinho com seus brinquedos ou fascinado pela ilustração de algum livro antigo". Ao observar Borges no trabalho, Burone "sentiu-se feliz por vê-lo tão feliz".

O jornalista foi capaz de perceber que "Ulrica" era uma exceção à regra na ficção de Borges, e sua excitação está evidente na frase de abertura de sua matéria para *La Opinión*: "Em um livro que publicará em abril de 1975, Borges trata pela primeira vez dos ardores da paixão". O próprio Borges confirmaria a impressão de Burone no epílogo de *O livro de areia* que escreveu em 3 fevereiro de 1975: "O tema do amor é muito comum em meus versos; não tanto assim em minha prosa, que não tem outro exemplo senão 'Ulrica'".[25] A decisão de publicar esse conto, o mais diretamente autobiográfico, senão confessional, de todos os que escreveu, atesta sua crença na possibilidade de redenção das adversidades do passado por meio do poder do amor.

O livro de areia foi publicado em março de 1975. No mesmo ano, saiu um novo volume de poesia com os poemas que escrevera desde 1972. Esses versos captavam as vicissitudes por que passara desde seu retorno da Islândia — alegrias e desejos, mas também ansiedade, tristeza e até desespero. Intitulou-o *A rosa profunda* e deu ao último poema da coletânea um título em inglês — "The unending rose", que fazia eco ao título do próprio livro.[26] Nele, Borges assume a voz do místico persa Attar de Nishapur, autor de *Colóquio dos pássaros*, fonte da lenda do Simurg. O poeta Attar é cego, mas tem consciência da presença de uma rosa, cuja "incessante preamar" de sua fragrância "sobe a meu velho rosto que declina". A rosa, acredita Attar, perdurará para além da adversidade:

Cada coisa
É infinitas coisas. Tu és música,
Firmamentos, palácios, rios e anjos,
Rosa profunda, ilimitada, íntima,
Que o Senhor mostrará a meus olhos mortos.

29. Uma nova aurora na Islândia (1975-6)

Ao entrar o ano de 1975, estava claro que não restava muito tempo de vida para d. Leonor. Praticamente presa à cama havia dois anos, ela se transformou aos poucos num pequeno fantasma descarnado e, em 8 de julho, morreu aos 99 anos de idade. No dia seguinte, foi sepultada junto aos seus ancestrais no mausoléu da família, no cemitério da Recoleta. Familiares e amigos íntimos acompanharam Borges no funeral, mas mesmo esse momento mais privado não permaneceu intocado por sua extraordinária fama e, na manhã seguinte, os jornais de Buenos Aires estampavam fotos de Borges tentando conter as lágrimas.

O laço que unia mãe e filho tinha força sobrenatural: com exceção do breve intervalo de seu casamento, aquela era a mulher com quem ele havia passado sua vida. Poucos dias depois da morte de d. Leonor, escreveu um soneto chamado "O remorso", que se inicia com uma declaração autopunitiva: "Eu cometi o pior dos pecados possíveis a um homem. Não ter sido feliz".[1] E pede "Que os glaciares do olvido/ Me arrastem e me percam, despiedados". Seus pais o engendraram "para o jogo arriscado e esplêndido da vida", mas "sua jovem vontade" não foi cumprida: ele não fora feliz. Em vez disso, aplicara-se "às simétricas jornadas da arte, que entretece nonadas", e ainda era perseguido pela "sombra de ter sido um desditado".

O poema emana da consciência dolorosa da paixão que o gerou. Leonor e Jorge se apaixonaram à primeira vista e se casaram em menos de um ano, mas, como podemos deduzir do romance dele, essa paixão inicial caíra sob a sombra do patriarca, da fantasia do herói perfeito morto que legou aos seus descendentes um sentimento de desvalia. Leonor tentara ser digna desse ideal impossível procurando ser uma *criolla* impecável; Jorge reagiu sendo o anarquista insatisfeito que nunca se sentiu reconciliado com a Argentina. Mesmo assim, o laço inicial seria à prova de adversidades posteriores. Leonor deixara suas raízes em Buenos Aires para acompanhar Jorge à Europa, onde ele esperava recuperar a felicidade dos primeiros tempos do casamento; ela cuidara dele em seu declínio físico e permanecera devotada a sua memória nos longos anos de viuvez, invocando-o sempre nas conversas com suas amigas. Essa vontade inflexível havia sido sua glória — um testemunho magnífico de sua natureza apaixonada, aquela que havia atraído inicialmente Jorge; mas seu caráter indomável também havia engendrado uma lealdade inabalável à memória dos ancestrais heroicos da família.

Não obstante, em seus últimos anos, Leonor Acevedo parece ter visto esse culto dos ancestrais sob um aspecto diferente. Certa vez, disse a Bioy Casares que havia passado a vida com "dois loucos" — o marido e o filho — e que às vezes se perguntava "se aqueles dois loucos não tiveram razão o tempo todo".[2] Talvez pensasse agora na possibilidade de que, tal como a protagonista sem nome do conto de seu filho "A velha senhora", ela tivesse sido vítima da espada da honra, e que essa espada, por assim dizer, se interpusera entre ela e Jorge. Com efeito, na velhice, ela contava às amigas que havia "se apaixonado de novo" depois de encontrar uma caixa que continha as lindas cartas que Jorge lhe escrevera na juventude.[3] E, à medida que sua vida chegava ao fim, parecia também que percebia o que seu filho requeria dela. Em uma ocasião, quando Borges pediu a María Kodama que lesse para sua mãe acamada, d. Leonor pegou a mão de Georgie e depois buscou a de María, e, como naquele estágio já lhe faltassem forças para falar, não pôde fazer mais do que unir as mãos deles sobre seu corpo enfermo.[4]

Logo após a morte de d. Leonor, Borges escreveu um poema chamado "A moeda de ferro", no qual revelava a causa profunda do sentimento de desvalia que o assolara a vida inteira.[5] A poesia gira em torno da pergunta "Por que um homem precisa que uma mulher o queira?" e examina os dois aspectos da questão tal como expostos em cada lado da "moeda de ferro". Uma face representa um cosmo organizado — "Adão, o jovem pai, e o jovem Paraíso. A tarde e a manhã.

Deus em cada criatura"; o reverso mostra o vazio — "ninguém e nada e sombra e cegueira. És isso". Os dois lados da moeda de ferro simbolizam a polarização extrema que caracterizara sua atitude em relação ao amor de uma mulher. Seu destino parecia girar em torno de um julgamento de seu valor — ser aceito pela amada era entrar no paraíso, ser julgado insuficiente era ser lançado no vazio. E, no entanto, como percebia agora, a causa última de seu sentimento de desvalia era o medo de ser submetido a outro julgamento — o de seus ancestrais, de sua mãe, de seu pai, da mulher por quem se apaixonava. Colocar-se diante de todos ou qualquer um desses juízes imaginados era, de algum modo, "ecoar" o Juízo Final de Deus em pessoa. Mas Borges se perguntava em "A moeda de ferro": e se Deus simplesmente se esquecesse de julgar? Por que uma mulher não deveria querê-lo, por mais "caluniado de infâmia" que fosse? O amor não exigia que se julgasse ou fosse julgado, pois a amada não precisava ser melhor ou pior do que o amante: "Sob a sombra do outro buscamos nossa sombra, / E no cristal do outro, nosso cristal recíproco".

Tendo finalmente revogado o veredicto do juiz imaginário que o condenara a ser indigno de outro amor, estava livre para entrar no "jogo arriscado e esplêndido da vida", livre para amar, livre para resgatar a paixão que entrara em sua geração, pois em María Kodama encontrara uma "nova Beatriz" cujo amor poderia não somente justificar sua própria existência, mas também vindicar o sonho de paixão que fora esmagado em *El caudillo*. E, assim, depois da morte de sua mãe, seus pensamentos se voltaram para seu pai e ele retornou ao poema desajeitado que escrevera logo após a morte dele, transformando aquele grito bruto de dor num límpido soneto que termina assim:

> Nada esperavas ver do outro lado,
> Mas tua sombra talvez tenha avistado
> Os arquétipos que Platão, o Grego,
> Sonhou e que me explicavas. Ninguém sabe
> De que manhã o mármore é chave.[6]

Portanto, apesar da tristeza do falecimento de sua mãe, ele podia ver o lampejo de uma nova aurora, uma aurora que lhe permitiria ser Dante para o Virgílio de seu pai e moldar sua vida no modelo salvador imaginado em *O Congresso*.

* * *

Em setembro de 1975, Borges recebeu a visita de seu amigo americano Donald Yates, que viera a Buenos Aires para persuadi-lo a comparecer a um simpósio sobre sua obra organizado pelo Departamento de Inglês da Universidade Estadual de Michigan para a primeira semana de outubro. Era um convite de última hora, mas Borges o aceitou, embora já tivesse vários compromissos de palestras em Buenos Aires naquele período. Como sempre, precisava de um acompanhante, então convidou María para ir com ele a Michigan, mas sugeriu que se casassem primeiro para evitar um escândalo por viajarem juntos. Disse-lhe que, de certo modo, era um "cavalheiro vitoriano" e estar casado com a mulher que amava era de grande importância para ele.[7]

A proposta de Borges colocou María numa posição difícil, pois ela decidira que jamais se casaria. A separação de seus pais quando tinha apenas três anos de idade fora-lhe extremamente traumática; além disso, sua relação difícil com a avó lhe inspirara horror a se submeter a alguém. Valorizava sobretudo sua autonomia e era-lhe vital preservá-la permanecendo financeiramente autossuficiente, pois ganhava sua vida desde cedo dando aulas de espanhol para homens de negócios japoneses em Buenos Aires.[8] O casamento poderia pôr essa independência em perigo. Se, quando menina, temera ser cooptada por sua avó para um catolicismo rígido, muito mais razão tinha em temer ser absorvida, senão devorada, pela fama monstruosa de Borges.

Contudo, o fato é que estava apaixonada por ele. Vira-se atraída ao longo dos anos pela "fome do seu coração" e fora conhecendo aos poucos o homem privado por trás da máscara da fama. De qualquer modo, um casamento comprometeria provavelmente aquele laço íntimo expondo-o ao olhar público. Com efeito, María vira com os próprios olhos como o casamento de Borges com Elsa Astete fora minado pelas senhoras aristocráticas do círculo de d. Leonor e pela curiosidade insaciável da mídia argentina. Tal como Elsa, ela era uma intrusa na sociedade, mas, além disso, era parte japonesa e décadas mais jovem do que ele. Sendo assim, relembrou Borges de que, anos antes, lhe falara sobre sua decisão de nunca se casar; em sua opinião, era suficiente a promessa de amor entre os dois; o amor, tal como ela o entendia, devia se basear na confiança incondicional, no respeito absoluto pela liberdade do outro.[9]

Borges sabia muito bem como as relações humanas podem ser deformadas pelas expectativas coercivas e aceitou o princípio de reciprocidade livre como base da relação deles. Ele indicou sua aceitação desse laço especial num poema em prosa no qual citava um trecho do Canto 23 da *Odisseia*, em que Penélope evita reconhecer Ulisses como seu marido antes de testá-lo com a referência a um segredo que compartilhavam, o segredo de "seu tálamo comum, que nenhum dos mortais pode mover, porque a oliveira com que foi lavrado o ata à terra".[10] A fábula do leito matrimonial, escreveu Borges, era uma espécie de metáfora ou mito, pois Penélope soube que o estranho era realmente seu marido "quando se viu em seus olhos, quando sentiu em seu amor que a encontrava o amor de Ulisses". Como sinal de seu laço mútuo, Borges deu a María um colar de turquesa que ganhara de um índio americano em uma de suas visitas anteriores aos Estados Unidos.[11]

Cerca de um ano depois, ele escreveria "Endímion em Latmos", um poema que descreve uma noite de felicidade.[12] Retratando-se como o pastor de mesmo nome do mito, ele imagina que seu corpo, "que os anos consumiram", era belo:

> Diana, a deusa que é também a lua,
> Via-me adormecer sobre a montanha
> E desceu lentamente até meus braços
> Ouro e amor na esbraseada noite.
> Eu apertava as pálpebras mortais,
> Eu queria não ver o belo rosto
> Profanado por meus lábios de pó.
> Eu aspirei a fragrância da lua
> E sua infinita voz disse meu nome.
> Oh, essas puras faces que se buscam,
> Oh, os rios do amor, os rios da noite,
> Oh, o beijo humano e a tensão do arco.

Os "rios do amor, os rios da noite" ligam esse poema a "Ulrica" e "A noite dos dons", mas seu paradigma, como vimos, é o episódio de Beatriz Frost em *O Congresso*. Como havia ocorrido depois de sua visita à Islândia com María, Borges estava novamente interpretando sua vida conforme o modelo dantesco de salvação estabelecido em *O Congresso* — María o libertaria dos entraves do passado; a paixão levaria ao florescimento do eu e esse eu realizado alcançaria finalmente a integração tão ansiada no espírito universal, tal como imaginada na lenda do Simurg.

Em East Lansing, cidade onde fica o campus da Universidade Estadual de Michigan, Borges e María ficaram hospedados na casa de Donald Yates. Ela ganhou um quarto no andar de cima, Borges ficou com um quarto cheio de livros no porão, mas, na manhã seguinte, ele perguntou a Yates se poderia arranjar um outro lugar, porque tivera um pesadelo perturbador naquela noite e achava que havia "algo de aterrorizante naquele porão com todos aqueles livros".[13] Yates conseguiu-lhe um hotel perto do campus e deixou-o em companhia de María pelo resto da estada.

A nova felicidade de Borges nesse período transparece em vários poemas. Em "O ingênuo", assombra-se "que a rosa tenha o perfume da rosa", e, em outra poesia, se confessa incapaz de encontrar as palavras que transmitam a paixão provocada pela música de Brahms.[14] Seguro do amor de María, superou seu temor do tempo e até a morte parecia ter perdido seu ferrão: "Não de água, de mel, será a última gota da clepsidra", e, embora essa gota dourada possa "mergulhar nas trevas", ela conteria "as beatitudes" que "Alguém ou Algo" concedera a Adão — "o recíproco amor e teu perfume, o ato de entender o universo".[15]

Esse humor exultante continuaria no ano seguinte, pois o sucesso do simpósio foi tanto que Borges foi convidado a voltar a Michigan em janeiro de 1976 para passar um semestre como professor visitante. Nessa segunda visita a East Lansing, Borges e María foram acomodados num apartamento de dois quartos no campus e assim ele pôde passar um bom período morando em relativa privacidade com a mulher que amava. Mas sua agenda de trabalho estava muito ocupada: teve de dar dois cursos e cinco conferências públicas no decorrer de um semestre. E, quando ficaram sabendo que permaneceria nos Estados Unidos por vários meses, choveram convites para falar em outras instituições. O próprio Yates acompanhou Borges e María em idas a faculdades em Michigan, Ohio, Indiana, Iowa e Califórnia. Visitou também a Universidade Emory, em Atlanta, e a Universidade do Texas. Em Nova York, recebeu um prêmio Edgar da Guilda de Escritores de Mistério, e o diretor da Biblioteca Folger, em Washington, pediu-lhe para fazer o discurso inaugural da conferência anual sobre Shakespeare em abril. Donald Yates lembra que, apesar de todos esses compromissos, Borges parecia incansável e "aberto a tudo".[16]

Embora estivesse feliz com María em East Lansing, não podia deixar de pensar de vez em quando sobre a situação na Argentina. As notícias que recebia dificilmente poderiam ser mais desanimadoras: havia sequestros, assassinatos e atentados a bomba dos guerrilheiros de esquerda e da Triple A; a economia estava em sérias dificuldades, com a inflação acima de cem por cento; várias greves de massa praticamente paralisaram o país em fevereiro e março. Borges foi levado a escrever outra "Elegia da pátria" em que louvava o valor dos grandes homens que forjaram a nação, mas lamentava seus descendentes, com seus "parlamentos, centenários e sesquicentenários", os quais "são apenas a cinza, a menor flama dos vestígios de uma antiga chama".[17] Porém, em 24 de março, o governo de Isabelita Perón foi derrubado pelas Forças Armadas. Borges estava na Califórnia e alguém deu a notícia do golpe de Estado quando ele estava num coquetel. Donald Yates, que estava presente, lembra que Borges não conseguiu disfarçar sua satisfação: seus olhos encheram-se de lágrimas e ele abraçou um colega argentino.[18] Afinal, a queda de Isabelita trazia a promessa de uma derrota final do peronismo.

O alívio diante da virada dos eventos na Argentina corria paralelamente a sua alegria por ter encontrado o amor em María Kodama: tudo se encaixava finalmente — estava livre do conflito entre a espada e o punhal, pagara a dívida de felicidade que devia aos pais e a longa alienação das realidades políticas de sua terra natal dava sinais de que se aproximava do fim. Ele deve ter achado que o modelo de salvação dantesco estava mais perto do que nunca de se concretizar em sua vida. Seu grau de euforia na ocasião fica evidente na decisão de passar uma quinzena na Islândia com María, antes de retornar a Buenos Aires. Donald Yates, que os acompanhou ao aeroporto, teve a impressão de que tinham "inventado" aquela visita à Islândia "no último minuto", e presumiu que devia ter "algum laço comum nas sagas e no estudo da língua islandesa juntos".[19] Com certeza, a estada nos Estados Unidos havia renovado seu laço com María e uma vez mais ele via na Islândia um símbolo de novos começos. A aurora na Islândia, escreveria em um poema, era de algum modo eterna: era como "um grande muro suspenso" e "o tempo não o toca".[20]

E assim ele voltou à Islândia, em busca de um breve intervalo de felicidade privada com María, depois das pressões de seus recentes compromissos nos Estados Unidos e antes das pressões que certamente enfrentaria na volta ao seu país conturbado. Mas ele era famoso demais para escapar do reconhecimento, até mesmo na Islândia. Quando estava jantando num restaurante de Reykjavík, foi abordado por um grupo de homens muito altos, um deles caiu de joelhos e, de forma um tanto alarmante, cobriu as mãos de Borges de beijos.[21] Ele fora visto no restaurante por um poeta local que logo chamou vários amigos para homenagear o mestre argentino. Depois, Borges e María foram levados às casas dos poetas islandeses. Consumiram-se enormes quantidades de aquavita naquela noite, mas Borges teve a cautela de ficar na água mineral enquanto ouvia enlevado os impetuosos nórdicos recitarem trechos das sagas até as primeiras horas da manhã.

Borges não parava de interrogar seus anfitriões sobre a gramática e a pronúncia do islandês antigo e sobre os costumes da ilha. Tinha curiosidade de saber se a velha cultura pagã das sagas havia sobrevivido nos tempos modernos. Os poetas islandeses asseguraram-lhe que sim, mas alguns dias depois, ao visitar uma igreja luterana, soube pelo pastor que, na verdade, havia apenas um sacerdote pagão em toda a ilha. Tratava-se de um homem alto de mais de cinquenta anos, olhos azuis brilhantes e longa barba branca, que vivia sozinho no campo, numa casa cheia de gatos pretos e prateleiras com ossos de animais variados. Segundo o sacerdote, havia um interesse renovado pela religião antiga e muita gente vinha a ele para se casar. Quando Borges perguntou se ele e María poderiam se casar de acordo com o antigo rito do deus Odin, o sacerdote ficou feliz em satisfazê-lo.

Por mais tênue que fosse sua conexão com a cultura pagã, a Islândia contemporânea parecia ser vitalmente informada pelo espírito do passado. E foi essa capacidade de desafiar o tempo que Borges tomou como inspiradora e exemplar. No poema chamado "Islândia", ele celebra a ilha, declarando que é uma "ventura para todos os homens, Islândia dos mares, que existas".[22] A ilha é uma "fria rosa" que salvou para nós a "enterrada mitologia" das raças germânicas. Ele compara o presente tranquilo com o passado heroico: os homens fortes de hoje são "marinheiros e barqueiros e párocos e que ontem descobriram um continente". E conclui com a afirmação enigmática de que a Islândia possui uma "grande memória côncava que não é uma nostalgia", querendo talvez dizer que ela ressoa os ecos da história, mas não é cativa das lembranças do passado. Seu idílio com María naquela ilha remota criava a impressão de atemporalidade, como se passado, presente e futuro fossem subordinados a um momento eterno de "não saciada esperança".

* * *

No final de abril, quando retornou a Buenos Aires, havia certo triunfalismo agressivo em suas declarações de apoio à junta militar. Aceitou um convite para almoçar com seu líder, o general Jorge Videla, e agradeceu-lhe "pelo que havia feito pela pátria, tendo-a salvado do caos, do estado abjeto em que estávamos e, sobretudo, da idiotia".[23] Não tinha nenhum escrúpulo em se identificar com os inimigos militares dos peronistas, pois, em declarações à mídia, compararia a situação com a Revolução Libertadora de 1955, quando fora um defensor intransigente da "regeneração democrática", ou seja, da eliminação total do peronismo e da aplicação gradual da "terapia revolucionária" apropriada para restaurar a saúde política da Argentina.

Porém, não demorou para que a euforia de Borges começasse a ser dissipada pela realidade da vida cotidiana. Ele sabia que, se a verdade sobre sua relação com María Kodama ficasse conhecida, causaria ressentimento, senão escândalo, então manteve a ficção de que ela era apenas mais uma amiga entre amigas, ou no máximo sua "secretária literária". Como acontecera depois de seu retorno da Islândia em 1971, encontrou consideráveis dificuldades na condução de sua relação com María. Para começar, resolveu esconder sua verdadeira natureza da família imediata — a irmã Norah e seus dois filhos. Devido à cegueira, dependia do sobrinho Luis de Torre, que era advogado, para administrar suas finanças. Luis era responsável por seus direitos autorais, honorários, pensões e contas bancárias. Tinha de competir também com sua temível criada Fani Úveda, que ocupava o quarto de empregada ao lado da cozinha, bem como com a filha dela, Stella Maris, e seu neto José Manuel. Após a morte de d. Leonor, Fani assumiu os assuntos domésticos e ele criou um sistema de enfiar cédulas de valores variados em alguns de seus livros para que ela pagasse as contas. Segundo Stella Maris, a criada e sua família estavam muito presentes na vida cotidiana de Borges: "O sr. Borges sempre foi muito bom para nós. Quando eu estava na escola, ele me ajudava com as lições de casa. Fez o mesmo com José Manuel [...]. Ele nos deixava partilhar de suas coisas, mas só até certo ponto".[24]

Além desse círculo doméstico, havia seu círculo de amigos. Bioy e Silvina ainda o convidavam para jantar várias vezes por semana, bem como as senhoras de classe alta que herdara de sua mãe. Depois, havia um círculo maior formado por inumeráveis colegas e conhecidos que iam de jornalistas e professores universitários a escritores mais jovens que eram ávidos por sua companhia. Além disso, ainda havia um outro círculo, pois ele parecia possuir uma aura mágica que atraía gente completamente estranha — com frequência, era abordado nas ruas por admiradores que queriam cumprimentá-lo ou pedir seu autógrafo. E, por fim, havia a mídia argentina, com seu desejo aparentemente insaciável de registrar cada palavra e cada movimento seu.

Fechado dentro desses círculos, Borges era obrigado a levar uma vida dividida. Para fora, vivia de acordo com sua imagem de bardo cego e venerável, o "Borges" nada prático e deliciosamente perverso, uma imagem que haviam criado para ele vários anos antes, ao menos no mundo de língua inglesa, mas ele achava esse papel público cada vez mais difícil de suportar, pois o que o mito do "Borges" fora do mundo não abrangia eram as realidades emocionais intensas do homem interior. Em um soneto chamado "O enamorado", ele se queixa da necessidade de esconder seus sentimentos por María: "Devo fingir que há outros. É mentira./ Somente tu és. Tu, minha desventura,/ Minha ventura, inesgotável e pura".[25]

O abismo entre suas vidas pública e privada acentuava seu isolamento. Passava grande parte do tempo na sala de seu pequeno apartamento.[26] Levantava-se por volta das nove horas e depois do café da manhã recebia visitas ou trabalhava em algum poema ou artigo até aproximadamente meio-dia. Após o almoço, sesteava e, à tarde, um de seus muitos conhecidos podia aparecer para ler-lhe ou tomar o ditado de um poema ou conto que havia composto antes. Raramente saía, por causa da cegueira, e não gostava de festas porque não se sentia à vontade em reuniões grandes, preferindo os grupos pequenos em que podia conversar com uma pessoa de cada vez. Quando saía, era principalmente para visitar livrarias, porque gostava de estar entre livros e conversar sobre eles (com frequência, era visto em La Ciudad, livraria que ficava na frente de seu edifício). À noite, retirava-se para seu quarto espartano, que parecia uma cela de mosteiro com sua cama estreita de ferro, uma única cadeira e duas pequenas estantes onde guardava sua coleção de livros escandinavos e anglo-saxões. O outro quarto do apartamento havia sido de sua mãe, mas, embora ela tivesse sugerido que o transformasse em escritório depois de sua morte, Borges recusara-se a mudar qualquer coisa, pois não queria "profanar" seu quarto.

Sob o olhar coletivo da família e dos amigos, para não mencionar a voraz mídia argentina, era difícil que Borges e María tivessem tempo para eles mesmos. Ela vinha para estar com ele várias vezes por semana e, depois de suas preciosas horas juntos, saíam para comer num restaurante, em geral no Hotel

Dorá, do outro lado da rua, ou na Cantina del Norte, dobrando a esquina, na rua Charcas. Depois, ela o acompanhava de volta ao apartamento e, em nome das aparências, tinha de deixá-lo sozinho, presa uma vez mais dos fantasmas que acenavam do passado.

O apoio entusiástico de Borges à junta militar argentina foi notado pelo regime do general Pinochet no vizinho Chile, que tomara o poder em 1973, quando as Forças Armadas derrubaram o governo do presidente Salvador Allende. Entre 1970 e 1973, Allende liderara uma coalizão de socialistas e comunistas numa tentativa de criar um Estado marxista pela via parlamentar e pacífica. No entanto, a repressão aos partidários de Allende fora tão brutal que a junta do general Pinochet era odiada em todo o mundo. Por esse motivo, a ditadura chilena viu uma clara vantagem política em se associar de algum modo a Borges, homem de grande renome internacional.

Poucas semanas depois do almoço de Borges com o general Videla, a junta chilena homenageou-o com a Grande Cruz da Ordem do Mérito, que ele recebeu na embaixada do Chile em Buenos Aires em 21 de julho de 1976, com o dr. Luis Frederico Leloir, vencedor do prêmio Nobel de Química. Recebeu também o título de doutor *honoris causa* da Universidade do Chile e foi convidado a ir a Santiago em setembro para a cerimônia. Seus amigos aconselharam-no a não ir, advertindo-o de que correria o risco de perder o Nobel de Literatura que, se dizia, ele tinha grandes chances de vencer naquele ano. Mas Borges achava que era vergonhoso esconder suas crenças políticas para ganhar um prêmio. Se essas advertências tiveram algum efeito, foi o de aumentar a sua determinação em afirmar seus princípios: "agora me obrigam a ir", consta que disse aos amigos.[27] Por conseguinte, marcou uma viagem de uma semana ao Chile, após uma visita à Espanha, em agosto.

Durante essas visitas à Espanha e ao Chile, em 1976, ele estava com espírito extraordinariamente combativo e sentiu um prazer perverso em destruir os ídolos da esquerda internacional. Suas declarações políticas aos meios de comunicação de massa causariam um dano irreparável a sua reputação na Argentina e no exterior. Na Espanha, alardeou seu apoio aos regimes militares da América do Sul, chamando a democracia de "superstição". A situação na Argentina era "caótica", mas o general Videla estava superando esse caos; seu regime era "um governo de soldados, de cavalheiros, de gente decente".[28] Eram opiniões para causar indignação certa na Espanha, país que tentava restabelecer uma democracia parlamentar depois dos quarenta anos de ditadura militar do general Franco, que morrera menos de um ano antes. Mas o pior ainda estava por vir: Borges declarou sua admiração pelo Generalíssimo, acrescentando que havia apoiado os republicanos durante a Guerra Civil, mas percebia agora o valor do que Franco realizara.

Para acrescentar insulto à injúria, resolveu fazer um ataque gratuito a Federico García Lorca, que fora assassinado pelos fascistas no início da Guerra Civil e cuja memória era venerada pela esquerda e pelos liberais espanhóis. Mas Borges não levou em consideração essas suscetibilidades: "Vi García Lorca somente uma vez em minha vida, mas nem ele nem sua poesia me interessaram. Acho que ele é um poeta menor, um poeta pitoresco, uma espécie de andaluz profissional".[29] E, para completar, acrescentou: "As circunstâncias de sua morte lhe foram bastante favoráveis; é conveniente para um poeta morrer daquela maneira e, de mais a mais, sua morte propiciou a Antonio Machado a oportunidade de escrever um poema maravilhoso". Gente influente da esquerda não tinha como perdoá-lo dessas declarações. O número do respeitado *Cuadernos Hispanoamericanos* dedicado a estudos da obra de Borges que estava para sair foi cancelado no último minuto "por razões técnicas" (essa homenagem a Borges só seria publicada dezesseis anos depois).

Mesmo assim, ele não se arrependeu e, como se impelido por um desejo irresponsável de açular seus inimigos de esquerda, continuou a emitir opiniões escandalosas no Chile. Chegou a Santiago em 15 de setembro e durante a semana que passou na cidade foi profusamente aclamado e festejado pelas autoridades. No dia em que recebeu do reitor da Universidade do Chile (que era um general das Forças Armadas) seu título de doutor, foi pródigo em elogios aos militares como homens honrados. Na Academia Chilena, escolheu repetir o poeta Leopoldo Lugones — em seu período fascista, não menos que isso — e conclamou as Forças Armadas a criar uma "pátria forte" que garantisse a ordem civilizada num continente bárbaro.[30] Para coroar isso tudo, aceitou o convite para um jantar privado com o presidente da junta militar, general Augusto Pinochet, que lhe concedeu a Grande Cruz da Ordem de Bernardo O'Higgins, o libertador do Chile. Posteriormente, Borges disse aos jornalistas que discutira com Pinochet a necessidade de resgatar "a liberdade e a ordem" no Chile, na Argentina e no Uruguai da anarquia provocada pelos comunistas.[31]

A visita ao Chile acabou com suas chances de alguma vez ganhar o prêmio Nobel. Naquele ano e pelo resto de sua vida, sua candidatura foi obstada por um veterano membro da comissão do prêmio, o escritor socialista Arthur

Lundkvist, um velho amigo do poeta chileno comunista Pablo Neruda, que recebera o Nobel de Literatura em 1971. Lundkvist explicaria depois a Volodia Teitelboim, um dos biógrafos de Borges e ex-presidente do Partido Comunista chileno, que jamais perdoaria Borges por seu endosso público ao regime do general Pinochet.[32]

No Chile, Borges parece ter assumido de forma radical a contradição na qual Perón o forçara a entrar depois da Revolução Libertadora — ele era um democrata que defendia a "ditadura esclarecida" de uma elite ética em nome de uma democracia boa de longo prazo. O melhor exemplo dessa contradição perversa estava em seu recurso insistente à imagem da "espada da honra" nos vários discursos que fez no Chile. Na universidade, declarou que a espada inspirara seus ancestrais a ir ao Chile lutar pela independência da América do Sul, e era a espada que também o levara ao Chile, pois ela estava "tirando a República Argentina do atoleiro", assim como fizera pouco anos antes no próprio Chile.[33] No discurso que fez na Academia Chilena, chegou a comparar a forma alongada do país com uma "ilustre espada" e declarou preferir a "espada, a brilhante espada" à "furtiva dinamite" do inimigo.[34]

Ostensivamente, ele estava tentando salvar certa visão de pátria da ameaça representada pela guerrilha, mas a emoção excessiva investida nessa defesa trai uma ansiedade mais profunda. Ele empunhava a espada da honra porque estava tentando preservar não uma posição aristocrática, como fizeram sua mãe e suas avós antes dele, mas uma interpretação, obtida com dificuldade, do sentido de sua vida. Pois, se gente como os generais Videla e Pinochet não fosse a elite ética que havia imaginado, se a "ditadura esclarecida" não funcionasse, se o peronismo não fosse derrotado, ele poderia permanecer para sempre alienado da realidade política da Argentina, e então todo o projeto poético de sua vida ruiria: não haveria perspectiva de experimentar o Simurg — aquele maravilhoso sentimento de identidade do eu e do mundo — e, se não houvesse Simurg, talvez a aurora perene da Islândia não passasse de uma ilusão. A invocação da espada era, na verdade, um sinal de desespero, pois ele havia percebido havia muito tempo que a espada da honra não era realmente uma defesa; a causa estava quase perdida, e o fato de erguer a espada no Chile era pouco mais do que um último e quixotesco gesto contra a onda crescente de escuridão que ameaçava engolfar a bela ordem de sentido que, de algum modo, ele inventara a partir das esperanças e sonhos que haviam dominado sua vida.

30. Tigres azuis (1976-9)

As esperanças de Borges de preservar o modelo ideal do sentido de sua vida não sobreviveram por muito tempo à visita ao Chile. Após seu retorno a Buenos Aires, a turbulência política não deu sinais de diminuir, na medida em que as Forças Armadas levavam a cabo operações implacáveis contra duas forças guerrilheiras bem armadas, os *montoneros* e o trotskista Exército Revolucionário do Povo (ERP). Os guerrilheiros apelavam com frequência para atrocidades terroristas, mas os militares reagiram com métodos que eram tão ilegais quanto desumanos, embora não fossem do conhecimento do público em geral na época.

A guerra de guerrilha era estimulada pelo fracasso econômico: a junta tinha dificuldades para deter a inflação galopante e controlar o déficit público. As tentativas de diminuir o vasto setor estatal criado por Perón provocavam desemprego em massa, uma queda violenta do padrão de vida e miséria generalizada. Em grande medida para distrair a população de seu descontentamento, os generais no poder decidiram apelar para o nacionalismo, insuflando o sentimento do país em relação à reivindicação de três ilhas no canal de Beagle, no estreito de Magalhães, que estavam sob jurisdição chilena. Em 1971, os dois países concordaram em submeter a questão à Corte Internacional de Justiça, mas a junta argentina não parecia disposta a aceitar um veredicto desfavorável. Essa disputa em relação às ilhas do canal de Beagle marcaria o fim das ilusões de Borges no que dizia respeito a uma elite ética e uma "ditadura esclarecida". Ele não conseguia dar sentido à história argentina, pois os "homens de honra" que haviam livrado o país do peronismo exibiam agora o mesmo tipo de nacionalismo agressivo que fora uma das principais razões de seu ódio a Perón.

Ademais, a vida doméstica estava cada vez mais cheia de mal-entendidos: a criada Fani não gostava das visitas frequentes de María, talvez vendo nelas invasões de seus domínios pela "secretária literária" de Borges. Essas tensões chegaram a um ponto crítico quando Fani interveio numa discussão particular entre Borges e María e depois se ofendeu quando foi repelida.[1] Fani decidiu ir embora, mas Bioy Casares e Silvina convenceram-na a ficar. Ela cedeu, porém, conforme ela mesma admitiu, continuou a ser uma presença vigilante no minúsculo apartamento.[2] A amizade de Borges com Bioy e Silvina também ficou tensa. A relação havia esfriado um pouco na época do casamento com Elsa Astete, que Bioy não aprovara. Apesar do estilo de vida não convencional, Bioy e Silvina pertenciam às mais tradicionais famílias argentinas e não se sentiam à vontade com gente de fora de seu círculo social que não fossem escritores ou artistas. Bioy não gostava de María e isso tornou cada vez mais difícil para Borges visitá-lo. Ia com menos frequência aos jantares na casa deles e, por fim, deixaram de ver-se completamente.

Nos últimos meses de 1976, o sonho dantesco de Borges havia praticamente evaporado. Em 7 de novembro, publicou "Endímion em Latmos" em *La Nación*, poema em que se retratava como o jovem pastor com quem a lua condescendeu em fazer amor.[3] Relembrando esse episódio sublime, ele se pergunta se "esse tumulto de ouro na montanha/ Foi verdadeiro ou não passou de um sonho". Outra poesia, "Alexandria, 641 A.D.", tem por tema o incêndio da grande biblioteca helenística de Alexandria pelas forças do califa Omar.[4] Numa nota ao texto, Borges diz que Omar é "uma projeção do autor" e que a data do incêndio da biblioteca é 1976, "não o primeiro século da Hégira".[5] Em outras palavras, o tema da poesia é ele e a biblioteca como símbolo de seu solipsismo. Mas a destruição da biblioteca alexandrina, escreve Borges, não fora definitiva, pois mesmo que todos os livros do mundo fossem destruídos, os seres humanos "voltariam/ A engendrar cada folha e cada linha,/ Cada trabalho e cada amor de Hércules". Desse modo, podemos interpretar o poema como uma indicação de que ele achava que seu solipsismo — simbolizado pela biblioteca — fora destruído pelas chamas do amor em 1976, mas temia agora que estivesse no processo de ser novamente engendrado. Ele repetiu essa ideia no epílogo de *História da noite*, datado de 7 de outubro de 1977: "Poderei repetir que a biblioteca de meu pai foi o fato capital de minha vida? A verdade é que nunca saí dela".[6]

Uma narrativa breve chamada "As folhas do cipreste" demonstra a profundeza do desespero de Borges após o colapso de sua fé no modelo dantesco de salvação. Ele dá a entender que se trata da transcrição de um pesadelo ocorrido em 14 de abril de 1977.[7] Borges é acordado no meio da noite por seu "único inimigo" que lhe ordena que se vista e o siga até o local destinado a sua execução. Segue-se uma viagem de cupê pelas ruas desertas de Buenos Aires; é noite de lua e ele vê o relógio de uma torre sem algarismos nem ponteiros. Quando chegam ao lado sul, ele é conduzido a um cipreste cujas folhas parecem estranhamente artificiais: são rígidas e mortas, e cada uma está marcada com um monograma. Borges recebe ordem para deitar-se de costas e estender os braços em cruz. Uma dimensão política do pesadelo é sugerida quando Borges, deitado no chão, divisa uma loba. Esse símbolo histórico de Roma pode ser uma alusão ao fascismo que combatera quando essa ideologia levantara a cabeça pela primeira vez, na década de 1920, e quando depois ameaçara se estabelecer na Argentina sob Perón.

O que temos aqui é uma inversão demoníaca do sonho dantesco de Borges. A viagem de cupê no meio da noite lembra aquela outra viagem noturna de coche no clímax de *O Congresso*, quando os membros da sociedade secreta de Alejandro Glencoe experimentam um sentimento ditoso de verdadeiro ser panteísta. Porém, em "As folhas do cipreste", Buenos Aires transforma-se numa cidade de relógios em branco e árvores que "não podem crescer"; ela não é eterna, mas estagnada, pois é uma cidade que não lhe permite escapar do passado, a cidade cujo espírito está encarnado no misterioso inimigo — o espectro de Perón, talvez, ou de Oliverio Girondo, ou o fantasma de seus antepassados? — que se diverte punindo Borges com uma espécie de "negra felicidade". E, assim, longe de oferecer-lhe a unidade curadora do Simurg imaginada em *O Congresso*, Buenos Aires o condena a recorrentes crucificações. No fim, Borges vê-se vítima da espada — ou do punhal — uma vez mais. Deitado de costas e agarrando um tufo de grama em cada mão, ele vê "o fulgor do aço", e então acorda em seu quarto da rua Maipú.

Como ocorrera várias vezes no passado, quando não conseguia encontrar sentido na vida, seus pensamentos se voltaram para o suicídio. Provavelmente nos primeiros meses de 1977, escreveu um conto sobre essa tentação recorrente de se matar. "Vinte e cinco de agosto, 1983" é um diálogo profético entre dois representantes dele mesmo em dois tempos e dois lugares.[8] Inicia-se no ano de 1960, quando Borges chega ao Hotel Las Delicias, em Adrogué, no dia seguinte ao seu aniversário, e aluga o quarto 19 com a intenção de se suicidar. Porém, quando entra no quarto, encontra uma versão muito mais velha dele mesmo esperando calmamente morrer depois de consumir um frasco de comprimidos. Esse Borges mais velho afirma não estar no Hotel Las Delicias, mas no quarto da mãe, no apartamento da rua Maipú, e o ano é 1983, não 1960. Cada uma das versões de Borges acredita que está sonhando a outra e fala de uma tentativa anterior — "o rascunho da história desse suicídio" — quando uma versão ainda mais jovem de Borges comprara um revólver e fora aos Las Delicias para se matar.

O conto move-se suavemente entre vários tempos, lugares e eus, mas o que realmente une as duas versões de Borges numa aparência de identidade única é a persistência ao longo do tempo de um padrão de esperança e desilusão representado por uma mulher, que nenhum dos dois é capaz de nomear, e a escritura de uma "obra-prima". O Borges mais velho observa ao seu eu mais jovem que a suposta obra deles "é apenas uma série de rascunhos, uma miscelânea de rascunhos", e que ele sucumbirá à "vã e supersticiosa tentação" de escrever "seu grande livro", o tipo de superstição que "nos infligiu o *Fausto* de Goethe, *Salammbô* ou *Ulysses*". Contudo, essa obra-prima, quando publicada, revelaria ser nada mais que um "museu" de seus temas costumeiros. "Esse livro foi um dos caminhos que me conduziram a esta noite", diz o Borges mais velho; injustificado pelo amor ou pela literatura, cada versão de Borges é empurrada ao suicídio pelo mesmo motivo: o fracasso do modelo dantesco de sentido pelo qual o amor de uma mulher o inspiraria a escrever uma "obra-prima" que o salvaria do absurdo de sua existência sem sentido.

Com a desintegração desse sonho dantesco, o mundo interior de Borges foi jogado na confusão. Os significados poéticos e extravagantes que atribuíra ao advento do amor em sua vida — a visão da rosa mística, do Aleph ou do Simurg — haviam se dissolvido, deixando-o apenas com a realidade nua de sua ligação emocional a María Kodama. Em "A espera", ele expressou a terrível ansiedade causada pelo fato de precisar tanto dela:

Antes que soe a urgente campainha
E abram a porta e entres, oh, esperada

Pela ansiedade, o universo tem
De ter executado uma infinita
Série de atos concretos. Ninguém pode
Computar a vertigem [...]
....
Não saberia a areia enumerá-los.
(Mede em meu peito o relógio de sangue
O temeroso tempo da espera.)[9]

Em algum momento de 1977, ele escreveu um poema chamado "História da noite", suficientemente significativo para dar título à coletânea que publicaria em novembro daquele ano.[10] Nele, Borges revê os mitos e imagens que os seres humanos criaram para caracterizar a noite. Observa que os vários conceitos de noite são criações da mente humana, mas nenhuma delas teria sido possível "sem esses tênues instrumentos, os olhos", pois a noite — "o intervalo de sombra que cinde os dois crepúsculos" — só poderia adquirir sentido em relação com nossa percepção da luz. Uma vez que estava cego, o poema tem um sentido simbólico: o amor que tinha por María representava o olho do espírito, e a escrita de "História da noite" implicava uma esperança de que a luz do amor dela poderia conduzi-lo através da atual escuridão para a recuperação daquele outro crepúsculo: a aurora.

Em maio de 1977, Borges foi à Itália com María para fazer palestras em Milão, Parma, Veneza e Roma. Foi desafiado por jornalistas em relação ao seu apoio ao general Pinochet e foi rotulado de fascista em alguns jornais, embora seu apoio incondicional às juntas militares argentina e chilena tivesse durado apenas seis meses após sua visita a Santiago. Ele tentou se distanciar das declarações tristemente célebres do ano anterior. Em Roma, por exemplo, observou que os regimes militares na América do Sul eram "males necessários" e deixou claro que seu apoio a gente como Pinochet era relativo: "Eu aprovaria esse tipo de regime para o Chile, mas não para o resto do mundo".[11]

Da Itália seguiu para Genebra, que visitara pela última vez em 1963, com sua mãe. María não gostava da ideia de ir à Suíça: sempre achara montanhas e lagos opressivos; causavam-lhe "angústia" porque se sentia "aprisionada" naquele tipo de paisagem.[12] Mas Borges assegurou-lhe que não tinha nada a temer: os

Alpes não eram altos como os Andes, e o lago Leman era tão grande que parecia um mar. Na primeira manhã que passaram em Genebra, Borges anunciou a María: "Voltemos ao meu passado". E levou-a a passear pela Cidade Velha, mostrando-lhe o apartamento em que sua família havia morado, o Collège Calvin, "La Jonction", onde o rio Arve se une ao Ródano, e vários outros lugares que frequentara na juventude, que lembrava com precisão espantosa. Apresentou-a também aos seus velhos amigos Maurice Abramowicz e Simon Jichlinski, com quem relembrou os tempos antigos — a velha taberna Le Crocodil, onde costumavam se embebedar, as meninas que haviam conhecido, as batalhas com bolas de neve, a natação no Ródano, as escaladas do monte Salève.

Não demorou para que voltasse a essa cidade suíça. Em outubro de 1977, teve oportunidade de ir a Paris, Creta e Madri. Na capital francesa, abriu uma conferência na Sorbonne sobre a obra de Ricardo Güiraldes e inaugurou uma exposição das pinturas de Xul Solar; esteve em Madri para o lançamento de um livro composto por dois contos — "A rosa de Paracelso" e "Tigres azuis" — que a editora espanhola Sedmay estava publicando com o título de *Borges: Rosa y azul*; e aceitou um convite para ir a Creta visitar o labirinto de Cnossos. Durante essa viagem à Europa, descansou com María em Genebra, onde ficaram no hotel Touring Balance, estabelecimento com veneráveis associações literárias: consta que Mary Shelley escreveu partes de *Frankenstein* ali, e entre os hóspedes famosos citam-se Byron, Keats e Wagner.[13] Eles voltaram a Genebra no início de 1978, após outra visita a Paris para receber um título de doutor honorário da Sorbonne, em 4 de fevereiro. Nessa ocasião, ficaram no hotel L'Arbalète, no limite da Cidade Velha, do qual Borges gostava muito porque imaginava que havia algo de calvinista nele: era austero, mas confortável, e, embora não fosse de forma alguma luxuoso, os móveis, as porcelanas e a roupa de cama eram de excelente qualidade.[14] A partir de então, ele e María ficariam no L'Arbalète sempre que iam a Genebra.

As visitas de Borges a essa cidade poderiam ter se transformado em meros exercícios de nostalgia, mas Genebra não pertencia a um passado morto: ele lançara raízes nela muitos anos antes e quando voltou, na velhice, a cidade estava prenhe de novas possibilidades. Para começar, retomou a amizade com Maurice Abramowicz, um dos seus mais queridos amigos de juventude. Borges e María eram convidados a jantar na casa dele ou iam a um restaurante, acompanhados também pela esposa de Maurice, Isabelle Monnet. María deixava os dois homens idosos conversando por várias horas sobre os livros que haviam descoberto juntos, as poesias que haviam escrito, o que haviam feito de suas vidas depois que se separaram na juventude. Essa retomada da amizade com Abramowicz deve ter sido especialmente recompensadora num momento em que Borges estava se sentindo cada vez mais afastado de Buenos Aires, mas havia uma significação mais íntima em sua redescoberta de Genebra, pois se tratava da cidade em que ele conhecera o amor pela primeira vez e também o lugar onde a inocência daquele primeiro amor fora conspurcada por sua iniciação prematura.

Não obstante, o fato de ter retornado a Genebra com María Kodama equivalia a um exorcismo daquelas lembranças infelizes do encontro na praça do Bourg-de-Four. E, tendo em vista seu desgosto com a junta militar argentina, a redescoberta de Genebra nessa ocasião assumiu também um significado político. Ele passara a admirar a tolerância dos suíços; já quando menino, havia apreciado o respeito deles pela liberdade individual. Como observara em carta escrita para seu amigo argentino Roberto Godel pouco depois de partir de Genebra, em 1919, na Suíça os namorados podiam se abraçar e beijar livremente nos parques e ninguém reclamava; as pessoas simplesmente cuidavam da própria vida.[15] Repetiu essa opinião para María Kodama ao observar que a Suíça "funcionava sem restringir a individualidade", ao elogiar os suíços por sua hospitalidade durante a Primeira Guerra Mundial, quando aceitaram refugiados de outros países, e por sua "modéstia" política, que ficava evidente no fato de que ninguém fora da Suíça fosse capaz de dizer o nome do presidente do país.[16]

Por volta de 1978, portanto, Genebra emergiu do passado distante como uma cidade de renascimento e novos começos. Com efeito, ele ficou tão entusiasmado com a cidade que começou a considerá-la uma alternativa para morar e passou a sugerir a María que se instalassem permanentemente lá.[17] Ela, no entanto, não concordava com essa proposta. Ganhava a própria vida desde os dezesseis anos e não estava disposta a se tornar financeiramente dependente dele e comprometer essa liberdade conquistada com esforço. "Você é uma prisioneira da liberdade", protestava Borges. "Você não quer ficar amarrada e, para ser livre, está disposta a romper com tudo, mas isso também pode ser uma espécie de prisão."[18] Porém, María replicava que, se a liberdade era uma prisão, então "essa prisão está boa para mim", pois, "psicologicamente", era o único tipo de prisão que conseguia suportar. Borges aceitaria essa determinação dela, embora com alguma relutância. Propôs então que visitassem Genebra sempre que possível e decidiu que essa cidade permaneceria sendo um refúgio de privacidade para eles, onde ele jamais aceitaria algum compromisso público. Disse a María que Genebra seria "o refúgio deles, o paraíso deles". Vários anos depois, ele confessaria numa entrevista: "Sempre que vou à Europa, faço questão de visitar a Suíça".[19]

Ao recusar-se a se estabelecer em Genebra, María reafirmava o princípio de reciprocidade livre em que se baseava a relação deles. Borges talvez quisesse morar em Genebra para recuperar seu passado, sua juventude, suas lembranças — mas e María? Seria um mero veículo para mais uma das interpretações de Borges de seu destino? Ele aceitara um laço mútuo quando juraram amor um ao outro após a morte de sua mãe, mas ele não se dera conta de todas as implicações disso — ainda estava preso ao sonho dantesco do amor como chave de sua salvação pessoal. Mas, agora que esse sonho poético se desintegrara, o forte sentido de autonomia de María produziria uma transformação revolucionária na sua compreensão da natureza do amor.

Os elementos dessa transformação já podem ser encontrados em "Tigres azuis", um conto que deve ter terminado em meados de 1977.[20] O personagem central é o escocês Alexander Craigie, professor de "lógica ocidental e oriental" na Universidade de Lahore. Tal como Borges, ele é fascinado por tigres desde a infância e assim, quando fica sabendo de uma espécie rara de tigre azul, decide achar um deles. Chega então a uma aldeia remota cujos habitantes alegam ter conhecimento do estranho animal, embora o considerem com um pavor peculiar. Craigie é advertido contra se aventurar num platô que fica acima da aldeia, porque os seres humanos que o fizerem correm "o risco de ver a divindade e de ficar louco ou cego". Craigie não dá ouvidos à advertência e sobe ao platô, onde acaba por descobrir várias pedras azuis pequenas com a forma de discos numa fenda do solo. Essas pedras são os "tigres azuis" e ele logo percebe por que provocam tanto terror: os discos se multiplicam ou diminuem sem rima ou razão, numa espécie de "milagre terrível" que destruía "a ciência matemática" e minava a ciência humana. A descoberta de que "no universo cabe a desordem" ameaça levar Craigie à loucura, pois "se três e um podem ser dois ou podem ser catorze, a razão é loucura".

O que representam os tigres azuis? A preocupação de Borges com tigres, tal como a de Alexander Craigie, remontava aos primeiros dias de sua infância. Sua origem estava no desejo de escapar tanto do sentimento de desvalia causado pela espada da honra de sua mãe como do solipsismo estimulado pela biblioteca do pai. O tigre parecia personificar um estado de ser realizado, e Borges, em consequência, buscara conectar-se com o tigre de várias maneiras sucessivas. Mas em "Tigres azuis" ele reconhece que essa busca pelo tigre era intrinsecamente impossível de satisfazer, pois os tigres ideais de sua imaginação eram de um "azul que só é permitido ver nos sonhos". Ele havia ampliado e dramatizado seu fascínio infantil pelos tigres numa busca pela união com o Absoluto, empregando várias figuras poéticas — o Simurg, a rosa ou o Aleph — para representar essa experiência sublime. Porém, buscar esse objetivo era aspirar a uma forma de ser que era própria apenas de Deus, pois o conhecimento da verdadeira ordem do universo estava fora do alcance do homem, e querer possuí-lo era cometer uma espécie de sacrilégio, daí a natureza desconcertante dos "tigres azuis" e o temor da cegueira ou loucura associado a sua descoberta.

Não obstante, o conto termina com um sentimento de esperança ou, pelo menos, de um novo entendimento. Craigie chega a uma mesquita e reza para ser libertado das pedras malucas. Um mendigo cego aparece subitamente e pede esmolas; Craigie lhe dá uma das pedras, mas o misterioso mendigo pede todas. "Aquele que não deu tudo não deu nada", declara. O escocês derrama todas as pedras na palma da mão do mendigo. Ele então lhe diz que sua esmola para Craigie será não menos que "espantosa": "Você fica com os dias e as noites, com a prudência, com os hábitos, com o mundo". Em suma, Craigie pode recuperar sua sanidade somente se abandonar todo o desejo de atingir o Absoluto, mas na frase do mendigo ("Aquele que não deu tudo não deu nada") há uma indicação de que, no ato de entregar-se a outrem, se pode descobrir o meio de se conciliar com "a prudência, com os hábitos, com o mundo".

"Tigres azuis" expressa mais uma vez a desilusão de Borges com seu projeto dantesco de salvação, mas o sentido do conto não é totalmente negativo, pois no próprio fracasso da busca pela união com o Absoluto encontram-se as sementes de uma forma mais modesta de salvação pessoal. Com efeito, o título enigmático da história contém uma alusão à figura em cerâmica de um tigre azul que María Kodama lhe dera e que ele pendurara na parede, ao lado da cama.[21] O significado que Borges atribuía a esse tigre azul em particular pode ser encontrado em *O livro dos seres imaginários* de 1967, no qual, sob o título de "Os tigres do Anã", observa que os quatro pontos cardeais se caracterizam por tigres de diferentes cores: "O tigre azul comanda o leste; é o senhor da primavera e das plantas".[22] O presente de María representava assim o exótico "outro" do leste e suas associações com o renascimento primaveril e o crescimento natural.

A noção da "alteridade" fascinante de María foi elaborada no poema "Caixa de música", em que evoca a "música do Japão", cujas notas são comparadas com "gotas de lento mel ou de invisível ouro" que "repetem uma trama" ao mesmo tempo "eterna e frágil, misteriosa e clara" ao se desprenderem "avaramente da clepsidra".[23] O poema sugere que os momentos que compartilhava com María decorriam ao longo do tempo como as notas de uma melodia que trazia insinuações de uma ordem para além das palavras. Contudo, onde se encontrava a fonte dessa música? "Não saberei. Não importa. Nessa música / Eu sou. Eu quero ser. Eu me dessangro." Em outras palavras, na exótica música do amor ele encontraria uma vida nova por meio de uma espécie de transfusão, permitindo que o eu se "dessangrasse" no eu de outrem.

Em março de 1978, o jornalista Rodolfo Braceli foi testemunha acidental da nova alegria de viver de Borges. Ele chegou ao apartamento da rua Maipú para realizar uma entrevista e encontrou-o "radiante" de felicidade.[24] Borges pediu-lhe para ajudar na revisão de um poema que compusera recentemente. Seu título provisório era "Timelessness" (em inglês, eternidade), embora depois tenha sido mudado para "A felicidade".[25] Nele, Borges celebrava a irrelevância milagrosa do tempo no jardim do amor: "Quem abraça uma mulher é Adão. A mulher é Eva". E a fonte dessa felicidade estava na doação mútua: "Louvado seja o amor em que não há possuidor nem possuída, mas dois que se entregam". O poema concluía com a afirmação de que no jardim do amor "tudo acontece pela primeira vez, porém de modo eterno".

Os episódios de felicidade concedidos por María não conseguiam, no entanto, distraí-lo completamente da tristeza da vida em Buenos Aires. Em sua vida pessoal, ainda mantinha a aparência de que María era apenas uma amiga entre outras; e, no que dizia respeito à política, a junta militar se revelava mais perigosamente nacionalista do que Perón jamais havia sido. A Corte Internacional de Justiça decidira a disputa pelas ilhas do canal de Beagle em favor do Chile, mas corria o rumor de que os generais argentinos se prepararam para entrar em guerra contra o Chile se, tal como se esperava, falhassem as negociações sobre essa questão. Borges estava estarrecido diante da perspectiva de uma guerra em torno de algumas ilhas desertas no fim do mundo e não relutou em revelar sua discordância para a imprensa. Em 30 de agosto, o jornal chileno *Últimas Noticias* publicou uma entrevista em que ele criticava a junta argentina por rejeitar o veredicto da Corte Internacional de Justiça: "Se você aceita o juiz, deve aceitar o veredicto. Uma guerra seria uma loucura e um crime; somente os demagogos são a seu favor".

Essas opiniões caíram muito mal na Argentina. O diário de circulação de massa *Crónica* reproduziu a entrevista de Borges sob a manchete: ALÉM DE TUDO, TRAIDOR: BORGES APOIA O CHILE![26] No dia seguinte, Borges mandou um comunicado à agência de notícias EFE declarando que "não me senti traidor da pátria ou de ninguém". Mas o *Crónica* não se convenceu e voltou à carga com um artigo cáustico que denunciava "Georgy" Luis Borges, entre outras coisas, por sua suposta simpatia "por Sua Majestade Britânica", "a usurpadora das Malvinas". A manchete era novamente garrafal: BORGES CONTRA O GOVERNO, CONTRA O ESTADO, CONTRA A LEI, CONTRA A ARGENTINA![27]

Não surpreende, portanto, que no final de 1978 ele se sentisse tão divorciado de sua terra natal: o país parecia estar à beira de uma aventura militar lunática e ele fora chamado de traidor na imprensa. Foi tomado então por um sentimento geral de desesperança. Em 31 de dezembro de 1978, publicou uma "Elegia" em *La Nación* na qual aludia a uma pena tão particular que não queria que ninguém soubesse dela, "nem o espelho":

> Do outro lado da porta certo homem
> feito de solidão, de amor, de tempo,
> acaba de chorar em Buenos Aires
> todas as coisas.[28]

Apesar das circunstâncias opressivas da vida em Buenos Aires, ele continuava a ter fé no amor por María Kodama. Mais ou menos na mesma época em que era vilipendiado na imprensa argentina, ofereceram-lhe a oportunidade de visitar o Japão. Um funcionário da embaixada japonesa, aluno de María, tratou de arranjar uma visita sob os auspícios da Fundação Japão. A perspectiva de ir ao Oriente fascinou Borges. Em 9 de setembro de 1978, escreveu um poema sobre o jogo japonês de go, uma espécie de "xadrez do Oriente" no qual "os homens podem se perder,/ como no amor e no dia".[29] Tal como em relação ao anglo-saxão e ao islandês antigo, aceitava que não conseguiria dominar a cultura japonesa, mas decidiu assim mesmo embarcar nessa aventura, pois ainda era capaz de alcançar momentos sublimes de felicidade pessoal com María. Nos primeiros meses de 1979, por exemplo, compôs um poema chamado "Hino", cujo título remetia ao whitmaniano "Himno al mar" que escrevera na juventude, em Maiorca.[30] Mas, se aquele poema juvenil era meramente aspiratório, o da velhice estava repleto de imagens que significavam as alegrias extáticas do amor.

Esta manhã
há no ar o incrível aroma
das rosas do Paraíso.
Às margens do Eufrates
Adão descobre o frescor da água.
Uma chuva de ouro cai do céu;
é o amor de Zeus.

E, depois de relacionar uma série de atos únicos, chega ao clímax nos seguintes versos:

Whitman canta em Manhattan.
Homero nasce em sete cidades.
Uma donzela captura agora
o unicórnio branco.
Todo o passado volta feito onda,
e essas antigas coisas reaparecem
porque uma mulher te deu um beijo.

Não obstante, parecia não haver fim nas desilusões que tinha de suportar em Buenos Aires. Em abril, mesmo mês em que "Hino" foi publicado, aconteceu uma discussão muito grave no seio de sua família que dizia respeito à conta conjunta que tinha com a irmã no Banco de Galicia.[31] As relações familiares nunca se recuperaram completamente dessa discórdia. Borges ficou furioso com o lado de Norah da família — chegou a pedir que a irmã nunca mais o visitasse. Bioy Casares e sua mulher tentaram interceder, assim como outros amigos, mas Borges não cedeu. Após algum tempo, ele resolveria suas diferenças com Norah, porém, não com outros membros da família.

Tendo em vista essas dificuldades com parentes e amigos, e alienado como estava da situação política que não conseguia mais entender, somente o amor de María significava alguma coisa para ele. Em 20 de maio de 1979, poucas semanas depois da briga em torno da conta bancária, publicou o poema "*Inferno*, v, 129" comparando implicitamente María e ele aos dois amantes do Inferno de Dante, Francesca e Paolo, que estão tão absortos um no outro que se esquecem de tudo ao seu redor.[32] O verso 129 do Canto v de Dante diz: "éramos sós, e sem qualquer receio";[33] na elaboração de Borges desse verso, os amantes sentem-se felizes porque descobriram "o único tesouro;/ encontraram um ao outro". E, assim, "olham-se com incrédula maravilha"; "só existem eles dois no mundo", pois são "todos os amantes que existiram/ desde aquele Adão e sua Eva/ sobre o pasto do Paraíso".

Borges ainda considerava o amor um pouco em termos dantescos, como a graça salvadora nas circunstâncias infernais em que era forçado a viver. Porém, perto do final de 1979, tinha motivo para crer que enfrentaria em breve o risco definitivo da vida: sentia dores, às vezes agudas, e achou que poderia estar morrendo. A sombra da morte, de qualquer modo, parecia se aproximar dele. Sua querida amiga Haydée Lange não estava bem desde o ano anterior, e o costume de se encontrarem todas as sextas-feiras tivera de ser interrompido, embora se mantivessem em contato por telefone.[34] Haydée morreu em 10 de julho e seu falecimento cortou um dos laços remanescentes de sua juventude na rua Tronador, pois Norah Lange morrera em 1972, assim como sua ex-namorada Concepción Guerrero.

Quanto tempo ele sobreviveria? Dois dias depois da morte de Haydée Lange, ele publicou um par de poemas — "O deserto" e "Blake" — no jornal *Clarín*.[35] "O deserto" é um poema misterioso e enigmático que articula seu medo de que a rosa do amor possa ser arrancada pela morte a qualquer momento. Ele imagina ser torturado no "obscuro reino" de Hades por lembranças da rosa que lhe ofereceram tão tarde em sua longa vida. Se morresse àquela altura, nada teria feito sentido. E a possibilidade de morrer só aprofundava o mistério de seu amor por María. O que significava o amor? Qual era sua causa, seu fim, qual sua verdadeira natureza?

Em vez de aceitar a rosa em toda a sua inocência, Borges sentia-se tentado a vê-la como a chave de alguma verdade absoluta sobre ele mesmo e o mundo. Contudo, percebia que essa curiosidade metafísica infernal constituía uma ameaça ao seu gozo do amor em si mesmo. Era esse o tema do segundo poema, "Blake", uma glosa de "A rosa doente" do poeta inglês, no qual "o verme invisível que voa de noite" ameaça o "leito de rubro prazer" do amor. Borges dá ao "verme invisível" de Blake uma conotação filosófica: ele estava grato pelos "íntimos dons" que a rosa do amor lhe dera, mas, embora lhe tivesse sido dado conhecer os atributos contingentes da rosa — a cor, a fragrância, o peso —, qual era sua forma platônica? Era exatamente esse desejo de chegar a uma compreensão metafísica e final do mistério do amor que ameaçava destruir seu "leito de rubro prazer".

Seu sentimento de futilidade da vida foi realçado pelo fato de que faria oitenta anos em 24 de agosto de 1979. No decorrer desse ano, seria homenageado na Argentina e no exterior: receberia a Ordem do Mérito da República Federal da Alemanha, uma honraria da Islândia, uma Medalha de Ouro da Academia Francesa e telegramas de felicitações do presidente da Argentina e de chefes de Estado de vários países latino-americanos no dia de seu aniversário. Porém, na véspera do dia 24, publicou um poema no *Clarín* em que relembrava várias coisas modestas que havia experimentado em sua vida e concluía com a observação irônica de que "nenhuma dessas coisas é estranha e seu conjunto me depara uma fama que não consigo compreender".[36]

Três dias depois de seu aniversário, Borges foi entrevistado por telefone por um jornalista do periódico de Montevidéu *La Mañana*. Ao ser perguntado sobre sua saúde, respondeu que estava "muito ruim": "Sinto muita dor e não tenho coragem para suportá-la". Referia-se ao que considerava sua "morte iminente" e "dava adeus aos seus amigos no Uruguai".[37] Os exames revelaram um tumor em sua próstata e ele deveria fazer logo uma cirurgia para removê-lo. Em 28 de agosto, fez um testamento nomeando María Kodama como única herdeira de todos os seus bens, dinheiro, ações e investimentos, direitos autorais e o que mais constituísse propriedade sua.[38] Em 3 de setembro, foi submetido à cirurgia com anestesia local. A essa altura, já dominara sua ansiedade o suficiente para entreter o cirurgião e seus colegas com uma discussão sobre a etimologia da palavra *quirófono* (sala de cirurgia).[39] Felizmente, não estava às portas da morte: o tumor era benigno, mas foi obrigado a permanecer no hospital por uns dias, onde teve ocasião de se espantar novamente com sua fama extraordinária quando as enfermeiras descobriram um repórter fotográfico escondido num dos banheiros, na esperança de pegar de surpresa o paciente famoso.[40]

Enquanto convalescia em casa, caiu num estado de extremo desânimo e alarmou María ao alegar que não saía da cama porque não conseguia caminhar.[41]

Embora seu médico não achasse nada de errado, Borges insistiu que estava paralisado. Evidentemente, a tensão dos últimos meses estava cobrando seu preço: se desencantara com a família, os amigos e o país; estava cego e cansado; e, embora estivesse entrando na nona década de sua existência, ainda não tinha ideia do que fazer com sua vida.

Ele deveria viajar para o Japão na primeira semana de novembro como convidado da Fundação Japão. María perguntou-lhe se queria levar adiante a visita. Sim, estava mais entusiasmado do que nunca, assegurou-lhe, mas ainda alegava que suas pernas estavam paralisadas. Finalmente, concordou em fazer uma experiência: se conseguisse caminhar até o restaurante que ficava em frente ao seu edifício, aceitaria que estava apto a viajar. Com alguma dificuldade inicial, atravessou vacilante a rua de braço dado com María e, quando chegou ao restaurante, foi saudado pelos garçons com uma rodada de aplausos. "Então, María, conseguimos chegar ao Japão", observou.[42]

31. A música do Japão (1979-81)

Borges e María chegaram a Tóquio em 5 de novembro. Seus primeiros dias no Japão foram tomados principalmente por compromissos oficiais — almoços, jantares, uma entrevista coletiva e vários encontros com escritores e acadêmicos. Sua curiosidade pelas coisas japonesas fora despertada na infância pela leitura de *Tales of old Japan* [Contos do Japão antigo], de A. B. Mitford, e pelos escritos de Lafcadio Hearn, que descobrira por acaso em Genebra; também na Suíça, Schopenhauer o levara a ler sobre o budismo, que se tornou um interesse de toda a sua vida, mas ele disse que aguardava seu encontro com o "enigma", "o lindo labirinto" que era o Japão.[1]

Seus anfitriões da Fundação Japão haviam organizado um programa destinado a lhe dar uma ideia da história e da cultura do país. A primeira visita, em 7 de novembro, foi ao templo Meiji, o maior centro xintoísta de Tóquio, onde foi guiado pelo *gushi*, o sacerdote supremo, que explicou por intermédio de um intérprete a natureza da religião xintoísta, a mais antiga do Japão. Em seu nível mais básico, o xintoísmo é uma síntese de velhas crenças animistas, mas, por ser a coisa mais próxima de uma religião nacional, foi politizado pelos tradicionalistas no início do século XX e convertido num elemento fundamental do nacionalismo japonês. É improvável que esse aspecto do xintoísmo tenha interessado a Borges, tendo em vista sua aversão ao nacionalismo em geral; o que ele achou peculiarmente inspirador foi a atitude de abertura e tolerância com que foi recebido pelo sacerdote no templo, e ele viria a considerar esse espírito uma síntese da essência do que aprendeu no Japão.

María Kodama observou em seu relato da viagem que Borges antecipava o encontro com o Japão como "uma aventura intelectual", mas "à medida que os dias passavam, seu ânimo começou a ficar mais leve".[2] Em 14 de novembro, chegaram a Kyoto, a antiga cidade imperial, onde ficaram oito dias. Foi ali que Borges passou por uma série de experiências espirituais que o marcariam profundamente. Na primeira tarde, foi levado à tradicional cerimônia do chá e ficou satisfeito por ser convidado a participar dos procedimentos. Ficou encantado com o borbulhar suave da água fervente e, tomando o copo de chá nas mãos, começou a acariciá-la, "tentando sentir a delicadeza de sua forma"; posteriormente, disse a María que ficara impressionado pelo fato de que a cerimônia não era de forma alguma "remota ou hierática", mas estava "integrada à natureza do homem e de seu ambiente". Começou "a absorver tudo que lhe era oferecido, tentando prever o que viria depois e perguntando repetidamente o que estava no programa". No templo Hokoji, pediu para ouvir o som do grande sino; mais tarde, apreciou um recital de *gidayu* e *kouta*, canções japonesas tradicionais, e, apesar de nunca ter tido um bom ouvido para a música, ficou intrigado com os sons que eram tão estranhos à tradição ocidental.

"Isso é maravilhoso", não parava de dizer para María. "Cada dia traz um novo presente." Estava ávido para saborear o exotismo do Japão, seus ritmos, formas e texturas e, cedendo à total estranheza de tudo, instruiu ao seu guia que não lhe dissesse com antecedência o que estava na agenda, pois queria despertar em cada manhã e deixar o dia correr como uma série de surpresas. Pouco depois, foi anunciado que passariam uma noite na cidade sagrada de Nara. Lá, visitaram o Daibutsu-den, um imenso templo de madeira que abriga uma enorme estátua do Buda, considerada a maior do mundo. Embora não pudesse ver a imagem, estava curioso para saber se não havia "algo de terrível naquele rosto", e, enquanto era conduzido até uma plataforma na base do Buda gigante, espantou-se ao ouvir risos e palmas que vinham de uma ala do templo onde alguns estudantes se espremiam para passar por um buraco em uma das colunas de madeira, façanha que se dizia trazer uma vida longa. Essa falta de solenidade aumentou sua impressão de que o sagrado e o natural estavam entrelaçados no Japão e isso lhe deu um indício do panteísmo que sempre o atraíra, um sentimento do inter-relacionamento das coisas, mais reforçado ainda pelo prazer que sentiu ao descobrir que os cervos que pastavam no vasto terreno ao redor do templo eram suficientemente confiantes para deixá-lo se aproximar e acariciá-los — "aqueles cervos foram benevolentes e tolerantes para comigo". Naquela noite, foram acomodados num *ryokan*, uma hospedaria japonesa tradicional. Deram-lhe um quimono para vestir e chá verde para beber; e, numa atitude que surpreendeu María pelo entusiasmo quase infantil, perguntou se poderia dormir no chão, à tradicional maneira japonesa. Na manhã seguinte, disse para María: "Agora posso dizer que entrei realmente no espírito da vida japonesa".

Eles tinham de voltar para Kyoto no dia seguinte porque haviam combinado de ir a um espetáculo de teatro nô com o professor Kishi, que Borges conhecera anos antes em Washington, quando fizera sua palestra sobre Shakespeare na biblioteca Folger. Certa vez, assistira a um espetáculo nô em Buenos Aires, mas não estava preparado para o que o esperava em Kyoto. O programa consistia de uma série de peças que começava às oito da manhã e durava cerca de nove horas. A atmosfera era bem diferente daquela de um teatro ocidental: quando o coro começou a entoar a introdução da primeira peça, a plateia ficou em silêncio e uma espécie de devoção religiosa envolveu o auditório enquanto os espectadores seguiam as palavras em seus livros de texto, o que fez María lembrar-se de uma congregação lendo os missais numa missa católica. Uma peça sucedia à outra, num ritmo extraordinariamente lento; até o professor Kishi deu sinais de tédio, mas Borges ficou encantado pelo nô desde o início e, embora sua cegueira o impedisse de ver o espetáculo, foi cativado pelas vozes dos atores e do coro; num sussurro, disse a María: "As vozes deles são extraordinárias, são como o vento!".

Borges sentiu-se "tomado pela atmosfera" do teatro nô e, como observou María, essa experiência parece tê-lo "predisposto a falar sobre religião". No dia seguinte, tomaram chá com uma monja budista no templo Rinkyu-ji e Borges tratou de interrogá-la sobre seu modo de vida; sua curiosidade o levou a fazer perguntas de natureza bastante pessoal: ela era feliz? Alguma vez se arrependera de ser uma monja? Durante uma visita ao templo zen-budista Rioan-ji, encontrou o monge Morinaga Yushoku, com quem teve a conversa mais profunda de toda a sua visita ao Japão. Tal como no caso da monja, ele queria saber sobre a dedicação de Yushoku à vida contemplativa, mas, sobretudo, queria saber se o monge experimentara alguma vez uma revelação mística. María conta que Borges insistiu nesse ponto, e Yushoku respondeu que experimentara duas vezes o nirvana, mas que era impossível transmitir essa experiência a alguém que não tivesse ele mesmo encontrado a revelação.[3]

Não obstante, Borges descreveu para o monge uma experiência que tivera certa noite da década de 1920, enquanto perambulava pelos arredores de Buenos Aires, quando a visão de determinada rua iluminada pela lua provocara um sentimento sobrenatural de que o tempo era uma ilusão.[4] (Trata-se do episódio recontado em "Sentir-se em morte", publicado pela primeira vez em 1928.) Um episódio desse tipo poderia ser chamado de revelação mística? Era possível, foi a resposta, pois uma revelação podia ser provocada por várias coisas, como o soar de uma campainha ou o som da água correndo sobre uma pedra, mas a verdadeira iluminação acarretaria uma transformação completa da alma e mudaria tudo na vida de um homem. O monge explicou que devemos descartar a ilusão da individualidade a fim de experimentar a iluminação: nosso sentimento de identidade pessoal é produto de nosso condicionamento, mas de outro modo não há nada dentro de nós, nenhuma base para a existência do eu, e, assim, devemos abandonar todas as noções de individualidade e começar de novo do zero antes de poder atingir o nirvana.[5]

O diálogo com o monge budista provocou uma discussão com María. Ela admitia que a busca pela iluminação era uma constante na literatura dele — em *O Congresso*, "O Aleph", "O Zahir", "A escrita do deus" e vários outros textos e poemas —, mas chamava a atenção para o fato de que ele buscava um tipo de iluminação que só a religião poderia oferecer, ao mesmo tempo em que não conseguia sufocar a dúvida racional. "Não pode haver revelação sem fé", disse-lhe. "E a fé é como o amor: ou você sente ou não sente."[6] María tinha razão, evidentemente: Borges desejava os objetivos da fé, mas não a possuía. Porém, o diálogo com o monge deixara claro que o tipo de revelação mística que ele desejava não podia implicar a aniquilação da personalidade individual: não poderia "deixar de ser Borges" com facilidade, disse a María.[7]

Ele não se deixou convencer pelo caminho budista, pois a ideia da vaidade do eu que estava no cerne do budismo era muito parecida com a noção da arbitrariedade da identidade pessoal — um homem podia ser qualquer homem — que havia herdado de Macedonio Fernández em sua juventude. E se essa noção se tornara um tema tão proeminente em sua literatura era porque o havia enchido de horror e asco. O que Borges desejava era a realização do eu em união com o Absoluto, uma espécie de salvação mais de acordo com o pensamento do cristianismo do que com o budismo. Era o tipo de união representada pela rosa mística de Dante em *A divina comédia*, em que se concede às almas dos eleitos seu devido lugar no esquema divino das coisas. Borges ficara encantado com a beleza do complexo projeto escatológico de Dante, mas não conseguia acreditar no deus cristão, embora cobiçasse a forma de salvação que derivava da fé em Deus. O cristianismo impunha a crença num conjunto de doutrinas que resultavam na submissão da vontade individual à Vontade do Deus Único e Verdadeiro, sob pena de sofrimento eterno no inferno. Borges, no entanto, não podia aceitar essa crença: a salvação que buscava teria de acarretar uma concordância do indivíduo com o espírito mais alto do cosmo. Daí sua atração pelo panteísmo, em que o divino podia subsistir em cada criatura sem que isso diminuísse sua singularidade. Portanto, mais do que a visão católica de Dante, o que o atraía era a lenda persa do Simurg, que via como uma forma de alegoria panteísta.

Depois de Kyoto, Borges e María foram à cidade de Toba, de onde fizeram uma excursão ao antigo templo xintoísta de Ise, local de peregrinação para os japoneses. Ali, submeteu-se a uma cerimônia de purificação e observou um grupo de monjas realizar uma dança ritual ao som monótono e lento de flautas e tambores em honra de um dos deuses da religião. Ele ficou profundamente comovido e, ao sair do templo, disse a María que havia sentido a presença do divino "de uma maneira que jamais lhe ocorrera em igrejas e catedrais". Disse-lhe também que gostaria de voltar um dia ao Japão para passar vários meses num mosteiro xintoísta.[8]

A descoberta do xintoísmo funcionou como um catalisador para o despertar espiritual que sofreu no Japão. Em retrospecto, foi seu encontro com o sacerdote supremo do templo Meiji, poucos dias depois da chegada a Tóquio, que assumiu o maior significado espiritual para Borges. Em 27 de novembro, cerca de uma semana antes da partida do Japão, deu uma entrevista à jornalista Mie Uchida em que falou da "trama" de um poema que lhe ocorrera enquanto conversava com o sacerdote xintoísta; emocionara-se com tudo o que ele dissera, não tanto por conta de suas palavras, mas porque sentira que estava "sendo penetrado por sua voz, pela espaciosidade do jardim, pela calma do recinto do templo", e naquele momento lhe ocorrera escrever um poema.[9]

A poesia que resultou desse encontro com o sacerdote xintoísta chamou-se "O forasteiro".[10] Nele, Borges adota a persona do *gushi*, que recebe no templo "um velho poeta peruano" com paciência serena, mas confundida. O sacerdote explica sua fé por intermédio de um intérprete, mas não pode dizer se o forasteiro o compreendeu. O velho poeta, que está cego, diz que se lembrará do diálogo num poema. O sacerdote não sabe se ele fará isso, ou se voltarão a se ver, mas, embora sejam estranhos um para o outro, o encontro criou um laço entre eles e, através deles, com o próprio mundo — os dois compartilham "a aragem do jardim e o cheiro da terra úmida e o canto de aves ou de deuses". E assim como o sacerdote confiou na boa-fé do poeta sul-americano cego, o próprio xintoísmo parece estar fundado na confiança. O "Shinto é o mais leve dos cultos./ O mais leve e o mais antigo" — suas escritas são "tão arcaicas que já estão quase em branco". "Diz que devemos fazer o bem, mas não fundou uma ética./ Não declara que o homem tece seu *karma*", nem quer "intimidar com castigos nem subornar com prêmios"; "Seus fiéis podem aceitar a doutrina de Buda ou a de Jesus". O xintoísmo não propõe nenhuma ordem absoluta, nenhuma verdade final, nenhum dogma, nem mesmo um código de ética; simplesmente confia que seus seguidores interpretarão seus valores e princípios sem medo ou culpa.

Desse modo, o xintoísmo ensinou Borges a não procurar explicações: o caminho da salvação não era conhecer, mas confiar — confiar na benevolência do Espírito ou dos espíritos que poderiam governar o universo. Nos 8 milhões de divindades cultuadas pelos xintoístas, ele viu uma metáfora do mistério último do numinoso. Ainda assim, essa miríade de deuses podia oferecer alívio em tempos de medo ou desolação pela revelação de sua presença contingente em momentos inesperados. Em um poema chamado "Shinto" Borges observa que, quando "nos desalenta o infortúnio", podemos ser salvos, nem que seja por instantes, por "aventuras ínfimas da atenção ou da memória", pois "oito milhões são as divindades do Shinto/ que viajam pela terra, secretas./ Esses modestos numes só nos tocam,/ tocam-nos e nos deixam".[11] Ele se empenharia em captar esses toques fugazes dos deuses do xintó numa série de haicais, pois o objetivo desse tipo de poema, como ele diria numa palestra posterior sobre sua experiência no Japão, era "valorizar um instante precioso".[12] Não há metáforas num haicai, nenhuma comparação de uma coisa com outra; era "como se os japoneses sentissem que cada coisa singular era única".

Borges caracterizaria o xintó como "uma espécie de panteísmo",[13] pois o respeito que tinha pela natureza única de cada coisa lhe possibilitava ser singularmente Borges — o que o budismo não permitia — ao mesmo tempo em que o punha em contato com algo além dele mesmo. Por outro lado, ao persuadi-lo a aceitar a condição fragmentária, heterogênea e plural de sua experiência, o xintoísmo o libertava da ansiedade coerciva de buscar aquela visão milagrosa do Absoluto — o insight salvador da essência do eu dentro da unidade final das coisas — que o cristianismo parecia oferecer, mas no qual ele não conseguia acreditar. Mesmo assim, o xintoísmo não era suficiente em si mesmo para satisfazer as necessidades espirituais de Borges. A imprecisão da teologia xintoísta, em especial no que dizia respeito às últimas coisas — a morte e o destino da alma individual —, não podia satisfazer plenamente sua fome de salvação pessoal. A visita ao Japão, portanto, não resolveu seus anseios espirituais, mas o que fez foi despertá-lo para uma nova consciência de uma realidade numinosa para além do eu, e, especificamente, o xintoísmo atuou como um catalisador para a elaboração do que poderíamos chamar de seu "misticismo agnóstico", pois seus mistérios harmonizantes possibilitavam uma conciliação da perplexidade metafísica com uma espécie de reverência religiosa.

Borges e María voltaram para Buenos Aires em 3 de dezembro e, no decorrer do ano seguinte, ele desenvolveria o "misticismo agnóstico" cujas sementes foram plantadas durante sua primeira visita ao Japão: vários poemas que publicou em 1980 revelam uma atitude nova diante das questões do tempo, da identidade e do destino que o preocupavam desde o início de sua carreira. O novo espírito de confiança absorvido no Japão já pode ser observado num poema que deve ter escrito poucas semanas depois do retorno. Em "A trama", ele se pergunta sobre seu destino final.[14] Ainda estava preocupado com a velhice e a morte, ainda era um errante no labirinto da existência, sem fim, sem objetivo, sem propósito, mas, embora não tivesse encontrado remédio para o colapso de seu sonho dantesco, o poema manifesta uma nova equanimidade. Em qual de suas cidades morreria: Genebra, Montevidéu, Nara, Buenos Aires ou Austin, Texas? Em que língua encontraria seu fim: o espanhol de seus ancestrais ou o inglês daquela Bíblia que sua avó costumava ler na beira dos pampas? A que horas chegaria a morte? Borges aceita que talvez nunca descubramos a razão de nossa existência, mas a velha ansiedade de adivinhar respostas para questões sobre seu destino se dissolveu e ele está disposto a se render à abertura de seu destino e até espera sua morte "com esperança impaciente".

Em abril, foi à Espanha, onde, no dia 23, recebeu do rei Juan Carlos I o prêmio Cervantes, o principal laurel literário do mundo de língua espanhola, numa cerimônia em Alcalá de Henares, terra natal de Cervantes.* Essa visita seria uma espécie de jornada ao seu passado. Com María, ele foi a Madri, Sevilha, Granada, Barcelona e Maiorca, lugares onde vivera ou que visitara com a família quando jovem.

Em Maiorca, visitaram Robert Graves, residente antigo da ilha, em sua casa na aldeia montanhosa de Deya. Cego e surdo, Graves estava claramente no fim de sua vida e Borges nem teve certeza de que o poeta inglês havia registrado a presença deles, uma vez que não pronunciou palavra durante toda a visita. Mas, quando partiram, Graves apertou a mão de Borges e beijou María. No portão do jardim, sua esposa gritou: "*You must come back! This is Heaven!*".[15]

Era, de fato, uma espécie de paraíso: Borges diria de Robert Graves que não havia "Nada mais distante de uma luta e mais próximo de um êxtase do que aquele ancião imóvel, sentado, na companhia da mulher, dos filhos, dos netos, o menorzinho sobre seus joelhos".[16] Era o tipo de serenidade patriarcal que ele poderia ter desejado para si mesmo, mas sabia que não podia ser Robert Graves, Whitman, Dante ou Shakespeare; não podia sair da "luta", não podia deixar de ser Borges.

Contudo, o que significava ser Borges? A visita ao Japão, se algum efeito tivera, fora o enigma de sua identidade. Em "Correr ou ser" ele perguntaria se o eu era apenas "aquela série de brancos dias e de negras noites", ou se haveria um "eu secreto", para além do alcance do tempo. "Do outro lado da morte talvez saiba/ se fui uma palavra ou fui alguém."[17] Em outra poesia, intitulada "Yesterdays", poema crucial nessa conjuntura, ele apresenta o eu como uma mistura de diversas coisas que inclui não somente sua "estirpe de pastores protestantes e de soldados sul-americanos", mas também a voz de seu pai, os livros que lera, suas lembranças, cada momento de sua longa vida.[18] O poema termina com a possibilidade assustadora de que o eu não seja mais do que "um espelho, um eco", ou, pior ainda, "o epitáfio" de memórias, de experiências ou até de outras vidas que foram levadas pelo rio do tempo.

* Para algumas pessoas, o fato de ter de dividir esse prêmio com o poeta espanhol Gerardo Diego, membro da extraordinária Geração de 1927 da qual Lorca continua a ser a figura mais conhecida fora da Espanha, significou uma censura a Borges por parte do establishment literário espanhol em virtude de seu apoio declarado às juntas militares da Argentina e do Chile, que havia aparentemente lhe custado o prêmio Nobel em 1976.

Embora pessimista, "Yesterdays" é significativo também pelos elementos que contém de uma noção que desabrocharia na mais potente e libertadora ideia que Borges conceberia na fase final de sua vida. Podemos chamá-la de "virtualidade", porque postulava a crença de que certos eventos mentais ou emocionais podem ser mais reais para nós do que os objetos imediatos da percepção no mundo material.[19] Além da terra natal, ele sugere em "Yesterdays" que há certos lugares aos quais ficamos profundamente ligados:

> O acaso ou o destino, esses dois nomes
> de algo secreto que ignoramos,
> prodigaram-me pátrias: Buenos Aires,
> Nara, onde passei uma única noite,
> Genebra, as duas Córdobas, a Islândia...

Era a profundidade da significação emocional que criava um laço virtual com um lugar que podia ser tão forte quanto uma associação material ou "real". Genebra estava tão completamente entrelaçada no tecido de sua juventude que era sua pátria tanto quanto Buenos Aires. Mas o mesmo acontecia com a Islândia, onde descobrira o amor mútuo com María. E Nara era também pátria, embora tivesse passado apenas uma noite lá, porque consagrava a experiência de seu despertar espiritual no Japão. Porém, a origem dessas pátrias — a fonte, com efeito, da virtualidade — tinha de ser aquele "algo secreto que ignoramos" que poderia estar escondido atrás dos caprichos do acaso ou do destino. E da existência desse "algo secreto" dependeria, por sua vez, a possibilidade de existir um "eu secreto" que poderia ficar acima do fluxo do tempo. De outro modo, como o poema conclui, o eu não seria nada mais substancial do que o "epitáfio" de outros eus transitórios, passados.

No final de outubro, Borges foi com María aos Estados Unidos, atendendo a convite para passar um mês como professor visitante na Universidade de Indiana. Mas primeiro foi a Nova York como convidado do PEN Club e, em 29 de outubro, visitou The Cloisters, uma extensão do Museu Metropolitano situada no parque Fort Tryon, na ponta noroeste de Manhattan. O museu deve seu nome a um conjunto de claustros medievais reconstruídos com restos autênticos trazidos de navio da Europa. Essas relíquias medievais inspiraram Borges a escrever um poema em que diz que "o tempo deste lugar não obedece a uma ordem", pois esses claustros "não são apócrifos"; foram construídos e habitados na França medieval, e quando transplantados para Manhattan transmitem para ele os sons e as vozes que ressoaram na Aquitânia quando as forças do islã pressionavam as fronteiras da cristandade.[20] Desse modo, The Cloisters nos leva de volta ao passado que antecede a descoberta do continente em que está plantado: "Os louros que toco florescerão/ quando Leif Ericsson avistar as areias da América". A sensação produz nele uma espécie de "vertigem", uma vez que não está "acostumado à eternidade".

A relatividade do tempo e do espaço provocada por essa prelibação da "eternidade" no Cloisters se revelaria extraordinariamente libertadora para Borges. A frequência cada vez maior de suas idas e vindas entre Buenos Aires e numerosos países atesta um novo gosto pela vida. Ele aceitava de bom grado convites para falar em todo o mundo, tornando-se um habitué de aeroportos e voos noturnos, atravessando oceanos, continentes e fusos horários, mas a própria intensidade desses deslocamentos lhe possibilitaria flutuar acima de tudo, numa espécie de cápsula intemporal de felicidade com María. Ela descreveria essa sensação como a de estarem fechados num "círculo mágico", absortos na presença um do outro e esquecidos do resto ao redor deles.[21] Entre os compromissos públicos, acorriam a um de seus refúgios preferidos, suas pátrias virtuais — Genebra, Islândia, Veneza, Marrakesh —, de tal modo que as rodadas vertiginosas de palestras, leituras, entrevistas coletivas e cerimônias de premiação eram intercaladas com interlúdios secretos de felicidade mútua.[22]

Durante toda a sua vida, Borges se sentira vítima do solipsismo, uma entidade nebulosa flutuando sobre um mar de ilusões, mas, paradoxalmente, foi a experiência do amor mútuo — o doar-se um ao outro — que lhe permitiu perceber os limites objetivos do sujeito e até sugeriu a existência de um eu virtual que poderia constituir o centro permanente do ser. A virtualidade, portanto, era intrinsecamente distinta do solipsismo, uma vez que estava subscrita, por assim dizer, pela reciprocidade do amor, e foi desse sentimento mais firme do eu que Borges desenvolveu sua fé nos poderes virtuais da mente.

No final de 1980, já havia aprofundado a noção de virtualidade associando-a à imaginação criativa. Em 7 de dezembro, publicou um poema sobre um bastão de laca "descoberto por María Kodama".[23] Ocorre-lhe que o bastão foi vergado para caber na mão de seu dono por um artesão sobre o qual não sabe absolutamente nada. Contudo, o fato de se perguntar sobre aquele estranho não identificável criava uma ligação com ele: "Não é impossível que Alguém tenha premeditado este vínculo. Não é impossível que o universo precise deste vínculo". Encontramos aqui um claro avanço no "misticismo agnóstico" de Borges — a imaginação criativa é capaz de governar secretamente o universo. Ele retorna à ideia de uma colaboração criadora com esse misterioso espírito cósmico em "O terceiro homem", em que se pergunta sobre o terceiro homem que cruzou com ele numa rua cheia de gente no sábado anterior.[24] Escrever um poema sobre esse estranho total é realizar "um ato irreparável": "estabeleci um vínculo".

Esses dois poemas — "O bastão de laca" e "O terceiro homem" —, segundo Borges, eram "basicamente" os mesmos, porque se referiam aos "secretos vínculos que unem todos os seres do mundo".[25] Tratava-se de uma reformulação do panteísmo ao qual sempre se sentira atraído, mas com a diferença de que era agora a vontade criadora de um indivíduo que ajudava ativamente a estabelecer esses vínculos panteístas secretos. Os dois poemas esboçavam a ideia de um "ato mágico" pelo qual os poderes virtuais da imaginação criativa poderiam ser aplicados para gerar ordem e sentido num universo que de outro modo era misterioso. Em outro poema, chamado "Os justos", ele sugere a possibilidade de salvação por meio de "atos mágicos" da imaginação: faz uma lista arbitrária de indivíduos, entre eles um jardineiro, um amante da música, dois jogadores de xadrez, um tipógrafo, um devoto de Stevenson, e conclui que "essas pessoas, que se desconhecem, estão salvando o mundo".[26] Borges estava desenvolvendo a ideia de que os vínculos criados pelos "atos mágicos" da imaginação correspondiam às disposições da coisa secreta que não conhecemos. Em outras palavras, a virtualidade poderia nos salvar porque não representava um mundo de ilusões, mas a coincidência de nossas vontades individuais com a Vontade daquele Alguém que poderia existir além do tempo.

Não obstante, essa tentativa de elaboração de uma fé na virtualidade não deixava de ter seus tropeços e reveses: Borges ainda era vítima de dúvidas e desânimos e, às vezes, via na morte — e até mesmo na extinção — uma bem-vinda libertação da luta existencial. Perto do final de dezembro, viajou novamente com María, mais uma vez para Madri, onde participaria do júri do próximo prêmio Cervantes. Eles passaram o Ano-Novo em Genebra, onde, como sempre, ele procurou Maurice Abramowicz. Seria a última vez que os dois velhos amigos se veriam: Maurice morreria alguns meses depois. Pode ter sido a premonição de que seu amigo não tinha mais muito tempo de vida que lembrou Borges de sua própria longevidade. Em "Duas formas de insônia", ele compara a vida longa ao flagelo da insônia, ao horror de "ser e continuar sendo".[27] Também em "Eclesiastes, 1, 9" (a referência bíblica é ao tema "não há nada de novo sob o sol"), ele espera a paz do esquecimento, receber o "dom" de possuir "essa virgem, a morte".[28] Esses poemas desanimadores parecem indicar que, nos primeiros meses de 1981, o seu "misticismo agnóstico" estava em crise: a morte de Abramowicz e a provável iminência da sua podem ter concentrado sua mente na questão fundamental para a qual o xintoísmo não fora capaz de lhe dar resposta: o que acontece à alma individual após a morte? Poderia a virtualidade compensar em última análise a extinção eventual do eu?

Por volta de meados de 1981, no entanto, ele estava buscando mais uma vez no amor a restauração de sua fé nos poderes virtuais da imaginação. Em "Aquele", lamenta sua condição — a cegueira, a falta de filhos, "o renome, que ninguém merece", "esse mau costume, Buenos Aires" —, mas leva em conta também a lua, "que sempre nos surpreende".[29] Ele associava a lua a María Kodama, e foi essa fé nas virtudes reabastecedoras da lua que o levou a escolher o poema "A cifra" para título de um novo livro de poesia que reuniu em 1981.[30] "A cifra" é uma variação melancólica do tópico do *carpe diem*: virá um tempo em que ele não verá mais a lua, mas, como nosso destino é uma cifra, o único recurso é saudar "a amizade silenciosa da lua":

> Vivemos descobrindo e esquecendo
> esse suave hábito da noite.
> Olha-a bem. Quem sabe seja a última.

Em 17 de maio de 1981, dedicou sua nova coletânea de poemas a María Kodama, declarando que dedicar um livro é um "ato mágico", como o são "todos os atos do universo".[31] Na dedicatória, renovava sua fé nos mistérios relacionados do amor e da virtualidade. "Todo presente verdadeiro é recíproco", escreveu. "Dar e receber são a mesma coisa." E era graças a esse paradoxo que havia encontrado não a rosa dantesca do sentido final, menos ainda a visão divina do Aleph ou do abrangente Simurg, mas um indício de que as idas e vindas da vida cotidiana poderiam traçar as espirais de uma flor misteriosa, capaz de inspirar um assombro prístino diante da grande e multifacetada beleza do mundo, um assombro que brilha em sua dedicatória a María: "Quantas manhãs, quantos mares, quantos jardins do Oriente e do Ocidente, quanto Virgílio".

32. A desconstrução da nação (1980-3)

A partir de 1976, quando declarou seu apoio ao general Videla e fez sua famigerada visita ao Chile, Borges afastou-se da política e ficou cada vez mais preocupado com assuntos pessoais: sua busca de uma nova compreensão do amor e as ansiedades em relação à doença e à morte que precederam sua visita ao Japão. No entanto, esse ensimesmamento coincidiu com os piores anos do conflito entre as Forças Armadas e os exércitos guerrilheiros dos *montoneros* e do ERP.

A guerra estava em andamento desde antes do retorno de Perón à Argentina, em 1973. Perón tentara eliminar as guerrilhas e até fez vista grossa para o trabalho dos esquadrões da morte que sequestravam suspeitos e os faziam "desaparecer". No governo de Isabelita Perón, as Forças Armadas ganharam poderes para efetuar uma campanha total de repressão contra os guerrilheiros que, de sua parte, realizavam atentados a bomba contra supostos alvos militares com pouca preocupação com a morte e a mutilação de civis inocentes. Foi depois do golpe militar de 1976 que as atividades dos esquadrões da morte se tornaram mais indiscriminadas: pessoas eram sequestradas nas ruas em plena luz do dia e levadas para centros secretos de detenção onde eram submetidas às mais horrendas torturas e, com frequência, assassinadas.

A política econômica anti-inflacionária do governo militar adicionou combustível ao fogo: cortes maciços nos gastos públicos, inclusive na área da previdência, causaram um forte aumento do desemprego e pobreza disseminada. Seguiu-se uma explosão da agitação industrial e, em resposta, os esquadrões da morte militares ampliaram seu alcance para incluir líderes operários. Essa guerra interna feroz — que ficou conhecida como "a Guerra Suja" — atingiu seu auge em 1977 e 1978, mas, embora a campanha contra os guerrilheiros tenha alcançado sucesso em 1979, a economia ainda estava em dificuldades, com hiperinflação, enorme desemprego e déficits públicos que cresciam rapidamente.

Já em 1977, Borges se desiludira com os governantes militares que havia saudado inicialmente como salvadores potenciais da nação, mas, embora discordasse publicamente da política exterior agressiva em relação ao Chile e tivesse sido chamado de traidor, permaneceu em silêncio sobre as supostas atividades dos esquadrões da morte. Mais tarde, ele diria que não estava plenamente a par dos acontecimentos, pois, em virtude da cegueira, tinha de confiar, em larga medida, no que as outras pessoas lhe contavam sobre os eventos. Há alguma plausibilidade nessa alegação, em especial porque a imprensa argentina relutava curiosamente em publicar matérias sobre os "desaparecimentos" depois que Jacobo Timerman, o editor do *La Opinión*, que havia posto em dúvida aspectos da conduta da campanha contra a guerrilha, desapareceu em 1976. O único jornal que não foi intimidado a ficar calado foi o *Buenos Aires Herald*, publicado em inglês. Seu editor, o britânico Robert Cox, havia se destacado na condenação do terrorismo dos guerrilheiros e apoiado o golpe do general Videla, acreditando que poria um fim ao caos do governo de Isabelita Perón e às atividades dos esquadrões da morte que seu governo consentia. Mas Cox foi também o primeiro a escrever sobre a possibilidade do desaparecimento de pessoas no regime de Videla e isso lhe granjeou a irritação do governo militar. Preso em abril de 1977, foi libertado sob pressão da imprensa internacional, mas, em dezembro de 1979, depois de persistentes ameaças, decidiu sair do país no interesse da segurança pessoal e de sua família.

O silêncio em torno do destino dos desaparecidos deu origem a um movimento de protesto das mães cujos filhos e filhas haviam sumido sem deixar rastro. O primeiro protesto aconteceu em 30 de abril de 1977, exatamente uma semana depois da prisão de Cox, quando quinze mulheres se reuniram na praça de Maio, diante do palácio presidencial, para protestar em silêncio contra os desaparecimentos. As reuniões das "Mães da Praça de Maio" realizadas numa quinta-feira de cada mês aumentaram em tamanho e influência, atraindo o interesse de jornalistas estrangeiros, o que proporcionava às mulheres um pouco de proteção. Mesmo assim, elas não obtinham informações das autoridades sobre os desaparecidos.

Em 1977 e 1978, quando Borges começou a criticar a postura agressiva da junta contra o Chile na questão do canal de Beagle, algumas Mães da Praça de Maio o visitaram para obter seu apoio à causa delas. Ele não aceitou, suspeitando de que poderia ser manipulado e usado para endossar publicamente a guerrilha. Talvez fosse compreensível que temesse ser explorado para fins políticos imprevisíveis, tendo em vista a probabilidade de desinformação que emanava de ambos os lados em contenda. Porém, sua relutância em apoiar as Mães da Praça de Maio era sintomática de uma restrição mais profunda: embora pudesse questionar em privado se a junta militar era uma elite ética capaz de dirigir o tipo de "ditadura esclarecida" que imaginava para a Argentina, continuava a acreditar que ela era preferível ao nacionalismo marxista inspirado por Cuba dos guerrilheiros peronistas. Ele ainda vivia a contradição em que Perón o havia lançado quase duas décadas antes: em princípio, era a favor de um sistema democrático liberal, mas temia que o povo persistisse em votar em Perón ou seus herdeiros. E assim, sem ver outra alternativa, ficava com a junta militar por ser o menor de dois males.

Contudo, foi durante sua visita à Espanha em abril de 1980, onde foi receber o prêmio Cervantes, que começou a mudar de opinião. Ele atribuiu essa mudança ao fato de ter sido intensamente pressionado pela imprensa espanhola a dar sua opinião sobre a Guerra Suja e os desaparecidos, em particular. "Eles me interrogaram bastante" e "também me ensinaram muito", confessaria mais tarde.[1] O público argentino teve sua primeira indicação dessa mudança numa entrevista que Borges deu enquanto estava na Espanha ao respeitado jornalista argentino Manfred Schonfeld, publicada em *La Prensa* em 6 de maio, na qual pedia abertamente uma investigação sobre o destino dos desaparecidos. Não obstante, teve o cuidado de criticar os guerrilheiros, além dos militares: "É impossível para mim ignorar tanto os problemas graves existentes em conexão com o terrorismo como aqueles ligados à repressão. Nada pode me silenciar sobre esses desaparecimentos e mortes".

Pouco depois de seu retorno a Buenos Aires, recebeu a visita de uma velha conhecida, Agustina Paz Anchorena, mulher de impecável linhagem aristocrática, que era uma executiva da área de relações públicas, mas também uma ativa Mãe da Praça de Maio. Ela informou que sua filha havia desaparecido em 21 de abril de 1976 e que não conseguira descobrir o que acontecera a ela ou os motivos de seu sequestro. "Borges me escutou cuidadosamente e com grande respeito", relembra Agustina, "e conseguiu ter uma ideia da extensão da dor de uma mãe."[2] Ele então explicou a ela que "levava uma vida muito isolada porque estava cego e não podia ler os jornais, então dependia das informações que as outras pessoas escolhiam lhe dar", mas estava persuadido por sua história e acreditava que ela não agia por motivos políticos. Algum tempo depois, Agustina visitou Borges com outra Mãe da Praça de Maio, a jornalista Vera Jarash, cuja filha também desaparecera em meados de 1976, e elas lhe pediram para assinar uma petição ao governo para que desse informações sobre o destino dos desaparecidos. Ele concordou em assinar sem hesitação e também ajudou a persuadir Adolfo Bioy Casares a assinar o documento. Essa foi a primeira de várias declarações públicas de apoio aos desaparecidos que Borges assinou. Foi publicada em 12 de agosto de 1980 no jornal *Clarín*, e trazia também a assinatura de Ernesto Sábato, o escritor com quem Borges discutira publicamente em 1956 por causa de suas opiniões divergentes sobre o peronismo.

A decisão de apoiar a campanha em defesa dos direitos humanos na Argentina representava uma mudança muito importante de sua atitude em relação ao governo militar, mas não significava que havia retirado seu apoio à guerra dos militares contra a guerrilha. Sua preocupação era com a ética da situação, com a necessidade de manter as regras do direito. Opunha-se à "justiça secreta" que os militares eram acusados de impor contra os subversivos e defendia uma investigação judicial adequada das alegações de tortura e assassinato: "Se você é acusado, deve ter acesso a um advogado e também a um juiz. Mas, nesse caso, todas as coisas são feitas às escondidas e isso está errado".[3]

Não obstante, passou a ser considerado inimigo público pelos militares. A edição internacional da revista *Newsweek* de 12 de janeiro de 1981 foi banida da Argentina porque trazia uma entrevista com Borges considerada crítica demais da situação política.[4] E, além de seus repetidos apelos por uma investigação dos desaparecidos, criticava novamente a política nacionalista em relação à soberania sobre as ilhas do canal de Beagle. A junta argentina não aceitara o veredicto da Corte Internacional de Justiça a favor do Chile em 1977 e a questão fora remetida ao Vaticano; no final de 1980, porém, a Santa Sé também se manifestou a favor do Chile. Borges instou mais uma vez o governo a aceitar o veredicto oficial, mas sua postura crítica granjeou-lhe a hostilidade violenta da imprensa nacionalista. O jornal *El Sol*, de Catamarca, por exemplo, sob a manchete BORGES, TRAIDOR GROTESCO DA NAÇÃO, acusava-o de "desacreditar as Forças Armadas" e declarava "inaceitável" que um cidadão argentino como ele instasse a nação a renunciar "aos seus direitos soberanos" sobre seu território.[5] Mas o julgamento do Vaticano colocou os militares argentinos num dilema — não podiam aceitar nem rejeitar o veredicto da Santa Sé — e essa frustração em relação ao canal de Beagle logo encontraria um escape diferente em outra forma de agressão, muito mais perigosa.

A estatura internacional de Borges era tão alta que os ataques violentos dos nacionalistas extremados causaram mal-estar em círculos governamentais, sem dúvida porque havia o perigo de que saíssem pela culatra. Em julho de 1981, os censores militares proibiram um programa de televisão chamado *Operación Ja-Ja* porque incluía um esquete cômico em que o ator Mario Sapag imitava Borges, considerado "um ataque ao patrimônio cultural da Argentina", pois, como explicou o general que chefiava o Comitê Federal de Radiodifusão, Borges era "um valiosíssimo embaixador de nossa cultura em todo o mundo", e os censores desejavam "assegurar o respeito por aquelas personalidades que realçam a honra da nação".[6]

Borges estava no exterior por ocasião desse incidente. Recebera um título honorário de Harvard em 4 de junho e outro da Universidade de Porto Rico logo depois, e, quando soube pelos jornalistas da proibição do programa de tevê, estava em Milão, falando num simpósio organizado por Franco Maria Ricci. Claramente exasperado por esse ato de censura, defendeu o direito de expressão do comediante: "Realmente, essa proibição mostra o quanto o Estado degenerou", declarou à imprensa. "O Estado interfere em tudo. Temos um país cheio de funcionários públicos que querem enfiar o dedo em todos os bolos, têm opiniões sobre tudo, tomam decisões sobre tudo. E, enquanto isso, há cada vez menos liberdade."[7]

Os repetidos ataques de Borges ao nacionalismo, ao Estado, ao populismo eram sintomáticos de seu ódio por qualquer instituição ou movimento que ameaçasse a liberdade do indivíduo responsável, pois o ideal duradouro por trás das mudanças de suas posições políticas era fundamentalmente libertário e democrático, baseado numa visão "anarquista" do indivíduo ético vivendo numa comunidade de indivíduos livres, que ele aprendera em sua juventude com seu pai e Macedonio Fernández. Desde o ano anterior, ele vinha se declarando um "anarquista inofensivo", até mesmo um "revolucionário" que era "contra a ideia do Estado e contra as fronteiras entre Estados".[8] E foi mais específico quanto a seu "anarquismo" numa entrevista a Uki Goñi, do *Buenos Aires Herald*: "O nacionalismo é o maior mal de todos. E, evidentemente, a distribuição desigual de bens materiais também está errada, e a divisão da terra em diferentes países. Favorece a guerra, as distinções arbitrárias. Você vê, sou realmente um aluno de [Herbert] Spencer, um velho anarquista".[9]

Não há dúvida de que, no final de 1981, ele estava totalmente desencantado com o governo militar. Porém, não conseguia encontrar uma alternativa para a Argentina. Sustentava que o país ainda não estava "maduro para a democracia": "Penso que esse governo é um mal necessário porque a democracia nos daria um outro Frondizi, ou, na pior das hipóteses, um outro Perón".[10] Ainda estava preso à velha contradição e se agarrava enquanto podia à ideia de que os generais tinham fundamentalmente boas intenções. Disse a Uki Goñi: "Suponho que esse governo tem boas intenções, mas o que fez não pode ser justificado".[11] E disse também à escritora Victoria Slavuski: "É possível que esse governo seja composto por algumas pessoas bem-intencionadas, mas incompetentes".[12]

Os sinais dessa incompetência estavam por toda parte. Embora os guerrilheiros tivessem sido derrotados em 1980, a junta militar parecia incapaz de deter o declínio econômico do país. O general Videla e outros membros moderados da junta, alarmados com o grau de miséria causado pelas tentativas de privatizar o gigantesco setor público, diminuíram o ritmo do processo, mas o crescimento econômico fraquejava enquanto a hiperinflação voltava e as exportações caíam fortemente. Após uma série de grandes quebras financeiras, houve um ataque ao peso depois de uma súbita desvalorização, em fevereiro de 1981. A perspectiva financeira era sombria; a dívida externa passava de 35 bilhões de dólares e mais de um terço da receita das exportações estava comprometido com o pagamento de juros.

Em março de 1981, o general Videla passou a presidência para outro moderado, o general Roberto Viola, mas havia indícios de séria briga interna entre os generais e, em dezembro de 1981, Viola foi derrubado pelo linha-dura Leopoldo Galtieri, que apresentou um plano de austeridade econômica destinado a derrubar a hiperinflação. Essa nova rodada de aperto de cintos serviu somente para produzir mais agitação industrial e a junta viu-se assediada por greves, lockouts e manifestações. Temendo perder o controle da situação, Galtieri decidiu apelar de novo para a carta do nacionalismo, só que dessa vez decidiu apostar na questão mais incendiária de todas: a reivindicação argentina às ilhas Malvinas, um pequeno arquipélago no Atlântico Sul que era possessão britânica desde 1833. Em 2 de abril de 1982, as Forças Armadas lançaram uma invasão das Malvinas e, dentro de poucas horas, as ruas estavam cheias de multidões delirantes gritando slogans nacionalistas. Os problemas da junta pareciam evaporar: Galtieri era o herói do momento.

Os militares argentinos haviam calculado que a Grã-Bretanha não se daria ao trabalho de recuperar territórios distantes que não tinham valor aparente para ela, mas a primeira-ministra Margaret Thatcher despachou uma poderosa força-tarefa naval para recuperar as ilhas. A frota britânica chegou ao Atlântico Sul e envolveu as forças argentinas num conflito que começou a sair caro em termos de vidas perdidas de ambos os lados. As ilhas foram reconquistadas pouco a pouco pelas tropas britânicas e, em 11 de junho, o comandante das forças de ocupação argentinas rendeu-se formalmente aos ingleses.

Poucos dias depois da rendição argentina, a junta do general Galtieri caiu e formou-se um novo governo, sob a direção do general aposentado Reynaldo Bignone, que herdou uma situação realmente caótica — uma economia em ruínas e uma população exaltada que não conseguia entender o desastre, pois havia sido levada pela máquina de propaganda da junta a crer que marchavam para uma vitória gloriosa contra os imperialistas britânicos. Nos meses seguintes, Bignone negociaria com os líderes dos partidos políticos os termos da retirada dos militares da política e da restauração da democracia eleitoral.

Borges estava em Nova York quando soube da invasão das Malvinas. Ficou tão horrorizado com a enorme manifestação de fervor nacionalista da população quanto com a perspectiva de uma guerra contra uma potência estrangeira. Três dias depois do fim da guerra, estava em Dublin como palestrante convidado da celebração anual do "Bloomsday", 16 de junho, data em que James Joyce situou os eventos de seu romance *Ulisses*. Perguntado sobre a guerra das Malvinas numa entrevista coletiva, descreveu-a como "dois carecas lutando por um pente"; com isso, queria deixar clara a futilidade do conflito, mas a observação foi entendida como frívola e desdenhosa, aumentando sua reputação no exterior de velho bibliófilo distraído sem nenhum entendimento dos assuntos contemporâneos.

A verdade é que a guerra causou-lhe uma consternação indescritível. Nas semanas seguintes ao fim da guerra, escreveu um poema que resumia os valores "anarquistas" que endossara publicamente nos últimos anos. "Juan López e John Ward" são os nomes, respectivamente, de um jovem argentino que amava Conrad e de um jovem inglês que aprendera espanhol para ler *Dom Quixote*.[13] Quis o destino que vivessem em "uma época estranha", na qual "o planeta tinha sido dividido em diversos países", divisão que "auspiciava as guerras". "Talvez tenham sido amigos, mas viram-se uma única vez frente a frente, em umas ilhas muitíssimo famosas, e cada um dos dois foi Caim, e cada um, Abel. Foram enterrados juntos." E Borges conclui: "O fato que narro se passou em um tempo que não podemos entender". Depois de sua publicação no *Clarín*, em 26 de agosto de 1982, esse poema foi apropriado pelo movimento contra o recrutamento militar criado na esteira da guerra das Malvinas e exposto em cartazes colados nos muros de Buenos Aires.

Borges viria a saber por intermédio de veteranos da guerra que muitos soldados argentinos eram meros recrutas com treinamento mínimo e mau equipamento, mas mesmo assim tinham sido mandados para as Malvinas para enfrentar os soldados profissionais do inimigo. Além disso, um grande número desses recrutas era de índios e mestiços pobres das províncias do interior que não estavam acostumados com o clima frio e ventoso do Atlântico Sul. A indignação e a piedade de Borges produziram outro poema contra a guerra, "Milonga de um soldado", publicado no *Clarín* em 30 de dezembro de 1982.[14] Nele, elogia a coragem dos soldados mortos na guerra, mas, em vez de ser uma glorificação da batalha, é um lamento por aqueles jovens que foram sacrificados iniquamente por seus líderes em nome do Estado.

Em setembro, disse a um jornalista que havia "mudado", era "decididamente um pacifista".[15] A guerra fora "um pesadelo" em que milhares de "homens honrados", argentinos e britânicos, haviam sido enviados "não somente para ser mortos, mas para matar", e tudo por causa de uma decisão apressada tomada "sem calcular as consequências".[16] Achava que a invasão argentina não fora ética: o caso jurídico em favor da reivindicação argentina das Malvinas era uma coisa, mas a invasão era bem outra. Ele acrescentou sua voz às exigências de um indiciamento dos líderes das juntas militares. Achava que deveria haver uma prestação de contas dos generais que haviam dirigido o país: "Deve haver uma investigação sobre a ruína econômica, os desaparecimentos, a guerra".[17]

Muito piores que a Guerra das Malvinas eram as atrocidades cometidas pelas Forças Armadas durante a assim chamada Guerra Suja contra a guerrilha. Após a posse de Bignone como presidente temporário, a mídia Argentina sentiu-se com mais liberdade para investigar as alegações de tortura e assassinato e, nos últimos meses de 1982, começou a ficar claro que as mais terríveis violações dos direitos humanos haviam ocorrido sob o governo das sucessivas juntas militares. Borges não podia mais cultivar a ilusão de que os líderes militares eram homens honrados, ou mesmo "bem-intencionados". O conhecimento dessas atrocidades mudou completamente sua visão da situação política argentina, dissolvendo por fim a contradição em que estava preso desde o final dos anos 1950, quando Perón conseguira frustrar os objetivos da Revolução Libertadora que o derrubara. Acreditava agora que os líderes dos governos militares, longe de serem uma elite ética, eram homens corruptos e maus, bastante inaptos para conduzir o tipo de ditadura esclarecida que julgara necessária até que o povo argentino estivesse suficientemente maduro para a democracia. "É verdade que tivemos ditadores", observou para Victoria Slavuski, "mas tinham apoio popular. Esses [isto é, os militares] são gângsteres. É um país de loucos. Não, é um país de gente sensata, mas desesperada nas mãos de loucos."[18]

O único remédio era encontrar uma maneira de livrar o povo dos loucos: "Creio que nossa única esperança é a democracia. Nossa única saída é uma eleição".[19] Por outro lado, temia o resultado de uma eleição: "Se houver eleições, os peronistas vencerão e haverá atos de vingança, porque eles foram perseguidos; se não houver eleições, continuaremos a ser governados por gente que está igualmente desacreditada".[20] A enormidade da catástrofe política o deixara confuso e desorientado, às vezes defendendo a democracia como única esperança, outra vezes temendo que a democracia só levaria a outro ciclo de violência. Simplesmente não conseguia explicar o que havia acontecido com a Argentina: "Nós tínhamos todas as vantagens: um grande influxo de imigrantes, nenhum problema racial, uma classe média forte, a mais influente de todas, mas que está em processo de desintegração. Agora, as fábricas estão fechando e há um enorme número de pessoas desempregadas, gente com fome nos arredores de Buenos Aires e até mesmo dentro da cidade".[21] Ele não conseguia oferecer uma solução para os males do país: "O que nos espera? Não sei. A anarquia, talvez. Ou governos incompetentes, ou golpes de Estado".[22]

Enquanto isso, sua reputação literária atingia alturas ainda maiores. Em janeiro de 1983, foi convidado para ir a Paris receber a Legião de Honra do presidente François Mitterrand. Em 11 de janeiro, fez uma conferência no Collège de France intitulada "A criação poética", à qual compareceram Michel Foucault e Raymond Aron, dois dos mais famosos intelectuais da França. Também assinou um contrato com a Gallimard para uma edição de suas obras completas na prestigiosa coleção Pléiade, uma alta honra, pois indicava que o establishment cultural francês o considerava digno de ocupar o lugar de escritor clássico ao lado dos grandes escritores franceses.

Mas, enquanto sua reputação literária dificilmente poderia ser maior, muitas das pessoas que admiravam sua obra o detestavam por suas supostas posições políticas reacionárias. Ele ainda era cobrado pelas declarações de 1976 a favor de Videla e Pinochet. Nem no Collège de France conseguiu escapar dessa reputação de reacionário, ou pelo menos de um homem indiferente às questões políticas. Uma pessoa da plateia levantou-se para dizer que ele não era qualificado para comentar sobre a situação argentina "porque vivia numa torre de marfim". Irritado por ser repreendido no que dizia respeito à política argentina, Borges retrucou:

> Torres de marfim só existem em jogos de xadrez. Estou bem consciente do que está acontecendo em meu país e no mundo. E provei isso: critiquei Perón em sua época e agora os generais e seu governo. Sei que existem pessoas na Argentina que não têm o suficiente para comer. E essa situação é inaceitável. Não sei que futuro nos espera, mas imagino que será triste porque não consigo ver uma solução.[23]

Ao voltar a Buenos Aires, ficaria mais desesperançado em relação às perspectivas da nação. Superficialmente, havia avanços positivos, pois no final de fevereiro de 1983 o general Bignone anunciou que se realizariam eleições livres no mês de outubro seguinte. Borges, no entanto, continuava pessimista, pois ainda esperava que os peronistas vencessem. Mas muito mais preocupante era a natureza e a escala das atrocidades cometidas durante a Guerra Suja. Estava estarrecido com o grau de cinismo exibido pelos governantes militares que haviam tolerado esses crimes. Justamente no mês em que se realizariam as eleições, um membro da junta julgou adequado declarar à imprensa que cerca de 7 mil pessoas tinham sido "desaparecidas", mas que não fazia sentido procurá-las porque estavam todas mortas e enterradas. Borges observou a um jornalista que na época do tirano Rosas seus oponentes liberais publicavam "Tabelas de Sangue" listando as pessoas que haviam sido exterminadas, mas agora era o próprio governo que divulgava suas tabelas de sangue.[24] O mal-estar era muito profundo: "Creio que a derrota dos militares [nas Malvinas] é o menor de nossos males. Muito mais grave é a derrota econômica de nosso país. E mais grave ainda do que o declínio econômico é o empobrecimento ético do povo argentino". Ele via o futuro da nação com profunda apreensão: "Eles dizem que estamos chegando ao fundo e, de fato, tudo o que fizemos até agora foi afundar cada vez mais. Mas acredito que o espaço é infinito e que não há fundo, então talvez continuemos a cair indefinidamente".

A gravidade da situação era tal que mergulhou Borges numa crise de fé na viabilidade da Argentina como nação. Creio que essa crise começou depois da Guerra das Malvinas e duraria até meados de 1983. O processo já estava em andamento em dezembro de 1982, quando foi abordado por membros de sua família para assinar uma petição em favor da criação de uma estátua equestre de seu ancestral, o general Miguel Estanislao Soler, herói da Guerra de Independência. Borges ficou claramente exasperado com essa proposta de homenagear um ancestral militar logo após a debacle das Malvinas e quando provas de violações dos direitos humanos pelos militares vazavam pela mídia. Na época, contou a Victoria Slavuski que se negara a assinar: "Eu disse não. A última coisa que precisamos é de mais uma estátua equestre".[25] Nessa recusa de glorificar o general Soler detecto uma associação implícita dos heróis das guerras de independência com os generais que haviam perpetrado a Guerra Suja contra os guerrilheiros e a Guerra das Malvinas. No que dizia respeito a Borges, sobretudo, era chegar às raízes da catástrofe que caíra sobre a nação.

Apenas quatro meses depois, publicou um estranho e pequeno texto ao qual deu o título modesto de "Un argumento".[26] Era apresentado como o esboço da trama de um romance que dizia não poder se dar ao trabalho de escrever. Porém, num exame mais detido, trata-se de uma das obras mais horripilantes que jamais produziu. Em essência, o texto propõe uma "conspiração dos velhos contra os jovens, dos pais contra os filhos", uma história de "homens fracos e maus se reunindo para matar jovens fortes". Os motivos desses homens maus são diversos:

> Alguns, sendo aleijados, impotentes ou enfermos, invejam a saúde normal dos jovens; outros, em sua avareza, odeiam deixar seus filhos herdarem a riqueza que tra-

> balharam tão duro para acumular; outro se sente frustrado e não pode se resignar diante da boa sorte do filho; outro ainda, de maneira sóbria e lúcida, acredita sinceramente que os jovens são vítimas de ideias fanáticas e são incapazes de ver sentido.

Tendo em vista que esse texto foi concebido e escrito depois da Guerra das Malvinas, não é difícil ver nele, em primeiro lugar, uma acusação aos generais idosos que conspiraram para mandar os jovens morrerem num conflito sem sentido. Mas o fato de estar colocado em termos tão gerais sugere que Borges via nele uma representação de um fenômeno mais profundo e de maior alcance. Tratava-se de uma tentativa de revelar e definir a dinâmica psicológica que havia levado a nação à beira da autodestruição.

Borges identificava essa dinâmica como sendo um complexo ressentimento de uma geração contra outra — a velha inveja do vigor dos jovens, enquanto os jovens "podem bem ser cúmplices dos velhos que resolveram destruí-los". No último parágrafo, essa dinâmica é reduzida ainda mais:

> Talvez seja melhor renunciar ao conceito de conspiração e reduzir para dois o número de protagonistas. Um, o velho que se dá conta de que odeia seu filho; o outro, o filho que sabe que é odiado e se sente culpado.

Borges fazia assim uma analogia entre a nação e o eu: pais tentavam obrigar seus filhos a permanecer fiéis aos seus valores e alianças e, embora pudessem não gostar dessas restrições à liberdade deles, os jovens eram cúmplices dessa conspiração dos velhos contra eles porque relutavam em romper completamente com o passado. Em certo sentido, cada geração inventava o fantasma de seus antepassados e transmitia uma carga de culpa para a próxima, restringindo a liberdade dos jovens ("À beira do suicídio, um jovem aceita com alívio a sentença dos mais velhos"). Até mesmo o ato de rebelar-se contra o fantasma ancestral era uma tentativa perversa e autodestrutiva de moldar o passado a fim de definir a própria identidade no presente.

Em "Un argumento", a história violenta da Argentina derivava de uma fixação no passado cheia de culpa. Com efeito, tão compulsiva era essa fixação que, no mesmo ano em que as Forças Armadas eram acusadas de crimes horrendos, a família de Borges propunha a ereção de um monumento público à memória de seu ancestral, o general Soler. Era como se os fantasmas dos heroicos fundadores da nação comandassem as gerações de seus descendentes, empunhando a espada da honra e os desafiando a permanecer fiéis à memória deles. Mas como poderiam ser rompidos esses ciclos de conflitos cruentos? O romance projetado por Borges permanecia aberto — o "argumento" da história da nação, tanto quanto o das relações com seu pai, esperava uma solução adequada: "O romance conclui quando o fim ainda não chegou. Ambos [pai e filho] ainda esperam por ele".

Apenas três dias depois do aparecimento de "Un argumento", publicou um poema chamado "Posse do ontem", uma meditação sobre o tema "só é nosso o que perdemos": possuímos o passado em virtude de nosso anseio por ele e não porque o conheçamos tal como foi realmente.[27] Assim, "Ílion se foi, mas Ílion perdura no hexâmetro que a pranteia". Nossa posse do ontem parece ser inevitavelmente uma forma de solipsismo, a projeção de nossos desejos e temores atuais sobre versões imaginárias do passado. O poema conclui dizendo que "não há outros paraísos senão os paraísos perdidos".

A crise de fé na nação põe em teste a noção de virtualidade de Borges. Se nossas mentes podem moldar sentidos virtuais, parece impossível distinguir as boas intenções das más. Como, então, distinguir diferentes concepções da nação? Uma concepção democrática ou liberal é diferente de uma fascista? Todas as formas de apreender o passado não passam de tentativas de recuperar um "paraíso perdido" imaginário? A fixação da Argentina no passado talvez tivesse suas raízes no conflito não resolvido entre pais e filhos, entre o velho e o novo, que Borges considerava a força propulsora básica do "argumento" da nação. "Meu pai morreu e está sempre a meu lado", escreveu em "Posse do ontem". Mas como libertar a Argentina dos fantasmas dos pais e antepassados, da sua obsessão com os "paraísos perdidos" de ontem?

Em outro poema, intitulado "Todos os ontens, um sonho", Borges reflete sobre a possibilidade de que todos os variados mitos da identidade da nação sejam igualmente ilusórios.[28] Nem a sua própria imagem da Argentina Borges poupa dessa crítica radical. Ele confessa ter erguido uma mitologia de adagas e guitarras, Muraña e duelos, mas essa "mitologia ensanguentada" também faz parte do "ontem" e é tão infrutífera quanto a "sábia história das aulas", pois, como sabe a partir de sua própria experiência, opor à espada da honra o punhal da rebelião servia apenas para reforçar a oposição entre adulação do herói e tentativas culpadas de destroná-lo. Não há uma única visão verdadeira do passado: "O passado é argila que o presente lavra à vontade. Interminavelmente". Mas e se todos os "ontens" da nação não passassem de um sonho, o que significava a Argentina?

Em um belo poema lacônico e alusivo publicado em 23 de abril — mesmo mês da publicação de "Un argumento" e "Posse do ontem" —, Borges questionava a própria base sobre a qual a nação se fundara. Em "Milonga do infiel", ele trata do mais forte de todos os mitos fundadores da nação: a crença de que a Argentina foi construída por homens civilizados que domaram a barbárie da terra americana.[29] Imagina um índio dos pampas entrando em contato com a sociedade do homem branco pela primeira vez. O infiel estranha as portas, vê sua imagem num espelho e não se reconhece. Ao mostrar empatia pela inocência perplexa do índio, Borges subverte implicitamente as pretensões dos crioulos que haviam lutado a fim de tornar a terra segura para o povoamento cristão por meio do extermínio dos "selvagens" dos pampas. Os versos finais estão pontilhados de condenação:

> Saber-se vencido e morto
> não o assustaria, decerto;
> chamamos a sua história
> de Conquista do Deserto.

O último verso choca pelo inesperado, pois o leitor é obrigado a levar em conta o significado histórico da expressão "Conquista do Deserto". Será o destino dos índios tão diferente daquele dos desaparecidos, ou dos recrutas que foram mandados para a morte na tentativa de conquista das Malvinas?

Borges parece dizer que a fundação da nação talvez tenha iniciado uma tradição de exclusão violenta como meio de criar e preservar uma identidade nacional: a espada conquistara a independência da Espanha e depois fora usada para definir uma identidade para a unidade política incipiente que passara a existir. Daí as dicotomias sangrentas da história argentina: cristãos contra infiéis, unitários contra federalistas, crioulos contra imigrantes, peronistas contra liberais, *montoneros* contra militares, cada lado lutando contra o outro a fim de defender determinada concepção da nação.

No início de abril de 1983, Borges foi com María aos Estados Unidos para uma conferência no Dickinson College, na Pensilvânia. Passaram algum tempo em Nova York, a cidade preferida de María, e ao voltar a Buenos Aires ele retomou a questão da posse do passado, mas agora, sem dúvida renovado graças à viagem ao exterior com a mulher amada, tratou-a com espírito bastante diferente. Em 8 de junho de 1983, publicou um poema chamado "Lo nuestro", em que articulava mais uma vez o paradoxo do "só é nosso o que perdemos", mas a formulação desse paradoxo era essencialmente distinta: "Amamos o que não conhecemos, o que já está perdido para nós".[30] Embora reconheça o poder do passado de definir quem somos e o que é nosso, o acento aqui não está tanto na posse, mas no amor. O amor transforma nossa apreensão do passado: amamos "os antigos que não podem mais desapontar porque são mito e esplendor", amamos nossos ancestrais "com quem não poderíamos conversar mais do que um quarto de hora", amamos nossos "amigos que morreram". Assim que renunciamos ao nosso desejo de tomar posse do passado para moldá-lo para nossos fins, o passado se torna um mito benigno, pois não buscamos mais recuperar o que pensamos que perdemos e estamos livres para amar o passado por ele mesmo, amá-lo da maneira que podemos amar "o que não conhecemos", ou o que é outro em nós mesmos, como as "línguas que mal podemos decifrar", ou "a mulher que está ao nosso lado e que é tão diferente de nós". Como Borges havia descoberto através de seu amor pela "parte japonesa" María Kodama, somente na entrega percebemos o que não era ainda parte de nós antes.

O amor era o antídoto para o solipsismo. Assim como havia libertado Borges da obsessão por si mesmo, ele detinha a chave para a liberdade do solipsismo maior que era o nacionalismo. Tal como o eu, a identidade nacional era mais bem definida em relação a outras, em vez de por uma projeção das preocupações do presente no passado. E, assim, a solução para as conspirações perversas dos pais contra os filhos que haviam caracterizado o "argumento" da Argentina era preservar o valor da confiança no coração da cultura política. Borges valia-se de sua experiência pessoal para analisar os males da nação, e, uma vez que a base de sua relação com María Kodama era o princípio da reciprocidade mútua, ele agora o aceitaria como meio de resolver o conflito entre gerações que na sua opinião havia arruinado a história do país. Os pais tinham de aceitar a liberdade de seus filhos, o velho tinha de confiar no jovem; somente isso acabaria com o papel nefasto que a espada desempenhara no "argumento" da nação.

O fruto das complexas reflexões sobre "a posse do ontem" foi "Os conjurados", poema que ele viria a considerar seu testamento político.[31] Escrito em algum momento de 1982 ou 1983, tem como conceito básico a ideia de que, desde 1291, ano em que vários cantões se uniram para formar a Confederação Suíça, há uma conspiração em andamento para construir "uma torre de razão e de firme fé" no centro da Europa. Os conjurados ou conspiradores são "homens de diversas estirpes, que professam diversas religiões e que falam em diversos idiomas", que "tomaram a estranha decisão de ser razoáveis", de "esquecer suas diferenças e acentuar suas afinidades". Há 22 cantões atualmente (e o cantão de Genebra, diz Borges, "é uma de minhas pátrias"), mas "amanhã serão todo o planeta". E Borges termina: "Talvez o que digo não seja verdadeiro; oxalá seja profético".

A palavra "conjurados" cria um vínculo com "Un argumento", com sua "conspiração" totalmente negativa do velho contra o novo, mas também remete à "conspiração" positiva que ele invocou em seu discurso de 1928 aos jovens crioulos nacionalistas, no qual os instava a se tornarem conjurados na criação de um "homem novo" — uma fusão de crioulos e imigrantes — na Argentina. Aquela visão fora destruída pela espada do nacionalismo de direita: inicialmente, pelo golpe do general Uriburu e, depois, por Perón. Os nacionalistas haviam buscado impor a toda a nação determinada interpretação do passado e o resultado, na visão de Borges, havia sido o colapso econômico e o duplo desastre da Guerra Suja e da Guerra das Malvinas. Sob esse aspecto, o poema "Os conjurados" constituía uma vindicação do crioulismo juvenil de Borges, mas incorporava a essência de conhecimentos posteriores a fim de transcender completamente o nacionalismo, baseando-se no princípio da reciprocidade mútua que havia aprendido de seu amor por María Kodama e adotando um ideal "anarquista", utópico, de fraternidade universal tal como seu pai outrora imaginara, uma confederação de indivíduos livres que se uniam tendo por base uma cooperação racional, dispensando a parafernália de Estados, exércitos, igrejas e bandeiras.

Em meados de 1983, Borges já havia superado a crise de fé na Argentina como nação. À medida que se aproximavam as eleições presidenciais de outubro, ele apresentava sinais inconfundíveis de esperança no futuro do país. Em agosto, iniciou outra rodada de palestras e cursos na Europa e nos Estados Unidos. Foi à Espanha para receber a Grã-Cruz de Alfonso, o Sábio, do governo socialista recém-eleito. O sucesso dos socialistas espanhóis nas urnas marcou a consolidação da transição do país para a democracia após a morte de Franco. Borges falou num curso universitário de verão em Santander, onde lhe foi entregue a comenda, e, em Madri, foi convidado para um almoço com o novo primeiro-ministro,

Felipe González, encontro que teve uma particular repercussão na Argentina, pois assinalava a esperança de Borges de que, tal como a Espanha, a Argentina pudesse fazer uma transição ordeira para a democracia. Em 5 de outubro, estava em Londres, a convite da Sociedade Anglo-Argentina, para inaugurar uma série anual de palestras batizadas em sua homenagem. A primeira "Jorge Luis Borges Lecture", realizada na Royal Society of the Arts, assumiu a forma de uma sessão de perguntas e respostas que ficou inteiramente confinada a tópicos literários, mas, ao concordar em comparecer a essa reunião apenas quinze meses depois da Guerra das Malvinas, ele indicava seu desejo de uma reconciliação entre os dois países, como deixara implícito em seu poema "Juan López e John Ward".

No mesmo mês, foi à Universidade de Wisconsin, em Madison, para receber um título honorário. Na noite de 30 de outubro, dia da eleição presidencial na Argentina, foi convidado para uma festa de Halloween e surpreendeu a si mesmo comprando uma máscara de lobo, apesar de sempre ter sentido terror de máscaras. Quando chegou à festa, começou a uivar e gritar "*Homo homini lupus*" ("O homem é o lobo do homem").[32] Não perdera o juízo; estava apenas citando Plauto, e a citação completa lança uma luz interessante sobre o que poderia estar se passando em sua cabeça: "O homem não é um homem, mas um lobo para outro homem, quando este ainda não o conhece" (*Lupus est homo homini, non homo, quom qualis sit non novit.* Plauto, *Asinaria*, verso 495). O fato de criar coragem para usar uma máscara era sinal de um novo autocontrole. E então, se esse fato não fosse suficientemente espantoso, alguém puxou-o pela manga e lhe deu a notícia de que o candidato do Partido Radical Raúl Alfonsín havia sido eleito presidente da Argentina. "Foi um milagre duplo", ele relembraria depois. "Aquela vitória e o fato de eu ter usado uma máscara."[33] Foi um milagre porque era a primeira vez que os peronistas saíam derrotados em uma eleição livre, e Borges deve ter achado que o tipo de visão que esboçara em "Os conjurados", uma "confederação" de estilo suíço em favor da razão e da boa-fé, poderia, no devido tempo, ser possível na Argentina: "Senti-me muito bem na ocasião porque havíamos saído de um pesadelo, e aquele ato coletivo de fé era o que poderia nos salvar a todos".[34]

Algumas semanas depois de retornar a Buenos Aires, foi convidado por Raúl Alfonsín para uma recepção e, no discurso que fez nessa reunião de escritores, intelectuais e políticos argentinos, confessou um novo otimismo: "Eu havia perdido a fé na democracia, acreditando que ela resultaria no caos. Mas o que aconteceu em 30 de outubro, uma data histórica, nos dá o direito, o dever, de ter esperança".[35] Mesmo assim, aconselhou paciência, "porque a democracia pode precisar de muitos anos para se desenvolver", mas acreditava que, depois da "agonia" pela qual o país havia passado, haveria uma "ressurreição". No final do discurso, "com voz trêmula", quase gaguejando, ele gritou: "Viva a pátria!".

33. O tecelão de sonhos (1984-5)

Em 14 de janeiro de 1984, Borges escreveu uma "Elegia" para seu amigo Maurice Abramowicz, que havia morrido três anos antes.[1] Tendo em vista que estava com 84 anos, achava improvável que fosse viver muito mais, e a ideia da morte, como sempre, trouxe-lhe à mente a questão da salvação pessoal e, em particular, a preocupação que mais o absorvia, o debate contínuo entre o eu e o não eu. Abramowicz, refletia ele, saberia com certeza o que havia atrás do véu do tempo: se tudo que experimentamos nesta terra se apaga ou se cada ato nosso projeta "uma sombra infinita". A elegia para Abramowicz termina com uma tentativa pungente de estabelecer um diálogo através do abismo da morte: "Não sei se ainda és alguém, não sei se estás me ouvindo".

Em abril daquele ano, planejou passar um mês no Japão com María, tendo sido convidado a falar numa conferência em Tóquio sobre o tema do declínio do Ocidente e a possibilidade de um "segundo renascimento" no Oriente.[2] Após a conferência, que ocorreu de 4 a 6 de abril, ele e María foram a Kyoto. Havia sido lá que, na primeira visita ao Japão, ele conversara com o monge budista sobre a realidade do eu e a busca da revelação. Nessa segunda visita, porém, foi levado a escrever um poema não sobre o nirvana budista, mas sobre a crucificação de Cristo. Em "Cristo na cruz", ele batalha para captar o mistério central da salvação cristã, mas, apesar de sua fome de fé, não consegue aceitar a verdade da redenção: "De que me vale que aquele homem tenha sofrido, se eu sofro agora?".[3] Mesmo assim, sente-se incapaz de se resignar à descrença; continuaria a busca pela verdadeira face de Cristo "até o dia último de meus passos sobre a terra".

Tal como antes, encontraria alívio no espírito tolerante do xintoísmo. Uma visita ao um templo xintoísta em Izumo, no dia 27 de abril, inspiraria uma parábola chamada "Da salvação pelas obras", em que descreve uma reunião das divindades do xintó para examinar o futuro da humanidade tendo em vista a invenção de "uma arma invisível que pode ser o fim na história": a bomba atômica.[4] Os deuses xintoístas são a favor de permitir que a raça humana seja destruída como punição por sua insensatez, mas um deles lembra de outra invenção, uma coisa bem diferente, "que cabe no espaço abarcado por suas dezessete sílabas". Depois que o deus dissidente pronuncia essas dezessete sílabas, decidem desistir da punição — e, assim, "por obra de um haiku, a raça humana se salvou". Esse sentimento tênue de que o mundo, em última análise, é governado por espíritos benevolentes era o máximo que Borges podia fazer para superar o ceticismo. Então, ele perseverava em seu "misticismo agnóstico", agarrando-se a sua fé na virtualidade e, mais especificamente, na escrita como um "ato mágico" capaz de trazer a "salvação por feitos" — o ato de criação era um meio pelo qual o homem poderia cooperar com aqueles espíritos secretos que fizeram o mundo à prova das forças do mal.

Enquanto isso, continuava a viajar, fechado naquela esfera hermética de felicidade que encontrara com María. Foi a Creta em maio para receber um doutorado da Universidade de Heraklion. Em julho, estava em Paris para falar na Academia de Ciências e Letras no centenário de Kafka. Em seguida, fez uma breve visita à Inglaterra para receber o título de doutor honorário da Universidade de Cambridge. No final de julho, viajou para Washington a fim de participar de um evento extraordinário em sua honra: seu amigo, o editor italiano Franco Maria Ricci, que estava para lançar a revista cultural *FMR* no mercado americano, teve a ideia de celebrar o aniversário de 85 anos de Borges com um banquete nada menos do que na Biblioteca do Congresso (o local pode ser explicado pelo fato de que Ricci havia publicado a edição italiana de *O Congresso* e contratara Borges para escrever prólogos para "La Biblioteca di Babele", uma coleção de contos clássicos). Quatrocentas e cinquenta pessoas foram convidadas para esse evento social fulgurante, no qual Ricci presenteou Borges com uma caixa contendo 85 soberanos de ouro, número correspondente a sua idade.

As viagens continuavam a renovar a admiração de Borges pelas riquezas do mundo. Mas, apesar dessa abertura para a mudança e a diversidade, ele ainda não conseguia sufocar seu desejo de uma experiência unificadora que lhe revelasse algum destino final para além da morte. Em um poema em prosa chamado "Alguém sonha", pergunta: "O que terá sonhado o Tempo até agora [...]?", e nomeia todos os tipos de coisas, intercalando lembranças pessoais com grandes acontecimentos históricos, objetos concretos com ideias abstratas, numa enumeração aleatória que lembra o fluxo visionário do final de "O Aleph".[5] Mas, ao contrário do que ocorria no conto, aqui não há um dispositivo mágico para unir aquele caos poderoso. O Tempo sonhou "que Alguém o sonha", mas esse Alguém recusa-se a mostrar Seu rosto. Em outro poema em prosa, "A longa busca", Borges imagina que esse Alguém é um "animal invisível" que existe "anterior ao tempo ou fora do tempo", que "nós, homens, procuramos e que nos procura", mas que "elude-nos de segundo em segundo".[6]

No final de setembro, ele e María iniciaram uma jornada variada que os levaria a Madri, Sevilha, Roma, Amã, Cairo, Marrakesh, Lisboa, Genebra, Milão e, finalmente, Nova York. Foi durante a visita a Genebra, no início de outubro, que sua fé na virtualidade foi confirmada por uma extraordinária epifania que ocorreu quando estava jantando com a viúva de Abramowicz num restaurante grego, perto do cume da colina Saint-Pierre, na Cidade Velha. Tocava uma canção grega ao fundo e sua letra adquiriu de repente uma ressonância peculiar, pois a canção declarava que, enquanto a música tocasse, o amor de Helena de Troia seria merecido; enquanto a música tocasse, Ulisses retornaria a Ítaca. Ao ouvir a canção, Borges sucumbiu a uma poderosa intuição de que a vida de seu querido amigo Abramowicz não se extinguira, que ele estava presente com eles naquela noite. Profundamente emocionado com essa percepção, pediu a María e Isabelle que erguessem as taças e bebessem à memória de Maurice. Naquela mesma noite, Borges compôs um relato de sua epifania:

> Esta noite posso chorar como um homem, posso sentir que por minhas faces as lágrimas escorrem, porque sei que na terra não há uma única coisa que seja mortal e que não projete sua sombra. Esta noite disseste-me sem palavras, Abramowicz, que devemos entrar na morte como quem entra em uma festa.[7]

Durante todo o ano de 1984 ele estivera procurando uma resposta para o apelo que dirigira a Abramowicz na "Elegia" escrita no mês de janeiro anterior: "Não sei se ainda és alguém, não sei se estás me ouvindo". E, naquela noite em Genebra, o morto Maurice havia transmitido sua resposta por intermédio da música grega: ele não havia morrido, era de fato "alguém", a morte era "mais inverossímil que a vida e que, portanto, a alma perdura quando seu corpo é caos".

A força da epifania foi tamanha que firmou a crença de Borges em que aquilo que perdemos pode ser mais real para nós do que as coisas que nos cercam. Com efeito, a própria morte poderia ser superada pelo mistério da virtualidade, e essa convicção levou a uma grande explosão de entusiasmo por seu "misticismo agnóstico". No poema em prosa "Alguém sonhará" escreveu uma louvação visionária aos poderes virtuais do espírito humano.[8] Ele imagina "o indecifrável futuro" sonhando um mundo em que esses poderes alcançaram uma intensidade sobrenatural:

> Sonhará sonhos mais precisos que a vigília de hoje. Sonhará que poderemos fazer milagres e que não os faremos, porque será mais real imaginá-los. Sonhará mundos tão intensos que a voz de uma única de suas aves poderia matar-te.

Aqui, a noção de "ato mágico" evoluiu para a fantasia utópica de que a imaginação criadora possa, um dia, ser capaz de mudar a face da realidade. E o processo pelo qual o virtual se torna real é comparado ao ato de sonhar: o poema conclui citando Novalis: "A vida não é um sonho, mas pode chegar a ser um sonho".

Ao retornar a Buenos Aires depois dessa longa jornada no exterior, Borges comprou um apartamento na rua Rodríguez Peña, no Bairro Norte. Os motivos dessa compra em novembro de 1984 não foram revelados, mas ele talvez quisesse se afastar do apartamento da rua Maipú, 994, que compartilhara com a mãe por mais de trinta anos e que, em parte em consequência disso, se transformara em lugar de tensões constantes com sua empregada por causa da relação com María Kodama. Talvez, em seu novo espírito otimista, quisesse romper com o passado.

Um pouco de seu novo sentimento de liberdade pode ser encontrado num livro intitulado *Atlas* que ele e María publicaram no mês seguinte. Nele, registravam as impressões de suas viagens em fotografias tiradas por María e palavras escritas por Borges. Dizia ele no prólogo: "María Kodama e eu partilhamos com alegria e com assombro o tesouro de sons, de idiomas, de crepúsculos, de cidades, de jardins e de pessoas, sempre diferentes e únicas. Estas páginas gostariam de ser monumentos dessa vasta aventura que prossegue".[9]

Eles viajaram de novo para a Europa no final do ano. Borges receberia o prêmio literário Etruria em Volterra, perto de Pisa, e, como havia feito várias vezes no passado recente, planejava passar o Ano-Novo com María em Genebra, onde se propunha a escrever o prólogo para uma nova coletânea de poemas. Havia mudado de editora, da Emecé para a Alianza Editorial, de Madri, e a publicação do novo livro estava marcada para meados de 1985. No prólogo que escreveu em Genebra em 9 de janeiro, referia-se à "bela sorte" e à "ventura" de escrever:

> Neste livro há muitos sonhos. Esclareço que foram dons da noite ou, mais precisamente, da aurora, não ficções deliberadas. Atrevi-me apenas a acrescentar um ou outro traço circunstancial, desses que nosso tempo exige, a partir de Defoe.[10]

À primeira vista, o papel passivo que Borges atribui aqui ao escritor como mero veículo para a transmissão de sonhos parece ser inconsistente com sua crença na virtualidade, na escrita como "ato mágico", mas essa incoerência é resolvida numa máxima: "Cada obra confia a seu escritor a forma que procura". A vontade criadora do escritor realiza a forma que já era virtual na própria matéria.

Nos primeiros meses de 1985, Borges certamente concebia a literatura sob uma luz quase mística, pois a epifania em Genebra lhe dera motivo para crer que poderia encontrar uma espécie de salvação nos poderes virtuais da imaginação. Em 11 de abril publicou no *Clarín* um poema chamado "Música griega", no qual glosava as palavras da canção que ouvira na taberna.[11] A frase "Enquanto durar essa música..." se torna um encantamento sobre todos os outros versos do poema. Enquanto pudesse ouvir a música que lhe trouxe a presença sobrevivente de seu falecido amigo Abramowicz, ele poderia acreditar que encontraria salvação a partir do nada, pois a música grega criava uma realidade virtual própria em que os sonhos de realização podiam prosperar: ele podia sonhar que todas as suas inquietações seriam finalmente aliviadas, que todos os seus temores de ser indigno de amor, de ser esmagado pela espada, de ser imitado por espelhos e máscaras, de ser enganado como poeta por palavras que caíssem sem vida de sua pena, tudo isso seria varrido para longe, pois, enquanto permanecesse sob o encantamento daquela música, se sentiria "digno do amor de Helena de Troia", acreditaria "no livre-arbítrio", seria "a palavra e a espada", seria "digno do espelho e do mogno", mereceria "tua grande voz, Walt Whitman", poderia até crer que sua vida teria um objetivo específico, como "no ar, a flecha"; em suma, a música grega dava-lhe a fé criadora de acreditar que, da crista daquela colina em Genebra, lhe haviam concedido um vislumbre "da Terra Prometida".

No mesmo mês da publicação de "Música griega", foi aos Estados Unidos com María, onde fez palestras na Universidade da Califórnia em Santa Bárbara e depois na Universidade de Nova York e Columbia. A romancista argentina Luisa Valenzuela cruzou com eles por acaso num restaurante italiano do Greenwich Village. Havia muitos anos que não via Borges e ficou impressionada com sua extraordinária vitalidade: "Ele dá a impressão de fraqueza, mas sua força nos surpreende".[12] Borges contou a ela várias de suas recentes jornadas com María, demorando-se numa viagem de balão que fizeram sobre o vale do Napa, na Califórnia. "Nosso prazer foi infinito", declarou. "Como nos sonhos, tem-se a sensação verdadeira de voar, impulsionado pelos ventos." Valenzuela imaginou uma brisa transportando o casal pelo mundo — "o venerável velho e a mulher que tirou o venerável velho de seu encapsulamento e o pôs em contato com a vida".[13]

Borges alcançara uma felicidade sem precedentes em sua vida pessoal, mas suas esperanças para o futuro da Argentina se revelariam difíceis de manter vivas. Raúl Alfonsín tivera um bom início ao lidar com a herança da Guerra Suja. Em 15 de dezembro de 1983, cinco dias depois de assumir a presidência, criara uma comissão de investigação sobre os desaparecidos, presidida pelo escritor Ernesto Sábato. A Comissão Nacional sobre o Desaparecimento de Pessoas (CONADEP) não tinha poderes jurídicos: seu objetivo era receber informações sobre os desaparecidos e, em novembro de 1984, ela publicou suas conclusões num volume intitulado *Nunca más*, com um apêndice em que listava todas as pessoas desaparecidas — mais de 20 mil. O relatório da CONADEP aumentou o clamor do público para que os responsáveis pelos sequestros e torturas fossem punidos. Alfonsín foi sensível à pressão pública e autorizou a prisão dos líderes das várias juntas militares, de Videla a Galtieri, e outros oficiais militares.

Na opinião de Borges, uma verdadeira regeneração da pátria só aconteceria quando o mal da Guerra Suja tivesse sido totalmente expurgado e, desde a queda de Galtieri, pedia que a questão dos desaparecidos fosse investigada e os responsáveis, punidos — com sentenças de morte, se necessário. Em junho de 1985, mais ou menos na mesma época em que começaram os julgamentos dos militares, Borges deveria lançar um novo livro de poesia em Madri. Tratava-se de uma coletânea heterogênea que reunia suas produções desde 1981, mas ele decidiu dar-lhe um viés político chamando-o de *Os conjurados*, título do poema em que apresentava a Confederação Suíça como um exemplo de cooperação racional e boa-fé entre homens de diferentes raças, línguas e religiões.[14] Essa mensagem política era reforçada ao colocar poemas como o pacifista "Juan López e John Ward" juntos às "Milongas" contra a guerra no final do volume.

Porém, em junho, quando saiu *Os conjurados*, Borges tinha bons motivos para alimentar dúvidas sobre o futuro. As Forças Armadas ferviam de ressentimento diante dos julgamentos de seus ex-líderes e o espectro de um golpe de Estado pairava sobre todo o processo de exigir prestação de contas dos militares. A perspectiva econômica também não era promissora. A vitória de Alfonsín em outubro de 1983 simbolizava um desejo geral do país de romper com o passado e restaurar um sistema democrático estável. Uma prova desse desejo foi o surgimento de um consenso entre radicais e peronistas no que dizia respeito à necessidade de levar aos tribunais os responsáveis pelas violações dos direitos humanos e também de estabilizar a economia, que fora destruída pelos governos militares: a dívida externa estava em 45 bilhões de dólares e somente o pagamento dos juros consumia a metade da receita das exportações, enquanto a inflação atingia uma taxa anual de mil porcento. Mas, em junho de 1985, Alfonsín instituiu medidas de austeridade para controlar essa situação caótica, e restava ver se o consenso entre radicais e peronistas se manteria no momento em que os sindicatos eram pressionados para defender os interesses dos trabalhadores.

Além desses riscos, o que fazia Borges questionar a probabilidade de uma "regeneração democrática" era sua profunda consternação diante do grau de depravação moral que criara raízes na política argentina durante o regime militar. Em 22 de julho, ele compareceu a uma sessão do julgamento dos líderes das juntas militares e ouviu o testemunho de Víctor Melchor Basterra, um homem que ficara preso de 10 de agosto de 1979 a 3 de dezembro de 1983 e fora submetido diariamente a punições físicas e humilhações. Borges ficou tão abalado pelo que ouviu que disse aos jornalistas, ao sair da sala do tribunal: "Isso é demais para mim. Estou indo embora porque estou horrorizado com o que ouvi. E, se vocês me dizem que esse foi um dos testemunhos mais leves, não consigo imaginar como foram os outros".[15]

Quatro dias depois, mandou uma carta aberta ao *Clarín* em que expressava o horror pelo que ouvira.[16] Referia-se ao relato de Basterra sobre um episódio grotesco que acontecera no Natal, quando os prisioneiros foram levados para uma sala onde os homens que os torturavam rotineiramente e os torturariam de novo no dia seguinte lhes serviram um jantar numa longa mesa coberta com toalha de linho, talheres finos e louças de porcelana. O que deixou Borges tão chocado em relação a esse incidente foi que ele tinha boas intenções, não era uma brincadeira macabra e, por esse motivo, era uma prova de "uma espécie de inocência do mal". Na sua opinião, essa terrível cegueira moral poderia impedir o processo de ajuste de contas com a Guerra Suja, pois os soldados que haviam destruído o estado de direito buscavam agora refúgio na lei e contratavam advogados habilidosos para defendê-los nos tribunais. O governo deveria buscar a justiça com rigor apropriado, porque quem falha em "julgar e condenar" um crime torna-se "seu cúmplice".

Borges duvidava que o governo de Alfonsín tivesse a vontade de fazer justiça. Temia que Alfonsín acabasse sucumbindo à pressão militar e declarasse uma anistia para todos os oficiais militares, ou se contentasse com algumas condenações dos principais culpados para salvar as aparências e, mais tarde, comutasse suas penas. Tendo em vista a gravidade da situação, a decisão de chamar seu livro de *Os conjurados* havia sido claramente insuficiente e ele teria de encontrar algum outro meio de usar sua autoridade pessoal para influenciar na regeneração moral da pátria. Mas o que poderia fazer? Estava cego e com 86 anos e, além disso, começou a não se sentir bem algumas semanas depois do julgamento. Seu médico tentou tranquilizá-lo, mas o desconforto físico persistiu e, depois de algumas consultas infrutíferas, pediu que María encontrasse outro médico para ter uma segunda opinião.[17] Um amigo dela recomendou-lhe o dr. Jorge Patricio Fellner, que o enviou ao Instituto Diagnóstico para uma série de exames, os quais revelariam um tumor no fígado. Finalmente, em 13 de setembro, uma biópsia realizada no Hospital Alemán confirmou que ele estava com câncer.

Borges recebeu a notícia com espírito estoico. Recusou a quimioterapia, preferindo continuar a levar a vida normalmente e deixar a natureza seguir seu curso. O que o afligia mais era a certeza de que, se soubessem que estava com uma doença terminal, seria vítima de um enorme circo da mídia. "Vão tentar gravar meu último suspiro e oferecê-lo à venda", disse para María.[18] Evidentemente, estava acostumado com a invasão de jornalistas em sua vida pessoal. Por ocasião da doença de sua mãe ocorrera um abuso grosseiro de sua boa vontade, e fotografias de d. Leonor na cama foram publicadas pela imprensa. Mas ele citou para María o caso mais recente do veterano político radical Ricardo Balbín, cuja fotografia apareceu em outdoors por toda a Buenos Aires depois que os paparazzi subornaram enfermeiras para deixá-los fotografar o moribundo na sala de terapia intensiva. A última coisa que desejava era que María tivesse de suportar a agonia de ver sua doença final se transformar num espetáculo nacional, com fotografias na capa das revistas e nos outdoors de todo o país.[19]

Não teve de esperar muito para que seus temores se confirmassem. Em 13 de setembro, exatamente no mesmo dia em que recebeu o resultado da biópsia, um jornal vespertino de Buenos Aires noticiou que ele estava "gravemente enfermo" em consequência de uma "infecção gastrointestinal", e que seu estado era considerado "preocupante", mas, quando um jornalista telefonou para o apartamento da Maipú, a notícia foi "categoricamente desmentida": Borges estava "recuperando-se de fadiga".[20] O fato de as informações sobre sua saúde terem chegado tão depressa à imprensa indicava que ele não poderia confiar completamente nas pessoas ao seu redor. Nessas circunstâncias, decidiu que apenas María, seu advogado e o dr. Fellner deveriam saber a verdade sobre seu estado; aos outros, deveriam dizer que estava com hepatite. No dia 18 de setembro, *La Nación* informou a seus leitores que Borges estivera confinado à cama na semana anterior com gripe.

Em meados de setembro de 1985, Borges estava consciente de que morreria no futuro próximo, embora não soubesse exatamente quanto tempo lhe restava. E dava-se conta de que sua morte ocorreria numa conjuntura crucial da história argentina, pois a nação parecia estar suspensa entre uma esperança vacilante de "regeneração democrática" e uma volta à espiral descendente da destruição. Ele sentia a necessidade de apoiar o que havia chamado de "o ato coletivo de fé" que trouxera o ressurgimento da democracia, mas duvidava que o país acertasse realmente as contas com a enormidade da Guerra Suja e chegasse a uma verdadeira conciliação nacional. Seu desalento em relação à Argentina fica evidente numa entrevista que deu ao jornalista francês Patrick Séry,[21] em que pintou um quadro triste da situação: estava "envergonhado" do que acontecera durante o regime das juntas militares; "eticamente", o país "não existia"; "politicamente", não "representava grande coisa"; os militares o haviam "pilhado, falido e saqueado". Quanto a Alfonsín, era "honesto e bem-intencionado", mas isso não era suficiente para um governo eficaz. Borges temia que pudessem ocorrer "revoltas, êxodos". E concluía: "Amo meu país profundamente, mas ele me deixa com poucas esperanças".[22]

Em 16 de outubro, deu outra entrevista em seu apartamento a Jacques Secretan, da *Tribune de Genève*.[23] Informou ao jornalista suíço que deveria ir à Itália no final do mês seguinte e então visitaria Genebra, "como sempre faço quando vou à Europa". Depois levou Secretan para ver o quarto de sua mãe e lhe mostrou uma placa de madeira com as insígnias de todos os cantões suíços, sem dúvida uma lembrança dos anos que a família passara em Genebra trazida de lá por Leonor Acevedo. Gostaria muito de se tornar um cidadão suíço e terminar seus dias naquele país, comentou com Secretan, mas imaginava que seria muito difícil conseguir isso. O jornalista prometeu que, quando voltasse a Genebra, descobriria o que era necessário para obter a cidadania suíça.

O que devemos pensar desse estranho desejo de se tornar um cidadão suíço quando já sabia que estava morrendo? Creio que talvez estivesse entretendo a ideia não de renunciar à cidadania argentina, mas de ter uma nacionalidade dupla. Com certeza, a notícia de que Jorge Luis Borges, o mais famoso filho da Argentina, se tornara cidadão da Suíça causaria sensação em sua terra natal e transmitiria a mensagem de seu poema "Os conjurados" com muito mais força do que o fato de tê-lo escolhido para dar nome ao seu último livro. Porém, em 18 de novembro, Secretan telefonou e lhe informou que eram necessários doze anos de residência para que um adulto pudesse requerer a cidadania suíça, mas somente seis anos para um menor de idade; na opinião do jornalista, ele poderia computar os quatro anos que morara em Genebra na juventude e as autoridades suíças talvez não exigissem mais do que isso em consideração a sua idade avançada e fama literária.[24] Tendo em vista o estado de sua saúde, era obviamente tarde demais para que Borges obtivesse a nacionalidade dupla; ele teria de encontrar outro meio de criar um vínculo exemplar entre suas duas pátrias mais significativas — Buenos Aires e Genebra.

Se Borges acreditava em alguma coisa nos últimos anos de sua vida era nos poderes virtuais do espírito, e foi para essa fé na capacidade do espírito de criar uma forma de verdade que ele se voltou para encontrar alguma salvação no momento em que se aproximava do fim de sua existência terrena. Numa entrevista que deu em novembro de 1985 a Amelia Barili, uma editora de *La Prensa*, ofereceu algumas pistas sobre o teor de seu pensamento naquela conjuntura.[25] Começou explicando seu amor por Genebra, declarando: "De certa maneira, sou suíço". Depois relembrou Abramowicz e aquela "linda noite" em que a música grega na taberna o fizera sentir "que Maurice não estava morto, que estava ali conosco, que ninguém morre realmente, pois todos ainda projetam sua sombra". Declarou-se também cético em relação à existência de Deus; havia tentado crer num Deus pessoal, mas "não acho que tento mais": o "instinto intelectual" nos faz buscar ao mesmo tempo em que sabemos que jamais encontraremos a resposta. No decorrer da entrevista, citou duas vezes uma "expressão admirável" de Bernard Shaw — "Deus está se fazendo" —, implicando que aquilo que o intelecto negava poderia se tornar acessível por outros meios. Com efeito, a dúvida era "o dom mais preciso": "Estou quase certo de ser apagado pela morte, mas às vezes penso que não é impossível que eu possa continuar a viver de uma outra maneira depois de minha morte física". Contudo, ele não era um pensador, disse a Barili; jamais havia "chegado a nada", era apenas "um homem de letras", "um tecelão de sonhos".

Sua caracterização do escritor como "tecelão de sonhos" era, com efeito, uma declaração de sua crença nos poderes virtuais da imaginação. Borges não conseguia crer em Deus, mas, uma vez que "Deus está se fazendo", ele poderia chegar a Deus, ou ao que quer que quisesse de Deus, pelo "ato mágico" de sonhar. Como havia observado no prólogo de *Os conjurados*, "cada obra confia a seu escritor a forma que procura", e, assim, de maneira análoga, em minha opinião, ele faria, ou "escreveria", sua salvação revelando a forma que sua vida estava buscando: chegaria à plenitude de seus dias neste mundo orquestrando seu fim de tal modo a gerar a maior significação possível dele. A meu juízo, quando deu a entrevista a Amelia Barili, já havia inventado o "ato mágico" que teceria seus sonhos de salvação num padrão de esperança para si mesmo e para a Argentina.

O renascimento da esperança pode ser observado em um poema que compôs naquele mesmo mês de novembro, muito provavelmente a última coisa que escreveu em sua terra natal. Com o simples título de "1985", é um ato de fé na capacidade da Argentina de se regenerar.[26] A pátria não se encontrava em alguma "data famosa" ou na "fúria ou fervor efêmero das massas volúveis"; ele a sentia em coisas mais íntimas, no odor dos jasmins, em um daguerreótipo, em um jardim ao anoitecer, talvez em uma "espada que serviu no deserto", ou em uma "história anotada por um homem morto". O que, então, era a pátria?

> Algo em meu peito e em seu peito,
> Algo sonhado, mas nunca feito,
> Algo soprado para longe pelo vento, mas não extraviado.

Em 22 de novembro, Borges fez um novo testamento. Tratava-se, na verdade, de uma revisão do que fizera em 28 de agosto de 1979, poucos dias antes da remoção de um tumor de sua próstata. No testamento de 1985, nomeava María Kodama sua única herdeira exatamente nos mesmos termos de 1979. A principal diferença entre os dois documentos estava numa mudança substancial no legado para Epifanía Úveda de Robledo, sua empregada.[27] Em 1979, deixara para ela metade do dinheiro em espécie ou guardado em contas bancárias na Argentina ou no exterior, mas em 1985 deixava-lhe apenas 2500 austrais (aproximadamente seiscentos dólares da época). Essa redução sugere que a aversão de Fani pela relação de Borges com María Kodama não diminuíra desde que ameaçara se demitir, havia alguns anos, e talvez até tivesse piorado.

Em nenhum dos dois testamentos Borges deixava algo a seus parentes de sangue, além de duas coisas: os vários volumes da edição de Burton de *As mil e uma noites* para seu sobrinho Miguel de Torre e sua parte no mausoléu da família em La Recoleta, que cedia para sua irmã. Esse legado talvez seja um indício de seu afastamento de Norah e da família dela desde a briga de 1979 sobre a conta bancária conjunta. Com efeito, a renúncia ao túmulo da família talvez indique seu repúdio ao culto dos ancestrais que o cemitério aristocrático de La Recoleta representava na sociedade argentina. Se tivesse consentido em repousar ali, teria efetivamente se entregado a uma orgia de triunfalismo crioulo, pois ele, o escritor mais famoso da história argentina, teria sido instalado na glória, ao lado dos restos do coronel Suárez e de outros ilustres antepassados. Mas esse final estaria em contradição com toda a sua evolução pessoal das duas últimas décadas, pois ele passara a crer que a veneração da espada da honra estava na raiz dos males da Argentina e, em particular depois da Guerra Suja e das Malvinas, alardeara publicamente sua adesão ao "anarquismo" e ao "pacifismo".

Além disso, havia a questão de María Kodama. Se ele se reunisse a seus ancestrais na Recoleta, María seria efetivamente relegada à posição de uma *parvenue*, uma forasteira desacreditada; sua contribuição vital para a felicidade tardia dele ficaria anulada, e toda aquela experiência de amor mútuo salvador seria denegrida por um ressurgimento do orgulho ancestral.

Desse modo, o testamento de Borges representava sua rebelião final e decisiva contra a espada da honra. E, em particular, com o de 1985, colocava María Kodama inequivocamente no centro de sua vida. Sem dúvida, estava ciente da indignação que essas disposições provavelmente provocariam após sua morte, mas a dedicação à mulher parte japonesa que ele amava manifestava o princípio que o salvara dele mesmo e que ele acreditava que salvaria a pátria: uma aceitação do outro, a inclusão plena na nação de todos os seus filhos e filhas, para que uma nova Argentina pudesse nascer.

Ademais, Borges não pretendia esperar até depois da morte para que a verdadeira natureza de sua relação com María se tornasse conhecida publicamente. Durante quinze anos, eles haviam mantido a ficção de que eram apenas amigos e, ultimamente, que ela não era mais do que sua secretária literária e acompanhante nas viagens, mas agora ele queria corrigir esse engano pedindo-lhe que se casasse com ele. Ainda tinha de enfrentar a aversão de María ao casamento, mas, tendo em vista a proximidade de sua morte, havia uma razoável expectativa de que ela aceitasse sua proposta. Borges instruiu seu advogado, Osvaldo Vidaurre, para que cuidasse dos arranjos necessários. Havia uma complicação legal, devido ao seu casamento anterior com Elsa Astete. A dissolução dessa união contava apenas como separação legal, pois não havia divórcio na Argentina naquela época, mas era prática comum nesses casos obter uma licença de casamento no Paraguai, e havia procedimentos bem estabelecidos pelos quais os advogados argentinos podiam resolver essa questão para seus clientes.

Tendo decidido continuar com sua agenda normal enquanto fosse possível, Borges se propôs a honrar seus compromissos na Itália em dezembro. Ele e María compraram passagens para o voo do dia 28 de novembro para Milão. Disse a ela que queria passar algum tempo em Genebra após as visitas a Milão e Veneza, e parece que ainda tinha esperança de fazer uma terceira viagem ao Japão. Na tarde de 27 de novembro, um dia antes da partida, compareceu a uma exposição das primeiras edições de todos os seus livros, organizada pela livraria de Alberto

Casares. Estava afável, conversando e brincando enquanto assinava exemplares de seus livros para os admiradores.[28] Também encontrou-se com Adolfo Bioy Casares, com quem não entrava em contato havia vários anos.

Parece que Borges foi curiosamente evasivo a respeito de sua iminente viagem à Europa. Não a mencionou para Estela Canto quando almoçaram juntos no hotel Dorá pouco antes de sua partida.[29] Outra amiga, Viviana Aguilar, disse que ele lhe prometera contar sobre uma visita ao Japão que esperava fazer depois da ida à Itália e a Genebra.[30] Vilma Colina, da revista *Somos*, que esteve na exposição na livraria de Casares, noticiou que escutara ele dizer que voltaria em janeiro, mas outros convidados lembram de ele ter dito ao sair: "Não vou voltar!".[31] E Roberto Alifano, que passou a manhã de 28 de novembro ajudando-o a revisar o poema "1985", diria depois que haviam concordado em se encontrar de novo no dia seguinte para terminar a tarefa e que Borges não lhe deu o menor sinal de que voaria para a Europa naquela mesma noite.[32] Por que Borges estava escondendo o jogo? Havia um motivo prático: tal como com o câncer, devia temer que a mídia soubesse de seus planos. Mas creio que havia uma outra razão para sua reticência: uma vez que planejava dar à história de sua vida determinada forma, não queria reduzir seu impacto dramático revelando-a previamente aos outros.

Ao meio-dia de 28 de novembro, almoçou com sua irmã Norah, no hotel Dorá, em frente ao seu apartamento. Foi uma espécie de despedida, embora ele não tenha mencionado sua partida para a Europa naquela noite. Depois, fez sua sesta costumeira. Por volta das cinco da tarde, foi chamado pela empregada e partiu para o aeroporto num táxi com María. O "tecelão de sonhos" estava prestes a dar início ao "ato mágico" que levaria sua vida a um final apropriado.

34. A criação de um fim (1985-6)

Ninguém teve notícias de Borges e María durante várias semanas depois que partiram de Buenos Aires. Foram direto a Milão, onde ele fez várias palestras em pouco mais de uma semana. Depois, foi a Veneza e assinou um contrato para escrever um roteiro em benefício do Fundo Veneza em Perigo. Enquanto estavam na Itália, propôs casamento a María, mas ela não conseguiu aceitar, temerosa das reações que tal fato causaria na Argentina. Borges, no entanto, disse-lhe que aquele casamento lhe proporcionaria o tipo de realização pessoal que ele havia buscado durante toda a sua vida. Ela consultou o amigo deles Franco Maria Ricci, que lhe recomendou que aceitasse a proposta, mas mesmo assim ela não conseguia decidir-se.[1]

Em meados de dezembro, estavam em Genebra, onde se instalaram na suíte de sempre do hotel L'Arbalète. María supunha que Borges queria simplesmente fazer uma última visita à cidade em que morara na juventude e que redescobrira na velhice e, portanto, ficou surpresa quando ele lhe informou que não pretendia voltar a Buenos Aires:

> Ele havia me dito que iríamos à Itália e depois faríamos uma parada na Suíça. Achei que era lógico que quisesse se despedir da cidade, mas, quando chegamos a Gene-

> bra, ele disse: "Não voltaremos, vamos ficar". Ficou claro para mim que decidira isso de antemão, quando soube que ia morrer.[2]

Borges sabia certamente que essa decisão, quando fosse revelada, causaria controvérsia, para não dizer escândalo, na Argentina, mas a tomara em plena consciência de seu alcance político. Como explicou para María, esperava provocar "um despertar do grande sono dogmático" que caíra sobre sua terra natal:

> Veja, me tornei uma espécie de mito e, sempre que surgir a questão de eu estar enterrado aqui, as pessoas talvez se lembrem do livro que escrevi, *Os conjurados*, e pensarão sobre isso: as pessoas virão e se perguntarão: por quê? Essa será minha pequena contribuição para mudar o mundo.[3]

Durante as últimas décadas de sua vida, Borges vira a Argentina se despedaçar com uma brutalidade nunca vista em sua história. No poema "Os conjurados", que escrevera na esteira da Guerra das Malvinas e da Guerra Suja, exaltara a Suíça como modelo de tolerância e harmonia cívica para sua pátria dilacerada: a confederação suíça era uma "torre de razão e de firme fé", onde homens de diferentes raças, religiões e línguas "resolveram esquecer suas diferenças e acentuar suas afinidades".

Ademais, essa postura pública tinha um profundo significado pessoal para Borges. Ele fora levado à Suíça pela primeira vez por seu pai, que deixara a Argentina para realizar um sonho de amor com sua esposa Leonor, realização que julgava impossível em sua terra natal. Foi em Genebra que Georgie se apaixonou pela primeira vez, mas também foi lá que sua confiança no amor foi minada por seu pai. Borges passara a perceber certo aspecto paradigmático naquela divisão entre pai e filho: em "Un argumento", caracterizou a história violenta de seu país como um conflito recorrente entre velhos e jovens, pais e filhos. Porém, ao retornar para morrer em Genebra, desejava apontar para uma resolução daquele conflito histórico ao efetuar uma reconciliação simbólica com seu pai na cidade em que se haviam afastado um do outro.

Genebra, portanto, era o lugar acima dos outros em que Borges podia dar a sua vida a forma que buscava: converteria sua morte no "ato mágico" que forjaria um vínculo entre Buenos Aires, sua cidade natal, e Genebra, a mais preciosa de todas as suas pátrias virtuais. E selaria esse significado simbólico criando um último idílio de felicidade com María Kodama, a mulher que lhe oferecera o amor redentor que sempre buscara e lhe havia sido repetidamente negado. Borges, o "tecelão de sonhos", voltava a Genebra para regressar ao útero do tempo e insuflar uma vida nova em todos os sonhos que poderiam ter sido, antes de atravessar o portão da morte para o que quer que estivesse depois dele — nada, talvez, ou Deus, ou ainda uma outra dimensão de ser no projeto em desenvolvimento do cosmo.

Borges e María planejaram passar o tempo em Genebra trabalhando em vários projetos. Ela queria escrever contos e ele, além de vários prólogos para a coleção de obras clássicas que a Alianza Editorial pretendia publicar, tinha o roteiro cinematográfico sobre Veneza para fazer, bem como a supervisão de suas obras selecionadas para a coleção da Pléiade. Em 4 de janeiro, começou a trabalhar na seleção e anotação do material apropriado para essa publicação com o editor Jean-Pierre Bernès, um professor da Sorbonne que viria de Paris em vários finais de semana dos meses seguintes.

Parece também que ele não desistira da ideia de uma terceira visita ao Japão, mas, perto do fim de janeiro, sua saúde piorou: sofria com dores no estômago que descobriram serem causadas por hemorragia interna provocada pelo câncer no fígado. Em 26 de janeiro, foi internado no Hospital Universitário Cantonal em Genebra, onde foi tratado pelo dr. Patrick Ambrosetti. Diante da piora de seu estado, María instou-o a voltar para Buenos Aires. Sua preocupação era ter certeza de que a permanência em Genebra era resultado de uma escolha clara, e não consequência de algum temor de empreender a viagem de volta.[4] O próprio dr. Ambrosetti perguntou se ele desejava voltar para casa, assegurando-lhe que poderiam tomar todas as medidas necessárias, mas Borges insistiu que queria ficar em Genebra. Ao longo das três semanas seguintes, seu estado foi estabilizado no hospital e ele teve condições de retornar ao hotel no dia 16 de fevereiro.

De volta ao hotel, foi mantido sob observação diária pelo dr. Jean-François Balavoine, médico recomendado pelo dr. Ambrosetti, e María contratou serviços de enfermaria para cuidar dele de manhã e à noite. Mas, na ocasião em que saiu do hospital, seu estado de saúde não constituía causa imediata de preocupação. Nas semanas seguintes, ele pediu novamente María em casamento e novamente ela hesitou, porém, dessa vez, depois de conversar com Jean-Pierre Bernès, deu finalmente seu consentimento. Em 18 de março, Osvaldo Vidaurre, o advogado de Borges em Buenos Aires, foi instruído a iniciar o processo para obter uma licença de casamento no Paraguai. Borges pediu-lhe também para vender o apartamento da rua Maipú depois de transferir seus móveis e objetos para o apartamento da rua Rodríguez Peña, e mandar certos objetos e livros para Genebra. Ele queria muito alugar um apartamento na Cidade Velha, para onde poderia ir com María, mas para isso precisava de um visto de residente temporário; perto do final de março, contratou o advogado suíço Daniel Meyer para que pedisse um visto em seu nome. Borges diria a Florence Bergeron, uma de suas enfermeiras, que precisava resolver uns "papéis" para poder comprar um apartamento e viver em Genebra, onde era "desconhecido" e poderia gozar de "paz verdadeira".[5] Essas disposições — a preocupação em alugar um apartamento na Cidade Velha de Genebra, o pedido de visto de residência, a proposta de casamento —, todas apontam para o fato de que a intenção de Borges era criar um refúgio final de paz e felicidade na Suíça com María Kodama.

Porém, embora tivesse tomado providências antes de sair de Buenos Aires tanto para um possível casamento como para a venda do apartamento, surgiu uma dificuldade com esses arranjos que o sempre pouco prático Borges não previra. Quando seu advogado tentou efetuar a transferência de suas coisas de um apartamento para outro, um dos sobrinhos dele, Luis de Torre, apareceu na rua Maipú e, segundo relato de Vidaurre, fez objeções à remoção de certas coisas, sob o argumento de que eram de propriedade comum com sua mãe, Norah Borges.[6] De Torre permitiu que Vidaurre retirasse várias coisas que pertenciam indiscutivelmente a Borges — seus livros, bengalas, honrarias e decorações, móveis do quarto —, mas alegou que metade do apartamento pertencia a Norah e que ela tinha uma reivindicação válida sobre a mobília e bens que haviam pertencido a Leonor Acevedo ou eram herança de família. O desacordo sobre esse último item centrava-se na baixela de prata que pertencera ao coronel Suárez e na cômoda que Borges alegava ter sido deixada por sua avó Fanny Haslam e à qual estava sentimentalmente ligado.[7] Porém, Borges recusou-se a discutir a questão com seu sobrinho e insistiu em tratar diretamente com a irmã. Luis de Torre iniciou então os trâmites para determinar os direitos de propriedade do apartamento e dos bens em disputa. Esse recurso à justiça significava que se tornava necessário fazer um inventário legal do conteúdo do apartamento da rua Maipú.

Porém, a redação desse inventário em 22 de abril levou a outra disputa, dessa vez com a empregada de Borges, Fani Úveda. Naquele dia também, Vidaurre deu-lhe aviso prévio de três semanas para deixar o apartamento. Evidentemente, Fani não sabia que Borges não tinha intenção de retornar a Buenos Aires, nem que planejava casar-se com María Kodama, então deve ter ficado intrigada quando Vidaurre lhe disse para encontrar outra acomodação até 15 de maio, e queixou-se de que lhe estavam oferecendo uma gratificação insuficiente pelos anos de serviço que prestara à família Borges. Ficou ainda mais espantada quando descobriu que, tendo em vista a situação legal do inventário em disputa, o apartamento seria trancado por um serralheiro e ela ficaria confinada ao seu quarto, ao qual teria acesso somente pela entrada de serviço.

Borges também estava sob pressão crescente dos jornalistas. Sua longa ausência de Buenos Aires levara a rumores de que estava gravemente enfermo em Genebra. Em várias ocasiões, María Kodama tentou diminuir essa pressão da mídia, garantindo ao representante em Genebra da agência de notícias espanhola EFE que os rumores eram infundados e que Borges queria apenas ser deixado em paz para que pudesse levar adiante seu trabalho.

Em 26 de abril, quatro dias depois do inventário do apartamento na rua Maipú, Borges foi informado por Vidaurre de que a licença de casamento paraguaia havia saído e que ele e María eram marido e mulher. A ocasião foi marcada por uma pequena celebração no hotel, à qual compareceram o gerente geral, sua esposa e o professor francês Jean-Pierre Bernès. Os recém-casados foram brindados com champanhe, embora Borges, por motivos médicos, tenha tomado uma taça de água mineral com gás, observando que "as bolhas são uma metáfora do champanhe".[8] Bernès leu o poema "Posse do ontem", que expressava o paradoxo da virtualidade: possuímos mais plenamente o que perdemos, mas como Bernès relembrou depois, quando chegou ao último verso — "Não há outros paraísos senão os paraísos perdidos" —, Borges o interrompeu para dizer que esse verso deveria ser suprimido porque ele havia encontrado o paraíso finalmente, ao casar-se com María.[9]

Perto da modesta comemoração de casamento, no entanto, o estado de Borges deteriorou-se de novo. O dr. Balavoine decidiu que ele precisava de supervisão médica mais rigorosa e mandou-o para a Clínica d'Arve, onde deveria permanecer por aproximadamente doze dias. Borges percebeu que, mais cedo ou mais tarde, teria de tornar público seu casamento com María Kodama, mas queria gozar de um período de tranquilidade ao lado dela antes de ter de enfrentar a tempestade que certamente se ergueria quando a notícia fosse divulgada.[10]

Como sua saúde melhorou, decidiu fazer um apelo direto à imprensa para que respeitassem sua privacidade e, em 6 de maio, escreveu uma carta para a EFE em que explicava que desejava se instalar em Genebra e pedia para ser deixado em paz para dar andamento ao seu trabalho: "Sou um homem livre. Decidi ficar em Genebra porque associo essa cidade aos dias mais felizes de minha vida".[11] Essa decisão não afetava seu "amor essencial pela pátria", mas a Buenos Aires que ele conhecera não existia mais. De qualquer modo, sentia-se "misteriosamente feliz" em Genebra. "Acho estranho que alguém não compreenda e respeite essa decisão de um homem que, tal como certo personagem de Wells, resolveu ser um homem invisível."

É significativo que, para descrever sua decisão de se instalar em Genebra, Borges empregasse a expressão "homem invisível", as mesmas palavras que seu pai usara para expressar seu desejo de viver anonimamente na Europa em 1914. Há poucas dúvidas de que ele se identificou muito com seu pai durante esses últimos meses: Jean-Pierre Bernès lembra que ele costumava referir-se com frequência ao pai durante suas sessões de trabalho.[12] E o dr. Balavoine chegou à conclusão de que Borges buscava realizar algum desejo particular ao ir para Genebra.[13] Depois que ele deixou a clínica, Balavoine passou a visitá-lo todas as noites no hotel L'Arbalète, onde travavam longas conversas que começavam geralmente com uma discussão a respeito de seu estado atual de saúde e, com frequência, passavam para o que Borges estivesse lendo na ocasião. Em nenhum momento, o escritor mencionou explicitamente a morte para o seu médico, e Balavoine ficou com a impressão de que ele estava decidido a enfrentar seu fim com dignidade e boa vontade. Balavoine presumiu que ele não quisesse voltar para Buenos Aires, embora ainda estivesse em condições de fazer a viagem, porque "talvez tivesse passado por uma experiência importante em Genebra, provavelmente algum tipo de iniciação na vida, quem sabe uma revelação, uma discussão ou um caso amoroso que o levou a querer morrer lá" e "completar um ciclo que abrangesse toda a sua vida".[14]

Mais uma vez, porém, o plano de se tornar um "homem invisível" em Genebra seria perturbado pelos acontecimentos em Buenos Aires. Em 12 de maio, a notícia de seu casamento com María Kodama foi vazada para um jornalista. Ao saber desse vazamento, Vidaurre decidiu que seria melhor dar uma confirmação oficial da notícia o mais breve possível, para evitar que a imprensa assediasse o homem doente em Genebra. Convidou então repórteres dos três principais diários portenhos para uma entrevista na noite de 13 de maio, no escritório de um dos advogados que Vidaurre havia contratado para cuidar do casamento no Paraguai. Nessa coletiva, declarou que Borges estava "contrariado e ansioso" porque a informação sobre seu casamento se tornara pública sem sua permissão, pois esperava fazer o anúncio pessoalmente. O casamento acontecera "de acordo com um antigo desejo do escritor", e Borges "pedia agora que sua privacidade fosse respeitada".[15]

Não obstante, a notícia do casamento com sua "secretária literária", uma mulher mais moça do que ele várias décadas, foi manchete de primeira página na Argentina e em todo o mundo de língua espanhola. A imprensa fez especulações desenfreadas sobre os motivos do casamento, bem como correram rumores sobre disputas dentro da família. E, apesar do apelo de Borges para que sua privacidade fosse respeitada, repórteres foram imediatamente mandados a Genebra para tentar entrevistar o casal. O sensacionalismo da mídia era óbvio, de tal modo que, na noite de 14 de maio, Vidaurre achou prudente convocar outra entrevista coletiva para tentar esclarecer as coisas. Ele confirmou os rumores de uma briga séria de família e mencionou a disputa não resolvida com a criada sobre seu último pagamento.[16] Vidaurre explicou aos jornalistas que a questão do casamento era separada e distinta da questão da herança. Os motivos do casamento com María Kodama não tinham nada a ver com a herança, declarou ele; o escritor queria simplesmente deixar um testemunho público da verdadeira natureza da relação deles. De qualquer modo, María Kodama não precisaria estar casada com Borges para ser a beneficiária de seu testamento, pois, no direito argentino, uma pessoa nomeada num testamento tinha um direito à herança que se sobrepunha às reivindicações de quaisquer parentes do falecido que não tivessem sido especificamente mencionados. Esse ponto foi endossado em *La Semana* no dia seguinte pelo dr. Attilio Aníbal Alterini, um especialista em direito familiar consultado pela revista.[17] Mesmo assim, a disputa em relação ao testamento se arrastaria por cerca de dez anos após sua morte, numa série de ações promovidas contra María Kodama pelos sobrinhos de Borges e sua empregada. Os oponentes de Kodama também contestariam a validade dos documentos do casamento paraguaio, embora sem sucesso. Parece incontestável que Borges desejava se casar com María Kodama antes de morrer e, uma vez que não havia divórcio na Argentina naquela época, a única maneira de satisfazer esse desejo era casar-se no Paraguai. A explicação de Vidaurre seria totalmente confirmada no fim: a validade do testamento e o direito absoluto de herança de Kodama foram sustentados em todas as ações levadas aos tribunais.

Essas disputas acrimoniosas e o sensacionalismo da mídia que as acompanhou perturbaram o refúgio tranquilo que Borges esperara encontrar em Genebra. No dia 14 de maio, mesmo dia em que irrompia a tempestade jornalística em Buenos Aires, ele recebeu a visita de seu amigo Jaime Alazraki, um professor de literatura latino-americana que o vira pela última vez havia exatamente três anos, no simpósio realizado no Dickinson College, quando, segundo Alazraki, Borges estava "animado e cheio de energia, vigoroso e incansável".[18] Agora, o amigo encontrava "uma ruína física", com a cabeça "deformada, como se o osso frontal tivesse crescido fora de proporção e ameaçasse rasgar sua pele". Alazraki ficou tão chocado com a aparência de Borges porque, tal como todo mundo, não sabia que o amigo estava sendo consumido pelo câncer. Em seu relato fragmentário da conversa que tiveram, ele se lembra de Borges lamentar a situação política da Argentina, dizendo que os militares haviam transformado o país num negócio lucrativo para eles e que a versão oficial da história argentina era "uma obra de ficção". Falou sobre "sua recusa de voltar para a Argentina" e queixou-se dos problemas que estava tendo em Buenos Aires, acrescentando alguns detalhes sobre seu rompimento com Adolfo Bioy Casares.

Naquela tarde, enquanto ele fazia sua sesta costumeira, María levou Alazraki para visitar a Cidade Velha. Contou-lhe que "Borges estava inflexível quanto a não retornar à Argentina", embora "amigos e parentes estivessem pressionando para que voltasse". Depois, mostrou um belo edifício e disse que "estava prestes a alugar um dos apartamentos daquele prédio"; nos últimos seis meses, haviam morado confortavelmente no hotel L'Arbalète, mas ambos queriam mudar-se para "um lugar mais caseiro". María havia encontrado um apartamento de segundo andar na Grand'-Rue, 28, no coração da Cidade Velha, e esperavam mudar-se dentro da algumas semanas. Borges, no entanto, ainda não recebera o visto de residência, e a enfermeira Florence Bergeron contou que ele costumava queixar-se da demora dessa autorização.[19]

Entrementes, os jornalistas continuavam importunando o casal em busca de entrevistas. Os rumores de que Borges estava com uma doença terminal começaram a aparecer nos jornais, e a possibilidade de que o escritor mais famoso da Argentina pudesse estar à morte inflamou ainda mais a situação. A vida privada de Borges — na medida em que era conhecida — foi submetida a intenso escrutínio na imprensa, e foi um artigo publicado no jornal portenho *La Gaceta de Hoy*, contestando os motivos de María para consentir no casamento, que convenceu finalmente Borges de que precisava se manifestar a fim de esclarecer as coisas. Pediu a Vidaurre que mandasse uma carta ao editor de *La Gaceta de Hoy*, datada de 21 de maio, na qual expressava "pasmo indignado" diante do "inexplicável" artigo de um jornalista que era "quase um total estranho". "A decisão que tomei de me casar agora é resultado de uma história muito privada que amadureceu durante um longo período de tempo e que não deveria interessar a ninguém, exceto a meus amigos." Ele rejeitava qualquer insinuação quanto aos motivos de sua esposa: "María Kodama é a pessoa mais irrepreensível, ética e moralmente, que conheci em toda a minha vida. Com ela, encontrei finalmente a felicidade. Aquele artigo só pode ser explicado pelo ressentimento de uma pessoa que não tem moral ou princípios ou que está a serviço de pessoas sem moral ou princípios".

Não obstante, apesar de todos os aborrecimentos, Borges sentia-se feliz por estar em Genebra, ou, pelo menos, foi o que achou sua amiga Alicia Jurado quando ele lhe telefonou em Buenos Aires no dia 21 de maio: "Tinha muitos planos, parecia muito feliz. Não dava a impressão de ser um homem que se sentisse condenado. Estava cheio de vida. Talvez achasse que tinha mais tempo de vida do que realmente tinha".[20] Em 25 de maio, compareceu a uma recepção na embaixada argentina em comemoração do Dia da Revolução de 1810. Embora estivesse numa cadeira de rodas, o embaixador Leopoldo Tettamanti relatou que Borges parecia "feliz".[21] Ao lado dos outros convidados, ouviu música argentina, inclusive milongas com letras suas, e conversou sobre sua vida em Buenos Aires.

Borges revelaria alguns de seus projetos inacabados a Jean-Pierre Bernès, seu tradutor e editor francês, que vinha de tempos em tempos a Genebra para consultá-lo sobre a edição da Pléiade e que o viu pela última vez em 4 de junho. Parece que ainda lamentava não ter escrito uma obra-prima que o justificasse: "Passamos nossas vidas esperando por nosso livro e ele nunca chega", disse a Bernès, com certa resignação.[22] Tinha planos para um conto chamado "Os amigos", tendo por cenário o período anterior à Revolução Libertadora de setembro de 1955, sobre o qual falava havia anos, mas nunca chegava a escrever. Tinha também outras duas histórias na cabeça: uma delas envolvia uma reescrita do último capítulo do *Quixote* centrada na morte de Alonso Quijano, o velho fidalgo que enlouqueceu de tanto ler e se transformou em Dom Quixote; a outra, que se passava em Veneza, imaginava Dante descobrindo a trama de uma sequência de *A divina comédia*. Falou também de uma coletânea de contos mais "realistas", semelhantes aos de *O informe de Brodie*, mas, segundo Bernès, "muito mais audaciosos, porque ofereceriam um pretexto para certos esclarecimentos e revelações inesperadas, para confissões que nos dariam uma imagem de sua face, finalmente sem máscara".

Borges ainda estava disposto a mudar para o apartamento da Grand'-Rue, mas a questão do visto de residência ainda não fora resolvida e foi preciso fazer arranjos para alugar o apartamento em nome de Borges por meio de um acordo conjunto com suas editoras francesa e espanhola, Gallimard e Alianza Editorial. Quando puderam sair do hotel, no dia 10 de junho, ele estava muito mais debilitado. Era óbvio que o fim se aproximava, e a mudança para o apartamento foi supervisionada de perto pelos drs. Ambrosetti e Balavoine, porque Borges estava com um problema no coração, além de pneumonia.[23]

Nesses últimos dias, ele vinha ruminando sobre a questão da salvação pessoal. Gostava de falar com María acerca da possibilidade da existência de uma vida além-túmulo. Embora estivesse tranquilo e calmo em relação a sua morte iminente, não parava de perguntar: ela acreditava que se morria completamente? A reencarnação não era uma possibilidade mais lógica? Ela se inclinava para uma ideia católica ou xintoísta da vida após a morte? Qual preferia?[24] María sempre o considerara agnóstico, tal como ela, mas, tendo em vista a insistência com que ele falava da possibilidade de uma vida após a morte, sugeriu que ele talvez desejasse falar com alguém que fosse mais "qualificado" para responder às suas perguntas. "Você está me perguntando se quero um padre", ele retrucou. Propôs então que chamassem dois clérigos, um padre católico, em memória de sua mãe, e um ministro protestante, em consideração a sua avó inglesa. Por conseguinte, ele receberia sucessivamente a visita do padre Pierre Jacquet e do pastor Édouard de Montmollin.

No dia 13 de junho, María chamou o amigo deles Hector Bianciotti, um escritor argentino e editor da Gallimard, que foi de Paris para Genebra no mesmo dia. Naquela noite, ele ficou de vigília à cabeceira de Borges enquanto María descansava um pouco. Borges caíra em coma e, nas primeiras horas da manhã, Bianciotti notou que sua respiração, que estivera bastante regular nas últimas dez horas ou mais, parecia estar enfraquecendo. Decidiu chamar María, mas, como se fosse guiada por uma intuição, ela já estava à porta.[25] María assumiu seu lugar ao lado de Borges enquanto ele finalmente partia, de mãos dadas com ela, perto do amanhecer de sábado, 14 de junho de 1986.

Epílogo

A morte de Borges às 7h47 foi anunciada para a imprensa no final da manhã. A pedido dos dois médicos que o haviam tratado em sua doença final, o Conselho Administrativo da Cidade de Genebra decidiu conceder-lhe a honra de ser sepultado no Plainpalais, cemitério reservado para personalidades notáveis, onde estão enterrados os restos de Calvino.

María decidiu que seria mais apropriado que o funeral fosse precedido de uma cerimônia religiosa, em vez de uma celebração secular, e, em sinal de respeito à mãe e à avó de Borges, providenciou um culto ecumênico a ser oficiado conjuntamente pelos clérigos católico e protestante que haviam estado com o falecido pouco antes de sua morte. O enterro aconteceu em 18 de junho, quarta-feira, depois do culto realizado na catedral protestante de Saint Pierre, ao qual compareceram cerca de cem amigos e colegas, bem como autoridades argentinas e suíças. O pastor Montmollin leu os versos iniciais do Evangelho de São João — "No princípio era o Verbo..." — e fez uma oração em que observou que "Borges era um homem que havia procurado incessantemente a palavra certa, o termo que resumiria o todo, o sentido final das coisas", mas um homem jamais pode alcançar essa palavra por seus próprios esforços; ele está perdido num labirinto. Como ensinou são João, "não é o homem que descobre o Verbo, é o Verbo que vem a ele".[1] Por sua vez, o padre Pierre Jacquet revelou que, quando viu Borges antes de sua morte, encontrou "um homem cheio de amor, que recebeu da Igreja o perdão de seus pecados".[2]

Uma delegação oficial argentina, chefiada pelo ministro da Cultura e pelos embaixadores na Suíça e nas organizações internacionais sediadas em Genebra, esteve presente ao funeral. O presidente Raúl Alfonsín declarou luto nacional em sinal de respeito pela morte do grande escritor argentino. Não obstante, nem mesmo a morte de Borges conseguiu escapar da controvérsia política. Anunciaram que um representante do Partido Peronista participaria da delegação argentina que iria ao enterro, mas ele não apareceu. Um porta-voz do partido informou à imprensa que isso não se devia à conhecida hostilidade de Borges ao peronismo, mas "a certas declarações que ele havia feito sobre o país".[3] Dois dias depois, em 20 de junho, levantou-se uma tempestade na reunião do Concejo Deliberante, a Câmara Municipal de Buenos Aires, quando os membros peronistas introduziram ressalvas numa moção de condolências pela morte de Borges. A líder do grupo peronista declarou que seu partido estava disposto "a louvar Borges como escritor, mas não como um argentino, pois ele escolheu morrer no exterior".[4] Essa declaração provocou uma reação furiosa de outros membros do conselho. Um conselheiro radical classificou a declaração peronista de "quase fascista". No acalorado debate, outro peronista foi mais direto: Borges havia feito comentários sobre Eva Perón que eram "inaceitáveis".

Outra controvérsia foi deflagrada pelo seu suposto retorno ao seio da Igreja católica. A referência feita pelo padre Pierre Jacques no funeral em Genebra a sua visita ao moribundo e ao fato de ele ter recebido da Igreja "perdão por seus pecados" levou a rumores e declarações de elementos ligados à Igreja católica na Argentina de que o escritor havia se convertido no leito de morte. Para esclarecer a questão, o monsenhor Daniel José Keegan, superior da catedral de Buenos Aires, escreveu ao padre Jacquet, que respondeu em 9 de agosto com um relato de sua visita a Borges.[5] Essa visita acontecera "a pedido da família"; Borges já estava muito fraco e era impossível conversar com ele, embora o padre tivesse a clara impressão de que "compreendia o que eu estava dizendo"; além disso, sentiu que o moribundo desejava "se associar às orações e ao sacramento da reconciliação", mas acrescentou: "Creio que não é possível deduzir daquele encontro qualquer interpretação quanto às atitudes de Borges em relação à Igreja católica". De acordo com Jacquet, o funeral se realizara na catedral protestante porque "Borges sempre fora claramente um homem de mente aberta no que dizia respeito a fronteiras confessionais", e, tendo em vista que o Conselho Municipal de Genebra havia decidido homenageá-lo, foi uma coisa normal para ele ser enterrado no cemitério oficial, onde, de fato, fora sepultado não longe do túmulo de Calvino.

Na época da morte de Borges, a Argentina estava dilacerada por encarniçadas divisões ideológicas. O próprio Borges se envolvera em todos os tipos de querelas e conflitos políticos no decorrer de sua vida; era especialmente lembrado e objeto de indignação por ser um inimigo implacável de Perón, como o debate no Concejo Deliberante demonstrou amplamente. Porém, nos últimos anos de sua vida, havia sofrido uma profunda mudança de espírito. Passara a acreditar que a espada que tanto assolara sua vida pessoal também havia arruinado a história da nação e, assim como ele havia lutado para superar os conflitos interiores causados pela espada, a pátria também devia empenhar-se em transcender as divisões que ameaçavam destruí-la. A Suíça, com seus diversificados cantões, idiomas e raças, podia oferecer à Argentina um exemplo de concórdia, uma "confederação" frutífera de razão e boa-fé.

O túmulo de Borges no cemitério de Plainpalais atesta esse repúdio à espada. Ele é marcado por uma lápide falquejada com seu nome, JORGE LUIS BORGES, e suas datas de nascimento e morte, 1899-1986. Na frente da pedra está gravada a imagem de um escudo encontrado no cemitério anglo-saxão de Sutton Hoo e reproduzida na capa de um livro de poemas anglo-saxões que Borges deu a María depois que terminaram de traduzir "A batalha de Maldon", um de seus textos preferidos.[6] A imagem mostra sete guerreiros, três dos quais erguem no ar suas espadas, que estão quebradas. Abaixo dessa imagem há uma citação de "A batalha de Maldon": "... *and ne forhtedon ná*" — "... e não tenha medo" (verso 21).

No lado oposto da lápide vê-se a imagem de um barco viking. Acima, lê-se a inscrição "*Hann tekr sverthit Gram ok leggr i methal theira bert*" — "Ele pegou sua espada, Gram, e colocou entre eles dois o aço nu" —, uma citação da *Saga dos volsungos* que alude ao fato de o herói Sigurd colocar sua espada, Gram, entre ele e sua ex-amada Brynhild quando deitam juntos. Trata-se do texto que Borges escolhera para epígrafe de "Ulrica", o conto que fora inspirado por seu breve encontro com María Kodama na Islândia em 1971 e que relata um encontro em York entre o idoso professor Javier Otárola e a moça norueguesa que dá nome à história. Abaixo da imagem do barco viking há outra inscrição que faz referência a esse conto: "*De Ulrica a Javier Otárola*", que lembra o dom oferecido por Ulrica a Otárola no fim da história: ela o acompanha a Thorgate (a "rua de Thor", ou "rua Tronador") e num quarto do andar de cima de uma pousada, cujas paredes estavam empapeladas "num vermelho muito profundo, com frutos e pássaros entrelaçados", o amor fluiu na escuridão e "não havia espada alguma entre nós".

Notas

PREFÁCIO [PP. 9-17]

1. *Borges a contraluz*, de Estela Canto, trad. Vera Mascarenhas de Capos. São Paulo: Iluminuras, 1991.

2. Entrevista a Juan Carlos Franceschini, *Siete Días*, 24 de agosto de 1970.

3. Entrevista a Ronald Christ na *Paris Review*, n. 40 (1967), p. 155. Ver *As entrevistas da Paris Review*, v. 1, trad. Christian Schwartz e Sérgio Alcides (São Paulo: Companhia das Letras, 2011).

4. Entrevista a Joaquín Soler Serrano em *Escritores a fondo*. Planeta: Barcelona, 1986, p. 59.

5. Entrevista com Estela Canto, 15 de abril de 1994.

6. Entrevista com Adolfo Bioy Casares, 25 de novembro de 1995.

7. Em *O jardim de veredas que se bifurcam*, em *Ficções*, trad. Davi Arrigucci Jr. São Paulo: Companhia das Letras, 2007, p. 91.

8. Jean de Milleret, *Entretiens avec Jorge Luis Borges*. Paris: Pierre Belfond, 1967.

1. FAMÍLIA E NAÇÃO [PP. 25-40]

1. Jean de Milleret, *Entretiens avec Jorge Luis Borges*, p. 203.

2. Ver Miguel de Torre, *Borges: fotografías y manuscritos*. Buenos Aires: Renglón, 1987, p. 41.

3. Ver "Notes", Jorge Luis Borges, *Selected poems, 1923-1967*. Nova York: Delacorte, 1972, p. 299.

4. "América y el destino de la civilización occidental", *Nosotros*, segunda época, n. 1, abril de 1936, pp. 60-1. Reeditado em *Jorge Luis Borges: textos recobrados, 1931-1955*. Buenos Aires: Emecé, 2001, pp. 350-1.

5. Fernando Sorrentino, *Siete conversaciones con Jorge Luis Borges*. Buenos Aires: Casa Pardo, pp. 107-8.

6. Antonio Carrizo, *Borges el memorioso*. Cidade do México: Fondo de Cultura Económica, 1983, p. 127.

7. Leonor Acevedo de Borges, "Recuerdos", memórias inéditas, p. 22.

8. Id., ibid., pp. 12-3.

9. "Página relativa a Figari", *Criterio*, n. 30, 27 de setembro de 1928, p. 406. Reeditado em *Jorge Luis Borges: textos recobrados, 1919-1929*, Buenos Aires: Emecé, 1997, p. 362.

2. MÃE E PAI [PP. 41-57]

1. Leonor Acevedo, "Recuerdos", op. cit., p. 5. Meu relato sobre a família de Leonor Acevedo baseia-se em larga medida nessas memórias.

2. Ver "Notes", em *Selected poems*, p. 303.

3. *Ensaio autobiográfico*, trad. Jorge Schwartz. São Paulo: Companhia das Letras, 2009, p. 11.

4. *Ensaio autobiográfico*, p. 18.

5. Ver Daniel Balderston, *Out of context: historical reference and the representation of reality in Borges*. Durham, NC./ Londres: Duke University Press, 1993, p. 91 e nota 15.

6. Ver Ana Maria Barrenechea, "Jorge Luis Borges y la ambivalente mitificación de su abuelo paterno", *Nueva Revista de Filología Hispánica*, t. 40, n. 2, 1992, pp. 1005-24 (p. 1005, nota 2).

7. *The Southern Cross*, 4 de outubro de 1878. Ver reprodução fotográfica do obituário em Alejandro Vaccaro, *Georgie (1899-1930): una vida de Jorge Luis Borges*. Buenos Aires: Proa/ Alberto Casares, 1996, e também p. 22.

8. Ver "Notes", em *Selected poems*, p. 304.

9. Ver Barrenechea, op. cit., e Vaccaro, op. cit., p. 32.

10. Jorge Guillermo Borges, *El caudillo*. Buenos Aires: Academia Argentina de Letras, 1989 (publicado originalmente em Palma de Maiorca, 1921), p. 45.

11. Alicia Jurado, "Prólogo" a *El caudillo*, p. 15.

12. *Ensaio autobiográfico*, p. 18.

13. Entrevista com Elsie Rivero Haedo, Buenos Aires, 30 de março de 1994.

14. "El remordimiento", em *La moneda de hierro*, 1976. Ver "O remorso", em *A moeda de ferro. Poesia*, Companhia das Letras: São Paulo, 2009, p. 226.

3. INFÂNCIA (1899-1914) [PP. 58-83]

1. Ver entrevista com Norah Borges em Vaccaro, *Georgie*, p. 55.

2. *Ensaio autobiográfico*, pp. 9-10.

3. Roberto Alifano, *Borges: biografía verbal*. Barcelona: Plaza y Janés, 1988, p. 27.

4. *Ensaio autobiográfico*, p. 15.

5. Sorrentino, *Siete conversaciones*, p. 13.

6. Carrizo, *Borges el memorioso*, p. 151.

7. Id., ibid., p. 152.

8. Victoria Ocampo, *Diálogo con Borges*. Buenos Aires: Sur, 1969, p. 11.

9. Porém, Ana Maria Barrenechea mostrou que Borges assume uma distância progressivamente mais crítica de seu heroico ancestral nesses poemas. Ver Barrenechea, *Nueva Revista de Filología Hispánica*, t. 40, n. 2, 1992, pp. 1006-24.

10. Ver "Notes", em *Selected poems*, p. 304.

11. Milleret, *Entretiens*, p. 172.

12. *Ensaio autobiográfico*, pp. 15-6.

13. Id., ibid., p. 16.

14. Id., ibid., p. 16.

15. Alifano, *Biografía verbal*, p. 31.

16. "El espejo", em *Historia de la noche*, 1977. Ver "O espelho", em *História da noite*. *Poesia*, p. 282.

17. "Al espejo", em *El oro de los tigres*, 1972. Ver "Ao espelho", em *O ouro dos tigres*. *Poesia*, p. 151.

18. "O espelho", *Poesia*, p. 282.

19. As citações são respectivamente dos seguintes textos: "Dreamtigers", em *O fazedor*, trad. Josely Vianna Baptista. São Paulo: Companhia das Letras, 2008, p. 14; "O tigre", em *História da noite*, *Poesia*, p. 258; e "Dreamtigers" novamente.

20. Milleret, op. cit., p. 20.

21. "Tigres azuis", em *A memória de Shakespeare*, trad. Bella Jozef, edição brasileira das *Obras completas* III, p. 430. Doravante, a edição brasileira das *Obras completas* (São Paulo: Editora Globo, 1998-9) será referida pela abreviação *OC*.

22. Ver M. de Torre, *Borges: fotografías y manuscritos*, pp. 25-7.

23. "Propos de Mme. Leonor Acevedo de Borges", *Cahiers de L'Herne*, Paris, 1964, p. 10.

24. Alicia Jurado, *Genio y figura de Jorge Luis Borges*. Buenos Aires: Editorial Universitaria de Buenos Aires, 1964, p. 25.

25. "Propos de Mme. Leonor Acevedo de Borges", op. cit., p. 10.

26. Ver "Simón Carbajal", em *La rosa profunda*, 1975. Ver *A rosa profunda*, em *Poesia*, p. 181.

27. Richard Burgin, *Conversations with Jorge Luis Borges*. Nova York: Holt, Rinehart and Winston, 1969, p. 86.

28. "El puñal", em *El otro, el mismo*, 1969. Ver "O punhal", em *Evaristo Carriego*, trad. Vera Mascarenhas, Jorge Schwartz, Maria Carolina de Araujo e Victoria Rébori, *OC* I, p. 163.

29. Burgin, op. cit., 1969, p. 21.

30. Milleret, op. cit., p. 24.

31. Carrizo, op. cit., p. 182; Milleret, op. cit., p. 22.

32. *Ensaio autobiográfico*, p. 16.

33. Roberto Alifano, *Conversaciones con Borges*. Buenos Aires: Torre Agüero, 1994, pp. 34-5.

34. "Propos de Mme. Leonor Acevedo de Borges", op. cit., p. 10.

35. Alifano, *Conversaciones*, p. 32.

36. Id., ibid., p. 33.

37. Ocampo, *Diálogo*, p. 50.

38. Carrizo, op. cit., p. 152.

39. *Ensaio autobiográfico*, p. 20.

40. Sorrentino, op. cit., p. 33.

41. Alifano, *Conversaciones*, p. 34.

42. *Ensaio autobiográfico*, p. 19.

43. Vaccaro, *Georgie*, p. 63.

44. Id., ibid., p. 56.

45. Id., ibid., p. 64.

46. *Ensaio autobiográfico*, p. 19.

47. Alifano, *Biografía verbal*, p. 26.

48. Vaccaro, *Georgie*, p. 64.

49. *Ensaio autobiográfico*, p. 19.

50. Carrizo, op. cit., p. 256.

51. Alejandro Vaccaro, introdução inédita às cartas de Borges para Roberto Godel.

52. Carrizo, op. cit., p. 257.

53. *O fazedor*, p. 12.

54. Burgin, *Conversations*, 1969, p. 46.

55. Vaccaro, *Georgie*, pp. 64-5.

56. Ver "Los sueños y la poesía", em *Borges en la Escuela Freudiana de Buenos Aires*. Buenos Aires: Agalma, 1993, p. 37.

57. *O fazedor*, p. 12.

58. *Ensaio autobiográfico*, p. 13.

59. Burgin, *Conversations*, 1969, p. 24.

60. Id., ibid., p. 34.

61. Id., ibid., pp. 28-9.

62. Consultei uma transcrição datilografada dessa peça. O manuscrito encontra-se numa coleção particular em Buenos Aires. Trata-se possivelmente do primeiro texto literário que Borges escreveu. Ele afirmou ter começado a escrever "quanto tinha seis ou sete anos" e que seu primeiro texto foi "uma espécie de manual de mitologia grega", escrito "num inglês muito ruim" (*Ensaio autobiográfico*, p. 19). Aos nove anos, fez uma tradução para o espanhol de *O príncipe feliz*, de Oscar Wilde, considerada suficientemente boa para merecer publicação no jornal portenho *El País* em 25 de junho de 1910. Seu primeiro conto "foi uma história bastante absurda ao estilo de Cervantes, uma narrativa anacrônica chamada 'La visera fatal'" (*Ensaio autobiográfico*, p. 19). Alejandro Vaccaro sugeriu que Borges talvez estivesse se referindo à sua peça sobre Bernardo del Carpio, que não tem título no manuscrito e foi escrita em espanhol pseudoarcaico. (Ver Vaccaro, *Georgie*, p. 57.)

63. Ver *Evaristo Carriego*, *OC* I, p. 118.

64. Vaccaro, *Georgie*, p. 67.

65. Ver uma reprodução fotográfica da publicação original de "El rey de la selva" em Vaccaro, ibid., reprodução, p. 163.

66. Ver Vaccaro, *Georgie*, p. 67.

67. Ver María Esther Vázquez, *Borges: esplendor y derrota*. Barcelona: Tusquets, 1996, p. 34. Leonor Acevedo também se referiu a esse acidente em *Cahiers de L'Herne*, p. 11.

68. "Momentos", em *Nosotros*, n. 47, março de 1913, pp. 147-8. Reeditado em Vaccaro, *Georgie*, pp. 45-6.

69. *Ensaio autobiográfico*, p. 23.

70. Ibid., p. 19.

71. Carrizo, op. cit., p. 21.

72. Id., ibid., p. 22.

73. Entrevista com Miguel de Torre, Buenos Aires, 13 de novembro de 1995.

74. Ibid.

75. Carrizo, op. cit., p. 257.

76. *Ensaio autobiográfico*, p. 13.

77. Carrizo, op. cit., p. 257.

4. GENEBRA (1914-9) [PP. 84-98]

1. Carlos Alberto Andreola, "Borges helvético", *Conectándonos*, n. 18, 1994, p. 19.

2. Carrizo, *Borges el memorioso*, p. 90.

3. Carta para Godel, sem data, escrita possivelmente em março de 1915. Consultei as transcrições datilografadas das cartas existentes de Borges para Roberto Godel, guardadas na coleção de Alejandro Vaccaro, em Buenos Aires. Doravante, as identificarei pela data, quando dada, e pelo número a elas atribuído na coleção.

4. Milleret, *Entretiens*, p. 20.

5. *Ensaio autobiográfico*, p. 25.

6. Andreola, "Borges helvético", op. cit., p. 19.

7. "El otro", em *El libro de arena*, 1975. Ver o conto "O outro", em *O livro de areia*, trad. Davi Arrigucci Jr. São Paulo: Companhia das Letras, 2009, p. 9.

8. Andreola, "Borges helvético", op. cit., p. 18.

9. Ver o conto "O outro", em *O livro de areia*, p. 9.

10. *Ensaio autobiográfico*, p. 27.

11. "Entretiens avec Napoléon Murat", *Cahiers de L'Herne*, p. 383.

12. "Entretiens avec James E. Irby", *Cahiers de L'Herne*, p. 400.

13. Vaccaro, *Georgie*, p. 99.

14. Carrizo, op. cit., p. 90.

15. Entrevista com Donald Yates, St. Helena, Califórnia, 27 de março de 1999.

16. Alifano, *Biografía verbal*, p. 36; entrevista com Donald Yates, St. Helena, Califórnia, 27 de março de 1999.

17. Ver, respectivamente, Carrizo, op. cit., p. 155, e Milleret, p. 25.

18. *Ensaio autobiográfico*, p. 28.

19. Alifano, *Conversaciones*, p. 124.

20. *Ensaio autobiográfico*, p. 28.

21. Como relatado por Simon Jichlinski para Emir Rodríguez Monegal, *Jorge Luis Borges: a literary biography*. Nova York: Dutton, 1978, p. 115.

22. *El Hogar*, 25 de julho de 1937, p. 30, citado em Rodríguez Monegal, ibid., p. 120.

23. Carta para Godel 3, 4 de dezembro de 1917.

24. Antologia de expressionistas publicada em *Cervantes* (Madri), outubro de 1920. Reeditado em *Textos recobrados, 1919-1929*, pp. 62-3.

25. Carta para Godel 3, 4 de dezembro de 1917.

26. Carta para Godel 4, 23 de maio de 1918.

27. Ibid.

28. Carta para Godel 3, 4 de dezembro de 1917.

29. Ibid.

30. Carta para Godel 4, 23 de maio de 1918.

31. Ibid.

32. Vázquez, *Borges: esplendor y derrota*, p. 49.

33. A convocação foi emitida em maio de 1918 pelo Distrito Militar n. 1 da Capital Federal e enviado por mala diplomática ao consulado argentino em Genebra; o número de registro de Borges era 00 2049. Informação fornecida por Carlos Alberto Andreola, Buenos Aires.

34. Carta para Godel 5, sem data, provavelmente escrita no final de outubro ou início de novembro de 1918; Carta para Godel 6, sem data, provavelmente escrita nos primeiros meses de 1919.

35. Ver *Textos recobrados, 1919-1929*, pp. 27-9.

36. Ver Carta 32 em Jorge Luis Borges, *Cartas del fervor: Correspondencia con Maurice Abramowicz y Jacobo Sureda (1919-1928)*. Barcelona: Galaxia Gutenberg-Círculo de Lectores — Emecé, 1999, p. 212. Essa carta foi escrita em francês para Jacobo Sureda, que estava em Leysin, Suíça, e depois em St. Blasien, Höchenschwand, Alemanha, em tratamento para a tuberculose. Embora Borges estivesse em Buenos Aires quando a escreveu, sua família planejava retornar para a Europa no final do ano. (Ver meu capítulo 6, p. 140) Daí a referência de Borges a um encontro com Sureda no Ano-Novo de 1922.

37. *Cartas del fervor*, p. 212.

38. Vázquez, *Borges: esplendor y derrota*, p. 50.

39. Estela Canto, *Borges a contraluz*. Madri: Espasa Calpe, 1989, pp. 115-6. [*Borges a contraluz*, trad. Vera Mascarenhas de Campos. São Paulo: Iluminuras, 1991.]

40. Ver poesia inédita reproduzida em Donald A. Yates, "Behind 'Borges and I'", *Modern Fiction Studies*, v. 19, n. 3, 1973, pp. 322-3.

41. Ver Vázquez, *Borges: esplendor y derrota*, p. 50.

42. Canto, p. 117.

43. Vázquez, *Borges: esplendor y derrota*, p. 50.

44. Carta para Godel 5, sem data, provavelmente escrita no final de outubro ou início de novembro de 1918.

45. Ver Canto, p. 116. Segundo Donald Yates (entrevista, St. Helena, Califórnia, 7 de março de 1999), a mulher em questão talvez fosse uma ex-amante do dr. Borges.

46. Vázquez, *Borges: esplendor y derrota*, p. 51.

47. Carta para Godel 6, sem data, provavelmente escrita nos primeiros meses de 1919.

48. Carta para Godel 6.

5. ESPANHA (1919-21) [PP. 99-124]

1. Carta para Godel 6.

2. *Ensaio autobiográfico*, p. 30.

3. Jorge Guillermo Borges, "Del poema de Omar Jaiyám", *Gran Guignol* (Sevilha), ano 1, 10 de fevereiro de 1920. Citado em Vaccaro, *Georgie*, p. 144.

4. Jorge Guillermo Borges, "El cantar de los cantares", *Gran Guignol*, ano 1, 10 de março de 1920. Reeditado em Vaccaro, *Georgie*, pp. 148-51.

5. "La llama" foi publicado inicialmente em Sevilha, na revista *Grecia*, n. 41, 29 de fevereiro de 1920. Ver *Textos recobrados, 1919-1929*, p. 36. Foi incluído, com emendas, com o título de "Llamarada" na primeira edição de *Fervor de Buenos Aires* (1923), mas omitido nas edições posteriores dessa coletânea.

6. *Ensaio autobiográfico*, p. 30.

7. "Himno del mar", *Grecia*, n. 37, 31 de dezembro de 1919. Reeditado em *Textos recobrados, 1919-1929*, pp. 24-6.

8. *Ensaio autobiográfico*, p. 31.

9. "Motivos del espacio y del tiempo (1916-1919)", *Gran Guignol*, ano 1, 24 de abril de 1920. Reeditado em *Textos recobrados, 1919-1929*, pp. 40-1.

10. Carta para Abramowicz, 1º de dezembro de 1919. *Cartas del fervor*, p. 66.

11. Citado em José María Barrera, "Borges en Sevilla", *Anthropos. Revista de Documentación Científica de la Cultura*, n. 142-3, 1993, pp. 157-60 (p. 158). Doravante citado como Barrera, *Anthropos*.

12. *Ensaio autobiográfico*, p. 32.

13. Carta para Abramowicz, 12 de janeiro de 1920, *Cartas del fervor*, p. 74.

14. Citado em Barrera, *Anthropos*, p. 158.

15. Id., ibid.

16. Baseado em relato feito por Adriano del Valle em sua resenha de *Rompecabezas*, uma peça de Luis Mosquera e Isaac del Vando Villar, publicada em *El Liberal* (Sevilha), 6 de outubro de 1921. Citado em Barrera, *Anthropos*, p. 158.

17. "Paréntesis pasional", *Grecia*, n. 38, 20 de janeiro de 1920. Reeditado em *Textos recobrados, 1919-1929*, pp. 27-9.

18. Ver Barrera, *Anthropos*, p. 157.

19. "El cantar de los cantares", op. cit.

20. *Gran Guignol*, ano 1, 10 de fevereiro de 1920. Reeditado em *Textos recobrados, 1919-1929*, pp. 32-3.

21. "Al margen de la moderna estética", *Grecia*, n. 39, 31 de janeiro de 1920. Reeditado em *Textos recobrados, 1919-1929*, pp. 30-1.

22. Ver *Cartas del fervor*, p. 76. Parece que a carta foi enviada de Madri pouco depois de Borges ter chegado, em março, à cidade. O poema "Pedro Luis en Martigny" e a carta para Abramowicz foram reproduzidos em Daniel Mayer, "Sérieux comme un tigre. Jorge Luis Borges en Suisse", *Écriture* (Lausanne), n. 28, 1987. O poema foi incluído em *Textos recobrados, 1919-1929*, p. 48.

23. Guillermo de Torre, "Para la prehistoria ultraísta de Borges", *Cuadernos hispano-americanos*, n. 169, 1964, pp. 5-15 (p. 9).

24. *Ensaio autobiográfico*, p. 33.

25. Carta sem data para Adriano del Valle. Ver Jean-Pierre Bernès, *Jorge Luis Borges: œuvres complètes*, Bibliothèque de la Pléiade. Paris: Gallimard, 1993, 1999, v. II, pp. 1105-6. Doravante essa edição em dois volumes será citada como Bernès, seguido do número do volume.

26. *Ensaio autobiográfico*, p. 33.

27. Ibid., p. 32.

28. Ibid., p. 34.

29. "La traducción de un incidente", *Inquisiciones*. Buenos Aires: Proa, 1925, e Buenos Aires: Seix Barral/ Biblioteca Breve, 1994, p. 18. Doravante, todas as citações de *Inquisiciones* referem-se à edição de 1994.

30. Guillermo de Torre, "Para la prehistoria ultraísta de Borges", op. cit., p. 9.

31. O manuscrito dessa carta está na coleção Doucet, na Bibliothèque Sainte-Geneviève em Paris. Ver Bernès I, pp. 1712-3, e *Textos recobrados, 1919-1929*, pp. 44-5.

32. "La traducción de un incidente", *Inquisiciones*, p. 17.

33. "Trinchera" foi publicado em *Grecia*, n. 43, 1º de junho de 1920, e reeditado em *Textos recobrados, 1919-1929*, p. 49.

34. Carta para Abramowicz de Zaragoza, 4 de maio de 1920. Ver *Cartas del fervor*, p. 78.

35. "Rusia" foi publicado em *Grecia*, n. 48, 1º de setembro de 1920, e reeditado em *Textos recobrados, 1919-1929*, p. 57.

36. Carta não datada para Abramowicz de Barcelona. Ver *Cartas del fervor*, p. 82.

37. Informação fornecida por Carlos Alberto Andreola, Buenos Aires.

38. As cartas que Borges escreveu para Guillermo de Torre que consultei no decorrer de minha pesquisa pertencem a uma coleção particular em Buenos Aires e permanecem inéditas. Doravante, me referirei a elas por data, quando dada, e pelo número a elas atribuído nessa coleção, nesse caso, GDT 1.

39. Carta para Abramowicz, início de julho de 1920. Ver *Cartas del fervor*, p. 90.

40. Carta para Abramowicz, 20 de agosto de 1920. Ver *Cartas del fervor*, p. 92.

41. Carta não datada para Guillermo de Torre, GDT 2, na qual Torre escreveu "11 de junho de 1920". Porém essa data não é realista, uma vez que a família Borges só chegou a Palma no dia 11 de junho, como se pode deduzir de uma carta para Abramowicz datada de 8 de junho (Ver *Cartas del fervor*, pp. 86-7). A carta para Torre indica que Borges já caminhara pelas montanhas, mas, como ele só foi a Valldemosa no início de julho, eu diria que foi provavelmente escrita em 11 de julho.

42. Carta não datada para Abramowicz. Ver *Cartas del fervor*, p. 82.

43. Carta para Guillermo de Torre, 29 de setembro de 1920; GDT 6.

44. Carta para Guillermo de Torre, 3 de setembro de 1920; GDT 3.

45. Carta para Guillermo de Torre, (11 de julho?) 1920; GDT 2.

46. Ibid.

47. Carta para Abramowicz, 20 de agosto de 1920. Ver *Cartas del fervor*, p. 94.

48. Carta para Guillermo de Torre, 3 de setembro de 1920; GDT 3.

49. Carta para Abramowicz, sem data, com quase certeza escrita em setembro de 1920. Ver *Cartas del fervor*, p. 100.

50. Carta para Sureda, 24 de outubro de 1920. Ver *Cartas del fervor*, p. 170. "Judería" foi publicado em *Fervor de Buenos Aires*, 1923. "Gesta soviética" foi publicado em *Ultra*, n. 3, 20 de fevereiro de 1921, com o título de "Gesta maximalista", e reeditado em *Textos recobrados, 1919-1929*, p. 89. "Crucifixión" parece não ter sido publicado.

51. Carta para Guillermo de Torre, 6 de novembro de 1920; GDT 5.

52. Carta para Sureda, 13 de novembro de 1920. Ver *Cartas del fervor*, p. 179. "Guardia roja" foi

publicado pela primeira vez em *Ultra*, n. 5, 17 de março de 1921, e reeditado em *Textos recobrados, 1919-1929*, p. 91.

53. Carta para Guillermo de Torre, que anotou "3 de outubro de 1920", embora indícios da própria carta apontem com maior probabilidade para 3 de dezembro; GDT 7.

54. Carta para Sureda, 4 de outubro de 1920. Ver *Cartas del fervor*, p. 164.

55. Carta para Sureda, sem data. Ver *Cartas del fervor*, p. 182.

56. Carta para Guillermo de Torre, (3 de dezembro?) 1920; GDT 7.

57. "Poema" foi publicado em *Baleares*, n. 121, 15 de setembro de 1920, e em *Textos recobrados, 1919-1929*, p. 60.

58. Carta para Sureda, 30 de outubro de 1920. Bernès II, pp. 1070-1.

59. Carta para Guillermo de Torre, 17 de novembro de 1920; GDT 9.

60. Carta para Abramowicz, sem data, mas escrita em novembro de 1920. Ver *Cartas del fervor*, p. 126.

61. Carta para Sureda, 16 de novembro de 1920. Ver *Cartas del fervor*, p. 181.

62. Carta para Guillermo de Torre, dezembro de 1920; GDT 10.

63. Carta para Abramowicz, sem data, mas escrita em novembro de 1920. Ver *Cartas del fervor*, p. 126.

64. Carta para Sureda, sem data, mas escrita em novembro de 1920. Ver *Cartas del fervor*, p. 174.

65. Carta para Abramowicz, sem data. Ver *Cartas del fervor*, p. 140.

66. Carta para Guillermo de Torre, (3 de dezembro?) 1920; GDT 7.

67. Carta para Guillermo de Torre, dezembro de 1920; GDT 10.

68. Carta para Abramowicz, sem data. Ver *Cartas del fervor*, p. 135.

69. Ver "El arte de Fernández Peña", em *Textos recobrados, 1919-1929*, p. 78.

70. Ver "Ultraísmo", *Textos recobrados, 1919-1929*, p. 83.

71. Ver "Manifiesto del Ultra" reimpresso em *Textos recobrados, 1919-1929*, pp. 86-7, e o poema na página 88.

72. Carta para Sureda, 25 de fevereiro de 1921. Ver *Cartas del fervor*, p. 192.

73. Carta para Abramowicz, provavelmente de 16 de outubro de 1920. Ver *Cartas del fervor*, p. 116.

74. Ver "Esquisse critique", em Bernès I, pp. 842-3, e *Textos recobrados, 1919-1929*, p. 43.

75. Ver "Anatomía de mi Ultra", *Ultra*, n. 11, 20 de maio de 1921. Incluído em *Textos recobrados, 1919-1929*, p. 95.

76. Carta para Guillermo de Torre, fevereiro de 1921; GDT 8.

77. Carta para Abramowicz, 2 de março de 1921. Ver *Cartas del fervor*, p. 147.

78. Ibid.

79. Carta para Sureda, 3 de março de 1921. Ver *Cartas del fervor*, p. 193.

80. "La nadería de la personalidad", *Inquisiciones*, p. 99.

6. BUENOS AIRES (1921-3) [PP. 127-50]

1. As referências são, respectivamente, a uma carta para Adriano del Valle, sem data, em Bernès II, p. 1107; Carta para Guillermo de Torre, março de 1921, GDT 14; Carta para Godel 7, sem data.

2. Exceto indicação em contrário, as poesias citadas neste capítulo foram incluídas na primeira edição de *Fervor de Buenos Aires*, 1923. Os títulos serão dados no texto principal. [Quando aparecerem em português, significa que o texto faz parte de *Primeira poesia* (São Paulo: Companhia das Letras, 2007), que inclui uma edição posterior de *Fervor de Buenos Aires*.]

3. Ver, respectivamente, as seguintes cartas a Sureda em *Cartas del fervor*: carta de 22 de junho de 1921 (p. 200); carta sem data, *c*. 30 de agosto de 1921 (p. 205); e carta de 22 de junho de 1921 (p. 200).

4. Carta para Sureda, 22 de junho de 1921, em *Cartas del fervor*, p. 199.

5. Carta para Guillermo de Torre, junho de 1921; GDT 13.

6. *Cosmópolis*, n. 33, 4 de outubro de 1921. Reeditado em *Textos recobrados, 1919-1929*, pp. 102-4.

7. Ver prólogo de Borges para "Santiago Dabove: A morte e seu traje", em *Prólogos, com um prólogo de prólogos*, trad. Josely Vianna Baptista. São Paulo: Companhia das Letras, 2010, p. 65.

8. Carta para Sureda, 22 de junho de 1921, em *Cartas del fervor*, pp. 198-9. Borges apresentou um esboço mais extenso do romance em "Macedonio Fernández", *Prólogos, com um prólogo de prólogos*, pp. 68-80.

9. Carta para Sureda, 21 de junho de 1921, em *Cartas del fervor*, p. 198.

10. Carta para Sureda, sem data (*c*. 30 de agosto de 1921), em *Cartas del fervor*, p. 205.

11. Carta para Sureda, 24 de novembro de 1921, em *Cartas del fervor*, p. 208.

12. "La nadería de la personalidad", publicado primeiramente em *Proa*, 1º de agosto de 1922, e depois em *Inquisiciones*, pp. 93-104.

13. "El cielo azul, es cielo y es azul", *Cosmópolis*, n. 44, agosto de 1922. Em *Textos recobrados, 1919-1929*, pp. 154-8.

14. "La encrucijada de Berkeley", publicado em *Nosotros*, n. 43, 1923, e em *Inquisiciones*, pp. 117-27.

15. "Proclama", reeditado em *Textos recobrados, 1919-1929*, pp. 122-4.

16. "Ultraísmo", *Nosotros*, n. 39, dezembro de 1921. Em *Textos recobrados, 1919-1929*, pp. 126-31.

17. Carta para Guillermo de Torre, 3 de dezembro de 1921; GDT 18.

18. Carta para Sureda, sem data (*c*. 29 de março de 1922), em *Cartas del fervor*, p. 214.

19. Carrizo, p. 124.

20. Carta para Sureda, sem data (*c*. 29 de março de 1922), em *Cartas del fervor*, p. 214.

21. Carta para Guillermo de Torre, datada de "final de abril de 1922"; GDT 22. Também Vaccaro, *Georgie*, pp. 107-99.

22. Carta para Guillermo de Torre, 9 de março de 1922; GDT 20.

23. Carta para Sureda, 29 de maio de 1922, em *Cartas del fervor*, p. 221.

24. Carta para Sureda, sem data (*c*. março de 1922), em *Cartas del fervor*, p. 209.

25. Carta para Sureda, sem data (*c*. 29 de março de 1922), em *Cartas del fervor*, p. 214.

26. Carta para Sureda, 26 de maio de 1922, em *Cartas del fervor*, p. 221.

27. Carta para Sureda, sem data (provavelmente de 29 de março de 1922), em *Cartas del fervor*, p. 215.

28. Carta para Guillermo de Torre, março de 1922; GDT 19.

29. Carta para Sureda, 25 de julho de 1922, em *Cartas del fervor*, pp. 223-4.

30. Carta para Guillermo de Torre, 20 de novembro de 1922; GDT 24.

31. Carta para Sureda, sem data (*c*. setembro de 1922), em *Cartas del fervor*, p. 225.

32. Ibid.

33. Carta para Guillermo de Torre, 10 de fevereiro de 1923; GDT 25.

34. Carta para Sureda, sem data (*c.* março de 1923), em *Cartas del fervor*, p. 227.

35. Carta para Sureda, sem data, em *Cartas del fervor*, p. 216. A partir de indícios internos, diria que foi escrita por volta de abril de 1923, mas o editor de *Cartas del fervor* diz que foi escrita um ano antes, em abril de 1922.

36. Entrevista com a filha de Concepción Guerrero, Mercedes Gini de Mills, Edimburgo, abril de 1996.

37. Carta para Sureda, sem data, em *Cartas del fervor*, p. 216.

38. Entrevista com Mercedes Gini de Mills, Edimburgo, abril de 1996.

39. Carta para Sureda, sem data, em *Cartas del fervor*, p. 216.

40. Carta para Guillermo de Torre, 26 de junho de 1923; GDT 28.

41. Carlos García, "La edición *princeps* de *Fervor de Buenos Aires*", em *El joven Borges, poeta (1919-1930)*. Buenos Aires: Corregidor, p. 22.

42. Id., ibid., p. 33.

43. *Ensaio autobiográfico*, p. 38.

44. Carta para Guillermo de Torre, julho-agosto de 1923; GDT 29.

45. Carta para Sureda, sem data (*c.* março de 1923), em *Cartas del fervor*, p. 227.

46. Ibid.

47. Vaccaro, op. cit., p. 193.

48. Prólogo à primeira edição de *Fervor de Buenos Aires*, 1923.

7. SEGUNDA VISITA À EUROPA (1923-4) [PP. 151-67]

1. Carta para Macedonio Fernández, 20 de agosto de 1923. Ver Bernès II, p. 1115.

2. "Alejamiento" foi publicado em *Alfar*, La Coruña, n. 36, janeiro de 1924. Ver *Textos recobrados, 1919-1929*, p. 181.

3. Carta para Guillermo de Torre, junho de 1924; GDT 27.

4. Ver Carlos García, *El joven Borges, poeta*, pp. 24-32.

5. "La traducción de un incidente", *Inicial*, n. 5, maio de 1924, e *Inquisiciones*, pp. 18-9.

6. *Ensaio autobiográfico*, p. 34.

7. "La traducción de un incidente", *Inquisiciones*, pp. 20-1.

8. Ibid., pp. 21-2.

9. Ver a série de "Soleares" na primeira edição de seu segundo livro, *Luna de enfrente*. Buenos Aires: Proa, 1925. Foram omitidos em edições posteriores desse livro, mas estão em *Textos recobrados, 1919-1929*, pp. 225-6.

10. Carta para Guillermo de Torre, junho de 1924; GDT 37.

11. Eram "Romance de la luna de los gitanos", depois chamado de "Romance de la luna luna", e "Soneto", *Proa*, n. 11, junho de 1925.

12. "Los llanos" foi publicado inicialmente em *Nosotros*, n. 18, junho de 1924, e depois em *Luna de enfrente*, 1925. [Quando os títulos aparecerem em português, significa que os poemas fazem parte de *Primeira poesia*, que inclui uma edição posterior de *Lua defronte*.]

13. Ver carta a Borges e Brandán Caraffa, agosto de 1925, em Ricardo Güiraldes, *Obras completas*. Buenos Aires: Emecé, 1962, p. 780, e também Carlos García, op. cit., p. 86, nota 20.

14. Ver *Martín Fierro*, 20 de março de 1924, pp. 12-3. Esta e as subsequentes referências a páginas são relativas à *Revista Martín Fierro, 1924-1927*. Edición facsimilar. Buenos Aires: Fondo Nacional de las Artes, 1995.

15. *Martín Fierro*, 15 de maio de 1924, pp. 25-6.

16. *Martín Fierro*, 25 de julho de 1924, p. 47.

17. Entrevista com a filha de Concepción Guerrero, Mercedes Gini de Mills, Edimburgo, abril de 1996.

18. Consta da primeira edição de *Luna de enfrente*, mas foi omitido de edições posteriores.

19. Carta para Guillermo de Torre, 11 de agosto de 1924; GDT 39.

20. Carta para Guillermo de Torre, 26 de outubro de 1924; GDT 40.

21. *Martín Fierro*, agosto-setembro de 1924, p. 63.

22. Bilhete sem data para Norah Lange escrito pouco antes de 11 de agosto de 1924. Consultado por cortesia de Susana Lange, Buenos Aires.

23. "Queja de todo criollo", *Inquisiciones*, pp. 139-46 (pp. 145-6).

24. Ver a epígrafe de "*Dulcia linquimus arva*", publicado primeiro em *Revista de América*, n. 4, 26 de julho de 1925, e depois em *Lua defronte. Primeira poesia*, p. 129.

25. Bilhete sem data para Norah Lange escrito pouco antes de 11 de agosto de 1924. Consultado por cortesia de Susana Lange, Buenos Aires.

26. "El Ulises de Joyce", *Proa*, n. 6, janeiro de 1925, e *Inquisiciones*, pp. 23-8 (pp. 23-4.)

27. "Después de las imágenes", *Proa*, n. 5, dezembro de 1924, e *Inquisiciones*, pp. 29-32 (p. 31).

28. "Menoscabo y grandeza de Quevedo", *Revista de Occidente* (Madri), 17 de novembro de 1924, e *Inquisiciones*, pp. 43-9 (p. 48).

29. "Ramón y Pombo", *Martín Fierro*, 24 de janeiro de 1925, p. 93; com o título de "Ramón Gómez de la Serna" em *Inquisiciones*, pp. 132-5 (pp. 133-4).

30. "Ramón y Pombo", *Martín Fierro*, p. 93; "Ramón Gómez de la Serna", *Inquisiciones*, p. 132.

31. Carta para Guillermo de Torre, 26 de outubro de 1924; GDT 40.

32. Informação derivada de correspondência consultada por cortesia de Susana Lange, Buenos Aires.

33. Ver *Martín Fierro*, 9 de outubro de 1924; prólogo, p. 69, e poemas, p. 74. O prólogo foi reproduzido em *Inquisiciones*, pp. 83-5 (p. 83).

34. "Norah Lange", *Martín Fierro*, 25 de julho de 1924, p. 48.

35. Ulyses Petit de Murat, *El Correo Literario*, 1º de janeiro de 1944, citado em María Esther de Miguel, *Norah Lange: una biografía*. Buenos Aires: Planeta, 1991, p. 103.

36. Ulyses Petit de Murat, *Borges Buenos Aires*. Buenos Aires: Municipalidad de la Ciudad de Buenos Aires, 1980, p. 33.

37. Ver breve autorretrato de Norah Lange para a antologia de Pedro-Juan Vignale e César Tiempo, *Exposición de la actual poesía argentina*, reeditado em *Martín Fierro*, 28 de março de 1927, p. 320.

38. Carta para Jacobo Sureda, 27 de novembro de 1924, em *Cartas del fervor*, p. 234.

39. "Último sol en Villa Ortúzar", em *Luna de enfrente*, 1925. Ver "Último sol em Villa Luro", em *Lua defronte. Primeira poesia*, p. 137.

40. "Casi Juicio Final", em *Luna de enfrente*, 1925. Ver "Quase Juízo Final", em *Lua defronte. Primeira poesia*, p. 133.

41. "La última hoja del Ulises", *Proa*, n. 6, janeiro de 1925. Publicado em *Textos recobrados, 1919-1929*, pp. 201-2.

42. O título original do ensaio de Borges era "Sobre un verso de Apollinaire", *Nosotros*, n. 190, março de 1925, mas apareceu como "La Aventura y el Orden" em *El tamaño de mi esperanza*. Buenos Aires: Proa, 1926. Ver *El tamaño de mi esperanza*. Buenos Aires: Espasa Calpe/ Seix Barral, 1993, pp. 69-72. Doravante as referências serão à edição de 1993.

8. AVENTURAS NA VANGUARDA (1925) [PP. 168-77]

1. Alfredo Andrés, *Palabras con Leopoldo Marechal*. Buenos Aires: Carlos Pérez, 1968, p. 24.

2. Id., ibid.

3. "Martín Fierro y yo", *Martín Fierro*, 25 de julho de 1924, p. 46.

4. Ver Santiago Ganduglia, "Párrafo sobre la literatura de Boedo", *Martín Fierro*, 29 de dezembro de 1925, p. 190.

5. Ver "La inútil discusión de Boedo y Florida", *La Prensa*, 30 de setembro de 1928. Incluído em *Textos recobrados, 1919-1929*, pp. 365-8.

6. Ver Juan Antonio Villoldo, "La revisión fascista", *Nosotros*, n. 190, março de 1925, pp. 332-42.

7. "Carta de la dirección de *Proa*", *Nosotros*, n. 191, abril de 1925. Incluído em *Textos recobrados, 1919-1929*, pp. 207-8.

8. Carta para Sureda, sem data (*c.* junho ou julho de 1925), em *Cartas del fervor*, p. 236.

9. Consultei a carta no Archivo Évar Méndez, que se encontra na coleção de Wáshington Pereyra, Buenos Aires.

10. Ver *Martín Fierro*, 5 de maio de 1925, p. 106.

11. Carta para Guillermo de Torre, 23 de maio de 1925; GDT 43.

12. O "epitáfio" em questão apareceu em *Martín Fierro*, 17 de maio de 1925, p. 118.

13. "Oliverio Girondo: Calcomanías", *Martín Fierro*, 26 de junho de 1925, p. 122, e incluído em *El tamaño de mi esperanza*, pp. 88-90.

14. Carta para Sureda, sem data (*c.* junho ou julho de 1925), em *Cartas del fervor*, p. 236.

15. A carta estava datada de julho de 1925, mas foi publicada vários meses depois com o título de "Carta a Güiraldes y a Brandán en una muerte (ya resucitada) de *Proa*", *Proa*, n. 15, janeiro de 1926, e reeditada com o título de "Carta en la defunción de *Proa*" em *El tamaño de mi esperanza*, pp. 81-3.

16. "El Fausto criollo", em *Proa*, n. 11, junho de 1925, e em *El tamaño de mi esperanza*, pp. 15-9.

17. "El Fausto criollo", em *El tamaño de mi esperanza*, p. 17.

18. Carta para Guillermo de Torre, 31 de dezembro de 1925; GDT 44.

19. Eram: "Arrabal en que pesa el campo" e "La fundación mitológica de Buenos Aires", em *Nosotros*, n. 204, maio de 1926, pp. 52-3.

20. Ver *Martín Fierro*, 29 de dezembro de 1925, p. 193.

21. Borges não abandonaria imediatamente a "história da Argentina em verso", mas no decorrer de 1926 esse projeto parece ter estiolado. Em maio, ele falaria de "um possível livro

de poesias intitulado *Caderno San Martín*", e mais tarde, no mesmo ano, chamaria *Caderno San Martín* apenas de "um livro de versos portenhos". Ver, respectivamente, a nota de rodapé em *Nosotros*, n. 204, maio de 1926, p. 53, e a nota autobiográfica de Borges em Pedro-Juan Vignale e César Tiempo, *Exposición de la actual poesía argentina*, reimpressa em *Martín Fierro*, 28 de março de 1927, p. 320.

9. O ALEPH **(1926)** [PP. **178-89**]

1. "La pampa y el suburbio son dioses", *Proa*, n. 15, janeiro de 1926, e em *El tamaño de mi esperanza*, pp. 21-5 (p. 21).

2. Alifano, *Conversaciones*, pp. 29-30.

3. Sorrentino, *Siete conversaciones*, p. 82.

4. Alifano, *Conversaciones*, p. 30.

5. Id., ibid., p. 29.

6. "Carriego y el sentido del arrabal", *La Prensa*, 4 de abril de 1926, depois incluído em *El tamaño de mi esperanza*, pp. 27-31 (pp. 29-30). Borges ainda mantinha essa opinião na velhice; ver Carrizo, p. 174.

7. "Invectiva contra el arrabalero", *La Prensa*, 6 de junho de 1926, e em *El tamaño de mi esperanza*, pp. 121-6 (pp.125-6).

8. Ver *Martín Fierro*, 26 de fevereiro de 1927, p. 306. Ganhou o título de "Hombres pelearon" quando publicado em *El idioma de los argentinos*. Buenos Aires: Manuel Gleizer, 1928. Ver *El idioma de los argentinos*. Buenos Aires: Seix Barral/ Biblioteca Breve, 1994, pp. 126-8. Doravante, as referências de *El idioma de los argentinos* são à edição de 1994.

9. "Invectiva contra el arrabalero", em *El tamaño de mi esperanza*, pp. 125-6.

10. Ibid.

11. Escrito em janeiro de 1926, "El tamaño de mi esperanza" foi publicado pela primeira vez em *Valoraciones*, março de 1926, e, depois, na coletânea de mesmo título, pp. 11-4.

12. "El tamaño de mi esperanza", p. 14.

13. Ibid., p. 13.

14. Ibid., p. 14.

15. Cito a frase da nota de rodapé de Borges ao poema "Muertes de Buenos Aires I", na primeira edição de *Cuaderno San Martín*. Buenos Aires: Cuadernos del Plata, 1929, p. 56. Ver "Mortes de Buenos Aires", em *Caderno San Martín. Primeira poesia*.

16. Carta sem data para um correspondente anônimo, agora na Borges Collection, Alderman Library, Universidade da Virgínia.

17. Petit de Murat, *Borges Buenos Aires*, pp. 63-5.

18. Id., ibid., pp. 74-5.

19. Carta para Guillermo de Torre, maio de 1926; GDT 46.

20. Carlos Mastronardi, *Memorias de un provinciano*. Buenos Aires: Ediciones Culturales Argentinas, 1967, p. 226.

21. Francisco Luis Bernárdez, "Nora y Norah", no *Clarín* de 5 de dezembro de 1968.

22. Ver "Ofrenda", em *Martín Fierro*, 12 de dezembro de 1926, p. 286.

23. "Profesión de fe literaria", *La Prensa*, 27 de junho de 1926, e em *El tamaño de mi esperanza*, pp. 127-33.

24. Ver a resenha de *Júbilo y miedo*, de Pedro Leandro Ipuche, feita por "J. L. B." em *Martín Fierro*, 3 de setembro de 1926, p. 248.

25. *Ensaio autobiográfico*, p. 72.

26. "Página relativa a Figari. Leída con motivo de la inauguración de la exposición de cuadros de Pedro Figari realizada en el Convivio de los Cursos de Cultura Católica", *Criterio*, n. 30, 27 de setembro de 1928. Publicado em *Textos recobrados, 1919-1929*, pp. 362-4 (p. 362). Ver também capítulo 1 deste livro, p. 39.

27. Ver a dedicatória em *Historia universal de la infamia*, 1935, e meu capítulo 14, pp. 262-3.

28. "Historia de los ángeles", *La Prensa*, 7 de março de 1926, e em *El tamaño de mi esperanza*, pp. 63-7 (p. 66).

29. Ver *Martín Fierro*, 10 de maio de 1926, p. 196.

30. "Criollismo y metafísica", *Martín Fierro*, 10 de maio de 1926, p. 197.

31. "Poesía y sentimentalismo", *Martín Fierro*, 5 de outubro de 1926, p. 262.

32. Beatriz de Nóbile, *Palabras con Norah Lange*. Buenos Aires: Carlos Pérez, 1968, p. 18.

33. Ver "Martín Fierro" em *Martín Fierro*, 5 de novembro de 1926, p. 271.

34. Alfredo Andrés, *Palabras con Leopoldo Marechal*, p. 23.

35. *Martín Fierro*, 4 de agosto de 1926, p. 239.

36. Carlos Mastronardi, op. cit., p. 210.

37. "La felicidad escrita", *La Prensa*, 24 de outubro de 1926, e em *El idioma de los argentinos*, pp. 41-7 (p. 47).

38. "La felicidad escrita", p. 41.

39. *Martín Fierro*, 5 de novembro de 1926, p. 276.

40. *Martín Fierro*, 28 de março de 1927, p. 322.

41. *Martín Fierro*, 12 de dezembro de 1926, p. 280.

10. REJEIÇÃO **(1926-7)** [PP. **190-201**]

1. M. E. de Miguel, *Norah Lange*, p. 119.

2. Beatriz de Nóbile, *Palabras con Norah Lange*, p. 14.

3. M. E. de Miguel, op. cit., p. 120.

4. Ver "Cómo Dios le alcanzó una soledad", *Martín Fierro*, 15 de julho-15 de agosto de 1927, p. 366.

5. Beatriz de Nóbile, op. cit., p. 14.

6. Ver J. L. B., "Voz de la vida. Norah Lange. 'Proa' 1927", *Sintesis*, n. 10, março de 1928. Recolhido em *Textos recobrados, 1919-1929*, p. 335.

7. Norah Lange, *Voz de la vida*, Buenos Aires: Proa, 1927, pp. 26-9.

8. *Martín Fierro*, 28 de março de 1927, p. 322. Em seu número de 20 de janeiro de 1927, *Martín Fierro* anunciava que o pai de Girondo acabara de morrer, mas não dava a data (ver p. 298).

9. Ver "Cómo Dios le alcanzó una soledad", *Martín Fierro*, 15 de julho-15 de agosto de 1927, p. 366.

10. Beatriz de Nóbile, op. cit., p. 14. Talvez fosse Norah Lange que Silvina Ocampo tivesse em mente quando falou sobre uma mulher que Borges admirava que era careca e tinha de usar uma peruca. Ver "Image de Borges" em *Cahiers de L'Herne*, p. 27. Silvina, que era amiga de Norah Borges nesse período, já conhecia Borges muito bem.

11. Beatriz de Nóbile, op. cit., p. 14.

12. *Martín Fierro*, 31 de agosto-15 de novembro de 1927, p. 376.

13. Borges publicaria esse texto três vezes: primeiro, em *El idioma de los argentinos*, 1928 (ver a edição de 1993, pp. 123-6); depois como parte do ensaio que deu o título a *História da eternidade* (São Paulo: Companhia das Letras, 2010, pp. 11-35); e finalmente como parte do ensaio "Nueva refutación del tiempo", publicado primeiramente como panfleto pela (apócrifa) Oportet & Haereses, Buenos Aires, 1947, e depois incorporado a *Outras inquisições* (São Paulo: Companhia das Letras, 2007, pp. 207-10).

14. Ver *Martín Fierro*, 28 de abril de 1927, p. 332.

15. Ibid., p. 334.

16. "Un soneto de don Francisco de Quevedo", *La Prensa*, 15 de maio de 1927, e em *El idioma de los argentinos*, pp. 68-9. Os versos que Borges cita aqui eram exatamente aqueles que citara em carta que escrevera a Jacobo Sureda por volta de setembro de 1922, enquanto Concepción Guerrero estava fora de Buenos Aires por duas semanas, ausência que sentiu de forma tão aguda que o fez pensar na morte, na imortalidade e "coisas fundamentais assim". Ver meu capítulo 6, p. 143.

17. "La fruición literaria", *La Prensa*, 23 de janeiro de 1927, e em *El idioma de los argentinos*, p. 92.

18. A primeira parte de "Indagación de la palabra" foi publicada em *Sintesis*, n. 1, junho de 1927; a segunda parte, em *Sintesis*, n. 3, agosto de 1927. O ensaio inteiro foi depois incluído em *El idioma de los argentinos*, pp. 11-25.

19. "Indagación de la palabra", em *El idioma de los argentinos*, pp. 23-4.

20. Ver meu capítulo 9, p. 183.

21. "Indagación de la palabra", em *El idioma de los argentinos*, p. 24.

22. "El idioma de los argentinos", em *El idioma de los argentinos*, p. 149. A palestra, originalmente intitulada "Sobre el idioma de los argentinos", foi feita em 23 de setembro de 1927 e publicada em *La Prensa* no dia seguinte.

23. Quando Borges publicou "A la doctrina de pasión de tu voz" em *Caderno San Martín*, era dedicada à poetisa Wally Zenner e datada de 1927. O manuscrito guardado na Coleção Borges da Biblioteca Alderman Library, na Universidade da Virgínia, também é datado de 1927, mas não tem dedicatória. Bioy Casares garantiu-me que Borges nunca esteve apaixonado por Wally Zenner e que, ao contrário, a julgava divertida por causa de seu estilo melodramático de recitação (entrevista, Buenos Aires, 15 de novembro de 1995). A própria Zenner informou-me por telefone que nunca foi "amiga íntima" de Borges (Buenos Aires, 13 de novembro de 1995). Portanto, parece altamente improvável que Wally Zenner fosse o tema da poesia, especialmente naquele momento. Estou certo de que esse é um dos primeiros exemplos das muitas dedicatórias de Borges a amigas em que elas não eram necessariamente as pessoas que inspiraram a composição original.

11. VINGANÇA E DERROTA (1927-30) [PP. 202-18]

1. O manifesto foi reproduzido em *La Fronda*, 8 de setembro de 1930 — dois dias depois do golpe militar que derrubou Irigoyen —, numa matéria que zombava do entusiasmo de Borges e seus colegas pelo presidente deposto.

2. "Jorge Luis Borges y la revolución literaria de Martín Fierro", *El Correo Literario*, 1º de janeiro de 1944. Citado em Rodríguez Monegal, *Jorge Luis Borges: a literary biography*, pp. 229-30.

3. Carta consultada por cortesia de Wáshington Pereyra, Buenos Aires.

4. Ver *Martín Fierro*, 31 de agosto-15 de novembro de 1927, p. 380.

5. "Jorge Luis Borges y la revolución literaria de Martín Fierro", *El Correo Literario*, 1º de janeiro de 1944. Citado em Rodríguez Monegal, *Jorge Luis Borges: a literary biography*, pp. 229-30.

6. Essas acusações foram lembradas em um artigo do ex-*martinfierrista* Luis Emilio Soto, publicado em *La Vida Literaria*, outubro-novembro de 1930, com o título de "La trahison des clercs".

7. *Martín Fierro*, 31 de agosto-15 de novembro de 1927, p. 376.

8. Carta manuscrita consultada por cortesia de Eduardo Alvarez Tuñón, Buenos Aires.

9. Ver nota de Borges a "Muertes de Buenos Aires" na primeira edição de *Cuaderno San Martín*, 1929, pp. 56-7.

10. Ver "La Chacarita", em "Mortes de Buenos Aires", *Caderno San Martín. Primeira poesia*, pp. 174-81.

11. "Página relativa a Figari", *Criterio*, n. 30, 27 de setembro de 1928. Ver também *Textos recobrados, 1919-1929*, pp. 362-4, e meu capítulo 1, p. 39.

12. Petit de Murat, *Borges Buenos Aires*, p. 107.

13. Postal sem data escrito por volta de 1928 para Ulyses Petit de Murat. Consultado por cortesia de Fedra Petit de Murat, Buenos Aires.

14. Ibid.

15. Ibid.

16. "La perpetua carrera de Aquiles y la tortuga", *La Prensa*, 1º de janeiro de 1929, incluído em *Discussão*, trad. Josely Vianna Baptista. São Paulo: Companhia das Letras, 2008, pp. 111-8.

17. A epígrafe diz: "*Para el amor no satisfecho el mundo es misterio, un misterio que el amor satisfecho parece comprender*", Bradley, *Appearance and reality*, XV. Ver *El idioma de los argentinos*, p. 7.

18. "A duração do Inferno", *Síntesis*, n. 25, junho de 1929, e *Discussão*, pp. 97-102 (p. 102).

19. "Paseo de Julio", *Criterio*, n. 51, 21 de fevereiro de 1929, e depois em *Cuaderno San Martín*, 1929. Ver uma versão revisada em *Caderno San Martín. Primeira poesia*, pp. 191 e 193.

20. Ver Vaccaro, *Georgie*, p. 336.

21. José Emilio Pacheco, "Borges y Reyes: una correspondencia", *Revista de la Universidad de México*, v. 34, n. 4, dezembro de 1979, p. 4.

22. Id., ibid., p. 5.

23. Baseado na entrevista com Elsa Astete Millán, "Habla la mujer de Borges", em *Tiempo Argentino*, 6 de fevereiro de 1983, e em informações fornecidas por Elsie Rivero Haedo, Buenos Aires, 2 de abril de 1994.

24. Alifano, *Conversaciones*, p. 59.

25. Milleret, *Entretiens*, p. 191.

26. Alifano, *Conversaciones*, p. 59.

27. Milleret, op. cit., pp. 189-91.

28. Alifano, *Conversaciones*, p. 60.

29. Milleret, op. cit., p. 191.

30. Alifano, *Biografía verbal*, p. 161.

31. Carrizo, *Borges el memorioso*, pp. 64-5.

32. Sorrentino, *Siete conversaciones*, p. 82.

33. *Ensaio autobiográfico*, p. 56.

34. Ibid.

35. O título era "Hombres de las orillas" quando foi publicado originalmente em *Critica: Revista Multicolor de los Sábados*, 16 de setembro de 1933, mas foi trocado para "Hombre de la esquina rosada" ao ser incluído em *Historia universal de la infamia*, em 1935.

36. Entrevista com Elsa Astete Millán, "Habla la mujer de Borges", op. cit.

37. José Emilio Pacheco, "Borges y Reyes: una correspondencia", *Revista de la Universidad de México*, n. 34, dezembro (1979), pp. 5-6.

38. Carrizo, op. cit., p. 181.

39. "Nuestras imposibilidades", *Sur*, n. 4, 1931. Reeditado em *Borges en Sur, 1931-1980*. Buenos Aires: Emecé, 1999, pp. 117-20.

12. EXPERIÊNCIAS EM FICÇÃO (1930-2) [PP. 219-36]

1. *Ensaio autobiográfico*, p. 49.

2. Ibid., pp. 55-6.

3. "Cuentos del Turquestán", *La Prensa*, 29 de agosto de 1926. Incluído em *Textos recobrados, 1919-1929*, pp. 260-3.

4. "La postulación de la realidad", *Azul*, n. 10, junho de 1931, depois incluído em *Discusión*, 1932. Os trechos citados em meu texto encontram-se em *Discussão*, pp. 71-2.

5. "El arte narrativo y la magia", *Sur*, n. 5, 1932, e depois em *Discusión*, 1932. Minhas citações desse ensaio podem ser encontradas em *Discussão*, pp. 89-93.

6. *Discussão*, pp. 60-4.

7. "Una vindicación de los gnósticos", *La Prensa*, 1º de janeiro de 1932, depois publicado com o título de "Uma vindicação do falso Basilides" em *Discussão*, pp. 65-70.

8. *Noticias Gráficas*, 6 de setembro de 1955, p. 5. Ver também meu capítulo 23, p. 388.

9. "Borges at N. Y. U.", em "Prose for Borges", *Triquarterly*, n. 25, 1972, p. 459.

10. "El acercamiento a Almotásim" foi publicado inicialmente como uma "Nota" na coletânea de ensaios *Historia de la eternidad*. Buenos Aires: Viau y Zona, 1936. Ver também *História da eternidade*, pp. 110-7.

11. "Borges at N. Y. U.", em "Prose for Borges", *Triquarterly*, 1972, p. 459.

12. Ver "A aproximação a Almotásim", *História da eternidade*, pp. 116-7.

13. Ver "A aproximação a Almotásim", *História da eternidade*, p. 117.

14. Norah Lange, *45 días y 30 marineros*. Buenos Aires: Tor, 1933.

15. "Entretiens avec Napoléon Murat", *Cahiers de L'Herne*, pp. 375-7.

16. Entrevista com Olga Orozco, Buenos Aires, 7 de novembro de 1995.

17. Beatriz de Nóbile, *Palabras con Norah Lange*, p. 19.

18. Meu relato desse incidente baseia-se em informações fornecidas por Jorge Calvetti, Buenos Aires, 17 de novembro de 1995.

19. "Noticia de los kenningar", *Sur*, n. 6, 1932, pp. 202-8. Incluído com o título "As 'kenningar'" em *História da eternidade*, pp. 36-57.

20. *História da eternidade*, p. 55.

21. Ver o primeiro dos "Dois poemas ingleses", trad. Paulo Henriques Britto, em *O outro, o mesmo*, trad. Heloisa Jahn. São Paulo: Companhia das Letras, 2009.

22. Alguns dos ensaios incluídos na primeira edição de *Discusión* foram depois retirados por Borges, que acrescentou outros em edições posteriores. Para o conteúdo original, ver Nicolás Helft, *Jorge Luis Borges: bibliografía completa*. Buenos Aires: Fondo de Cultura Económica, 1997, p. 256.

23. Meu relato desse episódio baseia-se em informações encontradas em Aldo Pellegrini, *Oliverio Girondo*. Buenos Aires: Ediciones Culturales Argentinas, p. 15, e em Beatriz de Nóbile, op. cit., pp. 19-20.

24. "Almas al desnudo", *La Novela Semanal*, 19 de setembro de 1932.

25. "La perpetua carrera de Aquiles y la tortuga", *El Sol* (Madri), 4 de dezembro de 1932, e também em *Discussão*, pp. 111-8.

26. "El querer ser otro", *Litoral*, 1º de janeiro de 1933. Incluído em *Textos recobrados, 1931-1955*, pp. 32-4.

13. OS RIVAIS (1933-4) [PP. 237-51]

1. "Discusión sobre Jorge Luis Borges", *Megáfono*, n. 11, agosto de 1933, Buenos Aires, p. 24.

2. Entrevistas com Gloria Alcorta de Girondo, Paris, 3 de junho de 1995, e Olga Orozco, Buenos Aires, 7 de novembro de 1995.

3. *Las kenningar*. Buenos Aires: Francisco A. Colombo, 1933.

4. Ver Bernès I, p. 1527.

5. M. E. de Miguel, *Norah Lange*, p. 158.

6. Citado em id., ibid., p. 159.

7. Ver id., ibid., pp. 159-60.

8. Id., ibid., p. 157.

9. Para um relato das atividades de Borges como coeditor do suplemento literário de *Critica*, ver Petit de Murat, *Borges Buenos Aires*, pp. 138-49.

10. Ver a antologia *Borges en Revista Multicolor de los Sábados*. Buenos Aires: Irma Zangara, Atlántida, 1995.

11. "El dragón (Antiguos mitos germánicos)", *Crítica*, 23 de setembro de 1933. Ver Zangara, *Borges en Revista Multicolor*, p. 39.

12. "Las brujas" (Antiguos mitos germánicos)", *Crítica*, 7 de outubro de 1933. Ver Zangara, *Borges en Revista Multicolor*, pp. 42-3.

13. Burgin, *Conversations*, 1969, pp. 110-1.

14. "El mito de los elfos", *Crítica*, 4 de novembro de 1933. Ver Zangara, *Borges en Revista Multicolor*, pp. 43-4.

15. *Noticias Gráficas*, 17 de novembro de 1933.

16. Ver "45 días y 30 marineros", *Crítica*, 9 de dezembro de 1933. Ver Zangara, *Borges en Revista Multicolor*, pp. 206-7.

17. Publicado originalmente com o título de "El rostro del profeta" em *Crítica*, 20 de janeiro de 1934, e como "O tintureiro mascarado Hakim de Merv" em *Historia universal de la infamia*, 1935. Ver *História universal da infâmia*, trad. Alexandre Eulálio, *OC* I, pp. 354-9.

18. *Noticias Gráficas*, 30 de outubro de 1933.

19. *Noticias Gráficas*, 10 de setembro de 1933.

20. *Noticias Gráficas*, 30 de outubro de1933.

21. "Yo, judío", *Megáfono*, n. 3, abril de 1934. Incluído em *Textos recobrados, 1931-1955*, pp. 89-90.

22. Resenha sem data incluída depois em Ramón Doll, *Policía intelectual*. Buenos Aires: Tor, 1933.

23. "Discusión sobre Jorge Luis Borges", *Megáfono*, n. 11, agosto de 1933, Buenos Aires, p. 17.

24. "Escenas de la crueldad nazi", *Crítica*, 5 de maio de 1934. Ver Zangara, *Borges en Revista Multicolor*, pp. 348-67.

25. *Noticias Gráficas*, 4 de novembro e 12 de dezembro de 1933, respectivamente.

26. Os artigos de José Tuntar encontram-se em Zangara, *Borges en Revista Multicolor*, pp. 151-81.

27. "El lento suicidio de Diocleciano", *Crítica*, 2 de setembro de 1933. Ver Zangara, *Borges en Revista Multicolor*, p. 160.

28. "Ovidio en el pais de las flechas", *Crítica*, 7 de outubro de 1933. Ver Zangara, *Borges en Revista Multicolor*, pp. 162-3.

29. "Espías en la Roma imperial", *Crítica*, 18 de novembro de 1933. Ver Zangara, *Borges en Revista Multicolor*, pp. 166-73.

30. "Las grandes orgías romanas", *Crítica*, 3 de março de 1934. Ver Zangara, *Borges en Revista Multicolor*, pp. 173-81.

31. "Espías en la Roma imperial", *Crítica*, 18 de novembro de 1933. Ver Zangara, *Borges en Revista Multicolor*, p. 171.

32. Norah Lange, "Un vacilante juego mortal", *Crítica: Revista Multicolor de los Sábados*, 7 de abril de 1934.

33. Entrevista com Olga Orozco, Buenos Aires, 7 de novembro de 1995.

34. Ibid.

35. Devo essa informação a Susana Lange, carta de 6 de novembro de 2001.

36. Ibid.

37. Norah Lange, *Cuadernos de infancia* (1937), citado em M. E. de Miguel, op. cit., p. 15.

14. FRACASSO (**1934-5**) [PP. **255-65**]

1. "30 pesos vale la muerte", *Crítica*, 21 de julho de 1934. Ver Zangara, *Borges en Revista Multicolor*, pp. 51-60.

2. "30 pesos vale la muerte", em Zangara, ibid., p. 58.

3. "¡No valía la pena!", *Crítica*, 8 de setembro de 1934. Ver Zangara, ibid., pp. 60-3.

4. "¡No valía la pena!", em Zangara, ibid., p. 63.

5. Ver "A aproximação a Almotásim", *História da eternidade*, p. 115. Essa história foi publicada

pela primeira vez em *Historia de la eternidad*, 1936, e depois reeditada em *El jardín de senderos que se bifurcan*, 1941, que foi incorporado a *Ficciones*, 1944. Porém, Borges omitiu-a de *Ficciones* em suas *Obras completas*.

6. "A aproximação a Almotásim", *História da eternidade*, p. 115.

7. Essas "Confesiones" foram inicialmente publicadas em *Crítica*, 15 de setembro de 1934, com o pseudônimo de Francisco Bustos e depois incorporadas a *O fazedor*: "Dreamtigers", p. 14, "Os espelhos velados", p. 17, e "As unhas", p. 16.

8. "Un infierno" saiu em *Crítica*, 15 de setembro de 1934, com o pseudônimo de Francisco Bustos. Havia sido o pós-escrito de "La duración del infierno", *Síntesis*, n. 25-27, junho de 1929, e depois foi incorporado a *Discussão*, pp. 97-102.

9. Ver M. de Torre, *Borges: fotografías y manuscritos*, p. 91.

10. Id., ibid., p. 92.

11. Sorrentino, *Siete conversaciones*, p. 15.

12. "Commentaries", em *The Aleph and other stories*, p. 271.

13. Meu relato baseia-se nos "Commentaries" de Borges em *The Aleph and other stories*, p. 271, e em sua entrevista a Carlos Peralta, "L'électricité des mots", em *Cahiers de L'Herne*, p. 413.

14. "Commentaries", em *The Aleph and other stories*, p. 271.

15. "El muerto" foi publicado primeiramente em *Sur*, n. 145, novembro de 1946, e depois incluído em *O Aleph* (1949).

16. Esses textos sairiam, respectivamente, em *Ficciones*, 1944, *El Aleph*, 1949, e *El informe de Brodie*, 1970.

17. Petit de Murat, *Borges Buenos Aires*, p. 149.

18. Alifano, *Conversaciones*, p. 255.

19. *História universal da infâmia*, *OC* I, pp. 313-84.

20. Ver o prólogo da edição de 1954 de *Historia universal de la infamia* reeditado em *OC* I, p. 316.

21. *Ensaio autobiográfico*, p. 13.

22. "Tlön, Uqbar, Orbis Tertius", *Ficções*, p. 17.

23. Ver *OC* I, p. 317, onde a dedicatória é para uma igualmente misteriosa S. D., mudança efetuada na edição de 1954 de *Historia universal de la infamia*.

24. Ver José Tuntar, "Ovidio en el país de las flechas", em Zangara, *Borges en Revista Multicolor*, pp. 162-3.

25. Ver meu capítulo 9, p. 186.

26. Ver meu capítulo 13, p. 249.

27. "Historia de la eternidad" saiu inicialmente numa coletânea de ensaios com esse título publicada por Viau y Zona, Buenos Aires, 1936. *História da eternidade*, pp. 11-35.

28. Ver "História da eternidade", pp. 30-1.

29. Informação fornecida por Susana Lange, carta de 16 de dezembro de 2000.

30. "Examen de la obra de Herbert Quain" foi publicado primeiramente em *Sur*, n. 79, abril de 1941, e depois incluído em *El jardín de senderos que se bifurcan*, 1941, e *Ficciones*, 1944.

31. *História da eternidade*, p. 117.

15. ISOLAMENTO (1936-7) [PP. 266-80]

1. Bioy Casares, *Memorias: infancia, adolescencia, y como se hace un escritor*. Barcelona: Tusquets, 1994, p. 108.

2. Entrevista com Bioy Casares, Buenos Aires, 31 de março de 1994. Um relato levemente diferente encontra-se nas *Memorias* de Bioy, p. 108.

3. Entrevista com Bioy Casares, Buenos Aires, 31 de março de 1994.

4. Bioy Casares, *Memorias*, p. 77.

5. Id., ibid.

6. Id., ibid., p. 86.

7. Id., ibid., pp. 52-8.

8. Resenha de *La estatua casera*, *Sur*, n. 18, março de 1936. Ver *Borges en Sur*, pp. 130-1.

9. Bioy Casares, *Memorias*, p. 77.

10. Id., ibid., p. 78.

11. Id., ibid., pp. 92-3.

12. Id., ibid., p. 86.

13. Entrevista com Bioy Casares, Buenos Aires, 15 de novembro de 1995.

14. Burgin, *Conversations*, 1969, p. 56.

15. *Ficções*, p. 67.

16. *Ficções*, pp. 66-7.

17. "Prólogo" a Arturo M. Jauretche, *El Paso de los Libres. Relato gaucho de la última revolución radical (Diciembre de 1933), dicho en verso por el paisano Julián Barrientos, que anduvo en ella* (1934). Buenos Aires: Corregidor, 1992, pp. 23-4 (p. 23).

18. Horacio Salas, *Borges: una biografía*. Buenos Aires: Planeta, 1994, p. 148.

19. "Tareas y destino de Buenos Aires", em *Homenaje a Buenos Aires en el cuarto centenario de su fundación*. Buenos Aires: Municipalidad de la Ciudad de Buenos Aires, 1936. Ver *Textos recobrados, 1931-1955*, pp. 140-55. Minhas citações nesse parágrafo são da p. 154.

20. Esse trecho fazia parte do discurso originalmente publicado com o título de "Página relativa a Figari" em *Criterio*, n. 30, 27 de setembro de 1928. Ver *Textos recobrados, 1919-1929*, p. 363. Ver também meu capítulo 1, p. 39 e capítulo 11, p. 209.

21. "América y el destino de la civilización occidental", *Nosotros* (segunda época), ano 1, abril de 1936, pp. 60-1. Ver *Textos recobrados, 1931-1955*, pp. 350-1.

22. Ver Rodríguez Monegal, *Jorge Luis Borges: a literary biography*, pp. 297-9, e María Esther Vázquez, *Victoria Ocampo*. Buenos Aires: Planeta, 1991, pp. 148-9.

23. "*L'homme blanc* de Jules Romains", *El Hogar*, 17 de setembro de 1937. Reeditado em *Textos cativos*, trad. Sérgio Molina. *OC* IV, pp. 363-4.

24. Bioy Casares, *Memorias*, p. 78.

25. Id., ibid., pp. 78-9.

26. Id., ibid., p. 79.

27. Ver carta de Bioy Casares em *Macedonio Fernández: epistolario. Obras completas*. II. Buenos Aires: Corregidor, 2ª ed., 1991, pp. 352-3.

28. Entrevista com Bioy Casares, Buenos Aires, 12 de setembro de 1994.

29. Ver "El tamaño de mi esperanza", em *El tamaño de mi esperanza*, p. 14.

30. Sorrentino, *Siete conversaciones*, pp. 63-4.

31. "Una pedagogía del odio", *Sur*, n. 32, maio de 1937. Ver *Borges en Sur*, pp. 145-6.

32. "Una exposición afligente", *Sur*, n. 49, outubro de 1938. Ver *Borges en Sur*, pp. 155-7.

33. "Un caudaloso manifiesto de Breton", *El Hogar*, 2 de dezembro de 1938. Incluído em *Textos cativos*. Ver "Por uma arte revolucionária independente. Manifesto de Diego Rivera e André Breton pela libertação definitiva da arte", *OC* IV, pp. 469-70.

34. "Las 'nuevas generaciones' literarias", *El Hogar*, 26 de fevereiro de 1937. Republicado em *Textos cativos*. Ver *OC* IV, pp. 300-2.

35. Entrevista com Lila Mora de Araujo, Buenos Aires, 15 de setembro de 1994.

36. Alifano, *Conversaciones*, pp. 133-4.

37. Entrevista com Bioy Casares, Buenos Aires, 12 de setembro de 1994.

38. Uma coletânea dos discursos de Norah Lange foi publicada em 1942 com o título de *Discursos* e depois incorporada a *Estimados congéneres*. Buenos Aires: Losada, 1968.

39. Entrevista com Alicia Jurado, Buenos Aires, 10 de novembro de 1995.

40. Entrevista com Bioy Casares, Buenos Aires, 25 de novembro de 1995.

41. Sorrentino, op. cit., p. 17.

42. Carrizo, *Borges el memorioso*, p. 268.

43. Entrevista com Bioy Casares, Buenos Aires, 12 de setembro de 1994.

44. Ibid.

16. A MORTE DO PAI (1938-9) [PP. 281-92]

1. "El otro", em *El libro de arena*, 1975. Ver *O livro de areia*, p. 10.

2. *Ensaio autobiográfico*, p. 60.

3. Ver "Entretiens avec James E. Irby", *Cahiers de L'Herne*, p. 399, e *Ensaio autobiográfico*, p. 61.

4. Ibid., p. 398, e ibid., p. 62.

5. *Ensaio autobiográfico*, p. 61.

6. Ibid., p. 62.

7. Ver resposta de Borges a um questionário em *Latitud*, n. 1, fevereiro de 1945. Incluído em *Textos recobrados, 1931-1955*, pp. 352-4 (pp. 352-3).

8. Carrizo, *Borges el memorioso*, p. 20.

9. *Ensaio autobiográfico*, pp. 32-3.

10. Sorrentino, *Siete conversaciones*, p. 96.

11. Manuscrito guardado na Coleção Borges, Biblioteca Alderman, Universidade da Virgínia.

12. Ver meu capítulo 3, p. 76.

13. Ver *História da eternidade*, pp. 11-35.

14. "Franz Kafka: *La metamorfosis*" in *Prólogo con un prólogo de prólogos*, pp. 103-5 (p. 103).

15. Ibid.

16. Ver *El Hogar*, 27 de maio de 1938.

17. Ver *Textos cativos*, *OC* IV, pp. 428-9.

18. Ver *Ensaio autobiográfico*, p. 63.

19. "Pierre Menard, autor del *Quijote*" saiu em *Sur*, n. 56, maio de 1939, e depois foi incluído em *El jardín de senderos que se bifurcan*, 1941, e *Ficciones*, 1944. Ver *Ficções*, pp. 34-45.

20. "La biblioteca total", *Sur*, n. 59, agosto de 1939, pp. 13-6. Reeditado em *Borges en Sur*, pp. 24-7.

21. "La biblioteca total", em *Borges en Sur*, p. 27.

22. Ibid.

23. "Tlön, Uqbar, Orbis Tertius", *Sur*, n. 68, maio de 1940, e coligido em *El jardín de senderos que se bifurcan*, 1941, e *Ficciones*, 1944. Ver *Ficções*, pp. 13-33.

17. O EXEMPLO DE DANTE (1939-40) [PP. 293-310]

1. Entrevista com Bioy Casares, Buenos Aires, 15 de novembro de 1995. O apartamento foi comprado em 1957 pela amiga de Borges, a escritora Alicia Jurado. Agradeço a ela por me tê-lo mostrado em 10 de novembro de 1995.

2. *Antología de la literatura fantástica*. Buenos Aires: Sudamericana, 1940, e *Antología poética argentina*. Buenos Aires: Sudamericana, 1941.

3. As citações de Bioy Casares em meu relato disso baseiam-se em duas entrevistas com ele feitas em Buenos Aires em 15 e 25 de novembro de 1995.

4. *Ensaio autobiográfico*, p. 62.

5. As citações são de, respectivamente, Sorrentino, *Siete conversaciones*, pp. 72 e 73, e Carrizo, *Borges el memorioso*, p. 118.

6. "El encuentro en un sueño", *Nueve ensayos dantescos*. Madri: Espasa-Calpe, 1982. Ver "O encontro num sonho", em *Nove ensaios dantescos*, trad. Samuel Titan Jr. *OC* III, pp. 414-7.

7. "La última sonrisa de Beatriz", *Nueve ensayos dantescos*. Ver "O último sorriso de Beatriz", em *Nove ensaios dantescos*. *OC* III, pp. 418-21.

8. Ibid., p. 421.

9. "O encontro num sonho", op. cit.

10. Entrevista com Bioy Casares, Buenos Aires, 15 de novembro de 1995.

11. Ibid.

12. Ibid.

13. Ibid.

14. Meu relato das relações de Borges com Haydée Lange nessa época baseia-se numa entrevista com Olga Orozco feita em Buenos Aires, em 17 de novembro de 1995.

15. Sorrentino, op. cit., p. 38, e "Borges at N. Y. U.", em "Prose for Borges", *Triquarterly*, n. 25, 1972, p. 459, respectivamente.

16. *Noticias Gráficas*, 6 de setembro de 1955, p. 5. Incluído em *Textos recobrados, 1931-1955*, p. 371. (A data da entrevista é dada aqui como sendo 19 de julho de 1955.)

17. *El Congreso* foi publicado pela primeira vez em Buenos Aires por El Archibrazo em 1971 e depois incluído em *El libro de arena*. Buenos Aires: Emecé, 1975. Ver *O livro de areia*, pp. 22-42.

18. Ver *Martín Fierro*, 24 de janeiro de 1925, p. 102.

19. Ver meu capítulo 8, p. 173.

20. *Martín Fierro*, 28 de abril de 1927, pp. 334 e 332, respectivamente. Ver também meu capítulo 10, p. 198.

21. Ver meu capítulo 11, pp. 204-6.

22. Ver "La divina comedia", em *Siete Noches*. Buenos Aires: Fondo de Cultura Económica, 2ª ed., 1993, p. 91.

23. "La noche cíclica" foi depois publicado em *Poemas (1922-1943)*. Buenos Aires: Losada, 1943, e em *El otro, el mismo*, 1964. Ver *O outro, o mesmo*, pp. 24-7.

24. Ver meu capítulo 10, pp. 197-8.

25. Entrevista com Olga Orozco, Buenos Aires, 15 de setembro de 1994.

26. Esse texto só está disponível em tradução para o inglês de Donald A. Yates, a qual parafraseei e condensei aqui. Ver seu artigo "Behind 'Borges and I'", *Modern Fiction Studies*, v. 19, n. 3, 1973, pp. 317-24 (p. 322).

27. Ver ibid., p. 323.

28. "Las ruinas circulares", *Sur*, n. 75, dezembro de 1940. Depois incluido em *El jardín de senderos que se bifurcan*, 1941, e *Ficciones*, 1944. Ver *Ficções*, pp. 46-52.

29. "La loteria en Babilonia" saiu primeiramente em *Sur*, n. 76, janeiro de 1941. Foi depois incluído em *El jardín de senderos que se bifurcan*, 1941, e em *Ficciones*, 1944. Ver *Ficções*, pp. 80-93.

30. "La biblioteca de Babel" foi publicado pela primeira vez em *El jardín de senderos que se bifurcan*, 1941, e depois em *Ficciones*, 1944. Ver *Ficções*, pp. 69-79.

18. O JARDIM DE VEREDAS QUE SE BIFURCAM (1940-4) [PP. 311-28]

1. "Ensayo de imparcialidad", *Sur*, n. 61, outubro de 1939, incluído em *Borges en Sur*, pp. 28-30.

2. *Antología de la literatura fantástica*. Buenos Aires: Sudamericana, 1940. Minha citação é da edição de Barcelona: Edhasa-Sudamericana, 1977, p. 13.

3. As citações são do prólogo de Borges, "Adolfo Bioy Casares: *A invenção de Morel*", reeditado em *Prólogos con un prólogo de prólogos*, pp. 28-31.

4. "Examen de la obra de Herbert Quain", *Sur*, n. 79, abril de 1941, e coligido em *El jardín de senderos que se bifurcan*, 1941, e *Ficciones*, 1944. Ver *Ficções*, pp. 62-8.

5. "Leyes de la narración policial" saiu inicialmente em *Hoy Argentina*, abril de 1933, pp. 48-9, e foi incluído em *Textos recobrados, 1931-1955*, pp. 36-9; e "Los laberintos policiales y Chesterton" saiu em *Sur*, n. 10, julho de 1935, pp. 92-4, e depois foi reeditado em *Borges en Sur*, pp. 126-9.

6. "El cuento policial" é uma palestra feita em 16 de junho de 1978, na Universidade de Belgrano, e incluída em *Borges, oral*. Buenos Aires: Emecé/Belgrano, 4ª ed., 1995, p. 104.

7. *Seis problemas para don Isidro Parodi* foi publicado primeiramente pela Editorial Sur, Buenos Aires, 1942. Ver *Obras completas en colaboración*, pp. 13-121.

8. *El jardín de senderos que se bifurcan* foi publicado pela Editorial Sur, Buenos Aires, em 30 de dezembro de 1941, de acordo com o colofão, embora a data do copyright seja 1942. Ver *Ficções*, pp. 9-93.

9. A resenha de Bioy Casares saiu em *Sur*, n. 92, maio de 1942. Ver Emir Rodríguez Monegal, *Jorge Luis Borges: a literary biography*, pp. 363-4.

10. Ver Horacio Salas, *Borges: una biografía*, p. 204.

11. Essa homenagem foi publicada com o título de "Desagravio a Borges", *Sur*, n. 94, julho de 1942.

12. Ver "1941", *Sur*, n. 87, dezembro de 1941. Reeditado em *Borges en Sur*, pp. 31-2.

13. "La muerte y la brújula" saiu em *Sur*, n. 92, maio de 1942, e foi coligido em *Ficciones*, 1944. Ver *Ficções*, pp. 121-35.

14. "Commentaries", em *The Aleph and other stories*, p. 269.

15. A manchete do número de dezembro de 1942 de *Leoplan* diz: "Para este escritor el año 1942 no ha sido muy propicio en cuanto a salud se refiere" ["Para este escritor, o ano de 1942 não foi muito propício no que se refere à saúde"].

16. Entrevista com Olga Orozco, Buenos Aires, 15 de setembro de 1994. A citação é de "Del infierno y del cielo", publicado primeiramente em *Poemas (1922-1943)*. Buenos Aires: Losada, 1943, e depois em *El otro, el mismo*, 1964. Ver *O outro, o mesmo*, pp. 28-31.

17. "La forma de la espada" saiu em *La Nación* em 26 de julho de 1942 e depois foi incluído em *Ficciones*, 1944. Ver *Ficções*, pp. 109-15.

18. "El milagro secreto" saiu em *Sur*, n. 101, fevereiro de 1943, e depois foi incluído em *Ficciones*, 1944. Ver *Ficções*, pp. 136-44.

19. David Rock, *Authoritarian Argentina: the nationalist movement, its history and its impact*. Berkeley: University of Califomia Press, 1993, p. 135.

20. "Poema conjetural" saiu em *La Nación* em 4 de julho e depois em *Poemas (1922-1943)*. Mais tarde, foi incluído em *El otro, el mismo*, 1964. Ver *O outro, o mesmo*, pp. 32-5.

21. Entrevista com Norah Kildal Lange, Buenos Aires, 23 de novembro de 1995.

22. "Tema del traidor y del héroe" saiu em *Sur*, n. 112, fevereiro de 1944, e depois foi incluído em *Ficciones*, 1944. Ver *Ficções*, pp. 116-20.

23. Eles ganharam o título de "Two English poems" e uma dedicatória "Para Beatriz Bibiloni Webster de Bullrich" quando saíram depois em *El otro, el mismo*, 1964. Ver *O outro, o mesmo*, pp. 18-23.

24. Entrevista com Olga Orozco, Buenos Aires, 17 de novembro de 1995.

25. Meu relato desse episódio baseia-se em informações dadas por Olga Orozco em minhas entrevistas com ela em Buenos Aires em 15 de setembro de 1994 e 17 de novembro de 1995.

26. Consultei os textos datilografados dessas duas cartas para Elsa Astete Millán por cortesia da Colección Jorge Luis Borges, Fundación San Telmo, Buenos Aires.

27. "Tres versiones de Judas" saiu em *Sur*, n. 118, agosto de 1944, e depois foi coligido em *Ficciones*, 1944. Ver *Ficções*, pp. 145-51.

28. David Rock, *Authoritarian Argentina*, p. 137.

29. *Ficciones* foi publicado pela Editorial Sur, Buenos Aires. Essa primeira edição consistia de oito contos que haviam saído originalmente em *El jardín de senderos que se bifurcan*, 1941, e outros seis contos pertencentes a *Artificios*; incluía também os prólogos das duas coletâneas. Outros três contos que fazem parte agora do volume canônico de *Ficciones* foram acrescentados na segunda edição, publicada pela Emecé em 1956.

30. "Agradecimiento a la demostración ofrecida por la Sociedad Argentina de Escritores", *Sur*, n. 129, julho de 1945. Incluído em *Borges en Sur*, pp. 300-2.

19. A "NOVA BEATRIZ" (1944-6) [PP. 331-48]

1. Estela Canto, *Borges a contraluz*, p. 24. Meu relato das relações de Borges com Estela Canto baseia-se amplamente nas informações fornecidas por esse livro. [*Borges a contraluz*, trad. Vera Mascarenhas de Campos. São Paulo: Iluminuras, 1991.]

2. Ver entrevista com Estela Canto em *La Nación*, 7 de outubro de 1990.

3. Para um relato mais detalhado do contexto autobiográfico de "O Aleph", ver capítulo 7, pp. 162-7, capítulo 9, passim, e capítulo 13, p. 250.

4. "De la alta ambición en el arte. Contesta Jorge Luis Borges", *Latitud*, ano 1, fevereiro de 1945. Incluído em *Textos recobrados, 1931-1955*, pp. 352-4 (p. 353). Uma vez que esse questionário foi publicado em fevereiro de 1945, Borges deve ter respondido em dezembro de 1944 ou no início de janeiro 1945, quando já estava apaixonado por Estela Canto.

5. Canto, op. cit., p. 96.

6. Ver entrevista com Estela Canto em *La Nación*, 7 de outubro de 1990.

7. Ibid.

8. Entrevista com o dr. Germán García, presidente da Associação Psicanalítica Argentina, Buenos Aires, 24 de setembro de 1994.

9. Ver Rita Goldaracena, "Las inhibiciones del joven Borges", uma entrevista com o dr. Miguel Kohan-Miller, *El País* (Madri), 23 de dezembro de 1990.

10. Canto, op. cit., p. 113.

20. HUMILHAÇÃO E ANGÚSTIA (1946-7) [PP. 349-57]

1. "Historia de los dos reyes y los dos laberintos" foi publicado primeiramente com o título de "Una leyenda arábiga" em *El Hogar*, 16 de junho de 1939, e depois incluído na edição de 1952 de *El Aleph* como "Los dos reyes y los dos laberintos"; ver "Os dois reis e os dois labirintos", em *O Aleph*, pp. 122-3. "Límites" foi coligido em *El hacedor*, 1960. Ver *O fazedor*, p. 159.

2. "El poeta declara su nombradía" foi incluído em *El hacedor*, 1960. Ver *O fazedor*, p. 161.

3. *Ensaio autobiográfico*, pp. 62-3.

4. Canto, *Borges a contraluz*, p. 118.

5. Entrevista com José María Castiñeira de Dios, Buenos Aires, 8 de novembro de 1995.

6. Entrevista com Raúl Salinas, Buenos Aires, 22 de novembro de 1995.

7. Ibid.

8. Ibid.

9. "Para las seis cuerdas: milonga con variaciones" foi publicado com o pseudênimo de "Fidelio" em *Pueblo Entero*, maio de 1980. Pude consultar esse artigo por cortesia de Fermín Chávez, Buenos Aires.

10. "Jorge Luis Borges, inspector de aves", *Democracia*, 24 de julho de 1946.

11. "¿Cuál es cuál?", em *Descamisada*, 8 de agosto de 1946.

12. O discurso de Borges foi publicado depois com o título de "Palabras pronunciadas por Jorge Luis Borges en la comida que le ofrecieron los escritores", *Sur*, n. 142, agosto de 1946, e reproduzido como "Déle, déle" em *Argentina Libre*, 15 de agosto de 1946. Ver também *Borges en Sur*, pp. 303-4.

13. Entrevista com Betina Edelberg, Buenos Aires, 9 de setembro de 1996.

14. *Ensaio autobiográfico*, p. 63.

15. Ibid., p. 63.

16. Alifano, *Biografia verbal*, p. 109.

17. *Ensaio autobiográfico*, p. 64.

18. Entrevista com Bioy Casares, Buenos Aires, 25 de novembro de 1995.

19. "El muerto", *Sur*, n. 145, novembro de 1946, e *El Aleph*, 1949. Ver *O Aleph*, pp. 26-32.

20. Foi publicado com o título de "Los inmortales" em *Los Anales de Buenos Aires*, n. 12, fevereiro de 1947, e como "El inmortal" em *El Aleph*, 1949. Ver *O Aleph*, pp. 7-25.

21. "Los teólogos", *Los Anales de Buenos Aires*, n. 14, abril de 1947, e *El Aleph*, 1949. Ver *O Aleph*, pp. 33-42.

22. "La casa de Asterión", *Los Anales de Buenos Aires*, n. 15-16, maio-junho de 1947, e *El Aleph*, 1949. Ver *O Aleph*, pp. 60-3.

23. "La busca de Averroes", *Sur*, n. 152, junho de 1947, e *El Aleph*, 1949. Ver *O Aleph*, pp. 82-92.

24. "El Zahir", *Los Anales de Buenos Aires*, n. 17, julho de 1947, e *El Aleph*, 1949. Ver *O Aleph*, pp. 93-103.

25. Carrizo, *Borges el memorioso*, p. 235.

21. FALSAS ESPERANÇAS (1947-50) [PP. 358-70]

1. Silvina Ocampo, "Image de Borges", *Cahiers de L'Herne*, p. 27, e Rodríguez Monegal, *Jorge Luis Borges: a literary biography*, p. 271.

2. Entrevista com Esther Zemborain de Torres, Buenos Aires, 27 de novembro de 1995.

3. Entrevista com Betina Edelberg, Buenos Aires, 9 de setembro de 1996.

4. Clark M. Zlotchew, "Jorge Luis Borges: an interview", em Burgin (org.), *Jorge Luis Borges: conversations*. Jackson: University Press of Mississippi, 1998, p. 222.

5. Alifano, *Biografía verbal*, p. 91.

6. Entrevista com Esther Zemborain de Torres, 27 de novembro de 1995.

7. "Emma Zunz" saiu em *Sur*, n. 167, setembro de 1948, e em *El Aleph*, 1949. Ver *O Aleph*, pp. 53-9.

8. Carrizo, *Borges el memorioso*, p. 235.

9. Burgin, *Conversations*, 1969, p. 41.

10. *La Prensa*, 12 de setembro de 1948.

11. Meu relato baseia-se numa matéria de *La Prensa*, 9 de outubro de 1948.

12. Sorrentino, *Siete conversaciones*, p. 59.

13. "La redención" saiu em *La Nación*, 9 de janeiro de 1949, datado de "dezembro de 1948". Ganhou o título de "La otra muerte" quando foi coligido em *El Aleph*, 1949. Ver "A outra morte", em *O Aleph*, pp. 64-72.

14. "La escritura del Dios", *Sur*, n. 172, fevereiro de 1949, e em *El Aleph*, 1949. Ver "A escrita do deus", em *O Aleph*, pp. 104-10.

15. Canto, *Borges a contraluz*, p. 216.

16. "Historia del guerrero y de la cautiva" saiu em *Sur*, n. 175, maio de 1949, e em *El Aleph*, 1949. Ver *O Aleph*, pp. 43-8.

17. Canto, op. cit., p. 146.

18. Carta sem data reproduzida em Canto, op. cit., pp. 147-8.

19. Ibid., pp. 149-50.

20. Canto, op. cit., p. 120.

21. "La espera" foi publicado em *La Nación*, 27 de agosto de 1950, e na edição de 1952 de *El Aleph*. Ver *O Aleph*, pp. 124-8.

22. BORGES CONTRA PERÓN (1950-5) [PP. 371-86]

1. Ver Alicia Dujovne Ortiz, *Eva Perón: a biography*. Londres: Little, Brown, 1997, p. 258.

2. Sorrentino, *Siete conversaciones*, pp. 59-60.

3. A carta foi escrita em 1950, mas não está datada.

4. Entrevista com Betina Edelberg, Buenos Aires, 9 de setembro de 1996.

5. *Ensaio autobiográfico*, p. 67.

6. Entrevista com Luisa Mercedes Levinson em *Análisis*, Buenos Aires, 17 de agosto de 1970, citada em Horacio Salas, *Borges: una biografía*, p. 226.

7. Entrevista com Betina Edelberg, Buenos Aires, 9 de setembro de 1996.

8. *Visión*, 10 de março de 1979.

9. "La fiesta del monstruo" foi finalmente publicado em *Marcha* (Montevidéu), 30 de setembro de 1955, e em *Nuevos cuentos de Bustos Domecq*, 1977. Ver *Obras completas en colaboración*. Buenos Aires: Emecé, 1979, pp. 392-402.

10. Entrevista com Betina Edelberg, Buenos Aires, 9 de setembro de 1996.

11. Milleret, *Entretiens*, p. 91.

12. Entrevista com Betina Edelberg, Buenos Aires, 9 de setembro de 1996.

13. "La secta del Fénix" saiu em *Sur*, n. 215-216, setembro-outubro de 1952, e na edição de 1956 de *Ficciones*. Ver *Ficções*, pp. 156-9.

14. Ronald Christ, *The narrow act: Borges' art of allusion*. Nova York: New York University Press, 1969, p. 190.

15. Ver Betina Edelberg, "Algunos de los muchos recuerdos", *Proa* (terceira época), n. 23, 1996, p. 67.

16. "El escritor argentino y la tradición" foi publicado em *Sur*, n. 232, janeiro-fevereiro de 1955, e depois incorporado à edição de 1957 de *Discusión*. Ver *Discussão*, pp. 147-58.

17. Ortiz Dujovne, op. cit., p. 328.

18. Id., ibid., p. 334.

19. Citado em John King, *Sur: a study of the Argentine literary journal and its role in the development of a culture, 1931-1970*. Cambridge: Cambridge University Press, 1986, p. 145.

20. "El Sur" saiu em *La Nación*, 8 de fevereiro de 1953, e foi incorporado à edição de 1956 de *Ficciones*. Ver *Ficções*, pp. 160-8.

21. Jorge Luis Borges, em colaboração com Margarita Guerrero, *El Martín Fierro*. Buenos Aires: Columba, 1953. Ver também *Obras completas en colaboración*, pp. 513-65.

22. Jorge Luis Borges e Margarita Guerrero, *Manual de zoología fantástica*. Cidade do México: Fondo de Cultura Económica, 1957. Uma edição ampliada sairia com o título de *El libro de los seres imaginarios*. Buenos Aires: Kier, 1967. Ver *O livro dos seres imaginários*, trad. Heloísa Jahn. São Paulo: Companhia das Letras, 2007.

23. Entrevista com Betina Edelberg, Buenos Aires, 9 de setembro de 1996.

24. Ibid.

25. "Mateo, XXV, 30" datado de 1953, foi publicado em *La Nación*, 15 de novembro de 1953. Foi coligido em *El otro, el mismo*, 1964. Ver *O outro, o mesmo*, pp. 49 e 51.

26. Carrizo, *Borges el memorioso*, p. 52.

27. *Visión*, 10 de março de 1979.

28. *Ensaio autobiográfico*, p. 68.

29. Ibid., p. 67.

30. Reportagem no *Clarín*, 1º de fevereiro de 1963.

31. "El desafío" foi publicado em *La Nación*, 28 de dezembro de 1952, e depois incorporado à edição de 1974 de *Evaristo Carriego*. Ver *OC* I, pp. 173-6.

32. "El puñal" foi publicado na edição de 1955 de *Evaristo Carriego* e depois incluído na edição de 1969 de *El otro, el mismo*. Ver *OC* I, p. 163.

33. "Diálogos del asceta y del rey", *La Nación*, 20 de setembro de 1953. Reeditado em *Textos recobrados, 1931-1955*, pp. 302-6 (p. 302).

34. Ver Rodríguez Monegal, *Jorge Luis Borges: a literary biography*, pp. 427-8.

35. "El puñal" foi posteriormente publicado em 25 de junho de 1954, em *Marcha*, uma revista de esquerda editada por Emir Rodríguez Monegal em Montevidéu. Ver Rodríguez Monegal, *Jorge Luis Borges: a literary biography*, p. 427.

36. "El fin" saiu em *La Nación*, 11 de outubro de 1953, e foi incorporado à edição de 1956 de *Ficciones*. Ver *Ficções*, pp. 152-5.

37. Meu relato desse episódio baseia-se numa entrevista com Bioy Casares, Buenos Aires, 17 de novembro de 1995.

38. Entrevista com Esther Zemborain de Torres, Buenos Aires, 27 de novembro de 1995.

39. "*Inferno*, I, 32" foi publicado primeiramente na revista de Havana *Ciclón* (maio de 1955), datado "Buenos Aires, 15 de fevereiro de 1955". Depois foi coligido em *El hacedor*, 1960. Ver *O fazedor*, pp. 52-3.

23. A REVOLUÇÃO LIBERTADORA (1955-9) [PP. 387-404]

1. Ver Vázquez, *Borges: esplendor* y *derrota*, p. 200.

2. Canto, *Borges a contraluz*, p. 242.

3. Id., ibid., p. 246.

4. A entrevista está em *Textos recobrados, 1931-1955*, pp. 367-71 (p. 371).

5. Sorrentino, *Siete conversaciones*, pp. 60-1.

6. *Ensaio autobiográfico*, p. 68.

7. Entrevista com Esther Zemborain de Torres, Buenos Aires, 25 de novembro de 1995.

8. *Ensaio autobiográfico*, pp. 69-70.

9. Entrevista com Betina Edelberg, Buenos Aires, 9 de setembro de 1996.

10. *Ensaio autobiográfico*, p. 69.

11. Canto, op. cit., p. 245.

12. Entrevista com Bioy Casares, Buenos Aires, 17 de novembro de 1995.

13. "L'illusion comique", *Sur*, n. 237, novembro-dezembro de 1955. Reeditado em *Borges en Sur*, pp. 55-7.

14. Canto, op. cit., p. 245.

15. Id., ibid.

16. Ver Vázquez, *Borges: esplendor y derrota*, p. 186.

17. "Una rosa amarilla" foi publicado em *El Hogar*, 20 de janeiro de 1956, e coligido em *El hacedor*, 1960. Ver *O fazedor*, pp. 33-4.

18. *La Acción*, Montevidéu, 4 de junho de 1956. Ver Horacio Salas, *Borges: una biografía*, p. 229.

19. *Propósitos*, Buenos Aires, 10 de julho de 1956.

20. "Una efusión de Martínez Estrada", *Sur*, n. 242, setembro-outubro de 1956. Incluído em *Borges en Sur*, pp. 173-5.

21. "Apoyar la obra de la Revolución", *El Hogar*, 2 de novembro de 1956.

22. *Ensaio autobiográfico*, p. 69.

23. Entrevista com Betina Edelberg, Buenos Aires, 9 de setembro de 1996.

24. Sábato, "Una efusión de Jorge Luis Borges", em *Ficción*, n. 4, novembro-dezembro de 1956. Ver Horacio Salas, *Borges: una biografía*, p. 230.

25. Entrevista com Fermín Chávez, Buenos Aires, 20 de novembro de 1995.

26. *Ficción*, n. 6, março-abril de 1957, citado em Horacio Salas, *Borges: una biografía*, pp. 230-1.

27. "Borges y yo", foi publicado em *La Biblioteca*, v. 9, n. 1, 1957, e coligido em *El hacedor*, 1960. Ver *O fazedor*, pp. 54-5.

28. "El hacedor", foi publicado em *La Biblioteca*, v. 9, n. 3, 1958, e coligido em *El hacedor*, 1960. Ver *O fazedor*, pp. 11-3.

29. Entrevista com Borges em *Il Giornale Nuovo*, Parma, Itália, 3 de maio de 1977, noticiada em *La Nación*, 4 de maio de 1977.

30. "Ragnarök" saiu em *Sur*, n. 257, março-abril de 1959, e depois foi incluído em *El hacedor*, 1960. Ver *O fazedor*, pp. 50-1.

31. "El otro tigre" saiu primeiramente em *Poemas*, uma seleção de poesias de Borges que o editor Federico Vogelius lançou em 1959 numa edição particular limitada a 25 exemplares. Foi depois coligido em *El hacedor*, 1960. Ver *O fazedor*, pp. 99 e 101.

32. Burgin, *Conversations*, 1969, pp. 47-8.

33. Carrizo, *Borges el memorioso*, p. 280.

34. Alifano, *Biografía verbal*, p. 111. "Poema de los dones" saiu primeiro na edição particular de Vogelius de 1959. Foi depois incluído em *El hacedor*, 1960. Ver "Poema dos dons", *O fazedor*, pp. 57 e 59.

35. Milleret, *Entretiens*, p. 133.

24. O IMPÉRIO DA MÃE (1958-63) [PP. 405-18]

1. Entrevista com Esther Zemborain de Torres, Buenos Aires, 27 de novembro de 1995.

2. Milleret, *Entretiens*, p. 39.

3. Rodríguez Monegal, *Jorge Luis Borges: a literary biography*, p. 468.

4. "Al iniciar el estudio de la gramática anglosajona", em *El hacedor*, 1960. Ver "Ao iniciar o estudo da gramática anglo-saxônica", *O fazedor*, pp. 135 e 137.

5. "Arte poética" saiu em *Límites*, uma antologia publicada em edição particular limitada de Frank M. Virasoro e Federico Vogelius, Buenos Aires, 1958, e em *El hacedor*, 1960. Ver *O fazedor*, pp. 149 e 151.

6. Carrizo, *Borges el memorioso*, pp. 280-1. "A la patria en 1960" saiu em *La Nación*, 22 de maio de 1960, e depois com o título de "Oda compuesta en 1960" em *El hacedor*, 1960. Ver "Ode composta em 1960", em *O fazedor*, pp. 121 e 123.

7. Para um relato desse episódio e citações das memórias de Bianco, ver Rodríguez Monegal, *Jorge Luis Borges: a literary biography*, p. 447.

8. Citado em Rodríguez Monegal, ibid., p. 443. Com frequência, esse prêmio é chamado erroneamente de Prix Formentor, mas a confusão deriva do fato de que o mesmo consórcio internacional de editoras havia criado dois prêmios: o Formentor, que seria atribuído a um romance recentemente publicado, e o International Publishers' Prize, que se destinava a reconhecer o conjunto da obra de um autor já reconhecido. Em 1961, o Formentor foi para o espanhol Juan García Hortelano, por seu romance *Tormenta de verano*.

9. Meu relato baseia-se em Carlos Barral, *Los años sin excusa. Memorias*, v. 2. Barcelona: Barral, 1978, pp. 273-5.

10. *Ensaio autobiográfico*, p. 75.

11. Ver, respectivamente, "Le monde de José [*sic*] Luis Borges", *Critique*, n. 63-4, agosto-setembro de 1952, pp. 675-87, e "Un homme à tuer: Jorge Luis Borges, cosmopolite", *Les Temps Modernes*, n. 83, 1952, pp. 512-26.

12. *Les Temps Modernes*, n. 114-5, 1955, pp. 2123-46, e ibid., n. 119, 1955. "L'Aleph" saiu em *Les Temps Modernes*, n. 136, 1957, pp. 1833-47.

13. "Jorge Luis Borges" (1984) em *Perché leggere i classici*. Milão: Mondadori (1991), p. 292. [*Por que ler os clássicos*, trad. Nilson Moulin. São Paulo: Companhia das Letras, 1993.]

14. Ver "Entretiens avec James E. Irby", *Cahiers de L'Herne*, pp. 388 e 391.

15. *Ensaio autobiográfico*, p. 75.

16. Entrevista com Denah Lida, Concord, Massachusetts, 14 de julho de 1997.

17. *Ensaio autobiográfico*, pp. 76-7.

18. Ver "Historia inédita de Borges", *El País* (Madri), 26 de setembro de 1999.

19. *La Razón*, 1º de fevereiro de 1963.

20. Fragmento do volume IV das Minutes of the Edinburgh Spanish Circle 1962-3. Informação fornecida por Fraser Oliver, secretário honorário, 1996.

21. Meu relato da conversa de Borges com Elba de Loizaga baseia-se em Silvina Bullrich, "Por qué Borges es conservador", *Atlántida*, setembro de 1963.

22. Sorrentino, *Siete conversaciones*, p. 85.

23. Relato baseado numa reportagem do *Clarín*, 2 de julho de 1963.

24. Silvina Bullrich, "Por qué Borges es conservador", op. cit.

25. Milleret, op. cit., p. 221.

26. Id., ibid., p. 220.

27. Estela Canto, *Borges a contraluz*, p. 251.

28. "*Adam cast forth*" [*sic*], *La Nación*, 20 de setembro de1964, e em *El otro, el mismo*, 1964. Ver *O outro, o mesmo*, p. 195.

29. "Lhaneza", em *Primeira poesia*, p. 73.

30. Entrevista com Emilio Petkoff em O *Cruzeiro Internacional* (São Paulo), 1º de novembro de 1961.

31. Carrizo, op. cit., p. 77.

32. Burgin, *Conversations*, 1969, p. 42.

33. Id., ibid.

25. DESCONSTRUÇÕES (1963-7) [PP. 419-34]

1. Ver James Woodall, *The man in the mirror of the book: a life of Jorge Luis Borges*. Londres: Hodder & Stoughton, 1996, p. 184. [*Jorge Luis Borges: o homem no espelho do livro*, trad. Fábio Fernandes. Rio de Janeiro: Bertrand Brasil, 1999.]

2. Vázquez, *Borges: esplendor y derrota*, p. 235.

3. Entrevista com Esther Zemborain de Torres, Buenos Aires, 27 de novembro de 1995.

4. Vázquez, *Borges: esplendor y derrota*, p. 238.

5. Rodríguez Monegal, *Jorge Luis Borges: a literary biography*, p. 470.

6. Entrevista com Esther Zemborain de Torres, Buenos Aires, 27 de novembro de 1995.

7. Ver Woodall, op. cit., p. 207.

8. Milleret, *Entretiens*, n. 49, p. 231.

9. Entrevista com Esther Zemborain de Torres, Buenos Aires, 27 de novembro de 1995.

10. Vázquez, *Borges: esplendor y derrota*, p. 257.

11. Id., ibid., p. 252.

12. *La Nación*, 30 de setembro de 1965.

13. *Para las seis cuerdas*. Buenos Aires: Emecé, 1965. Ver *Para as seis cordas*, trad. Nelson Ascher. Ver *OC* II, pp. 353-74.

14. *La Nación*, 1º de novembro de 1965.

15. Milleret, op. cit., p. 47.

16. Entrevista com Esther Zemborain de Torres, Buenos Aires, 27 de novembro de 1995.

17. Ibid.

18. Ver "Commentaries", em *The Aleph and other stories*, p. 278.

19. "La intrusa" foi publicado inicialmente numa edição particular limitada em 1966 e depois coligido na edição de 1966 de *El Aleph*. Ver *O informe de Brodie*, trad. Davi Arrigucci Jr. São Paulo: Companhia das Letras, 2008, pp. 11-6.

20. Canto, *Borges a contraluz*, p. 229.

21. Id., ibid., pp. 231-3.

22. "Commentaries", em *The Aleph and other stories*, pp. 278-9.

23. Ibid., p. 279.

24. "El Evangelio según Marcos" saiu em *La Nación*, 2 de agosto de 1970, e foi incluído em *El informe de Brodie*. Buenos Aires: Emecé, 1970. Ver *O informe de Brodie*, pp. 78-84.

25. Milleret, op. cit., p. 39.

26. "El informe de Brodie" saiu pela primeira vez na coletânea de mesmo nome publicada em 1970. Ver *O informe de Brodie*, pp. 85-93.

27. "La señora mayor" foi publicado em *El informe de Brodie*, 1970. Ver *O informe de Brodie*, pp. 47-54.

28. "Guayaquil" faz parte de *El informe de Brodie*, 1970. Ver *O informe de Brodie*, pp. 68-77.

29. "Juan Muraña" saiu em *La Prensa*, 29 de março de 1970, e foi incluído em *El informe de Brodie*, 1970. Ver *O informe de Brodie*, pp. 41-7.

30. Ver meu capítulo 1, p. 36.

31. "El indigno" foi publicado em *El informe de Brodie*, 1970. Ver *O informe de Brodie*, pp. 17-24.

32. "Historia de Rosendo Juárez" saiu em *La Nación*, 9 de novembro de 1969, e foi coligido em *El informe de Brodie*, 1970. Ver *O informe de Brodie*, pp. 25-32.

33. "Commentaries", em *The Aleph and other stories*, p. 282. Essa história chamava-se "Hombre de las orillas" quando foi publicada pela primeira vez em *Crítica* (1933), mas ganhou novo título ao ser incluída em *Historia universal de la infamia*, 1935.

34. Ibid.

35. "El encuentro" saiu em *La Prensa*, 5 de outubro de 1969, e foi incluído em *El informe de Brodie*, 1970. Ver *O informe de Brodie*, pp. 33-40.

36. "Commentaries", em *The Aleph and other stories*, p. 280.

37. "El otro duelo" saiu em *Los Libros*, n. 2, 10 de agosto de 1970, e foi coligido em *El informe de Brodie*, 1970. Ver *O informe de Brodie*, pp. 62-7.

38. "El duelo" foi publicado primeiramente em 30 de abril de 1970, numa edição particular limitada, e coligido em *El informe de Brodie*, 1970. Ver *O informe de Brodie*, pp. 55-61.

39. Ver meu capítulo 7, pp. 166-7.

40. Entrevistas com Olga Orozco e Lila Mora y Araujo, Buenos Aires, 15 de setembro de 1994.

41. "Leyenda", em *Elogio de la sombra*, 1969. Ver "Lenda", em *Elogio da sombra. Poesia*, p. 70.

26. CASAMENTO (1967-8) [PP. 435-49]

1. *Crónicas de Bustos Domecq*. Buenos Aires: Losada, e *Introducción a la literatura norteamericana*. Buenos Aires: Columba, foram ambos publicados em 1967. Ver *Obras completas en colaboración*, pp. 297-371 e 979-1046, respectivamente.

2. Meu relato nesse capítulo da amizade de Borges com María Kodama baseia-se em entrevistas com ela feitas em Buenos Aires em 5 de abril de 1994 e 21 de novembro de 1995.

3. Carta de W. J. Bate a Franklin L. Ford, 20 de setembro de 1966, Harvard University Archives (UAI 15.1060).

4. Rodríguez Monegal, *Jorge Luis Borges: a literary biography*, p. 469.

5. Essa segunda edição tinha 34 itens novos e foi publicada em 1967 com o título de *El libro de los seres imaginarios*. Buenos Aires: Kier. Ver *O livro dos seres imaginários*.

6. Tal como contado por Bioy Casares a Alastair Reid. Entrevista do autor com Reid, Edimburgo, 14 de agosto de 1997.

7. "Habla la mujer de Borges", *Tiempo Argentino*, 6 de fevereiro de 1983.

8. Ibid.

9. Entrevista com Esther Zemborain de Torres, Buenos Aires, 27 de novembro de 1995.

10. "Habla la mujer de Borges", op. cit.

11. Ver entrevista com Fani Úveda, *Oggi*, 26 de outubro de 1987, reproduzida em espanhol em *Siete Días*, 26 de novembro de 1987.

12. Entrevista com Esther Zemborain de Torres, Buenos Aires, 27 de novembro de 1995.

13. "Habla la mujer de Borges", op. cit.

14. Entrevista com Bioy Casares, Buenos Aires, 25 de novembro de 1995.

15. Entrevista com Esther Zemborain de Torres, Buenos Aires, 27 de novembro de 1995.

16. Ambos os poemas foram publicados em *Siete poemas* numa edição de apenas 25 exemplares impressa em 1967 pelo bibliófilo Juan Osvaldo Viviano, com ilustrações de Jorge Larco. Foram depois coligidos em *Elogio de la sombra*, 1969. Ver *Poesia*, pp. 35-6.

17. *La Nación*, 13 de agosto de 1967, coligido em *Elogio de la sombra*, 1969. Ver *Poesia*, p. 44.

18. Entrevista com Esther Zemborain de Torres, Buenos Aires, 27 de novembro de 1995.

19. *Clarín*, 22 de setembro de 1967.

20. Entrevista com Esther Zemborain de Torres, Buenos Aires, 27 de novembro de 1995.

21. Ibid.

22. Essa informação e outras subsequentes em que Raimundo Lida é indicado como fonte baseiam-se em citações selecionadas de seus diários privados oferecidas por sua viúva, Denah Lida, em Cambridge, Massachusetts, 21 de julho de 1997.

23. *The Harvard Gazette*, v. LXIII, 1967-8, p. 36.

24. Quando este autor foi pessoalmente ao Harvard University Archives em julho de 1997, foi informado de que Borges não mandara para Harvard um texto das palestras e não foi possível encontrar nenhum registro. Felizmente, descobriu-se depois uma gravação em fita e as seis palestras de Borges foram publicadas com o título de *This craft of verse* pela Harvard University Press em 2000. Ver *Esse ofício do verso*, trad. José Marcos Macedo. São Paulo: Companhia das Letras, 2000.

25. Entrevista com Denah Lida, Cambridge, Massachusetts, 21 de julho de 1997.

26. *Harvard Crimson*, 11 de outubro de 1967.

27. *Harvard Crimson*, 17 de novembro de 1967.

28. Burgin, *Conversations*, 1969, p. 13.

29. Id., ibid.

30. "Elsa" foi publicado na primeira edição de *Elogio de la sombra*, 1969, mas omitido nas *Obras completas*, 1974.

31. Entrevista com Denah Lida, Cambridge, Massachusetts, 21 de julho de 1997.

32. "El otro" foi publicado primeiramente em 1972 em forma de panfleto por Juan Osvaldo Viviano e César Palui numa edição particular limitada. Depois, saiu em *La Opinión*, em 15 de setembro de 1974, e foi finalmente incorporado a *El libro de arena*, 1975. Ver *O livro de areia*, pp. 7-16.

33. "Cambridge" saiu em *Sur*, n. 314, setembro-outubro de 1968, e depois em *Elogio de la sombra*, 1969. Ver *Poesia*, p. 28.

34. "The unending gift" (título original em inglês) saiu em *La Nación*, 11 de fevereiro de 1968, e depois em *Elogio de la sombra*, 1969. Ver *Poesia*, p. 32.

35. Burgin, op. cit., 1969, p. 14.

36. Entrevista com María Kodama, Buenos Aires, 1º de setembro de 1996.

37. Ibid.

38. "El amenazado" foi publicado em *El oro de los tigres*, 1972. Ver *Poesia*, p. 110.

39. Di Giovanni, "Introduction", em *Memory of Borges*. Londres: Constable, 1988, p. 22.

40. Id., ibid., p. 20.

41. Id., ibid.

42. Id., ibid., p. 24.

27. ISLÂNDIA (1969-71) [PP. 453-72]

1. "La rosa" seria coligido em todas as edições subsequentes de *Fervor de Buenos Aires*. Ver *Primeira poesia*, p. 37.

2. Esses tankas japoneses foram publicados em 5 de outubro de 1969, em *La Nación*, e depois coligidos em *El oro de los tigres*, 1972. Ver *Poesia*, pp. 89-90.

3. Di Giovanni, "Introduction", *In memory of Borges*, p. 25.

4. Di Giovanni, ibid., p. 28.

5. Ver Alifano, *Biografía verbal*, p. 126.

6. Entrevista com Jack Macrae, Nova York, 14 de abril de 1999.

7. Entrevista com María Kodama, Buenos Aires, 21 de novembro de 1995.

8. Ibid.

9. Entrevista com Alicia Jurado, Buenos Aires, 14 de setembro de 1994.

10. Entrevista com Alicia Jurado, Buenos Aires, 10 de novembro de 1995.

11. Entrevista com Bioy Casares, Buenos Aires, 15 de novembro de 1995.

12. M. E. de Miguel, *Norah Lange*, p. 220.

13. Di Giovanni, *In memory of Borges*, p. 35.

14. *Ensaio autobiográfico*, p. 83.

15. Entrevista por telefone com Norman Thomas di Giovanni, 2 de janeiro de 1997.

16. Ver "Borges at N. Y. U", em "Prose for Borges", *Triquarterly*, n. 25, 1972, p. 459.

17. Susana Lange, carta de 16 de dezembro de 2000.

18. Ibid.

19. "Browning resuelve ser poeta" saiu em *La Nación*, 1º de novembro de 1970, e depois foi coligido em *La rosa profunda*, 1975. Ver *Poesia*, pp. 167-8.

20. Entrevista com María Kodama, Buenos Aires, 1º de setembro de 1996.

21. Ibid.

22. Alifano, *Biografía verbal*, p. 127.

23. Carrizo, *Borges el memorioso*, p. 46, e Alifano, *Biografía verbal*, p. 128.

24. Carrizo, ibid., p. 46.

25. Alifano, *Biografía verbal*, p. 128.

26. Entrevista com María Kodama, Buenos Aires, 1º de setembro de 1996.

27. Entrevista com Jack Macrae, Nova York, 14 de abril de 1999.

28. Ibid.

29. Entrevista com Alastair Reid, Edimburgo, 14 de agosto de 1997.

30. Ibid.

31. Reportagem em *La Razón*, 7 de maio de 1971.

32. John Simon, "The most loathsome film of all?", *New York Times*, 23 de agosto de 1970,

citado em Edgardo Cozarinsky, *Borges in/and/on film*. Nova York: Lumen Books, 1988, p. 91. [*Borges em/e/sobre cinema*, trad. Laura Hosiasson. São Paulo: Iluminuras, 2000.]

33. "Ulrica" foi publicado em *El libro de arena*, 1975. Ver *O livro de areia*, pp. 17-21.

34. Entrevista com María Kodama, Buenos Aires, 1º de setembro de 1996.

35. Ver meu capítulo 14, p. 259, para a visita a Santana do Livramento, e capítulo 16, pp. 285-6, para uma discussão de "O morto".

36. Ver meu capítulo 5, pp. 122-3.

37. "La noche de los dones" foi depois coligido em *El libro de arena*, 1975. Ver *O livro de areia*, pp. 55-61.

38. *Las obsesiones de Borges. Una entrevista de Dante Escobar Plata*. Buenos Aires: Distal, 1989, p. 15.

39. Ver meu capítulo 5, p. 100.

28. ENTRE O OCASO E A AURORA (1971-5) [PP. 473-87]

1. Os dados sobre a vida e a família de María Kodama baseiam-se em entrevista feita com ela em Buenos Aires, 1º de setembro de 1996, e numa entrevista que ela deu a *La Semana*, publicada em 15 de maio de 1986.

2. Ver entrevista com María Kodama publicada em *La Razón*, 13 de novembro de 1985.

3. Entrevista com María Kodama, Edimburgo, 24 de outubro de 1999.

4. "A Islandia", em *El oro de los tigres*, Buenos Aires: Emecé, 1972. Ver "À Islândia", *Poesia*, pp. 149-50.

5. "Al triste" foi incluído depois em *El oro de los tigres*, 1972. Ver "Ao triste", em *Poesia*, p. 123.

6. "East lansing" saiu em *El oro de los tigres*. Ver *Poesia*, pp. 153-4.

7. "El oro de los tigres" foi publicado primeiramente na coletânea desse título. Ver *Poesia*, p. 157.

8. "Lo perdido" saiu em *La Nación*, 18 de junho de 1972, e foi coligido em *El oro de los tigres*. Ver *Poesia*, p. 104.

9. Susana Lange, carta de 16 de dezembro de 2000.

10. Entrevista com Donald Yates, St. Helena, Califórnia, 27 de março de 1999.

11. "Yo" foi depois incluído em *La rosa profunda*, 1975. Ver *Poesia*, p. 164.

12. Noticiado em *La Razón*, 26 de maio de 1971.

13. Noticiado no *Clarín*, 30 de dezembro de 1971.

14. *La Stampa* de Turim, 29 de maio de 1973, noticiado em *La Prensa*, Buenos Aires, 30 de maio de 1973.

15. *La Nación*, 8 de abril de 1973.

16. Entrevista com Fermín Chávez, Buenos Aires, 20 de novembro de 1995. Ver também, "Fidelio" (pseudônimo de Arturo López Peña), "Para seis cuerdas: milongas con variaciones", em *Pueblo Entero*, Buenos Aires, maio de 1980.

17. "Avelino Arredondo" foi publicado em *El libro de arena*, 1975. Ver *O livro de areia*, pp. 90-6.

18. Entrevista em *La Nación*, 24 de novembro de 1974.

19. "A Manuel Mujica Láinez" está em *La moneda de hierro*. Ver *Poesia*, p. 215.

20. Entrevista em *La Nación*, 24 de novembro de 1974.

21. Palestra feita para Peña El Ombú no Plaza Hotel, noticiado em *La Nación*, 9 de setembro de 1975.

22. Entrevista em *La Nación*, 24 de novembro de 1974.

23. "En memoria de Angélica", em *La rosa profunda*, 1975. Ver "Em memória de Angélica", *Poesia*, p. 190.

24. Ver Carlos Burone, *La Opinión*, 21 de dezembro de 1974.

25. *El libro de arena*, Buenos Aires: Emecé, 1975. Para o "Epílogo", ver *O livro de areia*, pp. 105-11.

26. *La rosa profunda*. Buenos Aires: Emecé, 1975. Ver "The unending rose", em *Poesia*, p. 198.

29. UMA NOVA AURORA NA ISLÂNDIA **(1975-6)** [PP. **488-500**]

1. "El remordimiento" saiu em *La Nación*, 21 de setembro de 1975, e foi coligido em *La moneda de hierro*, 1976. Ver *Poesia*, p. 226.

2. Entrevista com Bioy Casares, Buenos Aires, 8 de setembro de 1996.

3. Entrevista com Elsie Rivero Haedo, Buenos Aires, 30 de março de 1994.

4. Entrevista com María Kodama, Buenos Aires, 21 de novembro de 1995.

5. "La moneda de hierro" saiu na coletânea de mesmo título publicada pela Emecé em 1976. Ver *Poesia*, p. 244.

6. "A mi padre" faz parte de *La moneda de hierro*, 1976. Ver "A meu pai", *Poesia*, p. 224.

7. Entrevista com María Kodama, Buenos Aires, 1º de setembro de 1996.

8. Entrevistas com María Kodama, Buenos Aires, 1º de setembro de 1996, e Edimburgo, 24 de outubro de 1999.

9. Entrevistas com María Kodama, Buenos Aires, 21 de novembro de 1995, e 1º de setembro de 1996.

10. "Un escolio", em *Historia de la noche*, 1977. Ver "Um escólio", em *Poesia*, p. 263.

11. Entrevista com María Kodama, Buenos Aires, 1º de setembro de 1996.

12. "Endimión en Latmos" saiu em *La Nación* em 7 de novembro de 1976, e depois em *Historia de la noche*, 1977. Ver *Poesia*, pp. 261-2.

13. Entrevista com Donald Yates, St. Helena, Califórnia, 27 de março de 1999.

14. "A Johannes Brahms" foi publicado em *La Nación*, 2 de novembro de 1975, e tal como "El ingenuo" foi coligido em *La moneda de hierro*, 1976. Ver *Poesia*, pp. 222 e 220.

15. "La clepsidra" foi publicado em *La moneda de hierro*, 1976. Ver "A clepsidra", em *Poesia*, p. 241.

16. Entrevista com Donald Yates, St. Helena, Califórnia, 27 de março de 1999.

17. "Elegía de la patria" foi publicado em *La moneda de hierro*, 1976. Ver *Poesia*, p. 211.

18. Entrevista com Donald Yates, St. Helena, Califórnia, 27 de março de 1999.

19. Ibid.

20. "En Islandia el alba", em *La moneda de hierro*, 1976. Ver "Na Islândia o alvorecer", em *Poesia*, p. 231.

21. Meu relato dessa visita à Islândia baseia-se em informações fornecidas por María Kodama em Edimburgo em 24 de outubro de 1999.

22. "Islandia", *Historia de la noche*, 1977. Ver *Poesia*, pp. 266-7.

23. Citado em Volodia Teitelboim, *Los dos Borges*. Santiago: Sudamericana Chilena, p. 216.

24. *La Semana*, 15 de maio de 1986.

25. "El enamorado", em *Historia de la noche*, 1977. Ver *Poesia*, p. 278.

26. Meu relato de sua rotina diária baseia-se numa entrevista com Borges publicada em *Siete Días*, 17 de junho de 1977.

27. Entrevista com Betina Edelberg, Buenos Aires, 9 de setembro de 1996.

28. Reportagem em *Cambio*, n. 16, 25 de agosto de 1976.

29. Ibid.

30. Citado em Teitelboim, op. cit., p. 213.

31. Id., ibid., p. 215.

32. Id., ibid., p. 228.

33. Citado em id., ibid., p. 212.

34. Id., ibid., p. 213.

30. TIGRES AZUIS (1976-9) [PP. 501-15]

1. Ver entrevista com Fani Úveda em *Oggi*, 26 de outubro de 1987, reproduzida em espanhol em *Siete Días*, 26 de novembro de 1987.

2. Ibid.

3. Ver meu capítulo 29, p. 492.

4. "Alejandría, 641 A.D." saiu em *La Nación* em 26 de junho de 1977 e foi incluído em *Historia de la noche*, 1977. Ver *Poesia*, pp. 250-1.

5. Ver nota de Borges sobre esse poema em *Poesia*, p. 296.

6. Ver "Epílogo", *Poesia*, p. 295.

7. "Las hojas del ciprés" saiu em *ABC* (Madri), 15 de maio de 1979, e foi depois incorporado a *Los conjurados*, 1985. Ver *Poesia*, pp. 404-6.

8. Publicado com o título de "Agosto 25, 1983" em *La Nación*, em 27 de março de 1983, mas datado "Buenos Aires, 1977". Depois de sofrer algumas modificações, o conto apareceu com o título de "Veinticinco de agosto, 1983" em *La memoria de Shakespeare*. Ver *A memória de Shakespeare*, trad. Bella Josef. *OC* III, pp. 425-9.

9. "La espera" foi publicado em *Historia de la noche*, 1977. Ver *Poesia*, p. 281.

10. "Historia de la noche" foi publicado pela primeira vez na coletânea de mesmo nome (*Historia de la noche*. Buenos Aires: Emecé, 1977). Ver *Poesia*, pp. 292-3.

11. Notícia em *La Nación*, 9 de maio de 1977.

12. Meu relato da visita de Borges a Genebra baseia-se em minha entrevista com María Kodama, Edimburgo, 25 de outubro de 1999.

13. Ibid.

14. Ibid.

15. Carta sem data para Godel 6. Ver meu capítulo 4, p. 98.

16. Entrevista com María Kodama, Edimburgo, 25 de outubro de 1999.

17. Ibid.

18. Ibid.

19. Ver Clark M. Zlotchew, "Jorge Luis Borges: an interview" (1984), em Burgin, *Conversations*, 1998, p. 237.

20. "Tigres azules" saiu primeiro em *Rosa y azul*. Barcelona: Sedmay, 1977, e depois com o título de "El milagro perdido" em *La Nación*, 19 de fevereiro de 1978. Foi incluído em *La memoria de Shakespeare*. Ver *A memória de Shakespeare*, *OC* III, pp. 430-9.

21. Há uma fotografia desse tigre em Domenico Porzio, *Jorge Luis Borges: immagini e immaginazione*. Pordenone: Studio Tesi, 1985, foto n. 143, p. 188.

22. *O livro dos seres imaginários*, pp. 202-3.

23. "Caja de música" foi publicado em *Historia de la noche*, 1977. Ver *Poesia*, p. 257.

24. Ver Rodolfo Braceli, "Con Borges, créase o no, rehaciendo un poema suyo recién parido", em *Borges-Bioy: confesiones, confesiones*. Buenos Aires: Sudamericana, 1997, pp. 179-91 (p. 179).

25. "La dicha" foi publicado em *La cifra*, 1981. Ver *Poesia*, pp. 321-2.

26. "¡ADEMÁS TRAIDOR: BORGES APOYA A CHILE!", *Crónica*, 31 de agosto de 1978.

27. "¡BORGES CONTRA EL GOBIERNO, CONTRA EL ESTADO, CONTRA LA LEY, CONTRA ARGENTINA!", *Crónica*, 2 de setembro de 1978.

28. "Elegía" foi depois coligido em *La cifra*, 1981. Ver *Poesia*, p. 323.

29. "El go" saiu em la *Nación*, 8 de outubro de 1978, e foi incluído em *La cifra*, 1981. Ver "O go", em *Poesia*, p. 353.

30. "Himno" saiu em 19 de abril de 1979 no *Clarín*, e em *La cifra* em 1981. Ver *Poesia*, pp. 319-20.

31. Para uma versão mais detalhada desse episódio, ver Vázquez, *Borges: esplendor y derrota*, pp. 303-4.

32. "Inferno, V, 129" saiu em la *Prensa*, 20 de maio de 1979, e foi coligido em *La cifra*, 1981. Ver *Poesia*, p. 343.

33. "O Inferno", em *A divina comédia*, trad. Italo Eugenio Mauro. São Paulo: Editora 34, 1998, p. 53.

34. Susana Lange, carta de 3 de outubro de 2000.

35. "El desierto" e "Blake", *Clarín*, 12 de julho de 1979. Ambos foram incluídos em *La cifra*, 1981. Ver *Poesia*, pp. 349 e 324.

36. "La fama" saiu no *Clarín*, 23 de agosto de 1979, e foi coligido em *La cifra*, 1981. Ver "A fama", em *Poesia*, p. 345.

37. A entrevista saiu em 27 de agosto de 1979, no *La Mañana*, com a manchete "El ultimo adiós de Borges" e foi noticiada no *Crónica* em 28 de agosto de 1979.

38. Ver Juan Gasparini, *Borges: la posesión póstuma*. Madri: Foca, 2000, p. 58.

39. Ver Vázquez, *Borges: esplendor y derrota*, p. 304.

40. Entrevista com María Kodama, Edimburgo, 25 de outubro de 1999.

41. Ibid.

42. Ver Guillermo Gasió (org.), *Borges en Japón. Japón en Borges*. Buenos Aires: Editorial Universitaria de Buenos Aires, 1988, p. 14.

31. A MÚSICA DO JAPÃO (1979-81) [PP. 516-27]

1. Guillermo Gasió, *Borges en Japón, Japón en Borges*, pp. 148 e 52. Meu relato da visita de Borges ao Japão baseia-se amplamente nos vários textos reunidos em antologia.

2. "Yo fui con Borges al Japón: diario de viaje escrito por María Kodama", em Gasió, ibid., pp. 133-7. Exceto indicação em contrário, as citações em meu relato dessa visita referem-se a essa fonte.

3. Entrevista com María Kodama, Edimburgo, 24 de outubro de 1999, e Gasió, p. 145.

4. Entrevista com María Kodama, Edimburgo, 24 de outubro de 1999.

5. Entrevista com María Kodama, Edimburgo, 24 de outubro de 1999, e Gasió, p. 98.

6. Entrevista com María Kodama, Edimburgo, 24 de outubro de 1999.

7. Entrevista com María Kodama, Edimburgo, 24 de outubro de 1999, e Gasió, p. 99.

8. Entrevista com María Kodama, Edimburgo, 24 de outubro de 1999.

9. Ver entrevista com Mie Uchida em Gasió, op. cit., pp. 72-81.

10. "El forastero" foi publicado em *La cifra*, 1981. Ver *Poesia*, pp. 355-6.

11. "Shinto" saiu em *La Prensa*, 17 de fevereiro de 1980, e foi coligido em *La cifra*, 1981. Ver *Poesia*, p. 354.

12. Borges publicou "Once haikus" no *Clarín*, em 24 de janeiro de 1980; eles foram aumentados para dezessete (o número de sílabas que compõem um haicai) quando coligidos em *La cifra*, 1981. Ver *Poesia*, pp. 357-60. A palestra de Borges tinha por título "Mi experiencia con el Japón", Gasió, op. cit., pp. 143-52; para os trechos citados, ver pp. 146-7.

13. A citação é de "Mi experiencia con el Japón", em Gasió, op. cit., p. 145.

14. Publicado no *Clarín* em 20 de março de 1980. Ver *O fazedor*, p. 30.

15. *Atlas*. Buenos Aires: Sudamericana, 1984. Ver *Atlas*. São Paulo: Companhia das Letras, 2010, p. 75.

16. Ibid., p. 75.

17. "Correr o ser" saiu no *Clarín*, em 21 de maio de 1981, e depois em *La cifra*, 1981. Ver *Poesia*, p. 344.

18. Publicado com título em inglês em *La Prensa*, 28 de setembro de 1980, e depois em *La cifra*, 1981. Ver *Poesia*, pp. 327-8.

19. Essa ideia havia sido esboçada no poema "The unending gift", que Borges escreveu quando estava em Harvard em 1967-8, e foi coligido em *Elogio de la sombra*, 1969. Ver *Poesia*, p. 32, e meu capítulo 26, pp. 444-5.

20. "The Cloisters" saiu em *La Prensa*, 11 de janeiro de 1981, e depois foi incluído em *La cifra*, 1981. Ver *Poesia*, pp. 313-4.

21. Entrevista com María Kodama, Edimburgo, 24 de outubro de 1999.

22. Ibid.

23. "El bastón de laca" saiu em *La Prensa*, 7 de dezembro de 1980, e foi coligido em *La cifra*, 1981. Ver "O bastão de laca", em *Poesia*, p. 350.

24. "El tercer hombre" foi publicado em *La cifra*, 1981. Ver *Poesia*, pp. 334-5.

25. Ver nota de Borges sobre "El tercer hombre" em *La cifra*, 1981. Ver *Poesia*, p. 364.

26. "Los justos" faz parte de *La cifra*, 1981. Ver *Poesia*, p. 346.

27. "Dos formas del insomnio" saiu em *La Prensa*, 1981 (sem data na bibliografia de Nicolás Helft), e depois em *La cifra*, 1981. Ver *Poesia*, p. 312.

28. "Eclesiastés, 1, 9" saiu em *La Prensa*, 29 de março de 1981, e em *La cifra*, 1981. Ver *Poesia*, pp. 310-1.

29. "Aquél" foi publicado no *Clarín*, 21 de maio de 1981, e depois em *La cifra*, 1981. Ver *Poesia*, pp. 308-9.

30. "La cifra" foi publicado em *La Nación*, 19 de março de 1978, com o título de "La luna", e depois no volume de mesmo nome. Buenos Aires: Emecé, 1981. Ver *Poesia*, p. 363.

31. "Inscripción", *La cifra*, 1981. Ver "Inscrição", em *Poesia*, p. 299.

32. A DESCONSTRUÇÃO DA NAÇÃO (1980-3) [PP. 528-45]

1. Entrevista a Patrick Séry publicada originalmente em *L'Évènement du Jeudi*, Paris, 19 de junho de 1986, e incluída em *El otro Borges: entrevistas 1960-1986*, org. Fernando Mateo. Buenos Aires: Equis, 1997, p. 200.

2. Entrevista de Agustina Paz Anchorena a Uki Goñi, gravada em Buenos Aires, 21 de novembro de 1997.

3. *Buenos Aires Herald*, 6 de fevereiro de 1981.

4. "We are not worthy of democracy", uma entrevista de Borges a Larry Rohter e Richard Steele, *Newsweek*, 12 de janeiro de 1981.

5. "Borges: grotezco traidor a la nación", 23 de maio de 1981.

6. Notícia no *Clarín*, 4 de julho de 1981.

7. Ibid.

8. Notícia em *La Razón*, 11 de junho de 1980, de uma entrevista em Paris, onde ele recebeu o Prêmio Internacional de Literatura Cino del Duca.

9. *Buenos Aires Herald*, 6 de fevereiro de 1981.

10. Ibid.

11. Ibid.

12. "The old man and the city", *Times Literary Supplement*, 20 de agosto de 1999, p. 11.

13. "Juan López y John Ward" saiu no *Clarín*, 26 de agosto de 1982, e foi coligido em *Los conjurados*, 1985. Ver *Poesia*, p. 421.

14. "Milonga de un soldado" foi incluído em *Los conjurados*, 1985, com o título de "Milonga del muerto". Ver "Milonga do morto", em *Poesia*, pp. 418-9.

15. Entrevista a Rodolfo Zibell em *Gente*, 16 de setembro de 1982.

16. Ibid.

17. Ibid.

18. "The old man and the city", *Times Literary Supplement*, 20 de agosto de 1999, p. 11.

19. Ibid.

20. *Gente*, 16 de setembro de 1982.

21. Entrevista à *Folha de S.Paulo* noticiada em *Crónica*, 16 de agosto de 1982.

22. Ibid.

23. Notícia em *La Semana*, 27 de janeiro de 1983.

24. *La Semana*, 10 de fevereiro de 1983.

25. "The old man and the city", *Times Literary Supplement*, 20 de agosto de 1999, p. 12.

26. "Un argumento" foi publicado no *Clarín*, em 7 de abril de 1983, mas não foi incluído em nenhum livro.

27. "Posesión del ayer" saiu em *La Prensa*, 10 de abril de 1983, e depois em *Los conjurados*, 1985. Ver *Poesia*, p. 400.

28. "Todos los ayeres, un sueño" foi publicado em *Los conjurados*, 1985. Ver *Poesia*, p. 414.

29. "Milonga del infiel" saiu em *ABC* (Madri), 23 de abril de 1983, e depois em *Los conjurados*, 1985. Ver *Poesia*, pp. 416-7.

30. "Lo nuestro" foi publicado em *ABC* (Madri), 8 de junho de 1983, mas não foi incluído em nenhuma coletânea.

31. "Los conjurados" foi publicado primeiramente na revista *Lyra*, ano 12, n. 250, 1983, p. 12, e depois daria título à última coletânea de poesias de Borges. Ver *Poesia*, p. 422.

32. Entrevista a Carlos Ares em *El País* (Madri), 3 de novembro de 1985.

33. Ibid.

34. Ibid.

35. *Clarín*, 29 de novembro de 1983.

33. O TECELÃO DE SONHOS (1984-5) [PP. 546-59]

1. "Elegía" saiu em *La Nación*, 29 de janeiro de 1984, e foi coligido em *Los conjurados*, 1985. Ver *Poesia*, p. 381.

2. A conferência foi organizada por Armando Verdiglione, um conhecido escritor e editor italiano, que era diretor da Fondazione di Cultura Internazionale, com sede em Milão.

3. "Cristo en la cruz" foi publicado em *Los conjurados*, 1985. Ver *Poesia*, pp. 370-1.

4. "De la salvación por las obras", *Atlas*, p. 129.

5. "Alguien sueña" foi publicado primeiramente em *La Nación*, 16 de dezembro de 1984, e coligido em *Los conjurados*, 1985. Ver *Poesia*, p. 387.

6. "La larga busca" faz parte de *Los conjurados*, 1985. Ver *Poesia*, p. 411.

7. "Abramowicz" foi publicado em *Los conjurados*, 1985. Ver *Poesia*, p. 382.

8. "Alguien soñará" foi publicado em *Los conjurados*, 1985. Ver *Poesia*, p. 390.

9. "Prólogo", *Atlas*, p. 9.

10. "Prólogo", *Los conjurados*, 1985. Ver *Poesia*, p. 368.

11. "Música griega", *Clarín*, 11 de abril de 1985. Não foi incluído em nenhuma coletânea de poesia de Borges.

12. *Vogue*, março de 1986, p. 337.

13. Ibid.

14. *Los conjurados*. Madri: Alianza, 1985.Ver *Os conjurados*, em *Poesia*, pp. 365-423.

15. *La Semana*, 25 de julho de 1985.

16. *Clarín*, 26 de julho de 1985.

17. Entrevista com María Kodama, Edimburgo, 25 de outubro de 1999.

18. Ibid.

19. Ibid.

20. *Tiempo Argentino*, 14 de setembro de 1985.

21. A entrevista a Patrick Séry foi publicada originalmente em *L'Évènement du Jeudi*, Paris, 19 de junho de 1986, e depois incluída em *El otro Borges: entrevistas 1960-1986*, org. Fernando Mateo, 1997, pp. 199-203.

22. Id., ibid., p. 202.

23. A entrevista a Secretan foi publicada na *Tribune de Genève* em 30 de maio de 1986, mas meu relato baseia-se em Gasparini, *Borges: la posesión póstuma*, p. 82.

24. Ver Gasparini, ibid., p. 90.

25. A entrevista a Barili foi publicada em *New York Times Book Review*, 13 de julho de 1986, e reeditada em Burgin, *Conversations*, 1998, pp. 240-7.

26. "1985" não foi publicado em vida. Ver *Proa* (terceira época), Buenos Aires, maio-junho de 1996, p. 11.

27. Comparar os testamentos de 1979 e 1985 em Gasparini, op. cit., pp. 58 e 60-1, respectivamente.

28. Ver Alberto Casares, "La última tarde de Borges en Buenos Aires", *Proa* (terceira época), n. 23, 1996, pp. 169-70.

29. Gasparini, op. cit., p. 86.

30. Id., ibid., p. 170.

31. Casares, "La última tarde de Borges en Buenos Aires", p. 170, e Gasparini, op. cit., p. 166.

32. Gasparini, op. cit., p. 87.

34. A CRIAÇÃO DE UM FIM (1985-6) [PP. 560-9]

1. Entrevista com María Kodama, Edimburgo, 25 de outubro de 1999.

2. Ibid.

3. Ibid.

4. Entrevista com María Kodama, Edimburgo, 24 de outubro de 1999.

5. Gasparini, *Borges: la posesión póstuma*, p. 101.

6. Meu relato baseia-se na notícia da entrevista coletiva concedida por Vidaurre em 14 de maio de 1986, publicada em *Tiempo Argentino*, 15 de maio de 1986, p. 16.

7. Ver entrevista de Vidaurre em *La Razón*, 15 de maio de 1986.

8. Entrevista de Jean-Pierre Bernès a Jorge Urien Berri em *La Nación*, 20 de agosto de 1989.

9. Ibid.

10. Ver Vidaurre, em *Tiempo Argentino*, 15 de maio de 1986.

11. Essa carta está reproduzida em Gasparini, p. 64.

12. Entrevista do autor com Jean-Pierre Bernès, Oxford, 22 de outubro de 1999.

13. Gasparini, op. cit., p. 103.

14. Id., ibid., pp. 103-4.

15. *Tiempo Argentino*, 15 de maio de 1986.

16. Notícia em *La Razón*, 15 de maio de 1986.

17. Notícia em *La Semana*, 15 de maio de 1986.

18. Meu relato da visita de Alazraki a Borges baseia-se em seu livro, *Beyond the Kabbalah*, 1988, pp. 177-8.

19. Gasparini, op. cit., p. 90.

20. Id., ibid., p. 98.

21. *La Nación*, 18 de junho de 1986, p. 6.

22. Para os projetos literários de Borges mencionados aqui, ver Bernès (org.), Jorge Luis Borges, *Œuvres complètes* I, p. xix, e Bernès II, pp. 1443-4.

23. Gasparini, op. cit., p. 105.

24. Entrevista com María Kodama, Edimburgo, 25 de outubro de 1999.

25. Ver "Préface" de Hector Bianciotti a Jorge Luis Borges, *Neuf essais sur Dante*. Paris: Gallimard, 1987, p. 18.

EPÍLOGO [PP. **570-3**]

1. Entrevista com o pastor Édouard de Montmollin, em Gasparini, *Borges: la posesión póstuma*, p. 109.

2. Matéria de Sara Gallardo em *La Nación*, 19 de junho de 1986.

3. Notícia em *La Nación*, 21 de junho de 1986.

4. Ibid.

5. Meu relato desse episódio baseia-se principalmente em um artigo de Jorge Mackey publicado em *La Nación* em 8 de julho de 2003, e também numa matéria anterior intitulada "Reconciliação de Borges com a Igreja", *La Nación*, 14 de setembro de 1986.

6. Entrevista com María Kodama, Edimburgo, 25 de outubro de 1999.

Bibliografia

(Exceto indicação em contrário, o local de publicação é Buenos Aires.)

OBRAS DE BORGES EM ORDEM CRONOLÓGICA DE PUBLICAÇÃO

Fervor de Buenos Aires (poesias). Edição particular, 1923.

Luna de enfrente (poesias). Proa, 1925.

Inquisiciones (ensaios). Proa, 1925. [Relançado por Espasa Calpe/ Seix Barral, 1993.]

El tamaño de mi esperanza (ensaios). Proa, 1926. [Relançado por Espasa Calpe/ Seix Barral, 1993.]

El idioma de los argentinos (ensaios). Manuel Gleizer, 1929. [Relançado por Espasa Calpe/ Seix Barral, 1994.]

Cuaderno San Martín (poesias). Proa, 1929.

Evaristo Carriego (biografia e ensaios). Manuel Gleizer, 1930.

Discusión (ensaios). Manuel Gleizer, 1932.

Las kenningar (ensaio). Francisco A. Colombo, 1933. (Mais tarde incluído em *Historia de la eternidad.*)

Historia universal de la infamia (contos). Tor, 1935.

Historia de la eternidad (ensaios). Viau y Zona, 1936.

El jardín de senderos que se bifurcan (contos). Sur, 1941.

Poemas (1923-1943). Losada, 1943. (Primeira edição de poesias reunidas, omitindo alguns poemas de livros anteriores e contendo numerosas variantes dos textos originais.)

Ficciones (contos). Sur, 1944.

Nueva refutación del tiempo (ensaio). Oportet & Haereses (editora fictícia), 1947. (Depois incluído em *Otras inquisiciones.*)

El Aleph (contos). Losada, 1949.

Aspectos de la literatura gauchesca (originalmente uma palestra feita na Universidade de Montevidéu, em 29 de outubro de 1945). Montevidéu: Número, 1950.

Otras inquisiciones (1937-1952) (ensaios). Sur, 1952.

Poemas (1923-1958). Emecé, 1958. (Marca o início da associação de Borges com a editora Emecé.)

El hacedor (poesia e prosa). Emecé, 1960.

Antología personal. Sur, 1961.

Obra poética. Emecé, 1964. (Título novo para as poesias reunidas. Inclui poemas novos numa seção chamada *El otro, el mismo*, mais tarde publicada em volume separado com esse título. Emecé,1969.)

Para las seis cuerdas (letras de milongas). Emecé, 1965.

Elogio de la sombra (poesias). Emecé, 1969.

El informe de Brodie (contos). Emecé, 1970.

El Congreso (novela). El Archibrazo, 1971. (Mais tarde incluído em *El libro de arena*.)

El oro de los tigres (poesias). Emecé, 1972.

Obras completas. Emecé, 1974.

El libro de arena (contos). Emecé, 1975.

La rosa profunda (poesias). Emecé, 1975.

Prólogos con un prólogo de prólogos (reunião de prólogos de obras de outros autores). Torres Agüero, 1975.

La moneda de hierro (poesias). Emecé, 1976.

Historia de la noche (poesia e prosa). Emecé, 1977.

Rosa y Azul (primeira publicação de dois contos: "La rosa de Paracelso" e "Tigres azules", mais tarde incluídos em *Veinticinco agosto 1983 y otros cuentos*). Madri: Sedmay, 1977.

Obra poética (1923-1976), 10ª ed. Emecé, 1978. (Última edição com variantes de textos anteriores. A partir de então os novos volumes de poesia serão incorporados sem alterações em edições subsequentes.)

Borges, oral (palestras feitas na Universidade de Belgrano). Emecé/ Belgrano, 1979.

Siete noches (palestras feitas no Teatro Coliseo, Buenos Aires, 1977). Cidade do México: Fondo de Cultura Económica, 1980.

La cifra (poesias). Madri: Alianza, 1981.

Nueve ensayos dantescos (ensaios, cinco dos quais foram publicados pela primeira vez em 1948, um em 1951). Madri: Espasa-Calpe, 1982.

"La memoria de Shakespeare" (conto). Publicado pela primeira vez no *Clarín*, de 15 de maio de 1980, e depois como livreto em edição limitada de 36 exemplares por Dos Amigos, Colección Valle de Las Leñas, n. 1, 1982. Posteriormente incorporado como conto que dá título a uma coletânea que faz parte das *Obras completas*.

"Un argumento" (conto). Publicado no *Clarín* de 7 de abril de 1983, e depois como livreto em edição limitada de 36 exemplares por Dos Amigos, Colección Valle de Las Leñas, n. 2, 1983. Não incluído em nenhuma de suas coletâneas de contos.

Veinticinco agosto 1983 y otros cuentos (quatro contos). Madri: Siruela, 1983.

Los conjurados (poesia e prosa). Madri: Alianza, 1985.

Obras completas, 4 vols. Emecé, 1989.

This craft of verse. Cambridge, Massachusetts / Londres: Harvard University Press, 2000. (The Charles Eliot Norton Lectures, originalmente feitas em inglês em Harvard em 1967-8.)

OBRAS EM COLABORAÇÃO

Com Adolfo Bioy Casares

Seis problemas para don Isidro Parodi (contos, com o pseudônimo H. Bustos Domecq). Sur, 1942.

Dos fantasias memorables (dois contos de H. Bustos Domecq). Oportet & Haereses (editora fictícia), 1946.

Un modelo para la muerte (novela com o pseudônimo B. Suárez Lynch), Oportet & Haereses, 1946.

Los orilleros. El paraíso de los creyentes (dois roteiros de cinema). Losada, 1955.

Crónicas de Bustos Domecq (ensaios paródicos). Losada, 1967.

Nuevos cuentos de Bustos Domecq (contos). Ediciones Librería de la Ciudad, 1977.

Com Delia Ingenieros

Antiguas literaturas germánicas. Cidade do México: Fondo de Cultura Económica, 1951.

Com Margarita Guerrero

El Martín Fierro. Columba, 1953.

Manual de zoología fantástica. Cidade do México: Fondo de Cultura Económica, 1957. (Uma versão ampliada foi publicada com o título de *El libro de los seres imaginarios*. Kier, 1967.)

Com Betina Edelberg

La imagen perdida, 1953. (Roteiro inédito para um balé; aparentemente perdido.)

Leopoldo Lugones (ensaios). Troquel, 1955.

Com Luisa Mercedes Levinson

La hermana de Eloísa. Ene, 1955.

Com María Esther Vázquez

Introducción a la literatura inglesa. Columba, 1965.

Literaturas germánicas medievales. Falbo, 1966.

Com Esther Zemborain de Torres

Introducción a la literatura norteamericana. Columba, 1967.

Com Alicia Jurado

Qué es el budismo. Columba, 1976.

Com María Kodama

Breve antología anglosajona (traduções de textos anglo-saxões). Santiago, Chile: La Ciudad, 1978.

Atlas. Sudamericana, 1984.

Obras completas en colaboración. Emecé, 1991.

COLETÂNEAS DE TEXTOS DE BORGES PUBLICADOS PRIMEIRAMENTE EM PERIÓDICOS, REVISTAS OU JORNAIS

Jorge Luis Borges: textos cautivos (Ensayos y reseñas en El Hogar, 1936-1939). Barcelona: Tusquets, 1986.

Borges en Revista Multicolor de los Sábados (artigos, resenhas e traduções publicadas no suplemento literário do jornal *Crítica*). Atlántida, 1995.

Borges en Sur, 1931-1980 (artigos e resenhas publicados na revista literária *Sur*). Emecé, 1999.

Jorge Luis Borges: textos recobrados, 1919-1929 (ensaios não coligidos, poemas e resenhas). Emecé, 1997.

Jorge Luis Borges: textos recobrados, 1931-1955. Emecé, 2001.

Jorge Luis Borges: textos recobrados, 1956-1986. Emecé, 2003.

BORGES EM INGLÊS

As edições disponíveis mais procuradas são os três volumes publicados pela Penguin:

Collected fictions, trad. Andrew Hurley. Londres: Allen Lane, Penguin, 1999.

Selected poems, org. Alexander Coleman. Londres: Allen Lane, Penguin, 1999.

The total library: non-fiction, 1922-1986, org. Eliot Weinberger. Londres: Allen Lane, Penguin, 2000.

Antes da publicação da trilogia acima, os principais textos de Borges estavam disponíveis para leitores de língua inglesa numa variedade de traduções por diferentes mãos:

Ficciones, org. e introd. de Anthony Kerrigan. Nova York: Grove Press, 1962. (No Reino Unido, Londres: Weidenfeld and Nicolson, 1962.)

Dreamtigers, trad. Mildred Boyer e Harold Borland. Austin: University of Texas Press, 1964. (Tradução de *El hacedor*, 1960.)

Other inquisitions, 1937-1952, trad. Ruth L. C. Simms. Austin: University of Texas Press, 1964.

Labyrinths: selected stories and other writings, orgs. Donald A. Yates e James E. Irby. Nova York: New Directions, 1964. (No Reino Unido, Harmondsworth: Penguin, 1970.)

The book of imaginary beings, com Margarita Guerrero. Revisado, ampliado e traduzido por Norman Thomas di Giovanni em colaboração com o autor. Nova York: Dutton, 1969. (No Reino Unido, Londres: Jonathan Cape, 1970.)

The Aleph and other stories (1933-1969), org. e trad. Norman Thomas di Giovanni em colaboração com o autor. Nova York: Dutton, 1970. (Contém "An autobiographical essay" e "Commentaries". Ver adiante.) (No Reino Unido, Londres: Jonathan Cape, 1971.)

Doctor Brodie's report, org. e trad. Norman Thomas di Giovanni em colaboração com o autor. Nova York: Dutton, 1971. (No Reino Unido, Londres: Allen Lane, 1974.)

Selected poems, 1923-1967, org. e introd. de Norman Thomas di Giovanni. Nova York: Delacorte Press, 1972. (No Reino Unido, Londres: Allen Lane, 1972.)

A universal history of infamy, trad. Norman Thomas di Giovanni. Nova York: Dutton, 1972. (No Reino Unido, Londres: Allen Lane, 1973.)

In praise of darkness, trad. Norman Thomas di Giovanni. Nova York: Dutton, 1974. (No Reino Unido, Londres: Allen Lane, 1975.)

The book of sand, trad. Norman Thomas di Giovanni. Nova York: Dutton, 1977. (No Reino Unido, Londres: Allen Lane, 1977.)

The gold of the tigers: selected later poems, trad. Alastair Reid. Nova York: Dutton, 1977. (Publicado no Reino Unido como *The book of sand; the gold of the tigers*. Londres: Allen Lane, 1979.)

Borges: a reader, orgs. Alastair Reid e Emir Rodríguez Monegal. Nova York: Dutton, 1981.

Com Adolfo Bioy Casares

Six problems for Don Isidro Parodi, trad. Norman Thomas di Giovanni. Nova York: Dutton, 1981. (No Reino Unido, Londres: Allen Lane, 1981.)

Chronicles of Bustos Domecq, trad. Norman Thomas di Giovanni. Nova York: Dutton, 1982. (No Reino Unido, Londres: Allen Lane, 1982.)

Evaristo Carriego, trad. Norman Thomas di Giovanni. Nova York: Dutton, 1984. (No Reino Unido, Londres: Allen Lane, 1984.)

Com María Kodama

Atlas, trad. Anthony Kerrigan. Nova York: Viking, 1986.

BORGES EM FRANCÊS

Œuvres complètes, org. Jean-Pierre Bernès. Bibliothèque de la Pléiade. Paris: Gallimard, 2 vols., 1993, 1999. (Contém notas informativas, muitas de interesse biográfico e bibliográfico. O volume II inclui traduções para o francês de cartas selecionadas para Maurice Abramowicz, Jacobo Sureda, Adriano del Valle, Rafael Cansinos-Asséns e Macedonio Fernández.)

CORRESPONDÊNCIA

Estudei a correspondência de Borges para as seguintes pessoas: Maurice Abramowicz, Susana Bombal, Rafael Cansinos-Asséns, Macedonio Fernández, Roberto Godel, Ulyses Petit de Murat, Norah Lange, Alfonso Reyes, Guillermo de Torre, Jacobo Sureda, Adriano del Valle, Elsa Astete Millán. Muitas dessas cartas estavam guardadas em coleções particulares quando as consultei, mas algumas correspondências, completas ou parciais, apareceram em várias publicações:

Para Maurice Abramowicz

Cartas del fervor. Correspondencia con Maurice Abramowicz y Jacobo Sureda (1919-1928), org. Cristóbal Pera, com um prólogo de Joaquín Marco e notas de Carlos García. Barcelona: Galaxia Gutenberg, Circulo de Lectores Emecé, 1999. Também 23 cartas descritas em francês e reproduzidas parcialmente no catálogo de leilão *Précieux manuscrites et autographes*. Paris-Drouot-Montaigne: Salle Vuillard, 14 de setembro de 1996. Trechos dessas cartas traduzidos para o espanhol estão reproduzidos em *Jorge Luis Borges: textos recobrados, 1919-1929*, pp. 428-32. Ver também Bernès, v. II, acima.

Para Susana Bombal

"De Jorge Luis Borges a Susana Bombal", *Letras de Buenos Aires*, n. 30, 1995, pp. 11-20.

Para Rafael Cansinos-Asséns

Ver Bernès, v. II, acima.

Para Macedonio Fernández

Correspondencia, 1922-1939 e *Macedonio Fernández, Jorge Luis Borges: crónica de una amistad*, Carlos García (org.). Corregidor, 2000. Ver também Bernès, v. II, acima.

Para Alfonso Reyes

"Borges y Reyes: una correspondencia. Contribución a la historia de una amistad literaria", José Emilio Pacheco, *Revista de la Universidad de México*, v. 34, n. 4, dezembro de 1979, pp. 1-16.

Para Jacobo Sureda

Jorge Luis Borges. Cartas de juventud (1921-1922), Carlos Meneses. Madri: Orígenes, 1987. Ver também em Abramowicz acima e Bernès, v. II, acima.

Para Adriano del Valle

"Cartas de Jorge Luis Borges a Adriano del Valle", Rosa Pellicer, Voz y Letra. *Revista de Filología* (Málaga), v. 1, 1990, pp. 207-14. Ver também Bernès, v. II, acima.

BIBLIOGRAFIAS

GARCÍA, Carlos. "Borges inédito: bibliografía virtual, 1904-1930", em *El joven Borges, poeta*, pp. 327-63 (ver adiante, em "Estudos críticos da obra de Borges").

HELFT, Nicolás. *Jorge Luis Borges. Bibliografía completa*. Fondo de Cultura Económica, 1997.

LOEWENSTEIN, C. Jared. *A descriptive catalogue of the Jorge Luis Borges Collection at the University of Virginia Library*. Charlottesville, VA / Londres: University Press of Virginia, 1993.

LOUIS, Annick, e ZICHE, Florian. *Bibliografía de la obra de Jorge Luis Borges*. Paris: E.H.E.S.S., 1995.

SALVADOR, Nélida, e ARDISSONE, Elena. *Bibliografía de tres revistas de vanguardia*. (*Prisma 1921-22, Proa 1922-23, Proa 1924-26*). Facultad de Filosofía y Letras, Universidad de Buenos Aires, 1983.

ENTREVISTAS COM BORGES

ALCORTA, Gloria. "Entretiens avec Gloria Alcorta", *Cahiers de L'Herne*, Paris, 1964, pp. 404-8.

ALIFANO, Roberto. *Conversaciones con Jorge Luis Borges*. Torre Agüero, 1994.

______. *Twenty-four conversations with Borges, including a selection of poems*. Housatonic, MA: Lascaux Publications, 1984.

BARNSTONE, Willis, ed. (org.). *Borges at eighty: conversations*. Bloomington: University of Indiana, 1982.

BORGES, Jorge Luis, e FERRARI, Osvaldo. *Libro de diálogos*. Sudamericana, 1986.
______. *Diálogos últimos*. Sudamericana, 1987.
______. *Diálogos*. Barcelona: Seix Barral, 1992.
Borges en la escuela freudiana de Buenos Aires (respostas a perguntas da plateia). Agalma, 1993.
BRACELI, Rodolfo. *Borges-Bioy: confesiones, confesiones*. Sudamericana, 1997.
BURGIN, Richard. *Conversations with Jorge Luis Borges*. Nova York: Holt, Rinehart, and Winston, 1969.
______ (org.). *Jorge Luis Borges: conversations*. Jackson: University Press of Mississippi, 1998. (Coletânea de entrevistas feitas por diferentes autores.)
CARRIZO, Antonio. *Borges el memorioso*. Cidade do México: Fondo de Cultura Económica, 1983.
CHARBONNIER, Georges. *Entretiens avec Jorge Luis Borges*. Paris: Gallimard, 1967.
ESCOBAR PLATA, Dante. *Las obsesiones de Borges: una entrevista de Dante Escobar Plata*. Distal, 1989.
FERNÁNDEZ MORENO, César. "Weary of labyrinths: an interview with Jorge Luis Borges", *Encounter*, v. 32, n. 4, 1969, pp. 3-14.
FONTAINA, Milton, VICTORICA, Juan Carlos Victorica, e WULICHER, Ricardo. *Borges para millones*. Corregidor, 1978.
GUIBERT, Rita. "Jorge Luis Borges", em *Seven Voices*. Nova York: Knopf, 1973, pp. 77-117.
IRBY, Jantes E. "Entretiens avec Jantes E. Irby", em *Cahiers de L'Herne*, Paris 1964, pp. 388-403.
MATEO, Fernando (org.). *El otro Borges: entrevistas 1960-1986*. Equis, 1997.
MILLERET, Jean de. *Entretiens avec Jorge Luis Borges*. Paris: Pierre Belfond, 1967.
MURAT, Napoléon. "Entretiens avec Napoléon Murat", em *Cahiers de L'Herne*, Paris, 1964, pp. 371--87.
OCAMPO, Victoria. *Diálogo con Borges*. Sur, 1969.
PERALTA, Carlos. "L'électricité des mots", em *Cahiers de L'Herne*, Paris, 1964, pp. 409-13.
RODMAN, Selden. *Tongues of fallen angels*. Nova York: New Directions, 1974.
SOLER SERRANO, Joaquín. "Simplemente Borges", em *Escritores a fondo*. Barcelona: Planeta, 1986.
SORRENTINO, Fernando. *Siete conversaciones con Jorge Luis Borges*. Buenos Aires: Casa Pardo, 1973.
VÁZQUEZ, Maria Esther. *Borges: imágenes, memorias, diálogos*. Caracas: Monte Avila, 1977.
______. *Borges: sus días y su tiempo*. Barcelona: Javier Vergara, 1984.

MEMÓRIAS, REMINISCÊNCIAS E ITENS DE INTERESSE BIOGRÁFICO

As fontes mais valiosas são:

"An autobiographical essay" e "Commentaries", em *The Aleph and other stories (1933-1969)*, org. e trad. para o inglês de Norman Thomas di Giovanni em colaboração com o autor. Nova York: Dutton, 1970.

Outros itens importantes são:

ACEVEDO DE BORGES, Leonor. "Recuerdos" (memórias inéditas).
______. "Propos de Mme. Leonor Acevedo de Borges", em *Cahiers de L'Herne*, Paris, 1964, pp. 9-11.
ALAZRAKI, Jaime. "Epilogue. On Borges' death: some reflections", em *Borges and the Kabbalah*. Cambridge: Cambridge University Press, 1988, pp. 176-89.

ANDREOLA, Carlos Alberto. "Borges en la mira del investigador", *Haute Qualité* (Buenos Aires), n. 2, 1993, pp. 21-7.

_____. "Borges helvético", *Conectándonos* (Bomberos Voluntarios de Matanza), n. 18, 1994, pp. 18-9, 26-7.

ANDRÉS, Alfredo. *Palabras con Leopoldo Marechal*. Carlos Pérez, 1968.

ASTETE MILLÁN, Elsa. "Habla la mujer de Borges", *Tiempo Argentino*, 6 de fevereiro de 1983.

BARRENECHEA, Ana Maria. "Jorge Luis Borges y la ambivalente mitificación de su abuelo paterno", *Nueva Revista de Filología Hispánica*, t. 40, n. 2, 1992, pp. 1005-24.

BIANCIOTTI, Hector. "Preface" para Jorge Luis Borges, *Neuf essais sur Dante*. Paris: Gallimard, 1987.

BIOY CASARES, Adolfo. *Memorias: infancia, adolescencia, y como se hace un escritor*. Barcelona: Tusquets, 1994.

BORGES, Jorge G. *El caudillo*. Academia Argentina de Letras, 1989. (Publicado primeiramente em edição particular em 1921.)

BURONE, Carlos. "En un libro que publicará en abril de 1975, Borges se ocupa por primera vez de los ardores de la pasión", *La Opinión*, 21 de dezembro de 1974.

CANTO, Estela. *Borges a contraluz*. Madri: Espasa-Calpe, 1989. [*Borges a contraluz*, trad. Vera Mascarenhas de Campos. São Paulo: Iluminuras, 1991.]

CASARES, Alberto. "La última tarde de Borges en Buenos Aires", *Proa* (terceira época), n. 23, 1996, pp. 169-70.

DI GIOVANNI, Norman Thomas. "At work with Borges", *Books Abroad*, julho de 1971, pp. 434-44.

_____. "Introduction", *In memory of Borges*. Londres: Constable, 1988.

_____. "The good reader: Jorge Luis Borges's 'exclusively literary life'", *The Times Literary Supplement*, 26 de abril de 2002, pp. 13-4.

EDELBERG, Betina. "Algunos de los muchos recuerdos", *Proa* (terceira época), n. 23, 1996, pp. 65-7.

GASIÓ, Guillermo (org.). *Borges en Japón. Japón en Borges*. Editorial Universitaria de Buenos Aires, 1988.

GASPARINI, Juan. *Borges: la posesión póstuma*. Madri: Foca, 2000.

GOLDARACENA, Rita. "Las inhibiciones del joven Borges", *El País*, 23 de dezembro de 1990, pp. 12-3. (Entrevista com o psicólogo Miguel Kohan-Miller.)

HOWARD, Mathew. "Stranger than Ficción", *Lingua Franca*, junho/ julho de 1997, pp. 41-9.

MASTRONARDI, Carlos. *Memorias de un provinciano*. Ediciones Culturales Argentinas, 1967.

MAYER, Daniel. "Sérieux comme un tigre. Jorge Luis Borges en Suisse", *Écriture* (Lausanne), n. 28, 1987, pp. 11-34.

MENESES, Carlos. *Borges en Mallorca (1919-1921)*. Alicante: Aitana, 1996.

NÓBILE, Beatriz de. *Palabras con Norah Lange*. Carlos Pérez, 1968.

OCAMPO, Silvina. "Image de Borges", *Cahiers de L'Herne*, Paris, 1964, pp. 26-30.

OCAMPO, Victoria. "Vision de Borges", *Cahiers de L'Herne*, Paris, 1964, pp. 19-25.

PETIT DE MURAT, Ulyses. *Borges Buenos Aires*. Municipalidad de la Ciudad de Buenos Aires, 1980.

PORZIO, Domenico. *Jorge Luis Borges: immagini e immaginazione*. Pordenone: Studio Tesi, 1985.

REID, Alastair. "Neruda and Borges", *New Yorker*, 24 de junho e 1º de julho de 1996, pp. 56-72.

SALAS, Horacio. *Conversaciones con Raúl González Tuñón*. La Bastilla, 1975.

SLAVUSKI, Victoria. "The old man and the city", *The Times Literary Supplement*, 20 de agosto de 1999, pp. 10-2.

TORRE BORGES, Miguel de. *Jorge Luis Borges: fotografías y manuscritos*. Renglón, 1987.
______. *Un día en la vida de Jorge Luis Borges*. Impressão particular, 1995.
YATES, Donald A. "Behind 'Borges and I'", *Modern Fiction Studies*, v. 19, n. 3, 1973, pp. 317-24.

BIOGRAFIAS DE BORGES

ALIFANO, Roberto. *Borges: biografía verbal*. Barcelona: Plaza y Janés, 1988.
BARNATÁN, Marcos Ricardo. *Borges: biografía total*. Madri: Ediciones Temas de Hoy, 1995.
JURADO, Alicia. *Genio y figura de Jorge Luis Borges*. Editorial Universitaria de Buenos Aires, 1964.
RODRÍGUEZ MONEGAL, Emir. *Jorge Luis Borges: a literary biography*. Nova York: Dutton, 1978.
SALAS, Horacio. *Borges: una biografía*. Planeta, 1994.
SAVATER, Fernando. *Jorge Luis Borges*. Barcelona: Omega, 2002.
TEITELBOIM, Volodia. *Los dos Borges: vida, sueños, enigmas*. Santiago: Sudamericana Chilena, 1996.
VACCARO, Alejandro. *Georgie (1899-1930): una vida de Jorge Luis Borges*. Proa/ Alberto Casares, 1996.
VÁZQUEZ, María Esther. *Borges: esplendor y derrota*. Barcelona: Tusquets, 1996. [*Jorge Luis Borges: esplendor e derrota, uma biografia*, trad. Carlos Nougué. Rio de Janeiro: Record, 1999.]
WOODALL, James. *The man in the mirror of the book: a life of Jorge Luis Borges*. Londres: Hodder & Stoughton, 1996. [*Jorge Luis Borges: o homem no espelho do livro*, trad. Fábio Fernandes. Rio de Janeiro: Bertrand Brasil, 1999.]
YATES, Donald A. *Jorge Luis Borges: life, work, and criticism*. Fredericton, New Brunswick: York Press, 1985.

ESTUDOS CRÍTICOS DA OBRA DE BORGES

AIZENBERG, Edna. *The Aleph weaver: biblical, kabbalistic and Judaic elements in Borges*. Potomac, MD: Scripta Humanistica, 1984.
______. *Borges and his successors: the borgesian impact on literature and the arts*. Columbia: University of Missouri Press, 1990.
ALAZRAKI, Jaime (org.). *Borges. El escritor y la crítica*. Madri: Taurus, 1976.
______. *Critical essays on Jorge Luis Borges*. Boston, MA: G. K. Hall, 1987.
______. *Borges and the Kabbalah, and other essays on his fiction and poetry*. Cambridge: Cambridge University Press, 1988.
Anthropos. Revista de Documentación Científica de la Cultura, n. 142-3, 1993 (número especial sobre Jorge Luis Borges).
ARANA, Juan. *El centro del laberinto: los motivos filosóficos en la obra de Jorge Luis Borges*. Navarra: EUNSA, 1994.
ARRIGUCCI JR., Davi. "De la fama y de la infamia (Borges en el contexto literario latinoamericano)", *Cuadernos de recienvenido*. São Paulo: Humanitas/ FFLCH/ Universidade de São Paulo, 1999, pp. 19-55.
ARTUNDO, Patricia. "Entre 'La Aventura y el Orden': los hermanos Borges y el ultraísmo argentino", *Cuadernos de recienvenido*. São Paulo: Humanitas/ FFLCH/ Universidade de São Paulo, 1999, pp. 57-97.

ASHBERY, John. "A game with shifting mirrors". Ver Alazraki (org.), *Critical essays*, 1987.
BALDERSTON, Daniel. *Out of context: historical reference and the representation of reality in Borges*. Durham, NC/ Londres: Duke University Press, 1993.
BARRENECHEA, Ana María. *Borges, the labyrinth maker*. Nova York: New York University Press, 1965.
_____ et al. *Borges y la crítica. Antología*. Centro Editor de América Latina, 1992.
BARTH, John. "The literature of exhaustion". Ver Alazraki (org.), *Critical essays*, 1987.
BASTOS, María Luisa. *Borges ante la crítica argentina: 1923-1960*. Hispamérica, 1974.
BELL-VILLADA, Gene H. *Borges and his fiction: a guide to his mind and art*. Chapel Hill, NC: University of North Carolina Press, 1981.
BLOOM, Harold (org.). *Jorge Luis Borges*. Nova York: Chelsea House Publishers, 1986.
_____. "Borges, Neruda and Pessoa: Hispanic-Portuguese Whitman", em *The Western canon*. Nova York: Harcourt, Brace, 1994, pp. 463-92.
BLÜHER, Karl Alfred, e TORO, Alfonso de (orgs.). *Jorge Luis Borges: variaciones interpretativas sobre sus procedimientos y bases epistemológicas*. Frankfurt: Vervuert, 1992.
BONATTI, María. "Dante en la lectura de Borges", *Revista Iberoamericana*, n. 100-1, 1977, pp. 737-44.
Cahiers de L'Herne. "Jorge Luis Borges". Paris: Éditions de L'Herne, 1964.
CALVINO, Italo. "Jorge Luis Borges", em *Perché leggere i classici*. Milão: Mondadori, pp. 292-301. [*Por que ler os clássicos*, trad. Nilson Moulin. São Paulo: Companhia das Letras, 2004.]
CHAMPEAU, Serge. *Borges et la métaphysique*. Paris: Vrin, 1990.
CHRIST, Ronald. *The narrow act: Borges' art of allusion*. Nova York: New York University Press, 1969.
COZARINSKY, Edgardo. *Borges in/and/on film*. Nova York: Lumen Books, 1988. [*Borges em/e/sobre cinema*, trad. Laura Hosiasson. São Paulo: Iluminuras, 2000.]
Cuadernos Hispanoamericanos. "Homenaje a Jorge Luis Borges", n. 505-7. Madri: Instituto de Cooperación Iberoamericana, 1992.
DOLL, Ramón. "Discusiones con Borges", em *Policía intelectual*. Tor, 1933.
DUNHAM, Lowell, e IVASK, Ivar (orgs.), *The cardinal points of Borges*. Norman: University of Oklahoma Press, 1971. (Trabalhos de um simpósio internacional, Universidade de Oklahoma, 1969.)
ECHAVARRÍA, Arturo. *Lengua y literatura de Borges*. Barcelona: Ariel, 1983.
FARÍAS, Victor. *Borges y la metafísica del arrabal. "El tamaño de mi esperanza", un libro desconocido de Jorge Luis Borges*. Madri: Anaya & Mario Muchnik, 1992.
_____. *Las actas secretas. "Inquisiciones" y "El idioma de los argentinos": los libros proscritos de Jorge Luis Borges*. Madri: Anaya & Mario Muchnik, 1994.
FISHBURN, Evelyn, e HUGHES, Psique. *A Borges dictionary*. Londres: Duckworth, 1990.
FISHBURN, Evelyn (org.). *Borges and Europe revisited*. Londres: Institute of Latin American Studies, University of London, 1998.
FLÓ, Juan (org.). *Contra Borges*. Galerna, 1978.
GARCÍA, Carlos. *El joven Borges, poeta (1919-1930)*. Corregidor, 2000.
GASS, William H. "Imaginary Borges and his books". Ver Alazraki (org.), *Critical essays*, 1987.
GENETTE, Gérard. "L'utopie littéraire", em *Figures*. Paris: Seuil, 1966.
IRWIN, John T. *The mystery to a solution: Poe, Borges and the analytic detective story*. Baltimore: Johns Hopkins Press, 1994.
KRISTAL, Efraín. *Invisible work: Borges and translation*. Nashville: Vanderbilt University Press, 2002.
LAFON, Michel. *Borges ou la réécriture*. Paris: Seuil, 1990.

LOUIS, Annik. *Jorge Luis Borges: œuvres et manœuvres*. Paris: L'Harmattan, 1997.

MACHEREY, Pierre. "Borges and the fictive narrative". Ver Alazraki (org.), *Critical essays*, 1987.

MAIER, Linda S. *Borges and the European avant garde*. Nova York: Peter Lang, 1996.

MAN, Paul de. "A modern master". Ver Alazraki (org.), *Critical essays*, 1987.

MANGUEL, Alberto. "An endless happiness: how Borges throws open the doors of the universal library", *The Times Literary Supplement*, 18 de fevereiro de 2000, pp. 12-3.

_____. "Borges in love", em *Into the looking-glass wood*. Londres: Bloomsbury, 1999, pp. 43-65.

Megáfono, n. 11, 1933, pp. 13-33. "Discusión sobre Jorge Luis Borges".

Modern Fiction Studies, v. 19, n. 3, 1973 (West Lafayette, IN: Purdue University). Número especial sobre Borges.

MOLLOY, Sylvia. *Signs of Borges*. Durham, NC: Duke University Press, 1994.

NUÑO, Juan. *La filosofía de Borges*. Cidade do México: Fondo de Cultura Económica, 1986.

OLASO, Ezequiel de. *Jugar en serio: aventuras de Borges*. Cidade do México: Paidós Mexicana, 1999.

OLEA FRANCO, Rafael. *El otro Borges, el primer Borges*. Fondo de Cultura Económica de Argentina, 1993.

PAOLI, Roberto. *Borges: percorsi di significato*. Florença: Università degli Studi di Firenze, 1977.

_____. "Borges e Dante", *Studi danteschi*, v. 56, 1984, pp. 189-212.

_____. *Tre saggi su Borges*. Roma: Bulzoni, 1992.

PELLICER, Rosa. *Borges: el estilo de la eternidad*. Zaragoza: Universidad de Zaragoza, 1986.

PIGLIA, Ricardo. "Ideología y ficción en Borges", em *Borges y la crítica* (ver Barrenechea et al., acima).

PRIETO, Adolfo. *Borges y la nueva generación*. Letras Universitarias, 1954.

PROA (terceira época), n. 23, 1996. "Jorge Luis Borges: diez años después".

RODRÍGUEZ MONEGAL, Emir. *Borges por él mismo*. Barcelona: Laia, 1984.

ROWE, William, CANAPARO, Claudio, e LOUIS, Annick (orgs.). *Jorge Luis Borges: intervenciones sobre pensamiento y literatura*. Buenos Aires: Paidós, 2000.

RUNNING, Thorpe. *Borges's ultraist movement and its poets*. Lathrup Village, MI: International Books, 1981.

SARLO, Beatriz. *Borges: a writer on the edge*. Londres: Verso, 1993.

SCHOLES, Robert. "The reality of Borges". Ver Alazraki (org.), *Critical essays*, 1987.

SHAW, Donald L. *Borges' narrative strategy* (Liverpool Monographs in Hispanic Studies 11). Leeds: Francis Cairns, 1992.

SOSNOWSKI, Saúl. *Borges y la cábala: la búsqueda del verbo*. Hispamérica, 1976.

STABB, Martin S. *Jorge Luis Borges*. Nova York: St. Martin's Press, 1970.

STEFANINI, Ruggero. "Dante in Borges: l'Aleph, Beatriz, e il Sud", *Italica*, v. 57, 1980, pp. 53-65.

STURROCK, John. *Paper tigers: the ideal fictions of Jorge Luis Borges*. Oxford: Clarendon, 1977.

SUÁREZ, Maria Victoria (org.). *Fuego del aire: homenaje a Borges*. Fundación Internacional Jorge Luis Borges, 2001.

SUCRE, Guillermo. *Borges, el poeta*. Caracas: Monte Avila, 1974.

STEINER, George. "Tigers in the mirror". Ver Alazraki (org.), *Critical essays*, 1987.

TANNER, Tony. "Borges and American fiction 1950-1970". Ver Alazraki (org.), *Critical essays*, 1987.

THIEM, Jon. "Borges, Dante, and the poetics of total vision", *Comparative Literature*, v. 40, 1988, pp. 97-121.

TORO, Alfonso de, e TORO, Fernando de (orgs.). *El siglo de Borges. Homenaje a Jorge Luis Borges en su centenario* (2 vols.). Frankfurt: Vervuert; Madri: Iberoamericana, 1999.

Triquarterly, n. 25, 1972 (Evanston, IL: Northwestern University Press). "Prose for Borges".

UPDIKE, John. "The author as librarian". Ver Alazraki (org.), *Critical essays*, 1987.

Variaciones Borges (Periódico do Jorge Luis Borges Center for Studies and Documentation). Aarhus: Aarhus Universitet, 1996.

WOSCOBOINIK, Julio. *El secreto de Borges: indagación psicoanalítica de su obra*. Trieb, 1988.

______. *El alma de "El Aleph": nuevos aportes a la indagación psicoanalítica de la obra de Jorge Luis Borges*. Grupo Editorial Latinoamericano, 1996.

YATES, Donald A. "Behind 'Borges and I'", *Modern Fiction Studies*, v. 19, n. 3, 1973, pp. 317-24.

OUTRAS OBRAS CONSULTADAS

ARTUNDO, Patricia M. "Los antecedentes españoles de Proa. Revista de Renovación Literaria", em *Las artes en el debate del Quinto Centenario*. Facultad de Filosofía y Letras, Universidad de Buenos Aires, 1992, pp. 11-7.

______. *Norah Borges. Obra gráfica, 1920-1930*. Fondo Nacional de las Artes, 1994.

BARRAL, Carlos. *Los años sin excusa. Memorias*, v. 2. Barcelona: Barral, 1978.

Buenos Aires, sus alrededores, y *costas del Uruguay*. Guía Pirelli, Sudamericana, 1993.

COLLIER, Simon, COOPER, Artemis, AZZI, María Susana, e MARTIN, Richard. *¡Tango!: the dance, the song, the story*. Londres: Thames and Hudson, 1995.

ALIGHIERI, Dante. *The divine comedy*, trad. Geoffrey L. Bickersteth, edição revisada. Oxford: Shakespeare Head Press/ Basil Blackwell, 1972. [*A divina comédia*, trad. Italo Eugenio Mauro. São Paulo: Editora 34, 1998.]

DUJOVNE ORTIZ, Alicia. *Eva Perón: a biography*. Londres: Little, Brown, 1997.

FURNESS, R. S. *Expressionism*. Londres: Methuen, 1973.

GIRONDO, Oliverio. *Espantapájaros y otras obras*. Centro Editor de América Latina, 1981.

______. *El periódico "Martín Fierro", 1924-1949*. Francisco A. Colombo, 1949.

GOÑI, Uki. *The real Odessa: how Perón brought the nazi war criminals to Argentina*. Londres: Granta, 2001. [*A verdadeira Odessa*, trad. Berilo Vargas. Rio de Janeiro: Record, 2004.]

HERMES VILLORDO, Oscar. *El grupo Sur: una biografía colectiva*. Planeta, 1994.

HERNÁNDEZ, José. *El gaucho Martín Fierro* [1872, 1879], org. Eleuterio F. Tiscornia, 8ª ed. Losada, 1949.

IBARRA, Néstor. *La nueva poesía argentina. Ensayo crítico sobre el ultraísmo, 1921-1929*. Vda. de Molinari e Hijos, 1930.

ITURBURU, Córdova. *La revolución martinfierrista*. Ediciones Culturales Argentinas, 1962.

KING, John. *Sur: a study of the Argentine literary journal and its role in the development of a culture, 1931--1970*. Cambridge: Cambridge University Press, 1986.

LANGE, Norah. *La calle de la tarde*. Samet, 1924.

______. *Los días y las noches*. El Inca, 1926.

______. *Voz de la vida*. Proa, 1927.

______. *45 días y 30 marineros*. Tor, 1933.

LANGE, Norah. *El rumbo de la rosa*. Proa, 1930.

______. *Cuadernos de infancia*. Viau y Zona, 1937.

______. *Estimados congéneres*. Losada, 1968 (incorpora *Discursos*, 1942).

LUGONES, Leopoldo. *El payador* [1916]. Centurión, 1961.

MIGUEL, María Esther de. *Norah Lange: una biografía*. Planeta, 1991.

MIZRAJE, María Gabriela. *Norah Lange: infancia y sueños de walkiria*. Facultad de Filosofía y Letras, Universidad de Buenos Aires, 1995.

NAIPAUL, V. S. *The return of Eva Perón*. Londres: André Deutsch, 1980.

PAGE, Joseph A. *Perón: a biography*. Nova York: Random House, 1983.

PELLEGRINI, Aldo. *Oliverio Girondo*. Ediciones Culturales Argentinas, 1964.

PEREYRA, Wáshington Luis. *La prensa literaria argentina. Los años rebeldes 1920-1929*. Librería Colonial, 1995.

RANDLE, Patricio H., et al. "Algunos aspectos de la geografía urbana de Buenos Aires", *Anales de la Sociedad Argentina de Estudios Geográficos*, t. 13, 1969, pp. 213-71.

Revista Martín Fierro, 1924-1927. Edición facsimilar (Estudio preliminar de Horacio Salas). Fondo Nacional de las Artes, 1995.

ROCK, David. *Argentina 1516-1982: from Spanish colonization to the Falklands war*. Berkeley: University of California Press, 1985.

______. *Authoritarian Argentina: the nationalist movement, its history and its impact*. Berkeley: University of California Press, 1993.

ROMERO, Luis Alberto. *Breve historia contemporánea de la Argentina*. Fondo de Cultura Económica de Argentina, 1994. [*História contemporânea da Argentina*, trad. Edmundo Barreiros. Rio de Janeiro: Jorge Zahar, 2006.]

SALAS, Horacio. *El tango*. Planeta, 1986.

______. *El centenario: la Argentina en su hora más gloriosa*. Planeta, 1996.

SARLO, Beatriz. *Una modernidad periférica: Buenos Aires 1920 y 1930*. Nueva Visión, 1988.

SARMIENTO, Domingo F. *Facundo: or, civilisation and barbarism* [1845]. Harmondsworth: Penguin, 1998. [*Facundo: civilização e barbárie*, trad. Jaime A. Clasen. Petrópolis: Vozes, 1997.]

SCALABRINI ORTIZ, Raúl. *El hombre que está solo y espera* [1931]. Plus Ultra, 1991.

SCHWARTZ, Jorge (org.). *Homenaje a Girondo*. Corregidor, 1987.

______. *Las vanguardias latinoamericanas*. Madri: Cátedra, 1991. [*Vanguardas latino-americanas: polêmicas, manifestos e textos críticos*, 2ª ed. revisada e ampliada. São Paulo: Edusp, 2008.]

______. *Vanguardia y cosmopolitismo en la década del veinte: Oliverio Girondo y Oswald de Andrade*. Beatriz Viterbo, 1993. [*Vanguarda e cosmopolitismo na década de 20: Oliverio Girondo e Oswald de Andrade*, trad. Mary Amazonas Leite de Barros e Jorge Schwartz. São Paulo: Perspectiva, 1983.]

SHUMWAY, Nicolas. *The invention of Argentina*. Berkeley: University of California Press, 1991.

TORRE, Guillermo de. *Literaturas europeas de vanguardia*. Madri: Caro Raggio, 1925.

______. "Para la prehistoria ultraísta de Borges", *Cuadernos Hispanoamericanos*, n. 169, 1964, pp. 457-63.

ULTRA. Edición facsimilar de José Antonio Sarmiento y José Maria Barrera. Madri: Visor, 1993.

VIDELA, Gloria. *El ultraísmo*. Madri: Gredos, 1963.

VIGNALE, Pedro-Juan, e TIEMPO, César (orgs.), *Exposición de la actual poesía argentina (1922-1927)*. Minerva, 1927.

VIÑAS, David. *Literatura argentina y realidad política*. Centro Editor de América Latina, 1982.

WILLIAMSON, Edwin. *The Penguin history of Latin America*. Londres: Allen Lane, Penguin, 1992.

Xul: Revista de poesía (Buenos Aires), n. 6, 1984. "Apunte sobre Oliverio Girondo" (número especial).

YALMI, Roberto, e ORGAMBIDE, Pedro. *Enciclopedia de la literatura argentina*. Sudamericana, 1970.

Índice remissivo

1ª EDIÇÃO [2011] 1 reimpressão

ESTA OBRA FOI COMPOSTA POR 2 ESTÚDIO GRÁFICO EM DANTE E IMPRESSA PELA GEOGRÁFICA EM OFSETE SOBRE PAPEL PÓLEN SOFT DA SUZANO PAPEL E CELULOSE PARA A EDITORA SCHWARCZ EM MAIO DE 2011